13855€ € 40,-

R. Bennewitz

Tod und Unsterblichkeit

Tod und Unsterblichkeit

Texte aus Philosophie, Theologie und Dichtung
vom Mittelalter bis zur Gegenwart

*Ausgewählt und eingeleitet
von Erich und Annemarie Ruprecht*

III

Vom Realismus bis zur Gegenwart

Urachhaus

Dieses Werk wurde unterstützt durch die
Gesellschaft zur Förderung geisteswissenschaftlicher Literatur

Die Deutsche Bibliothek – CIP-Einheitsaufnahme

Tod und Unsterblichkeit : Texte aus Philosophie, Theologie und
Dichtung vom Mittelalter bis zur Gegenwart /
ausgew. und eingeleitet von Erich und Annemarie Ruprecht. –
Stuttgart : Urachhaus
NE: Ruprecht, Erich [Hrsg.]
Bd. 3 Vom Realismus bis zur Gegenwart. – 1993
ISBN 3-87838-943-4

ISBN 3 87838 943 4
© 1993 Verlag Urachhaus Johannes M. Mayer GmbH, Stuttgart.
Alle Rechte, auch die des auszugsweisen Nachdrucks und der
photomechanischen Wiedergabe, vorbehalten.
Typographie: Peter Keidel, Stuttgart.
Umschlaggestaltung: Bruno Schachtner, Dachau.
Satz und Druck: Offizin Chr. Scheufele, Stuttgart.

Inhalt

I. Der Aufbruch eines neuen Bewußtseins

A. Die Erneuerung des mystischen Willensprinzips

Heinrich von Kleist
Einleitung 17

Der Wille zur Erkenntnis von Wahrheit. Das unendliche Bewußtsein 23

Johann Heinrich Daniel Zschokke
Einleitung 32

Das Vertrauen in den menschlichen Geist als dem Prinzip der Seelenwanderung auf dem unendlichen Weg in die Gottheit 34

Stufen der Vervollkommnung – Natur und menschlicher Geist – Unvergehbarkeit des Geistes – Die Seele, des Geistes Leib – Ahnungen der Geisteszukunft

Arthur Schopenhauer
Einleitung 47

Wille als »ewiger Kern« des Menschen. Einswerdung mit dem Weltwillen im Tod. Die drei Wege zur Erlösung von Wiedergeburt 52

Die Welt als Wille und Vorstellung: Über den Tod und sein Verhältnis zur Unzerstörbarkeit unseres Wesens an sich – Bejahung und Verneinung des Willens

B. Die Auseinandersetzung mit den fortschreitenden Naturwissenschaften. Das Entstehen neuer Anthropologien

Maximilian Carl Friedrich Wilhelm Grävell
Einleitung 75

Die Entwicklung eines reineren Bewußtseins als Voraussetzung zur Überwindung des Todes.
Das abstrahierende Erkenntnisvermögen 77

Inhalt

Ignatius Paul Vital Troxler
Einleitung 81

Das unsterbliche »Gemüt«, Schnittpunkt des viergliedrigen Menschen – eine »Anthroposophie« 84

Immanuel Hermann Fichte
Einleitung 95

X Versuch einer naturwissenschaftlichen Untersuchung der menschlichen Seele. Der Tod – die Entsinnlichung des wahren Wesens. »Theosophie« als Ziel von »Anthroposophie« 100
Der Tod und die Seelenfortdauer – Die Seelenfortdauer und die Weltstellung des Menschen: Der ethische Unsterblichkeitsbeweis

Gustav Theodor Fechner
Einleitung 118

Begründung einer »Psychophysik«. Die Entfaltung des göttlichen Keims zum »Leib des Jenseits« 121
Das dreimalige Leben des Menschen – Stufen der Entwicklung – Die Gemeinschaft der Lebenden und der Toten – Das neue Sehen – Die Kraft des Bewußtseins – Das Sein in Gott

Maximilian Drossbach
Einleitung 135

Die materialistische Erklärung von Unsterblichkeit und Wiedergeburt 139
Atom und Zentralatom – Das Atom der Seele

Gustav Widenmann
Einleitung 135

Die Entwicklung des Menschen aus dem »Gattungsstoff« der Natur zur unsterblichen »Individualkraft«. Wiederholte Erdenleben 147

Annette von Droste-Hülshoff
Einleitung 157

Das Ringen um Erkenntnis 162

Inhalt

Ludwig Feuerbach
Einleitung 175

Die Absage an Gott und Unsterblichkeit. Das Prinzip der Mitmenschlichkeit 179

Der spekulative oder metaphysische Grund des Todes – Der physische Grund des Todes – Der kritische Unsterblichkeitsglaube – Der christliche Himmel oder die persönliche Unsterblichkeit

Gottfried Keller
Einleitung 177

»Das Recht, ruhig zu bleiben im Gemüt« 193

Friedrich Hebbel
Einleitung 196

Das vergebliche Denkexperiment des Nichts. Leiden an der Individuation. Die rettende »Nabelschnur« des Geistes. Der »Lichtgedanke« der Unsterblichkeit 200

Conrad Ferdinand Meyer
Einleitung 214

Klärende Bestandsaufnahme des Lebens vor der Gegenwart des Todes 216

Christian Wagner
Einleitung 219

Seelenwanderung durch die Naturreiche. Nähe der Toten 221

Ernst Haeckel
Einleitung 226

Eine Konsequenz der Evolutionstheorie: Die Verlagerung der Unsterblichkeitsidee in die Einheit von Kraft und Materie (»Substanzgesetz«) 229

Unsterblichkeit der Seele – Beweise für die Wahrheit der Deszendenztheorie

Inhalt

Friedrich Nietzsche
Einleitung 240

»Gott ist tot«. Die Überwindung des Nihilismus in der Idee des Übermenschen. Die ewige Wiederkunft des Gleichen 248

Georg Simmel
Einleitung 263

Die moralisierende Wirkung des Todes. Seelenwanderung: eine Möglichkeit der Fortdauer des Ichs? 265

Rudolf Steiner
Einleitung 275

Die Erforschung der Seele nach naturwissenschaftlicher Methode. Erweiterung des Bewußtseins zur Erkenntnis von Reinkarnation und Karma. Die Christologie 280

Christian Morgenstern
Einleitung 308

Der Mensch – sub specie reincarnationis 310

C. Der Überschuß des Geistes – eine Garantie der Unsterblichkeit

Max Scheler
Einleitung 319

Die Fortdauer der Individualität aus dem geistigen »Überschwang«

Rainer Maria Rilke
Einleitung 335

Das »überzählige« Dasein. Verwandlung ins Unsichtbare 340

Hugo von Hofmannsthal
Einleitung 356

Vom »Fühlensübermaß« 360

Inhalt

Gerhart Hauptmann
Einleitung 357

Das Freiwerden des inneren »Überschusses« im Tod 365

Max Picard
Einleitung 358

Das »Mehr«, Spur des göttlichen Ursprungs 367

II. Erfahrungen und Denkwege im zwanzigsten Jahrhundert

Franz Kafka
Einleitung 377

Die Expedition nach der Wahrheit. Die sinnliche Welt als das Böse in der geistigen 384

Georg Trakl
Einleitung 394

Untergang und Vision des Aufgangs 398

Martin Heidegger
Einleitung 401

Das Sein zum Tode. Sorge und Angst. Das Nichts: »Geheimnis des Seins« 405

Dasein und Zeitlichkeit – Das mögliche Ganzsein des Daseins und das Sein zum Tode – Die Erfahrbarkeit des Todes der Anderen – Die Dimension des Heilen

Hans Carossa, Ina Seidel, Hermann Hesse, Ernst Jünger
Einleitung 418

Verwandlung und Wiederkehr 424

Inhalt

Albrecht Haushofer, Dietrich Bonhoeffer, Reinhold Schneider

Einleitung 442

Der Tod – Weg in die Freiheit. Das Verstummen der Frage nach Unsterblichkeit 444

Glaubenszeugnisse des Widerstands im Nationalsozialismus

Gottfried Benn

Einleitung 454

Die antinihilistische transzendierende Tat der Kunst: »Unsterblichkeit im Worte und im Laut« 458

Else Lasker-Schüler

Einleitung 473

Der Traum von der Welterlösung durch Liebe 475

Karl Jaspers

Einleitung 479

Der transzendierende Aufschwung in der Grenzsituation des Todes. Dasein als Möglichkeit von »Existenz«. Die Erfahrung von Sein beim Tod des Nächsten 483

Selbstsein in der Welt und vor der Transzendenz – Tod des Nächsten – Mein Tod – Die zweifache Angst – Der zweifache Tod – Geborgenheit im Tode – Wandel des Todes mit der Existenz – Unsterblichkeit

Marie Luise Kaschnitz

Einleitung 497

Lauf – Tanz – Sprung – Flug: Einübung ins Auferstehen 501

Rose Ausländer, Mascha Kaléko, Gertrud Kolmar, Paul Celan, Nelly Sachs

Einleitung 510

»Und das Sinken geschieht um des Steigens willen«: Jüdische Dichtung im Nationalsozialismus 517

Inhalt

Paul Celan (II)
Einleitung 536

Transzendieren ohne Transzendenz. »Warten auf Wahres« 545

Ernst Meister
Einleitung 552

Das Denken des Nichts 557

Carl Gustav Jung, Ernst Bloch, Karl Rahner, Carl Friedrich von Weizsäcker
Einleitung 566

Unsterblichkeit: eine Erfahrung des Unbewußten – Utopie einer unendlichen diesseitigen Zukunft – Unsterblichkeit – eine Glaubensgewißheit des Kommenden – Die sokratische Rückfrage: Was liegt jenseits der Physik? 569

Anhang
Biographien – Quellenhinweise 647

»Da ging ich in mich gekehrt, durch das gewölbte Tor, sinnend zurück in die Stadt. Warum, dachte ich, sinkt wohl das Gewölbe nicht ein, da es doch *keine Stütze hat*? Es steht, antwortete ich, *weil alle Steine auf einmal einstürzen wollen* – und ich zog aus diesem Gedanken einen unbeschreiblich erquickenden Trost, der mir immer mit der Hoffnung zur Seite stand, daß auch ich mich halten würde, wenn Alles mich sinken läßt.«
Heinrich von Kleist

»Für uns Menschen muß überall der Punkt, bis zu dem wir vordringen können, anstatt der Wahrheit gelten.«
Friedrich Hebbel

»Der Weg ist unendlich, da ist nichts abzuziehen, nichts zuzugeben, und doch hält jeder noch seine eigene kindliche Elle daran. ›Gewiß, auch diese Elle Wegs mußt du noch gehen, es wird dir nicht vergessen werden.‹«
Franz Kafka

I.
Der Aufbruch eines neuen Bewußtseins

A. Die Erneuerung des mystischen Willensprinzips

Einleitung

Heinrich von Kleist

Im Bild eines Kometen, der in »regellosen Kreisen das Weltall durchschweift«, um eine Bahn und ein Gesetz der Bewegung zu finden, hat Heinrich von Kleist sich selbst verstanden. Beunruhigend, ja bedrohlich erscheint er am Horizont der Goethezeit, in rätselhaftem Zug die ihn beherrschenden Planetensysteme durchkreuzend. Zweifelnd, ob zu spät oder zu früh geboren, ist er sich selbst ein Rätsel, ein störender und gemiedener Geist, dessen Ortlosigkeit in dem sich vollendenden Kosmos von Klassik, Idealismus und Romantik die neue, nach Goethes und Hegels Tod beginnende Epoche des sogenannten Realismus ankündigt, das kommende Zeitalter der offenen Horizonte. Ein »bedeutendes, aber unerfreuliches Meteor eines neuen Literatur-Himmels«, das »seltsamste Zeichen der Zeit«, notiert Goethe im Blick auf das »Amphitryon«-Drama. Das Leidenschaftliche Kleists, sein rücksichtsloses Vordringen bis zur Wurzel der Dinge, das kompromißlose Ausharren im Bewußtsein der Dissonanz der Welt, das Fehlen aller sie überbrückender Ideen, die selbstzerstörerische Unbedingtheit im Wollen dessen, was er seine »innere Vorschrift« nannte – all das konnte nur eine exzentrische Bahn bedeuten, wie es ähnlich diejenige Hölderlins und Nietzsches war, der ihm in mancher Hinsicht wesensverwandten »Einsamen und Freien im Geiste«. Mit der Vereinsamung sind »die Wüste und die Höhle« des ungewöhnlichen Menschen »sofort da«, sagt nicht zufällig Nietzsche, auch im Blick auf Kleist. Das Ungeliebtsein treibt ihn so gewaltsam in sich selbst zurück, daß sein »Wiederherauskommen jedesmal ein vulkanischer Ausbruch wird«.[1] »Reines Magma, das heiße Gestein der Seele« – so lautet hundert Jahre später Gottfried Benns Definition der modernen »Ausdruckswelt«. Sie trifft schon auf Kleist zu. In jeder Zeile, die er schreibt, ist er hüllenlos da. Kleist ist ganz Wille, elementarer, auf das Absolute gerichteter Wille. Das heißt auch, daß der Tod in dieses aus sich herausdrängende Leben voll einbezogen ist. Die Scheidewand zwischen dem Diesseits und dem Jenseits des Todes ist durchlässig, dünner als bei seinen Zeit-

---

1 Nietzsche: Unzeitgemäße Betrachtungen III.

genossen. In »einer Art höherer Osmose«[1] zieht seine irdische Existenz wie in großem Durst Nichtirdisches in sich herein. Der nachträglichen Betrachtung erscheint das Ziel dieser Lebensbewegung von früh an deutlich: Sie will Wahrheit. Kleists ganzes Dasein wirkt wie eine Vorbereitung auf den letzten Augenblick, alle seine Anstrengungen wollen das Leben todeswürdig machen. »Komm, laß uns etwas Gutes tun und dabei sterben«, fordert er einen Freund auf. »Ein Kind, ein schön Gedicht und eine große Tat« wünscht er sich, und dann: »Ich habe keinen anderen Wunsch als zu sterben, wenn mir (diese) drei Dinge gelungen sind.« Das Leben als Bewährungsprobe – das ist alles andere als Weltflucht – trotz des Selbstmords, der am Ende steht – vielmehr ein tiefes Bedürfnis der Seele, im Vertrauen auf ihren Ursprung in der Wahrheit sich ihr wieder zu nähern, wenn alles auf dem »lieblichen Schauplatz der Erde« Mögliche und das Dasein Rechtfertigende getan ist. Kleists Todesweg hat die Folgerichtigkeit eines gewollten Erkenntnisprozesses.

Schon der junge, nach Bildung und damit, wie er meint, nach Wahrheit strebende Kleist ist bedingungslos zum »Opfer des Lebens« bereit um dieses Zieles willen. Mit dem erworbenen Schatz von Wissen glaubt er, jenseits des Todes, auf einem anderen Stern, »eine Stufe näher der Gottheit« erreichen zu können. Das Studium der »neueren Kantischen Philosophie«, vermutlich Fichtes Schrift »Die Bestimmung des Menschen«, entzieht ihm den bis dahin mühsam festgehaltenen Boden des naiven rationalen Optimismus. Stehen doch hier die Sätze: »Es gibt überall kein Dauerndes, weder außer mir, noch in mir, sondern nur einen unaufhörlichen Wechsel. Ich weiß überall von keinem Sein, und auch nicht von meinem eigenen. Es ist kein Sein. – *Ich selbst* weiß überhaupt nicht, und bin nicht, *Bilder* sind.« Daher kann alles Wissen nur Abbildung der Bilder sein, ohne alle Realität, Bedeutung und Zweck. »Wahrheit geben kann es (das Wissen) nicht.« Einem solchen Angriff war Kleists Denkgebäude nicht gewachsen. Was im Sinne Kants zunächst nur als kritische Prüfung des menschlichen Erkenntnisvermögens gedacht war, erschütterte seine Existenz. Unfähig zu abstrahieren, sah dieser »Realist des Unwirklichen« gerade dasjenige sich entzogen, worauf sein ganzes Verlangen gerichtet war. Mehr noch als die Erkenntnis, daß »hinieden keine Wahrheit zu finden« ist, peinigte ihn ihre Konsequenz: Der Mensch geht mit Scheinwahrheiten

---

[1] Günter Blöcker: Heinrich von Kleist oder Das absolute Ich, Berlin 1960, S. 119.

in den Tod, alles hier Erworbene hat jenseits des Grabes keinen Bestand, alles Streben ist vergeblich. Im »innersten Heiligtum« seiner Seele bedroht, wendet Kleist sich ganz zu sich selbst. Die Krise wird zur Geburtsstunde des Dichters.

Schon ein Jahr vorher war ihm sein tragisches Weltverhältnis bewußt geworden, in dem ersten seiner großen physikalischen Bilder, das noch in der »Penthesilea« wiederkehrt: »Da ging ich in mich gekehrt, durch das gewölbte Tor, sinnend zurück in die Stadt. Warum, dachte ich, sinkt wohl das Gewölbe nicht ein, da es doch *keine* Stütze hat? Es steht, antwortete ich, *weil alle Steine auf einmal einstürzen wollen* – und ich zog aus diesem Gedanken einen unbeschreiblich erquickenden Trost, der mir immer mit der Hoffnung zur Seite stand, daß auch ich mich halten würde, wenn Alles mich sinken läßt.« Das auf sich selbst verwiesene, nur durch den allseitigen Sturz sich behauptende Ich – das ist die tragische Existenz, die für Kleist nur aus der Macht des Willens gelebt werden kann. Der Kleistische Wille ist nicht, wie derjenige Schillers, aus Erkenntnis geboren und Aufbruch zu einer Idee – er ist, eher im Sinn Schopenhauers, elementare, alle rationalen Dämme durchbrechende schöpferische Macht der Seele, die sich das innerste Wesen der Dinge zu erschließen sucht. Ursprünglich bewußtlos und scheinbar ohne Richtung, wird der Wille Kleists in dem Maß Bewußtsein und Geist, als er sich auf etwas jenseits aller Tragik Geahntes zubewegt. Im Gespräch »Über das Marionettentheater« nennt er es das »Paradies«. So zerklüftet Kleists Universum scheint, so unausweichlich es bestimmt ist von dem Riß, der durch die Schöpfung geht – in seinem Grund lebt die Vorstellung von der anfänglichen unbewußten Ureinheit des ersten Menschen mit seinem Schöpfer. Die schwerelos gelösten, fast Musik werdenden Augenblicke seiner Dichtung zeugen davon. Aber das Paradies ist »verriegelt, und der Cherub hinter uns«, Gott ist unendlich fern gerückt und kaum noch verständlich, der Sinn des Daseins ein Rätsel – die Welt ist »gebrechlich«. Der Hinweis auf das dritte Kapitel vom ersten Buch Moses – dem Bericht vom Baum der Erkenntnis, dem Verlust der Unschuld, der Vertreibung aus dem Paradies – zeigt die Richtung des Kleistischen Willens an. Ohne Kenntnis dieser »ersten Periode menschlicher Bildung«, heißt es da, könne man nicht über die folgenden, um wieviel weniger über die letzte sprechen. Kleist unternimmt den ungeheuerlichen Versuch, das geahnte unschuldige Sein in der Wahrheit wiederzugewinnen, die »Reise um die Welt« zu machen, um zu sehen, ob das Paradies »vielleicht von hinten irgendwo wieder offen ist«. Die poetischsten seiner Geschöpfe (Käthchen, Alkmene, die Marquise von O.), haben diese Reise nicht nötig, weil sie das Wahre unbewußt wissen, im traumwandlerischen Schlaf, im »Goldklang« des Herzens, im erkennenden Gefühl – der »Goldwaage der Empfindung«. Die handelnd Wollenden aber müssen »wieder vom Baum der Erkenntnis essen«: Ihre Reise – »Entdeckungsreise« schreibt Henriette Vogel in einem der letzten gemeinsamen Abschiedsbriefe – führt durch den realen oder – zuletzt – den mystischen Tod. Er ist nichts anderes als das Opfer des Willens. Von diesem Endpunkt her gesehen, sind Kleists ›Helden‹ auf inneren, nicht äußeren Wegen. Alle sind oder werden todesbereit. Ihre höchste Lebensfülle beweist sich darin, das Leben »leicht opfern«, den Willen auf das letzte Ziel richten zu können, wo er sich selbst aufhebt. Im Todesgang leuchtet die auf Erden vergeblich gesuchte Wahrheit auf. Deshalb erfüllt denjenigen, der ihn wagt, eine »unaussprechliche Heiterkeit«, ja Triumph.

Michael Kohlhaas, der sein Recht erkämpft hat, indem er selbst Recht verletzte, muß mit dem Opfer des Lebens büßen und erklärt zufrieden: »Ich bin bereit.« Dann fällt sein Haupt. Kleist sagt es in einem Nebensatz. Robert Guiscard, der um Byzanz und damit um die Weltherrschaft kämpfende Normannenfürst, ist nur in der Endsituation dargestellt; sein gewaltiger Wille ist einem schlechthin Unbezwingbaren, der Pest, konfrontiert, gegen die er nichts vermag. Gerade dieses Ende, da der Wille Stück für Stück von der nahenden Macht des Todes gebrochen wird, die Worte den inneren Vorgang nur noch leicht berühren und schließlich verstummen, ist der Höhepunkt des Fragments. Was hier vom Stoff her nicht möglich war, gelang Kleist in der »Penthesilea«, im archaisch Abgründigen einer mythennahen Figur. Ihr entfesseltes Gefühl treibt den Willen ins Gigantische, in die äußerste Hybris. Sie will »den Ida auf den Ossa wälzen«, den Sonnengott, in dem sie den Geliebten erblickt, zu sich herabziehen. Erst nachdem sie mit ihren Hunden Achill zerrissen hat, erwacht sie zum Bewußtsein des Entsetzlichen und zu sich selbst. An die Stelle von Wahn und Raserei treten Klarheit und Helle. Zum zweiten Male spricht sie die Worte, die sich noch in Kleists Abschiedsbriefen finden: »Ich bin so selig ... überselig! Ganz reif zum Tod' ...« Ihr Wille steigt in seinen eigenen Grund und richtet sich gegen sich selbst. »In einer Zone, in welcher der Mensch sonst keine Verfügungsgewalt mehr zu haben meint«, legt Penthesilea ihn still, gibt sie ihre Leiblichkeit auf.[1] Ohne Waffe, ohne Todeswunde, stirbt sie Achill nach. Es ist ein Liebestod, wie derjenige Isoldes in Wagners »Tristan«, jedoch nicht in rauschhafter Auflösung ins Unbewußte, sondern fast umgekehrt, im Wiedergewinnen eines unendlichen Bewußtseins. Eigentümlich heben sich von dem Vorausgegangenen die Worte »Reue« und »Hoffnung« ab. Das Bild von »der Hoffnung ewgem Amboß« zeigt das sich selbst auflösende endliche Dasein schon im ersten Licht eines unendlichen Seins, auf das hin die seelische Bewegung, auch in ihrer Dämonie, von Anfang an drängt: »Nun ists gut.«

Im »Prinz von Homburg« ist dieser Übergang vollkommen verinnerlicht. Wie Penthesilea ist der Prinz eine Kleistische Natur, gefühls- und willensmächtig, leidenschaftlich nach der großen Tat verlangend, Ordnungen verletzend, die – wenn auch Hilfsmaßnahmen einer »gebrechlichen« Welt – doch für höhere stehen. Zum Tod verurteilt, durchlebt er im Anblick des für ihn bestimmten Grabes Angst bis zur Selbsterniedrigung. Nur noch der nackte Lebenstrieb ist in ihm. Als der Kurfürst ihn daraufhin selbst über die Rechtmäßigkeit des Urteils entscheiden läßt, kommt er zu sich. Er plädiert jetzt gegen sich selbst, im Bewußtsein des sicheren Todes, schon aus einer Freiheit, in der nichts mehr ihm etwas anhaben kann. Er hat die Schwelle des endlichen Bewußtseins überschritten und in vollkommener Gelassenheit den Willen zum Leben geopfert. Er ist, wie Hebbel sagt, ein werdender Held, der die Todesweihe erringt, ohne wirklich zu sterben. Die letzte innere Verwandlung liegt zwischen den Szenen, in der Zone des »Unaussprechlichen«, in der für Kleist das Wahre geschieht. Doch das erreichte Ziel dieses Weges – von Penthesilea nur angedeutet – erscheint in zehn entrückten Versen: »Nun, o Unsterblichkeit, bist du ganz mein ...« Der mit verbundenen Augen auf den vermeintlichen Urteilsvollzug Wartende ist so fraglos in der gewonnenen Sicherheit seines Ich, daß er die ihm gereichte Nachtviole »zu Hause« in Wasser setzen will – »ein äußerstes Sinnbild für die Abwesenheit des Geistes in dieser Welt«, den Sieg eines höheren Bewußtseins im Unbewußten.[2] Dieser Tragödienschluß zeigt am unmittelbarsten, daß Kleists Ziel jenseits des Tragischen liegt. Wie mit Alkmenes schmerzlich sehnsüchtigem »Ach«, am Ende des »Amphitryon«, öffnet sich auch hier ein neuer unendlicher Horizont. Das Leben in der Erkenntnis ist aller-

---

1 Vgl. Günter Blöcker a.a.O., S.120.
2 Curt Hohoff: Kleist, Hamburg 1986, S.161.

dings nicht mehr vorstellbar. Es gehört zum »letzten Kapitel der Geschichte der Welt«.

Kleist vermochte es nicht, auszuharren. Für ein Herz voller Sehnsucht und Ungeduld wie das seine, war der Tod nicht mehr als ein Hinübergehen von einem Zimmer in das andere. Hier konnte er das Rätsel der Welt und der eigenen Existenz nicht lösen. Ihn verlangte nach der jenseitigen Wahrheit, nach Erkenntnis, die – »gleichsam durch ein Unendliches« gehend – den »Stand der Unschuld« wiedergewinnt. In der »heiligen« Gewißheit seines Ich ging er diesen Weg, um »das allerqualvollste Leben, das je ein Mensch geführt hat«, zu beenden. Vergeblich hatte er immer wieder Freunde gebeten, mit ihm zu sterben. Sein Verlangen nach Liebe zeigt sich auch in diesem letzten Schritt. In der krebskranken Henriette Vogel, die ihn um den Tod bat, fand er den gleichgestimmten Menschen, der das Gefühl des Alleinseins in der Welt noch zuletzt aufhob. Sie war ausschließlich Todesgefährtin, eines Todes, der alles andere als verzweifelt war. Der Entschluß zu sterben, versetzte Kleist in »nie empfundene Seligkeit« und »unaussprechliche Heiterkeit«. Lebenslang hatte er vergeblich nach Paradiesen gesucht. Er erlöste sich in der Gewißheit, es zu finden.

Heinrich von Kleist
1777–1811

Der Wille zur Erkenntnis von Wahrheit – Das unendliche Bewußtsein

Im Leben laß uns auf den Tod, und im Tode auf die Ewigkeit hinaus sehen.
Der Zweikampf

Über den Zweck unseres ganzen *ewigen* Daseins nachzudenken, auszuforschen, ob der Genuß der Glückseligkeit, wie *Epikur* meinte, oder die Erreichung der Vollkommenheit, wie *Leibniz* glaubte, oder die Erfüllung der trocknen Pflicht wie *Kant* versichert, der letzte Zweck des Menschen sei, das ist selbst für Männer unfruchtbar und oft verderblich. Wie können wir uns getrauen in den Plan einzugreifen, den die Natur für die Ewigkeit entworfen hat, da wir nur ein so unendlich kleines Stück von ihm, unser Erdenleben, übersehen? Also wage Dich mit Deinem Verstande nie über die Grenzen Deines Lebens hinaus. Sei ruhig über die Zukunft. Was Du für dieses Erdenleben tun sollst, das kannst Du begreifen, was Du für die Ewigkeit tun sollst, nicht; und so kann denn auch keine Gottheit mehr von Dir verlangen, als die Erfüllung Deiner Bestimmung auf dieser Erde. Schränke Dich also ganz für diese kurze Zeit ein. Kümmere Dich nicht um Deine Bestimmung nach dem Tode, weil Du darüber leicht Deine Bestimmung auf dieser Erde vernachlässigen könntest.
An Wilhelmine v. Zenge. 15. IX. 1800

Und dann, mich *selbst* auf eine Stufe *näher der Gottheit* zu stellen – o laß mich, laß mich! Das Ziel ist gewiß hoch genug und erhaben, da gibt es gewiß Stoff genug zum Handeln – und wenn ich auch auf dieser Erde nirgends meinen Platz finden sollte, so finde ich vielleicht auf einem andern Sterne einen um so bessern.
An Wilhelmine v. Zenge. 13. XI. 1800

Ich hatte schon als Knabe (mich dünkt am Rhein durch eine Schrift von Wieland) mir den Gedanken angeeignet, daß die Vervollkommnung der Zweck der Schöpfung wäre. Ich glaubte, daß wir einst nach dem Tode von der Stufe der Vervollkommnung, die wir auf diesem Sterne erreichten, auf einem andern weiter fortschreiten würden, und daß wir den Schatz von Wahrheiten, den wir hier sammelten, auch dort einst brauchen könnten. Aus diesen Gedanken bildete sich so nach und nach eine eigne Religion, und das Bestreben, nie auf einen Augenblick hienieden still zu stehen, und immer unaufhörlich einem höhern Grade von Bildung entgegenzuschreiten, ward bald das einzige Prinzip meiner Tätigkeit. *Bildung* schien mir das einzige Ziel, das des Bestrebens, *Wahrheit* der einzige Reichtum, der des Besitzes würdig ist. – Ich weiß nicht, liebe Wilhelmine, ob Du diese zwei Gedanken: *Wahrheit* und *Bildung*, mit einer solchen Heiligkeit denken kannst, als ich – Das freilich, würde doch nötig sein, wenn Du den Verfolg dieser Geschichte meiner Seele verstehen willst. Mir waren sie so heilig, daß ich diesen beiden Zwecken, Wahrheit zu sammeln, und Bildung mir zu erwerben, die *kostbarsten* Opfer brachte – Du kennst sie. – Doch ich muß mich kurz fassen.

Vor kurzem ward ich mit der neueren sogenannten Kantischen Philosophie bekannt – und Dir muß ich jetzt daraus einen Gedanken mitteilen, indem ich nicht fürchten darf, daß er Dich so tief, so schmerzhaft erschüttern wird, als mich. Auch kennst Du das Ganze nicht hinlänglich, um sein Interesse vollständig zu begreifen. Ich will indessen so deutlich sprechen, als möglich. Wenn alle Menschen statt der Augen grüne Gläser hätten, so würden sie urteilen müssen, die Gegenstände, welche sie dadurch erblicken, *sind grün* – und nie würden sie entscheiden können, ob ihr Auge ihnen die Dinge zeigt, wie sie sind, oder ob es nicht etwas zu ihnen hinzutut, was nicht ihnen, sondern dem Auge gehört. So ist es mit dem Verstande. Wir können nicht entscheiden, ob das, was wir Wahrheit nennen, wahrhaft Wahrheit ist, oder ob es uns nur so scheint. Ist das letzte, so ist die Wahrheit, die wir hier sammeln, nach dem Tode nicht mehr – und alles Bestreben, ein Eigentum sich zu erwerben, das uns auch in das Grab folgt, ist vergeblich –.

Ach, Wilhelmine, wenn die Spitze dieses Gedankens Dein Herz nicht trifft, so lächle nicht über einen andern, der sich tief in seinem heiligsten Innern davon verwundet fühlt. Mein einziges, mein höchstes Ziel ist gesunken, und ich habe nun keines mehr.

An Wilhelmine v. Zenge. 22. III. 1801

Der Gedanke, daß wir hienieden von der Wahrheit nichts, gar nichts, wissen, daß das, was wir hier Wahrheit nennen, nach dem Tode ganz anders heißt, und daß folglich das Bestreben, sich ein Eigentum zu erwerben, das uns auch in das Grab folgt, ganz vergeblich und fruchtlos ist, dieser Gedanke hat mich in dem Heiligtum meiner Seele erschüttert – Mein *einziges* und *höchstes* Ziel ist gesunken, ich habe keines mehr. Seitdem ekelt mich vor den Büchern, ich lege die Hände in den Schoß, und suche ein neues Ziel, dem mein Geist, froh-beschäftigt, von neuem entgegenschreiten könnte. Aber ich finde es nicht, und eine innerliche Unruhe treibt mich umher, ich laufe auf Kaffeehäuser und Tabagien, in Konzerte und Schauspiele, ich begehe, um mich zu zerstreuen und zu betäuben, Torheiten, die ich mich schäme aufzuschreiben, und doch ist der einzige Gedanke, den in diesem äußern Tumult meine Seele unaufhörlich mit glühender Angst bearbeitet, dieser: dein einziges, und höchstes Ziel ist gesunken –

An Ulrike v. Kleist, 23. III. 1801

Ach, es ist nichts ekelhafter, als diese Furcht vor dem Tode. Das Leben ist das einzige Eigentum, das nur dann etwas wert ist, wenn wir es nicht achten. Verächtlich ist es, wenn wir es nicht leicht fallen lassen können und nur der kann es zu großen Zwecken nutzen, der es leicht und freudig wegwerfen könnte. Wer es mit Sorgfalt liebt, moralisch tot ist er schon, denn seine höchste Lebenskraft, nämlich es opfern zu können, modert, indessen er es pflegt. Und doch – o wie unbegreiflich ist der Wille, der über uns waltet! – Dieses rätselhafte Ding, das wir besitzen, wir wissen nicht von wem, das uns fortführt, wir wissen nicht wohin, das unser Eigentum ist, wir wissen nicht, ob wir darüber schalten dürfen, eine Habe, die nichts wert ist, wenn sie uns etwas wert ist, ein Ding, wie ein Widerspruch, flach und tief, öde und reich, würdig und verächtlich, vieldeutig und unergründlich, ein Ding, das jeder wegwerfen möchte, wie ein unverständliches Buch, sind wir nicht durch ein Naturgesetz gezwungen es zu lieben? Wir müssen vor der Vernichtung beben, die doch nicht so qualvoll sein kann, als oft das Dasein und indessen mancher das traurige Geschenk des Lebens beweint, muß er es durch Essen und Trinken ernähren und die Flamme vor dem Erlöschen hüten, die ihn weder erleuchtet, noch erwärmt.

Das klang ja wohl recht finster? Geduld – es wird nicht immer so sein, und ich sehne mich nach einem Tage, wie der Hirsch in der Mittagshitze nach dem Strome, sich hineinzustürzen – Aber Geduld! –

I. Der Aufbruch eines neuen Bewußtseins

Geduld –? Kann der Himmel die von seinen Menschen verlangen, da er ihnen selbst ein Herz voll Sehnsucht gab?

An Wilhelmine v. Zenge. 21. VII. 1801

Der Gedanke will mir noch nicht aus dem Kopf, daß wir noch einmal zusammen etwas tun müssen. Wer wollte auf dieser Welt glücklich sein. Pfui, schäme dich, möcht' ich fast sagen, wenn du es willst! Welch eine Kurzsichtigkeit, o du edler Mensch, gehört dazu, hier, wo alles mit dem Tode endigt, nach etwas zu streben. Wir begegnen uns, drei Frühlinge lieben wir uns: und eine Ewigkeit fliehen wir wieder auseinander. Und was ist des Strebens würdig, wenn es die Liebe nicht ist! Ach, es muß noch etwas anderes geben, als Liebe, Glück, Ruhm 2c. x, y, z, wovon unsre Seelen nichts träumen.

Es kann kein böser Geist sein, der an der Spitze der Welt steht; es ist ein bloß unbegriffener! Lächeln wir nicht auch, wenn die Kinder weinen? Denke nur, diese unendliche Fortdauer! Myriaden von Zeiträumen, jedweder ein Leben, und für jedweden eine Erscheinung, wie diese Welt! Wie doch das kleine Sternchen heißen mag, das man auf dem Syrius, wenn der Himmel klar ist, sieht? Und dieses ganze ungeheure Firmament nur ein Stäubchen gegen die Unendlichkeit! O Rühle, sage mir, ist dies ein Traum? Zwischen je wei Lindenblättern, wenn wir Abends auf dem Rücken liegen, eine Aussicht, an Ahndungen reicher, als Gedanken fassen und Worte sagen können. Komm, laß uns etwas Gutes tun, und dabei sterben! Einen der Millionen Tode, die wir schon gestorben sind, und noch sterben werden. Es ist, als ob wir aus einem Zimmer in das andere gehen. Sieh, die Welt kommt mir vor, wie eingeschachtelt; das kleine ist dem großen ähnlich. So wie der Schlaf, in dem wir uns erholen, etwa ein Viertel oder Drittel der Zeit dauert, da wir uns, im Wachen, ermüden, so wird, denke ich, der Tod, und aus einem ähnlichen Grunde, ein Viertel oder Drittel des Lebens dauern. Und grade so lange braucht ein menschlicher Körper, zu verwesen. Und vielleicht giebt es für eine ganze Gruppe von Leben noch einen eignen Tod, wie hier für eine Gruppe von Durchwachungen (Tagen) einen.

An Rühle v. Lilienstern. 31. VIII. 1806

»Doch das Paradies ist verriegelt und der Cherub hinter uns; wir müssen die Reise um die Welt machen, und sehen, ob es vielleicht von hinten irgendwo wieder offen ist. (...) Wir sehen, daß in dem Maße, als, in der organischen Welt, die Reflexion dunkler und schwächer wird, die Grazie darin immer strahlender und herrschender hervortritt. – Doch so, wie sich der Durchschnitt zweier Linien, auf der einen Seite eines Punkts, nach dem Durchgang durch das Unendliche, plötzlich wieder auf der andern Seite einfindet, oder das Bild des Hohlspiegels, nachdem es sich in das Unendliche entfernt hat, plötzlich wieder dicht vor uns tritt: so findet sich auch, wenn die Erkenntnis gleichsam durch ein Unendliches gegangen ist, die Grazie wieder ein; so, daß sie, zu gleicher Zeit, in demjenigen menschlichen Körperbau am reinsten erscheint, der entweder gar keins, oder ein unendliches Bewußtsein hat, d. h. in dem Gliedermann, oder in dem Gott.«

»Mithin«, sagte ich ein wenig zerstreut, »müßten wir wieder von dem Baum der Erkenntnis essen, um in den Stand der Unschuld zurückzufallen?«

»Allerdings«, antwortete er; »das ist das letzte Kapitel von der Geschichte der Welt.« –

Über das Marionettentheater

Meine liebste Marie, mitten in dem Triumphgesang, den meine Seele in diesem Augenblick des Todes anstimmt, muß ich noch einmal Deiner gedenken und mich Dir, so gut wie ich kann, offenbaren: Dir, der Einzigen, an deren Gefühl und Meinung mir etwas gelegen ist; alles andere auf Erden, das Ganze und Einzelne, habe ich völlig in meinem Herzen überwunden. Ja es ist wahr, ich habe Dich hintergangen, oder vielmehr ich habe mich selbst hintergangen; wie ich Dir aber tausendmal gesagt habe, daß ich dies nicht überleben würde, so gebe ich Dir jetzt, indem ich von Dir Abschied nehme, davon den Beweis. Ich habe Dich während Deiner Abwesenheit in Berlin gegen eine andere Freundin vertauscht; aber wenn Dich das trösten kann, nicht gegen eine, die mit mir leben, sondern, die im Gefühl, daß ich ihr eben so wenig treu sein würde, wie Dir, mit mir sterben will. Mehr Dir zu sagen, läßt mein Verhältnis zu dieser Frau nicht zu. Nur so viel wisse, daß meine Seele, durch die Berührung mit der ihrigen, zum Tode ganz reif geworden ist; daß ich die ganze Herrlichkeit des menschlichen Gemüts an dem ihrigen ermessen habe, und daß ich sterbe, weil mir auf Erden nichts mehr zu lernen und zu erwerben übrig bleibt. Lebe wohl! Du bist die Allereinzige auf Erden, die ich jenseits wieder zu sehen wünsche. Etwa Ulriken? – ja nein, nein ja: es soll von ihrem eignen Gefühl abhangen. Sie hat, dünkt mich, die Kunst nicht verstanden sich aufzuopfern, ganz für das, was man liebt, in Grund und Boden zu gehn: das Seligste, was sich auf Erden erdenken läßt, ja worin der Himmel bestehen muß, wenn es wahr ist, daß man darin vergnügt und glücklich ist. Adieu!

An Marie v. Kleist. 9. XI. 1811

Deine Briefe haben mir das Herz zerspalten, meine teuerste Marie, und wenn es in meiner Macht gewesen wäre, so versichre ich Dich, ich würde den Entschluß zu sterben, den ich gefaßt habe, wieder aufgegeben haben. Aber ich schwöre Dir, es ist mir ganz unmöglich länger zu leben; meine Seele ist so wund, daß mir, ich möchte fast sagen, wenn ich die Nase aus dem Fenster stecke, das Tageslicht wehe tut, das mir darauf schimmert. Das wird mancher für Krankheit und überspannt halten; nicht aber Du, die fähig ist, die Welt auch aus andern Standpunkten zu betrachten als aus dem Deinigen. Dadurch, daß ich mit Schönheit und Sitte, seit meiner frühesten Jugend an, in meinen Gedanken und Schreibereien, unaufhörlichen Umgang gepflogen, bin ich so empfindlich geworden, daß mich die kleinsten Angriffe, denen das Gefühl jedes Menschen nach dem Lauf der Dinge hienieden ausgesetzt ist, doppelt und dreifach schmerzen. (...) Nun ist es zwar wahr, es war in den letzten Zeiten, von mancher Seite her, gefährlich, sich mit mir einzulassen, und ich klage sie desto weniger an, sich von mir zurückgezogen zu haben, je mehr ich die Not des Ganzen bedenke, die zum Teil auch auf ihren Schultern ruhte; aber der Gedanke, das Verdienst, das ich doch zuletzt, es sei nun groß oder klein, habe, gar nicht anerkannt zu sehn, und mich von ihnen als ein ganz nichtsnutziges Glied der menschlichen Gesellschaft, das keiner Teilnahme mehr wert sei, betrachtet zu sehn, ist mir überaus schmerzhaft, wahrhaftig es raubt mir nicht nur die Freuden, die ich von der Zukunft hoffte, sondern es vergiftet mir auch die Vergangenheit. (...) Rechne hinzu, daß ich eine Freundin gefunden habe, deren Seele wie ein junger Adler fliegt, wie ich noch in meinem Leben nichts ähnliches gefunden habe; die meine Traurigkeit als eine höhere, festgewurzelte und unheilbare begreift, und deshalb, obschon sie Mittel genug in Händen hätte mich hier zu beglücken, mit mir sterben will, die mir die unerhörte Lust gewährt, sich, um dieses Zweckes Willen, so leicht aus einer ganz wunschlosen Lage, wie ein Veilchen aus einer Wiese, heraus heben zu lassen; die einen Vater, der sie anbetet, einen Mann, der großmütig genug war sie mir abtreten zu wollen, ein Kind, so schön und schöner als die Morgensonne, nur meinetwillen verläßt: und Du wirst begreifen, daß meine ganze jauchzende Sorge nur sein kann, einen Abgrund tief genug zu finden, um mit ihr hinab zu stürzen. – Adieu noch einmal! –

An Marie v. Kleist. 10. XI. 1811

Meine liebste Marie, wenn Du wüßtest, wie der Tod und die Liebe sich abwechseln, um diese letzten Augenblicke meines Lebens mit Blumen, himmlischen und irdischen, zu bekränzen, gewiß Du würdest mich gern sterben lassen. Ach, ich versichere Dich, ich bin ganz selig. Morgens und Abends knie ich nieder, was ich nie gekonnt habe, und bete zu Gott; ich kann ihm mein Leben, das allerqualvollste, das je ein Mensch geführt hat, jetzo danken, weil er es mir durch den ... [Lücke im Text.] ... und wollüstigsten aller Tode vergütigt. Ach könnt' ich nur etwas für Dich tun, das den herben Schmerz, den ich Dir verursachen werde, mildern könnte! Auf einen Augenblick war es mein Wille mich malen zu lassen; aber alsdann glaubte ich wieder zuviel Unrecht gegen Dich zu haben, als daß mir erlaubt sein könnte vorauszusetzen, mein Bild würde Dir viel Freude machen. Kann es Dich trösten, wenn ich Dir sage, daß ich diese Freundin niemals gegen Dich vertauscht haben würde, wenn sie weiter nichts gewollt hätte, als mit mir leben? Gewiß, meine liebste Marie, so ist es; es hat Augenblicke gegeben, wo ich meiner lieben Freundin, offenherzig, diese Worte gesagt habe. Ach, ich versichre Dich, ich habe Dich so lieb, Du bist mir so überaus teuer und wert, daß ich kaum sagen kann, ich liebe diese liebe vergötterte Freundin mehr als Dich. Der Entschluß, der in ihrer Seele aufging, mit mir zu sterben, zog mich, ich kann Dir nicht sagen, mit welcher unaussprechlichen und unwiderstehlichen Gewalt, an ihre Brust, erinnerst Du Dich wohl, daß ich Dich mehrmals gefragt habe, ob Du mit mir sterben willst? – Aber Du sagtest immer nein – Ein Strudel von nie empfundner Seligkeit hat mich ergriffen, und ich kann Dir nicht leugnen, daß mir ihr Grab lieber ist als die Betten aller Kaiserinnen der Welt. – Ach, meine teure Freundin, möchte Dich Gott bald abrufen in jene bessere Welt, wo wir uns alle, mit der Liebe der Engel, einander werden ans Herz drücken können. Adieu.

An Marie v. Kleist. 12. XI. 1811

Der Himmel weiß, meine liebe, treffliche Freundin, was für sonderbare Gefühle, halb wehmütig, halb ausgelassen uns bewegen, in dieser Stunde, da unsere Seelen sich, wie zwei fröhliche Luftschiffer, über die

Welt erheben, noch einmal an Sie zu schreiben. ... – Es hat seine Richtigkeit, daß wir uns, Jettchen und ich, wie zwei trübsinnige, trübselige Menschen, die sich immer ihrer Kälte wegen angeklagt haben, von ganzem Herzen lieb gewonnen haben, und der beste Beweis davon ist wohl, daß wir jetzt mit einander sterben.

Leben Sie wohl, unsre liebe, liebe Freundin, und seien Sie auf Erden, wie es gar wohl möglich ist, recht glücklich! Wir, unsererseits, wollen nichts von den Freuden dieser Welt wissen und träumen lauter himmlische Fluren und Sonnen, in deren Schimmer wir, mit langen Flügeln an den Schultern, umherwandeln werden. Adieu! Einen Kuß von mir, dem Schreiber, an Müller; er soll zuweilen meiner gedenken, und ein rüstiger Streiter Gottes gegen den Teufel Aberwitz bleiben, der die Welt in Banden hält. –

    [Nachschrift von Henriette Vogel:]
    Doch wie dies alles zugegangen,
    Erzähl' ich euch zur andren Zeit,
    Dazu bin ich zu eilig heut. –

Lebt wohl denn! Ihr, meine lieben Freunde, und erinnert euch in Freud' und Leid der zwei wunderlichen Menschen, die bald ihre große Entdeckungsreise antreten werden. Henriette.

An Sophie Haza-Müller. 20. XI. 1811

Ich kann nicht sterben, ohne mich, zufrieden und heiter, wie ich bin, mit der ganzen Welt, und somit auch, vor allen anderen, meine teuerste Ulrike, mit dir versöhnt zu haben. Laß sie mich, die strenge Äußerung, die in dem Briefe an die Kleisten enthalten ist, laß sie mich zurücknehmen; wirklich, du hast an mir getan, ich sage nicht, was in Kräften einer Schwester, sondern in Kräften eines Menschen stand, um mich zu retten: die Wahrheit ist, daß mir auf Erden nicht zu helfen war. Und nun lebe wohl; möge dir der Himmel einen Tod schenken, nur halb an Freude und unaussprechlicher Heiterkeit dem meinigen gleich: das ist der herzlichste und innigste Wunsch, den ich für dich aufzubringen weiß.

Stimmings bei Potsdam   Dein
d. – am Morgen meines Todes.   Heinrich.

An Ulrike v. Kleist. 21. XI. 1811

Heinrich von Kleist

Penthesilea
(nach einer Pause, mit einer Art von Verzückung).

Ich bin so selig, Schwester! Überselig!
Ganz reif zum Tod', o Diana, fühl' ich mich!
Zwar weiß ich nicht, was hier mit mir geschehn,
Doch gleich des festen Glaubens könnt' ich sterben,
Daß ich mir den Peliden überwand. (…)

Denn jetzt steig' ich in meinen Busen nieder,
Gleich einem Schacht, und grabe, kalt wie Erz,
Mir ein vernichtendes Gefühl hervor.
Dies Erz, dies läutr' ich in der Glut des Jammers
Hart mir zu Stahl; tränk' es mit Gift sodann,
Heißätzendem, der Reue, durch und durch;
Trag' es der Hoffnung ew'gem Amboß zu,
Und schärf' und spitz' es mir zu einem Dolch;
Und diesem Dolch jetzt reich' ich meine Brust:
So! So! So! So! Und wieder! – Nun ist's gut.
   (Sie fällt und stirbt)
Penthesilea. 24. Auftritt

Der Prinz von Homburg

Nun, o Unsterblichkeit, bist du ganz mein!
Du strahlst mir, durch die Binde meiner Augen,
Mit Glanz der tausendfachen Sonne zu!
Es wachsen Flügel mir an beiden Schultern,
Durch stille Ätherräume schwingt mein Geist;
Und wie ein Schiff, vom Hauch des Winds entführt,
Die muntre Hafenstadt versinken sieht,
So geht mir dämmernd alles Leben unter:
Jetzt unterscheid' ich Farben noch und Formen,
Und jetzt liegt Nebel alles unter mir.

Prinz Friedrich v. Homburg. V, 10

Einleitung

Johann Heinrich Zschokke

Als Kleist 1801/02 am Thuner See für kurze Zeit eine Zuflucht fand, wo er den großen Plan der Guiscard-Tragödie verwirklichen wollte, verkehrte er im Freundeskreis des Schweizer Schriftstellers Zschokke, zu dem auch Pestalozzi und der Sohn Wielands gehörten. Damals entstanden im literarischen Wettstreit Kleists Lustspiel und Zschokkes Erzählung »Der zerbrochene Krug«. Zweifellos gab es auch Gespräche über die Probleme, die Kleist umtrieben, denn auch Zschokke kam aus dem Geist der philosophisch-theologischen Aufklärung. Ihre Grundgedanken sind in seine Anschauung vom Menschen und seiner Bestimmung eingegangen.

Im Gegensatz zu Kleist hält er am Sinn der ›Bildung‹ als der Vervollkommnung des menschlichen Geistes fest, sie ist das Werkzeug seiner fortschreitenden Annäherung an die Gottheit und damit seiner Glückseligkeit. Der Mensch braucht notwendig unendlich viele Verkörperungen, um dieses Ziel zu erreichen. Der Unruhe des Geistes über sein zwiespältiges »geheimnisvolles Verhältnis« zur Natur setzt Zschokke vier Argumente entgegen, die gerade das voraussetzen, woran Kleist verzweifelt – die Fähigkeit des Menschen, Wahrheit zu erkennen: Der Geist hat das Bewußtsein seiner selbst als eines Beharrenden im Wechsel seiner Gedanken, Entschlüsse und Wirkungen. Er erkennt das Wesen der Natur, das sie nirgends sinnlich offenbart, kann also dem in der Sinnenwelt herrschenden Gesetz der Sterblichkeit nicht unterworfen sein. Er hat ein eigenes höheres Gesetz in sich, dem er – auch gegen die Natur – folgen kann. Er kann die Idee der Seelenwanderung fassen.

Erwacht für Kleist unendliches Bewußtsein erst mit dem Tod, so ist für Zschokke der menschliche Geist Prinzip aller Erkenntnis, »das Kennende« schlechthin. Er sieht den Menschen dreifach gegliedert: Der Körper ist nur sterbliche Hülle, Werkzeug; die Seele – der »unsichtbare Leib des Geistes« vermittelt zwischen Körper und Geist und ist mit dem Geist unsterblich. Der Mensch als geistige Person gehört nicht der Natur an, sondern ist »Bürger eines unendlich herrlichern Reichs«. Mit dem ersten Aufglimmen seines Bewußtseins wird er zum »Selbstschöpfer inmitten seiner Gedankenwelt«. Folgt er als bewußtes Wesen mit seinem ganzen Willen dem ihm einwohnenden Gesetz der Entwicklung, ist er schon hier im Ewigen: Entwicklung ist »ewige Selbstentfaltung« des Geistes wie auch der gesamten Natur. Zschokke erklärt alle Einwände gegen diese Anschauung (die er in der bewußt erzieherisch angelegten Schrift selbst theoretisch macht) ganz im Sinn des Idealismus aus der Verwechslung von unendlichem Wesen und endlicher Erscheinung. Wie Kleist beruft er sich auf Gefühl, Ahnung und Träume. Das Gefühl, daß Gott *ist*, beweist ihm auch die Unsterblichkeit des Ich.

Die Nähe zu Kleist zeigt auch seine Vorstellung von der »Weltenbewandrung« des entkörperten Geistes. Ausdrücklich gegen den Gedanken einer Auflösung im Universum sich wendend, die für ihn dem geistigen Tod gleich käme, sieht er nur in neuen Verkörperungen auf neuen Gestirnen die Möglichkeit, reif zu werden für »die große einzige Wahrheit.« In diesem Prozeß ist der Geist nicht nur »Selbstschöpfer« – auch »Selbstrichter«, denn er allein bestimmt durch die in seiner jeweiligen Verkörperung erreichte Stufe sein Auf- oder Niedersteigen in der unendlichen Bewegung des Alls hin zu Gott. In der fast neuplatonischen Vorstellung einer zuletzt in der Gottheit mündenden »ununterbrochenen Wesenskette« alles Seienden tritt die Ahnung der unendlichen Kluft zwischen Schöpfer und Geschöpf schärfer hervor als in der früheren Abgrenzung des Menschen von der Natur. Menschlicher Geist, im Dunkel der unbewußten Natur leuchtend, ist dunkel gegenüber dem göttlichen Licht; unendliches Wissen ein Nichts, gemessen an göttlicher Weisheit. Der Weg des Menschen zu Gott kann nur ein unendlicher sein.

Die Schrift »Harmonius«, Gespräch mit einem zum Sterben bereiten Weisen, ist als Ganzes noch einmal Ausdruck der Selbstgewißheit des Ich und seiner unendlichen Metamorphosen. Der Tod ist nur »Verwandlung des Schauplatzes«, wo die in Liebe verbundenen Seelen zu neuem Streben sich wiederfinden. Zschokke wünscht sich die seit alters bestehenden Seelenwanderungslehren bekräftigt durch die »Naturkunde«, deren Fortschritte in seiner Zeit er offensichtlich mit großen Erwartungen verfolgt.

Johann Heinrich Daniel Zschokke
1771–1848

Das Vertrauen in den menschlichen Geist als dem Prinzip der Seelenwanderung auf dem unendlichen Weg in die Gottheit

Stufen der Vervollkommnung

Ich werde sterben, heimgehen zum Staube, wie Millionen vor mir, wie Millionen nach mir.

Ich werde *nichts sein!* – Doch nicht *mein Ich*, sondern nur die *Hülle meines Ichs*; eben die Hülle, durch welche ich Leid und Lust empfand, das Werkzeug, durch welches die Gegenstände der Erde auf meinen Geist wirken.

Mein Geist, mein von Gott zur Unsterblichkeit geborner Geist, wird eine Welt verlassen, die er nicht mehr genießen kann, weil er getrennt von den Mitteln ist, die sie ihm genießbar machten. So wie der, welcher seine Augen verliert, keinen Genuß, keine Empfindung von Licht und Schatten, vom Schönen und Häßlichen haben kann. –

Soll mein Geist aber eine *neue* Welt bewohnen, ein anderes Leben beginnen, so wird ihn die Allmacht der Gottheit, welche alles, was sie um sich schuf, zum Leben und zur Tätigkeit erschuf, mit einer *neuen Körperhülle* bekleiden, ihn mit neuen, unbekannten Empfindungswerkzeugen begaben, um die fremden Gegenstände der fremden Welt *zu erkennen*. Ich werde ein neues Leben leben; werde neue Bekanntschaften unter fremden, unbekannten Geschöpfen gewinnen; neue Brüder, neue Vertraute finden.

Vielleicht leb' ich dort auf einer Erde, wie hier; vielleicht lebte ich schon auch einmal in einer andern Welt, wie hier – denn wer tritt auf und widerlegt mich? Daß wir uns eines ehemaligen Lebens nicht mehr bewußt sind, das ist doch kein Beweis dafür, daß wir es gar nicht gelebt haben. Hätten wir noch die Sinne, die Empfindungswerkzeuge, welche unser Geist vielleicht in einer vormaligen Welt besaß, so würden wir uns auch wahrscheinlich an ehemalige gehabte Empfindungen in einem vergangenen Leben zurückerinnern können; denn unser Gedächtnis entsteht nur durch den Reiz der Sinne, welcher bei einem ähnlichen Gegenstande mit einer vormals gehabten Empfindung Ähnlichkeit hat und vermittelst der Einbildungskraft auch die ehemaligen Vorstellungen der Seele wieder rege macht.

So wie wir hier leben, lachen und weinen, arbeiten, denken und sterben, so lebten, webten und starben wir, vor unserm Hiersein auf Erden, in einer andern Welt; vielleicht ist *dies* Erdenleben *schon eine höhere Stufe* zur großen Vollkommenheit unsers Geistes, und wohl dem, der sich bei seinem Abschiede aus dieser Welt, für eine noch *höhere Stufe* geistiger Vollkommenheit würdig fühlt!

Wir sterben; unser Geist verläßt sein Wohnhaus, welches er auf ewig nicht wieder bewohnen wird, weil ein zweites, ein drittes und viertes Leben ihn mit einem andern Schleier, nach den erforderlichen Bedürfnissen jener Welten, überkleiden wird. — Warum sollte der ehemalige Leibesstoff die Särge und Totengewölbe durchbrechen und sich *dann verklären*, das heißt, sich in den Bestandteilen verfeinern und zum ätherischen Luftkörper werden? — Der Leib kann aber schlechterdings in seinen Teilen keine Veränderung leiden, ohne aufzuhören *das* zu sein, was er ist; und wenn es also ein *neuer Körper* sein müßte, wozu bedürfte die Gottheit unsrer Asche für eine *subtilere Seelenhülle*? Ist denn die Allmacht ärmer und minder groß, als damals, da auf ihren Wink Welten erschienen? (...)

Ich kann mir unter allem, was furchtbar heißt, nur *eine schreckliche* Vorstellung denken, und die ist: wer weiß es, ob du im Tode nicht gänzlich zu sein aufhörst! Aber der Gedanke: du wirst ewig sein, und auf *ewig gerichtet, ewig gestraft* werden, empört sich wider meine ganze Natur. — (...) Ich glaub' es, und fühle was ich glaube, daß, *wenn wir unsterblich sind*, wir auch *gleiche Hoffnung* haben, dereinst, der eine früher, der andre später, *glücklich zu werden!*

Und hier stoßen wir ja wieder auf unsre Mutmaßung von Welten zu Welten, von Leben zu Leben emporzusteigen zur Vollkommenheit. (...)

Was wir *Anlagen*, *Talent*, *Genie* nennen ist ohngefähr das, was unser Geist aus andern Sphären mit herüber bringt; alles übrige, was wir *Gedächtniswerk* nennen, läßt er, so wie seine, nur für jene Welten passenden Leidenschaften und Gefühle, zurück. Ich rede hier immer von *großen Geistern*, welche auf der Erde erschienen, und, weil sie sich schon anderswo denkfähiger gemacht, hieherkamen, ihrem Geiste noch einen höhern Grad der Vollkommenheit zu geben. Der Erdball selbst ist *nur für sie* eine Belohnung, nur *für sie* eine *höhere Stufe* auf der Leiter erhabner Vollkommenheit, indes eben der Erdball *für andre* wieder eine Strafe, oder auch nur eine *geringere Stufe* ist, um sich erst auf künftige, höhere vorzubereiten. (...)

Wunderbar liegt alles verworren durch einander gemischt da; der, welcher schon hohe (*für uns* nämlich gedenkbare hohe) Grade der Vollkommenheit erreichte, neben dem, welcher erst, vielleicht durch manche Verwandlungen, zu der Stufe hinanklimmen wird und *hinanklimmen muß* – und doch mitten in dieser Verwirrung liegt der weiseste, ordnungsvollste Plan der Gottheit. (...) – So wahr ich weiß und fühle, daß über und in mir ein *Gott ist*, und daß *ich*, eben deswegen, weil *er ist*, *unsterblich* bin, so wahr verehre ich auch seine *geheimsten Absichten*, die, weil er Gott und Weltvater ist, eben so wohl, als die, welche uns *offenbar* sind, *vortrefflich* und *anbetungswürdig* sein müssen.

Ach ja, je länger ich diesen lieblichen Gedanken der Fortdauer meiner Seele, der Weltenbewandrung meines Geistes, welcher, wie alles in der Natur, stufenweis bis zur letzten Sprosse an der Leiter der unsterblichen Wesen hinanwandelt, nachsinne, je tiefer ich mich in ihn verwirre, je süßer, je fruchtbarer wird er mir. (...)

Ist es nur ein Traum, der izt mein Herz erwärmt, meine Augen befeuchtet, mich über diese Sterblichkeit empor in schönere Welten trägt; o Traum, so sollst du mich laben, mich erquicken, so lange ich dies Erdenrund bewohne. Und fällt einst eine Scheidewand zwischen mir und diesem Leben, dann – o dann wirst du vielleicht vom Traume erhoben zur beseligenden Wahrheit. (...)

Ich kenne keinen schönern, keinen wirkendern Beweggrund, edle, große Taten zu tun, und den Geist mit Schätzen der Weisheit zu bereichern, als diesen Gedanken: was du tust, tust du deinetwillen; von Welt zu Welt wirst du in Vollkommenheit wachsen; du wirst früher dich dem großen Ziele nahen, welches, weil du jetzt noch von ihm zu entfernt bist, dir nur noch dunkel und nebelhaft erscheint, welches dir, je mehr du dich ihm von Welt zu Welt näherst, immer deutlicher, größer und größer, und verlangenswürdiger werden wird. – (...)

Einstens wenn ich reif sein werde für eine andere Welt; wenn mein Geist, bereichert mit einigen Vollkommenheiten mehr, als er auf die Erde hinbrachte, sich trennt von seiner Hülle, und diese Hülle verwesend zurück sinkt in Staub; wenn ich da liege auf dem Sterbebette, von klagenden Freunden umweint, von aller Hilfe verlassen, länger mit ihnen meines Daseins auf dieser Welt mich zu freun – dann soll mich der Gedanke erquicken: du wirst nicht hinaus gehen aus Gottes Weltall; die dunkle Hand der Vorsehung wird dich einem andern Stern, einer andern Welt zuführen, dein Geist wird sich in einen andern, vielleicht noch schönern, noch bewundernswürdigern Körper hineinschmiegen; du wirst dort wieder tausend fremde Gegenstände, tausend unbekannte Geschöpfe, tausend neue Erkenntnisse finden; wirst dort Geschöpfe wieder sehen, die dir gleich sind, die dich lieben, dich hinanleiten werden zur großen, einzigen Wahrheit, mit dir anstaunen, mit dir vereint danken werden dem Schöpfer so vieler Welten, so vieler Geister auf ihnen, und so vieler Ordnung, du wirst glücklich sein, indem du durch die neuen Gefilde jener Welt wandeln, und tausend, dir noch auf dem Stern der Erde unbekannte Seligkeiten entdecken wirst.

Nein, der Tod ist mir nicht mehr *schrecklich* – nur noch insofern *traurig*, daß gute Menschen mich vielleicht beweinen könnten; aber harren nicht meiner in einer andern Welt schon Brüder, die sich meiner wieder freuen können? – Und nichts, nichts wird mir beim einsamen Hinüberschweben getreu bleiben, als ich mir selber; keine Freude, kein Schmerz, keine Kenntnis irdischer Dinge, keine Rückerinnrung an Vergangenheit. – Doch einen werd' ich droben gewiß wiederfinden, und dieser eine ist – Gott! – Gott wird auf allen Welten genannt, auf allen Welten geheiliget, denn er ist allenthalben der Vater, wie bei uns auf dem Erdenrunde.

Vergangenes Seelendasein und dereinstiges

Natur und menschlicher Geist

Wäre der menschliche Geist die höchste Blüte der Natur, ein Bewußtsein des sich selbst Unbewußten: so würde er, als Naturwerk, ein bloßes *Sein* haben, ohne selbstständige Wesenheit; so würde nicht er, sondern die Natur, Quell und Ursache seiner Vorstellungen und Ideen, mithin selbst von dem sein, was sie selbst nirgends äußert und nicht weiß; so würde sie in seinem Bewußtsein und Wissen sich selbst zum Widerspruch werden müssen, ein wissenloses Gewußtes, ein willenloses Wählen; ein endliches Unendliches.

Der Geist aber weiß sich, als selbständig Wirkendes Erscheinungen der Natur in sich bedingend; als ein Beharrliches im Wechsel seiner Gedanken, Entschlüsse und Wirkungen. Wäre sein Gedankengebiet ein Bewirktes der Natur selbst: so könnte darin nichts vorhanden sein, denn Abspiegelung ihres Selbstes und was sie darstellt. Aber der Geist erblickt, was sie nirgends sinnlich offenbart: ihre Wesenheit, Unendlichkeit, sogar Höheres als sie. Er trägt ein Gesetz in sich, welches nicht ihr Gesetz ist, oft gegen ihre Gebote und Triebe Widerstreit gebietet und durch ihre Gewalt nur mangelhaft erfüllbar bleibt in der Welt. Ist das Ahnen des Göttlichen im ganzen Geisterreiche ihr Ahnen, und das Sehnen desselben nach Gott ihr eignes Sehnen: so ahnt sie und sehnt sie sich nach einem Andern und Herrlichern, als sie selber ist, und doch wäre sie zugleich das Einzige und Alles, außer welchem nichts vorhanden sein könnte. (...)

Schon die Idee der Seelenwanderungslehre von Lohn und Strafe nach dem Tode des Leibes, spricht Ahnung von einem weit andern Dasein aus, als dem Reiche der Natur; und deutet durch den unabwehrbaren Gedanken von bleibender Persönlichkeit der geistigen Einzelwesen zu einem erhabnern Wissen, für welches die Natur und ihr Gesetz keine Erfahrung, keinen Fingerzeig gibt. Was wäre *Vergeltung*, wenn sich der Geist in einem spätern Leibe nicht mehr bewußt wäre, in einem frühern heilig oder sündig, oder überhaupt schon vorhanden gewesen zu sein? (...)

Obgleich, in der unendlichen Wesenverkettung des göttlichen Alls, der menschliche Geist mit der Natur *urverwandt, ihr Nächster*, ist, weiß er sich doch urgewiß *nicht eins und dasselbe* mit ihr; weiß er sich gleichsam in sich abgeschlossen; Selbstschöpfer inmitten seiner Gedankenwelt; unabhängig, sich angehörend. Mit erstem Anglimmen vom Licht seines Bewußtseins, wird ihm auch seine unveränderliche, bleibende Selbstheit, seine *Persönlichkeit* hell. Jeder Menschengeist erscheint sich, geschieden von allem, wie ein Mittelpunkt alles Vorhandnen. Sein Ich weiß, daß es nach Jahren dasselbe geblieben ist; nicht vermehrt, nicht vermindert, wie sich Stoffe, Bewegkräfte, Leben und Seelisches häufen und mehren, oder schwächen und mindern lassen in *ihrem* Einzelganzen. Vergrößerung der Kenntnisse ist keine Vergrößerung des Geistes; denn er ist nicht selber das Vielerlei des von ihm Gekannten, sondern er ist das dieses *Kennende*.

Er wohnt freilich *in der Natur*. Er hat von *ihr* seine vergängliche Hülle, den Leib empfangen. Aber diese Umhüllung ist doch nur *Werkzeug*, durch welches er eine *Verbindung mit ihr* vermittelt, und in *Wechselwirkung* zu ihr steht. Von ihr zur Tätigkeit erregt, wird er anfangs nur ihr *Schüler*. (...) Die in *ihr* waltende Notwendigkeit ist das Gleichnotwendige seines Wissens *von* ihr. Aber dennoch weiß er sich auch in höhern Beziehungen, und unbeherrscht von ihrem Gesetz; weiß sich nicht nur in ihr und ihr nicht nur gegenüber, sondern *über sie erhaben.* Sogar seine Unruhe über das geheimnisvolle Verhältnis zu ihr; alle Zweifel des Verstandes über *sie* und *sich,* beurkunden wenigstens eine Möglichkeit von seinem Hingehören zu andern Reichen des göttlichen Alls. Die ersten Zweifel des Sterblichen über Wesen und Sein alles Vorhandenen sind auch die ersten Ahnungen der Hoheit dessen, was in ihm denkt und will; sind das erste Wahrnehmen seiner Wesens-Verschiedenheit von der Natur; und sind ein Erkennen, daß sie *nicht* seine Heimat, er nicht lediglich ihres *Geschlechts* sei; wohl ihr *Verwandter,* aber nicht ihr *Kind;* wohl ihr Einwohner, aber nicht Bürger ihres, sondern eines unendlich herrlichern Reichs. (...)

Unvergehbarkeit des Geistes

Es mag sein, daß der Gedanke ewiger Selbstentfaltung nicht nur des Geistes, sondern auch der gesamten Natur, manchem befremdlich dasteht, zumal dem, der von quälenden Zweifeln umstrickt, fragt: »Wie mögen wir jener unendlichen Entwicklungen des Daseienden und also auch des Geistes sicher sein, da wir von dessen Unvergänglichkeit nach dem Leibestode keine *schlechthinnige Gewißheit* haben, sondern höchstens ein Vermuten und sehnsüchtiges Glauben? – Und woher; frag' ich zurück, auch nur dies sehnsüchtige Glauben und Vermuten? Die Idee der *Geistes-Unsterblichkeit,* wäre sie wirklich nicht aus der Eigenheit des Geistes unmittelbar hervorgegangen, widerspricht wenigstens nicht der Vernunft; ja die größten Denker anerkennen in ihr sogar einen *notwendigen* Vernunftglauben. (...)

Die furchtsamen Bedenklichkeiten, welche sich im Geiste gegen seine Unvergehbarkeit entspinnen, beurkunden mir selber aber sein sich *Fordern,* als Genossen des Ewigen, und sich daher, im Ewigen, *Wissen.* Die Bedenklichkeiten entspringen allesamt, oder in ihrer Mehrheit, aus dem Verwechseln des *Wesenden* mit dessen *Erscheinen* im Endlichen. Da wird aus dem Zerfallen der Stoffgebilde das Zerfallen der sachlichwirkenden allgegenwärtigen Naturmacht gefolgert; aus dem Verschwinden des elektrischen Funkens, der Tod der Bewegkraft; aus dem Hinsterben der Blume und des Tiers, das Sterben des Belebenden; aus dem Wechsel des Zeitlichen, das Nichtsein des Ewigen. Da wird das

Bewirkte zur Ursache des Wirkenden verkehrt und das Sinnliche zum Quell des Übersinnlichen erhoben.

Allein die Vergehbarkeit des Geistes ist eine so unbedingte Unmöglichkeit, als das Vernichtetwerden dessen, was im kleinsten Atom erscheint. Nichts kann sich von dem, was im All der Dinge weset, nichts sich aus der Allgegenwart des Vorhandnen verlieren; oder *wohin*? Könnte das kleinste Atom in seiner Wesenheit verschwinden aus dem Dasein: so könnte auch die gesamte Natur, das unendliche Weltall sich entwesen und vernichten, und das Höchste der Wesen selber. Kein Wort weiter von diesem Unsinn!

Nur das im Unendlichen *geäußerte Anderssein* desselben ist das Endliche; das *Gegensätzliche* im Ewigen ist das Zeitliche; das aus dem unwandelbaren Wesen der Natur getretene Erscheinen der *Wirkungen* sind das Wandelbare und Vergängliche, gleichwie es der *Wechsel des Gedanklichen* im beharrlichen Wesen des Geistes ist.

Der entkörperte Geist

Was ist oder bleibt einst der *entkörperte* Geist? – Und die einfachste, vernunftgemäßeste Antwort scheint mir: Bei schlechthinniger Unvernichtbarkeit seines Wesentums ist und bleibt er wenigstens derselbe, welche er gewesen ist, ein wesendes Wissen. Denn das Wissen oder Bewußtsein ist sein unterscheidendes Eigenartige von andern Wesenartungen. Nicht Stoffe, nicht Bewegkräfte, oder Leben und Seele, haben ein Wissen, ein Gesetztum der Erkenntnis. Nicht *von ihnen* empfängt er dies, wenn ich so sagen darf, Eigentum seines Selbstes, denn sie können nicht geben, was sie in sich selbst nicht sind und haben; sondern angeregt *durch sie*, wird er ein Wissen von ihnen, dann, zwischen sich und ihnen unterscheidend, ein Wissen seines Selbstes, oder besser, ein Vonsichwissen. Und unvertilgbar im Reich des göttlichen Alls, wie dieses selbst, ist er und bleibt er ein ewig Wissen wirkendes Wesen; sein Wirken, wie sein Bewirktes, ist *in ihm*, ist das Gedankliche, wenn auch kein in erlernter Menschensprache erscheinendes, sondern wortloses Denken.

Er ist und bleibt in seinem Wesensgesetz, wie ein Denken, so auch ein Fordern des heiligen und vollkommnern Insichseins. Dies erkennt er im irdischen Gewande, welches die Natur aus ihren Wirksamkeitssphären verlieh, als ein Unerreichbares. – Der Geist bleibt, auch nach seiner

Entkörperung, das, was er auf der Stufe, in sich, gewesen, die er errungen hat. *Er ist sein Selbstrichter.* Es entsteht dadurch keine Mehrung oder Minderung in seiner Wesenheit; nur ein Nähersein dem Göttlichern, durch Selbstheiligung.

Die Seele, des Geistes Leib

Als Vermittler zwischen Natur und Menschengeist steht das Seelische, durch welches sie ihn erregt, und er sie erregt; durch welches sie sein Gewußtes, er das Wissen von ihr und Erfüllung seiner eignen Wesenheit wird. In ungetrennter Einheit sachlich wirkend, ist sie auch die Urseele des Alls, und das All ist von dieser, möcht ich sagen, durchflossen. Und gleichwie aus der Fülle der seelischen Wirksamkeitssphäre sinnliches Gewahren und Fühlen, als Wächter und Beseliger des tierischen Lebens hervorgehn: so empfängt der Geist aus ihr, die ihm ein Gleichartiges ist, seine Werkzeuge. Die Seele, das ihm Nächste im Naturwesen, bildet gleichsam des *Geistes Leib.*

Das Seelische, der unsichtbare Leib unsers Geistes! – Immerhin mag das Allzubildliche des Ausdrucks etwas hart scheinen, besonders denen, welche gewöhnt sind, Seele und Geist noch für eins und dasselbe zu halten, oder mit einander zu verwechseln. Der Gedanke selber ist weder neu, noch steht er ganz ohne Rechtfertigung durch Naturbetrachtungen und Tatsachen der Erfahrung.

Wir wissen aus täglichen Wahrnehmungen, daß das Seelische allein zwischen unserm Geist und der übrigen Natur der Dinge, durch Gewahrung und Gefühl das verknüpfende Mitglied sei; daß wir, ohne dasselbe, kein Erfahren von Stoffen und Körpern, von bewegenden Kräften und von einer die Körper belebenden Macht hätten. Wir wissen ferner durch Erfahrungen, daß in Sterbenden sich zuerst, mit *dem Geiste zugleich*, das Seelische vom Körper trennt. (...)

Es hat nicht an Denkern gefehlt, welchen es nicht unwahrscheinlich deuchte, daß, wie Stoffe und bewegende Kräfte, die das Leben zu seinem Einheitsgebilde verband, nach dem Abscheiden des Lebens wieder ins *Allgemeine* des Stoffischen und der Bewegkräfte aufgelöst übergehn, ja die Lebensgattung selbst wieder in das Urleben zurücktritt: so auch löse sich der entkörperte Geist, und die Seele, in den Urgeist des Alls und in dessen Urseele auf. Doch abgesehn davon, daß ein solches Verschwimmen des wissenden Geisteswesens in das All des Urwesens einem Tode des Geistes gleichkömmt, und eine solche Vorstellung im schneidenden Zwiespalt mit dem Entwickelungsgesetz der ganzen Natur und dem Heiligungsgesetz des Geistes steht; abgesehen auch davon, daß damit in der göttlichen Weltordnung der Reinste und Unreinste der Geister auf gleiche Stufe gestellt, Sünde und Tugend auf Erden und immerdar gleichgeltend, die Vernunft selbst überflüssig, oder Lügnerin würde: deuten lehrend noch ganz andre Verhältnisse und Erscheinungen auf eine *persönliche Fortdauer des Geistes in seelischer Hülle*, nach dem Tode, hin.

Ahnungen der Geisteszukunft

Es keimen die Ahnungen vom Jenseits aus dem Innern des Geistes hervor, der sich bewußt wird, daß all sein Wissen beschränkt, daß seine höchste Weisheit ein Nichts wird vor der Weisheit, welche ihm aus den Wundern des Weltgebäudes und der Verhängnisse entgegenstrahlt; daß zwischen ihm und dem Urheber des erscheinenden Alls ein unendlicher, ein größerer Zwischenraum sein müsse, als zwischen dem kleinsten Gas-Atom und dem eignen geheimnisvollen Ich; daß eine weite Aufstufung der Wesen, wie in der Natur zum Geiste, noch von ihm zu Gott vorhanden sein müsse. Der Ruf dieser Ahnungen hallt uns aus sämtlichen Jahrtausenden und Religionen auch der nur halberwachten Völker entgegen; wie vom *Ganges* und *Nil* der menschlichen Urzeiten, so heut noch aus Wildnissen an den Quellen des großen *Maranon.* So kindlich auch diese Religionen vom »Leben nach dem Tode«, von »Engeln und Teufeln«, vom »dritten, vierten und siebenten Himmel« stammeln: in diesem Stammeln verkündet sich eine unwillkürlich im Menschengeist gewordne Offenbarung. (...)

Und wenn auch der einsichtreichere Mensch jene bildlichen Vorstellungen belächelt, tritt doch die Ahnung, welche sich in ihnen von einem stufenweisen Übergang der Wesen zum vollkommnern ausspricht, aus der Kunde der Naturgesetze, der Geistesgesetze, aus den eignen Folgerungen und Schlüssen vom Gekannten auf Ungekanntes entgegen, wo das Gleichartige und Ebenmäßige im Gang der Naturerscheinungen und Geisteserscheinungen überall herrscht und selten irre leitet. Nirgends Stillstand im weiten Reich des Wesenden und Seienden, überall Bewegung und Fortschreiten; nirgends Zusammenhangslosigkeit und Sprung; überall Übergehn vom Verwandten zum

Verwandten und Gleichartigen. Wir erblicken diese Übergänge in den Schöpfungen der Natur, zum Herrlicherwerden ihres Selbstes, in den ehrwürdigen Denkmalen ihres frühern Wirkens und Seins, welche sie in den Abgründen unsers Weltkörpers, wie weissagende Bilderschrift hinterlassen hat. Wir erfahren, das allmähliche Aufsteigen des Geistes zu freierm edlern Sein, in der Entwickelungsgeschichte jedes einzelnen, von der ersten Stunde des Säuglings durch das Knaben- und Jünglingsalter, bis zu den Tagen des gereiften Mannes und Greises; wir nehmen es wahr im Lebenslauf der gesamten Menschheit, wie sie seit ihrem Beginnen auf Erden, allmählich aus dem Schlamm tierischer Urwildheit hervorsteigt und zur Selbstverklärung fortrückt, so sehr sich auch Barbarei, und was sich in ihr gefällt, dagegen sträuben mag. – Wie? Und dies allgemeine Gesetz im göttlichen All sollte, bei Tod und Auflösung des Menschenleibes, aufgelöst werden in seiner Gültigkeit und Allherrschaft, während jedes Atom des verwesten Körpers, Belebendes und Beseelendes, gleich dem aus seiner Lebenshülle entlassenen Geiste, ewig fortweset?

Die Ahnung vom stufenweisen Aufgang der Geister zu einem heiligern und vollendetern Dasein ist wohl mehr, als leeres Vermuten, als schmeichelnde Einbildung. Und wenn uns aus dem Nachthimmel die Millionen selbstleuchtender oder beleuchteter Weltkörper anglänzen: sind ihre Strahlen nicht Zeugen, die uns von göttlicher Herrlichkeit im Ewigen predigen? Unser Erdball ist ein Wohnplatz von Menschengeistern, aber er ist, wenn auch nicht der kleinste, doch bei weitem nicht der größte aller Planeten, die sich, in ungeheuern Entfernungen von einander, mit ihm in weiten Kreisen um die Sonne bewegen. Die Masse des Sonnenkörpers aber ist bekanntlich größer, als sämtliche Massen der sie begleitenden Planeten und deren Monde. Dennoch ist auch noch die Sonne einer der kleinern unter den zahllosen Fixsternen; denn immer wahrscheinlicher wird, aus ihrer eignen Bewegung durch die Himmel, daß sie bloße Begleiterin einer größern Zentralsonne sei, die im Mittelpunkt ihrer Bahn strahlt. Wer wagt es, bei diesem Gedanken zu glauben, daß alle jene Milliarden von Haupt- und Neben-Weltkörpern öde stehn und unbewohnt von Wesen andrer, und höherer oder niedrerer Art, als wir selbst sind? Daß nur unser kleiner Erdball, auf welchem die Sterblichen milbenartig umherwimmeln, das beste und reichste Kleinod des uferlosen Weltenreiches sei? Wer wagt, unter so erhabnen Erinnerungen, am Dasein einer ununterbrochnen Wesenkette zu zweifeln, in welcher alles emporstrebt, in fortgehender Verherrlichung zum Allerhöchsten und Allerherrlichsten! (…)

Und wo endet diese unendliche Himmelsleiter? Wo kann Unendliches enden? Wesen mögen über Wesen emporgehn, deren Vollkommenheit und Reichtum wir so unfähig sind zu ahnen, als die Tierseele die Hoheit unsers Geistes; Wesen, deren Vermögen so erhaben über das Vermögen unsrer Vernunft ist, als die Vernunft über das sinnliche Gefühl. Sie mögen emporgehn vom Herrlichen, bis sie sich im Allerherrlichsten verlieren, – in *Gott*, der das Eine und Höchste seines ewigen und unendlichen Alls ist, das Ur aller Wesen in ihm, und von dessen Majestät wir, in unsrer Tiefe nur, die Natur, als Saum seines Gewandes, anstaunen. (…)

Nein, der Menschengeist ist kein an den Felsen des Erdsterns gefesselter *Prometheus!* Er, in unsichtbarer Seelenhülle war und ist und wird sein andrer Welten Genosse, die insgesamt, Monden mit Erden, Erden mit Sonnen, Sonnen mit Ursonnen, magnetisch, elektrisch, leuchtend, im engen Wechselverkehr, im All-Leben, All-Seelischen schweben. Wohl ist diese Erdenwelt schön: aber ist sie die schönste unter allen Welten, welche uns aus unermeßlichen Fernen, anwinken? Wohl ist die seelische Hülle des Geistes wunderbar: Ist sie aber schon das Wunderbarste? Mag die Urseele des Alls nichts Wunderbareres aus sich zeugen. Wohl ist das Licht des Bewußtseins ein helles, in welchem der Geist über dem Dunkel der Natur leuchtet: aber ist es das hellste, in welchem über uns andre Wesen Gottes glänzen? – Es durchzittern den Geist Ahnungsstrahlen eines verklärtern Gottesreichs. Wie, wenn ihm in Gott und Ewigkeit noch eine hellere Leuchte, als Vernunft, wird im Allerheiligsten, – selig sind, die schon hienieden reinen, geheiligten Herzens sind; denn sie werden Gott schaun!

Eine Selbstschau. 2. Teil: Welt- und Gottesanschauung

Seelenwanderung

Ich, dessen Wesen ewig war in Gott, sollt' ich ewig also gewesen sein, und unverändert und unveredelt in meiner Selbstheit, wie ich heute bin? Ich, der ich seit meiner Kindheit schon nicht unverändert, nicht unveredelt blieb? – Nein, nein, schon die Erfahrung, deren ich auf jetziger Daseinsstufe fähig bin, deutet mir es: ich stand einst tiefer, ich war einst unvollkommener; ich stehe höher; ich wandle jetzt schon in einem Himmel. Ich, ewig in Gott, habe gelebt, vereint mit tiefern Wesenheiten; ich lebe vereint mit erhabenern; ich werde es sein mit noch unendlich höhern. (...) Ich habe gelebt, eh' in dieser Menschengestalt, die jetzt verbleicht. Ich habe gelebt und geliebt, und werde leben und lieben, was ich geliebt habe. (...) Ich kenne keinen Grund, der mich zu glauben verhindert, daß *der* Magnet, der *hier* Seelen so wunderbar an Seelen zieht, nicht unter andern Verwandlungen ferner wirken werde. So hoff' ich einst in einer andern Welt, in einem andern Leben wieder mit denen verbunden zu werden, die ich in diesem Leben liebte. Mir ist es gleich, in welcher Verwandlung ich sie wiederfinde. Genug, wir gehören zueinander; wir sind Verwandte für die Ewigkeit; und unsere Liebe dauert unvergänglich in allen Hüllen. (...) Die Geister gehen in ihrer Welt ihren eigenen Gang. Sie gesellen sich zu den Körpern nach unbekannten Gesetzen, und lösen sich wieder von ihnen ab. Geschaffen von Ewigkeit her, reifen sie für die Ewigkeit. Hier ist unendliches Fortstreben, jeder Tod nur Verwandlung des Schauplatzes. Unverwandt mit dem Irdischen sollen sie nicht an diesem kleben, sondern nach dem Geistigen trachten. Ich bin unsterblich; das Universum hat keine irdische Grenzen für mich; früher oder später darf ich hoffen, Zeuge erhabenerer Szenen zu sein.

Es ist darum keineswegs behauptet, daß die Geister in ihren Verwandlungen allein an den kleinen Weltkörper gebunden sind, welchen wir unsern Erdball nennen. Warum sollten die erhabenern Wesen nicht Bewanderer anderer Welten sein können, da wir andere, viel niedrigere Kräfte mit unbegreiflicher Schnelligkeit von einem Stern zum andern versetzt und wirksam wahrnehmen? Es ist eine innige wundervolle Gemeinschaft zwischen den im Universum verbreiteten Myriaden der Welten. Die Schwerkraft kettet sie zu glänzenden Kränzen zusammen und der Lichtstrahl bildet goldne Brücken von Weltkörper zu Weltkörper in den unermeßlichsten Räumen. (...)

Der Seelenwanderungsglaube des hohen Altertums, welcher der Unwissenheit späterer Zeiten Torheit schien, wird sich wieder den alten Adel aus der Naturkunde zurücknehmen. Und wär' es in euern Gedanken ein Wahn, daß ich auf Erden schon in verschiedenen Hüllen einer und derselben geliebten Seele begegnet bin: so nennt es immerhin Wahn, was ein unerklärliches Gefühl in mir, was eine innere Stimme mir Gewißheit nennt.

Es ist ein unendliches Fortschreiten der Geister zur Vollendung ins Unendliche, wie sich die Sonnensysteme mit ihren Welten durch das

Reich des nirgends umuferten Alls treiben. Ewige Tätigkeit! Neue Verbindung, eingegangen von den Geistern und Seelen mit neuen Kräften, die ihnen dienstbare Werkzeuge zur Berührung mit dem All der Dinge werden, das ist Seelenwanderung. Eine andere Art des Fortdauerns und Fortwirkens ist uns nicht gedenkbar. Ob auf dem Erdstern, ob auf einem andern, wird gleichgültig; denn immer sind wir in Gott.

Harmonius

Einleitung

Arthur Schopenhauer

Die Faszination, die von Schopenhauers Werk in der zweiten Hälfte des vorigen Jahrhunderts ausging – der Zeit des wirtschaftlichen Aufstiegs und beginnenden Materialismus – beruht wohl vor allem darin, daß es eine Lebensphilosophie von »gewisser unnachahmlicher Unbefangenheit und Natürlichkeit« ist, wie Nietzsche sagt. Im Unterschied zu den Zeitgenossen Schelling, Fichte und seinem Antipoden Hegel, deren große idealistische Systeme die neuplatonische Tradition aus neuen Impulsen weiterentwickeln, schrieb Schopenhauer aus unmittelbar persönlicher Lebenserfahrung. Als der Zwanzigjährige sein Studium begann, hatte er bereits eine pessimistische Weltsicht: Eine zweijährige Europareise mit den Eltern hatte ihm eine reiche Weltkenntnis, eine oft drastische Anschauung menschlicher Verhältnisse ermöglicht. Er hatte die Größe und Schönheit der Natur, aber auch menschliches Elend tief erregt wahrgenommen, wie im Bagno von Toulon das Schicksal von sechstausend Galeerensklaven. In seinen von oft zufälligen Erlebnissen bestimmten Fragen und Zweifeln geht es um »die leidende Menschheit, die leidende Tierheit, die hinschwindende Welt«. Der Mensch, im Gegensatz zum Tier, leidet aber nicht nur, er verursacht auch das Leiden: Die Welt ist »eine Hölle, und die Menschen sind einerseits die gequälten Seelen und andererseits die Teufel darin«. Kurz – die Welt ist etwas, das nicht sein sollte.

Den philosophischen Ansatz für seine Gedanken findet Schopenhauer bei Kant, dessen Unterscheidung von »Erscheinung« und »Ding an sich« für ihn übereinstimmt mit Platons Lehre von den »Ideen« als dem wahren Sein. Die sichtbaren Dinge sind nur schattenhafte Abbilder ewiger Urbilder. Der Welt kommt kein wahrhaftes Sein zu. Das ist für Schopenhauer die entscheidende philosophische Grundwahrheit. Auf ihr beruht seine erste These: »Die Welt ist meine Vorstellung.« Der Mensch kennt keine Sonne, keine Erde, sondern »immer nur ein Auge, das die Sonne sieht, und eine Hand, die die Erde fühlt.« Das heißt, er kennt die Dinge nur, insofern er sie sieht, hört, fühlt – also sich vorstellt. Sie sind als Objekte seiner Wahrnehmung, die dem ›principium individuationis'‹ – Zeit, Raum und Kausalität – unterworfen ist. Die Welt ist nur, weil der Mensch ist.

Mit der zweiten These – »Die Welt ist Wille« – geht Schopenhauer bewußt über Kant hinaus. Das von Kant nicht definierte »Ding an sich« ist für ihn »Wille«. Ausgehend von der leibhaften Selbsterfahrung des Menschen (»Die Natur lügt nie«), kommt er zu einer zweifachen Antwort: Der Mensch kennt seinen Leib einmal als Gegenstand seiner Vorstellung, zum andern aber als Ausdruck eines von ihm unabhängigen, ja ihn bedingenden Ansichseins – des Willens. Der Körper ist anschaubarer Wille. Jede seiner Äußerungen ist Willensbewegung, die Zeugung wie die Tätigkeit des Bewußtseins und der Vernunft, deren Organ das Gehirn ist. Von hier aus schließt Schopenhauer auf das Sein der gesamten Natur. Wille ist dieselbe Kraft, welche den Menschen zum Handeln, die Pflanze zum Wachsen treibt, »den Stein zur Erde und die Erde zur Sonne zieht«. Die Welt ist ihrem innersten Wesen nach Wille. Als metaphysisches Prinzip der Erscheinungswelt ist der Weltwille schlechthin Wille zum Leben, »grundlos« blindes Streben ohne Ursache und Ziel, unaufhaltsamer Drang nach Selbstverwirklichung. Der Reichtum der sinnlichen Erscheinungen ist nichts als seine Erfüllung, sein Spiegel. Durch die Individuation in Zeit und Raum erscheint das dem Begriff nach »Eine« als das Viele, das in sich »Gleiche« als das Verschiedene im Neben- und Nacheinander. An und für sich selbst ist der Wille erkenntnislos. Im Menschen, als der höchsten Stufe der Natur, gelangt er zum Selbstbewußtsein.

Zwischen dem Weltwillen und seinen Erscheinungen stehen die »Ideen« – die vollkommenen, Raum und Zeit enthobenen reinen Objektivationen des Willens, die unvergänglichen Urformen der vergänglichen Erscheinungen. Schopenhauer versteht sie mit einem Begriff der Logik als »Gattungen«. Im Gegensatz zu den individuellen Erscheinungen kommt ihnen wahre Realität zu. Wie alle Erscheinungen unterliegt auch der Mensch dem ewigen Wechsel der Materie (dem Individuellen) im Beharren der Form (Gattung). Geburt und Tod sind die begrenzenden Pole der Erscheinung des Willens in der Zeit. Vor der Geburt und nach dem Tod herrscht die gleiche Unendlichkeit und zeitlose Dauer. Die Begriffe ›anfangen‹ und ›enden‹ sind nur Formen der individuellen Erkenntnis, Begriffe der Zeit, und ohne Sinn für das Ansichseiende. Deshalb ist jede Aussage auf der transzendenten und transmentalen Ebene einseitig. Deshalb bleibt auch der Tod, wie das Wesen und das Warum dessen, was als Weltwille gedacht wird, ein »Mysterium«. Dennoch stellt sich der metaphysischen Betrachtung das Flüchtigste der empirischen Erfahrung – die Gegenwart – als das unverrückbar Feststehende, allein Beharrende dar, wie der Regenbogen über dem Wasserfall – als das »Nunc stans der Scholastiker«. Seine Quelle und sein Inhalt ist der Weltwille, als welcher der Mensch ist. Der Wille ist ewige Gegenwart, jede Todesfurcht also gegenstandslos für denjenigen, der ihn bejaht. Der Mensch kann sagen: Ich war und ich werde sein.

Ist also nur die »Idee« des Menschen, die Gattung, unzerstörbar? Wird der idealistische Gedanke der unsterblichen Individualität aufgegeben? Auch für Schopenhauer ist der Tod nur das zeitliche Ende einer zeitlichen Erscheinung. Der organische Leib (und mit ihm das Bewußtsein als eine Funktion des Gehirns) fällt zurück in den Kosmos der Materie, woher er kam, unverloren und unendlicher Umbildungen fähig – ein Spiegel der Ewigkeit des Willens im Abbild »zeitlicher Unvergänglichkeit«. Aber nur für die empirische Erkenntnis geht das Individuum unter. »Im Wesen an sich der Dinge«, als Wille wie als Subjekt des Erkennens, ist der Mensch unsterblich. Der Wille, als sein »ewiger Kern«, verliert im Tod seine zeitliche Individualität und empfängt eine neue, die eins ist mit dem in der Gattung (Idee) sich manifestierenden Weltwillen: Der Unterschied von Innen und Außen hört auf. Die Fortdauer der Idee ist also auch diejenige des Individuums.

Da der Wille als Drang zum Leben nach immer neuen Geburten strebt, entläßt die Gattung unaufhörlich neue Individuen aus sich. In diesem Zusammenhang ergreift Schopenhauer den uralten Gedanken der Palingenesie, der Wiedergeburt. Sie betrifft für ihn nicht die ganze Psyche des Menschen, nicht seinen erkennenden – nur seinen wollenden Teil. Ausdrücklich betont er hier seinen »diametralen Gegensatz« zu Platon. Er hält an der Priorität des Willens vor der Erkenntnis fest. Nur der Wille ist unsterbliche Substanz. Durch eine neue Zeugung empfängt der ewige Keim mit der neuen Leiblichkeit einen neuen Intellekt. Da dieser als Träger der Erinnerung sterblich ist, gibt es kein Bewußtsein von einem möglichen früheren Dasein. Für das auf Raum und Zeit beschränkte Bewußtsein ist der Kreis das Symbol der Wiederkehr des ewig Gleichen, des Werdens und Vergehens ohne Ruhepunkt und Ziel. Die Palingenesie ist ein Fluch, der auf der Menschheit lastet, seit sie, aus dem Paradies der Einheit mit Gott verstoßen, in die Individuation hinausgetreten ist. Die große Bestätigung seiner Grundüberzeugung, daß Leben Leiden ist, findet Schopenhauer im Buddhismus. Zwar beherrscht die Angst vor dem Tod das Dasein, aber die wahre

Erkenntnis führt umgekehrt zur Flucht vor dem Leben, zum Willen, dem »Rad der Geburten« zu entkommen. Denn der Tod ist nichts anderes als das Hervortreten eines Widerspruchs, der in jeder individuellen Erscheinung liegt: als egoistische Einzelexistenz des Weltwillens getrennt vom Ganzen und Einen zu sein. Der Tod befreit von dieser »Einseitigkeit« und führt in die »wahre ursprüngliche Freiheit«. Durch die in zahllosen Verkörperungen erworbene »sukzessive Erkenntnis« der Nichtigkeit des Daseins geläutert, hebt sich der Wille zuletzt selbst auf.

Es gibt für Schopenhauer drei Wege zur Erlösung. Ihre Voraussetzung ist immer die gleiche: Der erkennende Mensch hebt den Schleier der Maja, die Täuschung des principii individuationis, und erblickt die Dinge in ihrem reinen An-sich-Sein, als Ideen. Im Zustand des interesselosen kontemplativen Anschauens wird er »klares und ewiges Weltauge«: Er sieht nicht mehr das Einzelne, vielmehr das Ganze, nicht den Baum, sondern das Urbild des Baumes, nicht den Menschen, sondern seine Idee (»Gattung«). Es ist die Stufe der Kunst, auf die er sich damit erhebt, deren höchste er selbst ist als unmittelbarer Ausdruck des reinen Weltwillens. Der zweite, der moralische Weg ist die praktische Anwendung des auf dem ästhetischen Weg Geschauten. Wenn die Täuschung des Verschiedenen, Vereinzelten aufhört, erkennt der Mensch, daß der Wille zum Leben, das An-sich seiner eigenen Erscheinung, auch das der fremden ist. Er erkennt die metaphysische Identität aller lebenden Wesen. Er wird also an Menschen und Tieren, wie der ganzen Natur, »Werke der Liebe« üben, aus der Einsicht des »Tat twam asi!« – Das bist Du! Das Mitleid, die moralische Kraft des Mit-Leidens, führt das reine willensfreie Erkennen auf den dritten befreienden Weg der Selbstentäußerung, der Askese. Endgültig vom Leiden rettet nur: nicht mehr zu wollen.

Auf dem Gipfel der Selbstbesinnung, aus der vollkommen adäquaten Kenntnis seines eigentlichen Wesens, richtet sich der Wille gegen sich selbst. Er hat kein einzelnes Motiv mehr, ist nicht mehr einzelner Willensakt, nur noch Ausdruck des Einen, des Urwillens. Da dieser als Wesenskern des Menschen frei ist, hat der Mensch die – negative – Freiheit zur »Verneinung des Willens«, das heißt, zur »Ertötung des Eigenwillens.« Die Erkenntnis wird zum »Quietiv«, das zu gänzlicher Willenslosigkeit führt, zur »Gelassenheit«. Am Ende steht der vollkommene Friede, die »Meeresstille des Gemüts«. Verschwindet der Wille, ist jede Erscheinung vernichtet. Die Welt ist eingegangen in die Ruhe des »Nichts«, des Nirvana. Schopenhauer übersetzt den indischen Begriff mit »Erloschen«. Das meint vor allem ein Nichts an Individualität und damit die Aufhebung der gesamten Erscheinungswelt mit ihren Formen von Zeit und Raum. Damit ist zugleich gesagt: Das Nichts ist nicht schlechthin nichts. Es ist im Gegenteil ›Alles‹ – Chiffre für das absolute Sein, der älteste Gottesbegriff der Mystik. Es gibt nur die negative Umschreibung, sollen die der philosophischen Aussage gesetzten Grenzen gewahrt bleiben. Gleichwohl weist Schopenhauer auf die »positive Erkenntnis« der »Heiligen«, die den Zustand der vollkommenen Verneinung des Willens erreicht haben: in der »Ekstase, Entrückung, Erleuchtung, Vereinigung mit Gott«. Aber auch vom philosophischen Standpunkt aus fühlt er sich berechtigt zu sagen, daß der Mensch mit der freien Aufhebung seines Willens »erlöst« sei.

Schopenhauers Nähe zur Tradition der Mystik, nicht nur der indischen, auch der neuplatonischen und christlichen, ist offenkundig. Er selbst nennt Plotin, Eckhart und Jakob Böhme. Auch Schelling und Fichte hat er aufgenommen, trotz seiner Aggressionen gegen beide. Es muß hier offen bleiben, in welchem Maß diese Einflüsse tragende Elemente seines metaphysischen Pessimismus sind. Seine Philosophie stellt kein System dar, es beruht vorwiegend auf persönlichen Erfahrungen, die auch widersprüchlicher Natur sein können.

Arthur Schopenhauer
1788–1860

Wille als »ewiger Kern« des Menschen – Einswerdung mit dem Weltwillen im Tod – Die drei Wege zur Erlösung von Wiedergeburt

Über den Tod und sein Verhältnis zur Unzerstörbarkeit unsers Wesens an sich (I)

Der Tod ist der eigentliche inspirierende Genius oder der Musaget der Philosophie, weshalb Sokrates diese auch θανατου μελετη definiert hat. Schwerlich sogar würde, auch ohne den Tod, philosophiert werden. Daher wird es ganz in der Ordnung sein, daß eine spezielle Betrachtung desselben hier an der Spitze des letzten, ernstesten und wichtigsten unserer Bücher ihre Stelle erhalte.

Das Tier lebt ohne eigentliche Kenntnis des Todes: daher genießt das tierische Individuum unmittelbar die ganze Unvergänglichkeit der Gattung, indem es sich seiner nur als endlos bewußt ist. Beim Menschen fand sich, mit der Vernunft, notwendig die erschreckende Gewißheit des Todes ein. Wie aber durchgängig in der Natur jedem Übel ein Heilmittel, oder wenigstens ein Ersatz beigegeben ist; so verhilft dieselbe Reflexion, welche die Erkenntnis des Todes herbeiführte, auch zu *metaphysischen* Ansichten, die darüber trösten, und deren das Tier weder bedürftig noch fähig ist. Hauptsächlich auf diesen Zweck sind alle Religionen und philosophischen Systeme gerichtet, sind also zunächst das von der reflektierenden Vernunft aus eigenen Mitteln hervorgebrachte Gegengift der Gewißheit des Todes. Der Grad jedoch, in welchem sie diesen Zweck erreichen, ist sehr verschieden, und allerdings wird *eine* Religion oder Philosophie viel mehr, als die andere, den Menschen befähigen, ruhigen Blickes dem Tod ins Angesicht zu sehen. Brahmanismus und Buddhaismus, die den Menschen lehren, sich als das Urwesen selbst, das Brahm, zu betrachten, welchem alles Entstehen und Vergehen wesentlich fremd ist, werden darin viel mehr leisten, als solche, welche ihn aus Nichts gemacht sein und seine, von einem andern empfangene Existenz wirklich mit der Geburt anfangen lassen. Dementsprechend finden wir in Indien eine Zuversicht und eine Verachtung des Todes, von der man in Europa keinen Begriff hat. (...) Nach allem inzwischen, was über den Tod gelehrt worden, ist nicht zu leugnen, daß, wenigstens in Europa, die Meinung der Menschen, ja oft sogar desselben Individuums, gar häufig von neuem hin und her schwankt zwischen der Auffassung des Todes als absoluter Vernichtung und der Annahme, daß wir gleichsam mit Haut und Haar unsterblich seien. Beides ist gleich falsch: allein wir haben nicht sowohl eine richtige Mitte zu treffen, als vielmehr den höhern Gesichtspunkt zu gewinnen, von welchem aus solche Ansichten von selbst wegfallen.

Ich will, bei diesen Betrachtungen, zuvörderst vom ganz empirischen Standpunkt ausgehen. – (...)

Meinungen wechseln nach Zeit und Ort: aber die Stimme der Natur bleibt sich stets und überall gleich, ist daher vor allem zu beachten. Sie scheint nun hier deutlich auszusagen, daß der Tod ein großes Übel sei. In der Sprache der Natur bedeutet Tod Vernichtung. Und daß es mit dem Tode Ernst sei, ließe sich schon daraus abnehmen, daß es mit dem Leben, wie es jeder weiß, kein Spaß ist. Wir müssen wohl nichts Besseres, als diese beiden, wert sein.

In der Tat ist die Todesfurcht von aller Erkenntnis unabhängig: denn das Tier hat sie, obwohl es den Tod nicht kennt. Alles, was geboren wird, bringt sie schon mit auf die Welt. Diese Todesfurcht a priori ist aber eben nur die Kehrseite des Willens zum Leben, welcher wir alle ja sind. (...)

Wenn, was uns den Tod so schrecklich erscheinen läßt, der Gedanke des *Nichtseins* wäre, so müßten wir mit gleichem Schauder der Zeit gedenken, da wir noch nicht waren. Denn es ist unumstößlich gewiß, daß das Nichtsein nach dem Tode nicht verschieden sein kann von dem vor der Geburt, folglich auch nicht beklagenswerter. Eine ganze Unendlichkeit ist abgelaufen, als wir *noch nicht* waren: aber das betrübt uns keineswegs. Hingegen, daß nach dem momentanen Intermezzo eines ephemeren Daseins eine zweite Unendlichkeit folgen sollte, in der wir *nicht mehr* sein werden, finden wir hart, ja unerträglich. Sollte nun dieser Durst nach Dasein etwa dadurch entstanden sein, daß wir es jetzt gekostet und so gar allerliebst gefunden hätten? Wie schon oben kurz erörtert: gewiß nicht; viel eher hätte die gemachte Erfahrung eine unendliche Sehnsucht nach dem verlorenen Paradiese des Nichtseins erwecken können. Auch wird der Hoffnung der Seelenunsterblichkeit allemal die einer »besseren Welt« angehängt, – ein Zeichen, daß die gegenwärtige nicht viel taugt. – Dieses allen ungeachtet ist die Frage nach unserm Zustande nach dem Tode gewiß zehntausendmal öfter, in Büchern und mündlich, erörtert worden, als die nach unserm Zustande vor der Geburt. Theoretisch ist dennoch die eine ein ebenso naheliegendes und berechtigtes Problem, wie die andere: auch würde, wer die eine beantwortet hätte, mit der andern wohl gleichfalls im klaren sein. (…) Die Unendlichkeit a parte post ohne mich kann so wenig schrecklich sein, als die Unendlichkeit a parte ante ohne mich; indem beide durch nichts sich unterscheiden, als durch die Dazwischenkunft eines ephemeren Lebenstraums. Auch lassen alle Beweise für die Fortdauer nach dem Tode sich ebensogut in partem ante wenden, wo sie dann das Dasein vor dem Leben demonstrieren, in dessen Annahme Hindu und Buddhaisten sich daher sehr konsequent beweisen. *Kants* Idealität der Zeit allein löst alle diese Rätsel: doch davon ist jetzt noch nicht die Rede. So viel aber geht aus dem Gesagten hervor, daß über die Zeit, da man nicht mehr sein wird, zu trauern, ebenso absurd ist, als es sein würde über die, da man noch nicht gewesen; denn es ist gleichgültig, ob die Zeit, welche unser Dasein nicht füllt, zu der, welche es füllt, sich als Zukunft oder Vergangenheit verhalte.

Aber auch ganz abgesehen von diesen Zeitbetrachtungen, ist es an und für sich absurd, das Nichtsein für ein Übel zu halten; da jedes Übel, wie jedes Gut, das Dasein zur Voraussetzung hat, ja sogar das Bewußtsein; dieses aber mit dem Leben aufhört, wie eben auch im Schlaf und in der Ohnmacht; (…)

Vom Standpunkt der Erkenntnis aus erscheint demnach durchaus kein Grund, den Tod zu fürchten: im Erkennen aber besteht das Bewußtsein; daher für dieses der Tod kein Übel ist. Auch ist es wirklich nicht dieser *erkennende* Teil unsers Ich, welcher den Tod fürchtet; sondern ganz allein vom blinden Willen geht die fuga mortis, von der alles Lebende erfüllt ist, aus. Diesem aber ist sie, wie schon oben erwähnt, wesentlich, eben weil er Wille zum Leben ist, dessen ganzes Wesen im Drange nach Leben und Dasein besteht, und dem die Erkenntnis nicht ursprünglich, sondern erst infolge seiner Objektivation in animalischen Individuen beiwohnt. (…)

Der Anblick eines Leichnams zeigt mir, daß Sensibilität, Irritabilität, Blutumlauf, Reproduktion u. s. w. hier aufgehört haben. Ich schließe daraus mit Sicherheit, daß dasjenige, welches diese bisher aktuierte, jedoch ein mir stets Unbekanntes war, sie jetzt nicht mehr aktuiert, also von ihnen gewichen ist. – Wollte ich nun aber hinzusetzen, dies müsse eben das gewesen sein, was ich nur als Bewußtsein, mithin als Intelligenz gekannt habe (Seele); so wäre dies nicht bloß unberechtigt, sondern offenbar falsch geschlossen. Denn stets hat das Bewußtsein sich mir nicht als Ursache, sondern als Produkt und Resultat des organischen Lebens gezeigt, indem es infolge desselben stieg und sank, nämlich in den verschiedenen Lebensaltern, in Gesundheit und Krankheit, in Schlaf, Ohnmacht, Erwachen u.s.w., also stets als Wirkung, nie als Ursache des organischen Lebens auftrat. (...) – Sodann: Individualität kannte ich als Eigenschaft jedes Organischen, und daher, wenn dieses ein selbstbewußtes ist, auch des Bewußtseins. Jetzt zu schließen, daß dieselbe jenem entwichenen, Leben erteilenden, mir völlig unbekannten Prinzip inhäriere, dazu ist kein Anlaß vorhanden; um so weniger, als ich sehe, daß überall in der Natur jede einzelne Erscheinung das Werk einer allgemeinen, in tausend gleichen Erscheinungen tätigen Kraft ist. – Aber ebensowenig Anlaß ist andererseits zu schließen, daß, weil hier das organische Leben aufgehört hat, deshalb auch jene dasselbe bisher aktuierende Kraft zu Nichts geworden sei; – so wenig, als vom stillstehenden Spinnrade auf den Tod der Spinnerin zu schließen ist. (...)

Um so weniger also darf es uns in den Sinn kommen, das Aufhören des Lebens für die Vernichtung des belebenden Prinzips, mithin den Tod für den gänzlichen Untergang des Menschen zu halten. Weil der kräftige Arm, der, vor dreitausend Jahren, den Bogen des Odysseus spannte, nicht mehr ist, wird kein nachdenkender und wohlgeregelter Verstand die Kraft, welche in demselben so energisch wirkte, für gänzlich vernichtet halten, aber daher, bei fernerem Nachdenken, auch nicht annehmen, daß die Kraft, welche heute den Bogen spannt, erst mit diesem Arm zu existieren angefangen habe. Viel näher liegt der Gedanke, daß die Kraft, welche früher ein nunmehr entwichenes Leben aktuierte, dieselbe sei, welche in dem jetzt blühenden tätig ist: ja, dieser ist fast unabweisbar. Gewiß aber wissen wir, daß nur das vergänglich ist, was in der Kausalkette begriffen ist: dies aber sind bloß die Zustände und Formen. Unberührt hingegen von dem durch Ursachen herbeigeführten Wechsel dieser bleibt einerseits die Materie und andererseits die Naturkräfte: denn beide sind die Voraussetzung aller jener Veränderungen. (...) Wer den Tod als eine absolute Vernichtung fürchtet, darf die völlige Gewißheit, daß das innerste Prinzip seines Lebens von demselben unberührt bleibt, nicht verschmähen. – Ja, es ließe sich das Paradoxon aufstellen, daß auch jenes Zweite, welches, eben wie die Naturkräfte, von dem am Leitfaden der Kausalität fortlaufenden Wechsel der Zustände unberührt bleibt, also die Materie, durch seine absolute Beharrlichkeit uns eine Unzerstörbarkeit zusichert, vermöge welcher, wer keine andere zu fassen fähig wäre, sich doch schon einer gewissen Unvergänglichkeit getrösten könnte. »Wie?« wird man sagen, »das Beharren des bloßen Staubes, der rohen Materie, sollte als eine Fortdauer unsers Wesens angesehen werden?« – Oho! kennt ihr denn diesen Staub? Wißt ihr, was er ist und was er vermag? Lernt ihn kennen, ehe ihr ihn verachtet. Diese Materie, die jetzt als Staub und Asche daliegt, wird bald, im Wasser aufgelöst, als Krystall anschießen, wird als Metall glänzen, wird dann elektrische Funken sprühen, wird mittelst ihrer galvanischen Spannung eine Kraft äußern, welche, die festesten Verbindungen zersetzend, Erden zu Metallen reduziert: ja, sie wird von selbst sich zu Pflanze und Tier gestalten und aus ihrem geheimnisvollen Schoß jenes Leben entwickeln, vor dessen Verlust ihr in eurer Beschränktheit so ängstlich besorgt seid. Ist nun, als eine solche Materie fortzudauern, so ganz und gar nichts? Ja, ich behaupte im Ernst, daß selbst diese Beharrlichkeit der Materie von der Unzerstörbarkeit unsers wahren Wesens Zeugnis ablegt, wenn auch nur wie im Bilde und Gleichnis, oder vielmehr nur wie im Schattenriß, (...) daher von ihr, unter den Bedingungen der Erfahrung, das gilt, was dem Willen an sich schlechthin zukommt und sie seine wahre Ewigkeit unter dem Bilde der zeitlichen Unvergänglichkeit wiedergibt.

(...) Jetzt aber wollen wir den Standpunkt wechseln und einmal betrachten, wie, im Gegensatz der Einzelwesen, das *Ganze* der Natur sich hinsichtlich des Todes verhält; wobei wir jedoch immer noch auf dem empirischen Grund und Boden stehen bleiben.

Wir freilich kennen kein höheres Würfelspiel, als das um Tod und Leben: jeder Entscheidung über diese sehen wir mit der äußersten Spannung, Teilnahme und Furcht entgegen: denn es gilt, in unsern Augen, alles in allem. – Hingegen *die Natur*, welche doch nie lügt, sondern aufrichtig und offen ist, spricht über dieses Thema ganz anders, nämlich so, wie Krischna im Bhagavad-Gita.[1] Ihre Aussage ist: an Tod oder Leben des Individuums ist gar nichts gelegen. Dieses nämlich drückt sie dadurch aus, daß sie das Leben jedes Tieres, und auch des Menschen, den unbedeutendsten Zufällen preisgibt, ohne zu seiner

---

[1] »Gesang des Erhabenen« (Krishnas, der Verkörperung des Gottes Vishnu), 6. Buch des indischen Heldenepos Mahabharata.

Rettung einzutreten. – Betrachtet das Insekt auf eurem Wege: eine kleine, unbewußte Wendung eures Fußtrittes ist über sein Leben oder Tod entscheidend. Seht die Waldschnecke, ohne alle Mittel zur Flucht, zur Wehr, zur Täuschung, zum Verbergen, eine bereite Beute für jeden. Seht den Fisch sorglos im noch offenen Netze spielen; (…) Wenn nun die Allmutter so sorglos ihre Kinder tausend drohenden Gefahren, ohne Obhut, entgegensendet; so kann es nur sein, weil sie weiß, daß wenn sie fallen, sie in ihren Schoß zurückfallen, wo sie geborgen sind, daher ihr Fall nur ein Scherz ist. Sie hält es mit dem Menschen nicht anders, als mit den Tieren. Ihre Aussage also erstreckt sich auch auf diesen: Leben oder Tod des Individuums sind ihr gleichgültig. Demzufolge sollten sie es, in gewissem Sinne, auch uns sein: denn wir selbst sind ja die Natur. Gewiß würden wir, wenn wir nur tief genug sähen, der Natur beistimmen und Tod oder Leben als so gleichgültig ansehen, wie sie. Inzwischen müssen wir, mittelst der Reflexion, jene Sorglosigkeit und Gleichgültigkeit der Natur gegen das Leben der Individuen dahin auslegen, daß die Zerstörung einer solchen Erscheinung das wahre und eigentliche Wesen derselben im mindesten nicht anficht. (…)

Ja, das ganze Sein und Nichtsein selbst dieser Einzelwesen, in Beziehung auf welches Tod und Leben Gegensätze sind, kann nur ein relatives sein: die Sprache der Natur, in welcher es uns als ein absolutes gegeben wird, kann also nicht der wahre und letzte Ausdruck der Beschaffenheit der Dinge und der Ordnung der Welt sein, sondern wahrlich nur ein patois du pays, d. h. ein bloß relativ Wahres, ein Sogenanntes, ein cum grano salis zu Verstehendes, oder eigentlich zu reden, ein durch unsern Intellekt Bedingtes. – (…)

Wer (…) durch eine nur etwas höher potenzierte Fähigkeit, auch bloß anfängt, in den Einzelwesen ihr Allgemeines, ihre Ideen, zu erblicken, der wird auch jener Überzeugung in gewissem Grade teilhaft werden, und zwar als einer unmittelbaren und darum gewissen. In der Tat sind es auch nur die kleinen, beschränkten Köpfe, welche ganz ernstlich den Tod als ihre Vernichtung fürchten: aber vollends von den entschieden Bevorzugten bleiben solche Schrecken gänzlich fern. Plato gründete mit Recht die ganze Philosophie auf die Erkenntnis der Ideenlehre, d. h. auf das Erblicken des Allgemeinen im Einzelnen. Überaus lebhaft aber muß die hier beschriebene unmittelbar aus der Auffassung der Natur hervorgehende Überzeugung in jenen erhabenen und kaum als bloße Menschen denkbaren Urhebern des Upanischads der Veden gewesen sein, da dieselbe aus unzähligen ihrer Aussprüche so sehr eindringlich zu uns redet, daß wir diese unmittelbare Erleuchtung ihres Geistes dem zuschreiben müssen, daß diese Weisen, als dem Ursprunge unsers Geschlechtes, der Zeit nach, näher stehend, das Wesen der Dinge klarer und tiefer auffaßten, als das schon abgeschwächte Geschlecht, οἷοι νυν βροτοί εἰσιν [wie jetzt die Sterblichen beschaffen sind], es vermag. (...) – Wenn ich ein Tier, sei es ein Hund, ein Vogel, ein Frosch, ja sei es auch nur ein Insekt, töte, so ist es eigentlich doch undenkbar, daß dieses Wesen, oder vielmehr die Urkraft, vermöge welcher eine so bewunderungswürdige Erscheinung, noch den Augenblick vorher, sich in ihrer vollen Energie und Lebenslust darstellte, durch meinen boshaften oder leichtsinnigen Akt zu nichts geworden sein sollte. – Und wieder andererseits, die Millionen Tiere jeglicher Art, welche jeden Augenblick, in unendlicher Mannigfaltigkeit, voll Kraft und Strebsamkeit ins Dasein treten, können nimmermehr vor dem Akt ihrer Zeugung gar nichts gewesen und von nichts zu einem absoluten Anfang gelangt sein. – Sehe ich nun auf diese Weise eines sich meinem Blicke entziehen, ohne daß ich je erfahre, wohin es gehe; und ein anderes hervortreten, ohne daß ich je erfahre, woher es komme; haben dazu noch beide dieselbe Gestalt, dasselbe Wesen, denselben Charakter, nur allein nicht dieselbe Materie, welche jedoch sie auch während ihres Daseins fortwährend abwerfen und erneuern; – so liegt doch wahrlich die Annahme, daß das, was verschwindet, und das, was an seine Stelle tritt, *eines* und dasselbe Wesen sei, welches nur eine kleine Veränderung, eine Erneuerung der Form seines Daseins, erfahren hat, und daß mithin was der Schlaf für das Individuum ist, der Tod für die Gattung sei; – diese Annahme, sage ich, liegt so nahe, daß es unmöglich ist, nicht auf sie zu geraten. (...)

Durchgängig und überall ist das echte Symbol der Natur der Kreis, weil er das Schema der Wiederkehr ist: diese ist in der Tat die allgemeinste Form in der Natur, welche sie in allem durchführt, vom Laufe der Gestirne an, bis zum Tod und der Entstehung organischer Wesen, und wodurch allein in dem rastlosen Strom der Zeit und ihres Inhalts doch ein bestehendes Dasein, d. i. eine Natur, möglich wird. (...) Was also dringt sich unwiderstehlicher auf, als der Gedanke, daß jenes Entstehen und Vergehen nicht das eigentliche Wesen der Dinge treffe, sondern dieses davon unberührt bleibe, also unvergänglich sei, daher denn alles und jedes, was da sein will, wirklich fortwährend und ohne Ende da ist. Demgemäß sind in jedem gegebenen Zeitpunkt alle Tiergeschlechter, von der Mücke bis zum Elefanten, vollzählig beisammen. Sie haben sich bereits viel tausendmal erneuert und sind dabei dieselben geblieben.

Sie wissen nicht von andern ihresgleichen, die vor ihnen gelebt, oder nach ihnen leben werden: die Gattung ist es, die allezeit lebt, und, im Bewußtsein der Unvergänglichkeit derselben und ihrer Identität mit ihr, sind die Individuen da und wohlgemut. Der Wille zum Leben erscheint sich in endloser Gegenwart; weil diese die Form des Lebens der Gattung ist, welche daher nicht altert, sondern immer jung bleibt. Der Tod ist für sie, was der Schlaf für das Individuum, oder was für das Auge das Winken ist, an dessen Abwesenheit die indischen Götter erkannt werden, wenn sie in Menschengestalt erscheinen. Wie durch den Eintritt der Nacht die Welt verschwindet, dabei jedoch keinen Augenblick zu sein aufhört; ebenso scheinbar vergeht Mensch und Tier durch den Tod, und ebenso ungestört besteht dabei ihr wahres Wesen fort. Nun denke man sich jenen Wechsel von Tod und Geburt in unendlich schnellen Vibrationen, und man hat die beharrliche Objektivation des Willens, die bleibenden Ideen der Wesen vor sich, feststehend, wie der Regenbogen auf dem Wasserfall. Dies ist die zeitliche Unsterblichkeit. Infolge derselben ist, trotz Jahrtausenden des Todes und der Verwesung, noch nichts verloren gegangen, kein Atom der Materie, noch weniger etwas von dem innern Wesen, welches als die Natur sich darstellt. (...)

Wohl aber ist darauf aufmerksam zu machen, daß die Wehen der Geburt und die Bitterkeit des Todes die beiden konstanten Bedingungen sind, unter denen der Wille zum Leben sich in seiner Objektivation erhält, d. h. unser Wesen an sich, unberührt vom Laufe der Zeit und dem Hinsterben der Geschlechter, in immerwährender Gegenwart da ist und die Frucht der Bejahung des Willens zum Leben genießt.

Die Welt als Wille und Vorstellung. Ergänzungen zum 4. Buch

Bejahung und Verneinung des Willens (I)

Der Wille, welcher rein an sich betrachtet, erkenntnislos und nur ein blinder, unaufhaltsamer Drang ist, wie wir ihn noch in der unorganischen und vegetabilischen Natur und ihren Gesetzen, wie auch im vegetativen Teil unseres eigenen Lebens erscheinen sehen, erhält durch die hinzugetretene, zu seinem Dienst entwickelte Welt der Vorstellung die Erkenntnis von seinem Wollen und von dem was es sei, das er will, daß es nämlich nichts anderes sei, als diese Welt, das Leben, gerade so wie es dasteht. Wir nannten deshalb die erscheinende Welt seinen Spiegel, seine Objektität: und da was der Wille will immer das Leben ist, eben weil dasselbe nichts weiter, als die Darstellung jenes Wollens für die Vorstellung ist; so ist es einerlei und nur ein Pleonasmus, wenn wir statt schlechthin zu sagen, »der Wille«, sagen »der Wille zum Leben«. (...)

Vor allem müssen wir deutlich erkennen, daß die Form der Erscheinung des Willens, also die Form des Lebens oder der Realität, eigentlich nur die *Gegenwart* ist, nicht Zukunft, noch Vergangenheit: diese sind nur im Begriff, sind nur im Zusammenhange der Erkenntnis da, sofern sie dem Satz vom Grunde folgt. In der Vergangenheit hat kein Mensch gelebt, und in der Zukunft wird nie einer leben; sondern die *Gegenwart* allein ist die Form alles Lebens, ist aber auch sein sicherer Besitz, der ihm nie entrissen werden kann. Die Gegenwart ist immer da, samt ihrem Inhalt: beide stehen fest, ohne zu wanken; wie der Regenbogen auf dem Wasserfall. (...)

Die Gegenwart allein ist das, was immer da ist und unverrückbar feststeht. Empirisch aufgefaßt das Flüchtigste von allem, stellt sie dem metaphysischen Blick, der über die Formen der empirischen Anschauung hinwegsieht, sich als das allein Beharrende dar, das Nunc stans der Scholastiker. Die Quelle und der Träger ihres Inhalts ist der Wille zum Leben, oder das Ding an sich, – welches wir sind. Das, was immerfort wird und vergeht, indem es entweder schon gewesen ist, oder noch kommen soll, gehört der Erscheinung als solcher an, vermöge ihrer Formen, welche das Entstehen und Vergehen möglich machen. Demnach denke man: Quid fuit? – Quod est. – Quid erit? – Quod fuit; und nehme es im strengen Sinne der Worte, verstehe also nicht simile, sondern idem. Denn dem Willen ist das Leben, dem Leben die Gegenwart gewiß. Daher auch kann jeder sagen: »Ich bin ein für allemal Herr der Gegenwart, und durch alle Ewigkeit wird sie mich begleiten, wie mein Schatten: demnach wundere ich mich nicht, wo sie nur hergekommen sei, und wie es zugehe, daß sie gerade jetzt sei.« – Wir können die Zeit einem endlos drehenden Kreise vergleichen: die stets sinkende Hälfte wäre die Vergangenheit, die stets steigende die Zukunft: oben aber der unteilbare Punkt, der die Tangente berührt, wäre die ausdehnungslose Gegenwart: wie die Tangente nicht mit fortrollt, so auch nicht die Gegenwart, der Berührungspunkt des Objekts, dessen Form die Zeit ist, mit dem Subjekt, das keine Form hat, weil es nicht zum Erkennbaren gehört, sondern Bedingung alles Erkennbaren ist. (...) Was wir im Tode fürchten, ist in der Tat der Untergang des Individuums, als welcher er sich unverhohlen kundgibt, und da das Individuum der Wille zum Leben selbst in einer einzelnen Objektivation ist, sträubt sich sein ganzes

Wesen gegen den Tod. – Wo nun solchermaßen das Gefühl uns hilflos preisgibt, kann jedoch die Vernunft eintreten und die widrigen Eindrücke desselben großenteils überwinden, indem sie uns auf einen höhern Standpunkt stellt, wo wir statt des Einzelnen nunmehr das Ganze im Auge haben. Darum könnte eine philosophische Erkenntnis des Wesens der Welt, die bis zu dem Punkt, auf welchem wir jetzt in unserer Betrachtung stehen, gekommen wäre, aber nicht weiter ginge, selbst schon auf diesem Standpunkte die Schrecken des Todes überwinden, in dem Maß, als im gegebenen Individuum die Reflexion Macht hätte über das unmittelbare Gefühl. (...) Auf dem bezeichneten Standpunkt endlich würden wohl viele Menschen stehen, wenn ihre Erkenntnis mit ihrem Wollen gleichen Schritt hielte, d. h. wenn sie im stande wären, frei von jedem Wahn, sich selbst klar und deutlich zu werden. Denn dieses ist, für die Erkenntnis, der Standpunkt der gänzlichen *Bejahung des Willens zum Leben*.

Der Wille bejaht sich selbst, besagt: indem in seiner Objektität, d. i. der Welt und dem Leben, sein eigenes Wesen ihm als Vorstellung vollständig und deutlich gegeben wird, hemmt diese Erkenntnis sein Wollen keineswegs: sondern eben dieses so erkannte Leben wird auch als solches von ihm gewollt, wie bis dahin ohne Erkenntnis, als blinder Drang, so jetzt mit Erkenntnis, bewußt und besonnen. – Das Gegenteil hievon, *die Verneinung des Willens zum Leben*, zeigt sich, wenn auf jene Erkenntnis das Wollen endet, indem sodann nicht mehr die erkannten einzelnen Erscheinungen als *Motive* des Wollens wirken, sondern die ganze, durch Auffassung der *Ideen* erwachsene Erkenntnis des Wesens der Welt, die den Willen spiegelt, zum *Quietiv* des Willens wird und so der Wille frei sich selbst aufhebt. (...) Wenn nämlich vor den Augen eines Menschen jener Schleier der Maja, das principium individuationis, so sehr gelüftet ist, daß derselbe nicht mehr den egoistischen Unterschied zwischen seiner Person und der fremden macht, sondern an den Leiden der anderen Individuen so viel Anteil nimmt, wie an seinen eigenen, und dadurch nicht nur im höchsten Grade hilfreich ist, sondern sogar bereit, sein eigenes Individuum zu opfern, sobald mehrere fremde dadurch zu retten sind; dann folgt von selbst, daß ein solcher Mensch, der in allen Wesen sich, sein innerstes und wahres Selbst erkennt, auch die endlosen Leiden alles Lebenden als die seinen betrachten und so den Schmerz der ganzen Welt sich zueignen muß. Ihm ist kein Leiden mehr fremd. Alle Qualen anderer, die er sieht und so selten zu lindern vermag, alle Qualen, von denen er mittelbar Kunde hat, ja die er nur als möglich erkennt, wirken auf seinen Geist, wie seine eigenen. Es ist nicht mehr das wechselnde Wohl und Wehe seiner Person, was er im Auge hat, wie dies bei dem noch im Egoismus befangenen Menschen der Fall ist; sondern da er das principium individuationis durchschaut, liegt ihm alles gleich nahe. Er erkennt das Ganze, faßt das Wesen desselben auf, und findet es in einem steten Vergehen, nichtigem Streben, innerm Widerstreit und beständigem Leiden begriffen, sieht, wohin er auch blickt, die leidende Menschheit und die leidende Tierheit, und eine hinschwindende Welt. Dieses alles aber liegt ihm jetzt so nahe, wie dem Egoisten nur seine eigene Person. Wie sollte er nun, bei solcher Erkenntnis der Welt, eben dieses Leben durch stete Willensakte bejahen und eben dadurch sich ihm immer fester verknüpfen, es immer fester an sich drücken? Wenn also der, welcher noch im principio individuationis, im Egoismus, befangen ist, nur einzelne Dinge und ihr Verhältnis zu seiner Person erkennt, und jene dann zu immer erneuerten *Motiven* seines Wollens werden; so wird hingegen jene beschriebene Erkenntnis des Ganzen, des Wesens der Dinge an sich, zum *Quietiv* alles und jedes Wollens. Der Wille wendet sich nunmehr vom Leben ab: ihm schaudert jetzt vor dessen Genüssen, in denen er die Bejahung desselben erkennt. Der Mensch gelangt zum Zustande der freiwilligen Entsagung, der Resignation, der wahren Gelassenheit und gänzlichen Willenslosigkeit.

Die Welt als Wille und Vorstellung. 4. Buch

Über den Tod und sein Verhältnis zur Unzerstörbarkeit unsers Wesens an sich (II)

Von der Unzerstörbarkeit unsers wahren Wesens durch den Tod werden wir so lange falsche Begriffe haben, als wir uns nicht entschließen, sie zuvörderst an den Tieren zu studieren, (...) – Ich weiß wohl, daß, wenn ich einem ernsthaft versicherte, die Katze, welche eben jetzt auf dem Hofe spielt, sei noch dieselbe, welche dort vor dreihundert Jahren die nämlichen Sprünge und Schliche gemacht hat, er mich für toll halten würde: aber ich weiß auch, daß es sehr viel toller ist, zu glauben, die heutige Katze sei durch und durch und von Grund aus eine ganz andere, als jene vor dreihundert Jahren. – Man braucht sich nur treu und ernst in den Anblick eines dieser obern Wirbeltiere zu vertiefen, um deutlich inne zu werden, daß dieses unergründliche Wesen, wie es da ist, im ganzen genommen, unmöglich zu Nichts werden kann: und doch kennt man andererseits seine Vergänglichkeit. Dies beruht darauf, daß in diesem Tiere die Ewigkeit seiner Idee (Gattung) in der Endlichkeit des Individui ausgeprägt ist. Denn in gewissem Sinne ist es allerdings wahr, daß wir im Individuo stets ein anderes Wesen vor uns haben, nämlich in dem Sinne, der auf dem Satz vom Grunde beruht, unter welchem auch Zeit und Raum begriffen sind, welche das principium individuationis ausmachen. In einem andern Sinne aber ist es nicht wahr, nämlich in dem, in welchem die Realität allein den bleibenden Formen der Dinge, den Ideen zukommt, und welcher dem Plato so klar eingeleuchtet hatte, daß derselbe sein Grundgedanke, das Centrum seiner Philosophie, und die Auffassung desselben sein Kriterium der Befähigung zum Philosophieren überhaupt wurde.

Wie die zerstäubenden Tropfen des tobenden Wasserfalls mit Blitzesschnelle wechseln, während der Regenbogen, dessen Träger sie sind, in unbeweglicher Ruhe feststeht, ganz unberührt von jenem rastlosen Wechsel; so bleibt jede *Idee*, d.i. jede *Gattung* lebender Wesen, ganz unberührt vom fortwährenden Wechsel ihrer Individuen. Die *Idee* aber, oder die Gattung, ist es, darin der Wille zum Leben eigentlich wurzelt und sich manifestiert: daher auch ist an ihrem Bestand allein ihm wahrhaft gelegen. Zum Beispiel die Löwen, welche geboren werden und sterben, sind wie die Tropfen des Wasserfalls; aber die leonitas, die *Idee*, oder Gestalt, des Löwen, gleicht dem unerschütterten Regenbogen darauf. Darum also legte *Plato* den *Ideen* allein, d.i. den species, den Gattungen, ein eigentliches Sein bei, den Individuen nur ein rastloses Entstehen und Vergehen. Aus dem tiefinnersten Bewußtsein seiner Unvergänglichkeit entspringt eigentlich auch die Sicherheit und Gemütsruhe, mit der jedes tierische und auch das menschliche Individuum unbesorgt dahin wandelt zwischen einem Heer von Zufällen, die es jeden Augenblick vernichten können, und überdies dem Tode gerade entgegen: aus seinen Augen blickt inzwischen die Ruhe der Gattung, als welche jener Untergang nicht anficht und nicht angeht. Auch dem Menschen könnten diese Ruhe die unsichern und wechselnden Dogmen nicht verleihen. (...)

Kant, in seinem subjektiven Verfahren, brachte die große, wiewohl negative Wahrheit zu Tage, daß dem Ding an sich die Zeit nicht zukommen könne; weil sie in unserer Auffassung präformiert liege. Nun ist der Tod das zeitliche Ende der zeitlichen Erscheinung: aber sobald wir die Zeit wegnehmen, gibt es gar kein Ende mehr und hat dies Wort alle

Bedeutung verloren. Ich aber, hier auf dem objektiven Wege, bin jetzt bemüht, das Positive der Sache nachzuweisen, daß nämlich das Ding an sich von der Zeit und dem, was nur durch sie möglich ist, dem Entstehen und Vergehen, unberührt bleibt, und daß die Erscheinungen in der Zeit sogar jenes rastlos flüchtige, dem Nichts zunächst stehende Dasein nicht haben könnten, wenn nicht in ihnen ein Kern aus der Ewigkeit wäre. Die *Ewigkeit* ist freilich ein Begriff, dem keine Anschauung zum Grunde liegt: er ist auch deshalb bloß negativen Inhalts, besagt nämlich ein zeitloses Dasein. Die *Zeit* ist dennoch ein bloßes Bild der Ewigkeit, ὁ χρόνος εἰκων του αἰωνος, wie es Plotinus hat: und ebenso ist unser zeitliches Dasein das bloße Bild unsers Wesens an sich. Dieses muß in der Ewigkeit liegen, eben weil die Zeit nur die Form unsers Erkennens ist. (...) Die tiefe Überzeugung von unserer Unvertilgbarkeit durch den Tod, welche, wie auch die unausbleiblichen Gewissenssorgen bei Annäherung desselben bezeugen, jeder im Grunde seines Herzens trägt, hängt durchaus an dem Bewußtsein unserer Ursprünglichkeit und Ewigkeit; daher *Spinoza* sie so ausdrückt: sentimus, experimurque, nos aeternos esse [Wir fühlen und erfahren an uns, daß wir ewig sind.] Denn als unvergänglich kann ein vernünftiger Mensch sich nur denken, sofern er sich als anfangslos, als ewig, eigentlich als zeitlos denkt. Wer hingegen sich für aus Nichts geworden hält, muß auch denken, daß er wieder zu Nichts wird: denn daß eine Unendlichkeit verstrichen wäre, ehe er war, dann aber eine zweite angefangen habe, welche hindurch er nie aufhören wird zu sein, ist ein monstroser Gedanke. Wirklich ist der solideste Grund für unsere Unvergänglichkeit der alte Satz: Ex nihilo nihil fit, et in nihilum nihil potest reverti [Aus nichts entsteht nichts und nichts kann ins Nichts zurückkehren.] Ganz treffend sagt daher *Theophrastus Paracelsus*[1]: »Die Seel in mir ist aus Etwas geworden; darum sie nicht zu Nichts kommt: denn aus Etwas kommt sie.« Er gibt den wahren Grund an. Wer aber die Geburt des Menschen für dessen absoluten Anfang hält, dem muß der Tod das absolute Ende desselben sein. Denn beide sind was sie sind in gleichem Sinne: folglich kann jeder sich nur insofern als *unsterblich* denken, als er sich auch als *ungeboren* denkt, und in gleichem Sinn. Was die Geburt ist, das ist, dem Wesen und der Bedeutung nach, auch der Tod; es ist dieselbe Linie in zwei Richtungen beschrieben. Ist jene eine wirkliche Entstehung aus Nichts; so ist auch dieser eine wirkliche Vernichtung. In Wahrheit aber läßt sich nur mit-

---

1 Vgl. Bd. I.

telst der *Ewigkeit* unsers eigentlichen Wesens eine Unvergänglichkeit desselben denken, welche mithin keine zeitliche ist. (...) Wenn also Betrachtungen dieser Art allerdings geeignet sind, die Überzeugung zu erwecken, daß in uns etwas ist, das der Tod nicht zerstören kann; so geschieht es doch nur mittelst Erhebung auf einen Standpunkt, von welchem aus die Geburt nicht der Anfang unsers Daseins ist. Hieraus aber folgt, daß was als durch den Tod unzerstörbar dargetan wird, nicht eigentlich das Individuum ist, welches überdies durch die Zeugung entstanden und die Eigenschaften des Vaters und der Mutter an sich tragend, als eine bloße Differenz der Spezies sich darstellt, als solche aber nur endlich sein kann. Wie, dementsprechend, das Individuum keine Erinnerung seines Daseins vor seiner Geburt hat, so kann es von seinem jetzigen keine nach dem Tode haben. In das *Bewußtsein* aber setzt jeder sein Ich: dieses erscheint ihm daher als an die Individualität gebunden, mit welcher ohnehin alles das untergeht, was ihm, als diesem, eigentümlich ist und ihn von den andern unterscheidet. Seine Fortdauer ohne die Individualität wird ihm daher vom Fortbestehen der übrigen Wesen ununterscheidbar, und er sieht sein Ich versinken. Wer nun aber so sein Dasein an die Identität des *Bewußtseins* knüpft und daher für dieses eine endlose Fortdauer nach dem Tode verlangt, sollte bedenken, daß er eine solche jedenfalls nur um den Preis einer ebenso endlosen Vergangenheit vor der Geburt erlangen kann. Denn da er von einem Dasein vor der Geburt keine Erinnerung hat, sein Bewußtsein also mit der Geburt anfängt, muß ihm diese für ein Hervorgehen seines Daseins aus dem Nichts gelten. Dann aber erkauft er die unendliche Zeit seines Daseins nach dem Tode für eine ebensolange vor der Geburt: wobei die Rechnung, ohne Profit für ihn, aufgeht. Ist hingegen das Dasein, welches der Tod unberührt läßt, ein anderes, als das des individuellen Bewußtseins; so muß es, ebenso wie vom Tode, auch von der Geburt unabhängig sein, und demnach in Beziehung auf dasselbe es gleich wahr sein zu sagen: »ich werde stets sein« und »ich bin stets gewesen«; welches dann doch zwei Unendlichkeiten für eine gibt. (...) Unsterblichkeit der Individualität verlangen, heißt eigentlich einen Irrtum ins Unendliche perpetuieren wollen. Denn im Grunde ist doch jede Individualität nur ein spezieller Irrtum, Fehltritt, etwas das besser nicht wäre, ja, wovon uns zurückzubringen der eigentliche Zweck des Lebens ist. Dies findet seine Bestätigung auch darin, daß die allermeisten, ja, eigentlich alle Menschen so beschaffen sind, daß sie nicht glücklich sein könnten, in welche Welt auch immer sie versetzt werden möchten. In

I. Der Aufbruch eines neuen Bewußtseins

dem Maße nämlich, als eine solche Not und Beschwerde ausschlösse, würden sie der Langenweile anheimfallen, und in dem Maße, als dieser vorgebeugt wäre, würden sie in Not, Plage und Leiden geraten. Zu einem glückseligen Zustande des Menschen wäre also keineswegs hinreichend, daß man ihn in eine »bessere Welt« versetzte, sondern auch noch erfordert, daß mit ihm selbst eine Grundveränderung vorginge, also daß er nicht mehr wäre was er ist, und dagegen würde was er nicht ist. Dazu aber muß er zuvörderst aufhören zu sein was er ist: dieses Erfordernis erfüllt vorläufig der Tod, dessen moralische Notwendigkeit sich von diesem Gesichtspunkt aus schon absehen läßt. In eine andere Welt versetzt werden, und sein ganzes Wesen verändern, – ist im Grunde *eins* und dasselbe. (...)

Die gründlichste Antwort auf die Frage nach der Fortdauer des Individuums nach dem Tode liegt in *Kants* großer Lehre von der *Idealität der Zeit*. (...) Anfangen, Enden und Fortdauern sind Begriffe, welche ihre Bedeutung einzig und allein von der Zeit entlehnen und folglich nur unter Voraussetzung dieser gelten. Allein die Zeit hat kein absolutes Dasein, ist nicht die Art und Weise des Seins an sich der Dinge, sondern bloß die Form unserer *Erkenntnis* von unserm und aller Dinge Dasein und Wesen, welche eben dadurch sehr unvollkommen und auf bloße Erscheinungen beschränkt ist. In Hinsicht auf diese allein also finden die Begriffe von Aufhören und Fortdauern Anwendung, nicht in Hinsicht auf das in ihnen sich Darstellende, das Wesen an sich der Dinge, auf welches angewandt jene Begriffe daher keinen Sinn mehr haben. Dies zeigt sich denn auch daran, daß eine Beantwortung der von jenen Zeitbegriffen ausgehenden Frage unmöglich wird (...), das Problem uns auf einen Schauplatz versetzt, welcher die Zeit aufhebt, dennoch aber nach Zeitbestimmungen frägt, welche folglich dem Subjekt beizulegen und ihm abzusprechen gleich falsch ist: dies eben heißt: das Problem ist transcendent. In diesem Sinne bleibt der Tod ein Mysterium. (...)

Auf den Menschen, als Erscheinung in der Zeit, ist der Begriff des Aufhörens allerdings anwendbar und die empirische Erkenntnis legt unverhohlen den Tod als das Ende dieses zeitlichen Daseins dar. Das Ende der Person ist ebenso real, wie es ihr Anfang war, und in eben dem Sinne, wie wir vor der Geburt nicht waren, werden wir nach dem Tode nicht mehr sein. Jedoch kann durch den Tod nicht mehr aufgehoben werden, als durch die Geburt gesetzt war; also nicht das, wodurch die Geburt allererst möglich geworden. In diesem Sinne ist natus et denatus [geboren werden und weggeboren werden] ein schöner Ausdruck. Nun aber liefert die gesamte empirische Erkenntnis bloße Erscheinungen: nur diese daher werden von den zeitlichen Hergängen des Entstehens und Vergehens getroffen, nicht aber das Erscheinende, das Wesen an sich. Für dieses existiert der durch das Gehirn bedingte Gegensatz von Entstehen und Vergehen gar nicht, sondern hat hier Sinn und Bedeutung verloren. Dasselbe bleibt also unangefochten vom zeitlichen Ende einer zeitlichen Erscheinung und behält stets dasjenige Dasein, auf welches die Begriffe von Anfang, Ende und Fortdauer nicht anwendbar sind. Dasselbe aber ist, soweit wir es verfolgen können, in jedem erscheinenden Wesen der Wille desselben: so auch im Menschen. Das Bewußtsein hingegen besteht im Erkennen: dieses aber gehört, wie genugsam nachgewiesen, als Tätigkeit des Gehirns, mithin als Funktion des Organismus, der bloßen Erscheinung an, endigt daher mit dieser: der Wille allein, dessen Werk oder vielmehr Abbild der Leib war, ist das Unzerstörbare. Die strenge Unterscheidung des Willens von der Erkenntnis, nebst dem Primat des erstern, welche den Grundcharakter meiner Philosophie ausmacht, ist daher der alleinige Schlüssel zu dem sich auf mannigfaltige Weise kundgebenden und in jedem, sogar dem ganz rohen Bewußtsein stets von neuem aufsteigenden Widerspruch, daß der Tod unser Ende ist, und wir dennoch ewig und unzerstörbar sein müssen, also dem *sentimus, experimurque nos aeternos esse* des *Spinoza*. Alle Philosophen haben darin geirrt, daß sie das Metaphysische, das Unzerstörbare, das Ewige im Menschen in den *Intellekt* setzen: es liegt ausschließlich im *Willen*, der von jenem gänzlich verschieden und allein ursprünglich ist. (...)

Der Wille allein ist das Bedingende, der Kern der ganzen Erscheinung, von den Formen dieser, zu welchen die Zeit gehört, somit frei, also auch unzerstörbar. Mit dem Tode geht demnach zwar das Bewußtsein verloren, nicht aber das, was das Bewußtsein hervorbrachte und erhielt: das Leben erlischt, nicht aber mit ihm das Prinzip des Lebens, welches in ihm sich manifestierte. (...)

Dieses aber ist eben das, was, indem es ins Bewußtsein fällt, sich als *Wille* darstellt. Über diese unmittelbarste Erscheinung desselben hinaus können wir freilich nicht; weil wir nicht über das Bewußtsein hinaus können: daher bleibt die Frage, was denn jenes sein möge, sofern es *nicht* ins Bewußtsein fällt, d. h. was es schlechthin an sich selbst sei, unbeantwortbar.

In der Erscheinung und mittelst deren Formen, Zeit und Raum, als principium individuationis, stellt es sich so dar, daß das menschliche Individuum untergeht, hingegen das Menschengeschlecht immerfort bleibt und lebt. Allein im Wesen an sich der Dinge, als welches von diesen Formen frei ist, fällt auch der ganze Unterschied zwischen dem Individuo und dem Geschlechte weg, und sind beide unmittelbar *eins*. Der ganze Wille zum Leben ist im Individuo, wie er im Geschlecht ist, und daher ist die Fortdauer der Gattung bloß das Bild der Unzerstörbarkeit des Individui. – (...) Als sich bejahender Wille zum Leben hat der Mensch die Wurzel seines Daseins in der Gattung. Demnach ist sodann der Tod das Verlieren einer Individualität und Empfangen einer andern, folglich ein Verändern der Individualität unter der ausschließlichen Leitung seines eigenen Willens. Denn in diesem allein liegt die ewige Kraft, welche sein Dasein mit seinem Ich hervorbringen konnte, jedoch, seiner Beschaffenheit wegen, es nicht darin zu erhalten vermag. (...) Jedoch steht derselben Kraft, also dem Willen, eine unendliche Zahl eben solcher Existenzen, mit ihrem Ich, zu Gebote, welche aber wieder ebenso nichtig und vergänglich sein werden. Da nun jedes Ich sein gesondertes Bewußtsein hat; so ist, in Hinsicht auf ein solches, jene unendliche Zahl derselben von einem einzigen nicht verschieden. – (...)

Allerdings aber können wir die Vorstellung von allem Obigen nicht ganz ohne Zeitbegriffe durchführen: diese sollten jedoch, wo es sich vom Dinge an sich handelt, ausgeschlossen bleiben. Allein es gehört zu den unabänderlichen Grenzen unsers Intellekts, daß er diese erste und unmittelbarste Form aller seiner Vorstellungen nie ganz abstreifen kann, um nun ohne sie zu operieren. Daher geraten wir hier freilich auf eine Art Metempsychose; wiewohl mit dem bedeutenden Unterschiede, daß solche nicht die ganze ψυχη, nämlich nicht das *erkennende* Wesen betrifft, sondern den Willen allein; (...) Diese steten Wiedergeburten machten dann die Succession der Lebensträume eines an sich unzerstörbaren Willens aus, bis er, durch so viele und verschiedenartige, successive Erkenntnis, in stets neuer Form, belehrt und gebessert, sich selbst aufhöbe.

Mit dieser Ansicht stimmt auch die eigentliche, sozusagen esoterische Lehre des Buddhaismus, wie wir sie durch die neuesten Forschungen kennen gelernt haben, überein, indem sie nicht Metempsychose, sondern eine eigentümliche, auf moralischer Basis ruhende Palingenesie lehrt. (...) –

Der Tod ist die große Zurechtweisung, welche der Wille zum Leben, und näher der diesem wesentliche Egoismus, durch den Lauf der Natur erhält; und er kann aufgefaßt werden als eine Strafe für unser Dasein. Er ist die schmerzliche Lösung des Knotens, den die Zeugung mit Wollust geschürzt hatte, und die von außen eindringende, gewaltsame Zerstörung des Grundirrtums unsers Wesens: die große Enttäuschung. Wir sind im Grunde etwas, das nicht sein sollte: darum hören wir auf zu sein. Der Egoismus besteht eigentlich darin, daß der Mensch alle Realität auf seine eigene Person beschränkt, indem er in dieser allein zu existieren wähnt, nicht in den Anderen. Der Tod belehrt ihn eines Bessern, indem er diese Person aufhebt, so daß das Wesen des Menschen, welches sein Wille ist, fortan nur in andern Individuen leben wird, sein Intellekt aber, als welcher selbst nur der Erscheinung, d. h. der Welt als Vorstellung, angehörte und bloß die Form der Außenwelt war, eben auch im Vorstellungsein, d. h. im *objektiven* Sein der Dinge als solchem, also ebenfalls nur im Dasein der bisherigen Außenwelt, fortbesteht. Sein ganzes Ich lebt also von jetzt an nur in dem, was er bisher als Nicht-Ich angesehen hatte: denn der Unterschied zwischen Äußerem und Innerem hört auf. (...)

Über dies alles nun aber ist der Tod die große Gelegenheit, nicht mehr Ich zu sein: wohl dem, der sie benutzt. Während des Lebens ist der Wille des Menschen ohne Freiheit: auf der Basis seines unveränderlichen Charakters geht sein Handeln, an der Kette der Motive, mit Notwendigkeit vor sich. Nun trägt aber jeder in seiner Erinnerung gar vieles, das er getan, und worüber er nicht mit sich selbst zufrieden ist. Lebte er nun immerfort; so würde er, vermöge der Unveränderlichkeit des Charakters, auch immerfort auf dieselbe Weise handeln. Demnach muß er aufhören zu sein was er ist, um aus dem Keim seines Wesens als ein neues und anderes hervorgehen zu können. Daher löst der Tod jene Bande: der Wille wird wieder frei. (...) Das Sterben ist der Augenblick jener Befreiung von der Einseitigkeit einer Individualität, welche nicht den innersten Kern unsers Wesens ausmacht, vielmehr als eine Art Verirrung desselben zu denken ist: die wahre, ursprüngliche Freiheit tritt wieder ein, in diesem Augenblick, welcher, im angegebenen Sinn, als eine restitutio in integrum[1] betrachtet werden kann. Der Friede und die Beruhigung auf dem Gesichte der meisten Toten scheint daher zu stammen. Ruhig und sanft ist, in der Regel, der Tod jedes guten Menschen: aber willig sterben, gern sterben, freudig sterben ist das Vorrecht des

---

1 Wiederherstellung der ursprünglichen Unverletzbarkeit.

Resignierten, dessen, der den Willen zum Leben aufgibt und verneint. Denn nur er will *wirklich* und nicht bloß *scheinbar* sterben, folglich braucht und verlangt er keine Fortdauer seiner Person. Das Dasein, welches wir kennen, gibt er willig auf: was ihm statt dessen wird, ist in unsern Augen *nichts*; weil unser Dasein, auf jenes bezogen, *nichts* ist. Der buddhaistische Glaube nennt jenes *Nirwana*, d.h. Erloschen.

Die Welt als Wille und Vorstellung. 4. Buch

Bejahung und Verneinung des Willens (II)

Verneinung, Aufhebung, Wendung des Willens ist auch Aufhebung und Verschwinden der Welt, seines Spiegels. Erblicken wir ihn in diesem Spiegel nicht mehr, so fragen wir vergeblich, wohin er sich gewendet, und klagen dann, da er kein Wo und Wann mehr hat, er sei ins Nichts verloren gegangen.

Ein umgekehrter Standpunkt, wenn er für uns möglich wäre, würde die Zeichen vertauschen lassen, und das für uns Seiende als das Nichts und jenes Nichts als das Seiende zeigen. Solange wir aber der Wille zum Leben selbst sind, kann jenes letztere von uns nur negativ erkannt und bezeichnet werden, weil der alte Satz des Empedokles, daß Gleiches nur von Gleichem erkannt wird, gerade hier uns alle Erkenntnis benimmt, so wie umgekehrt eben auf ihm die Möglichkeit aller unserer wirklichen Erkenntnis, d. h. die Welt als Vorstellung, oder die Objektität des Willens, zuletzt beruht. Denn die Welt ist die Selbsterkenntnis des Willens.

Würde dennoch schlechterdings darauf bestanden, von dem, was die Philosophie nur negativ, als Verneinung des Willens, ausdrücken kann, irgendwie eine positive Erkenntnis zu erlangen; so bliebe uns nichts übrig, als auf den Zustand zu verweisen, den alle die, welche zur vollkommenen Verneinung des Willens gelangt sind, erfahren haben, und den man mit den Namen Ekstase, Entrückung, Erleuchtung, Vereinigung mit Gott u. s. w. bezeichnet hat; welcher Zustand aber nicht eigentlich Erkenntnis zu nennen ist, weil er nicht mehr die Form von Subjekt und Objekt hat, und auch übrigens nur der eigenen, nicht weiter mitteilbaren Erfahrung zugänglich ist.

Wir aber, die wir ganz und gar auf dem Standpunkt der Philosophie stehen bleiben, müssen uns hier mit der negativen Erkenntnis begnügen, zufrieden den letzten Grenzstein der positiven erreicht zu haben. Haben wir also das Wesen an sich der Welt als Wille, und in allen ihren

Erscheinungen nur seine Objektität erkannt, und diese verfolgt vom erkenntnislosen Drange dunkler Naturkräfte bis zum bewußtvollsten Handeln des Menschen; so weichen wir keineswegs der Konsequenz aus, daß mit der freien Verneinung, dem Aufgeben des Willens, nun auch alle jene Erscheinungen aufgehoben sind, (...) aufgehoben mit dem Willen seine ganze Erscheinung, endlich auch die allgemeinen Formen dieser, Zeit und Raum, und auch die letzte Grundform derselben, Subjekt und Objekt. Kein Wille: keine Vorstellung, keine Welt.

Vor uns bleibt allerdings nur das Nichts. (...) – Wenden wir aber den Blick von unserer eigenen Dürftigkeit und Befangenheit auf diejenigen, welche die Welt überwanden, in denen der Wille, zur vollen Selbsterkenntnis gelangt, sich in allem wiederfand und dann sich selbst frei verneinte, und welche dann nur noch seine letzte Spur, mit dem Leibe, den sie belebt, verschwinden zu sehen abwarten; so zeigt sich uns, statt des rastlosen Dranges und Treibens, statt des steten Überganges von Wunsch zu Furcht und von Freude zu Leid, statt der nie befriedigten und nie ersterbenden Hoffnung, daraus der Lebenstraum des wollenden Menschen besteht, jener Friede, der höher ist als alle Vernunft, jene gänzliche Meeresstille des Gemüts, jene tiefe Ruhe, unerschütterliche Zuversicht und Heiterkeit, deren bloßer Abglanz im Antlitz, wie ihn Raffael und Correggio dargestellt haben, ein ganzes und sicheres Evangelium ist; nur die Erkenntnis ist geblieben, der Wille ist verschwunden. (...)

Was nach gänzlicher Aufhebung des Willens übrig bleibt, ist für alle die, welche noch des Willens voll sind, allerdings Nichts. Aber auch umgekehrt ist denen, in welchen der Wille sich gewendet und verneint hat, diese unsere so sehr reale Welt mit allen ihren Sonnen und Milchstraßen – Nichts.

Die Welt als Wille und Vorstellung. 4. Buch

B. Die Auseinandersetzung mit den fortschreitenden Naturwissenschaften. Das Entstehen neuer Anthropologien

Einleitung

Maximilian Carl Friedrich Wilhelm Grävell

Zu den Einzelgängern am Jahrhundertbeginn, die keinen festen Ort für ihr Leben und Arbeiten finden konnten und sich vereinsamt in ein eigenwilliges und unzeitgemäßes Denken zurückzogen, gehört auch Wilhelm Grävell. Als Jurist zwar mit hohen staatlichen Ämtern betraut, wurde er seiner kritischen Haltung wegen nirgends lange geduldet, sondern rasch wieder verabschiedet. Auch als philosophischer Autor blieb er isoliert, obwohl er sich der von Kant ausgehenden Philosophie seiner Zeit verpflichtet fühlte und bei der Begründung einer neuen Anthropologie mitzuwirken suchte. In seiner frühen Untersuchung »Der Mensch« von 1812 bemüht er sich um eine eigene Klärung der Frage nach der Unsterblichkeit der menschlichen Seele. Wie Zschokke und der junge Kleist hält er zunächst an der seit der Aufklärung herrschenden Vorstellung fest, daß der Mensch kraft seiner Vernunft dazu bestimmt sei, sich fortschreitend zu vervollkommnen. Im Gegensatz zu Kleist aber sind für ihn die in Kants Erkenntniskritik gezogenen Grenzen von Raum und Zeit gerade die Grundlagen seiner Argumentation. Diejenigen Konsequenzen, an denen Kleist fast zerbricht, akzeptiert er vorbehaltlos: Wir nehmen nichts mit hinüber, weder Wissen, noch Erkenntnis, noch das Bewußtsein unseres Ich. Zugleich aber ist die Fähigkeit, deren Mangel Kleist am Verstehen Kants hindert und ihn seinem eigenen Genius überläßt, für Grävell geradezu Voraussetzung einer nachtodlichen Entwicklung: die Fähigkeit der Vernunft zur Abstraktion. Die menschlichen Erkenntniskräfte müssen sich schon hier aus ihrer Bedingtheit zu befreien suchen, damit die Seele jenseits des Todes dem neuen raum- und zeitfreien Sein gewachsen ist. Mit dieser Forderung überspringt Grävell die Kantische Position. Bleibt dem Verstand auch die absolute Gewißheit versagt, so kann er sich doch üben im Erkennen höherer Zusammenhänge und damit reif für sie werden. Die notwendige Selbstvervollkommnung des Menschen besteht demnach für Grävell in der Entwicklung des abstrahierenden Vermögens, der wachsenden »reinen Erkenntnis«. Der eigentliche Beweggrund seines Denkens ist der Glaube an die Wachstums- und Wandlungskräfte der Seele. Für den Verfasser mystischer Schriften und einer juristischen

Verteidigung des Freimaurertums ist es nicht zuletzt die »kontemplative Anschauung«, welche in die reinen Erkenntnisse eindringt – »die Erkenntnis Gottes, des Heiligen und Guten, der Gerechtigkeit, der Tugend, der Wahrhaftigkeit«. Je tiefer die Seele sich schon hier mit diesen »Urbegriffen« sättigt, desto leichter wird sie in ihren künftigen Verkörperungen Leiblichkeit und Sterblichkeit durchdringen, bis schließlich der Tod ganz wegfällt und sie reiner Geist wird. Mit seiner Forderung, das Ich zu erweitern, ein neues Bewußtsein zu entwickeln, greift Grävell nicht nur mystisches Denken auf – er weist auch voraus auf eine neue Anthropologie.

Maximilian Carl Friedrich Wilhelm Grävell
1780–1860

Die Entwicklung eines reineren Ich-Bewußtseins als Voraussetzung zur Überwindung des Todes

Das abstrahierende Erkenntnisvermögen

Wenn unser Leib gleich zu Grabe getragen wird, so lebt die Seele dennoch fort. Diese Überzeugung gewährt schon der Rückblick auf die Natur der Seele selbst, und an der Hand unsers *Kant* gelangen wir darüber zur freudigsten moralischen Gewißheit. Denn unsere Seele hat nicht nur die Anlage der Perfektibilität, sondern wir haben auch die Pflicht erkannt, diese Anlage auszubilden; und diese Anlage, mithin auch diese Pflicht, hat keine Grenzen, als die höchste Vollkommenheit selber. Sie dauert so lange, als diese Vollkommenheit nicht erworben ist. Unser Leib hat diese Anlage nicht und kann sie nicht haben, weil sein Wesen abhängig ist von dem Organismus desselben und eine Abänderung des letzteren eine Zerstörung des Wesens des Leibes mit sich führt. Darum kann die Seele den Leib ablegen wie ein Kleid abgelegt wird, wenn er ausgedient hat, wenn seine Organisation ihre weitere Vervollkommnung hindern würde. Aber die Seele ist, ihrem Wesen nach, der höchsten Vervollkommnung fähig. Da nun diese Anlage auch ausgebildet werden soll, und die Vernunft, eben weil sie Vernunft ist, der Seele keine anderen Zwecke andichten kann, als welche dem Wesen derselben gemäß sind; so folgt aus dem letzteren, daß die Seele nicht eher aufhören kann zu leben, als bis sie den aus sich selbst erkannten Zweck erfüllt hat. Die Seele muß also, ihrer Natur nach, fortleben, bis sie die höchste Stufe der Erkenntnis erreicht hat. Wenn sie aber diese erklimmt haben würde, dann könnte sie gar nicht mehr vernichtet werden, weil sie dann Gott gleich sein würde. Die durch die Vernunft erkannte Notwendigkeit unserer Selbstvervollkommnung ist zugleich der Bürge unserer Fortdauer nach dem Tode. (…)

Wie unser Zustand dann sein werde, auf welche Weise das gegenwärtige Leben mit dem zukünftigen verknüpft sei, wo wir leben werden, wie die Form unsers Denkens sein werde? Alles das sind Fragen, die wir unserer Neugierde unbeantwortet lassen müssen. (...) Nur einzelne Ideen über unsern zukünftigen Zustand lassen sich verfolgen. Dies zu unterlassen würde unrecht sein, weil jede Betrachtung unsers Lebens und jede Erkenntnis unserer Zukunft für uns von praktischem Wert sein kann. Also wir werden auch nach dem Tode wieder, um unserer Persönlichkeit willen, aus Seele und Leib bestehen, und einen neuen Leib erhalten. Da die Vervollkommnung unsere Bestimmung ist, die Vervollkommnung unsers Erkenntnisvermögens aber mit der Organisation unsers Leibes gleichen Schritt hält, wie wir uns sogleich überzeugen werden, so können wir gewiß sein, daß wir von Stufe zu Stufe unserer Veredlung einen feineren, geisterähnlicheren Leib haben werden, welcher nicht nur die Seele in ihren Verrichtungen immer weniger einschränkt, sondern ihr durch schärfere und neue Sinnesorgane auch mehrere Materialien zur Verarbeitung liefert. Diese Bemerkung drängt sich dem Menschen so sehr auf, daß die Seelen der Abgeschiedenen mit ihren verklärten Leibern Gespenster, sogar Geister genannt worden sind. Der Glaube alter Philosophen, daß unsere Seelen in den Leib der Tiere fahren würden, ist daher überaus widersinnig, wofern wir nicht den Tieren eine vollkommenere Vernunft und eine höhere Erkenntnis beimessen wollen. Ein Wesen mit Vernunft begabt, kann niemals wieder ein unvernünftiges Geschöpf werden. Dagegen enthält es nichts Widersinniges, zu glauben, daß die Menschen mehr als einmal auf dieser Erde geboren werden können, bis sie reif sind zum Übergange in eine andere Welt. Wenn man den Unterschied der Völker, der Geistesgaben und der Charaktere beobachtet, und die unendliche Menge der Stufen der Vollkommenheit unter denselben wahrnimmt, so wird man sich überzeugen, daß, um ein *Antonin*, ein *Luther*, ein *Newton* zu werden, man schon lange vorher, unter vielen Veränderungen, auf dieser Erde gewandelt haben könne. Selbst die Gerechtigkeit Gottes fordert uns zu dieser Hypothese auf; denn wie wäre es mit dieser Gerechtigkeit zu vereinigen, daß die Menschen, welche mit so verschiedener Geistes- und Willenskraft sterben, auf gleiche Weise in ein anderes Leben versetzt werden sollten, in welchem das Versäumte so wenig nachzuholen wäre, und in welchem die Zurückgebliebenen so wenig Fortschritte zu ihrer Vervollkommnung machen könnten, als Jemand, der die Mathematik studieren will und die ersten Grundsätze nicht begriffen hat, dadurch weiter kommen wird, daß er in seinem Lehrbuche immer weiter zu lesen sich angelegen sein läßt.

Da alle Begriffe, welche nicht aus dem reinen Selbstbewußtsein abgeleitet sind, nur mittelst der Erfahrung, mithin nach dem Maßstabe von Raum und Zeit, eingesammelt und gebildet worden sind, welchen unser Körper uns gibt; so muß die Realität aller dieser Begriffe aufhören, sobald die Seele von diesem Körper getrennt ist. In einem anderen Körper werden wir ganz andere konkrete Vorstellungen von Raum und Zeit haben, die von unseren jetzigen sehr abweichen werden. Alle Erkenntnisse mithin, welche auf Raum und Zeit gegründet sind, verschwinden mit dem Tode, und von allen unsern Wissenschaften, die daraus zusammengesetzt sind, folgt uns nichts in das Jenseits des Grabes. Es sind Denkformen, deren Nutzen wir erkennen werden, aber irdische Sphären unserer Erkenntnis. Sogar die Erkenntnis unserer Selbst, welche durch das aus Seele und Leib zusammengesetzte Ich begründet wird, und in welcher die Vorstellung dieses Ich mit enthalten ist, kann nicht fortdauern, sobald dieses Wesen aufhört Mensch zu sein, sobald die Verbindung zwischen Seele und Leib zerrissen ist. Denn das Objekt der Vorstellung fehlt und ist nicht mehr vorhanden. Es sind also einzig und allein diejenigen Vorstellungen und Begriffe, welche wir durch Abstraktion von allem Räumlichen und Zeitlichen geformt haben, und diese Erkenntnisse, in welche wir durch diese Abstraktion hineingedrungen sind, und welche hiernächst unsere kontemplative Anschauung und Gedächtnis aufgefaßt hat, die wir mit hinüber nehmen können, die uns begleiten und unser neues Leben leiten und führen werden. Die Erkenntnis Gottes, des Heiligen und Guten, der Gerechtigkeit, der Tugend, der Wahrhaftigkeit, sie sind unvergänglich, und die Schätze, welche wir sammeln müssen, um sie mit uns zu nehmen in das bessere Land.

Da das Selbstbewußtsein hervorgeht aus der Vorstellung unserer Person, unsers aus Seele und Leib zusammengesetzten Wesens, und da wir keine Begriffe mit hinüber nehmen können, welche durch die Existenz des Leibes begründet werden; so müssen wir auch in jenem Leben als Kinder erwachen, wie in diesem, als Wesen, begabt mit Vernunft und mit einem geringen Vorrate von Urbegriffen, aber zugleich auch mit der Fähigkeit zur Einsammlung einer Menge neuer Begriffe und Erkenntnisse, wozu uns unser neuer Zustand geschickt machen wird. Selbst unser Bewußtsein, so wie es jetzt ist, so wie sich hier die mit diesem Leibe vereinigte Seele darin vorstellt, wird uns nicht begleiten, sondern es wird sich umgestalten in ein anderes Bewußtsein, welches das Resultat der Vereinigung der Seele mit einem neuen Leibe sein wird. Sogar das

I. Der Aufbruch eines neuen Bewußtseins

Andenken an diesen Zustand, an unser jetziges Leben, wird verschwinden, so wie wir hienieden uns unbewußt sind, schon gelebt und gedacht zu haben. Daß dem aber ewig so sein werde, ist darum nicht notwendig. Vielmehr wenn wir bestimmt sind, zuzunehmen an Erkenntnis und Einsicht, wenn unser Verstand immer deutlicher den Zusammenhang und den Grund der Dinge erkennen wird, so wird eine Zeit kommen, wo er das Verknüpfte die Allweisheit die Fortpflanzung und Erhaltung des menschlichen Geschlechts an das süße Gefühl der Liebe,[1] das edelste des Menschen, damit diese hehre Flamme der belebenden Gottheit schon im Entstehen das menschliche Herz erwärme, damit von Geschlecht zu Geschlecht nicht bloß Menschen geboren würden, sondern die Empfindung und das Leben der Gottheit selbst in ihnen rege werde. (...)

Je mehr unsere Erkenntnis durch die Verallgemeinerung des Begriffes von unserem Ich zunimmt, je mehr Begriffe mithin daraus entwickelt werden können, ohne abhängig zu sein von den Erfahrungen oder von der Miteinwirkung des Leibes auf das Bewußtsein; desto mehrere Erkenntnisse und Urbegriffe werden aus einem Leben hinübergenommen werden können in den darauf folgenden Lebenszustand, desto weniger kann der Tod Einfluß haben auf den Umfang unserer Erkenntnis und auf den Zustand unsers Bewußtseins. Mit jedem vollkommneren Leben wird die Macht des Todes daher verringert, der Übergang aus einem Leben in das andere erleichtert und die Dauer des Lebens selber verlängert. Wenn einst wir des Zustandes fähig wären, alle Dinge aus uns selbst zu erkennen, dann würde die Gewalt des Todes ganz aufgehoben sein, weil wir dann bloß reine Geister, ohne Körper, sein müßten, mithin einen solchen zu unserer Vervollkommnung abzulegen, nicht mehr nötig haben würden. Bis dahin muß Leben und Tod wechseln. Aber sterben heißt nicht aufhören, sondern nur einen neuen Leib anziehen.

Der Mensch

---

[1] unklarer Satz im Originaltext.

Einleitung

Ignatius Paul Vital Troxler

Der glanzvollen Bewegung um Schelling schloß sich im Jahr 1800 auch der Medizinstudent *Troxler* an. In Schellings Identitätslehre glaubte er die Lösung der philosophischen Grundfragen der Zeit gefunden zu haben. Doch wurde sie ihm bald zum Ausgangspunkt eigener Wege. Seinem anthropologischen Denken ging es um »eine weit innigere und erhabenere Einfachheit und Einigkeit« des Menschen, als sie die Lehre von der geistigen Einheit von Seele und Leib, Idealem und Realem, nach seiner Auffassung darstellte. Sie schien ihm zu spekulativ, ohne Bezug auf die lebendige Wesensganzheit des Menschen, und diese durch die Naturphilosophie in eine Ideenwelt einerseits und im Organismus-Gedanken andererseits aufgelöst zu sein. Dagegen suchte er die Einheit der physischen und geistigen Natur des Menschen in etwas, das nicht »bloßer Gedanke« war, vielmehr *unmittelbar* den Aufbau seiner gesamten Gestalt aus einem übersinnlichen Prinzip erklärte. Er nennt dieses Wirkende »Lebensgeist«.

Troxler versteht den Menschen nicht zweigliedrig, aus Leib und Seele bestehend, sondern aus vier Wesensgliedern: Körper – Leib – Seele – Geist. In Leib und Seele sieht er eine gleichsam horizontal verlaufende Polarität, die senkrecht durchschnitten wird von der vertikalen Polarität von Körper und Geist, der »Steigerung« vom Endlichen ins Absolute, der »Causalität in sich selbst«. Der Körper, als unterstes Glied, wird belebt, aufgebaut und im Alter zurückgebildet vom Leib. Dieser wiederum ist von der Seele durchdrungen, die selbst zum Geist hin vermittelt. Der Geist allein ragt ins Absolute. Jedes Glied hat am Wesen des anderen teil, alle zusammen bilden die Einheit des Menschen, die sich damit durch alle Dimensionen des Sinnlichen und Übersinnlichen erstreckt. Auch Raum und Zeit haben für Troxler eine äußere, endliche *und* eine innere, unendliche Qualität, die er Örtlichkeit und Räumlichkeit, beziehungsweise Zeitlichkeit und Ewigkeit nennt. In diesem Sinn ist der Leib zugleich örtlich (im Körper) und räumlich (in der Seele); die Seele zugleich zeitlich (im Leib) und ewig (im Geist). Seele und Leib bilden im Körper eine endliche, im Geist eine unendliche Einheit. Nur der Körper ist an Raum und Zeit (in der Bedeutung des Endlichen) gebunden; der Leib zwar im Raum, aber nicht seinen Gesetzen unterworfen und deshalb – der alten philosophischen Vorstellung eines »Ätherleibs« entsprechend[1] »allanwesend«; die Seele ist zwar in der Zeit, aber kraft ihres Erinnerungsvermögens über sie erhaben und daher »allgegenwärtig«.

Völlig außerhalb von Raum und Zeit ist allein der Geist, der schon im irdischen Dasein im Unendlichen lebt. Nur er ist das Unsterbliche am Menschen. Dieses Unsterbliche ist das »Ursprünglichste und Unmittelbarste« in ihm, dasjenige, wodurch er besteht und erscheint, also auch die Bedingung seines sterblichen Lebens. Als das schöpferische Prinzip der menschlichen Natur, das »Leben an sich«, ist der Geist Urheber von Geburt und Tod; in ihm ist die Menschheit gegründet. Für Troxler stellt demnach der Geist (das Überirdische) die ursprüngliche Einheit von Seele (Idealem) und Leib (Realem) dar – nicht als »bloßes Band«, sondern als »Hervorbringendes und Gesetzgebendes«. Man kann deshalb die Seele einen »ewigen«, den Leib einen »räumlichen« Lebensgeist nennen: Seele und Leib sind Ausdruck der Unsterblichkeit des Geistes. Nur der Körper (Irdisches) ist sterblich.

Alle vier Wesensglieder begegnen sich im »Gemüt«. Diesem zentralen Begriff Troxlers gilt ein ganzes Kapitel des Buches »Blicke ins Wesen des Menschen.« Als Schnittpunkt der Achsen von Polarität und Steigerung ist das Gemüt »Seelleib« und »Geistkörper« und somit der »Mensch an sich«: »Eigentlich sich gegenwärtig und anwesend ist der Mensch nur im Gemüte als dem unverrückbaren Mittelpunkt seiner Individualität und Ichheit.« Obwohl Troxler Individualität und Gattung nicht klar unterscheidet und – etwa im Zusammenhang von Gesundheit, Krankheit und Tod – vom »Zauber der Gattung« die Rede ist, der die »Schranken der Ichheit« durchbricht, gibt sich für ihn doch im Gemüt »das ewige Sein des Göttlichen mitten im menschlichen Wesen und Leben ... (kund) als das einzig Bestehende und wahrhaft Beharrliche, als das Individuelle und Unsterbliche«. Im Gemüt wurzelt der »Mut des Lebens«, der irdisches und überirdisches Leben aneinander bindet. Der Mangel dieses Mutes, der Unmut, zerstört das Gemüt und ist Ursache des Selbstmords.

---

1 Troxler weist auf Chaldäer und Ägypter, Pythagoräer und Platoniker, Stoiker und Kirchenväter, die alle »eine Art von Hülle des Geistes angenommen, eine Seele, die ein Bild des Leibes an sich habe, das sie *Schema* nannten und das ihnen der innere höhere Mensch war«.

Die Frage nach dem Tod führt auch Troxler in die Nähe mystischen Denkens. Er versteht ihn nicht als bloßes Erlöschen des Lebens, sondern als Leben der Materie, das dem erschaffenden Prinzip des Geistes als vernichtendes Prinzip Widerstand leistet, und zitiert Jakob Böhme: »Also ist der grimmige Tod eine Wurzel des Lebens.« Der Tod ist Teil des unendlichen Lebensprozesses, dessen »eigentliche Zukunft die Rückkehr in Gott« ist, von dem er ausging. Der unsterbliche Mensch wird durch Geburt in die Natur, den Körper, versenkt und durch Wiedergeburt in den Geist über sie erhoben.

Troxler, der eine tiefe und umfassende Kenntnis der philosophischen Literatur besaß, versuchte immer wieder, aus der überlieferten Begrifflichkeit zu eigener Anschauung sich herauszuarbeiten. Er nannte diese zuletzt »Anthroposophie«. Für den Sohn Johann Gottlieb Fichtes, Immanuel Hermann Fichte, wurde sie zur Bestätigung eigener weiterführender Erkenntnisse.

Ignatius Paul Vital Troxler
1780–1866

Das unsterbliche »Gemüt«, Schnittpunkt des viergliedrigen Menschen – eine »Anthroposophie«

Neque homo hoc, quod videmus, fragile et terrenum, sed animus est, qui omnem ambitum coeli et omnem decursum temporis excedit.[1]
                                                                    Plotin

So gewiß als es im Menschen eine ideelle und reelle Seite, oder wie ihr es auch nennt, eine Polarität von Psychischem und Physischem gibt, so gewiß gibt es etwas im Menschen, was diesseits und jenseits dieser Selbstunterscheidung und Wiederbeziehung, als einer Art von Wendekreisen, liegt.

Wenn der Mensch nämlich in dieser Unterscheidung und Beziehung sich als Urteil und Mittel von sich selbst erfaßt, so ergreift er sich in dem andern Verhältnisse als Ursache und Wirkung, und Urteil und Mittel sind selbst nur (...), in der Beziehung von Ursache und Wirkung möglich.

Ebenso allgemein und andauernd als der Mensch in sich eine Dualität seines Wesens wahrnahm, erkannte er auch eine Kausalität in sich selbst; – allein Seele und Leib sind gleichsam der Horizont, in welchem der Mensch das Spiel seines Lebens überschaut, und daher faßte er vorzugsweise das erstere Verhältnis auf.

Das letztere Verhältnis ist aber nicht weniger statthaft und wichtig, und die Unmöglichkeit es zu verkennen und zu verdrängen ließe sich schon daraus beweisen, daß von jeher jener Dualismus nach dem Schema des Kausalverhältnisses verzogen ward.

Wie, frage ich, käme der bloße Dualismus dazu, sich in dieser Verzogenheit zu gestalten, fände er nicht in dem Wesen des Menschen einen andern, außer ihm liegenden Grund?

---

[1] Denn der Mensch ist nicht das Hinfällige und Irdische, das wir sehen, sondern er ist Seele, welche den ganzen Umfang des Himmels und den ganzen Ablauf der Zeit überschreitet.

Dieser Grund ist kein anderer, als das Selbstgefühl und die Tatkraft einer Kausalität, die sein Wesen durchdringt.

So wie er sich selbst als Mensch aufgeht, offenbart sich in ihm etwas, wodurch er ward, was ihn erhält und treibt, ein Schaffendes und Herrschendes; und etwas, was geworden und getrieben ist, ein Geschaffenes und Unterworfenes.

Seele und Leib sind dieses nicht, obwohl ihr sie noch immer in dies Verhältnis hineingezwängt habt, – oder wer hat je erwiesen, daß die Seele in einer solchen Herrlichkeit gegen den Leib dastehe und der Leib in einer solchen Abhängigkeit gegen die Seele?

Die Seele ist kein durchaus unabhängiges Prinzip und kann schon dieses ihres Gegensatzes wegen zum Leibe nicht sein, so wie der Leib gegenteils in jeder Lebenswirkung eine Art von Selbständigkeit bewährt, die ihn der Seele vielmehr entgegenstellt, als unterwirft.

Mißlungen sind auch alle Versuche, die Seele an die Stelle eines Lebensprinzips zu erheben, indem sie durch ihre ideelle Natur selbst mit einer Einseitigkeit geschlagen ist, die, wird ihr Leben zugesagt, dem reellen Teile des Menschen, dem Leibe, nur ein an sich lebloses Dasein zuläßt und so den Tod ins Lebendige einführt.

Daher kam denn die Verirrung, daß die Unsterblichkeit selbst zum Attribute der Seele gemacht ward und es sogar vielfältig versucht wurde, dieselbe aus der Immaterialität oder Einfachheit der Seele abzuleiten und zu beweisen.

So wurde dasjenige, was dem Menschen oder dem vollkommensten Etwas seines Wesens gebührt, was jeder Mensch durch Selbstüberzeugung in sich findet, das Urwahre und Gewisseste selbst, was der Menschheit aller Zeiten und Orte einleuchtete, was die Offenbarung und Überlegung nur ihm, dem ganzen Menschen, zuschreibt, an ein einseitiges und beschränktes Substrat in ihm verschleudert.

Daher kam es denn auch, daß der Mensch nun einmal in sich selbst in zwei unvereinbare Teile zerfallen war, eine Seele und ein Leib, wovon der letzte verneinte, was jene bejahte, der Tod mitten in das Leben trat, und den Leib als das dem Leben Entfremdete von der unsterblich erklärten Seele so schied, daß er ihr nur durch ein ersonnenes Band, als Hülle, Wohnung, Werkstätte oder Kerker wieder verknüpft werden konnte.

Das Wesen des Menschen stund so zwischen einem Unendlichen, das nur auf eine negative Weise als Immaterielles bestimmt wurde, und einem Endlichen, war gleichsam aus beiden auf eine unbegreifliche Weise gemischt und in seinem Innersten uneins und unlebendig.

I. Der Aufbruch eines neuen Bewußtseins

Es schied sich dem Menschen die Ewigkeit von der Zeit, und indem er nur in dieser zu leben wähnte, erwartete er das Leben in jener als ein Nachleben, er suchte seine außerweltliche Existenz nur in der Zukunft, und hoffte sein eigentliches Dasein erst nach dem Tode.

Die Seele führte indessen das Leben einer Abgeschiedenen und der Leib das eines Leichnams, während das wahre Leben, welches nur in der Berührung und Durchdringung eines Überirdischen und Irdischen bestehen kann, in dem Diesseits verloren ward und in dem Jenseits nicht gefunden wurde.

Es ist fern von mir, daß ich hiermit gegen die Unsterblichkeit des Menschen das Wort rede, wohl aber spreche ich gegen die Idee einer Unsterblichkeit der Seele, die das Wesen des Menschen selbst verrückt und den Tod mitten ins Leben führt, indem sie durch eine Art von Vivisektion den Leib von der Seele ablöst.

Vielmehr setze ich das Unsterbliche im Menschen als das Ursprünglichste und Unmittelbarste in ihm, als dasjenige, wodurch er selbst und sein ganzes Wesen besteht und erscheint, was Bedingung auch seines sterblichen Lebens ist; – und nehme es als über allen Beweis und alle Ableitung erhaben und in der Selbstüberzeugung des Menschen geoffenbaret an.

Aus dieser Selbstüberzeugung des Menschen in und durch sich leite ich gegenteils, als aus der Urwahrheit jene Scheinbilder von ihr, eine Unsterblichkeit der Seele, eine Existenz außer der Welt, und eine Fortdauer nach der Zeit, als gebrochene Strahlen des reinen Lichtes ab, als einseitige und verzogene Wahrheit, entstellte Wahrheit durch den Wahnsinn des Anthropomorphismus. (...)

Das Erhabenste und Innigste im Menschen, und somit auch das Gewisseste und Wahrhafteste ist das Unsterbliche; und als das Unsterbliche erkenne ich das in Ewigkeit und Räumlichkeit sich offenbarende Leben – den Geist an.

Ich streife vorerst von diesem Namen all die Ideen ab, die man sich davon als einem Idealen in der Ewigkeit lebenden Wesen, oder auf andere einseitige und herabwürdigende Weise, z.B. durch Unterordnung gegen die Seele, oder Hinsetzung an die Stelle eines bloßen Bandes von Idealem und Realem usw. gebildet hat.

Durch Geist will ich die geheimnisvolle und wunderbare, dem Menschen selbst noch verborgene Tiefe des Menschen, die Ursache und den Endzweck seines eigenen Wesens, den Ursprung und den Abgrund seiner Gattung und aller Persönlichkeit bezeichnet wissen.

Den Geist stelle ich auf, als unendliches Lebensprinzip, als Leben an sich, auf jede andere Weise unbegreifbar und unaussprechlich, als Wurzel der Geschichte des ganzen Geschlechts, als das unendliche Element, in dem die Menschen in Gemeinschaft leben, als das große Mittel aller Teilnehmung und Mitteilung unter ihnen, als den geheimen Urquell des Äthers und des in ihm schwimmenden Weltalls.

In diesem Geiste des Lebens entspringt alles und in ihm geht alles zu Grunde, er ist das Erschaffende und Vernichtende, er ist der Urheber von Geburt und Tod, Grund alles Wirkens, Ziel alles Seins und Scheins, das Etwas, was selbst nicht daseiend und erscheinend von vielen für das Nichts gehalten wird, aber das Selbst aller Wesen ist.

In diesem Geiste des Lebens ist gegründet die Menschheit; in ihm sind alle Menschen eines, alle unsterblich, weise und frei; in ihm ist die Gattung und ihr Schicksal; und er ist hinwieder in allen Menschen, in jedem sein *Spiritus familiaris*[1] oder Dämon, in allen der verborgene Quell von Genie und Charakter.

Von diesem Geiste des Lebens geht die Inspiration aus, die aller Entwicklung und Ausbildung vorsteht, die in leiser Leitung in dem Höheren des Menschen sich kundgibt und allzeit und überall den Zwiespalt in ihm aussöhnt, die in dem Tieferen als *Impetum faciens*[2], als *Archäus* äußert, die Verrichtungen des wirklichen Lebens beherrscht und die Inkubationen der Natur leitet.

Dieser Geist ist es, der die ursprüngliche und unmittelbare Einheit von Seele und Leib darstellt, jedoch weit entfernt ein bloßes Band, nur ein Vermittlungsglied beider zu sein, vielmehr als Hervorbringendes und Gesetzgebendes über beiden schwebt und sowohl die Unterscheidung, als Wiederbeziehung derselben begründet.

Seele und Leib sind selbst nichts anderes, als das Urteil und Mittel dieses Geistes, so daß man, wie der Geist an sich unsterblich ist, die Seele einen ewigen, den Leib einen räumlichen Lebensgeist nennen könnte, indem er, ein und derselbe, sich in jener von seiner ideellen, in dieser von seiner reellen Seite offenbart.

In der Seele lebt daher der Mensch ein ewiges Leben, in dem Leibe ein räumliches und ist vermöge des einen über jedes zeitliche, vermittelst des andern über jedes örtliche Verhältnis erhaben.

Die Unendlichkeit also, welche ich einerseits demjenigen, was ich

---

[1] vertrauter Geist
[2] den Anstoß gebend

Leib nenne, ebensowohl zuschreibe als sie der Seele zuerkannt wird, stammt beiden aus dem Geiste an und ist nichts anderes als der Ausdruck seiner Unsterblichkeit in ihnen.

Von Seite der Seele ist, wie bereits erwähnt, diese Unsterblichkeit nur über die Maßen anerkannt, da sie sogar als von ihr ausgehend angenommen wird, von Seite des Leibes ist sie hingegen, so wie der Leib, durchaus verkannt; – ich mache sie nun aber für ihn, wie für die Seele, geltend.

Der Leib ist, und ist in keiner Hinsicht geringer als die Seele, denn er ist ein Glied des Urteils des Geistes und entspringt beziehungsweise im Gegensatze, wie sie; oder wie sollte der Mensch, in seinem Ansich unendlich, von der einen Seite der Unterscheidung in sich endlicher sein als von der andern?

Wie der Geist der unsterbliche Mensch ist, so ist die Seele der ewige und der Leib der räumliche, oder was eins ist, wie die Unendlichkeit zum Geiste, so verhält sich die Ewigkeit zur Seele und der Raum zum Leib.

Die Seele des Menschen, die in der Ewigkeit lebt, ist eine geistige Seele und dieser entsprechend erkenne ich dem Menschen einen Leib zu, durch welchen er im Raume lebt, aber so wenig, als bei jener von einer Fortdauer, so wenig kann bei diesem von einer Ausdehnung die Rede sein.

Jene Seele ist an keine Zeit gebunden, dieser Leib an keinen Ort, denn das an Zeit und Ort Gebundene ist seiner Natur nach endlich und so hörte die Seele auf, ewig und der Leib räumlich zu sein.

Durch seine ewige Seele ist der Mensch allgegenwärtig, so wie durch seinen räumlichen Leib allanwesend, und nur dadurch geistigen Einflusses und geistiger Rückwirkung fähig.

Hätte der Mensch nicht solch eine Seele und solch einen Leib, wie reichte er über die engen Schranken seiner Persönlichkeit hinaus; würde er nicht vielmehr in öder und grauser Isoliertheit abgerissen von der Menschheit in sich selbst versinken? Oder gibt es ein Band im Reiche des Zeitlichen und Örtlichen; gibt es denn irgendein endliches Band, das ihn binde, oder zusammenhänge mit dem, was ihn umgibt? Und wie könnte ihn auch ein solches binden und zusammenhängen mit dem, was selbst nicht endlich, nicht zeitlich und nicht örtlich ist?

Leicht werdet ihr mir es zugeben von Seite der ewigen Seele, daß sie die Schranken der Personalität durchbreche und die Zeiten überschwebe, aber ein räumlicher Leib! – ich weiß, an der sonderbaren Annahme habt ihr euch schon gestoßen!

Ist es denn aber so ganz sonderbar? – es scheint mir nichts anderes als solch ein Leib zu sein, was die Chaldäer und Ägypter, die Pythagoräer, Platoniker und Stoiker unter der Form der σχημασις[1] angenommen, nichts anderes, als was die ersten Kirchenväter, besonders *Athenagoras* als ein σωμα νοητον[2] aufstellten, was *Joannis Thessalonicensis, Sidonius Appollinaris, Caesarius* usw. verteidigen, was in den Synoden von Ephesus und Nycea unbestritten zugelassen wurde, was unter den neuern *Grotius, Baxter, Platner* usf. wieder zurückriefen.

Und was berechtigt euch denn von der ursprünglichen und unmittelbaren Einheit des menschlichen Wesens abzusehen und das Mittel der Gemeinschaft mit dem All nur auf die ideelle Seite zu legen; wäre die Seele auch, was ihr nach einer unerwiesenen Hypothese vorausgesetzt, das Edlere und Höhere im Menschen, wie könntet ihr den Leib, der doch auch wenigstens als Unedleres und Niedrigeres geduldet werden müßte, von der Teilnahme an der Gemeinschaft mit dem All, das ebensowohl reell, als ideell ist, ausschließen?

Ist aber der Leib im Menschen wie das Reelle im All von gleicher Höhe und Würde, als die Seele und das Ideale, wie denn ihm versagen, was dieser zugeben?

Auch wäre es leicht erweisbar, sollte ich hinabsteigen in das Gebiet des wirklichen Lebens, daß es eine Leibesgemeinschaft gibt, die der ewigen Seele gleich jede endliche Vermittlung übersteigt; ich führe nur an das Überschauen unermeßlicher Räume, das Wunder der lokomotiven Bewegung, Ansteckungen ohne unmittelbare körperliche Berührung, den sogenannten tierischen Magnetismus, die Erzeugung und so weiter, Ereignisse, wodurch der räumliche Leib wohl nicht erst entbunden, sondern vielmehr zu ihrer Möglichkeit schon vorausgesetzt wird.

Unwidersprechlich scheint mir der räumliche Leib aus dem Dasein von zwei Geschlechtern, ihrer gegenseitigen Anziehung, dem Entsprechen in ihrer Bildung und der aus ihrer Vermischung erfolgenden Frucht dargetan werden zu können, indem die Gattung stets als Vermittelndes über und zwischen ihnen zu schweben scheint.

Mir ist daher ein räumlicher Leib eine ebenso unumgängliche Folgerung der Voraussetzung eines unsterblichen Geistes im Menschen,

---

[1] etwa: Gestaltung
[2] Geist-Leib

als die ewige Seele, und eine ebenso notwendige Prämisse zur Begründung aller Phänomene des menschlichen Lebens, insofern sie über das Individuum hinaus sich erstrecken.

Gegenteils aber nehme ich in dem Menschen, so wie einen örtlichen Leib, auch eine zeitliche Seele an, insofern nämlich Seele und Leib auf das irdische Leben beschränkt sind und keine Beziehung über die Person hinaus haben.

Die zeitliche Seele ist an sich keine andere, als die ewige, und der örtliche Leib an sich eben das, was der räumliche – es ist die eine Seele und derselbe Leib, welche jenseits dem Geiste zunächst entquollen, diesseits aber dem Körper zugewandt, die gleiche Unterscheidung und Beziehung des Menschen in sich auf unendliche und endliche Weise offenbaren.

So wie sich die unendliche Einheit der ewigen Seele und des räumlichen Leibes im Geiste darstellt, so die endliche der zeitlichen Seele und des örtlichen Leibes in dem Körper.

Der Körper aber ist wesentlich von dem Leibe verschieden, wie der Geist von der Seele; so weit der Geist über die Seele erhaben ist, so tief steht der Körper unter dem Leibe.

Der Körper kömmt mir daher durchaus in keinen Gegensatz gegen die Seele, sondern ist vielmehr durch den Gegensatz der zeitlichen Seele und des örtlichen Leibes bedingte Wirkung des Lebens, ein Produkt, von welchem die endliche Einheit von Seele und Leib das Prinzip ist.

Der Körper muß eigentlich in bezug auf den Geist betrachtet werden; – wie jener das Unsterbliche, das Überirdische, das Unendliche an sich im Menschen ist, so ist der Körper das Sterbliche, das Irdische und Endliche an ihm.

Alles, was daher vom Geiste bejahend ist gesagt worden, gilt von dem Körper verneinend; es gibt im Menschen überhaupt nichts so Ungeistiges und Lebloses, so Unterworfenes und Gebrechliches, als der Körper.

Der Körper ist aber deswegen kein bloßes Scheinwesen, ist nicht nichtig, wie in vielen idealistischen Lehren der neueren Welt das Irdische überhaupt dargestellt wurde, sondern sein Wesen ist etwas sehr Wesentliches, ja so wesentlich in seiner Art als das des Geistes – denn der Körper ist der absolute Gegensatz des Geistes, wie der Leib der relative der Seele ist. (...)

Der Körper gehört aber deswegen ebensowohl zum Menschen, als der Geist und als Seele und Leib, indem der Mensch ohne Körper ebensowenig ein irdisches, als ohne Geist ein überirdisches Leben führen könnte, so wie ohne Seele und Leib diese zwei Leben nicht unterschieden und wieder bezogen werden könnten, folglich so gut als nicht gegeben, und der Mensch nicht Mensch wäre.

Auf diese Weise haben wir nun aber einen auseinandergelegten Menschen, keine Einigkeit, keine Ganzheit in ihm, nichts als Unterschiedenes und Wiederbezogenes in zwei Verhältnissen, wovon wir das eine als das von der alten Welt aufgefaßte, oder als das absolute, das andere aber als das von der neuen Welt ergriffene, oder als das relative bestimmt haben; – es frägt sich denn also, was diese Verhältnisse vermittle und verbinde? (...)

Es kann das Vermittelnde und Verbindende zwar keines der Glieder dieser Verhältnisse sein, indem eben sie zu vermitteln und verbinden sind, und hinwieder kann es nichts anderes sein, als etwas, worin diese Verhältnisse selbst begründet liegen, als etwas, mit dessen Wesen sie selbst wesentlich eins sind.

Geist, Seele, Leib und Körper seh ich nun wohl als unter sich verschieden, doch keineswegs als *entia sui generis*[1] an, sondern behaupte vielmehr, daß der eine und ganze Mensch durchaus Geist und Körper, Seele und Leib sei, und daß in Geist und Körper, Seele und Leib der Mensch einig und völlig sich wiederhole.

Allein im Geiste habe ich ein unendliches Leben, im Körper ein endliches, in der Seele ein ideales und im Leibe ein reales nachgewiesen – und da ich nun doch im Menschen überhaupt nur eines und an sich ununterschiedenes und unbezogenes Leben annehme – wo ist denn nun dieses?

Dafür erkenne ich das Gemüt an.

Das Gemüt ist des Menschen eigentliches Leben, denn es ist die Einheit von den unendlichen Leben und endlichen, ebensowohl, als von dem idealen und realen Leben; es ist unendlich-endliches und ideal-reales Leben selbst.

Das Gemüt ist des Menschen Wesen; Geist und Körper, Seele und Leib sind in ihm nicht als Geist und Körper, nicht als Seele und Leib, sondern als eine gleichartige, und nur sich selbst gleiche Mischung aller vier Elemente seines Wesens.

Im Gemüte berühren sich die zwei Verhältnisse, als ihrem eigentlichen Lebenspunkte, in welchem die spirituelle und materielle, die ideale und reale Welt selbst in- und durcheinander sind.

---

[1] Seiende ihrer Art

I. Der Aufbruch eines neuen Bewußtseins

Das Gemüt ist die wahre Individualität des Menschen, vermöge welcher er am eigentlichsten in sich selbst ist; der Herd seiner Selbstheit, seines Daseins lebhaftester Mittelpunkt.

Im Gemüte lebt der Mensch sein vollkommenstes und umfassendstes Leben, gleichsam das Leben all seiner übrigen Leben, es ist die Welt aller andern Welten in ihm; ihm steht Himmel und Erde offen und das Sein und der Schein vermischen in ihm ihren Zauber.

Das Gemüt allein, nichts als das Gemüt, löst die Widersprüche, die ein Überirdisches und ein Irdisches unter sich zu haben scheinen; Räumliches und Örtliches, Ewiges und Zeitliches haben sich in ihm verglichen und verschmolzen, es offenbart das Leben in seiner Unsterblich-sterblichkeit.

Das Gemüt ist das bisher außer ihm noch immer vergeblich gesuchte Band von Seele und Leib, das *Commercium animi et corporis*, die Identität von νους und ούσια, das σχημα¹ des Lebensgeistes, der Spielraum aller Vermögen und der Brennpunkt aller Fähigkeiten des Menschen.

Verhalte sich auch der Geist immerhin als Ursache und Endzweck und der Körper als Wirkung und Werkzeug des Lebens, so ist das Gemüt das Mittel, in welchem die Folge des Geistes und der Grund des Körpers durchaus eins sind – und so stehen sich auch Seele und Leib entgegen, das Gemüt stellt zwischen beiden die Tatsache des Urteils dar, welche ihr Gegenwirken unter sich in einen Akt auflöst.

Das Gemüt ist demnach der Mensch an sich, von welchem alle bisher verfolgten Unterscheidungen und Beziehungen nur die Hauptrichtungen seines Wesens offenbaren.

Blicke in das Wesen des Menschen. 3. Kap.

Die Kunst der Anthropologie wird fortan darin bestehen, daß der Mensch in Geist und Seele, in Leib und Körper zerlegt und mittelst des Gemüts als ein und dasselbe Wesen aufgefaßt und dargestellt, gegenteils aber dieses eine Wesen wieder in jenen Unterscheidungs- und Beziehungsweisen richtig und völlig entwickelt und erörtert werde.

Diese doppelte und untrennbare Aufgabe ist nun aber dadurch zu lösen, daß das Verhältnis von Geist und Körper als das der Kausalität

---

1 der Verkehr von Seele und Körper, die Identität von Denken und Sein, die Gestalt des Lebensgeistes

und das von Seele und Leib als das der Reziprozität begriffen; daß ferner dem Gemüte die Stelle der Identität beider Verhältnisse übertragen und daß endlich der Mensch mit dem ganzen Wesen und in allen seinen Teilen unter dem Schema der Vitalität (...) zergliedert werde.

Des Menschen Leben ist also ein dreifaches in zweifacher Richtung, wie jedes Leben an sich, als Ursache, Urteil und Wirkung und als Mittel und Gegensatz; oder unsterbliches Leben – Geist, unsterblich-sterbliches – Gemüt, als solches ewig-zeitlich und räumlich-örtlich – Seele und Leib und endlich sterbliches Leben – Körper.

Nur das unsterbliche Leben, nur der Geist ist Leben an sich, ist schöpferischer Natur und demnach auf alle Weise das Vortrefflichste und Vollkommenste in bezug auf sein ganzes Wesen, unbedingt und unbeschränkt, selbst das Gesetz und die allein herrschende Macht im Menschen; ich nenne es das selbstbestimmende.

Das unsterblich-sterbliche Leben steht zwischen diesem und dem sterblichen mitten inne, so wie es beides zugleich und zusammen ist und entfaltet sich eben dieses Standes wegen als Urteil in zwei Gliedern, welche wie das Urteil selbst in bezug auf die Ursache abhängig, bedingt und unselbständig, in bezug auf die Wirkung aber unabhängig, machthabend und hervorbringend sind.

Unter sich stehen die Glieder in einem durchaus gleichgültigen, ebenmäßigen, sich völlig entsprechenden Verhältnisse und treten in ein anderes nur insofern, als sie an der einen oder andern der absolut über- und untereinander stehenden Mächte teilnehmen; können so auch in gegenseitige und wechselweise Überlegenheit und Unterwürfigkeit unter sich treten. Dies Leben bezeichne ich als das relativ Bestimmende und relativ Bestimmbare.

Das sterbliche Leben unterliegt nun aber den vorerwähnten Verhältnissen gänzlich und bezieht sich auf dieselben als ein Gewordenes, Gehorchendes und durchaus Untergeordnetes; nicht nur absolut gegen die Ursache, sondern auch relativ gegen das Mittel und selbst gegen jedes der Glieder des Urteils abhängig. Ich setze es daher als das Bestimmte.

So wie nun alles Lebendige notwendig zugleich – denn es ist eben dies sein Wesen! – selbstbestimmend, bestimmend und bestimmbar und bestimmt ist, so ist es auch der Mensch und zwar in jedem seiner einzelnen Lebenspunkte, wie in seiner ganzen Vollkommenheit, welche sich aber hinwieder nicht anders, als durch ebenso viele in seinem Wesen in- und durcheinander laufende Sphären offenbart.

I. Der Aufbruch eines neuen Bewußtseins

Die Sphäre der Selbstbestimmung ist nun die verborgenste, in der tiefsten Tiefe des Menschen verschlossen. Es ist die ursprüngliche und unmittelbare Einheit des Menschen selbst, die sich in ihm nur durch schöpferische Akte kundgibt.

Nur dem Geiste kömmt es zu, schöpferisch zu wirken und schöpferisches Wirken ist Hervorbringen auf ideale und reale Weise zugleich und zusammen, oder vielmehr ist über alle ideale und reale Offenbarungsweise erhaben, ihre Quelle oder Wurzel selbst.

Blicke in das Wesen des Menschen. 4. Kap.

Seele und Leib, Geist und Körper sind unter sich geschieden im Zustand der Äußerlichkeit gegen Gott, wenn auch in dem Zustand der Innerlichkeit gegen die Welt. Das ungeteilte Wesen und Leben liegt verborgen, wird durch die Geburt in die Natur versenkt und durch die Wiedergeburt über sie erhoben, daher Ausgang in Körper und Rückkehr in Geist, Oszillation zwischen Seele und Leib. Und so gibt es für alles Wesen und Leben nur eine wahre Vergangenheit, der Ausgang aus Gott, und nur eine eigentliche Zukunft, die Rückkehr in Gott, wie nur eine Außenwelt, die sich in sinnlicher Anwesenheit und Gegenwart aufschließt, und nur eine Innenwelt, als der Anfang und das Ende oder der ewige Mittelpunkt und unendliche Augenblick in der Laufbahn und dem Kreislaufe der Natur zwischen der Verkörperung des Geistigen und der Vergeistigung des Körperlichen, oder der Entwicklung und Vollendung des Göttlichen aus und in sich selbst, dessen Sein *Boethius* sehr schön interminatae vitae totam simul et perfectam possessionem[1] genannt hat.

Metaphysik oder Naturlehre des menschlichen Erkennens

---

1 den ganzen zugleich und vollendeten Besitz unbegrenzten Lebens

Einleitung

Immanuel Hermann Fichte

Kaum beachtet in der Mitte des neunzehnten Jahrhunderts wurde eine zweite naturphilosophische Strömung, die sowohl gegen den ausgehenden Idealismus (Hegel) wie den aufkommenden Materialismus polemisch gerichtet war. Zwischen der »dürren Abstraktheit« eines die Sinnenwelt mißachtenden Denkens und der »Geistlosigkeit« einer ausschließlich auf sinnliche Erfahrung bauenden Erkenntnislehre suchte man Wege zur Überwindung dieses krassen Dualismus von Geist und Materie. Neben Troxler und Fechner ist es vor allem Immanuel Hermann Fichte, der das Problem umfassend behandelt. Eher bekannt als Begründer des ›spekulativen Theismus‹, ist er fast vergessen als Autor der 1856 erschienenen »Anthropologie«. Er ist kein revolutionärer Denker wie sein Vater Johann Gottlieb Fichte. Auf der breiten Basis seiner Kenntnis sowohl der abendländischen Philosophie wie der machtvoll sich entwickelnden Naturwissenschaften, der Medizin, Physiologie und Psychologie, geht er kritisch analysierend vor, in ständiger Auseinandersetzung mit den neuen Erkenntnissen seiner Zeit. Fichte nennt seine Schrift eine »naturwissenschaftliche Untersuchung über das menschliche Seelenwesen« und als solche »Prolegomena zu jeder künftigen wissenschaftlichen Anthropologie«. Wie die Naturphilosophen der Romantik sucht er spekulative und naturwissenschaftliche Methode zu verbinden, mit dem Ziel, »die höchsten Ideen, ja die ewige, jenseitige Welt selbst, mitten in der erfahrbaren Wirklichkeit« aufzuzeigen. Dasselbe gilt für seine Schrift über »Die Seelenfortdauer und die Weltstellung des Menschen« von 1867, der Goethes Vers vorangestellt ist: »Alles Vergängliche ist nur ein Gleichnis.« Die »Anthropologie« hat Fichte seinem Sohn gewidmet, einem Chirurgen und Gynäkologen. Ihm, wie allen jungen Wissenschaftlern, sollte sie aus dem Zwiespalt von Glauben und freier Forschung heraushelfen.

Fichtes Ansatz ist idealistisch, seine besondere Vertrautheit mit dem Neuplatonismus immer wieder spürbar. Er selbst nennt seinen Grundgedanken »etwas der gewöhnlichen Denkweise Paradoxes«, weil er gerade dasjenige verneine, worin sie »ihren eigentlichen Halt und die Quelle ihrer Gewißheit« finde – die Sinnenwelt. Fichte behauptet nicht nur von der Seele, daß sie schon in ihrer diesseitigen Daseinsform ein jenseitiges Leben führe, er leugnet auch den rein phänomenalen Charakter der natürlichen Welt. Er stellt die These auf, »daß alles Reale, auch das vermeintlich natürliche, nur unsichtbarer, unsinnlicher Beschaffenheit sei«. Diese »Wahrheiten« hält er sowohl durch Psychologie und Metaphysik wie durch Physik für beweisbar, ja zum Teil schon bewiesen, wenngleich sie der sinnlichen Anschauung ebenso widersprechen wie die Bewegung der Erde um die Sonne.

Auch in der zweiten Auflage, die er bewußt 1860 veröffentlicht – ein Jahr nach dem Erscheinen von Darwins »Entstehung der Arten durch natürliche Zuchtwahl« – hält Fichte trotz gründlicher Umarbeitung des Textes an seiner Grundüberzeugung fest: »Wir stehen schon jetzt mitten in der ewigen Welt, gehören ihr an und verlieren niemals unsere Stätte in derselben, so gewiß wir dem räumlichen All, dessen Teil unser eigenes Wesen ist, nimmer entweichen können.« Dieser Satz aus dem Vorwort bedarf der Erklärung. Fichte unterscheidet grundsätzlich reale und phänomenale Welt. Auch der Raum ist für ihn nicht etwas bloß Sinnliches, überhaupt nichts an sich selbst, er ist nur Folge des sich quantitativ in ihm darstellenden Substantiellen, Erscheinungsform des Geistes »nach seiner realen Seite«. Er hat denselben Charakter der Unsinnlichkeit und Allgemeingültigkeit wie etwa die Wahrheiten der Geometrie. Dasselbe gilt für die Zeit. Raum und Zeit sind der von allem Realen unabtrennbare Ausdruck, wie umgekehrt alles Reale sich selbst Raum und Zeit setzt. Das Reale ist das Qualitative, Wesenhafte, im Sinnlichen wie im Geistigen. Es gibt »Realwesen« des Sinnenleibes (z.B. chemische), wie es Realwesen der individuellen Seele gibt. Fichte macht Ernst mit der zentralen Vorstellung Oetingers (den er auch nennt), daß Leiblichkeit das Ende aller Wege Gottes sei. (Vgl. Bd. I) Alles Wirkliche, das Absolute wie das Endliche, ist nur als zeitlich (dauernd) – räumlich zu denken. Die »Anthropologie« verfolgt eigentlich nur den einzigen Gedanken, »die Universalität des Raum- (und Zeit-) Begriffs auch für den Geist in allen seinen realen Beziehungen und Wirksamkeiten darzutun«. Nach Fichtes Überzeugung rückt diese Einsicht das Übersinnliche »wie mit einem Schlage ... aus seiner sonst dunklen unfaßbaren Ferne uns nahe«. Die Sinnenwelt, die mit ihrem beständigen Wechsel unserm Bewußtsein als ein Vergängliches erscheint, erweist sich nun als ein objektives Phänomen, das »keine wahrhafte Vergänglichkeit in sich schließt, weder für uns, noch für die realen Wesen, die es hervorbringen helfen«.

Auch das menschliche Dasein in Raum und Zeit *ist* also schon in der Dimension des Ewigen. Der Mensch ist das »ens realissimum«. Kraft der individuellen Substanz seines Geistes gehört auch er »in die Reihe jener unsinnlichen realen Wesen, welche, dem Gebiete der Vergänglichkeit entrückt, den Wechsel ihrer Zustände selbst erzeugen«. Das ist der für Fichtes Unsterblichkeitsauffassung entscheidende Satz, der vor allem im zweiten Teil der Psychologie, der Lehre vom Bewußtsein, bewiesen werden soll. Die Seele, als ein ewiges selbstwirksames Geistiges, wirkt bei der Erzeugung ihres sinnlich körperlichen Zustands mit: Sie bildet sich den stofflichen Leib an, indem sie »dynamische Gegenwart« in einem Organismus gewinnt, der – selbst unstofflich beschaffen – unsichtbar in den Stoffwechsel eingeht und als »Organisationskraft« den Körper gestaltet, seine Elemente zusammenhält. Ohne diese »organische Seele« fehlte dem physischen Körper das Leben, das sein raum-zeitliches Dasein trägt. Sie ist »das wahrhaft Substantielle unseres äußern Leibes«. Fichte nennt sie den »innern Leib« oder »pneumatischen Organismus«. Den Gedanken vom ätherischen Stoff, als dem Grund der Lebenswärme in allen belebten Wesen, findet er schon bei Aristoteles vor. Er verfolgt die Hinweise auf das rätselhafte Phänomen bis zur romantischen Naturphilosophie. Wie im Prozeß der Zeugung, erkennt er es auch im Prozeß des Todes als ein notwendiges Glied der Entwicklung. Der »Seelenleib« löst sich aus der Körperhülle, wird frei vom Stoff, den er belebt hat, stirbt und vergeht selbst aber nicht. Er wird vom Vorgang des Sterbens gar nicht berührt, denn wie die Seele ist er seiner Substanz nach unsterblich. Der Mensch ist also nicht nur zweigliedrig (Geist – Körper), sondern muß – darin stimmt Fichte mit Troxler überein – in seiner Viergliedrigkeit verstanden werden (Geist-Seele-Leib-Körper). Entscheidend für diese ist die Individualität, das präexistente Ich. Fichte nennt es den »Genius«, »unser Ursprüngliches«. Der individuelle Trieb nach Verwirklichung, der Wille, bewirkt, daß der Genius in die organisch gezeugte Leiblichkeit eindringt und sie sich aneignet. Diesen zweifachen Zeugungsakt des Menschen durch Individual- und Gattungsseele nennt Fichte ein Geheimnis, das vielleicht eine fortgeschrittenere Wissenschaft lösen könne.

Die Gattungsseele, das unterste seiner Seelenglieder, hat der Mensch mit dem Tier gemein. Auch die Tierseele muß als fortlebend gedacht werden, wenn auch hier die Abstufungen unübersehbar groß sind und die Fortdauer selbst der höheren Tierseele nicht analog der menschlichen sein kann. Die menschliche Seele gründet im individualisierenden Prinzip des Geistes. Im Tierreich waltet die Natur nach dem Gesetz des in sich zurückkehrenden Kreislaufs, dessen Zweck die Erhaltung der Gattung ist. Im Menschen wirkt auch im diesseitigen Leben das jenseitige individuelle Prinzip, so daß sein »Seelenwesen« nicht dem Wechsel von Geburt und Tod unterliegt. Nur mit seinem physischen Leib steht er, wie das Tier, im Zusammenhang der endlichen Natur. Im Sterben muß er ihn fallen lassen, erleidet dabei aber nicht den geringsten Verlust an lebendiger Substanz.

Aufgrund der zweifachen Beschaffenheit seines Wesens führt der Mensch ein »geheimes Doppelleben«. Es besteht die Gefahr, daß der pneumatische Leib den Wirkungen des organischen Leibes erliegt, statt ihn zu bilden, und ein bloß reflektierendes Denken das tiefere Bewußtsein verdunkelt, so daß die Sinnenwelt als die wirkliche erscheint, die Wahrheit des Übersinnlichen im eigenen Wesen aber entschwindet. Auch der Tod könnte dann als Ende des Lebens überhaupt erscheinen. Einer solchen »Verendlichung« des Bewußtseins kann nur die »Entbindung« des unendlichen Bewußtseins entgegenwirken, dessen Wahrheit nach Fichtes klarer und sicherer Überzeugung lautet: »Wir stehen schon jetzt mitten in der ewigen Welt ...« Der Tod ist keine Negation des Lebens, sondern Akt des Lebensprozesses selbst, die »vollständige Entsinnlichung« des wahren Wesens.

Warum aber geht die ewige Geistseele des Menschen überhaupt den umgekehrten Weg der Versinnlichung? Diese Frage berührt die für Fichte neben der phänomenalen und der realen Welt bestehende sittliche Welt: Der Mensch hat (wie für Novalis) die Aufgabe, die sinnliche Welt zu vergeistigen. Er ist »Mitschöpfer Gottes und Vollender des Erdendaseins«. Leiblichkeit ist die notwendige Bedingung für das Erwachen seines Bewußtseins und Selbstbewußtseins, das ihn befähigt, eine eigene geistige Ordnung im Bereich von Natur und Geschichte zu begründen. Das bedeutet eine ins Unendliche gehende Aufgabe, die nur kraft des freien Willens zu leisten ist und mit dem Tod nicht endet, nur befreiter fortdauert. Wie diese künftigen Lebensformen aussehen, läßt sich nicht sagen. Hier sieht Fichte der Anthropologie Grenzen gesetzt. Er verweist auf die dem Menschen selten gewährten Augenblicke »leibfreien« Erkennens, auf Erleuchtungen im Schauen, nicht im Denken. An dem Punkt, an dem die Anthropologie den »Charakter innerer Ewigkeit« im Menschenwesen erkennt, wird sie für Fichte zur »Weisheit«, zur Anthroposophie. Diese leitet die meta-physische Betrachtung ein, die das erkannte Ewige im Menschen als »Gegenwart und Wirkung eines Göttlichen in uns« erfaßt und zuletzt zur Theosophie führt, dem Wissen von Gott. Fichtes Beschreibung dieser Übergänge zeigt, wie tief die mystische Willens- und Liebeslehre in sein Denken eingegangen ist: Die Selbsterfahrung des Menschen ist ihm eine »objektive Quelle zur Erkenntnis Gottes«. Der endliche Mensch kann von einer Macht ergriffen werden, die ihn über sich selbst erhebt und – ihn »in seiner sinnlichen Eigenwilligkeit vernichtend – eben damit doch seines *eigenen* Wesens sicher macht«. Wollen und Liebe richten sich dann nur noch auf den, der nach Fichtes Wort selbst heiliger Wille und höchste Liebe ist. Damit verschwindet für ihn auch »der letzte versinnlichende Irrtum« des Erdbewußtseins – »die falsche Liebe des Zeitlichen und die Todesfurcht«.

Immanuel Hermann Fichte
1796–1879

Versuch einer naturwissenschaftlichen Untersuchung der menschlichen Seele.
Der Tod – die »Entsinnlichung« des wahren Wesens.
»Theosophie« als Ziel von »Anthroposophie«

Der Tod und die Seelenfortdauer

Nach diesen allgemeinen Gesichtspunkten können wir nun auch von der organischen Erscheinung, welche man *Tod* zu nennen pflegt, ein anderes Verständnis fassen, als die gewöhnliche Vorstellung es uns bietet. Wie wir behaupten durften, daß die Seele in ihrem eigenen Wesen schlechthin unantastbar sei von allem, was man leibliches Vergehen und Tod nenne (§.116), so können wir jetzt den ergänzenden Satz hinzufügen: daß das Sterben überhaupt gar nicht *Gegensatz* des Lebens, sondern ein *organischer Vorgang* sei, welchen der *Lebensprozeß selber aus sich erzeugt.*

Alles Leben beruht auf stetem Stoffwechsel und auf Erneuerung der Bestandteile des äußern Leibes; so sehr, daß nach einem bestimmten Zeitraume aus dem alten Leibe, stofflich betrachtet, ein völlig neuer geworden ist (§.44, 117, 118). Entstehen und Vergehen, Sicherzeugen und Sterben, wie beides in der *ganzen* äußern Natur Hand in Hand geht, durchdringt sich auch auf das innigste in jedem kleinsten Teile des Leibes.

Dies stete Vergehen, dieses »tägliche Sterben« ist überhaupt daher nichts dem Lebensprozesse Fremdes, sondern *eigenes Produkt desselben*; nicht Negation oder Zerstörung des Lebens, sondern die *notwendige Bedingung und Gegenseite* des Erzeugenden in demselben. Der Lebensprozeß ist eine ununterbrochene organische Erneuerung, welche nicht möglich wäre, ohne ganz ihm entsprechend den *Todes-*, d. h. *Ausscheidungsprozeß* in sich zu vollziehen. Dieser wiederholt sich in allen Teilen und Organen des Körpers während des Lebens immerfort und macht eben dadurch dessen Erfrischung und Gesundheit möglich. (...)

Ist nun der Tod, das Sterben überhaupt nur als eigenes Produkt des *Lebensprozesses*, als Werk *der organischen Seele* (§. 114) zu betrachten, so bleibt die Seele selbst ihrer *Substanz* nach das schlechthin Übermächtige gegen jede Gestalt desselben; denn sie selber *erzeugt* ihn aus sich, um fortleben, sich erneuern zu können. Dies ist in bezug auf den täglich verlaufenden Lebensprozeß durchaus erwiesen. Fragen wir nun, was der definitive, eigentlich sogenannte Tod bedeute, so müssen wir dieselbe Analogie verfolgen; denn es liegt in ihm durchaus keine *andere* oder *neue* Erscheinung vor. Jenes unablässige Sterben, Wiederabstreifen der sinnlich-chemischen Stoffe, vollendet sich im »Tode«; die organische Seele, der »innere Leib«, läßt *vollständig* die sinnlichen Medien fallen, gleich wie er es *unvollständig* in jedem Augenblicke seines Lebens tat. Dies der »*natürliche Tod*«, wie er, als die Gegenseite und Folge, dem zeitlichen *Anfange* der Verleiblichung entspricht. Dieser kann jedoch ebenso wenig als das tägliche Sterben ein *Ende* des organischen Lebens, ein Erlöschen der Lebenskraft bezeichnen; denn *er ist ebenso notwendig im allgemeinen Rhythmus des Lebens gesetzt* wie der ununterbrochene »Mauserprozeß« während des zeitlichen Daseins. Die organische Seele streift dadurch allmählich, und definitiv endlich im Tode, die Beziehung auf die chemische Stoffwelt ab, wie sie dieselbe bei ihrer Erzeugung zuerst aufnahm und im »*Wachstume*« immer tiefer sich aneignete. Aber auch jenes Sichabwenden von der Stoffwelt geschieht nicht plötzlich, sondern nach demselben gesetzlichen Lebensrhythmus, welcher den ganzen Prozeß einleitete. Es besteht im allmählichen »*Altwerden*«, d.h. in der immer unvollkommenern organischen Bewältigung der chemischen Stoffe, bei welchen daher, wegen schwächerer Einwirkung der Lebenskraft, ihre bloß chemische Beschaffenheit entschiedener übrigbleibt. Das dem Organismus an sich völlig Fremde, allgemein Chemische tritt immer stärker hervor, ja es scheint eine Art von Rückbildung auf eine niedrigere chemische Stufe dabei obzuwalten. (...) Physiologisch bleibt es wahr: Erzeugung und »Ableben« (nach dem höchst bezeichnenden Ausdruck unserer Sprache) gehen als die beiden wechselseitig sich bedingenden organischen Momente durch die ganze lebendige Natur hindurch. Kein Entstehen ohne Vergehen und umgekehrt, ja keine Verwandelung, Verjüngung für das Individuum wie für die Gattung wäre möglich ohne den stets sie begleitenden Todesprozeß. Die gesamte Lebenswelt wäre vielmehr Stillstand, Tod, Verwesung im *Ganzen*, wenn es im *Einzelnen* kein Sterben gäbe. (...) Die Erscheinungen des gemeinen Todes sind nicht die »natürlichen«, sondern die naturwidrigen, weil er in der überwiegendsten Mehrheit der Fälle durch organische Zerrüttung weit verfrühter herbeigeführt wird, als der normale Lebensablauf ihn erzeugen würde. (...)

Hier aber sind noch andere Beziehungen ins Auge zu fassen. Auch die *Todesfurcht* ist aus der gleichen Quelle entstanden, ist ein Nichtursprüngliches und Nichtseinsollendes. Wie sie in jenen krankhaft widrigen Erscheinungen, welche den gemeinen Tod begleiten, ihre nächste Veranlassung finden mochte, so entspringt sie doch weit tiefer aus dem Haften des Geistes an dem Sinnenleben und bezeugt die Stärke und Intensität seiner Versinnlichung. (...)

Dem wahrhaft, d. h. *geistig* Lebenden dagegen ist nicht bloß Furchtlosigkeit des Todes vergönnt, sondern selbst Liebe und Hoffnung desselben, indem er erkennt und fühlt, daß er eigentlich durch ihn von einem ursprünglich ihm fremdartigen Elemente befreit werde. (...)

Im *Tode* und in der *Körperverwesung* vollendet sich nun diese Rückbildung, in welcher die Gesetze des unorganischen Chemismus volles Recht an den Leib gewinnen und die allgemeinen Weltstoffe wieder selbständig aus ihm hervortreten lassen, welche höchst vorübergehend von der organischen Kraft zu ihrem Dienste gezwungen worden waren. Dies zusammengesetzte Gebilde ist völlig verschwunden, ohne daß im geringsten das wahrhaft Substantielle an ihm vergangen wäre, weder die *Seelensubstanz*, die ihn organisiert hat, noch die *Stoffe*, aus denen er gebildet wurde.

Denn kaum braucht hier noch gefragt zu werden, wie der *Mensch an sich selbst* sich verhalte in diesem Todesvorgange? Dieser bleibt auch nach dem letzten, uns sichtbaren Akte des Lebensprozesses in seinem *Wesen* ganz derselbe nach *Geist* und *Organisationskraft* (»innerm Leibe«: §. 118), welcher er vorher war. Seine Integrität ist bewahrt; denn er hat durchaus nichts verloren von dem, was *sein* war und zu seiner Substanz gehörte während des sichtbaren Lebens. Er kehrt nur im Tode in die unsichtbare Welt zurück, oder vielmehr, da er dieselbe nie verlassen hatte, da sie das eigentlich *Beharrende* in allem Sichtbaren ist, – er hat nur eine bestimmte Form der Sichtbarkeit abgestreift. »Totsein« bedeutet lediglich, der gewöhnlichen Sinnenauffassung nicht mehr perzeptibel bleiben, ganz auf gleiche Weise, wie auch das eigentlich Reale, die letzten Gründe der Körpererscheinungen den Sinnen imperzeptibel sind. Und sicherlich ist es das Geringste, aber auch das Gewisseste, was man beanspruchen kann, wenn man für das Reale, Beharrliche, welches den Seelenerscheinungen unwiderlegbar zu Grunde liegt, dieselbe *unsichtbare Dauer* in Anspruch nimmt, welche jedem einfachen chemischen Stoffe zugestanden wird. Auch er ist seiner ursprünglichen Natur nach ein *Unsichtbares*; nur in bestimmte Verbindungen getreten, korporisiert er sich zu besondern Körperphänomenen. Aus der Erscheinung des Todes daher auf ein Sterben der Seele zu schließen, wäre derselbe am Rohsinnlichsten haftende Fehlschluß, wie wenn aus der Auflösung einer bestimmten chemischen Körpererscheinung auf Vernichtung der einfachen realen Wesen geschlossen würde, welche nachweislich ihr zu Grunde liegen.

Mit diesem Begriffe der Seelenfortdauer überspringen wir daher nicht nur nicht die Erfahrung und greifen in ein unbekanntes Gebiet bloß illusorischer Existenzen hinüber, sondern wir befinden uns mit ihm gerade mitten in der begreiflichen, dem Denken zugänglichen Wirklichkeit. Das Gegenteil davon, ein Aufhören der Seele, zu behaupten, wäre das Naturwidrige, aller Erfahrungsanalogie Widersprechende. Die »gestorbene«, d.h. sinnlich unsichtbar gewordene Seele existiert um nichts weniger, unentrückt ihren ursprünglichen Lebensbedingungen fort, d.h. sie *bleibt* das Raum und Zeit setzend-erfüllende Wesen, das sie während des Sinnenlebens war, weil sie dies nicht erst *geworden* ist *durch* Aufnahme der chemischen Stoffwelt in ihren Assimilationskreis, weil sie es daher auch nicht verlieren kann durch das Fallenlassen derselben. Ihrer Organisationskraft muß nur ein anderes Verleiblichungsmittel sich darbieten, um auch in *neuer leiblicher Wirksamkeit* dazustehen. (...)

Hier geben wir indes ausdrücklich zu, daß wir damit nur eine Seelenfortdauer bewiesen hätten, welche dem Menschen gemeinsam wäre in gewissem Sinne mit den Tierseelen, ja eigentlicher noch mit jedem einfach chemischen Stoffe. (...)

Gegen diesen Einwand, wenn er eigentlich als ein solcher betrachtet werden darf, läßt sich Mehrfaches erinnern.

Zuerst und im allgemeinsten ist zu sagen: daß eine Wahrheit, welche durch sich selbst evident ist und um ihrer selbst willen anerkannt werden muß, keineswegs dadurch zweifelhaft gemacht werden kann, daß man, sei es vorerst oder vielleicht auf immer, gewisse Fragen unentschieden lassen muß, welche mit ihrem allgemeinen Prinzip als weitere Folgerungen zusammenhängen. Genau also verhält es sich mit der

Frage über die *individuelle* Fortexistenz der Tierseelen: – über die individuelle sagen wir, denn an einer *universellen* ist um so weniger zu zweifeln, als sich später, bei der Lehre von der Zeugung, ergeben wird, daß nur sie das Zeugend-Erhaltende der ganzen Spezies ist. Aber auch über jene wird ein besonnener Forscher, bei dem Dunkel, welches über den psychischen Vorgängen in den Tieren noch obwaltet, nur mit der größten Vorsicht ein Urteil wagen. Der Seelenabstufungen in der gesamten Tierwelt sind fast unübersehbar, und was von den höhern Tieren gelten könnte, das brauchte für die niedern Tiere nicht die geringste Konsequenz zu erhalten; denn man darf nicht übersehen, daß es eine Abstraktion oberflächlichster Art ist, wenn man die Tierwelt *zusammen* dem Menschen gegenüberstellt, während die niedern Tiere vielmehr psychisch-organisch in unendlich *größerm* Abstande unter den höhern Tieren stehen, als diese unter dem Menschen.

Hiernach erhält also die ganze Frage nur *den* Sinn: wie weit sich an den Seelen der höhern Tiere ein *individualisierendes* Prinzip entdecken lasse, welches das einzelne Tierexemplar zum Analogon desjenigen macht, was wir am Menschen »Persönlichkeit«, »Genius« nennen müssen? Und wie weit noch der gegenwärtige Standpunkt tierpsychologischer Beobachtungen davon entfernt sei, auch nur annäherungsweise diese Fragen entscheiden zu können, so liegen sie überhaupt doch im Bereiche sicherer Analogien und werden gewiß künftig irgend einmal als ein würdiger Gegenstand der Erforschung aufgenommen werden.

Von dem allen aber abgesehen, läßt sich mit Entschiedenheit bejahen, daß eine etwaige Seelenfortdauer der höhern Tiere in keinerlei Analogie mit der eigentlich menschlichen zu setzen sei; denn diese beruht *auf dem individualisierenden Prinzipe des Geistes*. Daß aber ein solches nach der *ganzen Grundanlage des Menschen* in *jedem* menschlichen Individuum enthalten sei, daß *jeder* von uns, wie tief auch zurückgestellt in der geistigen Entwicklung oder wie entschieden zur Verkehrung entartet, ursprünglich dennoch Eigenpersönlichkeit, Genius sei: – diese allerdings schwierigste aller Beweisführungen kann nur von der *Psychologie im Ganzen* versucht und vollendet werden. (...) Solange Freiheit und Unsterblichkeit, wie bisher fast durchaus geschehen, dem Menschen als ausschließliche Prädikate zuerkannt werden, steht es mißlich mit der Begründung derselben; sie treten dann als abgerissene, scheinbar fremdartige Bestandteile in den sonst konsequenten Weltzusammenhang, solange alles Übrige außer dem Menschen unfrei dem Naturmechanismus unterworfen, ebenso durchaus vergänglich sein soll. Werden dagegen beide als universale Bestimmungen *alles wahrhaft Realen* gefaßt, welche am Menschen nur in höherm Grade sich verwirklichen, so erhalten sie Begreiflichkeit und durchgreifende Analogie. Aber nur die *ganze Lehre vom Geiste* (die »Psychologie«) kann gründlich erweisen, daß die Menschenseele nicht lediglich an jener allgemeinen Fortdauer teilnimmt, die allem Realen zukommt, sondern als individuelle, eigengeartete auch eigenfortdauernde sein muß, *weil sie »Genius« ist.*

Das in spezifisch *menschlichem* Sinne unsterblich machende Prinzip im Menschen ist daher nur der *Geist.* Dieser ist es aber auch zugleich, welcher ihn der Fortdauer wert und *innerlich* dazu fähig macht, ihm (geistigen) Lebensstoff dazu verleiht. Im Tiere, wie psychisch hochgestellt einzelne Tierspezies auch sich zeigen, waltet dennoch *nur* Natur, *nur* jener in sich zurückkehrende Kreislauf, der in der Erhaltung der Gattung sein Ziel findet. (...)

Erst im Menschen beginnt, schon in seiner gegenwärtigen Existenz, ein *neues,* der eigentlichen Natur völlig *jenseitiges* Dasein. Er bildet *Geschichte* von immer neuem Gehalte; und selbst die verworfenste, ideenwidrigste Tat desselben ist ein spezifisch Höheres, als die Natur je hervorzubringen vermöchte; denn sie bezeugt, wenn auch in verworrendsten Trümmern, die originale, erfinderische Geistes- und Willensmacht des Menschen. Und so gehört ein geistiger, aus den Ideen lebender Mensch – ein jeder aber ist dies wenigstens seiner Grundanlage nach – der Sphäre der Natur, dem Kreislaufe der Geburt und des Todes, *mit seinem wahren Selbst* gar nicht an; und er hat auch ein ursprüngliches *Bewußtsein* davon. Daher der allgemeine, in der ganzen Menschheit verbreitete Glaube an *Fortdauer,* innig verbunden mit dem Glauben an ein *Göttliches,* als das Prinzip der Begeisterung und der Ideen. Und weit entfernt, daß dieser allgemeine Glaube der Menschheit, der »consensus gentium«, nach gewöhnlicher Meinung als ein nachhelfender Beweis für die Fortdauer des Menschen angesehen werden dürfte, wird er umgekehrt vielmehr erklärt aus jener ursprünglichen Beschaffenheit seines Bewußtseins, welche nur der nicht irreführende Ausdruck seines *Wesens* ist.

Zugleich aber gehört der Mensch von seiten seines äußern Leibes und der äußern Lebensbedingungen gleichfalls der Natur und dem in sich zurücklaufenden Wechsel desselbigen an, wie das Tier. Deshalb muß auch er, weil überhaupt in diese Bedingungen eingetreten, seinem Leibe nach »sterben«. Aber wir können nur einmal sterben, gleichwie wir nur einmal (durch Zeugung und Geburt) versinnlicht werden. Die tiefste und eigentliche Bedeutung des Sinnenlebens für den Geist zu enthüllen, ist hier freilich noch nicht der Ort. Nur im allgemeinen kann erkannt werden, wie aller Sinn und alle Wirkung des Erddaseins darauf gerichtet sei, den Genius, unser Urpersönliches, überhaupt erst ins Dasein und Bewußtsein herauszubilden, das geistige Kind in uns zu gebären, das sein Volldasein erst anderswo gewinnen kann; und so dürfen wir unsere ganze gegenwärtige Lebensform, geistigerweise und vom höchsten idealen Standpunkt, nur als eine vorläufige, halbe und unentwikkelte bezeichnen, den geringfügigen Anfang einer geistigen Herrlichkeit, die zwar keimartig in uns schlummert und in deutlichen Spuren schon hier zu entdecken ist, welche aber weit davon entfernt bleibt, sich selbst zu verstehen und der eigenen Fülle mächtig zu sein: – eine Ansicht, welche allein auch im Stande sein möchte, all die kontrastierenden Rätsel wirklich zu erklären, von welchen unser gegenwärtiges Dasein in seinem faktischen Bestande gedrückt wird.

So ist der Begriff persönlicher Fortdauer die von selbst sich ergebende Folge der *Tatsache*, daß der Mensch sich schon während des gegenwärtigen Lebens nicht bloß als *Exemplar seiner Gattung*, sondern als *originales*, geistig eigengeartetes Wesen zeigt und auch also sich *fühlt*. Schon vom *ersten Akte der Erzeugung* an (worin dieser eigentlich bestehe, wird freilich die folgende Untersuchung erst aufzuhellen haben) tritt der Mensch als eigentümliches Geisteswesen in die Sinnenwelt ein, sonst vermöchte er nicht, nach der wichtigen Tatsache, auf die wir aufmerksam machten (§.129), von Anfang an einen seinem Genius durchaus entsprechenden Organismus zu zeigen. So bleibt er auch im Tode, was er im Leben war und was die Potentialität seines Wesens schon *vor* diesem Leben enthielt, persönlicher, individuell fortbestehender Geist. Wir bedürfen keiner künstlich vermittelten, aus fremdartigen Gründen oder Nebenbestimmungen entlehnten Beweisführung. Indem wir das Phänomen des Todes verstanden und in seiner folgenlosen Nichtigkeit erkannt haben, ist auch jener Beweis vollständig und erschöpfend hergestellt; – denn von dem Nichtmehrerscheinen eines Realen auf seine Nichtexistenz zu schließen, wäre schon für den Physiker ein zu plumper Irrtum, als daß er ernsthafte Widerlegung verdiente. Die Gegner dieser Überzeugung umgekehrt hätten uns zu beweisen, daß und wie die Persönlichkeit des Menschen oder überhaupt nur eine Seele durch den Tod vernichtet zu werden vermöge; sie werden den Beweis uns schuldig bleiben, indem schlechthin nichts, weder eine allgemeine Naturanalogie noch eine einzelne Tatsache, begünstigend dafür aufgerufen werden kann. Und wirklich sind auch die modernen Zweifeleien an der Fortdauer (bei *Strauss, Feuerbach* u. a.) *nicht* aus physiologischen oder psychologischen Gründen geschöpft, sondern beruhen lediglich auf *metaphysischen* Hypothesen, auf dem falsch abstrakten Begriffe des *Endlichen* und seines Zurückgenommenwerdens in die unendliche Substanz, oder, wie bei den neuern Materialisten, auf der noch weit oberflächlichern Voraussetzung, daß alles Reale nur Stoff und alle Veränderungen aus bloßem Stoffwechsel zu erklären seien. (...)

Nur auf eine einzige wahre Naturanalogie könnte man sich berufen, welche gegen die Fortdauer zu sprechen schiene: es ist der bekannte Grund, daß, was zeitlich angefangen habe, zeitlich auch irgend einmal untergehen müsse; daß also gegenteils die behauptete Nachexistenz der Seele notwendig eine *Präexistenz* derselben in sich schließen würde. Wir räumen die Folgerichtigkeit dieses Schlusses vollständig ein, finden darin aber keinen Einwand, sondern nur ein weiterer Untersuchung zu überlassendes Problem, indem der auch in anderer und weit allgemeinerer Beziehung nicht abzuleugnende Begriff einer Präexistenz im einzelnen sehr verschieden bestimmt werden kann, ja muß, je nach der Verschiedenheit der realen Wesen, die da »entstehen« und »vergehen«, d. h. in die Zeiterscheinung ein- und austreten. Ja wer nur den metaphysisch-physikalischen Satz wirklich eingesehen und ernstlich beherzigt hat: daß in eigentlichem Sinne gar nichts entstehen oder vergehen könne, dem muß auch der Begriff der *Präexistenz* als ein durchaus notwendiger und völlig universaler erscheinen. Denn sicherlich zweifelt niemand an der Präexistenz wie Postexistenz der einfachen chemischen Stoffe bei der wechselnden Verbindung und Lösung derselben; ebenso wenig, wenn man nur die allergröbsten materialistischen Vorstellungen aufgegeben hat, an der Präexistenz des *Seelentypus* einer bestimmten Tierspezies, der ja gerade das Erhaltende ist in der Kette ihrer wechselnden Zeugungen. Wenn man endlich der tief bedeutungsvollen geologischen Tatsache sich erinnert, daß epochenweise und in abgetrennten Zeiträumen, nicht *aus*einander, sondern *hinter*einander, also ohne Zeugung und jedes sein *eigener Anfang*, die einzelnen Tiergeschlechter und zuletzt der Mensch ins Zeitdasein getreten sind; wie anders will man die ungeheure Paradoxie dieser Tatsache, diese faktische Aufhebung aller gewöhnlichen »Naturgesetze« sich zurechtlegen, als indem man dem Wahne mit Entschiedenheit entsagt, als ob das Geschöpf erst dann entstehe, wenn es zeitlich-körperlich sich versichtbart; indem man erkennt, daß es schon unsichtbar, als »*Seele*«, existieren müsse, um sich verleiblichen und so in die Kette der Zeugungen eintreten zu können.[1] Vielleicht sogar, daß eine tiefere Erforschung desjenigen, was bei der allgemeinen Zeugung und Korporisation eigentlich vor sich geht, auch über jenes dunkelste geologische Problem Licht zu verbreiten vermag.

Anthropologie. 2. Buch

Gegenwärtige und künftige Entwicklungen

Das gegenwärtige geschichtliche Dasein des Menschen ist nur zu begreifen als erstes Glied in der Reihe künftiger Entwickelungen; es entbehrt daher auch für sich selbst der letzten Bedeutung und des innern Verständnisses, wenn jene Beziehung bei ihm außer acht gelassen wird.

Damit ist jedoch die Forderung einer steigenden Perfektibilität irdischer Gesamtzustände gar nicht ausgeschlossen, vielmehr mit noch ungleich tieferer und folgenreicherer Bedeutung in Aussicht gestellt. Es gibt für diese Ansicht gar nichts bloß Irdisches oder für die Gegenwart Geltendes mehr: alles auf Erden wird umfassenden, geistig kosmischen Verhältnissen eingefügt. Was irdischerweise im Geiste errungen worden, ist ein Sieg, der zugleich in die Tiefe aller Zukunft sich erstreckt. Was auf Erden versäumt ist, wird zum Verluste, zur Lücke in der ganzen Folgezeit der Geisterwelt. Beide Welten des »Jenseits« und »Diesseits« greifen durchaus ineinander, weil sie, an sich eines Wesens und Gesetzes, nur die Geschichte desselben Geistergeschlechts uns vorführen. Und wie überschwenglich oder abstrus diese Behauptungen erscheinen mögen, sie haben strenge Folgerichtigkeit, so gewiß man die tatsächlichen Prämissen, welche das gegenwärtige Dasein uns bietet und deren Konsequenz nur sie sind, nicht in Abrede stellen kann. So ist es daher, bei dieser erweiterten Grundauffassung vom Werte des irdischen Daseins, von ungleich höherer Bedeutung als vorher, welchen Zustand der Vollkommenheit der Geist schon im gegenwärtigen Leben zu gewinnen vermöge. Hier muß dies als ein Vorsprung seiner Entwicklung für alle Ewigkeit betrachtet werden, während der gewöhnliche, universalisti-

---

[1] Vgl. unsere »Speculative Theologie«, S. 513–521, wo dieser Begriff – damit hier nicht die mißverständliche Deutung einer starr atomistischen Denkweise zurückbleibe – mit dem Gedanken eigentlicher »Schöpfung« nicht nur vermittelt, sondern als ein notwendiges Moment derselben aufgewiesen ist. – (Anm. Fichtes)

sche Begriff der Geschichte darüber gar keine feste, nach irgend einer Seite konsequente Ansicht bietet. Wenn dieser die innerlich ewige Natur menschlicher Persönlichkeit und damit ihre Fortdauer in Abrede stellt, so bleibt für den sonstigen Begriff irdischer Perfektibilität überhaupt gar kein *absoluter* Wert und keine *definitive* Bedeutung übrig. Bei der entgegengesetzten Annahme aber ist es vollends inkonsequent, der menschlichen Perfektibilität nur für die *Gesamtheit* des Geschlechts und für sein irdisches Dasein Bedeutung beizulegen, da hier gerade der Gedanke sich aufdrängen muß, daß in jeder Hinsicht nur durch den *Einzelnen* der Wert des Ganzen bestimmt werden kann.

Wie dem aber auch sei, immer bestätigt sich auch von hier aus die große versöhnende Wahrheit, daß keiner verlorengehe oder der Gemeinschaft der Geisterwelt entrissen werden könne, dem es einmal beschieden war, durch Zeugung und Verleiblichung in den Prozeß der Geschichte einzutreten, wie dürftig und geistentfremdet auch seine unmittelbare Wirklichkeit ihn erscheinen lasse – wie dies im dumpfen Leben der Naturvölker uns vor Augen liegt –: oder in welche Entartung des Bösen er auch durch verkehrende Richtung des Willens sich verstrickt habe, – wovon in der Breite eines entarteten Kulturlebens die Beispiele uns vorliegen. Im Vergleich zu den ungeheuern Zeitdimensionen, die dem Geiste zu seiner Entwicklung beschieden sind, bieten jene Mängel nichts Definitives; sie sind auszugleichende Mißverhältnisse, wieder auszuheilende Schäden. In der ewigen Welt, der jeglicher Geist angehört, wird zum vorübergehenden Ereignis, was in den Schranken des Sinnenlebens als ein lastendes Unheil, als ein unentfliehbares Verhängnis uns erscheint. *Hinter* demselben ruht der Schatz des Geistes in unberührter Tiefe – (...) Denn es gehört zu den gesicherten Resultaten einer gründlichen Anthropologie, daß durch den leiblichen Tod das persönliche Geistwesen unangetastet bleibe. Jeder wird auch künftig seine Raum- und Zeiterscheinung selbständig aus sich zu erzeugen vermögen, wie er im gegenwärtigen Dasein jeden Augenblick es tut. Mit dem Besitze seiner Vollpersönlichkeit muß ihm daher künftig auch die volle Macht verbleiben, in neuen geistigen Krisen seinen innern Zustand umzubilden.

Unverkennbar ist aber hier der anthropologischen Betrachtung die Grenze gesteckt. Über die Art unserer künftigen Existenzweise und über die endliche Bestimmung des Menschen vermag keinerlei bloß *menschliche* Weisheit zu entscheiden. (...)

Hier wird die Anthropologie daher auf Erleuchtung aus einer mehr als menschlichen Weisheit, wie der Mensch selber auf die Hilfe einer höhern Macht zurückzuverweisen sein. Diese bietet in beiderlei Hinsicht die *Religion*, nicht als subjektives Gefühl, sondern als *objektiv* sich bewährende weltgeschichtliche Macht. (...)

Die Anthropologie bleibt *Vorbereitungswissenschaft* für die Religionslehre; denn sie begründet die Möglichkeit eines solchen *transzendentalen Erfahrungsgebietes* für den Geist, indem sie in allen Instanzen erweist, wie der Mensch, als übersinnliches und vorempirisches Wesen, auch fähig sein müsse, hinter der Hülle seines bloß sinnlichen Bewußtseins andern Bewußtseinseinflüssen zugänglich zu sein, als den bloß empirisch und sinnlich vermittelten. (...)

Aber schon die *Anthropologie* endet in dem von den mannigfaltigsten Seiten her begründeten Ergebnisse, daß der Mensch nach der wahren Eigenschaft seines *Wesens*, wie in der eigentlichen Quelle seines *Bewußtseins*, einer übersinnlichen Welt angehöre. Das Sinnenbewußtsein dagegen und die auf seinem Augpunkte entstehende phänomenale Welt, mit dem gesamten, auch menschlichen Sinnenleben, haben keine andere Bedeutung, als nur die Stätte zu sein, in welcher jenes übersinnliche Leben des Geistes sich vollzieht, indem er durch *frei bewußte eigene Tat* den jenseitigen Geistesgehalt der Ideen in die Sinnenwelt einführt. Die hohe und ausschließlich nur ihm gebührende Stellung des Menschen unter den Sinnenwesen ist es, aufs eigentlichste neuschöpferisches, *Geschichte* bildendes Prinzip zu sein. Für die Wissenschaft selbst kommt es nur darauf an, die tiefreichende Bedeutung dieser großen Tatsache zu *verstehen*, und sie in allen ihren Konsequenzen zu *erschöpfen*. (...)

Diese gründliche Erfassung des Menschenwesens erhebt nunmehr die »Anthropologie« in ihrem Endresultate zur »*Anthroposophie*«; denn als »*Weisheit*« ist man wohl berechtigt die Erkenntnis anzusprechen, welche demjenigen, was sich zunächst als ein Sinnliches und Vergängliches bietet, den Charakter innerer Ewigkeit und Übersinnlichkeit vindiziert. Der allein genügende Standpunkt der *Selbst*betrachtung ist es daher, das menschliche Selbst in dem an ihm hindurchscheinenden Wirken eines *Ewigen* seine Wahrheit finden zu lassen.

Hiermit ist aber endlich die höchste Betrachtung eingeleitet. Indem der Mensch seinen eigentlichen Wesensgrund in der ewigen Welt entdeckt, wird ihm noch ein höheres Verhältnis aufgetan. Was in unserm Bewußtsein, sei es für das *Erkennen* oder im *Willen*, das Gepräge des Ewigen, unerschütterlich Gewissen und an sich Unveränderlichen trägt, das ist die mit sich zu Ende gekommene »*metaphysische*« Betrachtung befugt, als Gegenwart und Wirkung eines *Göttlichen* in uns zu bezeichnen.[1] Der Mensch wird durch seine eigene Existenz und Beschaffenheit der unwillkürliche Verkündiger und das objektive *Zeichen* dieses Göttlichen. Denn das ist eben das greifliche Wunder, das offenbare Mysterium der göttlichen Gegenwart im Menschen, daß er, der in seiner Unmittelbarkeit durchaus Endliche und Versinnlichte, von einer begeisternden Macht ergriffen zu werden vermag, die ihn *über sich selbst* erhebt und ihn in seiner sinnlichen Eigenwilligkeit vernichtend, eben damit doch seines *eigenen* Wesens sicher macht. Daß Gott sei und daß er in uns wirke, ist kein abstrakt verblaßtes, bloß hypothetisches Philosophem, welches man anerkennen oder dem man auch sich entziehen könnte; es ist eine *Tatsache*, welche in jeder begeisterten, die Schranken der Selbstsucht überwindenden Erkenntnis- und Willenstat uns entgegentritt, die mitten in der Welt der Endlichkeit und Menschenschwäche *ein mehr als Menschliches* uns vor Augen stellt.

So vermag endlich die Anthroposophie an sich selbst nur in *Theosophie* ihren letzten Abschluß und Halt zu finden. Indem der Mensch sein *Ewiges* erfassen will, kann er es nur in Gott erfassen. *Diese* Selbsterfassung jedoch wird ihm zugleich eine objektive Quelle zur Erkenntnis Gottes. So gewiß wir Geister sind, kann Gott nur der höchste Geist sein; denn wir geisten und denken in ihm. Gott ist der heilige Wille; denn was wir Heiliges (Vollkommenes) wollen, ist die ewige Willenskraft in uns. Gott ist die höchste Liebe; denn wir lieben in ihm: uns wechselseitig und ihn. Dadurch ist aber der Mensch nicht bloß für die Wissenschaft gedeutet, sondern eben weil hiermit die Wissenschaft aufgehört hat, ein bloß Begriffsmäßiges, dem wirklichen Erleben Sichentziehendes zu sein, ist er auch persönlich sich klar geworden: die rastlose Sehnsucht, der ungelöste Zwiespalt, der ihn unverstanden umhertreibt, ist völlig ihm gedeutet und geheilt. Seine Liebe, der Grundtrieb seines Wesens, hat jetzt den wahren, standhaltenden Gegenstand, sein Wollen das rechte Quietiv erhalten, nicht zwar um tatenlos in sich zu ruhen, sondern in eigener

---

[1] Um diese Gedankenwendung hier zu rechtfertigen, müssen wir uns auf unsere »*Spekulative Theologie*« (1846) berufen, namentlich auf den Abschnitt »Über die spekulative Begreiflichkeit Gottes« (§.65–81). In dem gegenwärtigen Zusammenhange indes haben wir bloß das Recht, nur von einem »Göttlichen« oder von »Gott« im allgemeinen zu reden, indem die weitere Betrachtung oder der Beweis, daß dies »Göttliche« lediglich als *absoluter Geist* und *absolute Persönlichkeit* gedacht werden könne, der Metaphysik als solcher zu überlassen ist, hier also nicht vorausgesetzt werden darf. (Anm. Fichtes)

Selbstlosigkeit, aber von göttlicher Begeisterung getragen, in Betrachtung wie in Handeln nur *Ewiges* anzustreben und zu vollbringen. Damit schwindet ihm auch der letzte versinnlichende Irrtum: die falsche Liebe des Zeitlichen und die Todesfurcht. Jene falsche Zeit und leere Dehnung, welche das Erdbewußtsein ihm vorhält, wird tatkräftig von ihm überwunden; denn fortan ist er *gewiß*, ohne alle Schwärmerei oder unklare Überschwenglichkeit, in der innerlich gefühlten und gewußten Welt des Ewigen zu leben.

Anthropologie. 3. Buch

Der ethische Unsterblichkeitsbeweis

Zufolge der allgemeinen Teleologie der Schöpfung, die als die gewisseste *Universaltatsache* sich kundgegeben hat, muß vorausgesetzt werden, daß auch im *Besondern das Reich der natürlichen Dinge* und das *Reich der ethischen Zwecke* in innerer Wechselbeziehung und Eintracht miteinander stehen. Es ist der alte Gedanke, welchem schon Platon nachging, wenn er in begeistertem Vertrauen zu den höchsten Idealen des menschlichen Gemüts zu behaupten sich getraute: daß das »*Gute*« und nur das Gute das wirksame Prinzip in allen Dingen sei. Es ist derselbe Gedanke, welchen *Leibniz* in der Formel aussprach: daß zufolge der allgemeinen *Vollkommenheit* der Welt das »Reich der Natur« mit dem »Reich der Gnade« in ursprünglicher Harmonie stehen müsse.

Aber jener große Gedanke bleibt abstrakt und inhaltsleer, bleibt ein bloßes Postulat unserer, wenn auch immerhin edelsten und berechtigsten Wünsche, solange die innern Bedingungen einer solchen Übereinstimmung nicht *tatsächlich* nachgewiesen sind.

Daß dieselben nur innerhalb der Natur des *Menschen* fallen können und nur *dort* aufzusuchen seien, ist kein Zweifel. Und so haben wir den Beweis zu führen, beziehungsweise ihn zu vollenden:

daß der Mensch nach seinen natürlichen Anlagen gerade also und nur also ausgestattet sei, wie es seine eigentliche, *seine ethische Bestimmung erfordere.*

Dies ist es nun auch, was man in einem andern Sinne, als dem bisher gebräuchlichen, einen »*ethischen Unsterblichkeitsbeweis*« nennen könnte. Denn es wird möglich sein, sehr einleuchtend und sehr eindringlich zu zeigen:

daß die Grundbedingung, die conditio sine qua non, der ethischen Be-

stimmung des Menschen seine persönliche, *eine zugleich* selbstbewußte *und* geistige Entwicklung *in sich schließende Fortdauer sei, ungleich der abstrakten,* innerlich *veränderungslosen Unvergänglichkeit, die wir auch den Realwesen niederer Ordnung zugestehen müssen.*

Mit andern kürzern Worten: *Der Mensch ist nur darum zur persönlichen, zur selbstbewußten Fortdauer befähigt und nur deshalb ihrer sicher, weil zufolge seiner allgemeinen Weltstellung er ausersehen ist, ethische Aufgaben zu lösen.* (...)

Jedes Wesen, welches *überhaupt* Phänomene zu bewirken vermag, muß selbst ein Nichtphänomenales, Reales sein. Jedes Wesen sodann, welches eine Reihe *wechselnder* Phänomene hervorbringt, ohne selbst darin die Einheit zu verlieren, muß ein *beharrliches* Reale sein. Beides gilt erfahrungsmäßig in eminentem Sinn vom menschlichen Individualgeist. Also muß ihm neben den übrigen Weltwesen in vorzüglichem Grad die Eigenschaft innerer Beharrlichkeit, die Kraft innerer Dauer und unverwüstlichen Bestehens zukommen. (...)

Die einfache, aber unwiderlegliche Folgerung, welche daraus für das eigne Wesen des Geistes sich ergab, war nun die: daß er selbst nicht der Phänomenalwelt und ihrer Vergänglichkeit angehören könne, so gewiß diese selbst nur auf dem Augpunkte seines Bewußtseins und als das Produkt desselben existiert. Er gehört mithin in die Reihe der beharrlichen *Realwesen*, indem Wirkungen von ihm ausgehen, die einen wesentlichen Bestandteil der Phänomenalwelt bilden. Und nach der Macht und dem Umfang dieser Wirkungen beurteilt, könnten wir den Menschengeist unter den uns bekannten geschaffenen Realwesen sogar füglich als ens realissimum bezeichnen.

An diesem Gesamtverhalten des Geistes (...) kann nun der »*Tod*« nichts ändern, indem das bloße Ablegen des Leibes, d.h. das Aufhören der Wechselwirkung mit gewissen Realwesen (den chemischen Elementen des »Sinnenleibes«), nach dem psychophysischen Gesetz der »*Erhaltung der Kraft*«, weder die *Substantialität* des Geistes, noch seine *Wirkungsfähigkeit*, nach ihrer Beschaffenheit, wie nach ihrem Umfang, in keiner Weise zu alterieren vermag. (...)

Aber ebenso wenig ist auch die Fortexistenz und Kontinuität seines *Bewußtseins* dem Geiste durch den Tod gefährdet. (...) Man kann die Gesamtentwicklung des Menschen unter dem einfachen Schema eines konsequenten Fortschreitens aus dem Schlafe ins Wachen, überhaupt aus der Unbewußtheit in das Bewußtsein fassen. Am Anfange der Bahn, in den Zuständen vom Ei, Embryo und Fötus, waltet vollkommener

Schlaf oder Nachtleben; am Ende der Bahn wartet unser vollkommenes Tagleben, ein bis in seine Tiefen von Bewußtsein durchdrungener Geisteszustand. In der Mitte wechseln Wachen und Schlaf, steigende und sinkende Erhebung des Bewußtseins, Verdunkelung und Erhellung unablässig miteinander und erzeugen jenes *Mittlere* sinnlichgeistigen Daseins, in dessen Schwankungen und Kontrasten gerade der Charakter des gegenwärtigen »Vorbereitungszustandes« sich abzeichnet. Diese drei Entwicklungsstadien gehen aber nicht allmählich ineinander über, sondern wie eine erste Katastrophe, die Geburt, aus dem Schlafe in den Wechsel führt, eben also eine zweite, der Tod, aus dem Wechsel in das vollkommene Erwachen. (...) In Wahrheit haben wir nicht nötig, den Geist erst »ins Ewige sich erheben« zu lassen, was zudem gar nicht möglich wäre, trüge er nicht an sich schon das Gepräge der Ewigkeit; oder in gläubiger Sehnsucht erst dereinst eine ewige Wohnstätte für ihn in Aussicht zu stellen, mit deren Möglichkeit es abermals mißlich bestellt wäre, wenn ihm nicht jetzt schon und hienieden ein innerlich Verewigendes zuteil geworden wäre: sondern mit der kalten Ruhe wissenschaftlicher Einsicht dürfen wir behaupten, daß er nicht erst bedürfe unsterblich zu werden; denn er *sei* es schon substantieller Weise, so gewiß sein *Wesen* und eben damit auch die innerste Quelle seines *Wirkens* (zu welchen Wirkungen in erster Linie und in fast ununterbrochener Folge sein *Bewußtsein* gehört) dem bloß Phänomenalen entrückt ist.

Um daher alles zusammenzufassen, was von seiten der Psychologie zu leisten ist: – der Geist, so zeigt sie, führt *hinter* seinem sinnlichen Bewußtsein, für welches allein jenes phänomenale Entstehen und Vergehen existiert, somit auch hinter dem, *was an ihm selbst dieser sinnlich phänomenalen Vergänglichkeit angehört*, sein *nicht phänomenales*, damit zugleich *unvergängliches* Leben. Diese »innere Ewigkeit« ist schon im Diesseits die Grundbeschaffenheit seines Wesens. (...)

Wir sind nunmehr im Stande, bestimmt zu übersehen, was der »ethisch-psychologische« Beweis bis hierher zu leisten im Stande war, was er zu behaupten sich getraut:

I. Das Individualisierende im Menschen ist nicht sinnlichen Ursprungs, ebenso wenig ist es Produkt äußerer Vermittlungen. Er bringt es als ein Ursprüngliches (»Apriorisches«) zu seinem gesamten Sinnenleben schon hinzu.

II. Ebenso begleitet es ihn beharrlich und stets miteinsprechend während dieses ganzen Lebens. Seinem »Selbst«, der Grundartung seiner

Persönlichkeit kann niemand sich entschlagen, niemand sie ändern, wohl aber sie ins Vollkommnere (gesund) entwickeln; denn sie ist der ewige (nichtphänomenale) Grund seines Wesens, wie nicht minder der beharrliche Träger und Bewirker aller seiner phänomenalen Betätigungen.

III. Wie sollten wir daher im »Tode«, durch das Ablegen des äußern Leibes, dieselbe verlieren, da sie nicht mit dem geringsten Teile ihres Wesens in das verflochten ist, was im Tode uns entzogen wird? Dies wäre die übereilteste Folgerung, wie nur ein abergläubisches Haften am Sinnenfälligen, Greifbaren, als der einzig möglichen Realität, sie verschulden könnte.

IV. Denn die Wissenschaft zeigt aus allgemeinen und allanwendbaren Gründen, daß hinter dem Phänomenalen die wahre Welt des Realen, als Träger von jenem, erst beginnt; und dem wissenschaftlich Erleuchteten, eingewöhnt in diese stets ihn begleitende Grundanschauung, ist jederlei Vergänglichkeit in allen Gestalten des Daseins zum bloß Phänomenalen eingeschwunden. So *versteht* er auch den Tod, dessen vermeintliche Schrecknisse für ihn nicht mehr vorhanden sind.

(...) Uns (...) hat aus sehr triftigen psychologischen Gründen die ganze Form des Erdbewußtseins nichts Absolutes oder Definitives für den Menschen. Wir konnten sie nur als *eine* unter den ihm möglichen Weisen geistiger und bewußter Existenz begreifen. Und wenn außerdem sich erwiesen hat, daß im Wesen des Geistes zugleich die selbständige Quelle seines Bewußtseins liege: so ergibt sich schon aus diesen allgemeinen Gründen, daß dies Wesen mit diesen Anlagen ganz von selbst hinausreichen müsse über die Bedingungen seines Erddaseins.

Aber auch sein historisches Auftreten, als Einzelgeist wie als Gesamtheit, bestätigt diese Voraussetzung. Der historische, der *»Kulturmensch«* weist mit seinem Glauben, wie mit den Zielen seines Handelns, entschieden über sein Erddasein hinüber; das Zeugnis seines eignen Bewußtseins kündigt ihn an als »transzendentales«, überzeitliches Wesen, welches die ihn umgebende Zeitlichkeit zu überdauern die unwillkürliche Zuversicht in sich trägt.

Wir erhalten damit, gleichsam von zwei Seiten her, durch die psychologische, wie die historische Betrachtung des Menschen, die übereinstimmende Aufforderung: allen Ernstes die innere Beschaffenheit der Erdgeschichte darauf anzusehen, ob in ihren engen Grenzen die

Schicksale des Menschengeistes sich entscheiden können, oder ob sie nur *Ausgangspunkt, Anfangszustand* sei von einer Reihenfolge weiterer Geistesentwicklungen? (...)

Die Geschichte konnte nur begriffen werden als »*ethische Erziehung der Menschheit*«. Sie ist »*Erziehung*«, d. h. Erweckung und Aussichwachsenlassen des Menschengeistes von *innen her* –; sie ist Erziehung der »*Menschheit*«, d. h. *aller* Menschen ohne Ausnahme; und schon darum allein erweist sich die Erdgeschichte als bloßer Bruchteil und als Vorstufe jenseitiger, künftiger Entwicklungen, weil ganz augenfällig jener erziehende Erfolg nur an einer höchst geringen Minderzahl der Menschheit zwar begonnen, nirgends aber und für kein Individuum irdischerweise an sein vollendendes Ziel gebracht werden kann. (...)

Diese Erziehung ist eine »*ethische*«. Mit diesem Begriffe wollten wir bezeichnen die *allgegenwärtige sittliche Macht*, durch welche sich das »*Weltgericht*« an Jedem in der Tiefe seines Selbstbewußtseins vollzieht. (...)

Diese *geschichtliche Universaltatsache* der Heilsbedürftigkeit des Menschen einerseits, und einer sittlich leitenden, innerlich lohnenden wie strafenden, am Geringsten wie Mächtigsten unfehlbar das »*Weltgericht*« vollziehenden Allmacht, dürfen wir nun einen ethisch-religiösen Beweis nennen für ein Zwiefaches –: für das Dasein einer »*göttlichen Weltregierung*«, eines allmächtigen Willens des Guten, welcher gerade durch die Fügungen der Geschichte »erziehend« dem Menschen sich zuwendet; und für die davon unabtrennliche (geschichtliche) Notwendigkeit eines *künftigen* Lebens. (...)

So läßt sich zuvörderst die Menschengeschichte ... nur begreifen ... als eine ebenso *jenseitige* wie *diesseitige Geistergemeinschaft*, deren Bruchteil und erste Stufe lediglich die »Erdgeschichte« bildet.

Wenn der sterbende Sokrates sich der Hoffnung getröstet, im künftigen Leben fortphilosophieren zu können mit den weisesten Menschen, die ihm vorangegangen; wenn der tiefsinnige Tonmeister, Johann Sebastian Bach am Schlusse seines Lebens bezeugte: nun erst ahne er den innersten Geist der Musik und er wünsche mit ihrer Erforschung neu anfangen zu können: so liegt darin die vollgültigste Auskunft, wie die größten und wirkungsreichsten Geister am Schluß ihrer Laufbahn gerade den Reichtum ungelöster Lebensaufgaben vor sich sahen und so ein noch unausgeschöpftes Innere mithinübernahmen. Wie sollte dies von den andern halbwüchsigen Geistern nicht noch entschiedener gelten? Bei der kurzen Spanne Zeitleben, die uns gegönnt ist, bei den geistigen Erlebnissen, welche uns darin zuteil werden können, ist *jene* von viel zu flüchtiger Wirkung, sind *diese* viel zu einseitig und zumeist unerheblich, um alle unsere Anlagen zur Entwicklung, ja bei den allermeisten nur ihren Bewußtseinsprozeß zur Vollendung zu bringen.

In jeder dieser Beziehungen zeigt sich somit das irdische Dasein nur verständlich als Anfang und Bruchteil einer Entwicklungsreihe künftiger Geistesstufen; durchaus unverständlich, wenn wir ihm selbständige Bedeutung und definitiven Wert beilegen. (...) Als bloß irdischer Zustand (...) bedeutet das Erdleben für sich selbst *gar nichts*, als nur insofern jener äußere Inhalt fördernd oder hemmend zurückwirkt auf die ethische Gesamtentwicklung des Einzelgeistes. Als erste Vorstufe dagegen hat es unbedingten, ja überschwenglichen Wert; denn was vom Menschen geistiger Weise in ihm errungen und erarbeitet worden, ist ein Vorsprung, der zugleich in die Tiefe aller Zukunft hinabreicht; was auf Erden versäumt ist, wird zum Verluste, zur Lücke für die ganze Folgezeit. Und erst damit, in dieser freien und reinen Betrachtung, kann jede Leichtherzigkeit niederhaltend der folgenschwere Ernst des gegenwärtigen Lebens uns entgegentreten.

Die Seelenfortdauer und die Weltstellung des Menschen

Einleitung

Gustav Theodor Fechner

Bereits als Professor für Physik in Leipzig befaßte sich Fechner mit Grenzfragen seines Faches. Neben galvanischen und elektrochemischen Prozessen untersuchte er den Zusammenhang physischer und psychischer Erscheinungen und begründete damit die neue Disziplin der Psychophysik. Ein Hauptinteresse des ehemaligen Schelling-Schülers galt der Naturphilosophie und Anthropologie. Exakte Naturbeobachtung wurde ihm zum Ausgangspunkt religiös-philosophischer, ja phantasievoller – nicht phantastischer – Folgerungen. Einen Phantasten nennt Fechner, selbst in seiner Zeit als solcher angegriffen, denjenigen, der etwas als wirklich annehme, was den gesicherten Gesetzen der Erscheinungswelt widerspricht, oder wofür es keine Gründe der Erfahrung gibt. Ein Beispiel ist für ihn die Lehre von der Seelenwanderung. Sein Anliegen dagegen ist »die große Kunst des Schlusses vom Diesseits auf das Jenseits«. Er will nicht von unbeweisbaren Voraussetzungen, sondern von bekannten Tatsachen auf »höhere Tatsachen« schließen, um so den »an höheren Gesichtspunkten hängenden Glauben von unten her zu stützen«. Solche Absicht verraten schon die Titel seiner Schriften: »Nanna, oder über das Seelenleben der Pflanzen« (1848), »Über die Seelenfrage, ein Gang durch die sichtbare Welt, um die unsichtbare zu finden« (1861), »Die Tagesansicht gegenüber der Nachtansicht« (1879). Am umfassendsten dargestellt sind seine Anschauungen in dem dreibändigen Werk »Zend-Avesta oder über die Dinge des Himmels und des Jenseits« (1851). Als diese Schriften erschienen, mußten sie denkbar unzeitgemäß wirken. Ganz andere Interessen beherrschten die wissenschaftliche Welt. Die romantische Naturphilosophie war, scheinbar wirkungslos, vergessen, der Stern Hegel verblaßt, mit Ludwig Feuerbach kündigte sich der Materialismus an, während die Naturwissenschaftler über der Fülle der neu gewonnenen Erkenntnisse meist den philosophischen Standpunkt als überwunden ansahen. Fechner litt an seiner Zeit und wurde nicht müde, seine Überzeugungen, die ihn beglückten, den Lesern immer neu nahezubringen. Aber, so schreibt er in einem Vorwort »zum Rufe, der eine schlafende Welt aufwecken soll, gehört ein starker Atem; ich bin nur ein Atemzug in diesem Atem«.

Das frühe, klar und schlicht geschriebene »Büchlein vom Leben nach dem Tode« (1836) ist der erste dieser Rufe. Für Fechner hat der Mensch »drei Leben«: das embryonale vorgeburtliche – das irdische – und das geistige Leben nach dem Tod. Dieses ist das Ziel der beiden ersten. Ursprung des menschlichen Lebens ist der »göttliche Keim«, Teil des allumfassenden ewigen »Allgemeinbewußtseins«, das sich in der neuen Seele eines Kindes vereinzelt, »zusammengenommen« hat. Dieser Keim wird ihm bei der Zeugung eingeboren als sein »Ureigentum«, der »unsichtbar urlebenskräftige Mittelpunkt«, in dem »der freie Wille, die Selbstbestimmung, das Selbstbewußtsein, die Vernunft und der Grund aller geistigen Vermögen« beschlossen liegen. Alle diese Anlagen werden auf der zweiten Lebensstufe zu einem individuellen Organismus entwickelt. Wie im vorgeburtlichen Leben der Körper als Werkzeug der äußeren Anschauung für das irdische Leben sich bildet, so in diesem der Geist als Werkzeug der inneren Anschauung für das Leben nach dem Tod. Das geschieht jedoch nicht mehr wachstümlich. Der Mensch schafft sich selbst die Bedingungen seines zukünftigen Seins. Nichts vom zweiten Leben geht verloren; alles setzt sich im dritten fort. Gedanken und Taten treiben geistige Gliedmaßen aus sich hervor und bilden den »Leib des Jenseits«. Die Kraft, mit der ein Mensch die »Ideen« der Menschheit (die Ideen des Wahren, Guten und Schönen) und der Natur auffaßt, gestaltet und sich ihnen verbindet – diese Kraft macht seinen unsterblichen Teil aus. Denn die göttliche Welt ist eine Welt der Ideen, Kräfte und Wirkungen. Tritt der Mensch vorbereitet in sie ein, kann er sich auch hier ruhig und folgerichtig weiterentwickeln.

Mit dem Tod, der »großen Stufenkrankheit«, sprengt der Geist seine enge Hülle, wie das Kind bei der Geburt die seine. Der Übergang vom zweiten zum dritten Leben ist die zweite, die wahre Geburt. Auch hier folgert Fechner vom Physischen auf übersinnliche Vorgänge. Ist das erste Leben ein Schlaf, das zweite ein Wechsel von Schlaf und Wachen, ein nur zeitweises Aufblitzen dessen, was er (analog zu Meister Eckharts »Seelenfünklein«) das »Bewußtseinslicht« nennt, so kann das dritte Leben nur als ein volles Erwachen in die Tageshelle des Bewußtseins gedacht werden. Die »lebendige Kraft des Bewußtseins« ist für Fechner das eigentliche Prinzip der Fortsetzung des diesseitigen Lebens in das jenseitige Leben. Herausgeboren aus dem göttlichen Allgemeinbewußtsein in die kindliche Seele, im Dasein zur individuellen Gestalt entwickelt, schließt im Tod der ewige Keim sich auf: Erst mit dem dritten Leben gelangt der Mensch zur vollen Erkenntnis seines »Selbst«. Der unbewußt vorgebildete jenseitige Leib wird »lebendig, selbstbewußt, selbstkräftig« und waltet aus »individueller Machtvollkommenheit nach eigener Bestimmung«. Das ist Fechners Antwort auf die in allen Unsterblichkeitslehren gestellte Frage: Was trägt die individuelle Seele nach dem Tod? Der aus dem früheren Leben entstandene geistige Organismus ist Träger weiterer Entwicklungen. Diese haben »Himmel« oder »Hölle« in sich selbst, je nach der bis dahin erreichten Stufe, auf der sie aufbauen. Fechner denkt nicht an Rückkehr und Auflösung im göttlichen »Allgemeinbewußtsein«. Die individuelle Seele ist ein selbständiger, mitgestaltender Zweig am »Lebensbaum« der geistigen Welt. Während die diesseitige Anschauung zerrinnt, erwacht mit der »höheren Erinnerung« das geistige Auge, das die Natur wie die Menschenwelt nicht mehr als Erscheinung sieht, sondern »fühlend durchdringt«. Das Bewußtsein steigt, Stufe um Stufe sich erweiternd, *in* Gott (in dem es schon immer ist) – nicht *zu* Gott – empor, der »Grund und Gipfel« zugleich ist.

In dem großen Stufenpanorama der Geister, das Fechner entwirft, gibt es keine absolute Trennung von Diesseits und Jenseits, Lebenden und Abgeschiedenen. Zwischen beiden Welten besteht eine unaufhörliche Wechselwirkung, so daß mit dem Tod nur der Schauplatz sich ändert, auf dem der Mensch sein Schicksal bestimmt. Letztlich sieht Fechner den Menschen auf dem Weg zur Vollendung, denn er glaubt an die Macht des Wahren, Schönen und Guten, seinen »ewigen unvergänglichen Teil«, ohne den der Mensch nicht Mensch wäre, auch wenn er nicht mehr davon hätte als ein »Senfkorn«.

Gustav Theodor Fechner
1801–1887

Begründung einer »Psychophysik«. Die Entfaltung des »göttlichen Keims« zum »Leib des Jenseits«

Das dreimalige Leben des Menschen

Der Mensch lebt auf der Erde nicht einmal, sondern dreimal. Seine erste Lebensstufe ist ein steter Schlaf, die zweite eine Abwechslung zwischen Schlaf und Wachen, die dritte ein ewiges Wachen.

Auf der ersten Stufe lebt der Mensch einsam im Dunkel; auf der zweiten lebt er gesellig aber gesondert neben und zwischen andern in einem Lichte, das ihm die Oberfläche abspiegelt, auf der dritten verflicht sich sein Leben mit dem von andern Geistern zu einem höhern Leben in dem höchsten Geiste, und schaut er in das Wesen der endlichen Dinge.

Auf der ersten Stufe entwickelt sich der Körper aus dem Keime und erschafft sich seine Werkzeuge für die zweite; auf der zweiten entwickelt sich der Geist aus dem Keime und erschafft sich seine Werkzeuge für die dritte; auf der dritten entwickelt sich der göttliche Keim, der in jedes Menschen Geiste liegt und schon hier in ein für uns dunkles, für den Geist der dritten Stufe tageshelles Jenseits durch Ahnung, Glaube, Gefühl und Instinkt des Genius über den Menschen hinausweist.

Der Übergang von der ersten zur zweiten Lebensstufe heißt Geburt; der Übergang von der zweiten zur dritten heißt Tod.

Der Weg, auf dem wir von der zweiten zur dritten Stufe übergehen, ist nicht finstrer als der, auf dem wir von der ersten zur zweiten gelangen. Der eine führt zum äußern, der andere zum innern Schauen der Welt.

Wie aber das Kind auf der ersten Stufe noch blind und taub ist für allen Glanz und alle Musik des Lebens auf der zweiten und seine Geburt aus dem warmen Mutterleibe ihm hart ankommt und es schmerzt, und wie es einen Augenblick in der Geburt gibt, wo es die Zerstörung seines früheren Daseins als Tod fühlt, bevor noch das Erwachen zum äußern neuen Sein stattfindet, so wissen wir in unserm jetzigen Dasein, wo

I. Der Aufbruch eines neuen Bewußtseins

unser ganzes Bewußtsein noch im engen Körper gebunden liegt, noch nichts vom Glanze und der Musik und der Herrlichkeit und Freiheit des Lebens auf der dritten Stufe und halten leicht den engen dunkeln Gang, der uns dahin führt, für einen blinden Sack, aus dem kein Ausgang sei. Aber der Tod ist nur eine zweite Geburt zu einem freiern Sein, wobei der Geist seine enge Hülle sprengt und liegen und verfaulen läßt, wie das Kind die seine bei der ersten Geburt.

Danach wird alles, was uns mit unsern jetzigen Sinnen äußerlich und gleichsam nur aus der Ferne nahegebracht wird, in seiner Innerlichkeit von uns durchdrungen und empfunden werden. Der Geist wird (...) nicht äußerlich den zurückgelassenen Lieben erscheinen, sondern er wird in ihren innersten Seelen wohnen, als Teil derselben, in ihnen und durch sie denken und handeln.

Stufen der Entwicklung

Das Kind im Mutterleibe hat bloß einen Körpergeist, den Bildungstrieb. Die Schöpfung und Entwicklung der Gliedmaßen, womit es aus sich herauswächst, sind seine Handlungen. Es hat noch nicht das Gefühl, daß diese Glieder sein Eigentum sind, denn es gebraucht sie nicht und kann sie nicht gebrauchen. Ein schönes Auge, ein schöner Mund sind ihm bloß schöne Gegenstände, die es geschaffen, unwissend, daß sie einst dienstbare Teile seines Selbst sein werden. Sie sind für eine folgende Welt gemacht, wovon das Kind noch nichts weiß; es stößt sie aus vermöge eines ihm selbst dunkeln Triebes, der nur in der Organisation der Mutter klar begründet liegt. Aber so, wie das Kind zur zweiten Lebensstufe reif, die Organe seines bisherigen Schaffens abstreift und dahinten läßt, sieht es sich plötzlich als selbstkräftige Einheit aller seiner Schöpfungen. Dieses Auge, dieses Ohr, dieser Mund sind jetzt ihm zugehörig, und wenn es erst nach dunkelem eingebornem Gefühle dieselben schuf, so lernt es jetzt deren köstlichen Gebrauch kennen. Die Welt des Lichts, der Farben, der Töne, der Düfte, des Geschmacks und Gefühls gehen ihm erst jetzt in den dazu erschaffenen Werkzeugen auf, wohl ihm, wenn es sie brauchbar und tüchtig schuf.

Das Verhältnis der ersten Stufe zur zweiten wird gesteigert wiederkehren im Verhältnisse der zweiten zur dritten. Unser ganzes Handeln und Wollen in dieser Welt ist eben so nur berechnet, uns einen Organismus zu schaffen, den wir in der folgenden Welt als unser Selbst erblicken und brauchen sollen. Alle geistigen Wirkungen, alle Folgen der Kraftäußerungen, die bei Lebzeiten eines Menschen von ihm ausgehen und sich durch die Menschenwelt und Natur hindurchziehen, sind schon durch ein geheimes, unsichtbares Band miteinander verbunden, sie sind die geistigen Gliedmaßen des Menschen, die er bei Lebzeiten treibt, verbunden zu einem geistigen Körper, zu einem Organismus von rastlos weitergreifenden Kräften und Wirkungen, deren Bewußtsein noch außer ihm liegt und die er daher, obwohl untrennbar mit seinem jetzigen Sein zusammengesponnen, doch nur im Ausgangspunkte von demselben für sein erkennt. Im Augenblick des Todes aber, wo sich der Mensch von den Organen scheidet, an welche seine schaffende Kraft hier geknüpft war, erhält er auf einmal das Bewußtsein alles dessen, was als Folge seiner frühern Lebensäußerungen in der Welt von Ideen, Kräften, Wirkungen fortlebt, fortwirkt und, als *einem* Quell organisch entflossen, auch noch seine organische Einheit in sich trägt, die aber nun lebendig, selbstbewußt, selbstkräftig wird und in der Menschheit und Natur mit eigener individueller Machtvollkommenheit nach eigener Bestimmung waltet.

Was irgend jemand während seines Lebens zur Schöpfung, Gestaltung oder Bewahrung der durch die Menschheit und Natur sich ziehenden Ideen beigetragen hat, das ist sein unsterblicher Teil, der auf der dritten Stufe noch fortwirken wird, wenn auch der Leib, an den die wirkende Kraft auf der zweiten geknüpft war, lange verfault ist. Was Millionen gestorbener Menschen geschaffen, gehandelt, gedacht haben, ist nicht mit ihnen gestorben, noch wird es wieder zerstört von dem, was die nächsten Millionen schaffen, handeln, denken, sondern es wirkt in diesen fort, entwickelt sich in ihnen selbstlebendig weiter, treibt sie nach einem großen Ziele, das sie selbst nicht sehen.

Freilich erscheint uns dieses ideale Fortleben nur als eine Abstraktion und das Fortwirken des Geistes der gestorbenen Menschen in den Lebenden nur als ein leeres Gedankending. Aber nur darum erscheint es uns so, weil wir keine Sinne haben, die Geister auf der dritten Stufe in ihrem wahren, die Natur erfüllenden und durchdringenden Sein zu erfassen, bloß die Anknüpfungspunkte ihres Daseins an unseres können wir erkennen, den Teil, mit dem sie in uns hineingewachsen sind und der uns eben unter der Form jener Ideen erscheint, die sich von ihnen in uns fortgepflanzt haben. (...)

In der Tat schon während seiner Lebzeiten wächst jeder Mensch mit seinen Wirkungen in andere hinein durch Wort, Beispiel, Schrift und

I. Der Aufbruch eines neuen Bewußtseins

Tat. Schon als Goethe lebte, trugen Millionen Mitlebende Funken seines Geistes in sich, an denen neue Lichter entbrannten; schon als Napoleon lebte, drang seines Geistes Kraft in fast die ganze Mitwelt ein; als beide starben, starben diese Lebenszweige, die sie in die Mitwelt getrieben, nicht mit; bloß die Triebkraft neuer diesseitiger Zweige erlosch, und das Wachstum und die Fortentwicklung dieser von *einem* Individuum ausgegangenen, in ihrer Gesamtheit ein Individuum wieder bildenden Ausgeburten geschieht jetzt mit einem gleichen inwohnenden, von uns freilich nicht zu erfassenden Selbstbewußtsein, als früher ihr erstes Hervortreiben. Noch leben ein Goethe, ein Schiller, ein Napoleon, ein Luther unter uns, in uns als selbstbewußte, schon höher als bei ihrem Tode entwickelte, in uns denkende und handelnde, Ideen zeugende und fortentwickelnde Individuen, jeder nicht mehr eingeschlossen in einen engen Leib, sondern ergossen durch die Welt, die sie bei Lebzeiten bildeten, erfreuten, beherrschten, und weit hinausreichend mit ihrem Selbst über die Wirkungen, die wir noch von ihnen spüren.

Das größte Beispiel eines mächtigen Geistes, der noch in der Nachwelt fortlebt und fortwirkt, haben wir an Christo. Es ist nicht ein leeres Wort, daß Christus in seinen Bekennern lebe; jeder echte Christ trägt ihn nicht bloß vergleichungsweise, sondern wahrhaft lebendig in sich; jeder ist seiner teilhaftig, der in seinem Sinne handelt und denkt, denn eben nur Christi Geist wirkt in ihm dieses Handeln und Denken. Er hat sich ausgebreitet durch die ganzen Glieder seiner Gemeine, und alle hängen durch seinen Geist zusammen wie die Äpfel eines Stammes, wie die Reben eines Weinstocks. »Denn gleich wie *ein* Leib ist und hat doch viele Glieder, alle Glieder aber *eines* Leibes, wiewohl ihrer viele sind, sind sie doch *ein* Leib, also auch Christus« (1. Kor. 12, 12).

Aber nicht bloß die größten Geister, sondern jeder tüchtige Mensch erwacht in der folgenden Welt mit einem selbstgeschaffenen, eine Einheit unendlicher geistiger Schöpfungen, Wirkungen, Momente in sich befassenden Organismus, der einen größern oder kleinern Umfang erfüllen und mehr oder weniger Fortentwicklungskraft haben wird, je nachdem der Geist des Menschen selbst bei Lebzeiten weiter und kräftiger um sich griff. Wer aber hier an der Scholle klebte und seinen Geist nur brauchte, seine Materie zu bewegen, zu nähren und zu vergnügen, von dem wird auch nur ein bedeutungsloses Wesen übrigbleiben. (...)

Das ist die große Gerechtigkeit der Schöpfung, daß jeder sich die Bedingungen seines zukünftigen Seins selbst schafft. Die Handlungen werden dem Menschen nicht durch äußerliche Belohnung oder Strafen vergolten; es gibt keinen Himmel und keine Hölle im gewöhnlichen Sinne der Christen, Juden und Heiden, wohin die Seele nach dem Tode käme; sie macht weder einen Sprung aufwärts noch einen Fall abwärts, noch einen Stillstand; sie zerplatzt nicht, sie zerfließt nicht in das Allgemeine; sondern nachdem sie die große Stufenkrankheit, den Tod, überstanden, entwickelt sie sich nach der unwandelbaren, jede spätere Stufe über dem Grunde der früheren aufbauenden Folgerichtigkeit der Natur auf der Erde ruhig weiter fort in einem und zu einem höheren Sein; und je nachdem der Mensch gut oder schlecht, edel oder gemein gehandelt, fleißig oder müßig gewesen, wird er im folgenden Leben einen gesunden oder kranken, einen schönen oder häßlichen, einen starken oder schwachen Organismus als sein Eigentum finden, und seine freie Tätigkeit in dieser Welt wird seine Stellung zu den andern Geistern, seinen Schicksalsweg, seine Anlagen und Talente für das weitere Fortschreiten in jener Welt bestimmen.

Darum seid rüstig und wacker. Denn wer hier langsam geht, wird dort lahm gehen, und wer seine Augen nicht auftut, wird dort ein blödes Gesicht haben, und wer Falschheit und Bosheit übt, wird seine Disharmonie mit dem Chor der wahren und guten Geister als Schmerz fühlen, der ihn noch in jener Welt treiben wird, das Übel zu bessern und zu heilen, was er in dieser verschuldet, und ihn nicht Rast und Ruhe finden lassen wird, bis er auch seine kleinste und letzte Übeltat abgestreift und abgebüßt. Und wenn die andern Geister schon lange in Gott ruhen, oder vielmehr leben als Teilhaber seiner Gedanken, wird er noch umgetrieben werden im Trübsal und in der Wandelbarkeit des Lebens auf der Erde, und sein Seelenübel wird die Menschen plagen mit Ideen des Irrtums und Aberglaubens, sie führen zu Laster und Torheiten, und indem er selbst dahinten bleibt auf seinem Wege in der dritten Welt zur Vollendung, wird er auch sie, in denen er fortlebt, zurückhalten auf ihrem Wege in der zweiten zur dritten.

Wie lange aber auch das Unwahre, Böse und Gemeine noch fortwirken und um seinen Bestand mit dem Wahren, Schönen, Rechten ringen möge, es wird zuletzt durch dessen immer wachsende Macht bezwungen, durch seine eigenen mit wachsender Kraft zurückschlagenden Folgen vernichtet werden, und so wird nichts von aller Lüge, aller Bosheit, allem Schmutz in der Seele des Menschen endlich übrigbleiben. Nur das ist der ewige unvergängliche Teil des Menschen, was an ihm wahr, schön und gut ist. Und wenn nur ein Senfkorn davon in ihm ist – in wem aber keines wäre, der wäre nicht –, so wird es zuletzt gereinigt von Spreu und Schlacken durch das, nur den Bösen quälende, Fegefeuer des Lebens auf der dritten Stufe übrigbleiben und, wenn auch spät, noch zum herrlichen Baume wachsen können.

Freut euch auch, ihr, deren Geist hier gestählt ist durch Trübsal und Schmerz, euch wird die Übung zugute kommen, die hier im wackeren Kampfe mit den Hindernissen gegen euer Fortschreiten gefunden, und kräftiger geboren in das neue Dasein, werdet ihr rascher und freudiger einholen, was euer Geschick euch hier versäumen ließ.

Die Gemeinschaft der Lebenden und der Toten

Die Sehnsucht, die jedem Menschen inwohnt, denen, die ihm hier am liebsten waren, nach dem Tode wieder zu begegnen, mit ihnen zu verkehren und das frühere Verhältnis zu erneuern, wird in vollkommnerem Grade erfüllt werden, als je geahnt und versprochen worden.

Denn nicht bloß begegnen werden sich in jenem Leben die, welche in diesem durch ein gemeinschaftliches geistiges Element verknüpft waren, sondern in eins zusammenwachsen werden sie durch dies Element; es wird ein ihnen gemeinschaftliches Seelenglied werden, das beiden mit gleichem Bewußtsein angehört.

Denn schon jetzt sind ja die Toten mit den Lebenden, wie die Lebenden selbst untereinander, durch unzählige solche gemeinschaftliche Elemente verwachsen; aber erst, wenn der Tod den Knoten löst, den der Körper um die Seele jedes Lebenden zieht, wird zur Verknüpfung des Bewußtseins auch das Bewußtsein der Verknüpfung treten.

Jeder wird im Augenblicke des Todes erkennen, daß das, was sein Geist von früher Verstorbenen aufnahm oder mit ihnen gemeinschaftlich hatte, auch diesen Geistern immer noch mit angehört, und so wird er nicht wie ein fremder Gast in die dritte Welt eintreten, sondern wie ein längst Erwarteter, dem alle, mit denen er hier durch eine Gemeinschaft des Glaubens, des Wissens, der Liebe verknüpft war, die Hände entgegenstrecken werden, ihn an sich zu ziehen als ein ihnen zugehöriges Wesen.

In gleich innige Gemeinschaft werden wir auch treten mit jenen großen Toten, die lange vor unserer Zeit die zweite Lebensstufe durchwandert und an deren Beispiel und Lehre sich unser Geist gebildet. So, wer hier ganz in Christo lebte, der wird dort ganz in Christo sein. Aber seine Individualität wird nicht erlöschen in der höhern Individualität, sondern nur Kraft gewinnen in ihr und jene Kraft zugleich verstärken. Denn welche Geister miteinander verwachsen durch ihre gleichen Momente, die gewinnen jeder des andern Kraft zu ihrer eignen und bestimmen sich zugleich durch das damit zusammenhängende Verschiedene. (...)

Die meisten geistigen Momente, die im jetzigen Leben sich entwickeln und die wir in das folgende mit hinüber nehmen, tragen zwar einen Kern des Wahren, Guten und Schönen in sich, aber eingehüllt durch viel Zusatz des Unwesentlichen, Falschen, Verkehrten und Verderbten. Welche Geister durch solche Momente zusammenhängen, die können verbunden bleiben oder sich trennen; je nachdem sie sich beide vereinigen, das Gute und Beste darin festzuhalten und das Schlechte den bösen Geistern, bei ihrer Scheidung von ihnen, allein zurückzulassen oder je nachdem der eine das Gute, der andere das Schlechte ergreift.

Welche Geister aber einmal sich einer Form oder Idee des Wahren, Schönen oder Guten in ihrer ewigen Reinheit gemeinschaftlich bemächtigt haben, die bleiben auch durch sie verbunden in alle Ewigkeit und besitzen sie auf dieselbe Weise als Teil ihrer selbst in ewiger Einigkeit.

Das Erfassen der ewigen Ideen von den höhern Geistern ist daher ein Zusammenwachsen derselben durch diese Ideen zu größern geistigen Organismen; und wie alle individualen Ideen in allgemeinen und diese in allgemeinern wurzeln, so werden zuletzt alle Geister als Gliedmaßen mit dem größten Geiste, mit Gott, zusammenhängen.

Die Geisterwelt in ihrer Vollendung wird daher nicht eine Versammlung, sondern ein Baum von Geistern sein, dessen Wurzel in dem Irdischen eingewachsen ist und dessen Krone in den Himmel reicht.

Nur die größten und edelsten Geister, Christus, die Genien und Heiligen, vermögen unmittelbar mit ihrem besten Teile bis zur innern Höhe Gottes hinanzuwachsen; die kleineren und geringeren wurzeln in sie wie Zweige in Äste und Äste in Stämme ein, und hängen so mittelbar durch sie mit dem, was in dem Höchsten das Höchste ist, zusammen.

So sind die gestorbenen Genien und Heiligen die wahren Vermittler zwischen Gott und den Menschen; sie sind zugleich der Ideen Gottes teilhaftig, führen sie den Menschen zu, zugleich empfinden sie die Leiden, Freuden und Wünsche der Menschen, und führen sie Gott zu.

I. Der Aufbruch eines neuen Bewußtseins

Das neue Sehen

Das Auge des Menschen ist nur ein kleines sonnenhaftes Fleckchen auf der Erde und hat vom ganzen Himmel nichts als lichte Pünktchen. Das Verlangen des Menschen, vom Himmel mehr zu wissen, wird hier nicht erfüllt.

Er erfindet das Fernrohr und vergrößert damit die Fläche und die Tragkraft seines Auges; umsonst, die Sterne bleiben Pünktchen.

Nun meint er, was das Diesseits nicht gewähren kann, im Jenseits zu erlangen, seine Wißbegierde endlich dadurch zu befriedigen, daß er in den Himmel kommt und fortan alles klar erblickt, was seinen irdischen Augen hier verborgen blieb.

Er hat recht; nicht dadurch aber kommt er in den Himmel, daß er Flügel bekommt, von einem Gestirne zu dem andern oder gar in einen unsichtbaren Himmel über den sichtbaren Himmel zu fliegen; wo gäbe es in der Natur der Dinge dazu die Flügel; nicht dadurch lernt er den ganzen Himmel kennen, daß er nach und nach in immer neuen Geburten von einem Gestirne auf das andere getragen wird; kein Storch ist dazu da, die Kindlein von Stern zu Stern zu tragen; – nicht dadurch gewinnt sein Auge die Tragkraft für die größten himmlischen Weiten, daß es zum größten Fernrohr gemacht wird; das Prinzip des irdischen Sehens will nicht mehr reichen; – sondern dadurch gelangt er zu allem, daß er als jenseitiger bewußter Teil des großen himmlischen Wesens, das ihn trägt, an dessen Lichtverkehr mit den andern himmlischen Wesen bewußten Anteil gewinnt. Ein neues Sehen! Für uns hienieden keines, weil unseres hienieden keines für den Himmel ist. Im Himmel schwebt die Erde selbst als großes Auge, ganz eingetaucht in die Lichtmeere der Gestirne und rings sich darin wendend, den Wellenschlag aller von allen Seiten zu empfangen, der sich millionen- und aber millionenmal kreuzt und doch nicht stört. Mit diesem Auge wird der Mensch einst in den Himmel sehen lernen, indem der Wellenschlag seines künftigen Lebens, womit er es durchdringt, dem äußern Wellenschlag des Äthers, der es umgibt, begegnet und ihm entgegen mit feinsten Schlägen durch die Himmel dringt.

Sehen lernen! Und wie viel wird der Mensch noch nach dem Tode lernen müssen! Denn mag er doch nicht meinen, daß er der ganzen himmlischen Klarheit, wozu das Jenseits ihm die Mittel bietet, gleich beim Eintritt mächtig sein wird. Auch diesseits lernt das Kind erst sehen, hören; denn was es anfangs sieht und hört, ist unverstandener

Schein, ist Schall, worin kein Sinn, zuerst sogar nur Blendung, Betäubung und Verwirrung; nichts anderes aber mag das Jenseits den neuen Sinnen des neuen Kindes anfangs bieten. Nur was der Mensch aus dem Diesseits mitbringt, den gesamten Erinnerungsnachklang alles dessen, was er diesseits getan, gedacht, gewesen, sieht er mit dem Übertritt auf einmal in sich klar erhellt, doch bleibt er damit zunächst nur, was er war. Auch meine niemand, daß die Herrlichkeit des Jenseits dem Törichten, dem Faulen, dem Schlechten anders zugute kommen wird, als daß sie ihn den Mißklang seines Wesens dazu empfinden läßt und dadurch endlich nötigt, sein Wesen umzukehren. Schon in das jetzige Leben bringt der Mensch ein Auge mit, die ganze Pracht des Himmels und der Erde zu schauen, ein Ohr, die Musik und Menschenrede zu vernehmen, einen Verstand, den Sinn von alledem zu fassen; was frommts dem Törichten, dem Faulen, dem Schlechten?

Wie das Beste und Höchste des Diesseits, ist auch das Beste und Höchste des Jenseits nur da für die Besten und Höchsten, weil selbst nur durch die Besten und Höchsten verstanden, gewollt und geschaffen.

Also mag auch erst der höhere Mensch des Jenseits das Verhältnis für den bewußten Verkehr des Wesens, das ihn trägt, mit den andern himmlischen Wesen gewinnen und selbst als Werkzeug in diesen Verkehr mit eintreten.

Ob nicht endlich doch die ganze Erde, allmählich immer engere Kreise ziehend, nach Äonen von Jahren in den Schoß der Sonne zurückkehren wird, dem sie einst entronnen, und von da ein Sonnenleben aller irdischen Geschöpfe beginnen wird, wer weiß es; und wozu not, daß wir es jetzt schon wissen?

Die Kraft des Bewußtseins

Der Mensch führt hier zugleich ein äußeres und ein inneres Leben, das erste allen sichtbar und vernehmbar in Blick, in Wort, in Schrift, in äußeren Handlungen und Werken, das letzte nur ihm selbst vernehmbar in inneren Gedanken und Gefühlen. Vom sichtbaren ist auch die Fortsetzung ins Äußere sichtbar, leicht verfolgbar; die Fortsetzung des unsichtbaren bleibt selber unsichtbar, doch fehlt nicht. Vielmehr setzt mit dem äußeren Leben des Menschen, als sein Kern, das innere sich über den diesseitigen Menschen fort, den Kern des jenseitigen zu bilden. (...)

Und fragst du endlich etwa noch, was unsern weitern Leib, den wir so nennen, erst jenseits erwachen läßt, nachdem wir ihn doch schon diesseits ins irdische Reich hinausgetrieben, und er schon jetzt die Fortsetzung unsers engern Leibes ist?

Das selbst, daß dieser engere einschläft, ja vergeht. Nichts als ein Fall derselben allgemeinen Regel, die durchs ganze Diesseits reicht, Beweis, daß sie auch noch darüber hinaus reicht. Du Zweifler willst da immer nur vom Diesseits schließen, also schließe.

Die lebendige Kraft des Bewußtseins entsteht nie wahrhaft neu, geht niemals unter, sondern kann wie die des Körpers, worauf sie ruht, nur ihre Stelle, Form, Verbreitungsweise zeitlich und räumlich wechseln, heut oder hier nur sinken, um morgen oder anderwärts zu steigen, heut oder hier nur steigen, um morgen oder anderwärts zu sinken. Damit das Auge wache, du mit Bewußtsein sehest, mußt du das Ohr in Schlaf senken, damit die innere Gedankenwelt erwache, die äußern Sinne schlafen lassen; ein Schmerz am kleinsten Punkt kann das Bewußtsein deiner Seele ganz erschöpfen. Je mehr sich das Licht der Aufmerksamkeit zerstreut, so schwächer wird das Einzelne davon erleuchtet, je heller es auf einen Punkt trifft, so mehr ins Dunkel treten alle andern; auf etwas reflektieren, heißt von anderm abstrahieren. Dein Wachsein heut verdankst du deinem Schlaf seit gestern, je tiefer du heut einschläfst, so munterer wirst du morgen erwachen, und je munterer du gewacht hast, so tiefer wirst du schlafen.

Nun aber schläft der Mensch diesseits im Grunde stets nur einen halben Schlaf, der den *alten* Menschen wieder erwachen läßt, weil noch der alte da ist; erst im Tode den vollen Schlaf, der einen neuen erwachen läßt, weil der alte nicht mehr da ist; doch die alte Regel ist noch da, die einen Ersatz des alten Bewußtseins fordert; und dazu der neue Leib als Fortsetzung des alten; also wird auch ein neues Bewußtsein da sein als Ersatz und Fortsetzung des alten.

Als Fortsetzung des alten! Denn was den Leib des Greisen noch die Fortsetzung desselben Bewußtseins tragen läßt, welches der Leib des Kindes trug, von dem er kein Atom mehr hat, wird auch den Leib des Jenseits noch dasselbe Bewußtsein tragen lassen, was der Leib des Greisen trug, von dem er kein Atom mehr hat. Das ists, daß jeder folgende die Fortwirkung dessen, der das frühere Bewußtsein trug, in sich aufgehoben hält und dadurch gebaut ist. Also ist es *ein* Prinzip, welches das diesseitige Leben von Heute in Morgen und vom Diesseits ins Jenseits sich fortsetzen läßt. Und kann es ein anderes als ewiges Prinzip der ewigen Forterhaltung des Menschen geben?

Und so frage auch nicht: was machts, daß Wirkungen, die du diesseits in die Außenwelt gezeugt, die über dich hinaus sind, dir mehr als irgendwelche andere, die über dich hinaus sind, noch zugehören sollen. Das machts, daß jene viel mehr als diese von dir ausgegangen. Jede Ursache behält ihre Folgen als ewiges Eigentum. Im Grunde aber waren deine Folgen nie über dich hinausgegangen; sie bildeten schon diesseits die unbewußte, nur des Erwachens zu neuem Bewußtsein harrende Fortsetzung deines Wesens.

So wenig ein Mensch je sterben kann, der einmal gelebt, könnte er je zum Leben erwacht sein, hätte er nicht vorher gelebt; nur daß er vorher nicht für sich gelebt. Das Bewußtsein, womit das Kind bei der Geburt erwacht, ist nur ein Teil des ewig dagewesenen allgemeinen göttlichen Bewußtseins, das sich in der neuen Seele für sich zusammengenommen. Wir können freilich die lebendige Bewußtseinskraft so wenig durch alle Wege und Wandlungen verfolgen, als die lebendige Körperkraft.

Sorgst du aber, das menschliche Bewußtsein werde, weil aus dem Allgemeinbewußtsein herausgeboren, auch wieder in ihm verfließen, so sieh den Baum an. Es hat lange Jahre gedauert, ehe die Zweige aus dem Stamme kamen; einmal gekommen, gehen sie nicht wieder in ihm unter. Wie wollte der Baum wachsen und sich entwickeln, wenn es geschähe; auch der Lebensbaum der Welt aber will wachsen und sich entwickeln.

Nach allem ist das die große Kunst des Schlusses vom Diesseits auf das Jenseits, nicht von Gründen, die wir nicht kennen, noch von Voraussetzungen, die wir machen, sondern von Tatsachen, die wir kennen, auf die größern und höhern Tatsachen des Jenseits zu schließen, und dadurch den praktisch geforderten, an höheren Gesichtspunkten hängenden Glauben von unten her zu festigen, zu stützen und mit dem Leben in lebendigen Bezug zu setzen. Ja, brauchten wir den Glauben nicht, wozu ihn stützen; doch wie ihn brauchen, hätte er keine Stütze.

Des Menschen Seele ist durch seinen ganzen Leib ergossen, alsbald zerfällt er, wenn sie von ihm weicht; doch ihr Bewußtseinslicht ist bald hier bald da. Nur eben sahen wir im engen Leibe hin und wider wandern, wechselnd dem Aug, dem Ohr, dem innern und dem äußern Sinn zu leuchten, um endlich im Tode ganz darüber hinaus zu wandern, wie der, dessen kleines Haus zerstört wird, worin er lange hin und her gegangen, auf immer in die Weite zieht und eine neue Wanderung beginnt. Der Tod setzt keine andere Scheide zwischen beiden Leben, als daß er den engen Schauplatz der Wanderung mit dem weiteren vertauschen läßt. Und so wenig in dem jetzigen Leben das Bewußtseinslicht immer und überall zugleich ist, wo es nacheinander sein und wohin es sich zerstreuen kann, wird es im künftigen Leben sein. Der Schauplatz der Wanderung ist nur unsäglich größer, die mögliche Verbreitung weiter, die Wege freier und die Aussichtspunkte höher, alle niederen des Diesseits unter sich begreifend.

Selbst schon im jetzigen Leben aber sehen wir ausnahmsweise, in seltenen Fällen, das Bewußtseinslicht aus dem engeren Leibe in den weiteren wandern und wieder heimkehren, Nachricht bringend von dem, was in fernem Raume oder, in dessen weiten Zusammenhängen wurzelnd, in ferner Zeit geschieht; denn die Länge der Zukunft fußt auf der Breite der Gegenwart. Plötzlich öffnet sich eine Spalte in der sonst immer verschlossenen Tür zwischen Diesseits und Jenseits, um schnell sich wieder zu schließen, der Tür, die im Tode sich ganz öffnen wird, und erst da sich öffnen soll, um nie mehr sich zu schließen. Auch frommts nicht, vorher durch die Spalte nur zu schauen. Doch die Ausnahme von der diesseitigen Lebensregel ist nur ein Fall der größeren Lebensregel, welche Diesseits und Jenseits zugleich umfaßt.

Es kommt vor, daß der engere Leib nach einer Seite tief genug einschläft, um nach anderer über seine Grenzen hinaus in ungewohnter Weise zu erwachen, und doch nicht so ganz und tief, um nie mehr zu erwachen. Oder im weiteren Leibe wird ein Punkt so ungewöhnlich stark erregt, um in den engeren hinein eine die Schwelle übersteigende Wirkung aus einer sonst unzugänglichen Ferne zu erstrecken. Damit beginnen die Wunder des Hellgesichts, der Ahnungen, der vorbedeutenden Träume; lauter Fabeln, wenn der jenseitige Leib und das jenseitige Leben Fabeln sind; sonst Zeichen des einen und Vorzeichen des andern; was aber Zeichen hat, ist da, und was Vorzeichen hat, wird kommen.

Doch sind es keine Zeichen diesseitigen gesunden Lebens. Das Diesseits hat den Leib des Jenseits nur für das Jenseits zu bauen, nicht schon mit dessen Auge und Ohr zu sehen und zu hören. Die Blüte gedeiht nicht, die man vor der Zeit aufbricht. Und ob man den Glauben an das Jenseits durch den Glauben an diese Spuren seines Hineinleuchtens in das Dieseits *unterstützen* kann, so soll man ihn doch nicht darauf *bauen*.

Der gesunde Glaube baut sich auf Gründen und schließt sich ab in höchsten Gesichtspunkten des gesunden Lebens, indem er selbst zu seiner Gesundheit und zum Abschluß seiner höchsten Gesichtspunkte gehört. (...)

Und so sage ich wieder: schließe nicht von Gründen des Diesseits, die du nicht kennst, noch von Voraussetzungen, die du machst, sondern von Tatsachen des Diesseits, die du kennst, auf die größeren und höheren Tatsachen des Jenseits. Der einzelne Schluß kann irren; auch der, den wir nur eben machten; also hefte dich an keine Einzelheit; der Zusammenschluß der Schlüsse in Richtung dessen, was wir vor allem Schluß und über allem Schluß zu fordern haben, wird unsers Glaubens beste Stütze von unten und Führung nach oben sein.

Das Sein in Gott

Ja wie leicht wäre alles für den Glauben, könnte der Mensch sich nur gewöhnen; in dem Wort, womit er seit mehr als tausend Jahren spielt, daß er in Gott lebt und webt und ist, mehr als ein Wort zu sehen. Dann ist der Glaube an Gottes und sein eigenes ewiges Leben zum ewigen Leben Gottes selbst gehörig, und in der Höhe seines künftigen über seinem jetzigen Leben nur einen höhern Aufbau über einem niedern in Gott, wie er selbst schon solchen in sich hat; er faßt am kleinen Beispiel das Höhere und im Zusammenhange beider das Ganze, wovon er nur der Teil.

Die Anschauung in dir zerrinnt, und die Erinnerung steigt daraus in dir auf; dein ganzes diesseitiges Anschauungsleben in Gott zerrinnt, und ein höheres Erinnerungsleben steigt daraus in Gott auf; und wie die Erinnerungen in deinem Haupte, verkehren die Geister des Jenseits im göttlichen Haupte. Nur eine Stufe über der Stufe derselben Treppe, die nicht zu Gott, sondern in Gott aufwärts führt, der in sich zugleich den Grund und Gipfel hat. Wie leer war Gott mit jenem leer gedachten Worte, wie reich ist Gott mit seinem vollen Sinne.

Weißt du denn, wie das Jenseits der Anschauungen in deinem Geiste möglich ist? Du weißt nur, daß es wirklich ist; doch nur in einem Geiste ist es möglich. Also kannst du auch leicht, unwissend wie es möglich ist, an die Wirklichkeit eines Jenseits deines ganzen Geistes in einem höhern Geiste glauben; du mußt nur glauben, daß ein höherer Geist ist und daß du in ihm bist.

I. Der Aufbruch eines neuen Bewußtseins

Und wieder: wie leicht wäre alles für den Glauben, wenn der Mensch sich gewöhnen könnte, eine Wahrheit in dem zweiten Worte zu sehen, daß Gott in allem lebt und webt und ist. Dann ist es nicht eine tote, sondern eine durch Gott lebendige Welt, aus welcher der Mensch sich seinen künftigen Leib erbaut und damit ein neues Haus in Gottes Haus hineinbaut.

Das Büchlein vom Leben nach dem Tode

Einleitung

Maximilian Drossbach und Gustav Widenmann

Im Jahre 1850 veranstaltete der Leiter der mechanischen Flachsspinnerei in Mährisch-Schönberg *Maximilian Droßbach* durch seinen Olmützer Verleger und Buchhändler Hölzl ein Preisausschreiben. Gegenstand war eine seiner frühesten philosophischen Schriften: »Wiedergeburt oder die Lösung der Unsterblichkeitsfrage auf empirischem Wege nach den bekannten Naturgesetzen« (1849). Für die beste Durchführung der These setzte er anonym 40 Golddukaten aus. Obwohl Droßbach ganz vom materiellen Denken der aufkommenden neuen Naturwissenschaften geprägt war, erfüllte ihn seltsamerweise der Gedanke einer ewigen Wiederkehr des Menschen. Da er ihn aus seiner atomistischen Weltsicht, also scheinbar streng wissenschaftlich, zu begründen sucht, gerät er jedoch in gewagte Spekulationen, bei denen er sich auf Leibniz und zugleich auf Feuerbach beruft. Gott ist für ihn die »allmächtige, allvernünftige und allbewußte Zentralkraft« der Natur, die menschliche Seele eine denk- und selbstbewußte »Kraftkugel«, die räumlich meßbar ist. Denn der Mensch besteht wie auch die Natur aus qualitativ unzerstörbaren Atomen, die sich jeweils um Zentralatome bilden. Diese Bildung folgt keinem geistigen Prinzip – sie ist Zufall, das heißt, Wirkung verborgener materieller Ursachen. Von diesem »Zufall« hängen Entstehung, Dasein und Tod des Menschen ab – er entscheidet auch über sein weiteres Schicksal, seine Wiedergeburt. Die Auflösbarkeit des menschlichen Körpers, so folgert Droßbach, ist der beste Beweis dafür, daß er auch zusammensetzbar ist, nicht nur einmal, sondern immer wieder. Es gibt für ihn nur eine Unsterblichkeit als »materielle Wiederentstehung des gleichen Individuums in Raum und Zeit«. In jeder neuen Verkörperung ziehen die Zentralatome die ihnen untergeordneten Samen-Atome wieder an sich; sie sind auch Träger der Erinnerung an die verschiedenen Verkörperungen. Der Gedanke der Wiedergeburt läßt Droßbach lebenslang nicht los – immer neu sucht er zu verdeutlichen, was ihm vorschwebt, in der Absicht, den Dualismus von Geist und Materie zu überwinden in einer empirischen Wissenschaft vom Menschen.

Droßbachs kleines Buch, Gegenstand des Preisausschreibens, wird der äußere Anlaß zur Entstehung der bedeutenderen Schrift *Gustav Widenmanns*: »Gedanken über die Unsterblichkeit als Wiederholung des Erdenlebens«. Dem homöopathischen Arzt und Philosophen unkonfessionell christlicher Gesinnung ist es ein tiefes Anliegen, den scheinbaren Gegensatz von Natur und Geist zu überwinden. Unberührt vom materialistischen Denken seiner Zeit, dem Philosophen und Politiker Friedrich Rohmer sowie dem schwäbischen Mystiker Krebs (Kerning) verbunden, ist er offener als Droßbach für spirituelle Wahrheiten. Ihm geht es um ein Christentum, »das, weit entfernt, nur der Kultus eines Genius zu sein, das Mittel lehrt, wie jeder den Genius in sich wecken kann«. (»Religion und Kultur«) Voller Enthusiasmus greift er Lessings Ideen aus der »Erziehung des Menschengeschlechts« auf (s. Bd. I). Hier sieht er die christliche Anschauung über die Zukunft des Menschen aus der Sprache religiöser Ahnung in die Sprache klarer Erkenntnis übersetzt. Der Gedanke, daß der einzelne Mensch fortwährend an den Hauptperioden der Menschheitsgeschichte teilnehme, scheint Widenmann eines der Rätsel der Geschichte zu erhellen: Nur wenn die Gattung und der Einzelne sich wechselseitig in ihrer Entwicklung bedingen, wird sie sinnvoll.

Auf dem Grund seiner bis dahin erarbeiteten Naturphilosophie entwirft er sein Bild vom Menschen, wie Droßbach – aber weniger einseitig als dieser – von der Existenz eines »wesentlich eigentümlichen menschlichen Stoffs« ausgehend. An der Stufenreihe des Naturreiches zeigt er die Entwicklung vom »Gattungsstoff« zu dem auf, was er »Individualkraft« nennt. Den Gattungsstoff, die stoffliche Organisation, hat jedes Einzelwesen mit anderen derselben Gattung gemein. Durch die Individualkraft unterscheidet es sich von den anderen Einzelwesen, sowie von der übrigen Welt. Je feiner der Gattungsstoff organisiert ist, desto stärker wirkt die ihm zugehörige Individualkraft. Auf der Stufe des Mineralischen erscheint sie nur als Ansatz – im Kristall. Im Augenblick seines Entstehens ist der Lebensprozeß schon zu Ende und erstarrt, nur die eigenen Bestandteile zusammenhaltend. Die Pflanze dagegen bildet aus dem Keimzustand die Frucht, deren Samen bereits den neuen Lebensvorgang enthält. Hier ist eine »scheinbare«, weil immer wieder unterbrochene, Individualkraft am Werk. Ein noch differenzierteres Organgewebe hat die Tierstufe. Zum ersten Mal erscheint hier das Individuelle in sich geschlossen und frei, ein Ganzes von Geburt an, das sich auch nach Erzeugung der Jungen erhält. Das Tier verfügt über seine Organe gegenüber der Außenwelt, und es empfindet. Es entwickelt also am Gattungsstoff als dienender »Unterlage« die eigene Selbständigkeit.

Im Menschen, der die drei unteren Naturreiche in sich umschließt, ist die Individualkraft frei entfaltet – fähig, »ihrer selbst bewußt zu sein, zu denken, zu erkennen, zu wollen«. Der Mensch allein hat die Sprache und das Vermögen, sich zu Ideen zu erheben. Indem er sie miteinander verbindet, spiegelt er das Weltganze und kann gestaltend auf sich selbst und die Dinge außer ihm einwirken. Der Mensch allein hat aber auch die Angst vor dem Tod, sowie die Sehnsucht, ja die Forderung nach Dauer. Beides bedeutet für Widenmann die Ahnung, daß Sterben etwas für den Menschen Unnatürliches sei. Das Individuelle, seine Ich-Wesenheit, als Zusammenfassung und Steigerung der Naturreiche, besteht eben darin, daß er unvergänglich ist. Diesen Schluß zieht Widenmann sowohl von der stufenweisen Entwicklung der Individualkraft aus der Natur hin zum Menschen, wie umgekehrt als Rückschluß von der menschlichen Individualkraft auf ihren Gattungsstoff. Aus der Mannigfaltigkeit der Natur ist der Mensch als das »Neutrale«, Beharrende hervorgegangen. Im Unterschied zu den Naturwesen aber hat er als Einzelwesen zugleich den Wert der Gattung. Aus dieser besonderen Individualkraft folgert Widenmann, daß der menschliche Gattungsstoff ihr entsprechen muß, das heißt, er muß in irgendeiner Weise »unversehrbar« sein. Die biblische Rede vom »unverweslichen Leib«, auch Jakob Böhmes Lehre vom unsterblichen adamitischen Menschen, bestärken Widenmann in seinen behutsamen Erklärungsversuchen. Um das Gemeinte zu verdeutlichen, greift er zu einem Gleichnis: Wie der Gedanke in den Worten der Sprache und den Buchstaben der Schrift sich einen Leib schafft, aber unabhängig davon, ob er ausgesprochen wird oder nicht, eine »reelle Existenz« im Bewußtsein hat, so muß auch die im Leiblich-Seelischen verkörperte Individualkraft imstande sein, für sich zu bestehen und im Tod – nach der Auflösung ihrer physischen »Unterlage« – in ihre Elemente, »in die innere Welt Gottes« sich zurückzuziehen, um vielleicht »ein andermal wieder hervorzutreten«. Denn die menschliche Individualkraft ist nichts anderes als ein verwirklichter Gedanke Gottes. Sie kann nicht sterben, sondern wird sich in den verschiedenen Perioden der Geschichte, unter immer neuen Bedingungen, wieder verkörpern. Wie der Wechsel von Schlaf und Wachen ist ihr Kommen und Gehen. In der Welt ist ihr Bewußtsein verdunkelt, denn der Gattungsstoff bewirkt Trübung des ursprünglichen hellen Sehens. Zwischen den Erdenleben aber lebt sie im wesenhaften Schauen und Empfinden, im deutlicheren Zusammenhang mit Gott.

Wie für Lessing ist auch für Widenmann der Gedanke der Läuterung durch die wiederholten Erdenleben entscheidend. Wer in die eigentliche »innere Welt« eintreten will, bedarf der Reinigung, der meditativen Schulung der Seelenkräfte, die Widenmann selbst übte. Denn das Ziel ist die Erweckung des ewigen Keims, des »Genius« im Menschen, und sein »Eingeborenwerden« ins Reich Gottes.

Widenmanns Schrift wurden von der aus »gelehrten und praktischen Männern« bestehenden Kommission des Preisgerichts die 40 Goldkukaten zugesprochen – ein originelles Ereignis in der Mitte des materialistischen 19. Jahrhunderts. Er selbst glaubte wohl, in der Fülle ärztlicher, wissenschaftlich-philosophischer und politischer Pflichten den hier begonnenen Weg nicht konsequent genug zu Ende gegangen zu sein: »Meine Lebensläufe haben ein Kreuz gebildet. Ich fürchte, ich habe mich zu lange beim Querbalken aufgehalten.«

In vielen Richtungen war er auf der Spur eigener Erkenntnisse, wenn sie oft auch unzulänglich formuliert sind. So wies er, angeregt durch Lessings Fragment »Daß der Mensch mehr als fünf Sinne haben könne«, drei weitere Sinne nach; so bildete er sich eine Vorstellung von der Tiergruppenseele; auch suchte er die schöpferische Kraft der Sprache zu ergründen. Er lebte in der Ahnung geistiger Hierarchien jenseits der Naturreiche und des Menschen. Vor allem aber seine Schrift über die Idee der Reinkarnation bildet eine Stufe in der Geschichte ihrer Darstellung zwischen Lessing und Rudolf Steiner.

Maximilian Droßbach
1810–1884

Die materialistische Erklärung von Unsterblichkeit und Wiedergeburt

Es kann keine andere Unsterblichkeit des Individuums geben, als materielle Wiederentstehung des gleichen Individuums in Raum und Zeit. Ist diese nicht möglich, so ist überhaupt keine Unsterblichkeit möglich. Die Beweise für die wirkliche Wiederentstehung müssen daher in der materiellen Welt zu finden sein, oder es gibt gar keinen Beweis.

Wiedergeburt oder die Lösung der Unsterblichkeitsfrage auf empirischem Wege nach den bekannten Naturgesetzen

Das Atom

Der Atomismus erkennt die Wesensgleichheit aller Dinge; Stein, Pflanze, Tier, Mensch sind nur verschiedene Formen ein und derselben Substanzen. (...)

Das Erste und Ursprüngliche, das Ewige und Unentstandene ist das Einzelwesen. Dieses Wesen ist aber nicht leer, abstrakt, tot und regungslos, sondern inhaltsreich, vielseitig und mannigfach, lebendig und in allen Richtungen wirksam. Diese Fülle, dieser lebendige Inhalt äußert sich in den mannigfaltigsten Tätigkeiten, beginnend von der untersten uns bekannten Stufe der physikalischen Erscheinungen aufsteigend, durch eine unendliche Reihe in die höhern Stufen der Wahrnehmung und Empfindung, und auslaufend in die höchste uns bekannte Stufe des Selbstbewußtseins; und sowie etwa die Schwere die niedrigste Stufe der Erscheinung der Vernunft-Tätigkeit des Einzelwesens ist, so ist das Selbstbewußtsein die höchste Stufe, zu welcher dieselbe Tätigkeit der Einzelwesen auf unserm Stern unter den gegenwärtigen irdischen Verhältnissen sich aufzuschwingen vermochte.

Die Harmonie der Erkenntnisse der Naturforschung mit den Forderungen des menschlichen Gemütes oder die persönliche Unsterblichkeit als Folge der atomistischen Verfassung der Natur

I. Der Aufbruch eines neuen Bewußtseins

Die Eigenschaft oder Kraft, körperlich zu sein, liegt allen andern Eigenschaften oder Kräften zum Grunde. Diese können ohne jene nicht existieren, denn erfahrungs- und vernunftsgemäß gibt es keine Schwere ohne Stein, keinen Schall ohne Luft, keinen Instinkt ohne das Tier, kein Selbstbewußtsein ohne das Naturgebilde, welches man Mensch heißt, keine Eigenschaft, Kraft, Geist ohne Körper. Ohne diesen ist ersteres nur etwas Abstraktes, Eingebildetes, ein Gespenst. Was wäre auch Gott ohne Welt, ohne die Wirklichkeit? Daß das Selbstbewußtsein materiellen Ursprungs ist, zeigt uns deutlich die Erde, aus deren Staub sich dasselbe tagtäglich entwickelt. Ist es also eine Hypothese, wenn ich behaupte, es gibt selbstbewußte Materie, Stoff, oder ist es nicht vielmehr eine Hypothese, wenn man behauptet, etwas Unkörperliches habe Eigenschaften, habe sogar Selbstbewußtsein? Hat Jemand schon eine Schwere, ein Selbstbewußtsein 2c. 2c. ohne Körper irgendwo herumspazieren sehen?

So sehr hatte der Mensch sich der Natur entfremdet, daß er sich für ein *übernatürliches* auf unbegreifliche Weise in den irdenen Leib und die Erdenverbannung herabgeschicktes Wesen ansah. Doch seit dem Aufblühen der Naturwissenschaften fängt er an, sich allmählich seiner Erzeugerin wieder zu nähern, mit jedem Jahr sieht er mehr ein, daß die Gesetze unseres Seins und Bewußtseins von den Gesetzen der Natur überhaupt nicht verschieden seien; er erkennt die Welt und zunächst unsere Erde als seine wahre Heimat; denn bei unserer Entstehung und Ernährung, unserem Wachstume und Blutumlaufe, bei den Erregungen unserer Nerven und Gehirnsubstanz, bei dem Prozesse, des Empfindens, Wahrnehmens, Denkens 2c sind keine andern Gesetze tätig, als die, nach denen alles wird, sich entwickelt und vergeht; nämlich die Gesetze der Physik, Chemie, Elektrizität, Mathematik 2c.

Jedes Ding, jeder Körper ist ewig, weil das Bestehende erfahrungs- und vernunftgemäß nicht vernichtet werden kann. Aber jedes Ding kann in verschiedene Verhältnisse oder Zustände versetzt werden, oder verschiedene Verbindungen eingehen.

Es gibt zwei Hauptzustände, zwei Hauptgegensätze in der Welt. Verbindung der eine, der andere Auflösung – Leben, Tod – der entwickelte, und der Keimzustand, wie Tag und Nacht – Licht und Finsternis.

Der eine Zustand zeigt gewisse Eigenschaften eines Dinges, der andere hebt sie auf – nein, entzieht sie unserer Wahrnehmung und bringt dafür andere zum Vorschein. So oft der erste Zustand eines Dinges hergestellt wird, zeigen sich auch dieselben Eigenschaften, so wie der andere eintritt, entziehen sie sich wieder unserer Wahrnehmung.

Das Zentralatom

Eine der größten und augenfälligsten Verschiedenheiten, welche wir an den Körpern wahrnehmen, ist ihre Größe. Es gibt so große und so kleine Körper, daß wir sie nicht messen, nicht einmal wahrnehmen können. Atom ist der kleinstmögliche Körper. Da wir die materiellen Dinge als eine Summe, einen Komplex von Eigenschaften und Fähigkeiten, als eine Wirkung oder Äußerung von Kräften oder Fähigkeiten wahrnehmen, so ist jeder Körper ohne Rücksicht auf seine Größe, also auch der kleinste Körper ein solcher Komplex. Diesen ersten oder einzelnen Komplex von Eigenschaften oder diese erste Wirkung von Naturkräften nennt man Atom, und jeder (zusammengesetzte) Körper ist eigentlich eine Summe solcher Komplexe oder Atome. (…)

Der wahrnehmbare Körper ist demnach eine Zusammensetzung, und das Atom dasjenige, woraus jener zusammengesetzt ist. Ein Aggregat, eine Zusammensetzung kann ich auflösen, aber indem ich dasselbe auflöse, löse ich nicht die Körper selbst, die Atome auf, sondern ich bringe diese nur aus ihrer bisherigen Verbindung in eine andere, aus ihren bisherigen Verhältnissen in ein anderes. Ich kann irgend ein Körperaggregat in Millionen verschiedene chemische Verbindungen in die extremsten Verhältnisse und Zustände bringen, z. B. der höchstmöglichen Glühhitze, der größten Kälte 2c. aussetzen, oder mit allen möglichen Säuren oder Alkalien in Verbindung bringen, *ich zerstöre dadurch nur die anfängliche* Verbindung *dieses Körpers, nicht aber den Körper selbst, denn es bleibt immer möglich, das frühere Körperaggregat wiederherzustellen. Wären durch diese Auflösungen und Zustandsveränderungen die eigentlichen Körper, die Atome, die Grundlagen oder Ur-Teile des Aggregats verändert oder aufgelöst worden, so wäre es nicht möglich, das frühere Aggregat* wiederherzustellen.

Es ist demnach *Tatsache*, daß die eigentlichen Körper oder die Atome nicht, sondern nur ihre Verbindungen der Veränderung oder Auflösung unterworfen sind. (…)

Das Atom für sich allein ist der einzelne Körper in dem ledigen, unverbundenen, jungfräulichen Zustande, in dem Zustande der bloßen Fähigkeit, des Keims, in dem Zustande des Todes oder der zurückgetretenen Eigenschaften. Das Atom in Verbindung mit andern ist der Körper in dem Zustande seiner vollen Wirkung, der Offenbarung seiner Kräfte und Fähigkeiten in dem Zustande des Lebens, der Bewegung. (...)

Das Grundatom des Menschen wird durch seine Entwicklung ein sich selbst bewußtes, von allen andern sich selbst unterscheidendes Wesen, und das zum Bewußtsein gekommene und durch Schicksale hindurchgegangene Atom ist dadurch sich selbst entgegengesetzt worden, weil es jetzt bewußt ist, während es früher bewußtlos war. (...)

Die Eigenschaften, welche man an einem organischen Ganzen, z.B. an der Pflanze, dem Tiere, dem Menschen wahrnimmt, liegen daher in ihrem Zentralatom als Fähigkeit verborgen. Die Eigenschaften des Menschen, Bewußtsein, Vernunft, Wille 2c. liegen daher schon im menschlichen Samen, und zwar in *einem* bestimmten Atom dieses Samens latent, und die verschiedenen Verhältnisse, Einflüsse von außen 2c. bewirken, – die mehr oder minder vollkommene Entwicklung derselben. (...)

Die Eindrücke, Schicksale, welche dieses Atom in seiner Entwicklung als Mensch erlitten hat, können auf keine Weise ungeschehen gemacht werden, und sie verleihen demselben seine Individualität. –

So viel verschiedene Menschen auf der Erde möglich sind, so viel verschiedene Samenatome müssen in der Erde vorhanden sein. Diese Samenkörnlein entwickeln sich durch die Geburt zum Menschen, und bei seinem Tode gehen sie wieder in die Erde zurück, sind wieder das, was sie zuerst waren, aber mit dem Unterschied, daß sie schon *vom Baume der Erkenntnis genossen haben.*

Wiedergeburt...

Der naturgesetzliche Kreislauf der Wiedergeburten

Die psychische Kraft kann ohne die physische nicht existieren, sie wäre bloß ein mathematischer und daher unwirksamer Punkt. Sie muß vielmehr eine Sphäre haben, einen Raum, in dem sie wirkt, der ihr nie genommen oder zerteilt werden kann, in welchen sie andere Krafteinheiten hineinzieht und zu ihren Zwecken gebraucht. Die denkvermögende Krafteinheit ist eine von einem Zentrum aus wirkende, einen gewissen, meßbaren bald größeren, bald kleinern Raum einnehmende (oder bildende) Kraftsphäre, Kraftkugel. Die denk- und selbstbewußtfähige Krafteinheit eignet und bildet sich die Organe an, die sie braucht, um wirklich selbstbewußt zu werden, sie reiht die andern Krafteinheiten so an sich an, daß der Schädel, das Gehirn, das Auge, das Ohr entsteht, wie die Schnecke sich ihr Haus baut, wie der Kunstliebhaber sich Gemälde sammelt 2c.

Die Kraftkugel des Wassertropfens hat zwar die Fähigkeit, andere ähnliche Kraftkugeln an sich zu ziehen, aber sie kann diese Fähigkeit erst dann in Anwendung bringen, wenn andere ähnliche Kraftkugeln in ihre Wirkungssphäre kommen. Die Zentralkrafteinheit wirkt stets und ewig in ihrer Sphäre, sie zieht immer an, aber erst wenn andere *geeignete* Krafteinheiten in ihren Bereich kommen, kann sie wirklich anziehen, kommt ihre Fähigkeit zur Erscheinung, bildet sie den wirklichen Wassertropfen, das wirkliche Individuum. So hat die Denk- und selbstbewußtseinvermögende Kraftkugel ewig die Fähigkeit zu denken, und sich selbst zu wissen; aber erst wenn sie in die Lage kommt, andere *geeignete* Kraftkugeln wirklich an sich zu reihen, entsteht das wirklich denkende, selbstbewußte Individuum, das Ich. Der Mensch sowie der Wassertropfen verdanken also ihre Existenz einer aus einem Mittelpunkte in gewisse Entfernungen wirkenden Krafteinheit und behalten ihre Existenz so lange als diese Zentralkrafteinheit im Stande ist, die angereihten andern Krafteinheiten unter ihrer Herrschaft zu erhalten, ringen sich diese unter Beihilfe fremder einwirkender Kräfte von ihr los, so zerfällt die organische Verbindung, der Tropfen hört auf Tropfen, der Mensch Mensch zu sein.

Doch existiert und wirkt sowohl die Zentralkrafteinheit des Wassertropfens, als die des Menschenindividuums, des Menschen-Ichs in ihrer Sphäre ewig fort, wie sie auch vor dieser Verbindung getan hat, und es ist klar, daß die Zentralkrafteinheit unseres Wassertropfens zu jeder Zeit wieder einen Tropfen bilden kann, sowie sie mit anderen Einheiten in geeignete Berührung kommt, und daß nach denselben Gesetzen auch die denk- und selbstbewußtseinfähige Krafteinheit des zerfallenen Menschen-Ichs in alle Ewigkeit fort ähnliche andere Krafteinheiten an sich reihen und ihr wirkliches Ich wieder herstellen kann.

Die Zentralkrafteinheit meines Ichs zieht das alte Kleid aus und, wo sie eines findet, ein neues an. Das alte Ich im neuen Kleid, das alte Ich, weil sich eine Krafteinheit nie ändern kann, das neue Kleid, weil die Einheiten, mit denen es sich verbindet, wechseln. Schon im (sogenannten) Leben findet dieser Kleiderwechsel statt, der Körper des Mannes ist lange nicht mehr der des Kindes. Dieser Wechsel hat auf das zentrale Ich keinen substantiell, wohl aber einen graduell ändernden Einfluß, er entwickelt das Ich zu höherem Selbstbewußtsein oder erstickt dasselbe. (...)

Die Zahl der Iche, die auf der beschränkten Erde zum Selbstbewußtsein kommen (geboren werden), ist beschränkt, gesetzmäßig bestimmt.

Da diese Selbstbewußtsein fähigen Krafteinheiten, diese Menschenkeime zu ihrer Entwicklung eine große Zahl anderer Krafteinheiten bedürfen, die sie um ihre Mittelpunkte anreihen, also einen bedeutenden Raum erforderlich haben und die Erdoberfläche nicht groß genug ist, um alle in ihr vorhandenen Keime zu gleicher Zeit zur Entwicklung zu bringen, so muß sie dieselben nach einander in der Zeit entwickeln – und mit der Zeit erschöpfen, und es tritt ein Zeitpunkt ein, wo alle vorhandenen Menschenkeime zur Entwicklung gekommen sind. Während ein Teil der in der Erde vorhandenen Menschenkeime zum Selbstbewußtsein gelangt, geht ein anderer aus dem bewußten Zustande zurück, in den frühern bewußtseinfähigen Keimzustand. Sind nun alle Menschen-Keime erschöpft (oder auch schon ehe sie alle erschöpft sind) so müssen die früher bewußtgewesenen und durch den Tod in den Keimzustand zurückgekehrten wiederholt an die Reihe kommen – wenn man nicht annehmen will, daß mit der einmaligen Erschöpfung aller vorhandenen Keime ein plötzlicher Stillstand in der Natur eintrete und jede weitere Entwicklung aufhöre.

Die individuelle Unsterblichkeit
vom monadistisch metaphysischen Standpunkte aus betrachtet

Die *Samenbildung* und *Zeugung* bei den organischen Körper-Verbindungen ist daher das Mittel zur *Wiedergeburt* oder zur sogenannten *Unsterblichkeit*, ebenso wie sie das Mittel zu *aller organischen Entstehung überhaupt* ist. Zwischen dem ewigen Leben und Sterben der Menschen und der übrigen Körper ist nur der Unterschied, daß die ersten sich dieses Wechsels mehr oder vollkommner bewußt sind, als die übrigen Körper, und daß die meisten der übrigen Körper diesen Wechsel gar nicht gewahr werden. (...)

Das ewige Leben, der ewige Wechsel von Leben und Tod, die Unsterblichkeit, dieses für so schwer zu lösen gehaltene Problem gründet sich also zuletzt auf die Endlichkeit aller Körper, auf das einfache Gesetz, daß von einem Körper nicht mehr Teile genommen werden können, als er hat, und daß die Zahl der Teile eines jeden Körpers eine bestimmte, endliche ist, daß es keinen unendlich großen, unbegrenzten Körper gibt.

So wie diese Unsterblichkeit aller Dinge, d. h. ihre Wiederkehr ein Naturgesetz für die Erde ist, so ist es wohl auch dasselbe für alle Weltkörper. Die Auflösung und Verbindung eines Weltkörpers mit andern ändert nichts an diesem Gesetze, dadurch entstehen nur größere oder kleinere Weltkörper. Aber die Grenzen der Endlichkeit kann kein Körper, also auch kein Weltkörper überschreiten.

Der Satz: »Der Mensch besteht aus Staub und Asche, und muß wieder zu Staub und Asche werden, muß umgekehrt eben so richtig sein:« Staub und Asche besteht aus Menschen, und muß wieder zu Menschen werden.

Der Glaube an die Unsterblichkeit eines Geistes hört auf, wo die Überzeugung von dem ewigen Leben der Materie beginnt. Der Mensch ist nicht mehr Fremdling und Wanderer nach einem unbekannten Ziele, sondern Bürger und wesentlicher Bestandteil der materiellen Welt.

Wiedergeburt ...

Das Atom als Seele

Was ist nun das Zentralatom eines menschlichen Organismus anderes als die Seele, welche wir wegen ihrer Vernunft für ein übernatürliches Wesen zu halten pflegen? Indes soviel Ähnlichkeit diese natürliche Seele mit der idealen, abstrakten, übernatürlichen haben mag, so ist sie doch in einem *wesentlichen* Punkte von ihr verschieden. Die übernatürliche Seele ist kraft- und raumlos, und kann nicht zur wirklichen oder wirkenden Existenz, zur Entfaltung ihrer Anlagen kommen, ohne ein zweites Abstraktum, ohne den Stoff, jene aber ist nicht kraftlos und ohnmächtig, bedarf keines Zweiten um existieren zu können, sondern hat alle Kraft, alle zu ihrem Bestehen erforderlichen Eigenschaften in sich selbst, ist ein unabhängiges, sich selbst genügendes, ein wirkliches, reales Wesen. Unter der übernatürlichen Seele versteht man die vernünftige Kraft abstrahiert von der physikalischen, man versteht darunter nur eine Seite, eine gewisse Ansicht des wirklichen Wesens, dessen andere Seite oder Ansicht die physikalische Kraft ist. Mit einem Wort, man trennt diese beiden Seiten eines Wesens voneinander und betrachtet sie stets als zwei verschiedene Wesen, Geist und Stoff, daher hat die Sprache bis jetzt keinen Ausdruck, welcher diese beiden Abstraktionen in Ein Wort zusammenfaßt, wie sie z. B. für die Abstraktionen der Länge, Breite und Tiefe das Wort »Cubus« hat, und man kann die natürliche, atomistische Seele nicht mit Einem Wort erschöpfend bezeichnen. Die abstrakte Seele ist ein subjektives Gedankengebilde, ein metaphysischer Begriff, der aller physikalischen Begründung entbehrt, dagegen die atomistische Seele ist ein objektiv vorhandenes, meßbar räumliches, wirksames Wesen, dessen Vernunft unter gewissen Verhältnissen zum Bewußtsein kommt. Die abstrakte Seele ist ein geheimes Wesen von unbekannter Natur, welches ein ihr gänzlich Fremdes, einen Stoff bewegt, die natürliche Seele ist ein offenbares Naturwesen, welches nicht ein ihr Fremdes, Totes, sondern sich selbst und andere ihr ähnliche Wesen bewegt. Und eine vernünftige Wechselwirkung ist nur möglich zwischen vernünftigen Kraftwesen, nicht zwischen übernatürlichen Geistern und geistlosem Stoff.

Durch die Erkenntnis der atomistischen Seelen werden zwei Hypothesen überflüssig gemacht, die von einem passiven, leblosen Stoff und die von einer ohnmächtigen, abstrakten Seele und hiermit gleichlaufend die Hypothesen von einer diesseitigen, stofflichen und einer jenseitigen, abstrakt geistigen Welt. Sowie es nur Einen Gott gibt, so gibt es auch nur Eine Welt und zwar eine Welt der Wahrheit, des Lebens, der Vernunft, der wirklichen und tatkräftigen Wesen. Sowie es nicht zwei Götter, einen bösen (Teufel) und einen guten gibt, so auch nicht eine Scheinwelt und eine abstrakte Welt des Lebens.

Die Harmonie der Ergebnisse ...

Gustav Widenmann
1812–1876

Die Entwicklung des Menschen aus dem »Gattungsstoff« der Natur zur unsterblichen »Individualkraft«. Wiederholte Erdenleben

Die Einsicht, daß dem einzelnen Menschengeist die weitere Entwicklung, deren er bedarf, dadurch werde, daß er, wiederholt in dies Erdenleben eintretend, fortwährend an den Hauptperioden der Menschheitsgeschichte teilnimmt, hat zuerst Lessing in seinen berühmten Thesen über die »Erziehung des Menschengeschlechts« ausgesprochen. (...)
Mit diesem kühnen Wurfe hat Lessing nicht nur den tiefsten, rätselhaftesten Punkt der Geschichte: — daß sich die Gattung und der einzelne für ihre beiderseitige Vollendung gegenseitig bedingen, — angefaßt, er hat auch die Anschauung des Christentums über die Zukunft des Menschen aus der Sprache religiöser Ahnung in die Sprache klarer geistiger Erkenntnis übersetzt, also gerade den Punkt des Christentums, welcher demselben die halbe Welt gewann. (...)
Man kennt die kühne Folgerung, welche der Mystiker Böhme aus der biblischen Erzählung zog, wonach den ersten Menschen, wenn sie das göttliche Gebot übertreten, der Tod angekündigt wurde. Ihre Leiber, sagt er, seien infolge der Übertretung aus unsterblichen sterblich geworden. Die Heilige Schrift erzählt von Menschen, »welche ein göttliches Leben führten« und nicht nach Art der andern Menschen aus dem Leben schieden, — Enoch, Elias, Christus; war dies vielleicht ein Festhalten der wesentlichen Teile des Gattungsstoffs, während das übrige, statt in schmutziger Verwesung sich aufzulösen, reinlich in die Lüfte verwehte? Sind dies vielleicht mehr als kindische Fabeln und Träume, wozu der vorlaute Verstand unserer Zeit dies alles stempeln will, welcher von den göttlichen Dingen nichts, von den Gesetzen der Natur und von sich selbst nur die äußerste Oberfläche kennt? Auch von sich selbst, sagen wir; denn man frage nur sein eigenes Gefühl: macht nicht die

Aussicht auf den Tod und der Anblick desselben dem fein und natürlich fühlenden Menschen ein Grauen, gleichviel ob man an eine Fortdauer des Bewußtseins glaubt oder nicht? denn im ersten Fall ist die Empfindung, daß zwischen dem toten Leib und dem bewußten Wesen des Dahingeschiedenen, sowie zwischen letzterem und unserem Bewußtsein eine absolute undurchdringliche Scheidewand sei, ebenso unheimlich wie im zweiten Fall, wenn man das Fortleben nicht glaubt, der Ansicht ist, daß ein Bewußtes völlig aufgehört habe. Dies Gefühl von Unheimlichkeit gegenüber dem Tode bleibt unverändert, auch wenn man ein Wiederkommen der Individuen annimmt. Läßt nun dies Grauen nicht ahnen, das Sterben sei etwas für den Menschen unnatürliches? (...)

Wenn ein Wegscheiden von der Erde in der reinen Weise, wie es vielleicht ursprünglich stattfand, nicht mehr möglich ist, und doch ein Fortleben von dem natürlichen Gefühl unwiderstehlich gefordert wird, wie wird dies bei der mutmaßlichen Trübung unserer menschlichen Natur beschaffen sein? Es lassen sich hierfür zwei Möglichkeiten denken, die sich keineswegs gegenseitig ausschließen, vielmehr einander ergänzen. Die erste Möglichkeit ist, daß die Individualkraft, welche nach der Trennung von dem Gattungsstoff in der menschlichen Schöpferkraft zurückgezogen ruht, sich später wieder einmal mit eben dem Gattungsstoff verbindet, der ihr bisher angehört hatte, der in die Elemente zerstreut oder in die Erde begraben war, aber kraft seiner Unversehrbarkeit in irgendeiner Weise wieder zum Vorschein kommt. (...) Wenn bei der reinlichen Verwandlung, worin vielleicht das ursprüngliche Sterben bestand, der bisherige Gattungsstoff seinem wesentlichen Kerne nach festgehalten und gleich in die neue Bildung überging, so ist die Wiedergewinnung des früher einmal gehabten Gattungsstoffs, wenn auch erst am Ende einer langen Entwicklung, annähernd wenigstens dem Verhalten der reinen Menschennatur im Todesprozeß zu vergleichen. (...) Will man, abgesehen von der Wiederbelebung der menschlichen Stoffe, am Ende der jetzt laufenden Planetengeschichte, vor demselben ein Wiederkommen der menschlichen Individuen annehmen, wie die Heilige Schrift zum Tausendjährigen Reich, oder wie Lessing den Menschen wiederholt an der Planetengeschichte teilnehmen läßt, so bleibt hierfür nur eine zweite Möglichkeit, die Vermutung nämlich, daß analog dem Wiederauftreten tierischer Individualitäten die in Gott ruhende menschliche Individualkraft in späteren Zeiten sich mit lebendem menschlichem Gattungsstoff anderer Individuen verbindet, d. h. von andern Eltern vielleicht in einem andern Volke oder Erdteil in dies Erdenleben wieder herein geboren wird. So hat ohne Zweifel Lessing das Wiederkommen verstanden, so mußte es Christus meinen, als er für sich aus einer Andeutung des Propheten Maleachi die Vermutung aussprach, der Täufer Johannes sei der wiedergekommene Elias.

Dies abwechselnde Kommen in die Welt und Zurückgehen in die Ruhe kann man mit dem Wechsel von Wachen und Schlafen innerhalb eines Erdenlebens vergleichen, und wir werden von dem ersteren Wechsel annähernd ein Bild bekommen, wenn wir diesen Vergleich wenigstens so weit durchführen als möglich ist. Der Mensch sinkt am Abend ermattet von der Tätigkeit des Tages nieder; im Schlaf pausieren die äußern Sinne und Tätigkeiten ganz, und der Mensch ist unfähig zu seinen täglichen Verrichtungen; ja, in dem somnambulen Schlaf sowie in dem tiefen Schlaf, welcher durch Einatmen von Schwefeläther und ähnlichen Stoffen verursacht wird, empfindet er selbst die schmerzhaftesten Eingriffe in den Körper nicht. Nach einem gewöhnlichen gesunden Schlaf hat der Körper bei dem Wiedererwachen eine verjüngte Kraft, die Unfähigkeit und Ermüdung sind weggewischt, doch drückt jeder Tag mit seiner Arbeit dem Körper eine Spur ein, welche auch der Schlaf nicht verwischt. Nach dieser Seite kann der Vergleich nur unvollständig ausgeführt werden, weil die Individualkraft angenommenermaßen bei dem Tode vorläufig den Gattungsstoff verliert, welcher ihr im Leben zugehörte, und sie bei dem spätern Erdenleben mit anderem Gattungsstoffe sich verbindet. Doch läßt sich immerhin einiges übertragen. Was geht mit dem unverweslichen Stoffe, welcher von dem Tode an in der Erde ruht, bis zur Wiederbelebung am Ende der Planetengeschichte vor? darf man annehmen, daß die Ermattung, welche am Abend des Lebens den Greis befällt, durch die lange Ruhe verwischt wird? Der neue Gattungsstoff, mit welchem sich die Individualkraft im spätern Erdenleben verbindet, ist zwar ein frischer, muß jedoch am Ende des Lebens auch wieder erschöpft in die Erde sinken. Aber jeder dieser Reste muß ohne Zweifel die Spuren und Eindrücke, welche er von dem Wirken der Individualkraft während des Erdenlebens bekommt, behalten, wenn auch die Ermattung und Lebensunfähigkeit sich verwischen, und es läßt sich denken, daß, wenn einst bei der letzten Krise die Individualkraft alle ihre verjüngten Stoffe zu *einem* Organismus sammelt, dieselbe in deren Spuren und Eindrücken ihre eigene Geschichte, die sie während des Verlaufs der

Menschheitsgeschichte abgesponnen, wiederfindet und überblickt, wie die Heilige Schrift lehrt und Lessing andeutet.

Fassen wir nun auch das Leben der Individualkraft im Wechsel des Wachens und Schlafens ins Auge, so finden wir, daß im Schlaf schon im gewöhnlichen Zustand keineswegs eine Bewußtlosigkeit statthat, sondern bald wirre zusammenhanglose phantastische Zusammensetzungen von Bildern und Vorkommnissen des Tages das Bewußtsein des Schlafenden erfüllen, bald symbolische Anschauungen, welche irgendeinen reellen Bezug haben, indem sie etwas im Körper Liegendes, unserem wachen Gefühl noch Verborgenes, oder etwas Fernes oder Zukünftiges andeuten, wovon wir im wachen Zustande nichts wissen. Sehr oft wissen wir in letzterem nichts mehr von dem Inhalt der Träume und erinnern uns nur, daß wir geträumt haben. Darf man daraus nicht schließen, daß wir selbst dann, wenn wir uns gar keines Traumes erinnern, doch geträumt haben, daß das Bewußtsein fortwährend tätig ist, ohne daß wir uns auch nur im allgemeinen erinnern, daß wir unser bewußt waren? Ein solcher gänzlicher Schnitt in das Bewußtsein ist bei dem, was man an den Somnambulen beobachtet hat, am auffallendsten. Außer den phantastischen Ausgeburten und Wanderungen der Phantasie im niederen Grade dieses krankhaften Schlaflebens, zeigen sie im höhern Grade desselben, in dem Stadium, wo sie auf Fragen antworten, sehr oft Blicke, welche ein tiefes in das Innere einzelner Organismen und in die Zukunft eindringendes Wissen verraten. (...)

Wenn sie jedoch erwachen, so wissen sie von allem, was sie geschaut und was sie gesprochen, von dem ganzen Verkehr, welchen sie während des Schlafs mit den Umgebungen hatten, nicht das mindeste, halten es meist für ganz unmöglich, daß dies alles mit ihnen geschehen sei, und während im Schlaf die Verhältnisse des wachen Lebens ihnen offen daliegen, ist nach dem Erwachen alles, was im Zustand dieses innern Schauens mit ihnen vorging, aus ihrem Bewußtsein vertilgt. Der wache Geist ist also von einem gewissen Schauen und Erkennen ausgeschlossen, welches diesen krankhaft Schlafenden aufgeht. (...)

Wenn der Mensch unter gewissen Umständen eines Schauens und Wissens fähig ist, welches weiter greift als das gewöhnliche Bewußtsein; wenn man sieht, daß zu gleicher Zeit der Körper mit seinem gewöhnlichen Leben in einen todartigen Schlaf versenkt wird, daß aber jenes Schauen und Wissen alsbald dem Menschen völlig entrückt wird, wenn der Körper mit seinem gewöhnlichen Sinnenleben aus diesem Totenschlaf wieder erwacht, so folgt daraus, daß der Körper seinem gewöhnlichen wachen Leben nach im Zustande einer Verdunklung sein muß, welche jenes tiefere Schauen verhindert, und aus der völligen Wegrückung jenes tieferen Einblickes aus unserem Bewußtsein scheint hervorzugehen, daß der Grad jener Verdunklung ein sehr hoher sein muß. Diese Finsternis unseres Zustandes hängt ohne Zweifel zusammen mit dem Unnatürlichen, was im Tode zu liegen scheint und uns mit Grauen umfängt, mit der Verhüllung der den menschlichen Gattungsstoff auszeichnenden Eigenschaften, mit dem Gefühle von Schwere und Lähmung des Körpers, welches uns unwillkürlich zwingt, ihn und unsere Individualkraft, welche die Anlage hat, eine Welt zu umspannen, in unbegreiflichem Gegensatz zu glauben, endlich mit dem Widerstande unserer sinnlichen Natur gegen den zur Befolgung der göttlichen Gebote entschlossenen gereinigten Willen. (...)

Bei dem Erwachen aus dem Schlafe ist man zwar in das wesentliche Bewußtsein des vorigen Tages wieder eingesetzt; aber doch schwinden schon minder wichtige Einzelheiten und Kleinigkeiten aus dem Gedächtnis; es beginnt also bereits nach einem Tage das Vergessen, welches, sehr zum Heile unseres geistigen Lebens, schon nach Wochen, Monaten und vollends Jahren ganze Massen unnötiger Details in Nacht begräbt. Umgekehrt aber tauchen auch frische Anschauungen, Fähigkeit zur Lösung schwieriger Aufgaben usw. auf, erregt durch das in der Nacht wieder lebendiger gewordene organische Gefühl. Fragen wir nun nach diesen Blicken auf den Wechsel von Wachen und Schlafen im Einzelleben des Menschen, wie sich wohl das Bewußtsein desselben im Wechsel seiner verschiedenen Erdenleben mit dem Tode verhalten müsse, so kommen wir zu folgendem Schlusse: Die Individualkraft ist in der Zeit zwischen zwei Erdenleben, wenn sie, getrennt von dem verdunkelten Gattungsstoffe, bloß an dem allgemeinen Urstoff sich betätigt, einerseits aus Mangel ihres natürlichen Werkzeuges zur vollen Tätigkeit nicht fähig, wie der Mensch schon im diesseitigen Schlafe; andererseits aber ist gar wohl denkbar, daß sie in dieser Zwischenzeit sogar ein viel tieferes Schauen und Empfinden hat als in ihrem Erdenleben, wie wir gesehen haben, daß innerhalb des Einzellebens, gerade wenn die gewöhnlichen Sinne in tiefste Untätigkeit versenkt sind, ein tieferes Bewußtsein aufgeht. In diesem tiefern Zusammenhang mit dem Wesen der Dinge, mit Gott, mit den Gesetzen der Welt wird sich die Individualkraft glücklich oder peinlich fühlen, je nachdem sie mit allem diesem durch die Richtung auf das Gute in Übereinstimmung oder durch Richtung aufs Böse im Widerstreit ist, und die letzteren werden vielleicht durch das schärfere Gefühl ihres unseligen Zustandes einer Läuterung entgegengeführt. Wenn aber die Individualkraft wieder mit neuem Gattungsstoff verbunden und auf diese Erde hereingeboren wird, wird sowohl das in der Zwischenzeit Erlebte als der Inhalt der früher durchgemachten Erdenleben aus dem Bewußtsein gewischt sein; ersteres aus dem schon angeführten Grunde, warum schon in dem Einzelleben das tiefere Schlafbewußtsein dem wachen Geiste entrückt ist; denn die Verbindung mit neuem verdunkeltem Gattungsstoff muß dem Bewußtsein gegenüber, das die Individualkraft in ihrer Abgeschiedenheit hat, dieselbe Wirkung haben wie innerhalb des Einzellebens das Wiedererwachen aus dem tiefen Schauen an den gewöhnlichen irdischen Tag; das zweite, das Vergessen des früheren Erdenlebens, aus dem weitern Grund, weil der neue Gattungsstoff, mit welchem sich die Individualkraft verbindet, nicht die Eindrücke des vorigen Lebens hat, und eine solche neue Verbindung eine so tiefgreifende Veränderung des ganzen Menschen ist, daß ein vorläufiges Verschwinden der Erinnerung, welche sich die Individualkraft auch nach der Trennung von dem früheren Gattungsstoff aus dem vorherigen Erdenleben bewahrt hat, sehr einleuchtend ist. (...)

Daß aber trotz dieses Vergessens der Individualkraft bleibt, was sie in der Übung des früheren Lebens, was sie durch die Läuterung während des Zwischenzustandes gewonnen – hat man einen Grund, dies zu leugnen? Was trägt man nicht alles aus den früheren Jahren desselben Erdenlebens fort, wenn auch die Massen der Einzelheiten, durch welche man sich durchgerungen, in Vergessenheit gesunken sind! (...)

Ich glaube, daß die Griechen mit dem Lethe nur im allgemeinen das schlafartige Schattenleben bezeichnen wollten, als welches sie sich den Zustand der abgeschiedenen Seelen dachten. Mit unserer Ansicht stimmt sehr scharf das Bild des Alten Testamentes überein, welches den Zutritt zum Paradies von einem Cherub mit bloßem Schwert bewachen läßt. In diesem Symbol liegt, daß in das Leben der innern Welt, in das Schauen und Empfinden desselben nur eintreten kann, wer das Unreine von sich ausgeschieden. Einzelne von denen, welche dies taten, haben schon während des Erdenlebens einen Blick in diese innere Welt gehabt. Wer ohne die Erfüllung dieser Bedingung während dieses Lebens schon eintreten will, wird jenes Schwert fühlen, wie es an dem somnambulen Zustand anschaulich wird. Denn das Unreine, was eindringt, ist, so lange es schaut, in Totenschlaf versenkt, und wenn es wieder zu diesem Leben erwacht, wird das Geschaute aus seinem Bewußtsein vertilgt; was es sich freventlich holte, durfte es nicht als eigen besitzen, und beim Rücktritt in die Eigenheit wird es ihm wieder abgenommen. Trägt man dies so weit möglich auf den Wechsel zwischen Erdenleben und Abgeschiedenheit über, so muß man im Gegensatze zur griechischen Mythe sagen, daß beim Eintritt in die Unterwelt vielmehr eine Hülle weggezogen und der Lethe erst dann getrunken wird, wenn die Individualität wieder in den Erdentag eintritt. (...)

Wenn man die Individualkräfte als die verwirklichten Gedanken Gottes auffaßt, so läßt sich auch denken, daß die Reihenfolge der Individualkräfte auf den verschiedenen Organisationsstufen der Reihenfolge entspricht, die wir im menschlichen Denken von dem einfachsten Punkte, dem Festhalten einer einzelnen sinnlichen Empfindung an, durch die Bildung von allgemeinen Vorstellungen, von klaren Begriffen mit bestimmten Merkmalen, endlich durch die Bildung von Ideen hindurch, bis zum organischen Ganzen unseres geistigen Lebens hinauf durchlaufen. Diese Stufenreihe unserer Gedankenformen ist nur Abbild des Wirklichen, die Gesetze unseres Denkens spiegeln sich in den Gesetzen des äußern Seins wider. (...)

Unsterblichkeit kann man nur den Individualkräften zuschreiben, nicht Organen, Fasern usf. Darum ist nur der Individualkraft des Planeten so wie nur der die ganze Pflanzengattung durchziehenden Individualkraft eine Unsterblichkeit zuzuschreiben, nicht der Einzelpflanze, nicht der Elementarstoffgattung, welche nur den Wert von Organen, nicht den Mineralien, die ja nur den Wert von Fasern haben. Die Unsterblichkeit der Planeten-Individualkräfte, der Pflanzengattungen ist eine bewußtlose; den Tieren, bei welchen die Erinnerung überhaupt nur eine ganz beschränkte ist, wird bei einem Wiederauftreten der Individualkraft wenigstens jede Spur von Erinnerung vertilgt sein, weil diese durch Verbindung mit anderem Gattungsstoffe alle Anknüpfungspunkte verloren hat. Daß bei dem Menschen, nach seiner dermaligen Beschaffenheit, Bewußtsein mit Rückblick nur in der Zwischenzeit zwischen zwei Erdenleben stattfinde, bei einem wiederholten Auftreten auf der Erde jedoch die Erinnerung gleichfalls fehlt, dafür haben wir außer dem vorhin für die tierische Individualität erwähnten Grunde früher noch einen andern Grund aufgeführt. Daß der einzelne Mensch, welcher den Wert einer ganzen Gattung hat, wenn sein Wesen nicht verfinstert wäre und er trotz der periodischen Verwandlungen seinen anfänglichen Gattungsstoff behielte, auch fortwährende Erinnerung hätte, ist mit Wahrscheinlichkeit anzunehmen, und unter dieser Voraussetzung wird auch die Behauptung des Schemas, daß das menschliche Geschlecht den Wert eines Reiches habe, vollends ganz klar. Denn eine Gattung, in welcher die einzelnen zusammenhängende, nicht aufhörende Reihen sind, ist ein Reich, und die Wiedergewinnung der ehemaligen Gattungsstoffe und der dann eintretende Rückblick am Ende der jetzt laufenden Geschichtsentwicklung wird dies jetzt noch versteckte Gattungsreich zur Sichtbarkeit bringen.

In dieser entscheidenden Epoche werden *alle* wiederkommen. Ob vorher alle oder die meisten oder nur viele oder gar nur einige, darüber wollen wir teils unser eigenes Bewußtsein, teils die Idee, die wir von Gottes Weisheit und Güte haben, fragen. Wie unser individueller Ideenorganismus durch unsere verschiedenen Lebensstufen eine Reihe von Perioden durchläuft, so geht auch die Gesamtheit der verwirklichten Ideen Gottes, der geschaffenen Geister, durch den Lauf der Geschichte, und was von jenem gilt, gilt auch wohl von dieser, nur mit dem Unterschiede, daß dort der Menschengeist Wahrheit sucht und die Entwicklung seiner Gedanken durchmacht um seinetwillen; die Entwicklung der Geschichte aber hat ihren Zweck in den geschaffenen Geistern. (...)

Nicht das Interesse der Gerechtigkeit wegen der ungleichen Zumessung der Genüsse äußeren Wohlseins, sondern das Interesse der Entwicklung jeder Individualkraft zu der Vollkommenheit, welcher sie fähig ist, erfordert es, daß sie in den verschiedenen Perioden der Geschichte, wenn auch unter ganz verschiedenen Verhältnissen, in den Kampf des Lebens hereingeworfen wird, um so wirklich als Kraft vom Wert einer Gattung, welche eine volle und abgeschlossene Reihe besonderer Phasen unter sich begreifen kann, sich auszuwirken, und es kommt auf die Art und das Maß der individuellen Kraft an, ob überhaupt und inwieweit dieselbe, um eine spätere Periode recht benützen zu können, die Errungenschaft eines gewissen Maßes von Kraftübung aus früheren Perioden mitbringen muß, von der wir früher wahrscheinlich gemacht haben, daß sie, wenn auch bewußtlos, festgehalten werden kann. Aber nicht bloß das Interesse der wiederkommenden Individualkraft läßt sich als Grund des Wiederkommens denken, sondern auch das Interesse der andern Menschen, und es gibt keine Kraft, die, wenn vielleicht auch nur als kleines Glied eines großen Ganzen Bedeutung habend, dem Ganzen der Menschheit nicht in wiederholten Erdenleben immer wieder Dienste leisten könnte. Ob vielleicht solche, welche durch unglückliche Zufälle, Krankheit, Nachlässigkeit oder Bosheit anderer in frühen Jahren um das Leben gekommen sind, schneller wiederkommen, ob ebenso vielleicht solche, welche ihr Leben vergeudeten oder der Wahrheit widerstanden, außer dem peinlichen Gefühle des verschärften Bewußtseins während der Zeit ihrer Abgeschiedenheit noch dadurch in das rechte Gleis hereingeholt werden, daß sie gleichfalls schneller wiederkommen, um etwa in einem Stande der Mühsal und der Zucht das Versäumte nachzuholen oder den siegreichen Wahrheiten und Anordnungen von Menschen sich beugen zu müssen, denen sie in ihrem früheren Leben aus Selbstsucht und Gemeinheit alles Böse wünschten oder antaten, dies beides muß man von der erziehenden Liebe Gottes erwarten und hoffen. Hat ein Mensch seine Zeit treu benützt, seine Kraft vollständig geübt und im Dienste des Guten gebraucht, so wird bei dem beziehungsweise langsamen Schritt der Geschichte durch ihre Perioden ein baldiges Wiederkommen für eine derartige Individualkraft nicht nötig sein, und dies wird nicht als Abbruch und Entbehrung gelten können, wenn man bedenkt, daß in den Zwischenzeiten auf der Erde vielleicht keine für sie wesentlich neue Stufe erstiegen worden, und das zurückgezogene Leben in Gott ohne Zweifel ein Leben in Licht, Tätigkeit und Zunehmen ist, während das Leben auf dieser Erde in Verbindung mit dem getrübten Gattungsstoffe mehr oder weniger ein Leben im Dunkel und mit zahlreichen Hemmungen ist. (...)

Über die Frage, ob alle wiederkommen müssen, läßt sich aus der Analogie unseres Bewußtseins nur folgendes vermuten. Gerade diejenigen unserer Ideen, die als Zentralideen den wesentlichen Charakter einer bestimmten Periode ganz an sich tragen und die vielleicht eben deshalb meist mit der Ahndung verbunden sind, daß sie eben nur eine bestimmte Periode unseres geistigen Lebens, diese aber vollständig ausdrücken, um dann von andern ebenso umfassenden Ideen späterer Epochen abgelöst zu werden, haben es nicht nötig, wieder ausgesprochen zu werden, und ebenso ist es vielleicht bei den Menschen, welche das Gepräge einer ganzen Periode der Menschheitsentwicklung in ihrem Wesen tragen, welche das mächtige Gottesorgan dieser Periode sind und welche darum in der Zeit dieser Periode auftreten und meist auch ahnungsvoll über sich hinausblickend wissen, daß *sie* nur einen bestimmten Schritt dem großen Ziel entgegentun, und daß andere kommen müssen, welche die weitern zu machen haben. Für solche Menschen, welche kraft ihrer umfassenden Natur die Menschheit vollständiger in sich tragen als andere, ist ein Wiederkommen eine geringere Notwendigkeit, ja vielleicht wäre ihr Eintreten zu andern Zeiten als der, welche das Gepräge ihres Wesens trägt, eher eine Störung, und man muß dem Geschichtsplane des göttlichen Geistes vertrauen, daß er jeder großen Periode die passenden Kräfte sendet. Soviel über den Verlauf der Planetengeschichte. Die Notwendigkeit eines Endes derselben (die Heilige Schrift faßt sehr organisch solches nur als Verwandlung, als Entstehen eines neuen Himmels und einer neuen Erde) liegt in der Notwendigkeit der periodischen Verwandlung oder Auflösung aller Organisationen, von welcher der Planet keine Ausnahme machen kann. Ob dann damit, daß eine wahrhafte Entscheidung über alles bisherige kommt, so daß alle Wesen der vergangenen Planetengeschichte in ihr wahres Verhältnis gerückt werden und alles allen offen wird, was verhüllt war – eine neue Entwicklung beginnt, und welche? –, wer will das sagen? Wenn alles zusammen da ist, dann sind auch die wieder da, welche nur einmal auf Erden lebten, wie ja Christus den Anbruch dieses Tages als die Zeit seines Wiederkommens bezeichnet.

Gedanken über die Unsterblichkeit als Wiederholung des Erdenlebens

Einleitung

Annette von Droste-Hülshoff

Wie ein dunkler Kern liegt im Werk der westfälischen Dichterin ein Zyklus geistlicher Gedichte – bewegendes Zeugnis eines Ringens um den Glauben in einer Zeit, da die Glaubenswahrheiten historischer und naturwissenschaftlicher Kritik unterzogen und radikal in Frage gestellt wurden. 1835 erschien »Das Leben Jesu« des Theologen David Friedrich Strauß, der die geschichtliche Realität der Evangelien bestritt. 1840 folgte »Die Christliche Glaubenslehre in ihrer Entwicklung und im Kampf mit der modernen Wissenschaft«, eine Kritik der kirchlichen Dogmen. Ein Jahr später erschien Ludwig Feuerbachs Werk »Das Wesen des Christentums«, in dem Gott als eine Projektion des Menschen seiner selbst erklärt wird. Von der rasch sich entwickelnden Physiologie wiederum wurden Geist und Seele des Menschen auf die Tätigkeit von Gehirnnerven beschränkt. Die Droste nahm den sich verändernden Zeitgeist mit Ängsten wahr: »Geboren bin ich in bedrängter Zeit ...«, »Zu einer Zeit, schwarz wie die Nacht, / Zu einer Zeit, die ich erlebt, / Da war ich um mein Heil gebracht.« Das eigentliche Verhängnis der beginnenden Neuzeit ist für sie das Fraglichwerden des Glaubens. Sie nimmt sich davon nicht aus, das Zeitproblem ist in bestimmter Weise auch ihr eigenes. Sie sucht es für sich zu lösen, indem sie gegen alle Zweifel das Vorrecht des Herzens vor dem Verstand geltend macht. Wie dem Anspruch ihres Standes, unterwirft sie sich zwar äußerlich auch der kirchlichen Tradition, geht aber selbständige innere Wege. Zu ehrlich, um ihre Zweifel zu verschweigen, aber stark genug, um religiös zu sein, wagt sie den Vorstoß aus den ererbten Glaubensformen in den unsicheren Bereich jenseits des zweifelnden Intellekts, in dem nach ihrem Willen der Hochmut des Verstandes der Demut, der Unglaube, wenn nicht dem Glauben, so doch der Liebe weichen soll. Ihr verzweifelter Kampf um Versöhnung von Wissen und Glauben ist ganz unzeitgemäß: Nicht die christliche Lehre stellt sie in Frage, sondern sich selbst, den Menschen, der, »im schwarzen Meer des Zweifels« ertrinkend, die Kraft zu glauben nicht mehr aufbringt. Gleich Kierkegaard und Dostojewskij sieht sie im Unglauben eine »Krankheit zum Tode«, die Sünde schlechthin. Von Anfang an ist deutlich, daß Glaube für die Droste eine

Kategorie des Erkennens ist in der Bedeutung, die die Mystiker dem Wort Erkenntnis gaben – ein Ein-Leuchten der Wahrheit. Der Weg allerdings ist ein fast konträrer: nicht ein philosophischer Prozeß als Voraussetzung, sondern Hingabe der Seele im Preisgeben der Vernunft. In diesem Sinn ist Glaube auch für die Droste Selbstbewegung und Bewegtwerden, Tun *und* Gnade. Sie will nicht nur für wahr halten, sie will lebendig erfahren.

Die Zweiundzwanzigjährige begann ihre Lyrik mit konventionellen geistlichen Liedern für die fromme Stiefgroßmutter. Daraus entstand der Plan, ein »Geistliches Jahr in Liedern auf alle Sonn- und Feiertage« zu schreiben, als Beitrag zu den religiösen Zirkeln der Familie. Die ersten dieser Gedichte sind thematisch und formal noch von der ursprünglichen Absicht bestimmt. Dann aber gewinnt der poetische Gang durch das Kirchenjahr Atem. Die junge Dichterin hatte, wohl im Zusammenhang mit einem für sie katastrophalen gesellschaftlichen Zusammenstoß, die Erfahrung ihrer bedrohten religiösen Existenz gemacht. Die Evangelientexte werden zum Anlaß schonungsloser Selbstbetrachtung. Was nun entstand, war für den gedachten Zweck nicht mehr brauchbar. Das schon Geschriebene wurde teilweise geändert oder vernichtet. In dem Widmungsbrief an die Mutter schreibt sie: »Ich habe ihm (dem Buch) die Spuren eines vielfach gepreßten und geteilten Gemütes mitgeben müssen, und ein kindlich in Einfalt frommes würde es nicht einmal verstehen. Auch möchte ich es auf keine Weise vor solche reine Augen bringen ... Es ist für die geheime, aber gewiß sehr verbreitete Sekte jener, bei denen die Liebe größer wie der Glaube, für jene unglücklichen aber törichten Menschen, die in einer Stunde mehr fragen, als sieben Weise in sieben Jahren beantworten können.« Als die erhoffte verstehende Antwort ausbleibt, bricht sie mit dem Gedicht »Am Ostermontage« den noch nicht halbvollendeten Zyklus ab. Erst neunzehn Jahre später, 1839, nahm sie ihn auf Zureden der Freunde wieder auf, auch dieses Mal in einem entscheidenden Augenblick: Levin Schücking war in ihr Dasein getreten und damit ein von ihr geforderter lebenslanger Verzicht. Gleichzeitig wurden ihre Krankheitsanfälle häufiger und richteten ihren Sinn auf das Kommende. Der zweite Teil des »Geistlichen Jahres« schließt unmittelbar an den frühen an mit dem »Ersten Sonntag nach Ostern«. Aber diese »Lieder« sind nicht mehr sangbar. Ihr strenger Stil erinnert an mittelalterliche Gebetsreihen und an Sonette von Gryphius. Die Verse sind grüblerisch schwer, zuweilen stockend, ja unbeholfen. Sie verraten die dunkle Gestimmtheit einer

Seele, die unter Qualen um den »kleinen grünen Fleck« eines neuen Glaubens ringt, aber auch den wachen Geist, der sich keine Selbsttäuschung erlaubt.

Der neue Glaube, das verdeutlichen alle Gedichte des Zyklus, wäre eine aus unmittelbarer Erfahrung gewonnene Erkenntnis gleich derjenigen der Emmaus-Jünger, deren Herz »brannte«, als der Auferstandene zu ihnen redete. Statt dessen sieht sie sich verwiesen auf die verblaßte Überlieferung, durch eine fast zweitausendjährige Ferne von dem Heilsgeschehen getrennt. An die Stelle der Offenbarung ist das bloße Wissen getreten, an die Stelle des lebendigen Wortes der tote Buchstabe: »Herr, öffne mir die Schrift!«, »Mein Herr, berühre mich, daß ich dich fühle!«, »Warum durft ich nicht leben, als sein Hauch/ Die Luft versüßte...«, »Mit Magdalena hätt' ich wollen knien...«, »Vorüber ist die heilge Zeit...« Unerbittlich wird der Abstand zwischen dem Einst und Jetzt konstatiert, der das Erkennen unendlich erschwert, ja einem Verstoßensein von der Wahrheit gleichkommt. Der Evangelientext des Dritten Sonntags nach Ostern lautet: »Über ein kleines werdet ihr mich sehen« (Joh. 16, 16–22) – das dazugehörige Gedicht beginnt: »Ich seh dich nicht!« Dem Text zum »Pfingstmontage« (Joh. 3, 16–21) – »Wer aber nicht glaubt, der ist schon gerichtet« – antwortet die erste Strophe des Gedichts: »Ist es der Glaube nur, den du verheißen,/ Dann bin ich tot./ O, Glaube wie lebend'gen Blutes Kreisen,/ Er tut mir not!/ Ich hab ihn nicht./ Ach, nimmst du statt des Glaubens nicht die Liebe/ Und des Verlangens tränenschweren Zoll,/ So weiß ich nicht, wie mir noch Hoffnung bliebe:/ Gebrochen ist der Stab, das Maß ist voll/ Mir zum Gericht.«

Einem so leidenschaftlich gläubigen Ringen um den Glauben kann der Tod nichts anderes sein als Tod der Seele, die nicht glaubt. Deshalb sind es Bilder der Krankheit und des Todes, die für Zweifel und Unglaube stehen: »Mein Grabesinnre«, »Wie eingesargt mein Herz zu manchen Zeiten!« Rückhaltlos identifiziert sich die Zweifelnde mit dem Tauben, dem Stummen, dem Lahmen, dem Aussätzigen der biblischen Gleichnisse: »Berühre mich, denn ich bin tot...«, »Herr, meine Seele sterben will/ O Herr, hilf meiner Seele!« Auch das Gleichnis »Von der Witwe Sohn zu Naim« (Lukas 7, 11–16) wird spiegelbildlich erfahren: »Wenn deine Hand den Sarg berührt,/ Dann muß der Tote sich beleben.../ O fahre dort, o rühr mich an,/ O brich den Todesschlaf, und dann/ Dann werd ich Morgenlüfte wittern .../ Du hast geweckt, der Witwe Kind,/ Ich liege noch in Totenleinen!« –

I. Der Aufbruch eines neuen Bewußtseins

Es gibt keinen endgültigen Sieg in diesem Kampf, es sei denn ein solcher, wie ihn die letzten Verse des Ostergedichts ausdrücken: »Ich soll mich freun an diesem Tage:/ Ich freue mich, mein Jesu Christ!/ Und wenn im Aug ich Tränen trage,/ Du weißt doch, daß es Freude ist.« Gerade weil das Gefühl stark, der Gedanke ehrlich ist, bleibt beides nebeneinander bestehen, ist keine Freude ohne Spuren des Schmerzes und jede Hoffnung eine »zähe Hoffnung«. Noch im Silvester-Gedicht, in dem der letzte Jahrestag als Ende des eigenen Lebens geschaut wird, heißt es: »O halber Sieg! O schwerer Fall!« Der nahende Tod, dem die Droste jahrelang nach außen hin gelassen entgegensah, verschärft ihr Bewußtsein für das Unvollkommene ihres Glaubens. Die Angst vor der »dunkelsten Stunde« tritt unverhüllt hervor. Aber es gibt noch die »größte aller Stunden«, die mit dem Tod verheißene Auferstehung zu Gericht und Sühne. Das Gedicht »Am Allerseelentage« macht wie kaum ein anderes deutlich, daß das Ringen um Glauben zuletzt dieser einen »zähen Hoffnung« gilt, dem »fest Asyl« und »Burggebiet« gegen die Angst, das Irren, das Grübeln. Die Verheißung hat nicht mehr Realität als ein in der Finsternis »schlummerndes Embryo«, dennoch liegt in ihr der Sinn des Lebens verborgen. Der dem Evangelientext des Gedichts (Joh. 5, 25–29) vorangehende Vers 24 nennt denjenigen, der glaubt, »vom Tode zum Leben durchgedrungen«. Wer, wie die Droste, diesen Satz ernst nimmt, muß seinen Glauben für unzureichend halten. Mit der ihr eigenen Kraft zur Hingabe überantwortet sie sich der Gnade. Den Konflikt zwischen Zweifel und Gewißheit kann sie nicht lösen. In dem großen Gedicht »Am 26. Sonntag nach Pfingsten« erinnern Verse an das Kleistische Bild vom Torbogen: »So will ich harren denn, und tief bedrängt/ Will ich es tragen,/ Daß immer wie zum Sturz die Mauer hängt...« Dabei bleibt es. Das Tor wölbt sich nur, weil alle Steine stürzen wollen. Meditation und Credo gegen alle Widerstände von außen und innen, ist das »Geistliche Jahr« das dramatische Zeugnis eines Menschen, der sich in jeder Stunde seines Lebens, nicht nur in der letzten, gefordert fühlt von einem Gott, den er nah weiß und fern zugleich.

Noch drei geistliche Gedichte entstanden nach dem Abschluß des Zyklus – die beiden »Legenden« »Gethsemane« und »Das verlorene Paradies«, sowie – im selben thematischen Zusammenhang – »Die ächzende Kreatur«. Dieses letzte große Gedicht der Droste zeigt noch einmal ihre Kraft, die Dinge auf ihren Grund hin anzuschauen. In einem Augenblick schwermütig versunkenen Horchens auf die »Flut der Ewigkeit« genügen ein Futter suchender Hänfling, ein angstvoll fliehender Käfer zur Erkenntnis, daß nicht nur der Mensch, auch die Kreatur, unter dem »Gottesfluch«, dem Vertriebensein vom paradiesischen Anfang, leidet. Der Mensch, der »Fürst der Erde«, hat die Urharmonie alles Lebendigen zerstört und das Böse, Mord und Tod in die unschuldige Natur gebracht, sodaß sie nun, wie er selbst, »um Erlösung ächzt«. Er hat nicht nur ein Bewußtsein des unendlichen Abstands von seinem reinen Urbild – er ist auch beladen mit der »Schuld des Mordes« an der Erde. Dieser Dorn im Gewissen ist für die Dichterin eine Sünde mehr, die den Menschen von seinem Ursprung trennt.

Einzig in den schlichten Versen aus den Krankheitsmonaten vor ihrem Tod ist alles bedrängende Fragen abgetan. Die liedhafte Einfachheit der »Letzten Worte« verrät keine Unruhe mehr.

Annette von Droste-Hülshoff
1797–1848

Das Ringen um Erkenntnis

Das Spiegelbild

Schaust du mich an aus dem Kristall
Mit deiner Augen Nebelball,
Kometen gleich, die im Verbleichen;
Mit Zügen, worin wunderlich
Zwei Seelen wie Spione sich
Umschleichen, ja, dann flüstre ich:
Phantom, du bist nicht meinesgleichen!

Bist nur entschlüpft der Träume Hut,
Zu eisen mir das warme Blut,
Die dunkle Locke mir zu blassen;
Und dennoch, dämmerndes Gesicht,
Drin seltsam spielt ein Doppellicht,
Trätest du vor, ich weiß es nicht,
Würd ich dich lieben oder hassen?

Zu deiner Stirne Herrscherthron,
Wo die Gedanken leisten Fron
Wie Knechte, würd ich schüchtern blicken;
Doch von des Auges kaltem Glast,
Voll toten Lichts, gebrochen fast,
Gespenstig, würd, ein scheuer Gast,
Weit, weit ich meinen Schemel rücken.

Und was den Mund umspielt so lind,
So weich und hülflos wie ein Kind,
Das möcht in treue Hut ich bergen;
Und wieder, wenn er höhnend spielt,
Wie von gespanntem Bogen zielt,
Wenn leis es durch die Züge wühlt,
Dann möcht ich fliehen wie vor Schergen.

Es ist gewiß, du bist nicht Ich,
Ein fremdes Dasein, dem ich mich
Wie Moses nahe, unbeschuhet,
Voll Kräfte, die mir nicht bewußt,
Voll fremden Leides, fremder Lust;
Gnade mir Gott, wenn in der Brust
Mir schlummernd deine Seele ruhet!

Und dennoch fühl ich, wie verwandt,
Zu deinen Schauern mich gebannt,
Und Liebe muß der Furcht sich einen.
Ja, trätest aus Kristalles Rund,
Phantom, du lebend auf den Grund,
Nur leise zittern würd ich, und
Mich dünkt – ich würde um dich weinen!

Am Karsamstage

Tiefes, ödes Schweigen,
Die ganze Erd wie tot!
Lerchen ohne Lieder steigen,
Die Sonne ohne Morgenrot.
Auf die Welt sich legt
Der Himmel matt und schwer,
starr und unbewegt
Wie ein gefrornes Meer.
O Herr, erhalt uns!

Meereswogen brechen,
Sie toben sonder Schall;
Nur die Menschenkinder sprechen,
Doch schaurig schweigt der Widerhall.
Wie versteinet steht
Der Äther um uns her,
Dringt wohl kein Gebet
Durch ihn zum Himmel mehr.
O Herr, erhalt uns!

I. Der Aufbruch eines neuen Bewußtseins

Sünden sind geschehen,
Für jedes Wort zu groß,
Daß die Erde müßt vergehen,
Trüg sie nicht Jesu Leib im Schoß.
Noch im Tod voll Huld
Erhält sein Leib die Welt,
Daß in ihrer Schuld
Sie nicht zu Staub zerfällt.
O Herr, verschon uns!

Jesus liegt im Grabe,
Im Grabe liegt mein Gott!
Was ich von Gedanken habe,
Ist doch dagegen nur ein Spott.
Kennt in Ewigkeit
Kein Jesus mehr die Welt?
Keiner, der verzeiht,
Und keiner, der erhält?
O Herr, errett uns!

Ach, auf jene Frommen,
Die seines Heils geharrt,
Ist die Glorie gekommen
Mit seiner süßen Gegenwart.
Harrten seiner Huld,
Vergangenheit die Zeit,
Gegenwart Geduld,
Zukunft die Ewigkeit.
O Herr, erlös uns!

Lange, lange Zeiten
In Glauben und Vertraun
Durch die unbekannten Weiten
Nach unbekanntem Heil sie schaun;
Dachten sich so viel,
Viel Seligkeit und Pracht;
Ach, es war wie Spiel,
Von Kindern ausgedacht!
O Herr, befrei uns!

Herr, ich kann nicht sprechen
Vor deinem Angesicht,
Laß die ganze Schöpfung brechen,
Diesen Tag erträgt sie nicht!
Ach, was naht so schwer?
Ist es die ew'ge Nacht?
Ists ein Sonnenmeer
In tausend Strahlen Pracht?
O Herr, erhalt uns!

Am Ostersonntage

O jauchze, Welt, du hast ihn wieder,
Sein Himmel hielt ihn nicht zurück!
O jauchzet, jauchzet, singet Lieder!
Was dunkelst du, mein sel'ger Blick?

Es ist zu viel, man kann nur weinen,
Die Freude steht wie Kummer da;
Wer kann so großer Lust sich einen,
Der all so große Trauer sah?

Unendlich Heil hab ich erfahren
Durch ein Geheimnis voller Schmerz,
Wie es kein Menschensinn bewahren,
Empfinden kann kein Menschenherz.

Vom Grabe ist mein Herr erstanden
Und grüßet alle, die da sein;
Und wir sind frei von Tod und Banden
Und von der Sünde Moder rein.

Den eignen Leib hat er zerrissen,
Zu waschen uns mit seinem Blut;
Wer kann um dies Geheimnis wissen
Und schmelzen nicht in Liebesglut?

Ich soll mich freun an diesem Tage
Mit deiner ganzen Christenheit,
Und ist mir doch, als ob ich wage,
Da Unnennbares mich erfreut.

I. Der Aufbruch eines neuen Bewußtseins

Mit Todesqualen hat gerungen
Die Seligkeit von Ewigkeit;
Gleich Sündern hat das Graun bezwungen
Die ewige Vollkommenheit.

Mein Gott, was konnte dich bewegen
Zu dieser grenzenlosen Huld?
Ich darf nicht die Gedanken regen
Auf unsre unermeßne Schuld.

Ach, sind denn aller Menschen Seelen,
Wohl sonst ein überköstlich Gut,
Sind sie es wert, daß Gott sich quälen,
Ersterben muß in Angst und Glut?

Und sind nicht aller Menschen Seelen
Vor ihm nur eines Mundes Hauch
Und ganz befleckt von Schmach und Fehlen,
Wie ein getrübter, dunkler Rauch?

Mein Geist, o wolle nicht ergründen,
Was einmal unergründlich ist:
Der Stein des Falles harrt des Blinden,
Wenn er die Wege Gottes mißt.

Mein Jesus hat sie wert befunden
In Liebe und Gerechtigkeit;
Was will ich ferner noch erkunden?
Sein Wille bleibt in Ewigkeit!

So darf ich glauben und vertrauen
Auf meiner Seele Herrlichkeit,
So darf ich auf zum Himmel schauen
In meines Gottes Ähnlichkeit!

Ich soll mich freun an diesem Tage:
Ich freue mich, mein Jesu Christ!
Und wenn im Aug ich Tränen trage,
Du weißt doch, daß es Freude ist.

Annette von Droste-Hülshoff

Am siebenzehnten Sonntag nach Pfingsten
Ev.: Von der Witwe Sohn zu Naim. Luk. 7,11–16

Wenn deine Hand den Sarg berührt,
Dann muß der Tote sich beleben,
Dein Hauch die Wetterwolke führt,
Dann muß sie milden Manna geben.
Du, der aus Felsen Nahrung zieht,
Dem Aarons dürrer Stab geblüht,
Des Niles Fluten sich erheben,

Der Mächtige bist du, um auch
Der Seele dumpfen Schlaf zu enden;
Zu dir darf seinen Sterbehauch
Der todeswunde Schächer senden;
Du nimmst den letzten Atemzug,
Ein Reuelaut ist dir genug,
Den Blitz in seinem Flug zu wenden.

Du hast dich an das Tor gestellt,
Den Sohn der Witwe zu erwarten,
Und hast, ein Herr der ganzen Welt,
Beachtet ihren kleinen Garten.
Du bist gekommen ganz allein,
Zu waschen unsre Flecken rein,
Um auszugleichen unsre Scharten.

Berühre mich; denn ich bin tot,
Und meine Werke sind nur Leichen!
Hauch über mich; denn blutig rot
Die Sünde ließ mir ihre Zeichen!
O wende du den Donnerschlag,
Der über meinem Haupte brach,
Und laß die dumpfen Nebel weichen!

Dann will ich dir aus freier Brust
Ein überselig Loblied singen,
Und wieder soll in Gotteslust
Wie früher meine Stimme klingen.
Ist sie gebrochen jetzt und matt,

I. Der Aufbruch eines neuen Bewußtseins

Du bist es, der die Mittel hat,
So in die kränksten Adern dringen.

Fühl ich doch heut in mir erweckt
Ein lang entschwundenes Vertrauen,
Daß mich nicht Tod noch Sünde schreckt:
Wie sollt ich denn auf dich nicht bauen!
Ja, wenn du willst, so kann ich doch
Mit diesen meinen Augen noch
In diesem meinem Leib dich schauen.

Ich weiß es, daß von mir nicht stammt,
Was mich so freudig muß durchzittern;
Ein Strahl ist es, den du entflammt,
Ein Traum, den Starren zu erschüttern.
O fahre fort, o rühr mich an,
O brich den Todesschlaf, und dann,
Dann werd ich Morgenlüfte wittern!

Hast du gesprochen: »Weine nicht«,
Du weißt, daß nicht die Toten weinen,
Ob schier im Traum das Herze bricht
Und wohl Gebet dir Seufzer scheinen,
So hauchen möchten schwach und lind:
»Du hast geweckt der Witwe Kind,
Ich liege noch in Totenleinen!«

Am Allerseelentage

Ev.: »Es kömmt die Stunde, in welcher Alle, die in den Gräbern sind, die Stimme des Sohnes Gottes hören werden, und es werden hervorgehen, die Gutes getan haben, zur Auferstehung des Lebens, die aber Böses getan haben, zur Auferstehung des Gerichtes.« Joh. 5, 25–29

Die Stunde kömmt, wo Tote gehn,
Wo längst vermorschte Augen sehn.
O Stunde, Stunde, größte aller Stunden,
Du bist bei mir und läßt mich nicht,
Ich bin bei dir in strenger Pflicht,
Dir atm' ich auf, dir bluten meine Wunden!

Entsetzlich bist du und doch wert;
Ja meine ganze Seele kehrt
Zu dir sich in des Lebens Angst und Irren,
Mein fest Asyl, mein Burggebiet,
Zu dem die zähe Hoffnung flieht,
Wenn Angst und Grübeln wie Gespenster irren.

Wüßt ich es nicht, daß du gewiß
In jener Räume Finsternis
Liegst schlummernd wie ein Embryo verborgen,
Dann möcht ich schaudernd mein Gesicht
Verbergen vor der Sonne Licht,
Vergehn wie Regenlache vor dem Morgen.

Verkennung nicht treibt mich zu dir;
Mild ist die strengste Stimme mir,
Nimmt meine Heller und gibt Millionen;
Nein, wo mir Unrecht je geschehn,
Da ward mir wohl, da fühlt ich wehn
Dein leises Atmen durch der Zeit Äonen.

Doch Liebe, Ehre treibt mich fort
Zu dir als meinem letzten Port,
Wo klar mein Grabesinnre wird erscheinen.
Dann auf der rechten Waage mag
Sich türmen meine Schuld und Schmach
Und zitternd nahn mein Kämpfen und mein Weinen.

Vor dir ich sollte Trostes bar
Zergehen wie ein Schatten gar,
Doch anders ist es, ohne mein Verschulden:
Zu dir als zu dem höchsten Glück
Wie unbeweglich starrt der Blick,
Und kaum, kaum mag die Zögerung ich dulden.

Doch da sich einmal Hoffnung regt,
So wird die Hand, die sie gelegt
In dieses Busens fabelgleichen Boden,
Sie wird den Keim, der willenlos
Und keinem Übermut entsproß,
Nicht wie ein Unkraut aus dem Grunde roden.

I. Der Aufbruch eines neuen Bewußtseins

Wenn kömmt die Zeit, wenn niederfällt
Der Flitter, den gelegt die Welt,
Talent und Glück, ums hagere Gerippe:
Da steht der Bettler, schaut ihn an!
Dann ist die Zeit, um Gnade dann
Darf zitternd flehen des Verarmten Lippe.

Dann macht nicht schamrot mich ein Tand,
Dann hat gestellt die rechte Hand
Mich tief und ärmlich, wie ich es verdienet;
Dann trifft mich wie ein Dolchstoß nicht
Hinfort ein Aug voll Liebeslicht:
Ich bin erniedriget und bin gesühnet.

Am letzten Tage des Jahres (Silvester)

Das Jahr geht um,
Der Faden rollt sich sausend ab.
Ein Stündchen noch, das letzte heut,
Und stäubend rieselt in sein Grab,
Was einstens war lebend'ge Zeit.
Ich harre stumm.

's ist tiefe Nacht!
Ob wohl ein Auge offen noch?
In diesen Mauern rüttelt dein
Verrinnen, Zeit! Mir schaudert, doch
Es will die letzte Stunde sein
Einsam durchwacht,

Gesehen all,
Was ich begangen und gedacht.
Was mir aus Haupt und Herzen stieg,
Das steht nun eine ernste Wacht
Am Himmelstor. O halber Sieg!
O schwerer Fall!

Annette von Droste-Hülshoff

Wie reißt der Wind
Am Fensterkreuze! Ja, es will
Auf Sturmesfittichen das Jahr
Zerstäuben, nicht ein Schatten still
Verhauchen unterm Sternenklar.
Du Sündenkind,

War nicht ein hohl
Und heimlich Sausen jeder Tag
In deiner wüsten Brust Verließ,
Wo langsam Stein an Stein zerbrach,
Wenn es den kalten Odem stieß
Vom starren Pol?

Mein Lämpchen will
Verlöschen, und begierig saugt
Der Docht den letzten Tropfen Öl.
Ist so mein Leben auch verraucht?
Eröffnet sich des Grabes Höhl
Mir schwarz und still?

Wohl in dem Kreis,
Den dieses Jahres Lauf umzieht,
Mein Leben bricht. Ich wußt es lang!
Und dennoch hat dies Herz geglüht
In eitler Leidenschaften Drang!
Mir brüht der Schweiß

Der tiefsten Angst
Auf Stirn und Hand. – Wie? dämmert feucht
Ein Stern dort durch die Wolken nicht?
Wär es der Liebe Stern vielleicht,
Dir zürnend mit dem trüben Licht,
Daß du so bangst?

Horch, welch Gesumm?
Und wieder? Sterbemelodie!
Die Glocke regt den ehrnen Mund.
O Herr, ich falle auf das Knie:
Sei gnädig meiner letzten Stund!
Das Jahr ist um!

I. Der Aufbruch eines neuen Bewußtseins

Die ächzende Kreatur
(August 1846)

An einem Tag, wo feucht der Wind,
Wo grau verhängt der Sonnenstrahl,
Saß Gottes hartgeprüftes Kind
Betrübt am kleinen Gartensaal.
Ihr war die Brust so matt und enge,
Ihr war das Haupt so dumpf und schwer,
Selbst um den Geist zog das Gedränge
Des Blutes Nebelflore her.

Gefährte Wind und Vogel nur
In selbstgewählter Einsamkeit,
Ein großer Seufzer die Natur,
Und schier zerflossen Raum und Zeit.
Ihr war, als fühle sie die Flut
Der Ewigkeit vorüberrauschen
Und müsse jeden Tropfen Blut
Und jeden Herzschlag doch belauschen.

Sie sann und saß und saß und sann,
Im Gras die heisre Grille sang,
Vom fernen Felde scholl heran
Ein schwach vernommner Sensenklang.
Die scheue Mauerwespe flog
Ihr ängstlich ums Gesicht, bis fest
Zur Seite das Gewand sie zog,
Und frei nun ward des Tierleins Nest.

Und am Gestein ein Käfer lief,
Angstvoll und rasch wie auf der Flucht,
Barg bald im Moos sein Häuptlein tief,
Bald wieder in der Ritze Bucht.
Ein Hänfling flatterte vorbei,
Nach Futter spähend, das Insekt
Hat zuckend bei des Vogels Schrei
In ihren Ärmel sich versteckt.

Annette von Droste-Hülshoff

Da ward ihr klar, wie nicht allein
Der Gottesfluch im Menschenbild,
Wie er in schwerer, dumpfer Pein
Im bangen Wurm, im scheuen Wild,
Im durst'gen Halme auf der Flur,
Der mit vergilbten Blättern lechzt,
In aller, aller Kreatur
Gen Himmel um Erlösung ächzt.

Wie mit dem Fluche, den erwarb
Der Erde Fürst im Paradies,
Er sein gesegnet Reich verdarb
Und seine Diener büßen ließ;
Wie durch die reinen Adern trieb
Er Tod und Moder, Pein und Zorn,
Und wie die Schuld allein ihm blieb
Und des Gewissens scharfer Dorn.

Der schläft mit ihm und der erwacht
Mit ihm an jedem jungen Tag,
Ritzt seine Träume in der Nacht
Und blutet über Tage nach.
O schwere Pein, nie unterjocht
Von tollster Lust, von keckstem Stolze,
Wenn leise, leis es nagt und pocht
Und bohrt in ihm wie Mad' im Holze.

Wer ist so rein, daß nicht bewußt
Ein Bild ihm in der Seele Grund,
Drob er muß schlagen an die Brust
Und fühlen sich verzagt und wund?
So frevelnd wer, daß ihm nicht bleibt
Ein Wort, das er nicht kann vernehmen,
Das ihm das Blut zur Stirne treibt
Im heißen, bangen, tiefen Schämen?

Und dennoch gibt es eine Last,
Die keiner fühlt und jeder trägt,
So dunkel wie die Sünde fast
Und auch im gleichen Schoß gehegt;

I. Der Aufbruch eines neuen Bewußtseins

Er trägt sie wie den Druck der Luft,
Vom kranken Leibe nur empfunden,
Bewußtlos, wie den Fels die Kluft,
Wie schwarze Lad' den Todeswunden.

Das ist die Schuld des Mordes an
Der Erde Lieblichkeit und Huld,
An des Getieres dumpfem Bann
Ist es die tiefe, schwere Schuld,
Und an dem Grimm, der es beseelt,
Und an der List, die es befleckt,
Und an dem Schmerze, der es quält,
Und an dem Moder, der es deckt.

Letzte Worte

Geliebte, wenn mein Geist geschieden,
So weint mir keine Träne nach;
Denn, wo ich weile, dort ist Frieden,
Dort leuchtet mir ein ew'ger Tag!

Wo aller Erdengram verschwunden,
Soll euer Bild mir nicht vergehn,
Und Linderung für eure Wunden,
Für euren Schmerz will ich erflehn.

Weht nächtlich seine Seraphsflügel
Der Friede übers Weltenreich,
So denkt nicht mehr an meinen Hügel,
Denn von den Sternen grüß ich euch!

Einleitung

Ludwig Feuerbach

Die Anthropologie Feuerbachs ist eine Absage an die Metaphysik des Christentums und der idealistischen Philosophie. Sie will nicht, wie diejenige Hermann Immanuel Fichtes, zur Theologie hinführen, sondern sie ersetzen. An die Stelle Gottes tritt der Mensch.

Wie die Philosophen des Deutschen Idealismus begann Feuerbach mit dem Studium der protestantischen Theologie, brach es aber ab, um in Berlin Hegels Logik, Metaphysik und Religionsphilosophie zu studieren. Er promovierte in Erlangen mit einer in lateinischer Sprache verfaßten Dissertation über »Die eine, allgemeine und unendliche Vernunft«, die er an Hegel sandte. In dem Begleitbrief vom 22. 11. 1828 argumentiert der Vierundzwanzigjährige zwar noch deutlich als sein Schüler, aber seine kritische Distanz von der spekulativen Philosophie ist bereits offensichtlich. Der »absolute Geist« scheint ihm nichts anderes zu sein als das rationalisierte Wesen Gottes, aus dem Jenseits ins Diesseits versetzt, und doch noch immer theologisch gedacht. Feuerbach hält es für an der Zeit, »die bisherigen weltgeschichtlichen Anschauungen von Zeit, Tod, Diesseits, Jenseits, Ich, Individuum, Person und ... Gott ... zu vernichten, in den Grund der Wahrheit zu bohren.« Die krasse Formulierung läßt bereits den radikalen atheistischen Grundzug erkennen, der Feuerbachs Denken prägt. Noch fällt im Brief nur wie nebenbei der Satz, man könne das Christentum nicht länger als absolute Religion bestehen lassen, da jetzt nur noch »das Reich der Wirklichkeit ... und der daseienden Vernunft« unbestreitbare Geltung besitze.

Die »Gedanken über Tod und Unsterblichkeit« von 1830 sind ein Dokument der weiteren Ablösung von Hegel. Noch ist die Rede von Gott als dem Anfang und Ende des Menschen, der die objektive Bestimmung sowohl des Menschen wie der Natur in sich enthält. Der Tod wird verstanden als Negation des Endlichen, als ein Werden von Vernunft, Freiheit und Selbstbewußtsein. Aber letzteres ist bereits vom Menschen her gedacht, der »absolute Geist« Hegels ist für Feuerbach nur noch Geist schlechthin und zuletzt menschlicher Geist. Insofern der denkende Mensch vom Endlichen abstrahieren und in Wissenschaft, Kunst und

Religion Unendliches reflektieren kann, ist er unsterblich, jedoch nur als Gattungswesen. Die individuelle (»bestimmte«) Seele verschwindet mit ihrem Leib (»Gegenwurf«), wenn sie ihn, wie das Feuer den Stoff, aufgezehrt (»aufgehoben«) hat.

Wenig später stellt Feuerbach in offener Kritik Hegel den eigenen antimetaphysischen Ansatz entgegen. Er ist bestimmt durch ein neues Bild vom Menschen. »Der Anfang der Philosophie ist nicht Gott, nicht das Absolute, nicht das Sein als *Prädikat* des Absoluten oder der Idee – der Anfang der Philosophie ist das Endliche, das Bestimmte, das *Wirkliche*«, heißt es in den »Vorläufigen Thesen zur Reform der Philosophie« (1842). Das einzig Wirkliche aber ist der konkrete Mensch mit seinen natürlichen Empfindungen und Bestrebungen. Die neue Philosophie stützt sich auf die »Wahrheit der Liebe«, die »Wahrheit der Empfindung«. Sie ist selbst nichts anderes als »das zum Bewußtsein erhobene Wesen der Empfindung – sie bejaht nur in und mit der Vernunft, was jeder Mensch ... im Herzen bekennt ... Das Herz will keine abstrakten, keine metaphysischen oder theologischen – es will *wirliche*, es will *sinnliche* Gegenstände und Wesen.« (Grundsätze der Philosophie der Zukunft. 1843) Dieser wirkliche Mensch wird zum Träger aller bisherigen Gottesvorstellungen. Er sieht sein Heil nur noch in der eigenen Existenz. Sich ausschließlich aus sich selbst verstehend, nimmt er nun die Stelle ein, die in der bisherigen Metaphysik Gott oder der absolute Geist innehatte. Damit aber wird der endliche Mensch als das ens metaphysicum gedacht, also eigentlich, wie Feuerbach ausführt, als ein Unendliches. Denn im Sinne der absoluten Philosophie, in deren Kategorien er immer noch denkt, ist das Unendliche nur dann wirklich, wenn es »als Endliches gesetzt« wird – folglich ist das Endliche in Wahrheit das Unendliche. Diese »antimetaphysische Metaphysik« (Walter Schulz) bestimmt noch Karl Marx: Feuerbachs Religionskritik, und damit auch die Absage an den Unsterblichkeitsglauben, ist eine Voraussetzung seines geschichtsphilosophischen Systems.

Die Lehre Feuerbachs schließt zwangsläufig eine fundamentale Kritik der bisherigen Auffassungen von Tod und Unsterblichkeit ein. Im wichtigsten 19. Kapitel seiner Schrift »Das Wesen des Christentums« – sie rief stürmische Auseinandersetzungen hervor – erklärt er, der Glaube an die persönliche Unsterblichkeit sei identisch mit dem Glauben an den persönlichen Gott. Dieser aber ist für ihn nur ein anderer Name für das Wunschbild des Menschen von seiner eigenen künftigen Vollkommenheit. In seiner Gottesvorstellung träumt er den Traum seiner aus den Schranken der Natur befreiten, allein aus der Vernunft sich bestimmenden Existenz. Gott ist nichts als ein Entwurf des Menschen von sich selbst. Feuerbach will, daß der Mensch den Umweg über Gott zu sich selbst verläßt, von allem Jenseitigen absieht und nur noch die großen Möglichkeiten des Diesseits verwirklicht. Aus der Erkenntnis, daß nicht der Mensch von Gott, sondern Gott vom Menschen abhängt, soll der Mensch Gott absagen. Indem er aber Gott als Gebilde seiner Phantasie leugnet, leugnet er auch die Unsterblichkeit.

Damit wird der Mensch zu seiner »wahren« Natur zurückgeführt. Sie beruht für Feuerbach in der Mitmenschlichkeit. Der Mensch ist nur Mensch mit dem Menschen. »Nicht Ich, sondern Ich und Du ist das wahre Prinzip des Lebens und Denkens«, die Liebe das wahre Verhältnis. Sie erfüllt sich sowohl in der geschlechtlichen Bestimmtheit des Menschen als auch in seinem Selbstverständnis als Gattungswesen. Das »Sein für andere« ist das Leben für die Gattung. In der Erfüllung dieser Aufgabe ist das menschliche Sein unendlich, unsterblich. Der Tod ist ein unaufhebbares natürliches Geschehen, in dem der Einzelne seine Identität verliert und sein Dasein endet, der »Sieg der Gattung über das bestimmte Individuum« nach Marx. Am Individuum ist nichts gelegen. Hinsichtlich der Geschichte der Menschheit aber ist der Tod für Feuerbach »Bedingung des Fortschritts« – des Fortschritts, der für Marx Selbstverwirklichung des »großen sozialen Unternehmens« Menschheit heißt. Der einzelne Mensch, an eine bestimmte kulturelle Entwicklungsstufe gebunden, muß weichen, damit die Menschheit in einer »fortgehenden Überwindung von Schranken« zu Bildung und Kultur fortschreiten kann. Nur als Mitwirkender am Ganzen hat er teil an ihrem unendlichen Sinn.

Einer von denen, die Feuerbachs Lehre zeitweise tief beeindruckte, war *Gottfried Keller*. Er hörte seine akademischen Vorträge in Heidelberg. In dem Roman »Der grüne Heinrich« gilt ein ganzes Kapitel dem Philosophen.[1] Er wird in Beziehung gesetzt zu Angelus Silesius und Augustin, in einer für Kellers Geistesart bezeichnenden Weise: »Es handelt sich nicht um Atheismus und Freigeisterei, um Frivolität, Zweifelsucht und Weltschmerz ... Es handelt sich um das Recht, ruhig zu bleiben im Gemüt, was auch die Ergebnisse des Nachdenkens und des Forschens sein mögen. Übrigens geht der Mensch in die Schule alle

---

[1] Bd. IV, Kap. 12 »Der gefrorne Christ«. Vgl. auch die Seldwyla-Novelle »Das verlorne Lachen«.

Tage, und keiner vermag mit Sicherheit vorauszusagen, was er am Abend seines Lebens glauben werde. Darum wollen wir die unbedingte Freiheit des Gewissens nach allen Seiten.

Aber dahin muß die Welt gelangen, daß sie mit eben der guten Ruhe, mit welcher sie ein unbekanntes Naturgesetz, einen neuen Stern am Himmel entdeckt, auch die Vorgänge und Ergebnisse des geistigen Lebens hinnimmt und betrachtet, auf alles gefaßt und stets sich selbst gleich, als eine Menschheit, die in der Sonne steht und sagt: hier steh ich!«

Ludwig Feuerbach
1804–1872

Die Absage an Gott und Unsterblichkeit. Das Prinzip der Mitmenschlichkeit

Der spekulative oder metaphysische Grund des Todes

Der gewöhnlich nur als Tod bekannte Tod ist keineswegs der wahre, wesentliche Tod; der zeitliche, sinnliche Tod setzt vielmehr als seinen Grund einen unzeitlichen, übersinnlichen Tod voraus. Dieser ewige, übersinnliche Tod ist – Gott. Wenn Du auch weiter gar keine Erkenntnis von Gott hast, so wirst Du doch wenigstens die haben, daß Gott das unbeschränkte, unendliche Wesen ist, daß man, um Gott auch nur zum Gegenstand des Geistes machen zu können, alle Beschränkungen und Bestimmungen, in die das Endliche eingefaßt ist, hinwegnehmen, d. i. negieren muß; daß der, welcher nicht vom Da- und Dortsein, vom Jetzt- und Einstsein, vom Dieses und Jenes-, So und Anderssein abstrahieren kann, das Unendliche auch nicht einmal vorzustellen fähig ist. Diese Notwendigkeit aber, nur vermittelst der Negation der Endlichkeiten zum Gedanken des Unendlichen dringen zu können, hat doch wohl ihren Grund nicht in Dir, sondern im Gegenstande selbst. Nur weil das Unendliche selbst *ist* die Negation des Endlichen, mußt Du dasselbe auch negieren, von ihm abstrahieren, um zum Gedanken desselben zu kommen. Dein Tun der Abstraktion, indem Du die Vorstellung des Unendlichen in Dir zu erzeugen strebst, ist nur ein Nachtun, eine Nachahmung gleichsam dessen, was das Unendliche selbst tut. Die wirkliche und wahrhafte Nichtigkeit des Endlichen ist daher das Unendliche selbst. Daß die Dinge in der Tat endlich sind, wechseln, sich verändern, vergehen, beruht allein auf dem wirklichen Sein des Unendlichen. Jedes Ding, auch das *endlichste* wäre *unendlich*, unveränderlich, unbeweglich, absolut fest, wenn nicht Unendliches wäre; nur durch das Unendliche und in ihm ist das Endliche als endlich, und in dieser Endlichkeit seine Nichtigkeit, sein Tod gesetzt. Der sinnliche Tod ist gleichsam nichts anders, als der Ton, wodurch das zeitliche Ding seinen zeitlosen Tod äußert und verkündet; nichts als ein Licht, das in der Finsternis leuchtet, das den verborgenen und geheimen Tod sichtbar und offenbar macht. Das, dem nichts Unendliches innewohnte, könnte nicht sterben. Nach dem Tode daher noch Etwas zu wünschen, nach Etwas noch sich zu sehnen, ist grenzenlose Verirrung. Du stirbst gerade nur deswegen, weil vor dem Tode alles da ist, was Du nach dem Tode erst zu erreichen Dir einbildest; der Tod kommt nicht aus Mangel und Armut, sondern aus Fülle und Sättigung her. Die Last des unendlichen Wesens nur macht den Schrein Deines eignen, endlichen Seins, welcher es in sich faßt, zerbersten. (…)

Gott ist nicht bloß ein Dich bejahender, sondern auch ein Dich verneinender Gott; er ist nicht bloß der Anfang und das Ende aller *Dinge*, sondern auch der *Anfang* und das *Ende Deiner selbst*. Die Dinge und Wesen, die außer Dir existieren, die Du von Dir unterscheidend unter den Gattungsbegriff des Objektes oder der Natur ordnest, sind alle Grenz- und Negationspunkte von Dir; so viel und so weit die andern Dinge und Wesen außer Dir sind, so viel und so weit bist Du nicht, und so viele derselben sind, so viele End- und Grenzpunkte hast Du, an denen Dein Sein aufhört; an jedem Baume, an jeder Wand, an jedem Tische, an dem Du anstößest, stößest Du gleichsam auf Deinen Tod, auf die Grenze, auf das Ende Deines Daseins. Um Dir Dein Ende zu vergegenwärtigen, brauchst Du nicht erst auf den Kirchhof zu spazieren, jeder Gegenstand außer Dir kann Dir den Tod Deines Selbst vergegenwärtigen; jeder Rippenstoß, jeder Druck von außen ist ein lebendiges Memento Mori. Da nun aber Gott nicht bloß ein Gott des Selbstes, sondern auch ein Gott der Natur, da in Gott nicht nur die Bestimmung der Persönlichkeit, also nicht Du allein, sondern auch die Bestimmung der Objektivität, folglich die Dinge und Wesen außer Dir in ihm enthalten sind; so ist folglich auch in Gott die Grenze, das Ende, die Verneinung Deines persönlichen Daseins, Deines Ichs enthalten, und Gott hast Du also eben so wohl als den Grund Deines Todes zu erkennen, wie Du ihn als den Grund Deines Daseins anerkennst. (…)

Freilich bist Du so schwachsinnig, daß Du in dem Augenblick, wo Du das Dasein und die Schöpfung einer Natur, also die Notwendigkeit, Vernünftigkeit und Realität Deines Endes und Todes eingestehst, wieder vergissest, was Du gedacht, gesagt und getan hast. Und es ist kein Wunder. Du machst ja Dich allein zum Inhalt Gottes, Dich allein zur Sache des Unendlichen; und natürlich ist daher der Tod ein Nichtseinsollendes, Dein Ende nicht ein *wahres Ende*. Da Du nicht einmal selbst in Gott an Dein Ende kommst, so kannst Du natürlich um so viel weniger im natürlichen Tode an Dein Ende kommen, und mußt daher notwendig dem Ende dieses Lebens den flatterhaften, langweiligen, dunstreichen Kometenschweif einer kernlosen Unsterblichkeit ankleben. Dabei bist Du aber wieder so kurzsichtig und Dir selbst widersprechend, daß Du nicht gewahr wirst, daß jener allerdings zwar prachtvolle und dunstreiche Kometenschweif der Zukunft doch nur ein ganz blasser, fast nebelartiger Wiederschein und Abglanz Deiner gegenwärtigen Majestät und Herrlichkeit ist. Indem Du Deine Persönlichkeitsbestimmungen zu den einzig absoluten Inhaltsbestimmungen Gottes selbst machst, so machst Du Dich selbst, wie bereits gemeldet, zum Inhalt des Absoluten; Du empfindest und erkennst in Gott nicht einen Abbruch von Dir, sondern vielmehr nur die Fortsetzung und zwar eine potenzierende, vervollkommnende, erhöhende Fortsetzung von Dir. Auf diese Deine qualitative, wesentliche Fortsetzung und Fortdauer in Gott, auf diese Deine göttliche Existenz und Dignität paßt nun aber doch wohl Deine quantitative, zeitlos zeitliche, endlos endliche Fortdauer in der Zukunft ebensowenig, als der Schein auf das Wesen, das Nebenbild der Sonne auf die Sonne selbst, die Kopie auf das Original. Da du alles schon warst in diesem Leben, was Du nur immer sein konntest, schon in ihm das Höchste erreicht hast, was bleibt Dir denn nach dem Leben noch übrig, als der blasse Mondschein von dem gegenwärtigen Sonnenlicht?

Todesgedanken

Der physische Grund des Todes

So gewiß und wahrhaftig das unendliche Wesen unendlich und ewig ist, so gewiß und wahr ist es, daß das, was seinem Inhalt oder Wesen nach bestimmt und beschränkt ist, auch seinem Dasein nach bestimmt und beschränkt ist, daß folglich auch eine bestimmte Person nur eine bestimmte Zeit ist. Erkennst Du an, daß Du ein begrenztes Wesen bist, nicht das Wesen selbst, daß Du *eine* Person bist, nicht *die* Person selbst, so mußt Du auch anerkennen, daß Du jetzt, aber nicht immer bist. Du sagst: ich, dieses Individuum, will unsterblich sein. Du bist aber dieses Individuum nur als ein von andern unterschiednes, und Du kannst Dich daher nicht abtrennen von diesem Deinem Unterschiede; diese Bestimmtheit, diese Unterschiedenheit ist die Grenze Deines Seins, die nicht aufgehoben werden kann, ohne daß Du selbst zu sein aufhörst, so wenig als Du einem bestimmten Vogel die Bestimmtheit, durch welche er sich von andern Vögeln unterscheidet und das ist, was er ist, rauben kannst, ohne ihn ihm selbst zu rauben. Aber alle Bestimmtheit, alle Trennung und Unterschiedenheit beruht nur auf diesem bestimmten, wirklichen Dasein, ist nur möglich und wirklich in diesem wirklichen Leben. Nur in diesem Leben bist Du dieser Mensch; hört daher dieses Leben auf, so hörst Du selbst zu sein auf. (…)

Wo also die Zeit aufhört, da hört auch die Empfindung und mit dieser die Individualität auf. Dieses Wesen, dieses Individuum bist Du nur in *dieser Zeit*. Wenn Du daher in dem dunkelblauen Jenseits, wo von aller Zeit abstrahiert wird, dem Individuum individuelles Dasein, Empfindung, und zwar ewige Wonne, ewige Lust zuschreibst, so folgst Du nur der Einbildung, in der alles möglich ist, was in Wahrheit unmöglich ist, aber nicht der Vernunft.

Die bestimmte Person, das Individuum, ist aber nicht bloß notwendig ein zeitliches, von der Zeit unabtrennbares, sondern auch notwendig ein räumliches. Individuen sind notwendig dem Raume nach außer einander. Das Denken, die Vernunft, das Bewußtsein ist raumlos, aber diese sind keine Individuen; Raumlosigkeit schließt Individualität aus. (…)

Das menschliche Leben hat seine notwendige Schranke, über welche hinaus, und unter welche hinunter es nicht mehr existieren kann, und derselbe Ort, welcher der Sitz und die Quelle des menschlichen Lebens ist, ist auch die Grenze desselben. Es ist *das Wesen des menschlichen Lebens* selber, nur auf der Erde zu sein, nur in der Schranke, die die Natur in der Form und Gestalt der Erde hat, möglich und wirklich zu sein. Wie es zur Natur der Forelle gehört, nur in diesem bestimmten Wasser zu leben, zur Natur einer Pflanze, nur innerhalb der Grenze des bestimmten Klimas das zu sein, was sie ist; so gehört es zur Natur, zum wesentlichen Charakter des menschlichen und irdischen Lebens überhaupt, nur in der Natur, wie sie diese Natur, Erde ist, zu existieren. (…)

Wäre das Lebensmaß der Erde endlich bestimmtes, nicht in seiner Bestimmtheit allgemeines und unendliches Maß, so wäre das Maß des Erdlebens etwa das Maß einer einzigen Tier- und Pflanzenspezies oder Menschenrasse; irgend etwas, was jetzt ein besonderes Glied nur im System der Erdnatur ist, wäre das Ganze selbst. Und nur dann, wenn die Erde nur wäre das Lebensmaß einer bestimmten Art, nur dann läge in dieser beschränkten Beschaffenheit der Erde selbst der Grund und die Notwendigkeit, über sie als ein Endliches hinauszugehen. Da es nun aber unendlich viele und unterschiedne Maße und Arten des Lebens auf der Erde gibt, diese Arten aber begriffen und enthalten sind innerhalb des gemeinschaftlichen Maßes, welches die Erdnatur selbst ist, so ist die Erdnatur als die allgemeine, allumfassende, unendliche Gattung, die absolute, unübersteigliche Grenze alles irdischen, folglich auch menschlichen Lebens und Wesens. (...)

Wenn der Mensch erst jenseits der Erde im Himmel auf Uranus oder Saturnus oder wo ihr sonst wollt seine Vollendung fände, so gäbe es keine Philosophie, keine Wissenschaft überhaupt. Statt daß allgemeine, abgezogne Wahrheiten und Wesenheiten Gegenstände unsers Geistes wären, statt der Gedanken, Erkenntnisse, Begriffe, dieser rein geistigen Wesen und Objekte, die jetzt die Bewohner unsers Kopfes sind, wären dann unsre himmlischen Brüder, die Saturnus- oder Uranuswesen die Bewohner unsres Kopfes. Statt Mathematik, Logik, Metaphysik hätten wir die genauesten Porträte der Himmelsbewohner. Jene himmlischen Wesen nämlich würden sich zwischen uns und die Gegenstände des Wissens und Denkens hinlagern, sie würden uns den Blick auf jene Objekte versperren, eine ewige vollkommene Sonnenfinsternis in unserm Geiste bewirken – denn sie wären uns näher und verwandter, als Gedanken, Ideen, Begriffe, sie sind ja nicht rein geistige oder abstrakte Wesen wie diese, sondern sinnlich geistige Wesen, Wesen, die nur das Wesen der Einbildungskraft ausdrücken – unser ganzer Geist wäre dann nur ein Traum, eine Vision der schönern Zukunft. Derjenige daher, den die Schwere der Vernunft verhindert, auf der Oberfläche des unbegrenzten Ozeans der Einbildung umherzuschwimmen, wird erkennen, daß in der Tiefe unsers Geistes, als in einer für sie irrespirabeln Luft das Lebenslicht der Engel und aller sonstigen ähnlichen himmlischen Wesen erlischt, daß »Geister« eben so wenig das Licht des Geistes vertragen, als Gespenster das Morgenlicht, daß alle vom Menschen abstrahierten und gleichwohl über den Menschen gesetzten Individualwesen, sie mögen nun als Engel oder sonst wie vorgestellt werden, weiter nichts sind, als Verzierungen, als gotische Schnörkel an dem Tempel unsers Geistes, und gleich den Büsten und Statuen an den Palästen der Großen nur das Atrium, den Vorhof unsers Innersten zieren. Denn indem wir uns über uns selbst, unser sinnliches Dasein und Leben erheben, in uns einkehren, so erheben wir uns, ohne an höhere Individuen anzustoßen, in den Geist selbst, zum Gedanken des unendlichen Wesens, überhaupt zu Gedanken, Ideen, Begriffen. Da aber der Mensch es ist, welcher, indem er über sein sinnliches Sein und Wesen sich erhebt, zur Vernunft kommt, zu Gedanken, zu klaren, reinen, allgemeinen Unsinnlichkeiten, so ist sein sinnliches Sein auf der Erde ein letztes sinnliches Sein, sein irdisches Dasein sein höchstes, sein vollendetes Dasein. Hätte die Natur der Erde nicht schon hier ihr ganzes, letztes Wesen, alle in ihr liegenden und einem irdischen Wesen möglichen Lebensformen entfaltet, hätte sie nicht, wie sie zum Menschen kam, gerufen: »es ist vollbracht; bis hierher und nicht weiter,« so würde der Mensch nicht denken. Das Denken ist ein Ausdruck der Sättigung, Befriedigung, Vollendung; das Denken ist die letzte äußerste Lebensgrenze des Wesens, das denkt. Das höchste Leben ist daher auch nur das Leben in Religion, Wissenschaft, Kunst; das ist das Leben über dem sinnlichen und vergänglichen Leben, das Leben über dem Tode; Wissenschaft, Kunst, Religion sind die einzig wahren Genien und Engel des Menschen, überhaupt, wenigstens für ihn die einzig wirklichen höhern und vollkommneren Wesen; in diesen allein, aber nicht auf Saturnus und Uranus oder sonst wo existiert der Mensch auch nach dem Tode noch fort. (...)

Das vornehme unsterbliche Individuum bekümmert sich übrigens, was seinen künftigen Körper, wie überhaupt Leben und Sterben betrifft, nicht nur nicht im mindesten darum, ob es denn nur überhaupt möglich ist, daß eine bestimmte Person noch dieselbe, die sie ist, sein könne, wenn sie ihren bestimmten Leib verläßt, sondern hält es auch ganz unter seiner Würde, danach sich zu erkundigen, ob die Seele sich förmlich von ihrem Körper trennen, außer ihn hinausgehen könne, und im Tode wirklich außer ihn hinausgehe. Vielmehr setzt es als unbezweifelbar wahr voraus, daß wie der Vogel im Käfig, das Wasser im Gefäße, so die Seele im Körper eingeschlossen sei; daß er das Wohnhaus, der Kerker derselben sei, und daß sie vielleicht im Tode gar wie der Rauch aus dem Schornstein aus ihm aufsteige. Allein die Seele ist weder in dem Körper eingeschlossen, noch kann sie von ihm ausgeschlossen werden; sie ist weder in dem Körper, noch außer ihm, und kann folglich auch nicht außer ihn hinausgehen. In den beiden Fällen, wenn sie in dem Körper, oder außer ihm sein könnte, wäre sie ein selbst in bestimmter Räumlichkeit und Körperlichkeit eingeschlossenes Ding, sie wäre selbst etwas bestimmt Körperliches; denn nur selbst Körperliches kann in einem oder außer einem Körper sein. Die *Nicht*körperlichkeit ist allein die *Außer*körperlichkeit der Seele. Ebenso ist die Seele nur auf nicht räumliche Weise, nicht auf sinnliche, sondern auf geistige, wesentliche Art und Weise im Leibe.

Die Seele ist, obwohl unkörperlich, doch ebensowenig ohne ihren

Körper Seele, als der Herr noch Herr ist, ohne Knecht, der Zweck ohne Mittel Zweck. Die Seele verhält sich zum Leibe, wie das Feuer zum Stoffe; der Körper ist der Docht, der Nahrungsstoff der Seele; wo kein Stoff ist, da ist kein Feuer. Insofern kann man sagen: das Feuer ist abhängig von seinem Stoffe, notwendig an ihn gebunden; er ist sein Werkzeug. Insofern es aber den Stoff aufzehrt und vernichtet, ist das Feuer der Herr des Stoffes, das Mächtige. So wie aber das Feuer selbst aufhört, wenn vom verbrennlichen Stoffe nichts mehr übrig ist, so hört auch die *bestimmte* Seele, die Seele dieses bestimmten, besonderen Körpers zugleich mit ihrem bestimmten Leibe auf. Hat die Seele nämlich ihren Körper gleichsam aufgezehrt, hat sie an ihm keinen Nahrungsstoff mehr, ist er durch den fortwährenden Gebrauch abgenutzt und ausgefressen worden, hat sie keine Materie mehr zu ihrem Gegenwurf und Gegenstand, woran sie sich tätig erwiese, und durch dessen Aufhebung und Verzehrung sie die ist, die sie ist, Seele, so erfolgt der Tod. Der Körper ist der Gegenwurf und Gegenstand der Seele; sie ist nur Seele in der ununterbrochenen Überwindung und Aufhebung dieses ihres Vorwurfs. Die Immaterialität ist kein totes, festes, ruhendes Prädikat, das ihr etwa anhängt, wie einem Dinge eine Beschaffenheit anhängt; sie ist nur immateriell als verneinend und verzehrend die Materie: ist dem Körper aller Stoff und Kraft ausgesogen worden (– und der einzelne Körper ist eben an und für sich als einzelner, ein endliches, abnutzbares, unbrauchbar werdendes Instrument –), so daß er nicht mehr Gegenwurf sein kann, so verschwindet die bestimmte einzelne Seele zugleich mit ihrem Leibe. Die Seele ist kein Ding, kein ruhendes, fixes Wesen, das etwa, wie die Auster, so in ihrem Körper säße; sie ist lauter Leben, lauter Tätigkeit, heiliges, übersinnliches Feuer; sie ist nie fertig, eine abgetane Sache; ihr kommt kein abgestandenes Sein zu, sie wird nur, sie ist nie. Aber eben diese reine Tätigkeit, die Seele, wie sie bestimmt, wie sie identisch ist mit dem bestimmten Leibe, endet auch zugleich mit demselben. (...)

Die Seele trennt sich vom Leibe, heißt, freilich nicht in Deiner Meinung, aber in der Wahrheit ausgesprochen und gefaßt: die Seele unterscheidet sich vom Leibe, trennt sich von der Empfindung, zieht sich zurück aus aller Sinnlichkeit in die reine Beziehung auf sich selbst, und ist in dieser Abstraktion, dieser geistigen Absonderung von dem Leibe, in diesem freien Verhältnis zu sich selbst, in dieser den lebendigen Leib selbst als bloße Materie, als ein gleichgültiges Anderes von sich entfernenden und ausscheidenden Einheit mit sich Selbstbewußtsein, Denken. Glaubst Du aber, daß die Trennung der Seele vom Leibe und ihr Außerdemkörpersein etwas anderes bedeute und bedeuten könne, als daß die Seele sich vom Leibe unterscheide, und in dieser Unterscheidung Denken und Vernunft sei, so mußt Du Dir das Verhältnis der Seele zum Leibe als ein räumliches und sie selbst als ein Räumliches vorstellen. Indem Du daher Dir wirklich vorstellst, daß die Seele im Tode außer den Körper hinausgehe, so machst Du die geistige, wesentliche, innere Entkörperung der Seele, ihr geistiges Außerdemkörpersein zu einem räumlichen, und stellst Dir daher die höchste Tätigkeit, das höchste Wesen der Seele – denn dieses ist der Geist – als eine besondere, räumlich und zeitlich, d. i. mit dem Tode erst vorsichgehende Begebenheit vor. (…)

So ist Dein Glaube an die Unsterblichkeit, insofern er der Glaube und die Vorstellung ist, daß die Seele im Tode förmlich, wirklich außer den Leib hinausgehe, eine theoretische Narrheit, eine theoretische Seelenkrankheit. Denn wie der Narr seine Vorstellungen verleiblicht, wie sie für ihn sinnliche Wirklichkeit haben: so ist Deine vermeintliche Entkörperung der Seele nur eine Verkörperung derselben; so machst Du ihre Befreiung und Freiheit von dem Leibe, das Werden der Vernunft, Freiheit und Selbstbewußtseins, eine innere, ewige, geistige Handlung, also den Geist selbst, die höchste Tätigkeit und das höchste Wesen der Seele, zu einem besonderen Zustande, einer Passion, einem in Raum und Zeit sich zutragenden Ereignis: denn nach dem Tode oder mit ihm soll die Seele erst frei werden vom Körper, wirklich, d. h. auf räumliche sinnliche Weise sich vom Körper scheiden oder außer ihn hinausgehen. Dein Glaube daher an die Unsterblichkeit, inwiefern er sich gründet auf die Natur der Seele, beruht auf höchst materiellen Vorstellungen von derselben; nur ist freilich Dein Materialismus von anderer Art, als der gewöhnlich so genannte Materialismus.

Todesgedanken

Der kritische Unsterblichkeitsglaube

Der eigentliche Unsterblichkeitsglaube entsteht nur da, wo der Mensch bereits zum Bewußtsein gekommen, daß der Tod eine Negation und Abstraktion, Verneinung und Absonderung ist, die aber der Mensch, weil er selbst denkend eine Tätigkeit der Verneinung und Absonderung ausübt, nicht auf das dieser Tätigkeit als Subjekt untergelegte Wesen, den Geist, sondern nur auf sein augen- überhaupt sinnfälliges Wesen sich erstrecken läßt. Er erblickt vielmehr in dem Tode nur den Ausdruck der Verneinung und Absonderung, die er selbst im Denken ausübt, wenn er von einem sinnlichen Gegenstand sich einen allgemeinen Begriff bildet. Wie sollte also der Tod das aufheben, wovon er selbst nur eine Erscheinung ist? Philosophieren heißt sterben – also sterben philosophieren; also promoviert der Tod den Menschen nur zum Doktor der Philosophie. Das heißt: der Mensch stirbt; aber der Philosoph ist unsterblich. Der Tod nimmt dem gemeinen Menschen unfreiwillig, was der Philosoph freiwillig sich nimmt. Der Philosoph, wenigstens der wahre, spekulative, platonische, christliche ist schon im Leben geschmacklos, geruchlos, taub, blind und gefühllos. Er ißt und trinkt zwar, er übt überhaupt alle *tierischen* Funktionen aus, wie Sehen, Hören, Fühlen, Lieben, Gehen, Laufen, Atmen, aber im Zustande der Geistesabwesenheit, folglich geist- und sinnlos; nicht mit Lust und Liebe, wie ein gemeiner Mensch, nein! nein! nur aus trister Notwendigkeit, nur mit Ärger und Widerwillen; nur im Widerspruch mit sich, weil für ihn der Genuß des Denkens an diese profanen Lebensverrichtungen gebunden ist, weil er nicht denken, nicht philosophieren kann, wenn er nicht lebt. Wie sollte also der Tod gegen ihn sein? Der Tod verneint ja nur, was er selbst verneinte, ist ja das Ende aller Lebensgenüsse und Lebensverrichtungen. Er setzt daher nach dem Tode seine Existenz fort – aber *nicht als Mensch*, sondern als *Philosoph* d. h. er denkt den Tod, den Akt der Verneinung und Absonderung als Existenz, weil er ihn identifiziert mit dem Denkakt, dem höchsten Lebensakt; er personifiziert die Verneinung des Wesens, das Nichtsein als Sein.

Selbst der christliche Himmel ist seiner wahren religiösen Bedeutung nach nichts anderes, als das *Nichtsein des Menschen* gedacht als *Sein des Christen*. Der Tod ist die Verneinung, das Ende aller Sünden und Fehler, aller Leidenschaften und Beschwerden, aller Bedürfnisse und Kämpfe, aller Leiden und Schmerzen. Schon die Alten nannten deswegen den Tod einen Arzt. Von diesem Gesichtspunkte aus müßte man auch als Pädagog und Seelenarzt den Tod darstellen. Das menschliche Herz versöhnt sich mit dem Tode, wenn der Kopf den Tod ihm darstellt als die Verneinung aller der Übel und Leiden, die mit dem Leben verbunden sind, und zwar *notwendig:* denn wo Empfindung ist, da ist notwendig auch Schmerzempfindung, wo Bewußtsein, notwendig auch Unfriede und Zwiespalt mit sich selbst. Kurz: das Übel ist so notwendig mit dem Leben verbunden, wie der Stickstoff, in dem das Licht des Feuers und

Lebens erlischt, mit dem Sauerstoff der Luft. Ununterbrochene Seligkeit ist ein Traum. Wenn ich mir daher als Lebender den Tod, als Seiender mein Nichtsein, und dieses Nichtsein als die Verneinung aller Übel, Leiden und Widerwärtigkeiten des menschlichen Lebens und Selbstbewußtseins vorstelle, so trage ich unwillkürlich die Empfindung des Seins in mein Nichtsein über; ich denke und empfinde daher mein Nichtsein als einen seligen Zustand. Und der Mensch, der wie die meisten Menschen, in der Identität von Denken und Sein aufwächst und lebt, der nicht unterscheidet zwischen Gedanke oder Vorstellung und Gegenstand, hält daher dieses im Gegensatz gegen die Leiden des wirklichen Seins als Seligkeit vorgestellte und empfundene Nichtsein für ein wirkliches Sein nach dem Tode. So ist denn auch der christliche Himmel in seiner reinen, von allen anthropopathischen Zusätzen und sinnlichen Ausschmückungen entkleideten Bedeutung nichts anderes, als der Tod, die Verneinung aller Müh- und Trübsale, Leidenschaften, Bedürfnisse, Kämpfe gedacht als Gegenstand der Empfindung, des Genusses, des Bewußtseins, folglich als ein *seliger* Zustand. Der Tod ist daher eins mit Gott, Gott nur das personifizierte Wesen des Todes; denn wie in Gott alle Leiblichkeit, Zeitlichkeit, Bedürftigkeit, Begierlichkeit, Leidenschaftlichkeit, Unstätigkeit, Mangelhaftigkeit, kurz alle Eigenschaften des wirklichen Lebens und Daseins aufgehoben sind, so auch im Tode. Sterben heißt daher zu Gott kommen, Gott werden, – so schon bei den Alten – der Tote der Selige, der Verewigte der Vollendete.

Spezieller gefaßt, ist der Himmel für den Christen die Verneinung, der Tod alles Unchristlichen, alles Fleischlichen, Sinnlichen, Menschlichen; denn im Himmel hört der Christ auf, Mensch zu sein, wird er Engel. Der Engel ist ja nichts anderes, als die Personifikation des abstrakten, vom Menschen abgesonderten und eben deswegen wahren, vollendeten Christen; nichts anderes als der Christ ohne Fleisch und Blut, der Christ vorgestellt als selbständiges Wesen. Wie vom platonischen Menschen, streng genommen, nach dem Tode nichts übrigbleibt, als der Philosoph als solcher, die unsterbliche Seele nichts anderes ist, als der vergegenständlichte und personifizierte Begriff der Philosophie; so bleibt also, streng genommen, von dem christlichen Menschen nach dem Tode nichts übrig, als der Christ als solcher; so ist der christliche Himmel nichts anderes als das verwirklichte, vergegenständlichte, personifizierte Christentum. Da aber der Philosoph ebensowenig als der Christ ohne den Menschen existieren kann, der Philosoph in Wahrheit nichts ist, als der philosophierende, der Christ nichts als der christgläubige, gottselige Mensch; so versteht es sich von selbst, daß das als rein philosophisches oder rein christliches Sein vorgestellte Nichtsein des Menschen wieder zu einer Bejahung des Menschen wird. Nur auf den Schultern des Menschen kann sich ja der Philosoph zur Unsterblichkeit, der Christ zur himmlischen Seligkeit emporschwingen; nur wenn der Mensch unsterblich, kann es ja auch der Philosoph, der Christ sein. Wie wir auch dem abstraktesten, allgemeinsten Begriffe stets ein sinnliches Bild unterlegen müssen, wenn er nicht eine sinnlose Floskel sein soll; so muß der Philosoph wohl oder übel seiner unsterblichen Seele, der Christ seinem himmlischen, von Fleisch und Blut gesonderten Wesen, das Bild des sinnlichen Menschen unterschieben. Aber gleichwohl ist diese Vermenschlichung, diese Versinnlichung nur eine unwillkürliche, nicht sein sollende; denn es *soll* nach dem Tode nur der Philosoph, nur der Christ, nicht mehr der Mensch existieren; es soll die Existenz nach dem Tode eine abstrakte und negative sein, eine Existenz, welche die Abwesenheit aller Widersprüche und Gegensätze gegen die Philosophie, gegen das Christentum ist; nur daß, wie gesagt, diese Abwesenheit aller Übel als seliges Sein vorgestellt wird. Aber eben als eine nur abstrakte und negative Existenz ist sie eine höchst zweifelhafte, ja unglaubliche, augenfällig den Bedingungen einer wirklichen Existenz und dem Wesen der menschlichen Natur widersprechende; denn der Mensch kann sich keine Seligkeit ohne Arbeit, keine Ewigkeit ohne Wechsel, keinen Genuß ohne Not, Mangel, Bedürfnis, er kann sich überhaupt, wenn er nur einigermaßen die Augen öffnet und seine Blicke aus dem Reich der himmlischen Träume in die Wirklichkeit wirft, kein abgezogenes Wesen als ein wirkliches denken. Er gibt daher die religiöse und philosophische Unsterblichkeit auf; er setzt an die Stelle der abstrakten Philosophen und des himmlischen Christen den Menschen. Die Unsterblichkeit auf diesem Standpunkt, ihrem letzten, ist die Unsterblichkeit des modernen rationalistischen Christentums, des gläubigen Unglaubens, welcher in der Bejahung der religiösen Wahrheiten, d.i. Vorstellungen, immer zugleich ihre Verneinung hineinlegt.

Die Unsterblichkeitsfrage vom Standpunkt der Anthropologie

I. Der Aufbruch eines neuen Bewußtseins

Der christliche Himmel oder die persönliche Unsterblichkeit

Die Unsterblichkeitslehre ist die Schlußlehre der Religion – ihr Testament, worin sie ihren letzten Willen äußert. Hier spricht sie darum unverhohlen aus, was sie sonst verschweigt. Wenn es sich sonst um die Existenz eines *anderen* Wesens handelt, so handelt es sich hier offenbar nur um die *eigene Existenz;* wenn außerdem der Mensch in der Religion sein Sein vom Sein Gottes abhängig macht, so macht er hier die Existenz Gottes von seiner eigenen abhängig; was ihm sonst die primäre, unmittelbare Wahrheit, das ist ihm daher hier eine abgeleitete, sekundäre Wahrheit: *wenn ich nicht ewig bin, so ist Gott nicht Gott,* wenn *keine Unsterblichkeit,* so ist *kein Gott.*(...)

Wo man einmal zweifelt an der Wahrheit der Bilder der Unsterblichkeit, zweifelt, daß man so existieren könne, wie es der Glaube vorstellt, z.B. ohne materiellen, wirklichen Leib oder ohne Geschlecht, da zweifelt man auch bald an der jenseitigen Existenz überhaupt. Mit dem Bilde fällt die Sache – eben weil das Bild die Sache selbst ist. (...) Das andere Leben ist nichts anderes als das *Leben im Einklang mit dem Gefühl, mit der Idee,* welcher *dieses Leben widerspricht.* Das Jenseits hat keine andere Bedeutung, als diesen Zwiespalt aufzuheben, einen Zustand zu verwirklichen, der dem Gefühl entspricht, in dem der Mensch *mit sich* im *Einklang* ist. Ein unbekanntes Jenseits ist eine lächerliche Chimäre: das Jenseits ist nichts weiter als die *Wirklichkeit einer bekannten Idee,* die Befriedigung eines bewußten Verlangens, die Erfüllung eines Wunsches; es ist nur die *Beseitigung der Schranken,* die hier der Wirklichkeit der Idee im Wege stehen. (...)

Der Glaube an das jenseitige Leben ist daher nur der Glaube an das diesseitige *wahre* Leben: die wesentliche Inhaltsbestimmtheit des Diesseits ist auch die wesentliche Inhaltsbestimmtheit des Jenseits; der Glaube an das Jenseits demnach kein Glaube an ein *anderes unbekanntes* Leben, sondern an die Wahrheit und Unendlichkeit, folglich Unaufhörlichkeit *des* Lebens, das *schon hier* für das *echte Leben* gilt. (...)

Wie Gott nichts anderes ist als das Wesen des Menschen, gereinigt von dem, was dem menschlichen Individuum, sei es nun im Gefühl oder Denken, als Schranke, als Übel erscheint: so ist das Jenseits nichts anderes als das Diesseits, befreit von dem, was als Schranke, als Übel erscheint. So bestimmt und deutlich die Schranke als Schranke, das Übel als Übel von dem Individuum gewußt wird, ebenso bestimmt und deutlich wird von ihm das Jenseits, wo diese Schranken wegfallen, gewußt.

Das Jenseits ist das Gefühl, die Vorstellung der Freiheit von *den* Schranken, die hier das Selbstgefühl, die Existenz des Individuums beeinträchtigen. (...)

Das Jenseits ist das Diesseits im Spiegel der Phantasie – das bezaubernde Bild, im Sinne der Religion das Urbild des Diesseits: dieses wirkliche Leben nur ein Schein, ein Schimmer jenes geistigen, bildlichen Lebens. Das Jenseits ist das im Bilde angeschaute, von aller groben Materie gereinigte – verschönerte Diesseits. (...)

Der übernatürliche Körper ist ein Körper der Phantasie, aber eben deswegen ein dem Gemüte des Menschen entsprechender, weil ihn nicht belästigender – ein rein subjektiver Körper. Der Glaube an das Jenseits ist nichts anderes als der Glaube an die Wahrheit der Phantasie, wie der Glaube an Gott der Glaube an die Wahrheit und Unendlichkeit des menschlichen Gemütes. Oder: wie der Glaube an Gott nur der Glaube an das *abstrakte* Wesen des Menschen ist, so der Glaube an das Jenseits nur der Glaube an das *abstrakte* Diesseits.

Aber der Inhalt des Jenseits ist die Seligkeit, die ewige Seligkeit der Persönlichkeit, die hier *durch die Natur* beschränkt und beeinträchtigt existiert. Der Glaube an das Jenseits ist daher der Glaube an die *Freiheit der Subjektivität von den Schranken der Natur* – also der Glaube an die Ewigkeit und Unendlichkeit der Persönlichkeit, und zwar nicht in ihrem Gattungsbegriffe, der sich in immer neuen Individuen entfaltet, sondern dieser bereits existierenden Individuen – folglich der *Glaube des Menschen an sich selbst*. Aber der Glaube an das Himmelreich ist eins mit dem Glauben an Gott – es ist derselbe Inhalt in beiden – Gott ist die reine, absolute, aller Naturschranken ledige Persönlichkeit: er *ist* schlechtweg, was die menschlichen Individuen nur sein *sollen*, sein *werden* – der Glaube an Gott daher der *Glaube des Menschen an die Unendlichkeit und Wahrheit seines eigenen Wesens* – das göttliche Wesen das menschliche und zwar subjektiv menschliche Wesen in seiner absoluten Freiheit und Unbeschränktheit.

Unsere wesentlichste Aufgabe ist hiermit erfüllt. Wir haben das außerweltliche, übernatürliche und übermenschliche Wesen Gottes reduziert auf die Bestandteile des menschlichen Wesens als seine Grundbestandteile. Wir sind im Schlusse wieder auf den Anfang zurückgekommen. Der Mensch ist der Anfang der Religion, der Mensch der Mittelpunkt der Religion, der Mensch das Ende der Religion.

Das Wesen des Christentums

I. Der Aufbruch eines neuen Bewußtseins

Über Tod und Leben

Was ist das Leben? Allein der Zeugungsaktus des Geistes;
Darum ist kurz der Prozeß, aber auch süß der Genuß.

Zweck ist das Leben sich selbst, so mein' ich, immer den Klugen:
Eben darum insgemein auch Vorbereitung auf Nichts.

Weise ist der allein, der *Alles* schon findet im Leben;
Aber dafür auch im Tod weiter nichts findet als ihn.

Magische Reize allein verleihet dem Leben der Menschen
Einzig Vergänglichkeit nur: Königin ist sie der Welt.

Leben begehre vom Tod nicht; Eins nur ersehn' und erstrebe,
Daß der Edle noch einst deiner mit Liebe gedenkt.

Über Tod und Ewigkeit

Ewig lebet der Mensch, deshalb, wißt! sterben die Menschen;
Alles Zeitlichen Tod ist ja das Ewige nur.

Wohl wirst du zu Staube dereinst, doch nimmer vergehet,
Was du hast Edles gedacht, was du hast innigst geliebt.

Xenien

Gottfried Keller
1819–1890

»Das Recht, ruhig zu bleiben im Gemüt«

Unter Sternen

Wende dich, du kleiner Stern,
Erde! wo ich lebe,
Daß mein Aug, der Sonne fern,
Sternenwärts sich hebe!

Heilig ist die Sternenzeit,
Öffnet alle Grüfte;
Strahlende Unsterblichkeit
Wandelt durch die Lüfte.

Mag die Sonne nun bislang
Andern Zonen scheinen,
Hier fühl ich Zusammenhang
Mit dem All und Einen!

Hohe Lust, im dunklen Tal,
Selber ungesehen,
Durch den majestät'schen Saal
Atmend mitzugehen!

Schwinge dich, o grünes Rund,
In die Morgenröte!
Scheidend rückwärts singt mein Mund
Jubelnde Gebete!

I. Der Aufbruch eines neuen Bewußtseins

Ich hab in kalten Wintertagen

Ich hab in kalten Wintertagen,
In dunkler, hoffnungsarmer Zeit
Ganz aus dem Sinne dich geschlagen,
O Trugbild der Unsterblichkeit!

Nun, da der Sommer glüht und glänzet,
Nun seh ich, daß ich wohlgetan;
Ich habe neu das Herz umkränzet,
Im Grabe aber ruht der Wahn.

Ich fahre auf dem klaren Strome,
Er rinnt mir kühlend durch die Hand;
Ich schau hinauf zum blauen Dome –
Und such kein beßres Vaterland.

Nun erst versteh ich, die da blühet,
O Lilie, deinen stillen Gruß,
Ich weiß, wie hell die Flamme glühet,
Daß ich gleich dir vergehen muß!

Die kleine Passion

Der sonnige Duft, Septemberluft,
Sie wehten ein Mücklein mir aufs Buch,
Das suchte sich die Ruhegruft
Und fern vom Wald sein Leichentuch.
Vier Flügelein von Seiden fein
Trugs auf dem Rücken zart,
Drin man in Regenbogenschein
Spielendes Licht gewahrt'.
Hellgrün das schlanke Leibchen war,
Hellgrün der Füßchen dreifach Paar,
Und auf dem Köpfchen wundersam
Saß ein Federbüschchen stramm;
Die Äuglein wie ein goldnes Erz
Glänzten mir in das tiefste Herz.
Dies zierliche und manierliche Wesen

Gottfried Keller

Hatt' sich zu Gruft und Leichentuch
Das glänzende Papier erlesen,
Darin ich las, ein dichterliches Buch.
So ließ den Band ich aufgeschlagen
Und sah erstaunt dem Sterben zu,
Wie langsam, langsam ohne Klagen
Das Tierlein kam zu seiner Ruh.
Drei Tage ging es müd und matt
Umher auf dem Papiere;
Die Flügelein von Seide fein,
Sie glänzten alle viere.
Am vierten Tage stand es still
Gerade auf dem Wörtlein »will!«
Gar tapfer stands auf selbem Raum,
Hob je ein Füßchen wie im Traum;
Am fünften Tage legt es sich,
Doch noch am sechsten regt es sich;
Am siebten endlich siegt' der Tod,
Da war zu Ende seine Not.
Nun ruht im Buch sein leicht Gebein.
Mög uns sein Frieden eigen sein!

Einleitung

Friedrich Hebbel

Dem von Hebbels Dramen herkommenden Leser erhellen die Tagebücher ein unvermutet weites Problemfeld. Es liegt im Zwielicht von Hoffnung und Verzweiflung. Man könnte es mit Worten Hebbels so beschreiben: »Die Wolken wollen den Mond verdunkeln, er rächt sich an ihnen dadurch, daß er sie versilbert.« Es ist eine Art Ideenwerkstatt, in die man eintritt: Unmittelbar erlebt man das Entstehen und Wiederverwerfen von Gedanken zu Tod, Unsterblichkeit und Gott. Unsterblichkeit, die drängendste Frage im Tagebuch, ist der »Lichtgedanke« im Dunkel der stets gegenwärtigen Versuchung, »das Nichts an die Stelle des Alls« zu denken.

Dieses Denkexperiment ist der »einzige Wirbel«, der die Gedanken immer wieder ansaugt. Hebbel wäre nicht der große Tragiker, gäbe es für ihn Sicherheit. Unsterblichkeit und Gott – beides ist untrennbar verbunden, beides unbeweisbar. Ganz Kind seiner Zeit, verlangt er von sich strengste Beobachtung der Naturgesetze, was für den Dramatiker vor allem heißt, der Psychologie.

Die Zeit des Glaubens, der Autorität des Christentums ist vorbei, der »gegenwärtige Weltzustand hat sich zur Katastrophe gesteigert«. Endergebnis alles bisherigen Wissens ist für Hebbel der Dualismus von Geist und Natur, Ideen und Erscheinung – die »Spaltung« von Gott und Welt. Außer ihm sieht er keine tragende »Grund-Idee«. Die »Causa prima« – die »wahre Unendlichkeit der Eins, welche mehr ist als die Zwei« – ist nicht gefunden: ein »Riß« trennt die Schöpfung von ihrem Ursprung. Die Kunst – Hebbel nennt sie einmal »realisierte Philosophie« – muß dafür büßen: Da sie das Unendliche nicht mehr an der singulären Erscheinung veranschaulichen kann, verliert sie sich mit dem Weltmysterium »in ein und dieselbe Nacht«.

Alle Widersprüche in Hebbels Denken erklären sich aus den immer neuen Anläufen, den »Riß« zu überbrücken. Gegen einen »falschen Realismus«, der den Teil für das Ganze nimmt, verteidigt er einen »wahren Realismus«, der auch das umfaßt, was nicht an der Oberfläche liegt. Ein Organ, das noch in die Tiefe der Welt reicht, ist für ihn die künstlerische »Phantasie«. Er ringt um ein Werk, in dem das »wahre

Wesen« der Erscheinung – die Einheit von Realem und Idealem – sichtbar wird, wohl wissend, daß dies nur spiegelbildlich möglich wäre in dem, was er den »Kreis des Lebens« nennt. Das unvollendete Christus-Drama (eines der merkwürdigerweise im neunzehnten Jahrhundert entstandenen Christus-Fragmente, u. a. von Grabbe, Immermann, Richard Wagner) sollte ursprünglich mit Musik verbunden werden, der überindividuellen Welt der Töne, die jenseits der Spaltung ein »Ruhen im sittlichen Zentrum«, ein »Urgefühl des Daseins« schenkt. Musik, als Ausdruck eines paradiesischen Seins im Einen und Ganzen, wäre die dem unaussprechlichen Mysterium einzig angemessene Sprache, denn: »Ehe wir Menschen waren, hörten wir Musik«. Nur hier schließt sich der »Riß«.

In Umkehrung des neuplatonischen Kreis-Symbols sieht Hebbel die gesamte Erscheinungswelt im engen, vom Ganzen abgetrennten Kreis des Lebens, in dem der nur in Ahnung und Traum davon lebende Mensch sich dehnt, den sein Bewußtsein »zersprengen« will in »die himmlischen Kreise« und zuletzt in den allumfassenden Kreis der göttlichen Peripherie des Universums: »Alles Leben ist Kampf des Individuellen mit dem Universum.« Das Principium individuationis, die Schranke zwischen Gott und Mensch, gilt Hebbel als das Böse schlechthin. Das tragische Bewußtsein des Risses schließt jedoch den dialektischen Bezug ein: Leiden an der Vereinzelung heißt auch Rückbindung an die Idee des Ganzen, Streben nach der verlorenen Identität: »Die Sehnsucht nach Unsterblichkeit ist der fortbrennende Schmerz der Wunde.«

Als Ziel des Lebens erscheint deshalb immer wieder (man denkt an Friedrich Schlegel und Schleiermacher) die Vernichtung des Individuellen, die erlösende Aufhebung der begrenzten und begrenzenden Gestalt im Universellen. Gegen alle Zweifel und Verzweiflung tastet Hebbel nach den »Fühlfäden«, der »geistigen Nabelschnur«, die aus dem Kreis des Lebens hinausführen und mit dem All des Geistes verbinden könnte, wie es vielleicht, wenn auch unerkennbar, im Schlaf geschieht.

Der Begriff des Menschen von sich selbst, d. h. das Bewußtsein seiner Individuation, ist für ihn der Tod. Da es darum geht, sie aufzuheben, den Zusammenhang mit dem Ganzen wieder herzustellen, kann er sagen: »Der Tod ist ein Opfer, das jeder Mensch der Idee bringt.« In diesem Sinn könnte, ja müßte der Tod antizipiert werden. Denn in jedem Individuum ist ein Universelles, das dazu befähigt, ein »Überschuß« des Gei-

I. Der Aufbruch eines neuen Bewußtseins

stes.[1] So könnte Kunst »eine höhere Art von Tod« sein, Befreiung des Geistes vom Mangel der Individuation. Das meint der drastische Satz: »Dichten heißt sich ermorden.«

Der Weg in die Einheit, ins »Paradies«, führt jedoch nicht zurück, sondern (wie für Jean Paul) nur durch die Ichheit. Hebbels Hoffnung auf Unsterblichkeit, auf Gott, enthält den Gedanken einer »letzten Aufgabe« des Menschen im Zusammenhang mit seiner mystischen Vorstellung von der »werdenden Gottheit«. Er unterscheidet den anfänglichen, seiner selbst unbewußten Schöpfergott von dem in die Individuen unendlich zerteilten, im Zeitlichen »begrabenen« »Gott-Geschöpf«, dem »ungeheuren Individuum« – dem stummen Gott der Tragödie – und von diesem den »Gott am Ende«, der sich selbst erkennt in seinen Geschöpfen. Dieser Gott muß »aus dem Schoß der Menschheit« neu geboren werden – das ist die »unendliche Aufgabe« des Individuums an der ihm gesetzten Grenze. Denn nur hier, am Widerstand, an dem seine Sehnsucht sich bricht, entsteht Bewußtsein. Dieses wiederum ist nichts anderes als eine Art Echo. Das »wunderbarste Verhältnis zwischen Zentrum und Peripherie« besteht im »Wiederklang« des umschließenden Kreises in seinem Zentrum, im Bewußtsein jedes Einzelnen vom Ganzen: »An den Ring scheint alles Bewußtsein geknüpft zu sein; so wie wir an ihn anstoßen, haben wir im Zentrum unseres Ichs einen Wiederklang.«

An diesem Punkt beginnt für Hebbel die eigentliche Entwicklung des Menschen, der sich als »Prokustesbett der Gottheit«, als die »große Wunde Gottes« erkennt. Es geht darum, den Wiederklang zu vernehmen, die Individualität so weit wie möglich ihm anzunähern, damit aus der Zwei wieder die Eins werden kann.

Hebbel versteht seine Gedanken, die natürlich philosophische Tradition aufnehmen, nicht als Philosophie. Ihr bruchstückhafter, oft widersprüchlicher Charakter gilt ihm selbst als Ausdruck des vom Urgrund abgetrennten menschlichen Daseins, in das nur »Lichtblitze« fallen, die sich wieder verdunkeln. Eingeklemmt zwischen dem unerbittlichen und unerkannten Tod und der unendlichen Aufgabe, bleibt nur der unermüdliche Versuch, das Unbegreifliche der letzten Dinge zu begreifen. Wenn alle Gründe, auf die der Glaube sich stützt, widerlegt sind, hofft er, daß vielleicht »etwas Mystisches in den Denk-Gesetzen« ver-

---

[1] Bei Hebbel taucht der Begriff zum ersten Mal auf – vor Hofmannsthal, Max Scheler, Rilke und Max Picard.

läßlichere Gründe finden helfen würde. Er selbst scheint auf solchen Wegen zu sein, wenn er schreibt: »Der erste, der den Tod nicht fürchtet, nicht an ihn glaubt, wird nicht sterben« – »Der Mensch ist, was er denkt.«

Friedrich Hebbel
1813–1863

Das vergebliche Denkexperiment des Nichts.
Leiden an der Individuation. Die rettende »Nabelschnur«
des Geistes. Der »Lichtgedanke« der Unsterblichkeit

Aus den Tagebüchern

Der Hauptbeweis gegen das Dasein Gottes ist, daß uns das absolute Gefühl unserer Unsterblichkeit fehlt. Wir könnten es haben, denn das Christentum ist diktatorisch und verbietet den Selbstmord; was die Theologie höchstens anführen könnte, wäre: die Wirkung der *Sehnsucht* würde den Menschen aufreiben. *(I, 74)*

Das Leben ist nur anderer Tod. Des Lebens Geburt, nicht Ende, ist der Tod. *(I, 476)*

Die Individualität ist nicht sowohl Ziel, als Weg, und nicht sowohl bester, als einziger. *(I, 491)*

Des Menschen letzte Aufgabe, aus sich heraus ein dem Höchsten, Göttlichen Gemäßes zu entwickeln und so sich selbst Bürge zu werden für jede seinem Bedürfnis entsprechende Verheißung. *(I, 584)*

Wir müssen nicht klagen, daß alles vergänglich sei. Das Vergänglichste, wenn es uns wahrhaft berührt, weckt in uns ein Unvergängliches. *(I, 585)*

Unsere Zeit ist schlimme Zeit. Das große Geheimnis, die letzte Ausbeute alles Forschens und Strebens, die »Einsicht in das Nichts« war ehemals hinter Schlösser und Riegel versteckt, und der Mensch sah sich und das Rätsel zu gleicher Zeit aufgelöst. Die alten Schlösser und Riegel sind schadhaft geworden, der Knabe *kann* sie aufreißen, der Jüngling reißt sie auf; ach, und fliegt der Adler wohl länger, als er an die *Sonne* glaubt? Die Weltgeschichte steht jetzt vor einer ungeheuren Aufgabe; die Hölle ist längst ausgeblasen und ihre letzten Flammen haben den Himmel ergriffen und verzehrt, die Idee der Gottheit reicht nicht mehr aus, denn der Mensch hat in Demut erkannt, daß Gott ohne Schwanz, d. h. ohne eine Menschheit, die er wiegen, säugen und selig machen muß, Gott und selig sein kann; die Natur steht zum Menschen wie das Thema zur Variation; das Leben ist ein Krampf, eine Ohnmacht oder ein Opiumrausch. Woher soll die Weltgeschichte eine Idee nehmen, die die Idee der Gottheit aufwiegt oder überragt? Ich fürchte, zum ersten Mal ist sie ihrer Aufgabe nicht gewachsen; sie hat sich ein Brennglas geschliffen, um die Idee einer freien Menschheit, die, wie der König in Frankreich, auf *Erden* nicht sterben kann, darin aufzufangen; sie sammelt, die *Weltgeschichte sammelt*, sie sammelt Strahlen für eine neue Sonne; ach, eine Sonne wird nicht zusammen gebettelt! (I, 689)

Gestern abend beim Zubettgehen hatt' ich ein Gefühl, wie es mir sein würde, wenn ich meinen Körper verlassen müßte. An diesen wohlgestalteten Leib fühlt der Mensch sich so mannigfach durch Leid und Freude, durch Bedürfnis und Gewohnheit, gefesselt, an diesem Leib, mit ihm und durch ihn hat sich das, was er sein Ich nennt, entwickelt, dieser Leib ist es, der ihn durch die nach allen Seiten aufgeschlossenen Sinne so innig mit der Natur verwebt, ja, das Ich gelangt nur *durch* den Leib zu einer Vorstellung seiner selbst, als eines von den Urkräften frei gegebenen, selbständigen und eigentümlichen Wesens und die kühne Ahnung eines noch immer fortbestehenden Verhältnisses zwischen dem Quell alles Seins und der abgerissenen Erscheinung des Menschen geht weit weniger aus Eigenschaften des Geistes, als des Leibes hervor. Nun denke man sich den Tod: ein einziger Augenblick zerreißt alle diese Fäden und alles, was an sie geknüpft ist: das Auge erlischt, das Ohr wird verschlossen, der Leib sinkt abgenutzt ins Grab und die Elemente teilen sich in ihn: indes soll das Ich, das nur durch den Leib ein Bild von sich, nur durch die Sinne ein Bild von der Welt hatte, in neue Sphären, von denen es keine Vorstellung hat, zu neuer Tätigkeit, die es nicht begreift, eintreten: als eine *reine* Kraft kann es nur unter Verhältnissen und Beziehungen zu andern Kräften, nur wenn es *Widerstand* findet, wirken: eine unvollkommene Maschine ist kein *Hindernis*, sondern ein *Bedingnis* geistiger Tätigkeit, es gibt keine Vermittlung zwischen Gott und den Menschen, als das Fleisch: also ein neues, dem alten, verlassenen, analoges Medium ist nötig und (hier kann man schaudern vor dem Augenblick des Übergangs) es entsteht jedenfalls ein leerer, wüster, Zwischen-Raum, der kurz sein mag, der aber ein völliger Stillstand des Lebens, wahrer *Tod,* ist und eine zweite Geburt, mithin die Wiederholung des größten Wunders der Schöpfung, notwendig macht. (Fragen: ist eine Wirksamkeit des Geistes ohne Körper möglich? Zur Antwort müßten Physiologie und Psychologie, in letzter Entwickelung, führen. Wenn möglich: Zustand des Menschen, der *nur* in seinem Leib und durch ihn gelebt hat: Notwendigkeit höchster Ideen.) (*I,760*)

Es ist die Frage, ob wir jemals eine ganz neue Wahrheit erfahren werden, eine solche, von der wir nicht von Anfang an schon eine Ahnung gehabt hätten, ja, es ist fast unzweifelhaft, daß dies nicht geschehen wird, eben weil es nicht geschehen kann, da ohne den vollständigsten Kreis aller Wahrheiten die menschliche Existenz, die durchaus eine solche Atmosphäre verlangt, gar nicht denkbar ist. (*I,1227*)

Sonntag, den 16ten d. M., als ich kaum zu Mittag gegessen hatte, erhielt ich einen Brief von meinem Bruder, worin er mir anzeigte, daß meine Mutter *Antje Margaretha*, geb. Schubart, in der Nacht vom 3ten auf den 4ten um 2 Uhr gestorben sei. (...)

Gute, rastlos um Deine Kinder bemühte Mutter, Du warst eine Märthyrin (...) Vergib mir das, was Du jetzt in seinem Grunde wahrscheinlich tiefer durchschaust, als ich selbst, und vergib es mir auch, daß ich, verstrickt in die Verworrenheiten meines eigenen Ichs und ungläubig gegen jede Hoffnung, die mir Licht im Innern und einen freien Kreis nach außen verspricht, Deinen Tod nicht beklagen, kaum empfinden kann. Diese Unempfindlichkeit ist mir ein neuer Beweis, daß der eigentliche, der vernichtende Tod die menschliche Natur so wenig als Vorstellung, noch als Gefühl zu erschüttern vermag, und daß er eben darum auch gar nicht möglich ist; denn alle Möglichkeiten sind in unserm tiefsten Innern vorgebildet und blitzen als Gestalten auf, wenn eine Begebenheit, ein Zufall, an die dunkle Region, wo sie schlummern, streift und rührt. (*I,1295*)

Alles kann man sich denken, Gott, den Tod, nur nicht das Nichts. Hier ist wenigstens für mich der einzige Wirbel. Eigentlich ist das auffallend, da das Nichts doch ein Gegensatz ist. Ich kann den Gang, den meine Gedanken nehmen, um zu diesem Wirbel zu kommen, nicht einmal beschreiben; sie gehen ihn oft, ich kann der Versuchung nicht widerstehen, auch habe ich über diesen Punkt gedacht, so lange ich denke. Ein andrer, glaube ich, wird mich hier sehr leicht mißverstehen: man kann sich freilich ohne Mühe ein Nichts neben einem Etwas denken, ich meine aber das Nichts überhaupt, das Nichts an die Stelle des Alls, das

Nichts ohne Vergangenheit und Zukunft, das Nichts, welches nicht allein die *Wirklichkeit,* sondern auch die *Möglichkeit* alles übrigen ausschließt. *(I,1353)*

Wenn man überall Geist annehmen darf, so muß man ihn auch im Menschen annehmen. – Und doch wäre es möglich, daß dasjenige, was wir in höherem Sinne Geist nennen, der erleuchtende Funke, der uns fremde Welten eröffnet, weil er aus fremden Welten stammt, uns nur besuchte, nicht aber in uns wohne. Er könnte von uns angezogen werden, wie der physische Funke, der Blitz, vom Eisen; wir könnten seine Werkstatt sein, worin er Großes schafft, und die von seiner Flammenkraft glüht und glänzt, ohne für sich selbst etwas zu bedeuten. *(I,1378/9)*

Ob der Mensch die Macht hat, sich selbst zu zerstören, d. h. sich so in einen, dem innersten Prinzip seiner Natur widerstreitenden Zustand hinein zu leben, daß er sich aus demselben gar nicht wieder befreien, gar nicht wieder zu der eigentlichen Quelle seines Lebens zurück finden kann? Auf Erden geschieht dies allerdings oft genug, aber der Fluch der Sünde reicht schwerlich über sie hinaus, höchstens in so weit, als der durch den Tod entfesselte Geist im Übergangsmoment seine nie geprüften Flügel nicht zu gebrauchen weiß. *(I,1488)*

Warum wird die Wahrheit durch die Subjektivität so gespalten? Weil Welt und Leben nur so möglich sind. *(I,1508e)*

Das Individuum existiert nur als solches, und wenn es sich selbst aufgibt, so ist sein Leben nur noch ein Sterben, ein unnatürliches und unnützes Hinwelken. Der Zustand einer Individualität, die sich einer größeren auf Gnade und Ungnade gefangen gibt, könnte den herrlichsten Stoff zu einer Novelle abgeben. Obgleich aber das Individuum nur als solches existiert, hat es dennoch keine heiligere Pflicht, als zu versuchen, sich von sich selbst los zu reißen, denn nur dadurch gelangt es zum Selbstbewußtsein, ja zum Selbstgefühl. *(I,1510)*

Der Geist wird wohl die Materie los, aber nie die Materie den Geist.
(I,1634)

Gott war sich vor der Schöpfung selbst ein Geheimnis, er mußte schaffen, um sich selbst kennen zu lernen. *(I,1674)*

Heute abend trotz aller Trübseligkeiten doch einmal wieder eine schöne, erhebende Stunde. Ich ging auf den Stintfang. Die stille,

I. Der Aufbruch eines neuen Bewußtseins

schweigende Stunde; die säuselnden Bäume rund umher; die ruhenden Schiffe im Hafen, auf denen hie und da ein Hund bellte und ein Lichtlein brannte; in der Ferne die Lichter an der hannöverschen Grenze, und darüber der ernste Nachthimmel, an dem der Mond, bald von den Wolken bedeckt, bald klar hervortretend, langsam hinwandelte; alles dies machte auf mich einen unsäglich linden, versöhnenden Eindruck, so daß ich mich auf eine Bank setzte und die Hände unwillkürlich zum Gebet faltete. Gedanken, die ich hatte:

Der Mensch lebt zwar aus sich selbst, aber nur die äußeren Eindrücke geben ihm das Bewußtsein seines Lebens.

Die Wolken wollen den Mond verdunkeln; er rächt sich an ihnen dadurch, daß er sie versilbert.

Das ist der ärgste Fluch, daß das Leben uns den *Haß* aufdringt. Es gibt Stunden (heut abend hatt' ich eine) wo man den Haß für unmöglich hält.

...Es ist gar nicht *möglich*, daß die Ideen von Gott und Unsterblichkeit Irrtümer sind. Wäre das, so überwöge ja der Wahn reell alle Wahrheit, und das ist eine Ungereimtheit. Wir können jene Ideen nicht *beweisen*, wie wir *uns selbst* nicht beweisen können; jene Ideen sind eben wir selbst, und kein Wesen kann die Fähigkeit besitzen, seine eigene Möglichkeit zu deduzieren. Vom Geist zur Materie ist ein Schritt; von der Materie zum Geist aber ein Sprung. Wir könnten die Unsterblichkeit gewiß beweisen, wenn wir nicht selbst unsterblich wären. *(I, 1702)*

Wir halten aus bescheidenem Irrtum den inneren Zentralpunkt der uns angeborenen Göttlichkeit für den bloßen Widerstrahl einer himmlischen Sonne. Die arme schwarze Erde betet den stolzen Baum mit seinem Kranz von Blüten und Früchten in Demut an und hat ihn dennoch erzeugt. *(I, 1739)*

Vielleicht würde keiner den andern morden, hielte er ihn nicht für unsterblich. *(I, 1740)*

Der Geist soll den Körper durch den Gedanken vernichten, der Mensch, der stirbt *durch den bloßen Gedanken, zu sterben*, hat seine Selbstbefreiung vollendet. Vielleicht gelingt diese Aufgabe in einem höheren Kreise. *(I, 1858)*

Der Erste, der den Tod nicht fürchtet, nicht an ihn glaubt, wird nicht sterben. Unser Glaube, uns're Furcht und uns're Hoffnung ist das Band, wodurch wir mit den unsichtbaren Dingen zusammenhängen. *(II, 1867)*

Der Begriff seiner selbst ist der Tod des Menschen. *(II, 2125)*

Alles Leben ist Kampf des Individuellen mit dem Universellen. *(II, 2129)*

Und kann der Mensch Gott nicht in sich aufnehmen, so muß wohl Gott den Menschen in sich aufnehmen, aber der Mensch wird sich auch dann nur als kleiner Kreis im größeren fühlen. *(II, 2132)*

In der Welt ist ein Gott begraben, der auferstehen will und allenthalben durchzubrechen sucht, in der Liebe, in jeder edlen Tat. *(II, 2137)*

Das Böse steht als Schranke zwischen Gott und dem Menschen, aber als solche Schranke, die dem Menschen allein individuellen Bestand gibt. Wäre es nicht da, so würde der Mensch mit Gott zu Eins. *(II, 2179)*

Der Dualismus geht durch alle unsre Anschauungen und Gedanken, durch jedes einzelne Moment unseres Seins hindurch und er selbst ist unsre höchste, letzte Idee. Wir haben ganz und gar außer ihm keine Grund-Idee. Leben und Tod, Krankheit und Gesundheit, Zeit und Ewigkeit, wie eins sich gegen das andere abschattet, können wir uns denken und vorstellen, aber nicht das, was als Gemeinsames, Lösendes und Versöhnendes hinter diesen gespaltenen Zweiheiten liegt.

(II, 2197)

Werden wir uns wiedersehen? fragt man oft. Ich denke: nein, aber wir werden uns *wieder fühlen,* wir werden vielleicht so klar und deutlich, wie jetzt durch's Auge die Gestalt, den äußern Umriß, der den Einzelnen von der Weltmasse trennt, durch ein anderes Organ das Wesen, den Kern des Seins, erkennen und uns dessen vergewissern. So kommt in diesem Fall, wie in manchem anderen, der Zweifel an einer höchsten, notwendigen Wahrheit nur aus dem unvollkommenen, unangemessenen Ausdruck her, durch den man sie umsonst zu bezeichnen sucht. *(II, 2230)*

Das Urgefühl des Daseins, höher, als die Spaltung: Lieb' und Haß, ein solches, womit Gott die Welt umfaßt. *(II, 2329)*

Durch den Todesgedanken hindurch den goldnen Faden des Lebens zu ziehen! Eine höchste Aufgabe der Poesie. *(II, 2330)*

Wenn der Mensch überhaupt dauert, so dauert er als Individuum. Denn er ist ein geborner Mittelpunkt. *(II, 2332)*

Der eigentlich Fluch des Menschen-Geschlechts liegt darin, daß nur die wenigsten zum Gefühl ihrer Unendlichkeit kommen, und daß von diesen wenigen wieder die meisten durch das hervorbrechende Gefühl über die Ufer und Grenzen des gegenwärtigen Daseins hinweg getrieben werden. *(II, 2334)*

Was ist Leben? Du steht *im* Kreis, bist durch den Kreis beschlossen, wie könnte der Kreis wieder, sei es als Bild oder Begriff, in Dir sein? Das Ganze vom Teil umfaßt werden, in ihm aufgehen? *(II, 2398)*

Ein Wesen, das sich selbst begriffe, würde sich dadurch über sich selbst erheben und augenblicklich ein anderes Wesen werden. Das wunderbarste Verhältnis ist das zwischen Zentrum und Peripherie. *(II, 2454)*

Ich glaube, im physischen Menschen ist der *Same* und im psychischen das *Gewissen* unverwüstbar und unverderbbar, denn in jenem beginnt die Welt, in diesem Gott. *(II, 2494)*

Bei der Frage über die Unsterblichkeit der Seele hängt alles davon ab, ob man behaupten darf, daß sie immer war, denn nur wenn sie immer war, wird sie immer sein, hat sie aber einen Anfang genommen, so muß sie auch ein Ende nehmen. Darf man Ja sagen? Entsteht sie nicht, entwickelt sie sich nicht, wie der Körper, wächst in ihr das Bewußtsein nicht eben so, wie im Leibe das Gefühl der Kraft? Findet sie in sich einen Faden, der bis über die Geburt hinaus geht, eine geistige Nabelschnur, die sie auf eine ihr selbst erkennbare Weise mit Gott und Natur verbindet? Und wie ihre Wurzeln nicht über die Geburt, so reichen ihre Fühlfäden nicht über den Tod hinaus und Geburt und Tod selbst entziehen sich ihr, wie Zustände, die ihr nicht mehr *allein* angehören. War sie aber desungeachtet immer, wie fällt dann das christliche Dogma, als ob ihre ganze geistige Existenz in Ewigkeit von dem kleinen Erden-Dasein abhängig sei, in nichts zusammen. *(II, 2576)*

Es ist doch immer in bezug auf die persönliche Fort-Dauer ein bedenkliches Zeichen, daß sich nie ein abgeschiedener Geist dem überlebenden befreundeten angezeigt hat. Der Geist, der so lange in einem Körper wirkte, hat die Fähigkeit, mit der Körperwelt in Verbindung zu treten, und diese Fähigkeit kann er, wenn er derselbe bleibt, nicht *verlieren*. *(II, 2596)*

    Wir Menschen sind gefrorne Gott-Gedanken,
    Die innre Glut, von Gott uns eingehaucht,

Kämpft mit dem Frost, der uns als Leib umgibt,
Sie schmilzt ihn oder wird von ihm erstickt –
In beiden Fällen stirbt der Mensch! *(II, 2633)*

Alles Individuelle ist nur ein an dem Einen und Ewigen hervortretendes und von demselben unzertrennliches Farbenspiel. *(II, 2731)*

Gott ist Alles, weil er Nichts ist, nichts Bestimmtes. *(II, 2784)*

Versöhnung im Drama: Heilung der Wunde durch den Nachweis, daß sie für die erhöhte Gesundheit notwendig war. *(II, 2845)*

Die höchste Form ist der Tod, denn eben indem sie die Elemente zur Gestalt kristallisiert, hebt sie das Durcheinanderfluten, worin das Leben besteht, auf. *(II, 2846)*

Bei persönlicher Fortdauer mit Bewußtsein ist eine Existenz in infinitum hinein kaum denkbar, denn eins von beidem: Langeweile oder Ekel müßte sich einstellen, selbst dann, wenn man eine beständige Steigerung des geistigen Vermögens, des Erkennens und Schaffens, wahrnähme, indem der Rückblick auf die vielen überwundenen Standpunkte dem Geist den errungenen letzten immer verleiden müßte, weil er ja wüßte, daß auch dort nur ein Ruhepunkt, und nichts weiter, erreicht sei, und weil die *Möglichkeit* der *Steigerung* ja an sich die *Möglichkeit* eines dereinstigen *Sich-Selbst-Genügens* ausschließt. Ohne Bewußtsein dagegen läßt der Spaß sich forttreiben. *(II, 2920)*

Gestern war ich in den naturhistorischen Museen im Jardin des Plantes. Ich sah eine aus Algier herübergebrachte versteinerte Erd-Schicht, worin Knochen und Gewächse, mehr oder weniger vermürbt und zerfallen, saßen. (...) Wenn man so sieht, wie das sich durcheinander verschlingt, das Leben und der Tod, wenn man bedenkt, daß auf der ganzen Erde vielleicht kein Stäubchen ist, das nicht schon gelacht und geweint, geblüht und geduftet hätte, so wird einem trostlos zumute und alle Philosophie schlägt nicht dagegen an, denn leider, was hat der Geist, wenn er nichts als sich selbst hat? Er muß immer aufs neue die Mesalliance eingehen, wenn er es einmal mußte, und bei der Unsterblichkeit kommt nichts heraus, als das Wieder- und Wiederkäuen. *(II, 3012)*

In jedem Menschen ist etwas, was aus ihm ins Universum zurückgreift. Diese Räder, die erst im Tode laufen dürfen, soll er zum Stehen bringen, sonst wird er zu früh zermalmt. *(II, 3041)*

Der Traum ist der beste Beweis dafür, daß wir nicht so fest in unsere Haut eingeschlossen sind, als es scheint. *(II, 3045)*

Alles ist vergänglich. Ja wohl, jeder Ring, in dem wir uns dehnen, muß endlich zerspringen, aber an den Ring scheint alles Bewußtsein geknüpft zu sein, so wie wir an ihn anstoßen, haben wir im Zentrum unseres Ichs einen Wiederklang. *(II, 3071)*

Einer, der bald stirbt, ist schon immer von einem Kreis von Toten umgeben. *(III, 3387)*

Die Sehnsucht nach Unsterblichkeit ist der fortbrennende Schmerz der Wunde, die entstand, als wir vom All losgerissen wurden, um als Polypen-Glieder ein Einzeldasein zu führen. *(III, 3736)*

Wenn alle Menschen sich bei der Hand fassen, ist Gott fertig. *(III, 3760)*

Die Erde ist vielleicht der Mittel-Planet, auf dem das Bewußtsein erst dämmert, und darum der relativ schlechteste; auf dem niedrigeren existiert nur Tierleben, auf dem höheren reines Geistesleben. *(III, 3991)*

Es wäre so unmöglich nicht, daß unser ganzes individuelles Lebensgefühl, unser Bewußtsein, in demselben Sinn ein Schmerzgefühl ist wie z. B. das individuelle Lebensgefühl des Fingers oder eines sonstigen Gliedes am Körper, der erst dann für sich zu leben und sich individuell zu empfinden anfängt, wenn er nicht mehr das richtige Verhältnis zum Ganzen hat, zum Organismus, dem er als Teil angehört. *(III, 4019a)*

So wenig man sich im Fieber vorstellen kann, daß man gesund war und es wieder werden wird, so wenig im individuellen Leben, daß ein allgemeines ihm zu Grunde liegt. Der Schauer vor dem ind. Leben ist vielleicht sein letztes, höchstes Resultat. *(III, 4077)*

Der Tod ist ein Opfer, das jeder Mensch der Idee bringt. *(III, 4324)*

Die Kunst ist nur eine höhere Art von Tod; sie hat mit dem Tod, der auch alles Mangelhafte, der Idee gegenüber, durch sich selbst vernichtet, dasselbe Geschäft. *(III, 4421)*

Ich habe einiges von den Feuerbachschen Sachen gelesen und finde (...), daß ich in unendlich vielem mit ihm übereinstimme. (...) Die Gründe, worauf der Glaube an Gott und Unsterblichkeit sich bis jetzt stützte, widerlegt er vollkommen, das ist wahr. Ob es aber, was wenigstens die Unsterblichkeit betrifft, nicht noch andere gibt? Ich denke manches, was ich nicht aufschreiben mag. In den Lebens-Gesetzen gibt es etwas Mystisches; in den Denk-Gesetzen nicht auch? *(III, 4453)*

Nicht ein Defizit ist schuld, daß der Mensch sterben muß, sondern ein Überfluß. *(III, 4709)*

Der Schlaf ist eine Nabelschnur, durch die das Individuum mit dem Weltall zusammenhängt. *(III, 4889)*

Der Wunsch, fortzuleben, ist einer der besten Beweise für die Kraft, fortzuleben. Wie könnte der Mensch den Wunsch ohne die Kraft festhalten? *(III, 5166)*

Die Toten sehen fast immer ruhig-heiter, ja befreit aus, als wäre der Staub ebenso froh, den Geist los zu sein, wie umgekehrt. *(IV, 5287)*

Der ganze Unterschied zwischen den Menschen hängt davon ab, ob sie den Zweck ihres Lebens über das Leben hinaus rücken dürfen, oder nicht. *(IV, 5750)*

Sie[1] werden noch Unendliches leisten, aber doch mit allen ihren Triumphen nicht über den Begriff des Zweckmäßigen hinaus kommen, und zwar des *Zweckmäßigen* im *Einzelnen*. Die Natur verbirgt es durchaus nicht, wie sie die Erscheinungen aufbaut und im Gange erhält; darum wird z.B. die Tätigkeit des Gehirns früher oder später eben so gut ihren Harvey finden, wie der Umlauf des Bluts ihn gefunden hat.[2] Aber was ist damit in Bezug auf den eigentlichen Knoten gewonnen, daß man den Menschen in diesem Sinn vollständig begreift und die ganze Erscheinungs-Reihe, der er angehört, mit ihm? Man steht im letzten Akt wieder, wo man im ersten stand, nur daß man nicht mehr von einem allmächtigen Schöpfer, sondern von unerbittlichen Gesetzen redet, was denn doch nur eine Kinderklapper mit der anderen vertauschen heißt. Dem Urgrund, aus dem die Erscheinungs-Reihen selbst aufsteigen, um sich dann in notwendigen Organismen aus einander zu breiten, hat man sich seit der Zeit, wo Moses den Mann aus gekneteten Ton und das Weib aus der Rippe ihres Gebieters entstehen ließ, um keinen Hahnen-Schritt genähert. Darauf

---

1 Die Materialisten
2 William Harvey (1578–1657), Entdecker des Blutkreislaufs

aber kommt es an und die wunderliche Wissenschaft des Mittelalters wußte sehr wohl, warum sie den Homunculus suchte, denn erst, wenn man Menschen *machen* kann, hat man den Menschen *begriffen*.

(IV, 5952)

Aus den Briefen

Es wäre mir fürchterlich, wenn ich in meiner jetzigen Beschaffenheit in einen höheren Kreis eintreten sollte; ich fühle, daß ich einem Wendepunkt nahe bin; ich bin *eben darum* überzeugt, daß Gott mich noch nicht abrufen kann. *Kein Mensch verläßt die Erde, so lange sie ihn in bezug auf Geist oder Herz noch verändern kann;* dies ist mir eine unumstößliche Wahrheit; der Tod hat nur Macht über das Gewordene, nicht über das Werdende.

An Elise Lensing, 30. 9. 1838

Wohl mögen wir wehklagen und weinen, wenn wir ihn hinweg genommen sehen in dem Moment, wo er das eigentliche Werk seines Lebens beginnen wollte! Aber zugleich müssen wir bedenken, daß nur *wir* durch diesen dunklen Wendepunkt verloren haben, daß er selbst jedoch kein einziges Samenkorn verlieren kann, und daß seine Ernte in den lichten Sphären, wo die Kraft wächst und der Widerstreit verschwindet, nur um so früher reifen und um so glänzender und reicher ausfallen muß. Es gibt eine doppelte Wirkung, eine äußere und eine innere; jene erprobt sich an der Welt und zerbricht oft an ihrer steinernen Schale, diese ergießt sich, wie ein Feuerstrom, in die Quelle, aus der sie entsprang, in die menschliche Seele, zurück, und sie ist in meinen Augen die eigentlichste Bürgschaft der Verheißung, denn sie wirkt das Wunder, daß der Mensch aus sich selbst die Unsterblichkeit, aus der Zeitlichkeit die Ewigkeit schöpft. Wir aber, wollen wir nicht gern verlieren, wenn wir nur wissen, daß er *gewinnt?* Nicht tot, nicht begraben wollen wir ihn uns denken, sondern umgürtet mit Engelkraft, umkleidet mit himmlischem Licht; und jener geweihten Stunde, wo er uns armen geknickten und zerquetschten Erdesklaven in verklärter Gestalt entgegen tritt, wo er uns sagt, *was* und *wie viel* er gewonnen hat, wollen wir uns entgegen freuen!

An Reg.rat Rousseau beim Tod eines Freundes, 9. 10. 1838

Der Tod eines heißgeliebten Menschen ist die eigentliche *Weihe* für eine höhere Welt, das hab' ich in der letzten Zeit auf's innigste empfunden.

Friedrich Hebbel

Man muß auf Erden etwas verlieren, damit man in jenen Sphären etwas zu suchen habe! Und in diesem Sinne darf man wohl sagen: der Schmerz ist der größte Wohltäter, ja der wahre Schöpfer des Menschen.

Freilich ist er dies nur dann, wenn man, nachdem man ihn ins Innerste eindringen ließ, ihn männlich bekämpft.

An Charlotte Rousseau, 11. 11. 1838

Alle Pfeile, die im Köcher des Schicksals sitzen, schwirren um mich herum: welcher wird mir ins Herz fahren? Alles kann ja dem Menschen entrissen werden und er behält noch immer so viel von seinem Wesen, um es zu fühlen; ja wenn zuletzt das Äußerste geschieht, wenn er sich selbst geraubt wird: wer weiß dann, ob nicht die Empfindung des Hinunterstürzens ins Nichts eine dauernde ist, ob sie nicht als ein letzter Rest des Lebensfadens für das Anknüpfen neuer Schmerzen übrig bleibt.

An Elise Lensing, 17. 3. 1843

In Deinem vorletzten Brief war es mir so schrecklich, daß Du am Weihnachtsabend auf den Straßen umherwandern und fremde Kinder mit Nüssen und Kuchen beschenken wolltest. Auf solche Weise, und durch das beständige Wallfahrten zum Grabe, macht man die Herstellung unmöglich und stößt die Mutterhand der Natur, die, da sie ihre Kinder auseinanderreißen muß, doch in jedem die Ahnung einer höheren Wiedervereinigung, ja eines fortwährend bestehenbleibenden geheimnisvollen Zusammenhangs zu erwecken sucht, hart und unfreundlich zurück.

An Elise Lensing nach dem Tod ihres gemeinsamen Kindes, 2. 1. 1844

»Wenn der Mensch sein individuelles Verhältnis zum Universum in seiner Notwendigkeit begreift, so hat er seine Bildung vollendet und eigentlich auch schon aufgehört, Individuum zu sein, denn der Begriff dieser Notwendigkeit, die Fähigkeit, sich bis zu ihm durchzuarbeiten und die Kraft, ihn festzuhalten, ist eben das Universelle im Individuellen, löscht allen unberechtigten Egoismus aus und befreit den Geist vom Tode, indem er diesen im Wesentlichen antizipiert.«

Dies schrieb ich einmal in einem der schwersten Momente meines Lebens[1], eine unendliche Reihe von Gedanken in mir abschließend. In

---

1 Tagebuch-Eintrag vom 18. 9. 1847 (III, 4274)

dem Begriff dieser Notwendigkeit, die freilich von der blinden, nicht in Vernunft aufgelösten, der sich Jeder beugt, weil er muß, sehr verschieden ist, wohne ich seitdem, wie in einer Burg. Dieser Begriff waltet über mich wie über meine Kunst, in der mein Ich eben am geläutertsten hervortritt und mit der ich mich mehr und mehr völlig identifiziere. Von ihm allein gehen Versöhnung und Friede aus, denn wenn ich die Grundbedingungen aller individuellen Existenz in ihrer Unabänderlichkeit erkannt und eingesehen habe, daß nur aus den mir auferlegten Beschränkungen die Freiheit des großen Organismus, dem ich eingegliedert bin, hervorgehen kann, so ist in mir die Möglichkeit, ihnen auch nur trotzen zu wollen, aufgehoben. Alles übrige führt zu Nichts ...

An Amalia Schoppe, 1. 5. 1848

Auch ich habe vor neun Jahren mein erstes Kind, einen Sohn, der Emil hieß, wie der Ihrige, mit neun Wochen verloren und zwar in einer Stunde! Dennoch wüßte ich Ihnen nichts zu sagen; in den Anfang, wie in das Ende müssen wir uns ein für alle Mal ergeben, nur die Mitte, die krumme Linie zwischen den beiden Punkten gehört uns. So viel ist gewiß, daß nichts aus der Welt verschwinden kann und daß es sich immer nur um ein gelöstes Verhältnis, nie um eine zerstörte Wesenhaftigkeit, handelt. Warum sollte aber ein Verhältnis nicht früher oder später wieder angeknüpft werden können?

Wenden Sie also dem Grabe den Rücken und dem Leben das Angesicht wieder zu. Reif sein, ist alles, meint Hamlet und er hat recht. Wirken, schaffen, sich nach allen Seiten entwickeln, damit die Hand, die von oben herunter greift, unten den Faden nicht vermißt, bei dem sie den Menschen packen kann!

An Karl Werner, 27. 11. 1855

Einen Ort gibt's, wo der unnahbare Urgrund der Welt, den man nach meinem Gefühl durch jeden Namen und jede Bezeichnung an etwas Endliches anknüpft und also beschränkt und begrenzt, sich deutlich vernehmen läßt, und das ist die menschliche Brust. Und hier sollte die Offenbarung unvollständig sein? Hier sollte sie nur auf die Pflicht, nicht auch auf den Glauben gehen, wenn von diesem für den Menschen nicht bloß so viel, sondern unendlich viel mehr abhinge, wie von jener? Unbegreiflich, unbegreiflich bis auf den Grad, daß selbst die Ahnung, die doch nie ganz verstummt, keinen Anhaltspunkt mehr findet, wenn sie ihn nicht darin setzen will, daß dem Menschen alle Vermögen, die ihn vom Tier unterscheiden, nur zur Vexation[1] gegeben sein. Im Ernst kann die Frage gar nicht aufgeworfen werden, so lange man den Boden, auf dem man mit den uns allen gemeinsamen Mitteln nach Wahrheit forscht, nicht verläßt und eben jene Unbegreiflichkeit zu ihrem eigensten Kennzeichen macht. Dann aber ist das Resultat: strengste Gebundenheit des Menschen im Handeln und vollkommenste Freiheit im Glauben, denn auf der einen beruht die sittliche Welt und auf der anderen die intellektuelle. Dafür, daß die Tugend, die man vorzugsweise, obgleich ohne Not, die christliche zu nennen pflegt, nämlich die Demut, nicht leidet, ist auch gesorgt; wie käme der tiefere Mensch, eingeklemmt zwischen eine unendliche Aufgabe und den eben so ungewissen, als unerbittlichen Tod, wie er es ist, zur Selbstüberhebung?

An Friedrich Uechtritz, 23.5.1857

Wenn der Geist des Menschen sich auch ohne großes Widerstreben in das Naturgesetz fügt, so kommt das Herz doch nicht über den Wunsch hinweg, endlich einmal eine Ausnahme gemacht zu sehen und leugnen läßt es sich nicht, daß der Tod nicht bloß sein Opfer entführt, sondern auch in demjenigen, der zurück bleibt, alle Nerven zerschneidet, die ihn mit diesem Opfer verknüpften, so daß er partiell eigentlich mit stirbt.

An Duc Tascher de la Pagerie, 23.6. 1861 (T.IV., 5924)

> Unsterblichkeit! O Lichtgedanke
> Du hebst das Herz
> Zum Himmel, daß es nimmer wanke
> Im Erdenschmerz.
> Wohl mächtig hemmt das Erdendunkel
> Des Wandrers Lauf,
> Du aber steigest, ein Karfunkel,
> Am Himmel auf!
> Und trägst zu immer heitern Höhen
> Den freien Geist,
> Und neue Schöpfungen entstehen,
> Wenn du sie's heißt.

Was dem Staube gehört, das muß sich dem Staube vermählen
Doch, den *unendlichen* Geist fesselt kein *endliches* Band.

---

1 Quälerei

Einleitung

Conrad Ferdinand Meyer

Plastische Klarheit und bewegte Ruhe, das sprachliche Kennzeichen des Schweizer Dichters, verraten nichts von seinem persönlichen Geschick, das in äußerstem Gegensatz dazu steht. Im Positiven wie im Negativen mit der ganzen Décadence-Problematik seiner familiären Herkunft wie auch seines Jahrhunderts belastet, verläuft die Lebenslinie Conrad Ferdinand Meyers aus einer seit den Knabenjahren ihn lähmenden Ohnmacht des Handelns über eine ungeahnte Höhe schöpferischer Kraft wieder in die Stille der Erschöpfung zurück. Zwischen zwei Aufenthalten in Nervenheilanstalten entsteht das dichterische Werk. Seine Tiefe hat es nicht zuletzt aus der ständigen Bedrohung: Die Stimme des Lebens ist in jedem Augenblick getragen von der dunklen Begleitstimme des Todes. Der Tod ist »der offene Triumphator oder heimliche Held« fast aller seiner Werke[1], in vielerlei Gestalt oder Maske gegenwärtig. Bereits die Versidylle »Huttens letzte Tage«, mit der die Schaffensperiode einsetzt, handelt von einem Sterbenden. Kern des ganzen Zyklus war bezeichnenderweise eine Totentanz-Skizze Holbeins, auf der, wie Meyer schreibt, »der kranke Ritter ins verglimmende Abendrot schaut, während ein Holbeinischer Tod von der Rebe am Bogenfenster eine Goldtraube schneidet. Sie bedeutet: Reif sein ist alles.« Im Alterswerk tritt dieser Gedanke deutlicher hervor, ganz unverhüllt aber, als einzig übriggebliebenes Thema, in zwei Spätgedichten aus dem Nachlaß.

Das erste entstand zu Beginn der zweiten Behandlung in der Heilanstalt. Der offizielle Krankheitsbericht vermerkt, daß der Patient, völlig desorientiert und starken Halluzinationen unterworfen, wegen einer angeblichen Schuld sein Todesurteil erwartete und in tiefer Erregung seinem Wärter die Verse diktiert habe.[2] Und nicht nur das – er legte sie ihm als gesundem Beobachter des »geisteskranken Poeten« in den Mund. Der kranke Dichter hatte seine Krankheit noch nicht angenommen, er unterscheidet Schein und Wahrheit. Das Spiegel-Flügel-Motiv

---

[1] Robert Faesi: Einleitung zu C. F. Meyer, Sämtliche Werke IV, 286
[2] H. G. Bressler: Gedichte aus C. F. Meyers Spätkrankheit. Siehe Bibliographie

aus dem früheren Gedicht »Möwenflug« taucht wieder auf. Schon dort führt die doppelte Erscheinung der am Felsen kreisenden Vögel und ihrem Spiegelbild im Wasser zur Frage nach der Unterscheidung von »Trug und Wahrheit«: »Und du selber? Bist du echt beflügelt? / Oder nur gemalt und abgespiegelt? / Gaukelst du im Kreis von Fabeldingen? / Oder hast du Blut in deinen Schwingen?« Dreimal ruft im Spätgedicht der Kranke nach der verlorenen Wahrheit, die er dem nahen Reich des Todes zuordnet. Gegen Ende des Gedichts überwältigt die Empfindung die ohnehin lockere Form. Der letzte Vers beginnt mit einem verfehlten Beziehungswort, Poetik und Grammatik werden unwesentlich.

Das Schwertmotiv taucht in Meyers Dichtung häufiger auf, auch in der ganz konkreten Bedeutung der kriegerischen Waffe immer zugleich Sinnbild des Reinen und Lichten, des im höchsten Sinn mit sich übereinstimmenden Ich. In den beiden Spätgedichten hat es nur noch diesen symbolischen Wert. Der Klage des ersten — »Er hat verloren seine Schwerter« — antworten gleichsam die Verse des aus dem Todesjahr stammenden Gedichts »Leben« im Ton kindlich beruhigten Vertrauens: »So werden mir dereinst im ew'gen Leben / Die hellen Waffen all zurückgegeben.«

Conrad Ferdinand Meyer
1825–1898

Bestandsaufnahme des Lebens vor der klärenden Gegenwart des Todes

Unter den Sternen

Wer in der Sonne kämpft, ein Sohn der Erde,
Und feurig geißelt das Gespann der Pferde,[1]
Wer brünstig ringt nach eines Zieles Ferne,
Von Staub umwölkt – wie glaubte der die Sterne?

Doch das Gespann erlahmt, die Pfade dunkeln,
Die ew'gen Lichter fangen an zu funkeln,
Die heiligen Gesetze werden sichtbar.
Das Kampfgeschrei verstummt. Der Tag ist richtbar.

Chor der Toten

Wir Toten, wir Toten sind größere Heere
Als ihr auf der Erde, als ihr auf dem Meere!
Wir pflügten das Feld mit geduldigen Taten,
Ihr schwinget die Sicheln und schneidet die Saaten,
Und was wir vollendet und was wir begonnen,
Das füllt noch dort oben die rauschenden Bronnen,
Und all unser Lieben und Hassen und Hadern,
Das klopft noch dort oben in sterblichen Adern,
Und was wir an gültigen Sätzen gefunden,
Dran bleibt aller irdische Wandel gebunden,
Und unsere Töne, Gebilde, Gedichte
Erkämpfen den Lorbeer im strahlenden Lichte,

---

[1] Anspielung auf Platons Dialog »Phaidros«, in dem das Wesen der Seele mit einem befiederten ungleichen Rossegespann und seinem Lenker verglichen wird.

Wir suchen noch immer die menschlichen Ziele –
Drum ehret und opfert! Denn unser sind viele!

So wäre ich denn für lange gefesselt, wohl nicht zu meinem Unheil. Durchgemacht in den letzten Jahren habe ich mehr als ich je eingestehen werde. Was mich hielt, war eigentlich ein Seelenwanderungsgedanke, ich sagte mir, du hast offenbar in einem frühern Dasein irgend etwas Frevles unternommen. Da sprach das Schicksal: dafür soll mir der Kerl auf die Erde und ein Meyer werden. Beides muß nun redlich durchgelitten werden, um wieder in eine bessere Lage zu gelangen.

An Friedrich v. Wyß. 7. 8. 1889

Der geisteskranke Poet

Ich bin der Krankenwärter
Des geisteskranken Poeten.
Er hat verloren seine Schwerter
Und wird zum Spott einem jeden.
Doch unter allem und allen
Erweckt seine Seele Wohlgefallen.
Und selbst in den Stücken des zerbrochenen Siegels
Sieht man das Flattern eines Flügels.
Er hat die buntesten Träume
Hinter seinen Gittern,
Und die düstersten Räume
Lassen seine Seele nicht zittern.
Zeit und Raum ist ihm verwirrt,
Und es wird ihm schreckliche Schuld gegeben,
Doch das ist nicht die Wahrheit.
Und das Leben ist ihm zum Traume verwirrt.
Alles erscheint ihm doppelt und dreifach.
Und verloren ging ihm die Wahrheit.
Doch weiß er,
Daß im Tode die Wahrheit ein Reich besitzt,
Die sie[1] ihm wiederbringt.

---

[1] Von Meyer dem Wärter diktierte falsche Beziehungswörter. Das Gedicht entstand 1892 in der Heilanstalt Königsfeld.

I. Der Aufbruch eines neuen Bewußtseins

Leben

Worüber trägst du, meine Seele, Leid?
Worüber tröstet dich Unsterblichkeit?
Du wirst nach diesen dunklen Erdentagen
Ein himmlisch Kleid mit langen Falten tragen.
Und alles, was gelitten du auf Erden,
Wird dir in Seligkeit erstattet werden.

Wie viele Fragen sind noch ungelöst,
Woran der menschliche Verstand sich stößt!
Wie viele Rätsel werden ewig dauern,
Unübersteigliche, wie Kerkermauern!

Wie wen'ge sind es, die, von Furcht befreit,
Das Gute brünstig suchen allezeit!
Der Geist, der ewig weiter, weiter strebt,
Der ist es, der den toten Stoff belebt.
Was immer sich dem Forscher offenbart,
Ist für den Mut'gen Tat und Gegenwart.
Ich freue mich, daß ich auf dieser Welt
Mich nie den bösen Menschen zugesellt:
Daß ich das Gute suchte je und je
Und nie geruht, bis ich es fand und übte,
Daß ich kein Kind mit meinem Lied betrübte,
Daß ein Gewissen, unbefleckt und rein,
Ich stets bewahrt und meines Herzens Schrein
Ich nur geöffnet schuldlosen Gedanken,
Den wahren Wegen treu blieb ohne Wanken:
So werden mir dereinst im ew'gen Leben
Die hellen Waffen all zurückgegeben.

Nachlaß. 1898

Einleitung

Christian Wagner[1]

»Wenn dies kein Mensch des Altertums ... war, ein Pythagoräer mit den großen Gedanken von Alleinheit und Seelenwanderung, dann hätte es mich wundern müssen.« So schrieb der Schriftsteller Georg Schwarz, gemeint ist Christian Wagner, dem er im Leonberger Wald begegnet war. Aus einer Kiesgrube heraufsteigend, eine Pechnelke in der Hand, erschien ihm der kleine zarte weißhaarige Mann wie ein »Fackelträger ... aus dem Innern der Erde«. Wer war er wirklich? Ein Dichter und Bauer, aber alles andere als ein Bauern- oder Heimatdichter, ein schwäbischer Grübler und Sonderling, der ein kleines Anwesen mit drei Kühen im Stall besaß, im Winter als Holzfäller und Eisenbahnarbeiter sein Brot verdiente und einmal wöchentlich sich auf den 17 km langen Weg nach Stuttgart machte, um in der Bibliothek Bücher zu entleihen. Den Dörflern war er nicht geheuer: In der Nacht brannte das Licht bei ihm, dem Metzger kaufte er eine Kuh ab, damit sie nicht geschlachtet würde, seinen Acker ließ er verunkrauten, weil er Klatschmohn und Kornblumen so sehr liebte. Mit fünfzig Jahren (1885) stellte er sich einem erstaunten Publikum als »Märchenerzähler, Bramine und Seher« vor. In einer Art von heidnischem Katechismus, einem frühen Umweltmanifest, verlangte er, alles Lebendige zu schonen und zu lieben. Neben viel Unzulänglichem schrieb er »zehn oder zwanzig unvergängliche Gedichte« (Robert Minder). Ihr Thema ist fast ausschließlich die Seelenwanderung.

Was Christian Wagner zum »Sprechen seiner Sprache« befähigt hatte, war der Verlust seiner Familie. Die vier Kinder aus der ersten Ehe starben noch im Säuglingsalter. Bei der Geburt des letzten starb seine Frau. Die weiteren vier Kinder aus einer zweiten Ehe blieben am Leben, aber ihre Mutter starb im Wahnsinn. Ein Schwiegersohn, beim Wildern ergriffen, erschoß sich. Aus diesem Leid erstand in Wagner, unabhängig von Gelesenem, die Idee der ewigen Wiedergeburt, der Seelenwande-

---

[1] Quelle der biographischen Hinweise: Manfred Rieger: Chr. W., Sonderling aus Schwaben. Badische Zeitung, Datum nicht mehr feststellbar; Peter Handke: Nachwort zu Chr. W., Gedichte. Frankfurt 1980.

rung. Mit jedem neuen Verlust erfüllte sie ihn stärker und wurde zum Grundgedanken seines Lebens und Schreibens.

Formal zeigen manche der Gedichte Spuren seiner Lektüre. Im Schema einer ihm fremden Sprache geht das unmittelbare Gefühl verloren, das die einfacheren Verse so lebendig festhalten – die »geheimnisvollen Instinkte und Ahnungen«, die dem mit allen Sinnen in der Natur Verwurzelten zuwachsen. In Luft und Wasser, Pflanzen und Tieren, in Duft und Farbe, in Form und Bewegung begegnen ihm die Toten. Sie erscheinen ihm wieder in der visionären Gegenwart der sich offenbarenden Natur – mit einem »Zeichen des Einverständnisses« – im »Jenseits deiner Sinne«, wie er selbst sagt. »Was ich geschrieben habe, war Inspiration ... Fähigkeit des Schweißhundes, fremden Fährten nachzugehen.« Alle Fährten führen ihn zu dem einen göttlichen Grund, aus dem Pflanzen, Tiere und »der Erde Jüngstgeborner«, der Mensch, hervorgehen: »Wessen Geist als Wunderflocken auch / Uns verstreute auf die Erdenhügel, / Flocken sind wir von dem gleichen Flügel, / Stimmen sind wir von dem gleichen Hauch.« (»Am Fensterbrett«) In dieser geschwisterlichen Ureinheit alles Lebendigen weiß er auch die Toten aufgehoben. Tote und Lebende sind in unsichtbarer »Fühlung« einander nahe, in jedem Hauch einer Vogelschwinge oder eines Falters, in jedem Duft einer Blüte, den die Seele wahrnimmt. Im Gegensatz zu allem Mystizismus ist diese anhaltende Erfahrung von der Art, »welche die Vernunft in sich behütet und sich zugleich von dieser abstößt« (Handke). Die »Dichter und Propheten«, also auch sich selbst, verstand Christian Wagner als solche, die im Denken »gottebenbürtige Arbeit« leisten. Denken, das hieß für ihn Sich-versenken in »Gottgedanken«, in das »erhaben heilige« Wissen des Geistes (»Gott spricht«). In einer Welt, die zuletzt der Zweite Weltkrieg verdüsterte (»Das Heldentum des Nitroglyzerins erkennen wir nicht an!«), wollte er die Menschen erobern »etwa im Sinne Buddhas, durch Belehrung und Liebe, doch ohne Askese«. Selbst eher dionysisch als asketisch, ein »kindlicher Exzentriker« (Peter Härtling), der den Freitod pries, ging es ihm um den »Zukunftsmenschen«, der, nach jahrtausendelanger Abhängigkeit vom »Madenleib«, einen Leib ohne Mangel sich baut und schmetterlingsgleich sich abhebt von der Erde in die Freiheit des Geistes. In einem solchen Denken, auch wenn es bildhaft bleibt, hat der Tod kein Gewicht. Es gibt nur das Wunder der Verwandlung in unendliche Formen des Lebens.

Christian Wagner
1835–1918

Seelenwanderung durch die Naturreiche – Nähe der Toten

Meine Bitte

Zerbröckle, wenn ich tot bin, seliges Licht
Zu Werktagsschlacken mir mein Wesen nicht!

Zu duftigen Blumen in dem Lenzgefild
Und zu der Rosen liebem Schönheitsbild

Und zu der Lieder seligen Melodien,
Schallwellen, die durch Menschenseelen ziehn,

Und sie erheben in der Andacht Dom,
Wollst du verwenden jedes Staubatom!

Syringen

Fast überirdisch dünkt mich euer Grüßen,
Syringen ihr, mit eurem Duft dem süßen.

Nach Geisterweise weiß ich ihn zu werten:
Er ist ein Duftgesang mir von Verklärten.

Gott, wie ich doch in dieser blauen Kühle
Der Blumenwolke hier mich wohlig fühle!

Süß heimlich ahnend, was hinein verwoben,
Wie fühl ich mich so frei, so stolz gehoben!

Bin ich es selbst, des einstig Erdenwesen
Nun auch einmal zu solchem Glanz genesen?

Sind's meine Lieben, die, ach längst begraben,
In diesen Düften Fühlung mit mir haben?

I. Der Aufbruch eines neuen Bewußtseins

Kannst du wissen?

Kannst du wissen, ob von deinem Hauche
Nicht Atome sind am Rosenstrauche?
Ob die Wonnen, die dahingezogen,
Nicht als Röslein wieder angeflogen?
Ob dein einstig Kindesatemholen
Dich nicht grüßt im Duft der Nachtviolen?

Unsterblichkeit

Einsam wandelt durch den Wald ein Alter,
Um ihn schweben blau und goldne Falter.

Einstger Träume himmlisches Verjüngen
Schaut er hier in diesen Schmetterlingen.

Einstger Jugend selige Gedanken
Grüßen ihn aus diesen Rosenranken.

Einstger Kindheit unschuldvolle Wonnen
Winken ihm aus diesen Blumensonnen.

Seines Eig'nen freudiger Auferstehung
Schaut er zu von seiner Menscherhöhung.

Und ihn selber in geschlossener Haltung
Grüßt sein Einst als Auseinanderfaltung.

Erinnerungen hinter der Erinnerung

Strahlt nicht auf mitunter, so zu Zeiten
Kunde her von unsern Ewigkeiten?

So urplötzlich und so blitzesschnelle
Wie die blanke Spieglung einer Welle?

Wie die ferne Spieglung eines bunten
Kleinen Scherbens an dem Kehricht drunten?

Wie die rasche Spieglung einer blinden
Fensterscheibe am Gehöft dahinten?

Die metall'ne Spieglung einer blanken
Pflugschar drüben an der Wiese Schranken?

Augenblicks mit Licht dich übergießend,
Augenblicklich in ein Nichts zerfließend?

Wiederverkörperung

Nicht zu Grunde geht, was du verloren;
An dich tritt es, frisch und neugeboren.

All dein Wünschen, Flehen, all dein Beten
Siehst erfüllt du vor dich hingetreten.

Deine Träume, ausgeatmet, thronen
Blau und golden nun als Blumenkronen.

Deine Wünsche, ausgehaucht, bekleiden
Blumenmaidlein auf den Bergesheiden.

All dein Sehnen schmerzvoll im Gemüte
Wird zum Vogelsang und wird zur Blüte.

Lenzesfreudig steht dein einstig Hoffen
Tausendknospig der Erfüllung offen.

Und zur Seite, weithin, unermessen,
Grüßt dich alles, was du hast besessen.

Tausendmale

Tausendmale werd ich schlafen gehen,
Wandrer ich, so müd und lebenssatt;
Tausendmale werd ich auferstehen,
Ich Verklärter in der selgen Stadt.

Tausendmale werd Vergessen trinken
Wandrer ich an des Vergessens Strom;

Tausendmale werd ich niedersinken,
Ich Verklärter in dem selgen Dom.

Tausendmale werd ich von der Erden
Abschied nehmen durch das finstre Tor;
Tausendmale werd ich selig werden,
Ich Verklärter in dem selgen Chor.

Es leiht mir wunderbare Stärke
die Zuversicht, daß nimmermehr ich sterbe,
daß ungehemmt ich meine Werke
vollbringe, ob auch oft mein Leib verderbe;
es wirkt, daß ich mit ernster Ruhe
von meiner Plane Fehlschlag mich ermanne –
Ich weiß: was ich erstrebe, was ich tue,
ist nicht gebannt in *eines* Lebens Spanne.

Zukunft des Menschen

Schaue an die kleinen Blütenfalter des Hains und der Heide, siehe den Goldregen und die Akazie, und du erblickst in ihren buntfarbigen Schmetterlingsblumen die beschwingte leichtlebige Zukunftswelt.

Denn wohl zieht schon lange ein leises Ahnen durch das nimmerrastende madengleiche Menschengeschlecht, ein unbefriedigtes Sehnen, und ein edles Meiden dem Anschauen der sich aufschwingenden Sänger, der schwebenden Wandervögel und der eilenden Segler; allein nur bei wenigen tritt das Bewußtsein dieses Mißverhältnisses deutlich zu Tage, und unter Zehntausenden empfindet kaum einer schmerzlich die mangelnden Schwingen seines Madenleibes bei den Schmetterlingsgedanken seiner Seele.

Aber es wird kommen die Zeit des Aufschwungs, eines Aufschwungs mit schneeweißen Taubenschwingen und farbenschuppigen Schmetterlingsflügeln; eines Aufschwungs gleich dem des Falters zum Blütenbaume, und dem des Adlers zur Ätherhöhe; eines Aufschwungs voll jubelnder Akkorde gleich den Akkorden der Waldessänger und den Dichterklängen der Lerchen, eines Aufschwungs voll stummer Wonne wie das leise Schweben des Schwans und das wonnesatte Irren des

Falters. Aber im Sinne aller derer, die den Mangel ihres Madenleibes schmerzlich empfinden, spricht ein fernes unbekanntes Lied von dem Braminen:

> Doch eines ist, was ihn allein beengt
> Und eines ist, was er allein begehret:
> Abwerfen möcht' er, was den Geist beschweret,
> Was ihm als Bleigewicht am Gürtel hängt.
> Er sieht der Flotten braune Mattensegel
> Hinschweben nach dem perlenreichen Meer,
> Und hoch darüber, fern vom Süden her,
> Zahllose Scharen frommer Wandervögel;
> Den Adler sieht er kreisen und es schwirrt
> Die heilige Taubenschar um die Pagode,
> In satter Wonne, selig bis zum Tode,
> Der Schmetterling die blaue Luft durchirrt;
> Und er, er muß am Boden fest sich kleben,
> Der Made gleich, indessen geistverjüngt
> Im Zukunftsglanze schimmernd und beschwingt
> Zahllose Falter durch den Äther schweben.
> Der edle Renner, Menschengeist genannt,
> Ist minder als die Motte noch geflügelt,
> Es hält den Renner allzu streng gezügelt
> Des ungeformten Zwergen steife Hand.
> Doch wenn einmal das ungestümste Sehnen
> Den Zukunftsmenschen überstark erfaßt,
> Jahrtausende getragen noch die Last
> Des Madenleibes und der Geistestränen;
> Dann baut den Leib im langen Zeitenlauf
> Die Seele anders, baut ihn ohne Mängel,
> Und wie der Falter von dem Blumenstengel
> So schwebt der Erde Jüngstgeborner auf.

Einleitung

Ernst Haeckel

Als der sechsundzwanzigjährige Haeckel sein Studium – zuerst der Medizin, dann der vergleichenden Anatomie und Zoologie – weitgehend abgeschlossen hatte, lernte er Darwins revolutionäre Schrift »Die Entstehung der Arten durch natürliche Zuchtwahl« in der ersten deutschen Übersetzung von 1860 kennen. Ergriffen von der Dynamik des Gedankens, daß alles Leben aus dem Prinzip der Entwicklung zu erklären sei, entschloß er sich spontan, seine künftige wissenschaftliche Arbeit auf dieser Grundlage aufzubauen. Über ein halbes Jahrhundert hindurch wirkte Haeckel als Naturforscher, akademischer Lehrer und wissenschaftlicher Schriftsteller für die heftig umstrittene Evolutionstheorie und ihre – von Darwin selbst nicht gezogenen – Konsequenzen. Wenn er in seiner frühen Arbeit über »Die Radiolarien« (Strahlentierchen südlicher Meere) Darwins Versuch bewundert, »alle Erscheinungen der organischen Natur aus einem großartigen, einheitlichen Gesichtspunkte zu erklären und an die Stelle des unbegreiflichen Wunders das begreifliche Naturgesetz zu bringen«, so kennzeichnet er damit zugleich die sich ihm stellende eigene Aufgabe. Nicht leicht löste er sich aus der protestantischen Frömmigkeit des Elternhauses, als ihm der Widerspruch zwischen einer möglichen Evolution der Organismen und den kirchlichen Dogmen bewußt wurde. Leidenschaftlich ergriff er die Frage nach dem Wesen der Materie, die das Jahrhundert bewegte, an deren Ende die »Frage aller Fragen« (Huxley) stand – das Problem der Entstehung des Menschengeschlechts.

In Haeckels berühmt und berüchtigt gewordener Rede »Über die Entwicklungstheorie Darwins« vor der Versammlung deutscher Naturforscher und Ärzte in Stettin am 19. September 1863 fiel der entscheidende Satz, der bereits über Darwin hinausging: »Was uns Menschen betrifft, so hätten wir also konsequenterweise, als die höchst organisierten Wirbeltiere, unsere uralten gemeinsamen Vorfahren in affenähnlichen Säugetieren, weiterhin in känguruhartigen Beuteltieren, noch weiter hinauf in der sogenannten Sekundärperiode in eidechsenartigen Reptilien, und endlich in noch früherer Zeit, in der Primärperiode, in niedrig organisierten Fischen zu suchen.« Es half Haeckel nichts, daß er mangels paläontologischer Beweise von einer Hypothese sprach und ausdrücklich betonte, die »affenartigen Stammeltern des Menschen« seien vor Jahrmillionen ausgestorben – in der öffenlichen Meinung galt der Darwinismus fortan als Lehre von der Abstammung des Menschen vom Affen. Darwin selbst war behutsamer und kritischer vorgegangen als sein temperamentvoll aggressiver Verteidiger. Erst 1871 erschien das Buch, in dem er den Menschen in seine Entwicklungstheorie einschließt: »Die Abstammung des Menschen und die geschlechtliche Zuchtwahl.« Haeckel veröffentlichte schon 1866 sein Standardwerk »Generelle Morphologie der Organismen« und zwei Jahre später »Die natürliche Schöpfungsgeschichte«. Beide Werke wirkten bahnbrechend, verbreiteten den Evolutionsgedanken in Mitteleuropa. Neben begeisterter Zustimmung lösten sie weithin Empörung aus. Haeckel kam es besonders darauf an, die schockierende Abstammungslehre wissenschaftlich zu begründen. Überzeugt von einer ursprünglichen Einheit der organischen und der anorganischen Natur, wagte er, auch hier über Darwin hinausgehend, die kühne These von der Entstehung und Bildung einfacher Lebensformen aus lebloser Materie (Plasma). In einem genealogischen System von Organismen stellte er erstmalig Stammbäume von Pflanzen- und Tiergattungen auf, deren phylogenetische (stammesgeschichtliche) Folge auch den Menschen einschließt. Von hier aus tat er einen weiteren Schritt über Darwin hinaus. Er faßte seine Forschungsresultate in einer Weltanschauung zusammen.

In der 1874 erscheinenden »Anthropogenie oder Entwicklungsgeschichte des Menschen«, wie in zahlreichen Vorträgen, tritt er mit fast prophetischem Anspruch vor die Öffentlichkeit. Der von ihm verkündete »Monismus« richtet sich gegen jeden Dualismus, vor allem gegen denjenigen des Christentums. Haeckel leugnet jede übersinnliche Realität. Die physische Welt ist für ihn eine vollkommene Einheit von Geist und Materie. Er glaubt, sie im »Substanzgesetz« fassen zu können, dem »Grundgesetz von der Erhaltung der Kraft und des Stoffes«. Überzeugt, im Geist Spinozas und vor allem Goethes (mit dem er nach dem Tod »vereinigt zu werden« hoffte!)[1] zu sprechen, sieht er in seinem Monismus die Lösung aller »Welträtsel«. Das gleichnamige Buch, ursprünglich »Gemeinverständliche Studien über monistische Philosophie« genannt, erschien 1899 und hatte, in viele Sprachen übersetzt, weltweites Echo. Philosophisch naiv begründet Haeckel hier mit großem Idealis-

---

1 Gespräch mit Wilhelm Bölsche.

mus seinen speziellen Materialismus, den er aber selbst nicht so genannt haben wollte. Als Wissenschaftler und Maler von der Schönheit der Natur ergriffen, sieht er »in jedem Stoffpartikel Leben, Geist, Seele« (Hemleben). Dennoch gibt es Äußerungen, die darauf schließen lassen, daß er sich zuweilen bewußt war, Entscheidendes nicht gefunden zu haben. So schreibt er 1899 an die Altersfreundin Frida von Uslar-Gleichen: »Ich bilde mir nicht ein, ... den Gipfel der Naturerkenntnis erklommen zu haben. Vielmehr behalte ich immer das unbefriedigende Gefühl, daß *ein* großer Faktor in der ›Weltordnung‹, *eine* Ursache in der Entwicklung uns noch ganz unbekannt ist.« Grundsätzlich aber hielt Haeckel unbeirrt an den materialistischen Folgerungen seines Evolutionsgedankens fest. Auch Geist, Seele und Bewußtsein sind für ihn physiologisch bedingtes Ergebnis der stammesgeschichtlichen Entwicklung des Menschen nach dem »Substanzgesetz«, der unzerstörbaren, ewig dauernden Einheit von Kraft und Materie. Auf sie trifft der Begriff der Unsterblichkeit ganz selbstverständlich zu, für den individuellen Menschen jedoch lehnt Haeckel ihn konsequenterweise ab. Was im Endlichen beginnt, muß im Endlichen enden; der Mensch ist im geschlossenen Kreislauf der Natur gezeugt und geboren, er geht auch in ihm unter. Darin stimmt Haeckel mit Feuerbach überein. Es gibt für ihn keine Unsterblichkeit der Seele, so wie es keine Freiheit des Willens gibt und keinen persönlichen Gott. Nach seiner Überzeugung wird einzig der Monismus dem menschlichen »Kausalitätsbedürfnis« voll gerecht, und nur die in seinem Jahrhundert gewaltig wachsenden naturwissenschaftlichen Erkenntnisse scheinen ihm alle Rätsel des Lebens zu lösen. Daß gerade Rudolf Steiner trotz der Gegensätze ihrer Anschauungen immer wieder für Haeckel eintrat, geschah nicht nur aus Hochachtung für den wahrhaftigen, mutigen Menschen und sein redliches Denken, sondern auch aus der Überzeugung, die Menschheit müsse durch die »Talsohle des Materialismus« hindurchgehen, um auf der Grundlage einer realen Weltkenntnis wieder zur Geist-Erkenntnis finden zu können. Der Darwin-Haeckelsche Evolutionsgedanke ist heute allgemein anerkannt, der »Monismus« hat sich nicht durchgesetzt.

Ernst Haeckel
1834–1919

Eine Konsequenz der Evolutionstheorie: Die Verlagerung der Unsterblichkeitsidee in die Einheit von Kraft und Materie (»Substanzgesetz«)

Unsterblichkeit der Seele

Wenn man den Begriff der Unsterblichkeit ganz allgemein auffaßt und auf die Gesamtheit der erkennbaren Natur ausdehnt, so gewinnt er wissenschaftliche Bedeutung; er erscheint dann der monistischen Philosophie nicht nur annehmbar, sondern selbstverständlich. Denn die These von der Unzerstörbarkeit und ewigen Dauer alles Seienden fällt dann zusammen mit unserem höchsten Naturgesetze, dem *Substanzgesetz*.[1] (...) Halten wir an dem monistischen Substanzbegriffe fest, wie wir ihn (im 12. Kapitel) als einfachste Grundlage unserer gesamten Weltanschauung entwickeln, so ist in demselben *Energie* und *Materie* untrennbar verbunden. Dann müssen wir an der »Seelensubstanz« die eigentliche, uns allein bekannte *psychische Energie* unterscheiden (Empfinden, Vorstellen, Wollen) und die *psychische Materie*, durch welche allein dieselbe zur Wirkung gelangen kann, also das lebendige *Plasma*. Bei den höheren Tieren bildet dann der »Seelenstoff« einen Teil des Nervensystems, bei den niederen, nervenlosen Tieren und den Pflanzen einen Teil ihres vielzelligen Plasmakörpers, bei den einzelligen Protisten einen Teil ihres plasmatischen Zellenkörpers. Somit kommen wir wieder auf die *Seelenorgane* und gelangen zu der naturgemäßen Erkenntnis, daß diese materiellen Organe für die Seelentätigkeit

---

[1] Als das oberste und allumfassende Naturgesetz betrachte ich das *Substanzgesetz*, das wahre und einzige *kosmologische Grundgesetz*; seine Entdeckung und Feststellung ist die größte Geistestat des 19. Jahrhunderts, insofern alle anderen erkannten Naturgesetze sich ihm unterordnen. Unter dem Begriffe »*Substanzgesetz*« fasse ich zwei höchste allgemeine Gesetze verschiedenen Ursprungs und Alters zusammen, das ältere *chemische* Gesetz von der »Erhaltung des Stoffes« und das jüngere *physikalische* Gesetz von der »Erhaltung der Kraft«. (12. Kap. S. 127 f.)

unentbehrlich sind; die Seele selbst aber ist *aktuell*, ist die Summe ihrer physiologischen Funktionen. (...) Die Gründe, welche man seit zweitausend Jahren für die Unsterblichkeit der Seele anführt, und welche auch heute noch dafür geltend gemacht werden, entspringen zum größten Teil nicht dem Streben nach Erkenntnis der Wahrheit, sondern vielmehr dem sogenannten »Bedürfnis des Gemütes«, d. h. dem Phantasieleben und der Dichtung. Um mit *Kant* zu reden, ist die Unsterblichkeit der Seele ein unbegründetes Dogma für die *reine* Vernunft, ein bloßes »Postulat für die *praktische* Vernunft«. Diese letztere und die mit ihr zusammenhängenden »Bedürfnisse des Gemütes, der moralischen Erziehung usw.« müssen wir aber ganz aus dem Spiele lassen, wenn wir ehrlich und unbefangen zur reinen Erkenntnis der *Wahrheit* gelangen wollen; denn diese ist einzig und allein durch empirisch begründete und logisch klare Schlüsse der reinen Vernunft möglich. (...)

Wollten wir alle die einzelnen Gründe analysieren, welche für den Unsterblichkeitsglauben geltend gemacht worden sind, so würde sich ergeben, daß nicht ein einziger derselben wirklich *wissenschaftlich* ist; kein einziger verträgt sich mit den klaren Erkenntnissen, welche wir durch die physiologische Psychologie und die Entwickelungstheorie in den letzten Dezennien gewonnen haben. Der *theologische* Beweis, daß ein persönlicher Schöpfer dem Menschen eine unsterbliche Seele eingehaucht habe, ist reiner Mythus. Der *kosmologische* Beweis, daß die »sittliche Weltordnung« die ewige Fortdauer der menschlichen Seele erfordere, ist unbegründetes Dogma. Der *teleologische* Beweis, daß die »höhere Bestimmung« des Menschen eine volle Ausbildung seiner mangelhaften irdischen Seele im Jenseits erfordere, beruht auf einem falschen Anthropismus. Der *moralische* Beweis, daß die Mängel und die unbefriedigten Wünsche des irdischen Daseins durch eine »ausgleichende Gerechtigkeit« im Jenseits befriedigt werden müssen, ist ein frommer Wunsch, weiter nichts. Der *ethnologische* Beweis, daß der Glaube an die Unsterblichkeit ebenso wie an Gott eine angeborene, allen Menschen gemeinsame Wahrheit sei, ist tatsächlicher Irrtum. Der *ontologische* Beweis, daß die Seele als ein »einfaches, immaterielles und unteilbares Wesen« unmöglich mit dem Tode verschwinden könne, beruht auf einer ganz falschen Auffassung der psychischen Erscheinungen; sie ist ein spiritualistischer Irrtum. Alle diese und andere ähnliche »Beweise für den Athanismus« sind hinfällig geworden; sie sind durch die wissenschaftliche Kritik jetzt *definitiv widerlegt*. –

Gegenüber den angeführten, sämtlich unhaltbaren Gründen *für* die

Unsterblichkeit der Seele ist es bei der hohen Bedeutung dieser Frage wohl zweckmäßig, die wohlbegründeten, wissenschaftlichen Beweise *gegen* dieselbe hier kurz zusammenzufassen. Der *physiologische* Beweis lehrt uns, daß die menschliche Seele ebenso wie die der höheren Tiere kein selbständiges, immaterielles Wesen ist, sondern der Kollektivbegriff für eine Summe von Gehirnfunktionen; diese sind ebenso wie alle anderen Lebenstätigkeiten durch physikalische und chemische Prozesse bedingt, also auch dem Substanzgesetz unterworfen. Der *histologische* Beweis gründet sich auf den höchst verwickelten mikroskopischen Bau des Gehirns und lehrt uns in den Ganglienzellen desselben die wahren »Elementarorgane der Seele« kennen. Der *experimentelle* Beweis überzeugt uns, daß die einzelnen Seelentätigkeiten an einzelne Bezirke des Gehirns gebunden und ohne deren normale Beschaffenheit unmöglich sind; werden diese Bezirke zerstört, so erlischt damit auch deren Funktion; insbesondere gilt dies von den »Denkorganen«, den einzigen zentralen Werkzeugen des »Geisteslebens«. Der *pathologische* Beweis ergänzt den physiologischen; wenn bestimmte Gehirnbezirke (Sprachzentrum, Sehsphäre, Hörsphäre) durch Krankheit zerstört werden, so verschwindet auch deren Arbeit (Sprechen, Sehen, Hören); die Natur selbst führt hier das entscheidende physiologische Experiment aus. Der *ontogenetische* Beweis führt uns unmittelbar die Tatsachen der individuellen Entwickelung der Seele vor Augen; wir sehen, wie die Kindesseele ihre einzelnen Fähigkeiten nach und nach entwickelt; der Jüngling bildet sich zur vollen Blüte, der Mann zur reifen Frucht aus; im Greisenalter findet allmähliche Rückbildung der Seele statt, entsprechend der senilen Degeneration des Gehirns. Der *phylogenetische* Beweis stützt sich auf die Paläontologie, die vergleichende Anatomie und Physiologie des Gehirns; in ihrer gegenseitigen Ergänzung begründen diese Wissenschaften die Gewißheit, daß das Gehirn des Menschen (und also auch dessen Funktion, die Seele) sich stufenweise und allmählich aus demjenigen der Säugetiere und weiterhin der niederen Wirbeltiere entwickelt hat. –

Die vorhergehenden Untersuchungen, die durch viele andere Ergebnisse der modernen Wissenschaft ergänzt werden könnten, haben das alte Dogma von der »Unsterblichkeit der Seele« als völlig unhaltbar nachgewiesen; dasselbe kann im 20. Jahrhundert nicht mehr Gegenstand ernster wissenschaftlicher Forschung, sondern nur noch des transzendenten *Glaubens* sein. Die »Kritik der reinen Vernunft« weist aber nach, daß dieser hochgeschätzte Glaube, bei Licht betrachtet, der reine *Aberglaube* ist, ebenso wie der oft damit verknüpfte Glaube an den »persönlichen Gott«. Nun halten aber noch heute Millionen von »Gläubigen« – nicht nur aus den niederen, ungebildeten Volksmassen, sondern aus den höheren und höchsten Bildungskreisen – diesen Aberglauben für ihr teuerstes Besitztum, für ihren »kostbarsten Schatz«. Es wird daher nötig sein, in den damit verknüpften Vorstellungskreis noch etwas tiefer einzugehen und seinen wirklichen Wert einer kritischen Prüfung zu unterziehen. Da ergibt sich denn für den objektiven Kritiker die Einsicht, daß jener Wert zum größten Teile auf Einbildung beruht, auf Mangel an klarem Urteil und an folgerichtigem Denken. Der definitive Verzicht auf diese *»athanistischen Illusionen«* würde nach meiner festen und ehrlichen Überzeugung für die Menschheit nicht nur keinen schmerzlichen *Verlust*, sondern einen unschätzbaren positiven *Gewinn* bedeuten.

Das menschliche »*Gemütsbedürfnis*« hält den Unsterblichkeitsglauben besonders aus zwei Gründen fest, erstens in der Hoffnung auf ein besseres zukünftiges Leben im Jenseits, und zweitens in der Hoffnung auf Wiedersehen der teuren Lieben und Freunde, welche uns der Tod hier entrissen hat. (...) Die Vorstellungen der meisten Menschen über dieses »selige Leben im Jenseits« sind höchst seltsam und um so sonderbarer, als darin die »immaterielle Seele« sich an höchst materiellen Genüssen erfreut. (...)

Besonders muß hier noch die durchaus *materialistische* Grundanschauung des *christlichen Athanismus* betont werden, die mit dem absurden Dogma von der »Auferstehung des Fleisches« eng zusammenhängt. Wie uns Tausende von Ölgemälden berühmter Meister versinnlichen, gehen die »auferstandenen Leiber« mit ihren »wiedergeborenen Seelen« droben im Himmel gerade so spazieren, wie hier im Jammertal der Erde; sie schauen Gott mit ihren Augen, sie hören seine Stimme mit ihren Ohren, sie singen Lieder zu seinen Ehren mit ihrem Kehlkopf usw. Kurz, die modernen Bewohner des christlichen Paradieses sind ebenso Doppelwesen von Leib und Seele, ebenso mit allen Organen des irdischen Leibes ausgestattet, wie unsere Altvordern in Odins Saal zu Walhalla, wie die »unsterblichen« Türken und Araber in Mohammeds lieblichen Paradiesgärten, wie die altgriechischen Halbgötter und Helden an Zeus' Tafel im Olymp, im Genusse von Nektar und Ambrosia. (...)

Unlösbare Schwierigkeiten bereitet auch den gläubigen Athanisten die Frage, in welchem *Stadium ihrer individuellen Entwickelung* die abgeschiedene Seele ihr »ewiges Leben« fortführen soll? Sollen die Neugeborenen erst im Himmel ihre Seele entwickeln, unter demselben harten »Kampf ums Dasein«, der den Menschen hier auf der Erde erzieht? Soll der talentvolle Jüngling, der dem Massenmorde des Krieges zum Opfer fällt, erst in Walhalla seine reichen, ungenutzten Geistesgaben entwickeln? Soll der altersschwache, kindisch gewordene Greis, der als reifer Mann die Welt mit dem Ruhm seiner Taten erfüllte, ewig als rückgebildeter Geist fortleben? Oder soll er sich gar in ein früheres Blütestadium zurück entwickeln? Wenn aber die unsterblichen Seelen im Olymp als *vollkommene* Wesen verjüngt fortleben sollen, dann ist auch der Reiz und das Interesse der *Persönlichkeit* für sie ganz verschwunden.

Ebenso unhaltbar erscheint uns heute im Lichte der reinen Vernunft der anthropistische Mythus vom *»jüngsten Gericht«*, von der Scheidung aller Menschenseelen in zwei große Haufen, von denen der eine zu den *ewigen* Freuden des Paradieses, der andere zu den *ewigen* Qualen der Hölle bestimmt ist – und das von einem persönlichen Gott, welcher »der Vater der Liebe« ist! Hat doch dieser liebende Allvater selbst die Bedingungen der Vererbung und Anpassung »geschaffen«, unter denen sich einerseits die bevorzugten Glücklichen *notwendig* zu straflosen Seligen, andererseits die unglücklichen Armen und Elenden ebenso *notwendig* zu strafwürdigen Verdammten entwickeln mußten. (...)

Die idealistische und spiritualistische Philosophie der Gegenwart wird nun freilich zugeben, daß diese herrschenden materialistischen Formen des Unsterblichkeitsglaubens unhaltbar seien, und sie wird behaupten, daß an ihre Stelle die geläuterte Vorstellung von einem immateriellen Seelenwesen, von einer platonischen Idee oder einer transzendenten Seelensubstanz treten müsse. Allein mit diesen unfaßbaren Vorstellungen kann die realistische Naturanschauung der Gegenwart absolut nichts anfangen; sie befriedigen weder das Kausalitätsbedürfnis unseres Verstandes, noch die Wünsche unseres Gemütes. Fassen wir alles zusammen, was vorgeschrittene Anthropologie, Psychologie und Kosmologie der Gegenwart über den Athanismus ergründet haben, so müssen wir zu dem bestimmten Schlusse kommen: »Der Glaube an die Unsterblichkeit der menschlichen Seele ist ein Dogma, welches den sichersten Erfahrungssätzen der modernen Naturwissenschaft völlig widerspricht.«

Die Welträtsel

I. Der Aufbruch eines neuen Bewußtseins

Beweise für die Wahrheit der Deszendenztheorie

So erleidet es denn auch keinen Zweifel, daß wir die Abstammung des Menschen zunächst aus affenartigen, weiterhin aus niederen Säugetieren, und so immer weiter aus immer tieferen Stufen des Wirbeltier-Stammes, bis zu dessen tiefsten wirbellosen Wurzeln, ja bis zu einer einfachen Plastide hinunter, als allgemeine *Theorie* mit voller Sicherheit behaupten können und müssen. Dagegen wird die spezielle Verfolgung des menschlichen Stammbaums, die nähere Bestimmung der uns bekannten Tierformen, welche entweder wirklich zu den Vorfahren des Menschen gehörten oder diesen wenigstens nächststehende Blutsverwandte waren, stets eine mehr oder minder annähernde Deszendenz-*Hypothese* bleiben. Diese läuft um so mehr Gefahr, sich von dem wirklichen Stammbaum zu entfernen, je näher sie demselben durch Aufsuchung der einzelnen Ahnenformen zu kommen sucht. Das ist mit Notwendigkeit durch die ungeheure Lückenhaftigkeit unserer paläontologischen Kenntnisse bedingt, welche unter keinen Umständen jemals eine annähernde Vollständigkeit erreichen werden.

Aus der denkenden Erwägung dieses wichtigen Verhältnisses ergibt sich auch bereits die Antwort auf eine Frage, welche gewöhnlich zunächst bei Besprechung dieses Gegenstandes aufgeworfen wird, nämlich die Frage nach den wissenschaftlichen *Beweisen für den tierischen Ursprung des Menschengeschlechts*. Nicht allein die Gegner der Deszendenz-Theorie, sondern auch viele Anhänger derselben, denen die gehörige philosophische Bildung mangelt, pflegen dabei vorzugsweise an einzelne Erfahrungen, an spezielle empirische Fortschritte der Naturwissenschaft zu denken. Man erwartet, daß plötzlich die Entdeckung einer geschwänzten Menschenrasse, oder einer sprechenden Affen-Art, oder einer anderen lebenden oder fossilen Übergangsform zwischen Menschen und Affen, die geringe, zwischen beiden bestehende Kluft noch mehr ausfüllen und somit die Abstammung des Menschen vom Affen empirisch »beweisen« soll. Derartige einzelne Erfahrungen, und wären sie anscheinend noch so überzeugend und beweiskräftig, können aber niemals den gewünschten Beweis liefern. (...)

Die unumstößliche Sicherheit der Deszendenz-Theorie, auch in ihrer Anwendung auf den Menschen, liegt vielmehr viel tiefer; sie kann niemals bloß durch einzelne empirische Erfahrungen, sondern nur durch philosophische Vergleichung und Verwertung unseres gesamten biologischen Erfahrungsschatzes in ihrem wahren inneren Werte erkannt werden. Sie liegt eben darin, daß die Deszendenz-Theorie als ein allgemeines Induktionsgesetz aus der vergleichenden Synthese aller organischen Naturerscheinungen, und insbesondere aus der dreifachen Parallele der vergleichenden Anatomie, Ontogenie und Paläontologie mit Notwendigkeit folgt. (...)

Auf das richtige Verständnis dieser *philosophischen Begründung der Deszendenz-Theorie* und der mit ihr unzertrennlich verbundenen *Pithekoiden-Theorie* kommt meiner Ansicht nach alles an. Jeder unbefangene und vorurteilsfreie Naturforscher, welcher gesundes Urteil und die genügenden biologischen Vorkenntnisse besitzt, muß heute notwendigerweise zu demselben Schlusse gelangen: Wenn die Entwickelungs-Lehre überhaupt wahr ist, wenn die einzelnen Tier-Arten nicht »durch Wunder erschaffen« sind, sondern auf natürlichem Wege sich aus niederen Formen entwickelt haben, dann kann auch der Mensch keine Ausnahme machen; dann ist auch der Mensch – seiner ganzen Organisation nach ein Säugetier – aus der Klasse der Säugetiere phylogenetisch hervorgegangen; und da unter allen Säugern die Affen die bei weitem menschenähnlichsten sind, da die Unterschiede im Körperbau des Menschen und der Menschen-Affen viel geringer sind, als diejenigen zwischen den letzteren und den niederen Affen, so steht *heute unzweifelhaft der Satz fest: »Der Mensch stammt vom Affen ab.«* Dabei ist *selbstverständlich* keine einzige lebende Affenform als Stammvater des Menschen-Geschlechts anzusehen, sondern eine Reihe von unbekannten, längst ausgestorbenen Anthropoiden-Arten, wie ich schon wiederholt ausdrücklich betont habe. (...)

Das sind zoologische Tatsachen, und diese Tatsachen besitzen die schwerwiegendste Bedeutung. Sie enthalten, vereinigt mit den bekannten *Tatsachen der vergleichenden Ontogenie,* die vollgültigsten Beweise für die »Abstammung des Menschen vom Affen«, welche überhaupt denkbar sind. Wenn ihre Beweiskraft nicht genügt, dann müssen wir überhaupt auf eine vernunftgemäße Beantwortung jener »Frage aller Fragen« verzichten. (...)

Wenn nun auch die »Affen-Abstammung des Menschen« von zoologischer Seite nicht mehr bestritten werden kann, so wird ihr doch noch häufig entgegengehalten, daß sie nur für die *körperliche,* nicht für die *geistige* Entwickelung des Menschen Geltung haben könne. Da wir nun bisher uns bloß mit der ersteren beschäftigt haben, so ist es wohl notwendig, hier auch noch auf die letztere einen Blick zu werfen, und zu zeigen, daß auch sie dem großen allgemeinen Entwickelungs-Gesetze unterworfen ist. Dabei ist es vor allem notwendig, sich ins Gedächtnis zurückzurufen, wie überhaupt das Geistige vom Körperlichen nie völlig geschieden werden kann: beide Seiten der Natur sind vielmehr unzertrennlich verbunden, und stehen in der innigsten Wechselwirkung miteinander. Wie schon *Goethe* klar aussprach, »kann die Materie nie ohne Geist, der Geist nie ohne Materie existieren und wirksam sein«. Der künstliche Zwiespalt, welchen die falsche dualistische und teleologische Philosophie der Vergangenheit zwischen Geist und Körper, zwischen Kraft und Stoff aufrechterhielt, ist durch die Fortschritte der Naturerkenntnis und namentlich der Entwickelungs-Lehre aufgelöst; er kann gegenüber der siegreichen mechanischen und monistischen Philosophie unserer Zeit nicht mehr bestehen. (...)

In unzertrennlicher Verbindung mit dem Körper hat auch der Geist des Menschen alle jene langsamen Stufen der Entwickelung, alle jene einzelnen Schritte der Differenzierung und Vervollkommnung durchlaufen müssen. (...)

Eben so gut wie alle anderen Funktionen der Organismen muß notwendig auch die Menschenseele sich historisch entwickelt haben, und die vergleichende Seelenlehre oder die empirische Psychologie der Tiere zeigt uns klar, daß diese Entwickelung nur als eine stufenweise Hervorbildung aus der Wirbeltier-Seele gedacht werden kann; die allmähliche Differenzierung und Vervollkommnung derselben hat erst im Laufe vieler Jahrtausende zu dem herrlichen Triumphe des Menschengeistes über seine niederen tierischen Ahnenstufen geführt. Hier, wie überall, ist die Untersuchung der Entwickelung und die Vergleichung der verwandten Erscheinungen der einzige Weg, um zur Erkenntnis der natürlichen Wahrheit zu gelangen. Wir müssen also vor allem, wie wir es auch bei Untersuchung der körperlichen Entwickelung taten, die höchsten tierischen Erscheinungen einerseits mit den niedersten tierischen, andrerseits mit den niedersten menschlichen Erscheinungen vergleichen. Das Endresultat dieser Vergleichung ist, daß *zwischen den höchst entwickelten Tierseelen und den tiefststehenden Menschenseelen nur ein geringer quantitativer, aber kein qualitativer Unterschied existiert*; dieser Unterschied ist viel geringer, als der Unterschied zwischen den niedersten und höchsten Menschenseelen oder als der Unterschied zwischen den höchsten und niedersten Tierseelen. (...) Was endlich das *Denken* betrifft, dessen vergleichende Betrachtung zweifelsohne die meisten Schwierigkeiten bietet, so läßt sich doch schon aus der vergleichenden psychologischen Untersuchung, namentlich der kultivierten Haustiere, so viel mit Sicherheit entnehmen, daß die Vorgänge des Denkens hier nach denselben Gesetzen, wie bei uns, erfolgen. Überall liegen Erfahrungen den Vorstellungen zugrunde und vermitteln die Erkenntnis des Zusammenhangs zwischen Ursache und Wirkung. (…)

Wenn nun aus diesen und vielen anderen Zeugnissen zuverlässig hervorgeht, daß die geistigen Unterschiede zwischen den niedersten Menschen und den höchsten Tieren viel geringer sind, als diejenigen zwischen den niedersten und den höchsten Menschen, und wenn Sie damit die Tatsache zusammenhalten, daß bei jedem einzelnen Menschenkinde sich das Geistesleben aus dem tiefsten Zustande tierischer Bewußtlosigkeit heraus langsam, stufenweise und allmählich entwickelt, sollen wir dann noch daran Anstoß nehmen, daß auch der Geist des ganzen Menschen-Geschlechts sich in gleicher Art langsam und stufenweise historisch entwickelt hat? Und sollen wir in dieser Tatsache, daß die Menschenseele durch einen langen und langsamen Prozeß der Differenzierung und Vervollkommnung sich ganz allmählich aus der Wirbeltier-Seele hervorgebildet hat, eine »Entwürdigung« des menschlichen Geistes finden? Ich gestehe Ihnen offen, daß diese letztere Anschauung, welche gegenwärtig von vielen Menschen der Pithekoidentheorie entgegengehalten wird, mir ganz unbegreiflich ist. (…)

Was das menschliche Seelen-*Organ* betrifft, das Gehirn, so ist durch die sorgfältigste empirische Beobachtung die Geltung des *biogenetischen Grundgesetzes* für seine Entwickelung endgültig festgestellt. Dasselbe gilt aber auch für seine *Funktion,* für die »Seelen-Tätigkeit«. Denn mit der stufenweisen Entwickelung jedes Organs geht diejenige seiner Funktion Hand in Hand. Der morphologischen Differenzierung oder »Formspaltung« der Gehirnteile entspricht ihre physiologische Sonderung oder »Arbeitsteilung«. Was man also im gewöhnlichen Leben kurzweg »*Seele*« oder »*Geist*« des Menschen nennt (das »Bewußtsein« mitinbegriffen), ist nur die Summe der Tätigkeiten einer großen Anzahl von Nervenzellen, der Ganglien-Zellen, die das Gehirn zusammensetzen. Ohne die normale Zusammensetzung und Funktion der letzteren ist eine gesunde »Seele« nicht denkbar. Allerdings ist diese Auffassung – eine der wichtigsten Grundlagen der heutigen exakten Physiologie – nicht vereinbar mit dem weitverbreiteten Glaubens-Satz von der »*persönlichen Unsterblichkeit*« des Menschen. Allein dieses dualistische Dogma, welches uns bei niederen Menschen-Rassen in den mannigfaltigsten Formen entgegentritt, ist ohnehin heute nicht mehr haltbar. Die bewunderungswürdigen Fortschritte der Experimental-Physiologie und der Psychiatrie, wie der vergleichenden Psychologie und Ontogenie, haben im Laufe des letzten halben Jahrhunderts Stein für Stein von dem mächtigen Unterbau abgelöst, auf welchem jenes Dogma unerschütterlich zu ruhen schien. Den letzten Halt hat dasselbe jedoch erst durch die großartigen biologischen Entdeckungen der beiden letzten Dezennien verloren, vor allem durch die vollkommene Lüftung des Schleiers, der bisher das Geheimnis der Befruchtung verhüllte. Wir wissen jetzt sicher und können die Tatsache jeden Augenblick unter dem Mikroskop vorzeigen, daß der wunderbare Befruchtungs-Prozeß weiter nichts ist, als die Verschmelzung von zwei verschiedenen Zellen, die Kopulation ihrer Kerne. Dabei überträgt der Kern der männlichen Spermazelle die individuellen Eigenschaften des Vaters, der Kern der weiblichen Eizelle diejenigen der Mutter; die *Vererbung* von beiden Eltern ist durch die Verschmelzung der beiden Kerne bedingt, und mit dieser beginnt erst die Existenz des neuen Individuums, des Kindes. Der Augenblick, in welchem die beiden erotischen Zellkerne vollkommen verschmolzen sind, bezeichnet haarscharf die Entstehung der neuen Person, welche sich aus der neu entstandenen Stammzelle entwickelt. Es ist vernunftgemäß undenkbar, daß dieses neue Wesen ein *»ewiges Leben«* ohne Ende haben soll, während wir den *endlichen Anfang* seines Daseins durch unmittelbare Beobachtung haarscharf bestimmen können. (Vergl. meine Anthropogenie).

Unsere Entwickelungs-Lehre erklärt ebenso die Entstehung der einzelnen menschlichen Person, wie den Ursprung des Menschen-Geschlechts und den Lauf seiner historischen Entwickelung in der einzig natürlichen Weise. (...)

Die höchste Leistung des menschlichen Geistes ist die vollkommene Erkenntnis, das entwickelte Menschenbewußtsein, und die daraus entspringende sittliche Tatkraft. *»Erkenne Dich selbst!«* So riefen schon die Philosophen des Altertums dem nach Veredelung strebenden Menschen zu. »Erkenne Dich selbst!« So ruft die Entwickelungslehre nicht allein dem einzelnen menschlichen Individuum, sondern der ganzen Menschheit zu. Und wie die fortschreitende Selbsterkenntnis für jeden einzelnen Menschen der mächtigste Hebel zur sittlichen Vervollkommnung wird, so wird auch die Menschheit als Ganzes durch die Erkenntnis ihres wahren Ursprungs und ihrer wirklichen Stellung in der Natur auf eine höhere Bahn der moralischen Vollendung geleitet werden. (...)

Die *Philosophie,* die Fürstin unter den Wissenschaften, die schon ein halbes Jahrtausend vor Christus in Thales und Anaximander, in Heraklit, Empedokles und Demokrit die Keime zur heutigen Entwickelungs-Lehre gelegt hatte, war durch die Ausbreitung der katholischen Dogmen und die Scheiterhaufen ihrer Inquisition zum blinden Werkzeug des Kirchenglaubens geworden. Erst die mächtige Entwickelung der *Naturwissenschaft* in unserem Jahrhundert, hat der verirrten und herabgekommenen Philosophie wieder den verlorenen Weg zur Wahrheit gezeigt, und ihre Grundlage wird von jetzt an die monistische Entwickelungs-Lehre bleiben. Kommende Jahrhunderte werden unsere Zeit, welcher mit der wissenschaftlichen Begründung der Entwickelungs-Lehre der höchste Preis menschlicher Erkenntnis beschieden war, als den Zeitpunkt feiern, mit welchem ein neues segensreiches Zeitalter der menschlichen Entwickelung beginnt, charakterisiert durch den Sieg des freien erkennenden Geistes über die Gewaltherrschaft der Autorität und durch den mächtig veredelnden Einfluß der *monistischen Philosophie.*

Natürliche Schöpfungsgeschichte

Einleitung

Friedrich Nietzsche

Wohl selten treten die großen religiösen Gegensätze einer Krisenzeit so scharf zutage wie in der fast gleichzeitigen Entstehung von Anton Bruckners Te Deum und Nietzsches Botschaft »Gott ist tot«. Im Mai 1881, noch während der Arbeit an der sechsten Symphonie, komponiert Bruckner sein geistliches Werk, das er im September 1883 noch einmal umarbeitet und im Schlußteil ergänzt durch eine Doppelfuge und den Choralsatz »Non confundar in aeternum«, dem machtvollen Bekenntnis zur Unsterblichkeit der individuellen Seele. Im selben Sommer 1881, in seinem Engadiner Asyl Sils-Maria, verkündet Nietzsche durch den Mund des »tollen Menschen« zum ersten Mal den »Tod Gottes«. Im Herbst 1883 spricht er in der Gestalt Zarathustras die neue Lehre vom »Übermenschen« und von der »Ewigen Wiederkunft des Gleichen« aus. Zeugt Bruckners Musik vom immer noch lebendigen »Gottzustand« des mittelalterlichen platonischen Christentums (Ernst Bloch), so ruft Nietzsches abgründiges Wort den »unheimlichsten aller Gäste«, den Nihilismus, endgültig ins Bewußtsein seiner Zeit und setzt damit das Zeichen für das kommende Jahrhundert.

Die These »Gott ist tot« besagt jedoch nicht einfach das, was sie so kraß formuliert. Nietzsche leugnet weniger die Existenz Gottes als die Idee, die der Mensch von Gott hat.[1] »Könntet Ihr einen Gott *denken*?«, fragt Zarathustra. Alle Versuche, Gott zu denken, sind vergeblich, ein »ewiges Umsonst«. Deshalb ist der Zweifel jeder angeblichen Gewißheit vorzuziehen. Aber auch der Satz »Gott ist tot« ist im Grunde unausdenkbar. Die Existenz Gottes »jenseits von Raum und Zeit« steht für Nietzsche letztlich gar nicht in Frage. Es geht ihm um das Sein, das er als ein Ganzes denkt und im Gottesbegriff, vor allem im christlichen, gespalten sieht in eine physische und eine metaphysische Welt. Die Wahrheit ist in eine göttliche Transzendenz verlegt, die als die eigentliche Wirklichkeit die Normen des Diesseits bestimmt. Dieses »idealistische« Denken meint Nietzsche, wenn er das Christentum und ebenso den

---

[1] Siehe dazu: Eugen Biser: Gott ist tot. Nietzsches Destruktion des christlichen Bewußtseins. München 1962. Einige Grundgedanken dieser Untersuchung sind hier übernommen.

Platonismus angreift, wobei er Gott mit den »Ideen« gleichsetzt. Die eigene Philosophie versteht er als »umgedrehten Platonismus«: Im Gegensatz zu den Befreiten in Platons Höhlengleichnis, die sich von den Schatten auf der Wand zu ihren Urbildern im Licht vor dem Höhleneingang wenden, haben für Nietzsche die Schatten, die Erscheinungen der diesseitigen Welt, das Feuer der Wahrheit in sich selbst. Seine Botschaft »Gott ist tot« könnte also auch eine Formel sein für die Erfahrung, daß die übersinnliche Welt der Ideen und Ideale, die seit Platon als die eigentlich wirkliche und wahre Welt gilt, nicht mehr wirkt, kein Leben mehr spendet.[1] Nach Nietzsche haben die Menschen ihre Idee von einem metaphysischen Gott selbst zerstört oder, wie der »tolle Mensch« sagt, sie haben Gott getötet. Mit dieser »Destruktion des christlichen Bewußtseins«[2] beginnt für Nietzsche der Nihilismus – zugleich aber auch seine Überwindung. Nietzsche bleibt nicht in der Negation stehen. Er will die »uneingeschränkte Weltinnigkeit«[2] zurückgewinnen, die er im vorkirchlichen, vordogmatischen Urchristentum, das er in bestimmter Weise einseitig versteht, noch lebendig sieht als eine »ewige Tatsächlichkeit«: Die Distanz zwischen Gott und Mensch, die Differenz von Gesetz und Leben, Wissen und Sein, aufgehoben im ursprünglichen »Zustand des Herzens«, im »Gesamtverklärungsgefühl aller Dinge« oder, mit dem Wort des Evangeliums, im »Himmelreich« (Nachlaß).

Der »tolle Mensch«, wie Zarathustra eine gleichnishafte Selbstdarstellung Nietzsches, ist verrückt, das heißt aus dem normalen Bewußtsein herausgerückt. Nur ein solcher kann das ungeheure Ereignis vom Tod Gottes verkünden. Er sucht die Mörder Gottes vom Sinn ihrer Tat zu überzeugen. Mit ihr bricht ein neues Zeitalter an, für das drei Bilder stehen: das ausgetrunkene Meer, der weggewischte Horizont, die von der Sonne losgekettete, in Kälte und Finsternis taumelnde Erde. Aber auch das Ziel ist schon angedeutet: eine neue Erde und ein neuer Mensch, das Ende der intellektuellen und vor allem moralischen Gefangenschaft in der radikalen Absage an jede Transzendenz. Jetzt ist nicht mehr die Frage: Was *ist* der Mensch?, sondern: Wie weit kann er sich »erheben« oder auf Grund seiner Möglichkeiten »getrieben werden«? (Nachlaß Wille zur Macht, § 973) Damit tritt er in die zweite – heroische – Phase seiner Entwicklung: Aus der Unterwerfung unter das

---

1 Martin Heidegger: Nietzsches Wort »Gott ist tot«. In: Holzwege, Frankfurt 1950
2 Eugen Biser, a.a.O.

moralische Gebot eines transzendenten Gottes in die Freiheit der Selbstbestimmung. Aus dem »Du sollst« wird ein »Ich will«. Der Gottestod ruft den seiner selbst gewissen Menschen ins Dasein, der nach dem Verlöschen der Gottessonne die Sonnenfinsternis erträgt, ohne Rückhalt und Vertrauen in eine Macht außerhalb seiner selbst.

Die Erstlinge dieser »Fröhlichen Wissenschaft« sind die »Furchtlosen«, die nicht nur die Brücken, auch das Land noch hinter sich abbrechen und, »von einer neuen Morgenröte angestrahlt«, die Fahrt in den offenen Horizont eines ozeanischen »unendlichen Nichts« wagen. Es gibt keine Orientierung mehr in dieser Leere, dagegen eine lange »Folge von Abbruch, Zerstörung, Untergang, Umsturz«. Dazu gehört auch der Abbruch des Glaubens an die Unsterblichkeit der Seele, im platonischen wie im besonderen christlichen Sinn. Da die Wissenschaft den Gedanken vom endgültigen Tod neu befestigt hat, darf die Menschheit wieder mit sich experimentieren. Der im Tod bisher in Gott mündende Wille muß der Erkenntnis Opfer bringen und auf unbestimmte Zeit ins Nichts auslaufen. Hinter diesem Nichts aber, am Ende der »Hadesfahrt«, leuchtet ein neues Ziel auf: Da Gott tot ist, müssen die Menschen »selbst zu Göttern werden«. Im Bewußtsein, »daß es nichts Furchtbareres gibt als Unendlichkeit« – die Ziellosigkeit des Nihilismus – setzt Nietzsche dem »schaffenden Willen« des Menschen das Ziel: In die durch Gottes Tod entstandene Lücke tritt der »Übermensch«: »Gott starb, nun wollen wir, daß der Übermensch lebe.« In ihm manifestiert sich die Überwindung »Gottes und des Nichts«. Sein Verkünder Zarathustra sieht ihn noch schlafend im Stein des Bildhauers Mensch, der ihn herausmeißeln soll. Diesen Akt nennt Nietzsche den Schritt »von der Art zur Über-Art«.

Es sieht so aus, als denke Nietzsche hier den naturwissenschaftlichen Entwicklungsgedanken weiter und schaffe ihn zu einer glühenden inneren Vorstellung um: Das Tier hat den Menschen in sich getragen, sollte der Mensch nicht den Übermenschen in sich tragen als den tiefsten Sinn der Erde? Im Unterschied zum Darwinismus leugnet Nietzsche jedoch, daß sich Höheres aus Niederem durch einen Prozeß der Selektion »von selbst« entwickeln kann. Für ihn ist das Ziel der Gesamtentwicklung von Anfang gegeben. So ist auch der Übermensch das Leitbild, das schon dem Hervortreten des Menschen aus dem Tierreich zugrunde liegt. Denn »der Mensch ist etwas, das überwunden werden soll«. Er ist nur Anlaß zu etwas, das mehr ist als er selbst, »ein Übergang ... und ein Untergang«. Er soll Wesen hervorbringen, »welche über der ganzen Gattung ›Mensch‹ erhaben dastehen.« Für Ernst Benz hat Nietzsche mit dieser Forderung mitten im materialistischen Zeitalter die Entwicklungstheorie in die Sphäre der Freiheit erhoben und die Frage nach dem Sinn des fortschreitenden Lebens von seinem letzten Ziel her gestellt.[1] Weil er an den Gott in sich selbst glaubt, den er lebendiger fühlt als jeden Gott von außen, fordert er vom Menschen, sich über sich selbst zu erheben. »Du bist gläubiger, als du denkst«, sagt der alte Papst zu Zarathustra, »Irgendein Gott in dir bekehrte dich zu deiner Gottlosigkeit.« Damit ist Entscheidendes berührt. Der Übermensch, für Nietzsche der »erlösende Mensch der großen Liebe«, der »schöpferische Geist«, könnte letztlich für das göttliche Selbst im Menschen stehen, dem inneren Ziel des auf Ewigkeit gerichteten Willens. Hinter ihm taucht, »wenn auch verschleiert, das Bildnis des präexistenten Menschensohnes auf« (Benz), aber auch – ähnlich wie bei Hölderlin, wenngleich in einem ganz anderen Sinn mit Christus konfrontiert – Dionysos. Die Metapher vom »Blitz aus der dunklen Wolke Mensch« weist auf seine Geburtsmythe. Der Übermensch ist »ewiges« Ziel der Menschheit, aber ausdrücklich im Sinn ihrer »eigenen Fortsetzung«, als »Sinn der Erde«, nicht des Transzendierens in eine höhere »falsche« Welt.

Trotz aller Bestimmungen ist das Bild seltsam unanschaulich. Der Übermensch ist der noch Namenlose, der nur negativ charakterisiert werden kann durch das Fehlen aller spezifisch christlichen Eigenschaften, vor allem der Lebensfeindlichkeit. Der Begriff seiner »Schaffung« umfaßt den biologischen wie den geistigen Zeugungsakt. Nicht das individuelle »Genie« des Idealismus ist gemeint, vielmehr eine völlig neue höhere Form des Menschseins. Die Vision bleibt für Nietzsche von einem Geheimnis umgeben, das ihn wohl hinderte, bestimmter und klarer zu sprechen. »Als ich den Übermenschen geschaffen hatte, ordnete ich um ihn den großen Schleier des Werdens und ließ die Sonne über ihm stehen im Mittage.« Mittag – das ist der seltene Augenblick zeitloser Erfüllung, in dem das Bild der »großen Sehnsucht« vom Werden ins Sein tritt.

Dazu gehört noch ein zweites. Für Nietzsche verbindet sich »mit der Aussicht auf die Erzeugung des Übermenschen im großen schauerlichen Augenblick das Geheimnis der Wiederkehr«. Beide Gedanken

---

1 Ernst Benz: Das Bild des Übermenschen in der europäischen Geistesgeschichte. In: Der Übermensch. Eine Diskussion. Zürich 1961

hängen eng zusammen, auch wenn sie sich in bestimmter Hinsicht widersprechen. »Aus dem Glück des Übermenschen« verkündet Zarathustra seine Lehre von der ewigen Wiederkunft des Gleichen.

Vor dem pyramidal aus dem Silvaplaner See aufragenden Felsblock, dessen Silhouette sich in einem Berggipfel jenseits des Sees wiederholt, überfiel Nietzsche »der Gedanke des Gedankens«, überwältigender noch als derjenige des Übermenschen. »Unsterblich ist der Augenblick, wo ich die Wiederkunft zeugte. Um dieses Augenblicks willen *ertrage* ich die Wiederkunft«, lautet eine aufschlußreiche Stelle im Nachlaß. Nietzsches Erschütterung ist nur verständlich, wenn man sie als eine Art Damaskus-Erlebnis begreift. Er muß eine mystische Erfahrung des Seins im Werden gemacht haben[1], der er den Namen Dionysos gab. Erst nach langem Schweigen, und nur engsten Freunden, wagte er flüsternd davon zu sprechen, als sei es ihm nicht erlaubt. Den Begriff »ewige Wiederkunft« kannte er aus der philosophisch theologischen Tradition als »cyclus aeternus«, zirkelhaften Ring, dessen Mittelpunkt überall und nirgends ist. Ihm wurde er eins mit dem Wesen des zweimal geborenen Gottes. Der vierte Teil der geplanten Schrift »Umwertung aller Werte«, deren erster Teil »Der Antichrist« ist, sollte den Titel haben »Dionysos-Philosophie der ewigen Wiederkunft«. Nietzsche verstand sich als »den letzten Jünger und Eingeweihten« des Gottes. Seine Wiederkehr war für ihn die innere Folge vom Tod des metaphysischen Gottes, die Wiederkunftslehre die letzte Konsequenz und zugleich Überwindung des Nihilismus. Der Gedanke der Wiederkunft ist der Versuch, das Sein im Werden, die Ewigkeit und damit auch die Unsterblichkeit in der Zeit, beziehungsweise als Zeit, zu denken. »Daß *alles wiederkehrt*, ist die extremste *Annäherung einer Welt des Werdens an die des Seins*«, heißt es im Nachlaß. (Wille zur Macht § 617). Dionysos ist der Name für die neue Lehre vom ewigen Werden und Vergehen, von der allumfassenden Einheit des Lebens. Als der Zerstückelte und Wiedergeborene, der Dämon des rauschhaften Lebens und der Herr des Todesnachens mit dem Winzermesser, ist er der große ekstatische Jasager zum Leben in seiner Ganzheit, ohne teleologische Sicherung und damit auch in seinem tragischen Aspekt von unaufhörlicher Geburt und Vernichtung. Dionysos ist letztlich der Name Nietzsches für die Göttlichkeit des Seins, das Dionysische das »Fundament aller Existenz«. Daß Nietzsche die

---

1 Karl Löwith: Nietzsches Philosophie der ewigen Wiederkehr des Gleichen. Stuttgart 1956

Grundbewegung des Lebens als »Wille zur Macht« denkt, schafft den Widerspruch zur Idee des Übermenschen. Der Wille zur Macht will nur sich selbst, »geht also wesenhaft in sich selbst zurück« und hat kein Ziel außerhalb seiner selbst (Heidegger). So sucht Nietzsche die Weltbewegung als ziellosen Kreislauf zu denken, als ewige Wiederkehr *des Gleichen*. Damit scheint jede Entwicklung, auch die wesentlichste zum Ziel des Übermenschen, ausgeschlossen. Die große Gleichnisrede Zarathustras »Vom Gesicht und Rätsel« stellt das Problem drastisch vor Augen.

Zarathustra erzählt die Vision vom Kampf um den noch verborgenen Sinn seiner Wiederkunftslehre: Er stieg einen Berg empor, niedergedrückt vom Geist der Schwere, seinem »Erzfeind«, der – halb Zwerg, halb Maulwurf – auf ihm hockte und ihm den bleiernen Gedanken von der Unendlichkeit der Zeit und der Vergeblichkeit aller menschlichen Aufschwünge ins Ohr murmelte. Dem stellte er seinen »mutigsten Gedanken« von der ewigen Wiederkunft des Gleichen entgegen, der den Zwerg abspringen ließ. Das nun beginnende Gespräch findet im »Torweg Augenblick« statt. Hier stoßen zwei Wege zusammen, die lange Gasse hinaus und die lange Gasse zurück. Beide sind endlos, eine künftige und eine vergangene »Ewigkeit«. Der Zwerg zieht die einfache Folgerung: Im Unendlichen schließen sich beide Ewigkeiten zum Kreis, das heißt – »alle Wahrheit ist krumm«. Doch für Zarathustra ist der daraus sich ergebende Schluß einer endlosen Wiederholung auch des Kleinen, Verächtlichen, gerade Überwundenen, ein erstickender Gedanke – die schwarze Schlange im Mund des visionär auftauchenden Hirten. Auf seinen Zuruf beißt dieser den Schlangenkopf ab, der Ekel schwindet, der Hirte ist ein Verwandelter, Umleuchteter, welcher lacht, »wie kein Mensch je lachte« – eine Vorschau auf den Übermenschen, der den Geist der Schwere überwunden hat in einer neuen Leichtigkeit.

Im Kapitel »Der Genesende« setzt sich das Geschehen fort. Zarathustra beschwört seinen »abgründlichsten Gedanken«, heraufzusteigen aus der Tiefe und zu reden. Aber die Rede geschieht nicht. Statt dessen wiederholt sich die Schlangenvision an ihm selbst, mit dem Unterschied, daß er in einem siebentägigen Todesschlaf – analog zur siebentägigen Weltschöpfung? – das dionysische Geheimnis der Welt erfährt. Er erkennt den Ewigkeitsgrund der Zeit. In der ewigen Wiederkehr des Gleichen erscheint das wahre Wesen der Zeit als Ewigkeit: »Alle Dinge sind getauft am Borne der Ewigkeit.« Das heißt nicht, daß die Dinge einen metaphysischen Ursprung hätten. Zeit und Ewigkeit sind als eines gedacht. Als ewige Wiederkunft ist die Zeit ewig, nicht unendlich, wie der Geist der Schwere behauptete. »Krank noch von der eigenen Erlösung«, ist es nicht Zarathustra, der die neu gewonnene Erkenntnis seiner Lehre ausspricht. Es sind seine Tiere, Adler und Schlange, deren Bewegungsgesetze kreisendes Steigen (Übermensch) und in sich verschlungene Wiederkehr (ewige Wiederkunft) sind. Nachdem sie ihm die Welt als paradiesischen Garten geschildert haben, der auf ihn wartet, um ihn zu heilen, nennen sie dem Lehrer der ewigen Wiederkunft seine Lehre: »Alles geht, alles kommt zurück, ewig rollt das Rad des Seins ...« Nirgends ist Anfang oder Ende, die Welt, so fragwürdig sie sein mag, ist in jedem Augenblick ganz – »Die Mitte ist überall«. Auch der Mensch ist unzählige Male dagewesen und wird noch unzählige Male da sein. Aber er kommt nicht wieder zu einem neuen, besseren oder ähnlichen Leben, sondern »ewig wieder zu diesem gleichen und selbigen«. Er kehrt immer so wieder, wie er einmal da war. Auch Zarathustra wird als Lehrer seiner Lehre wiederkehren: »Also – *endet* Zarathustras Untergang« – heißt es in der Umkehrung des Satzes vom Anfang.

Nietzsche nimmt das Unerträgliche, Widersprüchliche dieses Gedankens in Kauf, weil er überzeugt ist, ein Urgesetz des Lebens gefunden zu haben. Er leugnet jede Transzendenz. Dennoch entsteht der Widerspruch gerade durch die verborgen transzendierende Bewegung seines Denkens ins Ewige, die immer wieder ins Zeitliche zurückgebogen wird. Er selbst drückt ihn aus in einem späten Fragment: »Die beiden extremsten Denkweisen – die mechanistische und die platonische – kommen überein in der *ewigen Wiederkunft*, beide als Ideale.« Nietzsche will Unvereinbares vereinen. Das in seinem Sinn »umgedrehte« platonische Ideal des Übermenschen müßte als Impuls in den mechanischen Kreislauf des ewig Gleichen einschlagen und ihn durchbrechen. Er wäre die Öffnung des Kreises zur Spirale, der Flug des Adlers. Alles läuft für Nietzsche darauf zu – »Ziel: auf einen Augenblick den Übermenschen zu erreichen. Dafür leide ich alles.« Der Prozeß, der zu diesem Gipfel führen soll, ist nicht unähnlich demjenigen, den Schiller den Schritt ins Erhabene nennt. Der Mensch soll das notwendig Geschehende in seinen Willen aufnehmen, ja gegen die lähmende Wiederholung und Determiniertheit des Daseins noch am Willen zum Willen festhalten und alles »Es war« umschaffen in ein »So wollte ich es«. Im »amor fati«, in der Liebe zum Schicksal, sollen Notwendigkeit und Freiheit sich versöhnen. Dieselbe Forderung gilt vor dem Tod. Die ewige Wiederkunft des Gleichen bedeutet, daß auch der Mensch unzählige Male sterben muß, um zu leben, daß immer neue Geburten und Tode auf ihn warten. Im »Torweg Augenblick« vergehen Leib *und* Seele. Hier meint Sterben ein Freiwerden von »großer Schwere und Schwüle«, ein Aufatmen »vor Seligkeit«. Aber der Tod ist nicht in einen ein für allemal anbrechenden Sieg verschlungen, wie es Paulus sagt (1.Kor. 15), sondern muß immer wieder gestorben werden.[1] Dieses Schicksal gilt es zu bejahen, zu wollen und damit zu überwinden: »Man muß vergehen wollen, um wieder entstehen zu können.« Man muß dem Tod gegenüber so souverän werden, daß man sagen kann: »War dies das Leben? Wohlan! Noch einmal!« Nietzsche sieht den Menschen in den Schicksalsknoten von Ursachen und Wirkungen mitverschlungen. In bestimmter Weise bereitet er sein Schicksal selbst, wirkt also auch als eine Ursache seiner ewigen Wiederkunft. Denn alles, was einmal war, *ist* und wird sein. Dieses Sein ist unzerstörbar. Als ein Ewiges überdauert es die Zeit. Der Tod ist kein Gegensatz zum Leben, er ist die tragische Bedingung der Wiederkehr des einmal Bestehenden und deshalb letztlich unwichtig. Der Mensch ist unsterblich, weil er im innerzeitlichen Kreislauf von Geburt, Tod und Wiedergeburt an der ewigen Zeit oder zeithaften Ewigkeit teilhat. Jedes augenblickliche Dasein wiederholt ein vergangenes und gebiert ein neues – darin besteht seine zeitlose innere Identität: »Dies Leben – dein ewiges Leben.« Für Nietzsche ist die so gedachte Unsterblichkeit so schwer zu ertragen wie die ewige Wiederkunft des Gleichen – vielleicht, weil er Gott, das Über-Seiende, im »Ring des Seins« zu denken sucht: »Daß wir unsere Unsterblichkeit *ertragen* könnten, das wäre das Höchste.«

---

[1] Vgl. Georg Scherer: Das Problem des Todes in der Philosophie. Darmstadt 1979

Friedrich Nietzsche
1844–1900

»Gott ist tot«. Die Überwindung des Nihilismus in der Idee des Übermenschen. Die ewige Wiederkunft des Gleichen

»Gott ist tot«

Der tolle Mensch. – Habt ihr nicht von jenem tollen Menschen gehört, der am hellen Vormittage eine Laterne anzündete, auf den Markt lief und unaufhörlich schrie:»Ich suche Gott! Ich suche Gott!« – Da dort gerade viele von denen zusammen standen, welche nicht an Gott glaubten, so erregte er ein großes Gelächter. Ist er denn verlorengegangen? sagte der eine. Hat er sich verlaufen wie ein Kind? sagte der andere. Oder hält er sich versteckt? Fürchtet er sich vor uns? Ist er zu Schiff gegangen? ausgewandert? – so schrieen und lachten sie durcheinander. Der tolle Mensch sprang mitten unter sie und durchbohrte sie mit seinen Blicken. »Wohin ist Gott? rief er, ich will es euch sagen! *Wir haben ihn getötet,* – ihr und ich! Wir alle sind seine Mörder! Aber wie haben wir dies gemacht? Wie vermochten wir das Meer auszutrinken? Wer gab uns den Schwamm, um den ganzen Horizont wegzuwischen? Was taten wir, als wir diese Erde von ihrer Sonne losketteten? Wohin bewegt sie sich nun? Wohin bewegen wir uns? Fort von allen Sonnen? Stürzen wir nicht fortwährend? Und rückwärts, seitwärts, vorwärts, nach allen Seiten? Gibt es noch ein Oben und ein Unten? Irren wir nicht wie durch ein unendliches Nichts? Haucht uns nicht der leere Raum an? Ist es nicht kälter geworden? Kommt nicht immerfort die Nacht und mehr Nacht? Müssen nicht Laternen am Vormittage angezündet werden? Hören wir noch nichts von dem Lärm der Totengräber, welche Gott begraben? Riechen wir noch nichts von der göttlichen Verwesung? – auch Götter verwesen! Gott ist tot! Gott bleibt tot! Und wir haben ihn getötet! Wie trösten wir uns, die Mörder aller Mörder? Das Heiligste und Mächtigste, was die Welt bisher besaß, es ist unter unseren Messern verblutet, – wer wischt dies Blut von uns ab? Mit welchem Wasser könnten wir uns reinigen? Welche Sühnfeiern, welche heiligen Spiele werden wir erfinden müssen? Ist nicht die Größe dieser Tat zu groß für uns? Müssen wir nicht selber zu Göttern werden, um nur ihrer würdig zu erscheinen? Es gab nie eine größere Tat, – und wer nur immer nach uns geboren wird, gehört um dieser Tat willen in eine höhere Geschichte, als alle Geschichte bisher war!« – Hier schwieg der tolle Mensch und sah wieder seine Zuhörer an: auch sie schwiegen und blickten befremdet auf ihn. Endlich warf er seine Laterne auf den Boden, daß sie in Stücke sprang und erlosch. »Ich komme zu früh, sagte er dann, ich bin noch nicht an der Zeit. Dies ungeheure Ereignis ist noch unterwegs und wandert, – es ist noch nicht bis zu den Ohren der Menschen gedrungen. Blitz und Donner brauchen Zeit, das Licht der Gestirne braucht Zeit, Taten brauchen Zeit, auch nachdem sie getan sind, um gesehen und gehört zu werden. Diese Tat ist ihnen immer noch ferner, als die fernsten Gestirne, – *und doch haben sie dieselbe getan!«* – Man erzählt noch, daß der tolle Mensch des selbigen Tages in verschiedene Kirchen eingedrungen sei und darin sein Requiem aeternam deo angestimmt habe. Hinausgeführt und zur Rede gesetzt, habe er immer nur dies entgegnet: »Was sind denn diese Kirchen noch, wenn sie nicht die Grüfte und Grabmäler Gottes sind?« –

Die fröhliche Wissenschaft

Was es mit unserer Heiterkeit auf sich hat. – Das größte neuere Ereignis, – daß »Gott tot ist«, daß der Glaube an den christlichen Gott unglaubwürdig geworden ist – beginnt bereits seine ersten Schatten über Europa zu werfen. Für die wenigen wenigstens, deren Augen, deren *Argwohn* in den Augen stark und fein genug für dies Schauspiel ist, scheint eben irgendeine Sonne untergegangen, irgendein altes tiefes Vertrauen in Zweifel umgedreht: ihnen muß unsre alte Welt täglich abendlicher, mißtrauischer, fremder, »älter« scheinen. In der Hauptsache aber darf man sagen: das Ereignis selbst ist viel zu groß, zu fern, zu abseits vom Fassungsvermögen vieler, als daß auch nur seine Kunde schon *angelangt* heißen dürfte; geschweige denn, daß viele bereits wüßten, *was* eigentlich sich damit begeben hat – und was alles, nachdem dieser Glaube untergraben ist, nunmehr einfallen muß, weil es auf ihm gebaut, an ihn gelehnt, in ihn hineingewachsen war: zum Beispiel unsre ganze europäische Moral. Diese lange Fülle und Folge von Abbruch, Zerstörung, Untergang, Umsturz, die nun bevorsteht: wer erriete heute schon genug davon, um den Lehrer und Vorausverkünder dieser ungeheuren Logik von Schrecken abgeben zu müssen, den Propheten einer Verdüsterung und Sonnenfinsternis, deren gleichen es wahrscheinlich noch nicht auf Erden gegeben hat? ... Selbst wir geborenen Rätselrater, die wir gleichsam auf den Bergen warten, zwischen Heute und Morgen hingestellt und in den Widerspruch zwischen Heute und Morgen hineingespannt, wir Erstlinge und Frühgeburten des kommenden Jahrhunderts, denen eigentlich die Schatten, welche Europa alsbald einwickeln müssen, jetzt schon zu Gesicht gekommen sein *sollten:* woran liegt es doch, daß selbst wir ohne rechte Teilnahme für diese Verdüsterung, vor allem ohne Sorge und Furcht für *uns* ihrem Heraufkommen entgegensehn? Stehen wir vielleicht zu sehr noch unter den *nächsten Folgen* dieses Ereignisses – und diese nächsten Folgen, seine Folgen für *uns* sind, umgekehrt als man vielleicht erwarten könnte, durchaus nicht traurig und verdüsternd, vielmehr wie eine neue schwer zu beschreibende Art von Licht, Glück, Erleichterung, Erheiterung, Ermutigung, Morgenröte ... In der Tat, wir Philosophen und »freien Geister« fühlen uns bei der Nachricht, daß der »alte Gott tot« ist, wie von einer neuen Morgenröte angestrahlt; unser Herz strömt dabei über von Dankbarkeit, Erstaunen, Ahnung, Erwartung, – endlich erscheint uns der Horizont wieder frei, gesetzt selbst, daß er nicht hell ist, endlich dürfen unsre Schiffe wieder auslaufen, auf jede Gefahr hin auslaufen, jedes Wagnis des Erkennenden ist wieder erlaubt, das Meer, *unser* Meer liegt wieder offen da, vielleicht gab es noch niemals ein so »offnes Meer«. –

Die fröhliche Wissenschaft

Der Tod

Der Gedanke an den Tod. – Es macht mir ein melancholisches Glück, mitten in diesem Gewirr der Gäßchen, der Bedürfnisse, der Stimmen zu leben: wieviel Genießen, Ungeduld, Begehren, wieviel durstiges Leben und Trunkenheit des Lebens kommt da jeden Augenblick an den Tag! Und doch wird es für alle diese Lärmenden, Lebenden, Lebensdurstigen bald so stille sein! Wie steht hinter jedem sein Schatten, sein dunkler Weggefährte! Es ist immer wie im letzten Augenblick vor der Abfahrt eines Auswandererschiffes; man hat einander mehr zu sagen als je, die Stunde drängt, der Ozean und sein ödes Schweigen wartet ungeduldig hinter alle dem Lärme – so begierig, so sicher seiner Beute! Und alle,

alle meinen, das Bisher sei nichts oder wenig, die nahe Zukunft sei alles: und daher diese Hast, dies Geschrei, dieses Sich-Übertäuben und Sich-Übervorteilen! Jeder will der erste in dieser Zukunft sein – und doch ist der Tod und Totenstille das einzig Sichere und das allen Gemeinsame dieser Zukunft! Wie seltsam, daß diese einzige Sicherheit und Gemeinsamkeit fast gar nichts über die Menschen vermag und daß sie am weitesten davon entfernt sind, sich als die Brüderschaft des Todes zu fühlen! Es macht mich glücklich, zu sehen, daß die Menschen den Gedanken an den Tod durchaus nicht denken wollen! Ich möchte gern etwas dazutun, ihnen den Gedanken an das Leben noch hundertmal *denkenswerter* zu machen.

Die fröhliche Wissenschaft

Sterbliche Seelen! – In Betreff der Erkenntnis ist vielleicht die nützlichste Errungenschaft: daß der Glaube an die unsterbliche Seele aufgegeben ist. Jetzt darf die Menschheit warten, jetzt hat sie nicht mehr nötig, sich zu überstürzen und halbgeprüfte Gedanken hinunterzuwürgen, wie sie ehedem mußte. Denn damals hing das Heil der armen »ewigen Seele« von ihren Erkenntnissen während des kurzen Lebens ab, sie mußte sich von heut zu morgen *entscheiden*, – die »Erkenntnis« hatte eine entsetzliche Wichtigkeit! Wir haben den guten Mut zum Irren, Versuchen, Vorläufig-Nehmen wieder erobert – es ist alles nicht so wichtig! – und gerade deshalb können Individuen und Geschlechter jetzt Aufgaben von einer Großartigkeit ins Auge fassen, welche früheren Zeiten als Wahnsinn und Spiel mit Himmel und Hölle erschienen sein würden. Wir würden mit uns selber experimentieren! Ja die Menschheit darf es mit sich! Die größten Opfer sind der Erkenntnis noch nicht gebracht worden, – ja, es wäre früher Gotteslästerung und Preisgeben des ewigen Heils gewesen, solche Gedanken auch nur zu *ahnen*, wie sie unserem Tun jetzt vorauslaufen.

Morgenröte

Das *»Nach-dem-Tode«*. – Paulus wußte nichts Besseres seinem Erlöser nachzusagen, als daß er den Zugang zur Unsterblichkeit für jedermann *eröffnet* habe, – er glaubt noch nicht an die Auferstehung der Unerlösten, ja, in Folge seiner Lehre vom unerfüllbaren Gesetze und vom Tode als Folge der Sünde argwöhnt er, im Grunde sei bisher niemand (oder sehr wenige, und dann aus Gnade und ohne Verdienst) unsterblich geworden; jetzt erst *beginne* die Unsterblichkeit ihre Tore aufzutun, – und zuletzt seien auch für sie sehr wenige auserwählt: wie der Hochmut des Auserwählten nicht unterlassen kann hinzuzufügen. – Anderwärts, wo der Trieb nach Leben nicht gleich groß war, wie unter Juden und Judenchristen, und die Aussicht auf Unsterblichkeit nicht ohne weiteres wertvoller erschien, als die Aussicht auf einen endgültigen Tod, wurde jener heidnische und doch auch nicht ganz unjüdische Zusatz von der Hölle ein erwünschtes Werkzeug in der Hand der Missionäre: es erhob sich die neue Lehre, daß auch der Sünder und Unerlöste unsterblich sei, die Lehre vom Ewig-Verdammten, und sie war mächtiger, als der nunmehr ganz verbleichende Gedanke vom *endgültigen Tode*. Erst die *Wissenschaft* hat ihn sich wieder zurückerobern müssen, und zwar indem sie zugleich jede andere Vorstellung vom Tode und jedes jenseitige Leben ablehnte. Wir sind um Ein Interesse ärmer geworden: das »Nach-dem-Tode« geht uns nichts mehr an! – eine unsägliche Wohltat, welche nur noch zu jung ist, um als solche weit- und breithin empfunden zu werden. – Und von Neuem triumphiert Epikur! [1]

Morgenröte

Vom freien Tode. Meinen Tod lobe ich euch, den freien Tod, der mir kommt, weil ich will.

Und wann werde ich wollen? – Wer ein Ziel hat und einen Erben, der will den Tod zur rechten Zeit für Ziel und Erben.

Und aus Ehrfurcht vor Ziel und Erben wird er keine dürren Kränze mehr im Heiligtum des Lebens aufhängen.

Wahrlich, nicht will ich den Seildrehern gleichen: sie ziehen ihren Faden in die Länge und gehen dabei selber immer rückwärts. (...)

Frei zum Tode und frei im Tode, ein heiliger Neinsager, wenn es nicht Zeit mehr ist zum Ja: also versteht er sich auf Tod und Leben.

Daß euer Sterben keine Lästerung sei auf Mensch und Erde, meine Freunde: das erbitte ich mir von dem Honig eurer Seele.

In eurem Sterben soll noch euer Geist und eure Tugend glühn, gleich einem Abendrot um die Erde: oder aber das Sterben ist euch schlecht geraten.

Also will ich selber sterben, daß ihr Freunde um meinetwillen die Erde mehr liebt; und zur Erde will ich wieder werden, daß ich in der Ruhe habe, die mich gebar.

Also sprach Zarathustra I

---

[1] Griechischer Philosoph (341–270 v.Chr.). Im Sinn praktischer Lebensklugheit forderte er die Überwindung der Furcht vor den Göttern wie der Angst vor dem Tod.

Friedrich Nietzsche

Der Übermensch

Aber zum Menschen treibt er mich stets von Neuem, mein inbrünstiger Schaffens-Wille; so treibt's den Hammer hin zum Steine.

Ach, ihr Menschen, im Steine schläft mir ein Bild, das Bild der Bilder! Ach, daß es im härtesten, häßlichsten Steine schlafen muß!

Nun wütet mein Hammer grausam gegen sein Gefängnis. Vom Steine stäuben Stücke: was schiert mich das!

Vollenden will ich's, denn ein Schatten kam zu mir, – aller Dinge Stillstes und Leichtestes kam einst zu mir!

Des Übermenschen Schönheit kam zu mir als Schatten: was gehen mich noch – die Götter an! ...

Zarathustra II

Die Menschheit muß ihr Ziel über sich hinaus legen – aber nicht in eine falsche Welt, sondern in ihre eigene *Fortsetzung*.

Der Mensch sei ein Anlaß zu etwas, das nicht Mensch mehr ist.

Nachlaß

Ich lehre euch den Übermenschen. Der Mensch ist etwas, das überwunden werden soll. Was habt ihr getan, ihn zu überwinden?

Alle Wesen bisher schufen etwas über sich hinaus: und ihr wollt die Ebbe dieser großen Flut sein und lieber noch zum Tiere zurückgehn, als den Menschen überwinden?

Was ist der Affe für den Menschen? Ein Gelächter oder eine schmerzliche Scham. Und eben das soll der Mensch für den Übermenschen sein: ein Gelächter oder eine schmerzliche Scham.

Ihr habt den Weg vom Wurme zum Menschen gemacht, und vieles ist in euch noch Wurm. Einst wart ihr Affen, und auch jetzt noch ist der Mensch mehr Affe, als irgend ein Affe.

Wer aber der Weiseste von euch ist, der ist auch nur ein Zwiespalt und Zwitter von Pflanze und von Gespenst. Aber heiße ich euch zu Gespenstern oder Pflanzen werden?

Seht, ich lehre euch den Übermenschen!

Der Übermensch ist der Sinn der Erde. Euer Wille sage: der Übermensch *sei* der Sinn der Erde!

Ich beschwöre euch, meine Brüder, *bleibt der Erde treu* und glaubt denen nicht, welche euch von überirdischen Hoffnungen reden! Giftmischer sind es, ob sie es wissen oder nicht.

Verächter des Lebens sind es, Absterbende und selber Vergiftete, deren die Erde müde ist: so mögen sie dahinfahren!

Einst war der Frevel an Gott der größte Frevel, aber Gott starb, und damit starben auch diese Frevelhaften. An der Erde zu freveln ist jetzt das Furchtbarste und die Eingeweide des Unerforschlichen höher zu achten, als den Sinn der Erde!

Einst blickte die Seele verächtlich auf den Leib: und damals war diese Verachtung das Höchste: – sie wollte ihn mager, gräßlich, verhungert. So dachte sie ihm und der Erde zu entschlüpfen.

Oh diese Seele war selber noch mager, gräßlich und verhungert: und Grausamkeit war die Wollust dieser Seele!

Aber auch ihr noch, meine Brüder, sprecht mir: was kündet euer Leib von eurer Seele? Ist eure Seele nicht Armut und Schmutz und ein erbärmliches Behagen?

Wahrlich, ein schmutziger Strom ist der Mensch. Man muß schon ein Meer sein, um einen schmutzigen Strom aufnehmen zu können, ohne unrein zu werden.

Seht, ich lehre euch den Übermenschen: der ist dies Meer, in ihm kann eure große Verachtung untergehn.

Also sprach Zarathustra I

Die ewige Wiederkunft des Gleichen

Alles geht, alles kommt zurück; ewig rollt das Rad des Seins. Alles stirbt, alles blüht wieder auf, ewig läuft das Jahr des Seins.

Alles bricht, alles wird neu gefügt; ewig baut sich das gleiche Haus des Seins. Alles scheidet, alles grüßt sich wieder; ewig bleibt sich treu der Ring des Seins.

In jedem Nu beginnt das Sein; um jedes Hier rollt sich die Kugel dort. Die Mitte ist überall. Krumm ist der Pfad der Ewigkeit – (...)

Singe und brause über, oh Zarathustra, heile mit neuen Liedern deine Seele: daß du dein großes Schicksal tragest, das noch keines Menschen Schicksal war!

Denn deine Tiere wissen es wohl, oh Zarathustra, wer du bist und werden mußt: siehe, *du bist der Lehrer der ewigen Wiederkunft* –, das ist nun *dein* Schicksal!

Daß du als der Erste diese Lehre lehren mußt, – wie sollte dies große Schicksal nicht auch deine größte Gefahr und Krankheit sein!

Siehe, wir wissen, was du lehrst: daß alle Dinge ewig wiederkehren und wir selber mit, und daß wir schon ewige Male dagewesen sind, und alle Dinge mit uns.

Du lehrst, daß es ein großes Jahr des Werdens gibt, ein Ungeheuer von großem Jahre: das muß sich, einer Sanduhr gleich, immer wieder von neuem umdrehn, damit es von neuem ablaufe und auslaufe: –

– so daß alle diese Jahre sich selber gleich sind, im Größten und auch im Kleinsten, – so daß wir selber in jedem großen Jahre uns selber gleich sind, im Größten und auch im Kleinsten.

Und wenn du jetzt sterben wolltest, oh Zarathustra: siehe, wir wissen auch, wie du da zu dir sprechen würdest: – aber deine Tiere bitten dich, daß du noch nicht sterbest!

Du würdest sprechen und ohne Zittern, vielmehr aufatmend vor Seligkeit: denn eine große Schwere und Schwüle wäre von dir genommen, du Geduldigster! –

»Nun sterbe und schwinde ich, würdest du sprechen, und im Nu bin ich ein Nichts. Die Seelen sind so sterblich wie die Leiber.

Aber der Knoten von Ursachen kehrt wieder, in den ich verschlungen bin, – der wird mich wieder schaffen! Ich selber gehöre zu den Ursachen der ewigen Wiederkunft.

Ich komme wieder, mit dieser Sonne, mit dieser Erde, mit diesem Adler, mit dieser Schlange – *nicht* zu einem neuen Leben oder besseren Leben oder ähnlichen Leben:

– ich komme ewig wieder zu diesem gleichen und selbigen Leben, im Größten und auch im Kleinsten, daß ich wieder aller Dinge ewige Wiederkunft lehre, –

– daß ich wieder das Wort spreche vom großen Erden- und Menschen-Mittage, daß ich wieder den Menschen den Übermenschen künde.

Ich sprach mein Wort, ich zerbreche an meinem Wort: so will es mein ewiges Los –, als Verkündiger gehe ich zu Grunde!

Die Stunde kam nun, daß der Untergehende sich selber segnet. Also – *endet* Zarathustra's Untergang.« – –
Also sprach Zarathustra III

Das Leben selber schuf diesen für das Leben schwersten Gedanken, es will über sein höchstes Hindernis *hinweg!*

Daß wir unsere Unsterblichkeit *ertragen* könnten – das wäre das Höchste.

Man muß vergehen wollen, um wieder entstehen zu können, – von einem Tage zum anderen. Verwandlung durch hundert Seelen, – das sei dein Leben, dein Schicksal! Und dann zuletzt diese ganze Reihe noch einmal wollen!

Ich lehre euch die Erlösung vom ewigen Flusse: der Fluß fließt immer wieder in sich zurück, und immer wieder steigt ihr in den gleichen Fluß, als die Gleichen.

Ein *unendlicher Prozeß kann* gar nicht anders gedacht werden als *periodisch.*

– Und ob ich von jetzt an rückwärts zähle oder vorwärts: ich halte den Streifen der Unendlichkeit in der Hand und –– (...)

Unsterblich ist der Augenblick, wo ich die Wiederkunft zeugte. Um dieses Augenblickes willen ertrage ich die Wiederkunft.

Nachlaß

Die Welt der Kräfte erleidet keine Verminderung: denn sonst wäre sie in der unendlichen Zeit schwach geworden und zugrunde gegangen. Die Welt der Kräfte erleidet keinen Stillstand: denn sonst wäre er erreicht worden, und die Uhr des Daseins stünde still. Die Welt der Kräfte kommt also nie in ein Gleichgewicht, sie hat nie einen Augenblick der Ruhe, ihre Kraft und ihre Bewegung sind gleich groß für jede Zeit. Welchen Zustand diese Welt auch nur erreichen *kann,* sie *muß* ihn erreicht haben, und nicht einmal, sondern unzählige Male. So diesen Augenblick: er war schon einmal da und viele Male und wird ebenso wiederkehren, alle Kräfte genau so verteilt wie jetzt: und ebenso steht es mit dem Augenblick, der diesen gebar und mit dem, welcher das Kind des jetzigen ist. Mensch! Dein ganzes Leben wird wie eine Sanduhr immer wieder umgedreht werden und immer wieder auslaufen, – eine große Minute Zeit dazwischen, bis alle Bedingungen, aus denen du geworden bist, im Kreislaufe der Welt, wieder zusammenkommen. Und dann findest du jeden Schmerz und jede Lust und jeden Freund und Feind und jede Hoffnung und jeden Irrtum und jeden Grashalm und jeden Sonnenblick wieder, den ganzen Zusammenhang aller Dinge. Dieser Ring, in dem du ein Korn bist, glänzt immer wieder. Und in jedem Ring des Menschendaseins überhaupt gibt es immer eine Stunde, wo erst einem, dann vielen, dann allen der mächtigste Gedanke auftaucht, der von der ewigen Wiederkunft aller Dinge: — es ist jedesmal für die Menschheit die Stunde des *Mittags*.

Nachlaß

Wenn du dir den Gedanken der Gedanken einverleibst, so wird er dich verwandeln. Die Frage bei allem, was du tun willst: »ist es so, daß ich es unzählige Male tun will?«, ist das *größte* Schwergewicht.

Nachlaß

Das größte Schwergewicht. — Wie, wenn dir eines Tages oder Nachts, ein Dämon in deine einsamste Einsamkeit nachschliche und dir sagte: »Dieses Leben, wie du es jetzt lebst und gelebt hast, wirst du noch einmal und noch unzählige Male leben müssen; und es wird nichts Neues daran sein, sondern jeder Schmerz und jede Lust und jeder Gedanke und Seufzer und alles unsäglich Kleine und Große deines Lebens muß dir wiederkommen, und alles in derselben Reihe und Folge — und ebenso diese Spinne und dieses Mondlicht zwischen den Bäumen, und ebenso dieser Augenblick und ich selber. Die ewige Sanduhr des Daseins wird immer wieder umgedreht — und du mit ihr, Stäubchen vom Staube!« — Würdest du dich nicht niederwerfen und mit den Zähnen knirschen und den Dämon verfluchen, der so redete? Oder hast du einmal einen ungeheuren Augenblick erlebt, wo du ihm antworten würdest: »Du bist ein Gott und nie hörte ich Göttlicheres!« Wenn jener Gedanke über dich Gewalt bekäme, er würde dich, wie du bist, verwandeln und vielleicht zermalmen; die Frage bei allem und jedem »willst du dies noch einmal und noch unzählige Male?« würde als das größte Schwergewicht auf deinem Handeln liegen! Oder wie müßtest du dir selber und dem Leben gut werden, um nach nichts *mehr zu verlangen*, als nach dieser letzten ewigen Bestätigung und Besiegelung? —

Die fröhliche Wissenschaft

»*Ewigkeit*«

Ihr meint, ihr hättet lange Ruhe bis zur Wiedergeburt, — aber täuscht euch nicht! Zwischen dem letzten Augenblick des Bewußtseins und dem ersten Schein des neuen Lebens liegt »keine Zeit«, — es ist schnell wie ein Blitzschlag vorbei, wenn es auch lebende Geschöpfe

I. Der Aufbruch eines neuen Bewußtseins

nach Jahrbillionen messen und nicht einmal messen könnten. Zeitlosigkeit und Sukzession vertragen sich miteinander, sobald der Intellekt weg ist!

Du fühlst, daß *du Abschied* nehmen mußt, bald vielleicht – und die Abendröte dieses Gefühls leuchtet in dein Glück hinein. Achte auf dieses Zeugnis: es bedeutet, daß du das Leben und dich selber liebst, und zwar das Leben, so wie es bisher dich getroffen und dich gestaltet hat, – *und daß du nach Verewigung desselben trachtest*. – Non alia sed haec vita sempiterna![1]

Wisse aber auch! – daß die Vergänglichkeit ihr kurzes Lied immer wieder singt, und daß man im Hören der ersten Strophe vor Sehnsucht fast stirbt, beim Gedanken, es möchte für immer vorbei sein.

Drücken wir das Abbild der Ewigkeit auf *unser* Leben! Dieser Gedanke enthält mehr als alle Religionen, welche dies Leben als flüchtiges verachteten und nach einem unbestimmten *anderen* Leben hinblicken lehrten. –

Nicht nach fernen, unbekannten Seligkeiten und *Segnungen und Begnadigungen* ausschauen, sondern so leben, daß wir nochmals leben wollen und in Ewigkeit so leben wollen! – Unsere Aufgabe tritt in jedem Augenblick an uns heran.

Dies Leben – dein ewiges Leben!

Nachlaß

Das »Himmelreich« ist ein Zustand des Herzens – nicht etwas, das »über der Erde« oder »nach dem Tode« kommt. Der ganze Begriff des natürlichen Todes *fehlt* im Evangelium: der Tod ist keine Brücke, kein Übergang, er fehlt, weil einer ganz andern bloß scheinbaren, bloß zu Zeichen nützlichen Welt zugehörig. Die »Todesstunde« ist *kein* christlicher Begriff – die »Stunde«, die Zeit, das physische Leben und seine Krisen sind gar nicht vorhanden für den Lehrer der »frohen Botschaft« … Das »Reich Gottes« ist nichts, das man erwartet; es hat kein Gestern und kein Übermorgen, es kommt nicht in »tausend Jahren« – es ist eine Erfahrung an einem Herzen; es ist überall da, es ist nirgends da …

Der Antichrist

---

[1] Nicht ein anderes, sondern dieses Leben ist immerwährend!

Lerntet ihr nun mein Lied? Errietet ihr, was er will? Wohlan! Wohlauf! Ihr höheren Menschen, so singt mir nun meinen Rundgesang!

Singt mir nun selber das Lied, des Name ist »Noch ein Mal«, des Sinn ist »in alle Ewigkeit!«, singt, ihr höheren Menschen, Zarathustra's Rundgesang!

> *Oh Mensch! Gib acht!*
> *Was spricht die tiefe Mitternacht?*
> *»Ich schlief, ich schlief –,*
> *Aus tiefem Traum bin ich erwacht: –*
> *Die Welt ist tief,*
> *Und tiefer als der Tag gedacht.*
> *Tief ist ihr Weh –,*
> *Lust – tiefer noch als Herzeleid;*
> *Weh spricht: Vergeh!*
> *Doch alle Lust will Ewigkeit –,*
> *– will tiefe, tiefe Ewigkeit!«*

Also sprach Zarathustra IV

Ruhm und Ewigkeit

Höchstes Gestirn des Seins!
Ewiger Bildwerke Tafel!
Du kommst zu mir? –
Was Keiner erschaut hat,
deine stumme Schönheit, –
wie? sie flieht vor meinen Blicken nicht?

Schild der Notwendigkeit!
Ewiger Bildwerke Tafel!
– aber du weißt es ja:
was alle hassen,
was allein *ich* liebe,
daß du *ewig* bist!
daß du *notwendig* bist!
Meine Liebe entzündet
sich ewig nur an der Notwendigkeit.

Schild der Notwendigkeit!
Höchstes Gestirn des Seins!

I. Der Aufbruch eines neuen Bewußtseins

— das kein Wunsch erreicht,
das kein Nein befleckt,
ewiges Ja des Sein's,
ewig bin ich dein Ja:
denn ich liebe dich, oh Ewigkeit! —

Dionysos-Dithyramben

»Von der großen Sehnsucht«

»Ist alles Weinen nicht ein Klagen? Und alles Klagen nicht ein Anklagen?« Also redest du zu dir selber, und darum willst du, oh meine Seele, lieber lächeln, als dein Leid ausschütten.
— in stürzende Tränen ausschütten all dein Leid über deine Fülle und über all die Drängnis des Weinstocks nach Winzer und Winzermesser! Aber willst du nicht weinen, nicht ausweinen deine purpurne Schwermut, so wirst du *singen* müssen, oh meine Seele! — Siehe, ich lächle selber, der ich dir solches vorhersage:
— singen, mit brausendem Gesange, bis alle Meere still werden, daß sie deiner Sehnsucht zuhorchen, —
— bis über stille sehnsüchtige Meere der Nachen schwebt, das güldene Wunder, um dessen Gold alle guten schlimmen wunderlichen Dinge hüpfen: —
— auch vieles große und kleine Getier und alles, was leichte wunderliche Füße hat, daß es auf veilchenblauen Pfaden laufen kann, —
— hin zu dem güldenen Wunder, dem freiwilligen Nachen und zu seinem Herrn: das aber ist der Winzer, der mit diamantenem Winzermesser wartet, —
— dein großer Löser, oh meine Seele, der Namenlose —— dem zukünftige Gesänge erst Namen finden! Und wahrlich, schon duftet dein Atem nach zukünftigen Gesängen, —— schon glühst du und träumst, schon trinkst du durstig an allen tiefen klingenden Trost-Brunnen, schon ruht deine Schwermut in der Seligkeit zukünftiger Gesänge! — —
Oh meine Seele, nun gab ich dir alles und auch mein Letztes und alle meine Hände sind an dich leer geworden: — *daß ich dich singen hieß,* siehe, das war mein Letztes!
Daß ich dich singen hieß, sprich nun, sprich: *wer* von uns hat jetzt – zu danken? – Besser aber noch: singe mir, singe, oh meine Seele! Und mich laß danken! –

Also sprach Zarathustra III

Friedrich Nietzsche

Die Sonne sinkt

1.

Nicht lange durstest du noch,
   verbranntes Herz!
Verheißung ist in der Luft,
aus unbekannten Mündern bläst mich's an
   – die große Kühle kommt ...

Meine Sonne stand heiß über mir im Mittage:
seid mir gegrüßt, daß ihr kommt
   ihr plötzlichen Winde,
ihr kühlen Geister des Nachmittags!

Die Luft geht fremd und rein.
Schielt nicht mit schiefem
   Verführerblick
die Nacht mich an? ...
Bleib stark, mein tapfres Herz!
Frag nicht: warum? –

2.

Tag meines Lebens!
die Sonne sinkt.
Schon steht die glatte
   Flut vergüldet.
Warm atmet der Fels:
   schlief wohl zu Mittag
das Glück auf ihm seinen Mittagsschlaf?
   In grünen Lichtern
spielt Glück noch der braune Abgrund herauf.

Tag meines Lebens!
gen Abend gehts!
Schon glüht dein Auge
   halbgebrochen,
schon quillt deines Taus
   Tränengeträufel,

I. Der Aufbruch eines neuen Bewußtseins

schon läuft still über weiße Meere
deiner Liebe Purpur,
deine letzte zögernde Seligkeit...

3.

Heiterkeit, güldene, komm!
 du des Todes
heimlichster süßester Vorgenuß!
— Lief ich zu rasch meines Wegs?
Jetzt erst, wo der Fuß müde ward,
 holt dein Blick mich noch ein,
 holt dein *Glück* mich noch ein.

Rings nur Welle und Spiel.
 Was je schwer war,
sank in blaue Vergessenheit,
müßig steht nun mein Kahn.
Sturm und Fahrt — wie verlernt er das!
 Wunsch und Hoffen ertrank,
 glatt liegt Seele und Meer.

Siebente Einsamkeit!
 Nie empfand ich
näher mir süße Sicherheit,
wärmer der Sonne Blick.
— Glüht nicht das Eis meiner Gipfel noch?
 Silbern, leicht, ein Fisch
 schwimmt nun mein Nachen hinaus...

Dionysos-Dithyramben

Einleitung

Georg Simmel

Der Philosoph und Soziologe Georg Simmel ging zunächst von Kants Erkenntnistheorie aus, die er psychologisch deutete und mit einem biologisch pragmatischen Wahrheitsverständnis verband. Seine spätere sogenannte »Lebensphilosophie« führte ihn in die Nähe Schopenhauers und Nietzsches. Philosophie ist für ihn der äußerste Versuch, das im Menschen lebendige Gefühl von der »Ganzheit des Seins« in den Fragmenten der Weltwirklichkeit sichtbar zu machen und in Begriffe umzusetzen. Die beiden grundsätzlichen einander entgegengesetzten Antworten des menschlichen Intellekts auf die Berührung durch »das Ganze« sieht Simmel in der Mystik – als Beispiel nennt er Meister Eckhart – und bei Kant (vgl. Bd I u. II), in der mystischen Versenkung und der von den Formen des Bewußtseins bedingten Erkenntnis. Die Inhalte der Erkenntnis, und damit auch der Wahrheitsbegriff, sind für Simmel geprägt durch den geistigen Typus der jeweils erkennenden Individualität.

In seiner Lebensphilosophie versteht er das »Reich der ideellen Inhalte« als Erzeugnisse eines objektiven Geistes, die dem Leben immanent sind. Die »Metaphysik des Todes« ist eines der vier »metaphysischen Kapitel« aus dem 1918 erschienenen Buch »Lebensanschauung«. Simmel sieht das Menschsein beherrscht von einer doppelten Bewegung. Alle naturhaften Verhaltensweisen, wie Erwerb und Genuß, Arbeit und Ruhe, wirken als instinktive oder bewußte Todesflucht, während umgekehrt erst die Begrenztheit des Lebens durch den Tod jeden Augenblick vorausformt und ihm seinen Sinn gibt. Der Mensch ist wie auf einem Schiff, das nordwärts fährt, während er sich auf dem Schiffsdeck in entgegengesetzter Richtung bewegt. Leben und Tod sind wie Thesis und Antithesis, die (im Sinn Hegels) in eine höhere Einheit aufzuheben sind. Nur so kommt das Leben »zu sich selbst«, das heißt, zu den in ihm verborgenen »transzendenten Inhalten« (Kultur, Religion). Zwar sind sie im Gefühl gegeben, aber erst die Tatsache, daß wir sterben müssen, bewirkt, daß wir unterscheiden und differenzieren zwischen dem zeitlichen Leben und seinen überzeitlichen Inhalten, daß wir letztere aus dem natürlichen Lebensprozeß herauskristallisieren und freisetzen. In dieser »Rettung« der ideellen Inhalte beruht zugleich die Entwicklung des Ich, das sich aus der ihm gegebenen natürlichen Wirklichkeit und ihren Zufälligkeiten herausarbeitet und – indem es sie als solche erkennt – immer reiner in sich selbst sammelt. Letztlich ist es also der Tod – beziehungsweise unser Bewußtsein von ihm – der das Ich in die seinem Wesen gemäße Freiheit versetzt, unabhängig von jedem äußeren Inhalt sich selbst zu bestimmen – das heißt für Simmel nichts anderes als unsterblich zu werden. Obwohl er vorwiegend psychologisch argumentiert, nähert er sich hier Schillers Unterscheidung von Bestimmbarkeit und Selbstbestimmung des Individuums. Das im Wechsel der Verhältnisse auf sich selbst beharrende Ich macht ihm sogar den Gedanken einer Seelenwanderung glaubhaft. Den für ihn zum Teil »grotesken« historischen Vorstellungen nachgehend, sieht er hier doch eine grundsätzliche Möglichkeit, das Leben aus einer Perspektive jenseits des Todes zu verstehen, wenn auch die Frage nach der Erhaltung der Individualität offen bleibt. Da aber Unsterblichkeit Präexistenz, Unzerstörbarkeit, Unentstandenheit voraussetzt, könnte das zeitliche Leben ein Ausschnitt sein aus einer unendlichen ewigen Existenz. In ihr als der höheren Einheit wäre die Absolutheit von Leben und Tod aufgehoben, der Tod in alle Teile des Lebens versenkt als ein »Moment des Lebens« selbst.

Georg Simmel
1858–1918

Die moralisierende Wirkung des Todes. Seelenwanderung: eine Möglichkeit der Fortdauer des Ichs?

Zur Metaphysik des Todes

I.

Die Kultur des innersten Lebens steht in jedem Zeitalter in enger Wechselwirkung mit der Bedeutung, die es dem Tode zuschreibt. Wie wir das Leben auffassen und wie wir den Tod auffassen – das sind nur zwei Aspekte eines einheitlichen Grundverhaltens. (...)

In jedem einzelnen Momente des Lebens *sind* wir solche, die sterben werden, und er wäre anders, wenn dies nicht unsere mitgegebene, in ihm irgendwie wirksame Bestimmung wäre. So wenig wir in dem Augenblick unserer Geburt schon da sind, fortwährend vielmehr irgend etwas von uns geboren wird, so wenig sterben wir erst in unserem letzten Augenblicke. Dies erst macht die formgebende Bedeutung des Todes klar. Er begrenzt, d.h. er formt unser Leben nicht erst in der Todesstunde, sondern er ist ein formales Moment unseres Lebens, das alle seine Inhalte färbt: die Begrenztheit des Lebensganzen durch den Tod wirkt auf jeden seiner Inhalte und Augenblicke vor; die Qualität und Form eines jeden wäre eine andere, wenn er sich über diese immanente Grenze hinauserstrecken könnte. Es gehört zu den ungeheuren Paradoxien des Christentums, dem Tod diese apriorische Bedeutung zu nehmen, das Leben von vornherein unter den Gesichtspunkt seiner eigenen Ewigkeit zu stellen. Und zwar nicht nur als eine an den letzten irdischen Augenblick sich anschließende Verlängerung des Lebens; sondern von der gesamten Reihe der Lebensinhalte hängt das ewige Geschick der Seele ab, ein jeder setzt seine ethische Bedeutung als Bestimmungsgrund unserer transzendenten Zukunft in das Unendliche fort und durchbricht damit die ihm einwohnende Begrenztheit. Der Tod kann hier als überwunden gelten, nicht nur weil das Leben, als eine durch die Zeit erstreckte Linie, über die Formgrenze seines Endes hinausreicht, sondern auch weil es den durch alle Einzelmomente des Lebens hin wirkenden und sie innerlich begrenzenden Tod vermöge der ewigen Konsequenzen eben dieser Momente verneint. (...)

Jeder Schritt des Lebens zeigte sich nicht nur als eine zeitliche Annäherung an den Tod, sondern als durch ihn, der ein reales Element des Lebens ist, positiv und a priori geformt. Und diese Formung wird also nun grade durch die *Abwendung* vom Tode mitbestimmt, dadurch, daß Erwerb und Genuß, Arbeit und Ruhe, und all unsere andern, naturhaft betrachteten Verhaltungsweisen – instinktive oder bewußte Todesflucht sind. Das Leben, das wir dazu verbrauchen, uns dem Tode zu nähern, verbrauchen wir dazu, ihn zu fliehen. Wir sind wie Menschen, die auf einem Schiff in der seinem Lauf entgegengesetzten Richtung schreiten: indem sie nach Süden gehen, wird der Boden, auf dem sie es tun, mit ihnen selbst nach Norden getragen. Und diese Doppelrichtung ihres Bewegtseins bestimmt ihren jeweiligen Standort im Raume. (...)

II.

Die Hegelsche Formulierung, daß jedes Etwas seinen Gegensatz fordert und mit ihm zu der höheren Synthese zusammengeht, in der es zwar aufgehoben ist, aber eben damit »zu sich selbst kommt« – läßt ihren Tiefsinn vielleicht nirgends stärker als an dem Verhältnis zwischen Leben und Tod hervorleuchten. Das Leben fordert von sich aus den Tod, als seinen Gegensatz, als das »Andere«, zu dem das Etwas wird und ohne das dieses Etwas überhaupt seinen spezifischen Sinn und Form nicht hätte. Insoweit stehen Leben und Tod auf *einer* Staffel des Seins, als Thesis und Antithesis. Damit aber erhebt sich über sie ein Höheres, Werte und Spannungen unseres Daseins, die über Leben und Tod hinaus sind und von deren Gegensatz nicht mehr berührt werden, in denen aber das Leben eigentlich erst zu sich selbst, zu dem höchsten Sinne seiner selbst kommt. Die Basis dieses Gedankens ist, daß das Leben, wie es unmittelbar gegeben ist, seinen Prozeß in voller Ungeschiedenheit von seinen Inhalten abrollt. Diese tatsächliche Einheit kann nur gelebt werden und ist als solche intellektuell nicht zu bewältigen. Die Analytik des Verstandes erst zerlegt sie in jene beiden Elemente, ohne daß die so gezogene Scheidelinie darum einer objektiven Struktur des Gegenstandes weniger zu entsprechen brauchte, als – freilich in einer anderen

Realitätsebene – die im Gefühle gegebene *Einheit* des Erlebens. Die sachliche wie die psychologische Möglichkeit der Scheidung aber scheint mir, insbesondere für gewisse höchste Werte, nur durch die Tatsache gegeben, daß ihr Träger, ihr Prozeß, dem Tode unterworfen ist. Lebten wir ewig, so würde das Leben voraussichtlich mit seinen Werten und Inhalten undifferenziert verschmolzen bleiben, es würde gar keine reale Anregung bestehen, diese außerhalb der einzigen Form, in der wir sie kennen und unbegrenzt oft erleben können, zu denken. Nun aber sterben wir und erfahren damit das Leben als etwas Zufälliges, Vergängliches, als etwas, was sozusagen auch anders sein kann. Dadurch erst wird der Gedanke entstanden sein, daß die Inhalte des Lebens ja das Schicksal seines Prozesses nicht zu teilen brauchen, erst so wird man auf die von allem Verfließen und Enden unabhängige, jenseits von Leben und Tod gültige Bedeutung gewisser Inhalte aufmerksam geworden sein. Erst die Erfahrung vom Tode wird jene Verschmelzung, jene Solidarität der Lebensinhalte mit dem Leben gelöst haben. Aber gerade mit diesen zeitlos bedeutsamen Inhalten gewinnt das zeitliche Leben seine eigene reinste Höhe; indem es sie, die mehr sind als es selbst, in sich aufnimmt oder sich in sie ergießt, kommt das Leben über sich hinaus, ohne sich zu verlieren, ja, sich eigentlich erst gewinnend; denn erst so kommt sein Ablauf als Prozeß zu einem Sinn und Wert und weiß sozusagen, weshalb er da ist. Es muß diese Inhalte erst ideell von sich sondern können, um sich bewußt zu ihnen zu erheben, und es vollbringt diese Sonderung im Hinblick auf den Tod, der zwar den Prozeß des Lebens annullieren, aber die Bedeutung seiner Inhalte nicht angreifen kann.

Wenn diese Scheidung zwischen Leben und Inhalt, die durch den Tod geschieht, die Inhalte überleben läßt, so tritt derselbe Akzent doch auch auf die andere Seite der Trennungslinie. Der seelische Lebensprozeß als ganzer stellt mit steigender Entwicklung das Gebilde immer klarer und stärker heraus, das man das Ich nennen kann. Es handelt sich um das Wesen und den Wert, um den Rhythmus und sozusagen den inneren Sinn, die unserer Existenz, als diesem besonderen Stück der Welt, zukommen; um dasjenige, was wir eigentlich von vornherein sind und doch wieder im vollen Sinne noch nicht sind. Dieses Ich steht in einer eigentümlichen, näherer Darstellung noch bedürftigen Kategorie, die ein Drittes ist, jenseits der *gegebenen* Wirklichkeit und der irrealen, bloß geforderten Wertidee. Nun ist aber das Ich am Anfang seiner Entwicklung, sowohl für das subjektive Bewußtsein, wie in seinem objektiven Sein, aufs engste mit den Einzelinhalten des Lebensprozesses verschmolzen. Und wie dieser Lebensprozeß – so sahen wir eben – seine Inhalte von sich sondert, wie sie eine Bedeutung jenseits ihres dynamisch-realen Erlebtwerdens erhalten, so entläßt er, gleichsam auf seiner anderen Seite, das Ich aus sich, das sich, in gewissem Sinn uno actu mit den Inhalten, aus ihm herausdifferenziert und sich damit auch von den Inhalten, die zunächst das naive Bewußtsein ausschließlich erfüllen, als eine besondere Bedeutung und Wert, Existenz und Forderung ablöst. Je mehr wir erlebt haben, desto entschiedener markiert sich das Ich als das Eine und Kontinuierende in allen Pendelschwingungen des Schicksals und des Weltvorstellens; und zwar eben nicht nur in dem psychologischen Sinn, in dem die Wahrnehmung des Gleichen und Beharrenden in sonst differenten Erscheinungen durch deren numerisches Anwachsen leichter und unvermeidlicher wird; sondern auch im objektiven Sinne, derart, daß das Ich sich reiner in sich selbst sammelt, sich herausarbeitet aus all den fließenden Zufälligkeiten erlebter Inhalte, sich immer sicherer und von diesen unabhängiger seinem eigenen Sinn und Idee zu entwickelt. Hier setzt der Unsterblichkeitsgedanke ein. Wie in dem oben erörterten Fall der Tod das Leben versinken läßt, um die Zeitlosigkeit seiner Inhalte gleichsam freiwerden zu lassen, so beendet er nun, anders angesehen, die Erlebnisreihe der bestimmten Inhalte, ohne daß damit die Forderung des Ich, sich ewig zu vollenden oder weiterzuexistieren – das Gegenspiel jener Zeitlosigkeit – abgeschnitten wäre. Die Unsterblichkeit, wie sie die Sehnsucht vieler tieferen Menschen ist, hat den Sinn: daß das Ich seine Lösung von der Zufälligkeit der einzelnen Inhalte *ganz* vollbringen könnte. Religiöserweise pflegt die Unsterblichkeit einen anderen Sinn zu haben. Sie gilt hier meistens einem Haben, die Seele will Seligkeit oder das Schauen Gottes oder vielleicht nur ein Weiterexistieren überhaupt; oder, bei stärkerer ethischer Sublimiertheit, will sie eine Qualität ihrer selbst: sie will erlöst sein, oder gerechtfertigt, oder gereinigt. Aber alles das kommt nicht in Frage gegenüber dem jetzigen Sinn der Unsterblichkeit, als des Zustandes der Seele, in dem sie nichts mehr *erlebt*, in dem ihr Sein sich also nicht mehr an einem Inhalt vollzieht, der in irgend einem Sinn außerhalb ihrer selbst bestünde. (...)

Wo an Unsterblichkeit geglaubt wird und jeder materiale Inhalt, dem sie zum Zweck diene, abgelehnt wird, – sei es als das ethisch nicht hinreichend Tiefe, sei es als das schlechthin Unwißbare – wo sozusagen die reine Form der Unsterblichkeit gesucht wird, da wird der Tod wohl als die Grenze erscheinen, jenseits deren alle angebbaren Einzelinhalte des Lebens vom Ich abfallen und wo sein Sein oder sein Prozeß ein bloßes Sich-selbst-gehören, eine reine Bestimmtheit durch sich selbst ist.

III.

Wenn das erste der hier behandelten Motive die Funktion des Todes am und im Leben zeigte, wenn das zweite seine das Leben zerlegende Rolle aufwies, mit der er einerseits den objektiven Inhalten, andererseits dem subjektiven Ich die Reinheit des Fürsichseins gewährt, so steht nun ein drittes Motiv gewissermaßen zwischen diesen: die Seelenwanderung, die den Tod zwar in die grenzenlose Existenz der Seele hineinsetzt, ihn aber doch zu der Cäsur macht, an der jeweilig völlig neue Inhaltsreihen, ja, ein anderes Ich beginnt. An der Seelenwanderung scheint zunächst die Unsterblichkeit eine sozusagen begrifflich notwendige Ergänzung zu finden. Denn die Unsterblichkeit fordert eigentlich die Präexistenz. Daß eine Seele, bloß weil sie zufällig entstanden ist, auch gleich ins Unendliche weiterleben sollte, gibt keinen rechten Sinn. Wohl aber ist die Unvernichtbarkeit das angemessene Korrelat der *Unentstandenheit*. Das ist wie mit der »Unsterblichkeit« von Gedanken: der ganz große Gedanke ist nur wie ein Aktualisieren und Bewußtwerden von etwas, was die Menschheit von jeher besessen hat, was zu der Erbmasse ihres Wesens, zu ihrer ewigen Ausstattung gehört. Darin liegt das Überzeugende der großen Gedanken, auch und insbesondere der nicht wissenschaftlich erweisbaren. Sie würden nicht so unmittelbar – als hätte man es längst gewußt und jetzt würde es nur ausgesprochen – und bleibend wirken, wenn sie nicht in der Struktur der Seele präexistent gewesen wären. Nur wenn das Leben prinzipiell nicht auf der Form empirischer Begrenztheit ruht, nicht als ein Einzelnes irdisch entstanden ist, sondern ein bloßer Ausschnitt aus einer ewigen Existenz ist, ist seine Unsterblichkeit nicht mehr ein unerträglicher Sprung aus einer Ordnung der Dinge in eine völlig heterogene. Die Seelenwanderung stellt diese Ewigkeit des Lebens in einer gleichsam prismatischen Brechung in unzählige, verschieden gefärbte, individuell begrenzte Existenzen dar. Der Tod ist dann nur das Ende der Individualität, aber nicht des Lebens.

Hiermit aber setzt die Schwierigkeit des Seelenwanderungsgedankens ein. *Welches* Leben endet mit dem Tode? Das persönlich-individuelle? Dann ist es unverständlich, daß die nächste Existenz als die desselben, unzerstörten Subjekts gelten darf. Wird aber gerade die Persön-

I. Der Aufbruch eines neuen Bewußtseins

lichkeit in allen Wandlungen bewahrt, so dürfte das in dieser Selbigkeit Erhaltene schwer anzugeben sein, wenn sie jetzt als Fürst, dann als Tiger, dann als Bettler, dann als Schakal wiedergeboren wird. Welcher Inhalt des Seins oder des Bewußtseins beharrt denn eigentlich, um die Bezeichnung all dieser Erscheinungen als der Erscheinungen eben desselben Subjekts zu rechtfertigen? Geschichtlich berichtete Vorstellungsweisen zeigen diese Alternative in polaren Entgegengesetztheiten. Bei sehr verschiedenen primitiven Völkern herrscht der Glaube, das neugeborene Kind sei ein wiedergeborener früher Gestorbener. (...) Dies ist offenbar die roheste und äußerlichste Form der Wiederkunft, die man kaum als Seelenwanderung bezeichnen kann, weil es sich um eine Wiederholung des Gestorbenen in seiner ganzen leiblich-seelischen Wirklichkeit handelt. Aber es zeigt das äußerste Extrem des Individualismus, der in vielen Abstufungen eine Form der Seelenwanderung bildet. Das Extrem der anderen Richtung hat die tiefere Lehre des Buddhismus, besonders in der neueren Zeit, zu vollem Bewußtsein gebracht. Auf die ethische Bedenklichkeit der Strafe, mit der die Sünden eines früheren Ich an einem neuen, das seinerseits gar nicht gesündigt habe, heimgesucht werden, erwidert der Buddhist: die Frage sei von vornherein falsch gestellt, da ein Ich, ein sündigendes und ein gestraftes, gar nicht bestehe. Es gäbe nur Gedanken und Taten, sozusagen naturhaft-unpersönliche, die sich in einem gegebenen Moment zu einem Aggregat zusammenfinden; an einem späteren Aggregat, durch kausale Übertragungen mit jenem zusammenhängend, erscheinen eben die sich fortsetzenden Wirkungen jener früheren Elemente oder Elementzustände. Sünde und Strafe bestünden also nicht an zwei gesonderten Subjekten, die durch ein kontinuierendes Ich verbunden wären, sondern verhielten sich einfach wie ein Geschehen und seine, vielleicht viel spätere, Wirkung, die sich an zwei subjektlosen Komplexen physisch-psychischer Elemente abspielten. Auch diese höchste Steigerung der *Unpersönlichkeit* gestattet offenbar keine eigentliche Seelenwanderung, weil eine jenseits ihrer jeweiligen Tuns- und Leidensinhalte stehende Seele von vornherein abgeleugnet wird und also auch nicht durch mehrere, mit einer Verschiedenheit solcher Inhalte verknüpfte leibliche Existenzen hindurch beharren kann.

Zwischen diesen beiden Extremen liegen die möglichen Vorstellungen von Seelenwanderung, deren Arten also durchaus von dem jeweiligen Begriff der »Persönlichkeit« abhängig sind. Diese muß sich, um als die identische in verschiedenen Körpern zu wohnen, aus all den Bestimmungen zurückgezogen haben, die ihr aus der Verbundenheit der Seele mit der Körperlichkeit kommen. (...)

Wie sich diese Individualität, dieser besondere Rhythmus, Organisiertheit, Färbung, von einem Wesen auf das andere überträgt, muß freilich dahingestellt bleiben. Die Individualität ist eine Kategorie, die weder in das Körperhafte noch in das Seelenhafte aufgeht, ein höheres Drittes, das sich in dem einen wie in dem andern findet oder der Generalnenner für den Dualismus dieser beiden. Mag Aristoteles also recht haben, daß dieselbe (d. h. im existentialen Sinne dieselbe) Seele nicht in verschiedenen Körpern wohnen könne: darum können doch sehr verschiedenartige Gesamtgebilde, ein jedes körperhaft und seelenhaft, die Bestimmung, diese und diese Individualität zu sein, miteinander teilen. So paradox es klingt: ein Fürst und ein Tiger, ein Bettler und ein Schakal können die gleiche »Individualität« haben. Nicht ein einziger angebbarer Inhalt ihrer körperlich-seelischen Existenz mag hier oder dort der gleiche sein; dennoch kann eine Gesamtfärbung, die etwa in der Relation der Wesenselemente zueinander besteht, in ihnen übereinstimmen. Die Individualität im Verhältnis zu diesen einzelnen Elementen gleicht dem Werte eines Bruchs, der der identische sein kann, auch wenn die Faktoren, die ihn bilden, keinerlei Gleichheit besitzen. (...)

Was den Tod überdauerte, wäre dann nicht die Seele in ihrer historisch-realen Substanzialität, sondern ein zeitloses Wesensgesetz, das sich bald in diesem, bald in jenem Wirklichkeitskomplex darstellt und nur die besondre Bestimmung hätte, daß diese Komplexe nur *eine,* in der Zeit verlaufende und durch den Tod der einzelnen Realitäten in Perioden gegliederte Reihe bilden – wie auch der Prozeß unserer Welt als ganzer eine Individualität besitzt (nach Raumbedingtheit, Kausalordnung, begrifflichem Gefüge etc.), die sich auch nur an dem *einen* Verlauf einer einreihigen Zeit verwirklicht. Im übrigen fände dieser Gedanke an der empirisch-psychologischen Wirklichkeit seine Analogie. Die Seele jedes Menschen wandert zwischen Geburt und Tod durch unabmeßbar viele Schicksale, Stimmungen, extrem entgegengesetzte Epochen, die, auf ihren Inhalt angesehen, gegeneinander ganz fremde Gesamterscheinungen bieten. Allein die Individualität des Subjekts läßt sie doch zu einem einheitlichen Bilde zusammengehen: wie der Stimmklang eines Menschen derselbe und unverwechselbare bleibt, wie wechselnde Worte er auch spreche, so bleibt eine Grundfärbung, ein Grundrhythmus, ein Grundverhältnis für all das, was dieses Leben je erlebt, ein gleichsam apriorisches Formgesetz seines Tuns und Leidens, das das Zu-ende-sein jedes einzelnen Inhaltes überlebt und, als die Individualität des Ganzen, sich auf den nächsten überträgt.

Hiermit ist das Motiv angedeutet, aus dem heraus auch die Individualität als Träger der Metempsychose noch abgeworfen werden kann und dieser wunderlichsten aller Unsterblichkeitslehren ein noch unbeschränkterer Sinn kommen mag – nicht eigentlich ein teleologischer, der sie dem modernen Menschen irgendwie plausibel machte, aber doch ein kausaler, der dem Entstehen eine sozusagen ideelle Basis gibt. Die durch viele Körper und Leben wandernde Seele ist nichts, als die Seele des einzelnen Lebens, »mit großen Buchstaben geschrieben«; die Seelenwanderung nichts als eine groteske Verbreiterung, ein Radikal- und Absolutwerden gewisser Erfahrungen des täglichen, relativischen Lebens. (...)

Zwischen der einen Geburt und dem einen Tode fühlen wir uns unzähligemale als ein »Andersgewordener« – körperlich, seelisch, schicksalsmäßig – und fühlen dabei freilich dieselbe »Seele«, die durch dies alles hindurchgeht, ohne durch ein Einzelnes in ihrer Beschaffenheit als Seele überhaupt abgefärbt zu werden; sonst wäre es unbegreiflich, daß sie morgen das genau entgegengesetzte Einzelne in dasselbe seelische Leben ruft. Es beharrt etwas in uns, während wir Weise und dann wieder Toren, Bestien und dann wieder Heilige, Selige und dann wieder Verzweifelte sind. Ein mechanisch bestimmtes Gebilde freilich ist ein anderes, sobald irgend eine seiner Bestimmungen geändert ist; denn es besitzt keine reale innere Einheit, die diese zusammenhielte; wird es, auch wenn seine Bestimmungen nicht mehr die genau identischen sind, aus begriffstechnischen Gründen noch als »eines« bezeichnet, so ist es in Wirklichkeit nicht mehr *dieses* eine, sondern ein anderes. Aber das lebende, genau genommen nur das beseelte Wesen, verhält sich anders. Von ihm stellen wir uns vor, daß es auch anders hätte handeln, bestimmt werden, ja sein können, ohne seine Identität zu verlieren, weil all dies Angebbare an ihm von einem beharrenden, jenseits seiner einzelnen Bestimmungen und Aktionen stehenden Ich getragen wird. Darum kann man vielleicht nur von einem Menschen sagen, daß er hätte ein anderer sein können, als er ist – während jedes sonstige Wesen in diesem Falle eben nicht mehr »er« wäre. An diesem Punkte liegt offenbar die Verknüpftheit des Freiheitsgedankens mit dem Ichgedanken, durch ihn wird begreiflich, wieso jene Polarität und Fremdheit mannigfaltiger Stimmungen und Schicksale, Entscheidungen und Gefühle die auseinanderstrebenden Schwingungen eines Pendels sind, das schließlich an *einem* unverrückbaren Punkte hängt.

Sieht man von diesem Bilde unserer Wirklichkeit auf die Seelenwanderung, so erscheint es in ihr nur wie in einem Vergrößerungsspiegel aufgefangen. Die rätselhafte Grundtatsache des Lebens, insbesondere des in der Seele gesammelten: daß ein Wesen immer ein anderes und doch immer dasselbe ist, wird mit der Seelenwanderung nur in einen gröberen Abstand der Momente auseinandergezogen. Oder, von dem Glauben an Seelenwanderung her blickend, ist das einzelne Leben eine Abbreviatur des durch unermeßliche Zeiten und Formen erstreckten Daseins der Seele. (...)

Die verschiedenen Leiber, durch die die Seele passiert, sind nur wie Materialisationen und Fixierungen der verschiedenen Zustände, die die Seele, rein als Seele, in sich erzeugt und erfährt – wie man die Martern der Schattenleiber in der Danteschen Hölle als die Sinnbilder der Qualzustände interpretiert hat, die die sündige Seele in ihrer irdischen Existenz durchmacht. Das Schicksal der Seele zwischen der einzelnen Geburt und dem einzelnen Tode und das zwischen der ersten Geburt und dem letzten Tode, wie die Seelenwanderungslehren sie schildern, sind gegenseitig Symbole voneinander.

Mit dieser Auffassung des Mythus erscheint als sein tieferer Sinn, daß er die Absolutheit von Leben und Tod gewissermaßen in eine Relativität aufhebt. An die Stelle des einmaligen Gegeneinander von beiden, dessen Härte sozusagen in kein übergreifendes Gesamtbild zu fassen ist, tritt eine einheitliche, unendliche Existenz, in der Leben und Tod sich wie die Glieder einer Kette verschlingen, jedes Anfang und Ende des andern, der Tod fortwährend die Existenz abteilend, formend, überleitend. Die Seelenwanderung wird dem modernen Menschen im allgemeinen als eine solche Paradoxe, ja, als eine so wüste Phantastik erscheinen, daß ihre Gefolgschaft unter gebildeten und hochstehenden Volksstämmen, unter ganz hervorragenden Individuen unserer Kultur schlechthin unbegreiflich wäre, wenn nicht Instinkte für tiefgelegene Lebensbestimmtheiten in ihr zu einer, wie auch wunderlichen und über alles Wissen hinausliegenden Äußerung kämen. Und sollte sich unter diesen Zusammenhängen auch die zuletzt angedeutete Symbolik befinden, so würde sich dies an die Erwägung schließen, von der diese Blätter ausgingen. Wenn es das Schicksal der Seele ist, unendlich oft zu sterben und in unendlich vielen, immer neuen Formen zu erstehen, und wenn dies das Symbol des individuellen Lebens ist, dessen Teile damit nur zu Totalexistenzen verbreitet werden – so erscheint damit der Tod so in alle diese Teile eingesenkt, wie es unsere ganz anders orientierte Betrachtung dort ergab. Wenn die Existenzen der ewig wandernden Seele den Tagen oder Minuten einer von ihnen begrenzten Existenzperioden entsprechen, so ist der Tod jedem Tage und jeder Minute des Tages so als Grenze und Form, als Element und Bestimmung gegenwärtig, wie er den Rhythmus und die Gestaltung des Gesamtverlaufes bestimmt und gliedert. In ihrer etwas plumpen und sozusagen materialistischen Art führt die Seelenwanderung in die beiden Richtungen, in denen jene Todesvorstellung des »Parzenschnittes« überwindbar ist: sie entfernt einerseits die Absolutheit des Todes überhaupt aus dem Leben, das Leben als Ganzes wird zu dem absoluten Begriff, der von dem Wechselspiel des relativen einzelnen Lebens und des relativen einzelnen Todes konkretisiert wird, und sie senkt andererseits den Tod in den Lebensverlauf hinein, als das Gleichnis dafür, daß das Leben sozusagen in jedem Augenblick die Cäsur des Todes zu überwinden hat, daß er ein positives Moment des Lebens ist und es ununterbrochen durchflicht und formt. Jenen rohen Symbolen gleich, mit denen primitive Völker doch die tiefsten naturerkennenden und metaphysischen Ideen entwickelter Geistigkeit antizipieren, deutet die Seelenwanderung darauf hin, daß es vielleicht *ein* Schritt ist, der den Tod zu einem Momente des Lebens selbst macht und der ihn überwindet, der den Tod schon vor den Parzenschnitt und das Leben noch hinter ihn verlegt.

Lebensanschauung

Einleitung

Rudolf Steiner

In einem programmatischen Berliner Vortrag am 5. März 1912 bezeichnet Rudolf Steiner es als die entscheidende Aufgabe der anthroposophischen Bewegung, »die beiden Wahrheiten von Reinkarnation und Karma« so überzeugend zu begründen, daß sie ebenso selbstverständlich ins Bewußtsein des heutigen Menschen eingehen wie vor Jahrhunderten das kopernikanische Weltbild. Als fundamentale geistige Tatsachen sollen sie nicht nur im Denken, auch in »Herz und Gemüt« aufgenommen werden, um moralische Impulse und damit ein neues Verantwortungsgefühl zu wecken – nicht nur für das eigene Schicksal in Gegenwart und Zukunft, auch für das Schicksal des Erdplaneten.[1]

Das »große Weltgesetz« von Reinkarnation und Karma ist von Rudolf Steiner nicht einfach aus der altindischen Überlieferung übernommen worden. Es gilt als zentrales Ergebnis der »Geisteswissenschaft«, das heißt der »wissenschaftlichen Erforschung der geistigen Welt, welche die Einseitigkeiten einer bloßen Naturerkenntnis ebenso wie diejenigen der gewöhnlichen ›Mystik‹ durchschaut, und die, bevor sie den Versuch macht, in die übersinnliche Welt einzudringen, in der erkennenden Seele erst die im gewöhnlichen Bewußtsein und in der gewöhnlichen Wissenschaft noch nicht tätigen Kräfte entwickelt, welche ein solches Eindringen ermöglichen.«[2] Grundsätzlich wird die physische Welt als Offenbarung der geistigen Welt verstanden. Um sie als solche zu erkennen, muß das Erforschen sinnlich wahrnehmbarer Naturerscheinungen auf die sie bewirkenden übersinnlichen Vorgänge ausgedehnt und eine geistige Form der Anschauung entwickelt werden. Eine »streng geregelte Ausbildung des rein seelischen Anschauens« ist die Voraussetzung für eine solche Grenzüberschreitung. Die seelisch geistige Organisation des Erkennenden soll »ebenso exakt überschaubar« sein »wie ein mathematisches Problem«. Nur so sind »objektive exakte

---

1 R. Steiner: Wiederverkörperung und Karma und ihre Bedeutung für die Kultur der Gegenwart. Fünf Vorträge Berlin 1912. Fünfter Vortrag 5. III. 1912. GA 135, Dornach 1970
2 R. Steiner: Philosophie und Anthroposophie. Gesammelte Aufsätze 1904–1918, GA 35, Dornach 1965, S. 66

Ergebnisse« über die übersinnliche Welt zu gewinnen[1] und die Gefahren materialistischer Naturforschung ebenso zu vermeiden wie diejenigen eines subjektiven Irrationalismus, den Steiner an anderer Stelle, in Abgrenzung gegen die philosophische Mystik aller Zeiten, »verschwommene Mystik« nennt. »Seelische Beobachtungsresultate nach naturwissenschaftlicher Methode« lautet bezeichnenderweise der Untertitel der frühen erkenntnistheoretischen Schrift »Die Philosophie der Freiheit« (1894).

Nach zweitausendjähriger Vergessenheit, von der christlichen Kirche verdrängt, taucht die Idee der Reinkarnation zum ersten Mal wieder auf im Jahrhundert der Aufklärung, in Lessings letzter Schrift »Die Erziehung des Menschengeschlechts«, und seitdem immer wieder als mehr oder weniger klare Ahnung oder Erkenntnis (Vgl. Bd. I u. II). Lessing, dessen Grundgedanke von der Entwicklung der Menschheit zu wachsender Freiheit und damit zur Vollkommenheit wiederholte Erdenleben notwendig fordert, gilt Rudolf Steiner als »Bahnbrecher«. Er selbst sah sich in der veränderten Bewußtseinslage des naturwissenschaftlich technischen Zeitalters vor der Aufgabe, die Idee von Reinkarnation und Karma aus der fundamentalen Erkenntnis der ewigen Individualität des Menschen neu zu begründen. Bewußt werden beide Ideen dem Zeitgeist entgegengesetzt. Das Eingegrenztsein des materialistischen Denkens zwischen Geburt und Tod soll gesprengt, das Bewußtsein erweitert werden. Der dem vordergründigen Verstehen faßbare Lebensablauf zwischen Geborenwerden und Sterben verliert den Wert des Einmaligen und erhält das Gewicht einer Entwicklungsstufe. Das ihm entsprechende Bewußtsein von Zeit wird ins Unendliche geweitet; die Angst, »keine Zeit mehr zu haben«, weicht der Gewißheit: »Ist nicht die ganze Ewigkeit mein?« (Lessing) Aus der Unendlichkeitsperspektive von Reinkarnation und Karma lernt der Mensch sich selbst zu verstehen. Pflanze und Tier sind aus ihrer Umwelt verständlich, beim Menschen genügt dieser Zusammenhang nicht. Nur im Hinausdenken über die Grenzen von Geburt und Tod, aus dem Zusammenhang früherer und künftiger Erdenleben, kann er sein Ich erahnen. Es gestaltet sich von Inkarnation zu Inkarnation nach dem Gesetz des selbstgeschaffenen Schicksals, das die Anthroposophie mit dem alten östlichen Wort »Karma« nennt. An diesem Schicksalsgewebe, in das auch kosmische

---

[1] R. Steiner: Kosmosophie, Religion und Philosophie. Referate vom 6.–15. September 1922; GA 25, Dornach 1956, S. 7f.

Ziele fordernd hereinwirken, arbeitet der Mensch von Erdenleben zu Erdenleben. Im Bewußtsein von Reinkarnation und Karma lernt er, die jeweilige Lebenssituation mit vorgeburtlichem und nachtodlichem Leben verbunden zu denken, sie als Ausgleich früheren Versagens und Ansporn zu neuen Aufgaben zu verstehen. Ein neuer moralischer Impuls entwickelt sich, ein tiefes Verantwortungsgefühl. Denn sein Denken und Handeln bestimmt nicht nur sein persönliches Geschick, sondern auch die Geschichte der Menschheit. Diese Perspektive kann zu einer von der gewöhnlichen Lebenserfahrung unabhängigen Selbsterkenntnis führen, zur Gewißheit der eigenen unzerstörbaren Individualität. Die uralten Fragen – Was ist der Mensch? Woher kommt er? Wohin geht er? Was soll er tun? – stellen sich neu im Horizont philosophisch mystischer Tradition und im westlichem Okkultismus.

Das aus kosmischen Zusammenhängen entwickelte Menschenbild der Anthroposophie kann hier nur aus einer begrenzten Sicht angedeutet werden. Die naturwissenschaftlichen Erkenntnisse des ausgehenden neunzehnten Jahrhunderts sind in bestimmter Weise darin einbezogen. Rudolf Steiner, selbst Naturwissenschaftler, sagt nein zur Darwin-Haeckelschen Deszendenz-Theorie, bejaht aber grundsätzlich den Evolutionsgedanken. Diesen wendet er gleichsam in umgekehrter Blickrichtung an: »Der Mensch als geistiges Wesen ist älter als alle anderen Lebewesen.« In seiner körperlichen Gestalt ist er, nach einem schönen Wort Herders, das »Hauptgebilde« aller Gestalten der Schöpfung, eine Zusammenfassung der Tiere, den Ausspezialisierungen und Vereinseitigungen dessen, was in ihm eine Einheit ist.[1] Seine geistige Gestalt aber, sein Ich, entstammt der Welt des Göttlichen. Durch die Tätigkeit des Ich werden die anderen Wesensglieder – der physische, der ätherische und der astralische Leib – umgearbeitet zu höher entwickelten Bewußtseinsformen, so daß sich die »einheitliche Menschennatur« siebengliedrig darstellt. Während der Leib der natürlichen Vererbungsfolge unterworfen ist, die Seele als Mittler zwischen Physischem und Geistigem sich selbst entwickelt, geht das Ich als ewige Individualität einzig auf sich selbst zurück: »Der Leib unterliegt dem Gesetz der Vererbung, die Seele schafft sich selbst ihr Schicksal, und der Geist unterliegt dem Gesetz der wiederholten Erdenleben.« Im Licht von Reinkarnation und Karma können Geburt und Tod also nur bedeuten, daß das unsterbliche Ich nach bestimmten Gesetzen immer wieder die

---

1 Vgl. Rudolf Bubner: Evolution, Reinkarnation, Christentum. Stuttgart 1970

ihm wesenseigene Freiheit des Geistes aufgibt, um sich zu verkörpern, und diese Freiheit zurückgewinnt, wenn es die körperlichen Hüllen verläßt. »Wenn ein Geist stirbt, wird er Mensch. Wenn der Mensch stirbt, wird er Geist.« (Novalis)

Nach dem Tod arbeitet sich das befreite Unsterbliche aus dem Sterblichen heraus im Durchgang durch die geistigen Sphären. Dieser Stufenweg ist *auch* ein Prozeß der Selbsterkenntnis, in dem alles Unbewältigte des vorangegangenen Erdenlebens nach Ausgleich in einer neuen Inkarnation verlangt. Die Verwandlung des in einem Dasein Erworbenen zur geistigen Essenz und wiederum die Rückbildung des Geistigen in die Hüllengestalt einer neuen Leiblichkeit – diese spirituellen Vorgänge hat Rudolf Steiner vielfältig dargestellt. Hier nur soviel: Die Zeit, die die ewige Entelechie des Menschen zwischen Tod und neuer Geburt mit karmisch ihm verbundenen Verstorbenen zubringt, hingegeben den reinigenden und stärkenden Wirkungen höherer Mächte und Wesenheiten, kann Jahrhunderte währen. Denn eine neue Inkarnation wird nur dann fruchtbar, wenn die irdischen Verhältnisse sich so weit verändert haben, daß sie eine weitere Entwicklung fördern können. Erst dann erfüllt die Entelechie etwas wie Sehnsucht, die bewußt gewordenen Mängel auszugleichen. Ein neuer »Abstieg« zur Erde beginnt. Im Unterschied zu östlichen Vorstellungen ist diese Möglichkeit nicht endlos gewährt. Auch dieser Zusammenhang kann hier nur angedeutet werden. Schon einem dem Übersinnlichen nicht ganz verschlossenen Denken erscheint heute angesichts der wachsenden zivilisatorischen Zerstörungen der Erde eine zeitlich unbegrenzte Existenz auf ihr fraglich. Selbst wenn die Bedrohung noch für Jahrhunderte aufzuhalten wäre, würden künftige Inkarnationen eine physikalisch schon deutlich verwandelte Erdgestalt vorfinden. Im Sinn der anthroposophischen Karma-Lehre bedeutet das unter anderem auch eine vermehrte Last der Verantwortung gegenüber den zum großen Teil noch unbewältigten Erdenaufgaben, denn einen bequemen Automatismus der Entwicklung gibt es nicht. Der Durchgang durch wiederholte Erdenleben ist keine Garantie für einen aufsteigenden Weg der Individualität, wie es für Lessings fortschrittsgläubiges Denken noch selbstverständlich war. Er kann abwärts gelenkt werden durch widerstrebende ichfeindliche kosmische Mächte, die »luziferisch« auflösend oder »ahrimanisch« verfestigend wirken und den karmischen Ausgleich stören. Daß ein Weg zwischen den Widersachermächten überhaupt gefunden werden und die Entwicklung weitergehen kann, das verdankt die Menschheit den Erlösungskräften von Golgatha.

Reinkarnation und Karma in Rudolf Steiners Denken sind nur im engen Zusammenhang mit seiner Christologie zu verstehen. Die Inkarnation der Christus-Wesenheit auf der Erde und ihr Durchgang durch den Erdentod hat ein einziges Mal in der Zeit und in der menschlichen Natur Sinn und Ziel aller Entwicklung erfahrbar gemacht. Wenn Reinkarnation als eine Weiterführung der Evolution von unten aufgefaßt werden kann, dann ist mit dem Beginn des Christentums eine Steigerung ermöglicht, denn in Christus wird der innerste Kern der Evolution sichtbar, die verborgene »idealische« Natur im Menschen, die auf Verwirklichung wartet. Als Urbild der Menschheit ist Christus zugleich Inbild, das dem Menschen einwohnende »kosmische Prinzip«. Der Keim zur Erfüllung liegt also im Ich selbst. Galt vor dem geschichtlichen Christus-Ereignis das mosaische Gebot des »Du sollst«, so ist mit ihm die freie Moralität und Liebe des Menschen aufgerufen, das Christus-Ich, das »Ich seines Ichs« (Novalis) in sich zu ergreifen. »Der recht verstandene Christus-Impuls wirkt dahin, daß die Menschenseele, welche ihn aufgenommen hat, sich als Glied einer geistigen Welt fühlt, und als solches erkennt und verhält.«[1] Denn die Gnadenwirkung, die von Christus ausgeht, kann nicht fruchtbar werden ohne Zutun des einzelnen Menschen. Alles hängt davon ab, ob er noch in einem irdischen Dasein etwas von der Christus-Substanz in seine Seele aufgenommen hat. Erst dann kann er im Überschreiten der Todesschwelle ihn schauen als Richter und Helfer, als »Herrn des Karma«.

Für ein Verstehen des damit angedeuteten Zusammenhangs – Auferstehungsmysterium, seine Wirkungen für die Menschheit, die kosmische Wesenheit des Christus – muß auf Rudolf Steiners Schriften verwiesen werden.[2]

---

[1] Rudolf Steiner: Die Geheimwissenschaft im Umriß. Stuttgart ²⁹1977, S. 409
[2] Rudolf Steiner: Von Jesus zu Christus (1911, GA 131); Die neue Geistigkeit und das Christus-Erlebnis des zwanzigsten Jahrhunderts (1920), GA 200; Christologie. Ausgewählt und zusammengestellt von Heten Wilkens, Stuttgart 1986; Das Christentum als mystische Tatsache und die Mysterien des Altertums (1902) GA 8; Der Christus-Impuls und die Entwickelung des Ich-Bewußtseins, Sieben Vorträge (1909/10), 3. Aufl., Dornach 1961, GA 116; Die geistige Führung des Menschen und der Menschheit (1911), Dornach 1925, GA 15.

Rudolf Steiner
1861–1925

Die Erforschung der Seele nach naturwissenschaftlicher Methode – Erweiterung des Bewußtseins zur Erkenntnis von Reinkarnation und Karma – Die Christologie

Die sieben Wesensglieder des Menschen

Bei der Betrachtung des Menschen vom Gesichtspunkte einer übersinnlichen Erkenntnisart tritt sogleich in Kraft, was von dieser Erkenntnisart im allgemeinen gilt. Diese Betrachtung beruht auf der Anerkennung des »offenbaren Geheimnisses« in der eigenen menschlichen Wesenheit. Den Sinnen und dem auf sie gestützten Verstande ist nur ein Teil von dem zugänglich, was in übersinnlicher Erkenntnis als menschliche Wesenheit erfaßt wird, nämlich der *physische Leib*. Um den Begriff von diesem physischen Leib zu beleuchten, muß zunächst die Aufmerksamkeit auf die Erscheinung gelenkt werden, die wie das große Rätsel über alle Beobachtung des Lebens ausgebreitet liegt: auf den Tod und, im Zusammenhang damit, auf die sogenannte leblose Natur, auf das Reich des Mineralischen, das stets den Tod in sich trägt. (...)

Innerhalb der offenbaren Welt ist der physische Menschenleib dasjenige, worinnen der Mensch der mineralischen Welt gleich ist. Dagegen kann nicht als physischer Leib das gelten, was den Menschen vom Mineral unterscheidet. Für eine unbefangene Betrachtung ist vor allem die Tatsache wichtig, daß der Tod dasjenige von der menschlichen Wesenheit bloßlegt, was, wenn der Tod eingetreten ist, mit der mineralischen Welt gleicher Art ist. Man kann auf den Leichnam als auf das vom Menschen hinweisen, was nach dem Tode Vorgängen unterworfen ist, die sich im Reiche der mineralischen Welt finden. Man kann die Tatsache betonen, daß in diesem Gliede der Menschenwesenheit, dem Leichnam, dieselben Stoffe und Kräfte wirksam sind wie im mineralischen Gebiet; aber nötig ist, nicht minder stark zu betonen, daß mit dem

Tode für diesen physischen Leib der Zerfall eintritt. Berechtigt ist aber auch, zu sagen: gewiß, es sind im physischen Menschenleibe dieselben Stoffe und Kräfte wirksam wie im Mineral; aber ihre Wirksamkeit ist während des Lebens in einen höheren Dienst gestellt. Sie wirken erst der mineralischen Welt gleich, wenn der Tod eingetreten ist. Da treten sie auf, wie sie ihrer eigenen Wesenheit gemäß auftreten müssen, nämlich als Auflöser der physischen Leibesgestaltung.

So ist im Menschen scharf zu scheiden das Offenbare von dem Verborgenen. Denn während des Lebens muß ein Verborgenes einen fortwährenden Kampf führen gegen die Stoffe und Kräfte des Mineralischen im physischen Leibe.

Wenn nun auch jenes Verborgene, das in dem physischen Leibe den Kampf gegen den Zerfall führt, nur für das höhere Schauen zu beobachten ist: in seinen *Wirkungen* liegt es für die auf das Offenbare sich beschränkende Urteilskraft klar zutage. Und diese Wirkungen drücken sich in der *Form* oder Gestalt aus, in welcher während des Lebens die mineralischen Stoffe und Kräfte des physischen Leibes zusammengefügt sind. Diese Form entschwindet nach und nach, und der physische Leib wird ein Teil der übrigen mineralischen Welt, wenn der Tod eingetreten ist. Die übersinnliche Anschauung aber kann dasjenige als selbständiges Glied der menschlichen Wesenheit beobachten, was die physischen Stoffe und Kräfte während des Lebens hindert, ihre eigenen Wege zu gehen, welche zur Auflösung des physischen Leibes führen. Es sei dieses selbständige Glied der »Ätherleib« oder »Lebensleib« genannt. – Wenn sich nicht sogleich, von Anfang an, Mißverständnisse einschleichen sollen, so muß gegenüber diesen Bezeichnungen eines zweiten Gliedes der menschlichen Wesenheit zweierlei berücksichtigt werden. Das Wort »Äther« wird hier in einem andern Sinne gebraucht, als dies von der gegenwärtigen Physik geschieht. Diese bezeichnet zum Beispiel den Träger des Lichtes als Äther. Hier soll aber das Wort in dem Sinne begrenzt werden, der oben angegeben worden ist. Es soll angewendet werden für dasjenige, was dem höheren Schauen zugänglich ist und was sich für die Sinnesbeobachtung nur in seinen Wirkungen zu erkennen gibt, nämlich dadurch, daß es den im physischen Leibe vorhandenen mineralischen Stoffen und Kräften eine bestimmte Form oder Gestalt zu geben vermag. Und auch das Wort »Leib« soll nicht mißverstanden werden. Man muß zur Bezeichnung der höheren Dinge des Daseins eben doch die Worte der gewöhnlichen Sprache gebrauchen. Und diese drücken ja für die Sinnesbeobachtung nur das Sinnliche aus. Im sinnlichen Sinne ist natürlich der »Ätherleib« durchaus nichts Leibliches, wie fein man sich ein solches auch vorstellen mag. (...)

Dieser Ätherleib ist also ein zweites Glied der menschlichen Wesenheit. Ihm kommt für das übersinnliche Erkennen ein höherer Grad von Wirklichkeit zu als dem physischen Leibe. Eine Beschreibung, wie ihn das übersinnliche Erkennen sieht, kann erst in den folgenden Teilen dieser Schrift gegeben werden, wenn hervortreten wird, in welchem Sinne solche Beschreibungen zu nehmen sind. Vorläufig mag es genügen, wenn gesagt wird, daß der Ätherleib den physischen Körper überall durchsetzt und daß er wie eine Art Architekt des letzteren anzusehen ist. Alle Organe werden in ihrer Form und Gestalt durch die Strömungen und Bewegungen des Ätherleibes gehalten. (...)

Diesen Ätherleib hat nun der Mensch so mit dem Pflanzlichen gemein, wie er den physischen Leib mit dem Mineralischen gemein hat. Alles Lebendige hat seinen Ätherleib.

Von dem Ätherleib steigt die übersinnliche Betrachtung auf zu einem weiteren Gliede der menschlichen Wesenheit. Sie deutet zur Bildung einer Vorstellung von diesem Gliede auf die Erscheinung des Schlafes hin, wie sie beim Ätherleib auf den Tod hingewiesen hat. – Alles menschliche Schaffen beruht auf der Tätigkeit im Wachen, so weit das Offenbare in Betracht kommt. Diese Tätigkeit ist aber nur möglich, wenn der Mensch die Erstarkung seiner erschöpften Kräfte sich immer wieder aus dem Schlafe holt. Handeln und Denken schwinden dahin im Schlafe, aller Schmerz, alle Lust versinken für das bewußte Leben. Wie aus verborgenen, geheimnisvollen Brunnen steigen beim Erwachen des Menschen bewußte Kräfte aus der Bewußtlosigkeit des Schlafes auf. Es ist dasselbe Bewußtsein, das beim Einschlafen hinuntersinkt in die dunklen Tiefen und das beim Aufwachen wieder heraufsteigt. Dasjenige, was das Leben immer wieder aus dem Zustand der Bewußtlosigkeit erweckt, ist im Sinne übersinnlicher Erkenntnis das dritte Glied der menschlichen Wesenheit. Man kann es den Astralleib nennen. Wie der physische Leib nicht durch die in ihm befindlichen mineralischen Stoffe und Kräfte seine Form erhalten kann, sondern wie er, um dieser Erhaltung willen, von dem Ätherleib durchsetzt sein muß, so können die Kräfte des Ätherleibes sich nicht durch sich selbst mit dem Lichte des Bewußtseins durchleuchten. Ein Ätherleib, der bloß sich selbst überlassen wäre, müßte sich fortdauernd in dem Zustande des Schlafes befinden. Man kann auch sagen: er könnte in dem physischen Leibe nur ein

Pflanzensein unterhalten. Ein wachender Ätherleib ist von einem Astralleib durchleuchtet. Für die Sinnesbeobachtung verschwindet die Wirkung dieses Astralleibes, wenn der Mensch in Schlaf versinkt. Für die übersinnliche Beobachtung bleibt er noch vorhanden; nur erscheint er von dem Ätherleib getrennt oder aus ihm herausgehoben. (...)

Das vierte Glied seiner Wesenheit, welches die übersinnliche Erkenntnis dem Menschen zuschreiben muß, hat er nun nicht mehr gemein mit der ihn umgebenden Welt des Offenbaren. Es ist sein Unterscheidendes gegenüber seinen Mitwesen, dasjenige, wodurch er die Krone der zunächst zu ihm gehörigen Schöpfung ist. Die übersinnliche Erkenntnis bildet eine Vorstellung von diesem weiteren Gliede der menschlichen Wesenheit, indem sie darauf hinweist, daß auch innerhalb der wachen Erlebnisse noch ein wesentlicher Unterschied besteht. Dieser Unterschied tritt sofort hervor, wenn der Mensch seine Aufmerksamkeit darauf lenkt, daß er im wachen Zustande einerseits fortwährend in der Mitte von Erlebnissen steht, die kommen und gehen *müssen*, und daß er andererseits auch Erlebnisse hat, bei denen dies nicht der Fall ist. Es tritt das besonders scharf hervor, wenn man die Erlebnisse des Menschen mit denen des Tieres vergleicht. Das Tier erlebt mit großer Regelmäßigkeit die Einflüsse der äußeren Welt und wird sich unter dem Einflusse der Wärme und Kälte, des Schmerzes und der Lust, unter gewissen regelmäßig ablaufenden Vorgängen seines Leibes des Hungers und Durstes bewußt. Des Menschen Leben ist mit solchen Erlebnissen nicht erschöpft. Er kann Begierde, Wünsche entwickeln, die über das alles hinausgehen. Beim Tier würde man immer nachweisen können, wenn man weit genug zu gehen vermöchte, wo außer dem Leibe oder in dem Leibe die Veranlassung zu einer Handlung, zu einer Empfindung ist. Beim Menschen ist das keineswegs der Fall. Er kann Wünsche und Begierden erzeugen, zu deren Entstehung die Veranlassung weder innerhalb noch außerhalb seines Leibes hinreichend ist. Allem, was in dieses Gebiet fällt, muß man eine besondere Quelle geben. Und diese Quelle kann man im Sinne der übersinnlichen Wissenschaft im »Ich« des Menschen sehen. Das »Ich« kann daher als das vierte Glied der menschlichen Wesenheit angesprochen werden. – Wäre der Astralleib sich selbst überlassen, es würden sich Lust und Schmerz, Hunger- und Durstgefühle in ihm abspielen; was aber dann nicht zustandekäme, ist die Empfindung: es sei ein Bleibendes in alle dem. Nicht das Bleibende als solches wird hier als »Ich« bezeichnet, sondern dasjenige, welches dieses Bleibende erlebt. (...)

I. Der Aufbruch eines neuen Bewußtseins

Wie der physische Leib zerfällt, wenn ihn nicht der Ätherleib zusammenhält; wie der Ätherleib in die Bewußtlosigkeit versinkt, wenn ihn nicht der Astralleib durchleuchtet, so müßte der Astralleib das Vergangene immer wieder in die *Vergessenheit* sinken lassen, wenn dieses nicht vom »Ich« in die Gegenwart herübergerettet würde. Was für den physischen Leib der Tod, für den Ätherleib der Schlaf, das ist für den Astralleib das *Vergessen*. Man kann auch sagen: dem Ätherleib sei das *Leben* eigen, dem Astralleib das *Bewußtsein* und dem Ich die *Erinnerung*. (...)

Für das »Ich« bedeuten Erinnerung und Vergessen etwas durchaus Ähnliches wie für den Astralleib Wachen und Schlaf. (...)

Nun tritt die Erinnerung in verschiedenen Stufen auf. Schon das ist die einfachste Form der Erinnerung, wenn der Mensch einen Gegenstand wahrnimmt und er dann nach dem Abwenden von dem Gegenstande die *Vorstellung* von ihm wieder erwecken kann. Diese Vorstellung hat der Mensch sich gebildet, während er den Gegenstand wahrgenommen hat. Es hat sich da ein Vorgang abgespielt zwischen seinem astralischen Leibe und seinem Ich. Der Astralleib hat den äußeren Eindruck von dem Gegenstande bewußt gemacht. Doch würde das Wissen von dem Gegenstande nur so lange dauern, als dieser *gegenwärtig* ist, wenn das Ich nicht das Wissen in sich aufnehmen und zu seinem Besitztume machen würde. – Hier an diesem Punkte scheidet die übersinnliche Anschauung das Leibliche von dem Seelischen. Man spricht vom *Astralleibe*, solange man die Entstehung des Wissens von einem gegenwärtigen Gegenstande im Auge hat. Dasjenige aber, was dem Wissen Dauer gibt, bezeichnet man als *Seele*. Man sieht aber zugleich aus dem Gesagten, wie eng verbunden im Menschen der Astralleib mit dem Teile der Seele ist, welcher dem Wissen Dauer verleiht. Beide sind gewissermaßen zu einem Gliede der menschlichen Wesenheit vereinigt. Deshalb kann man auch diese Vereinigung als Astralleib bezeichnen. Auch kann man, wenn man eine genaue Bezeichnung will, von dem Astralleib des Menschen als dem *Seelenleib* sprechen, und von der Seele, insofern sie mit diesem vereinigt ist, als der *Empfindungsseele*.

Das Ich steigt zu einer höheren Stufe seiner Wesenheit, wenn es seine Tätigkeit auf das richtet, was es aus dem Wissen der Gegenstände zu seinem Besitztum gemacht hat. Dies ist die Tätigkeit, durch welche sich das Ich von den Gegenständen der Wahrnehmung immer mehr loslöst, um in seinem eigenen Besitze zu arbeiten. Den Teil der Seele, dem dieses zukommt, kann man als *Verstandes-* oder *Gemütsseele* bezeichnen. (...)

Das eigentliche Wesen des »Ich« ist von allem Äußeren unabhängig; *deshalb* kann ihm sein Name auch von keinem Äußeren zugerufen werden. Jene religiösen Bekenntnisse, welche mit Bewußtsein ihren Zusammenhang mit der übersinnlichen Anschauung aufrechterhalten haben, nennen daher die Bezeichnung »Ich« den »unaussprechlichen Namen Gottes«. Denn gerade auf das Angedeutete wird gewiesen, wenn dieser Ausdruck gebraucht wird. Kein Äußeres hat Zugang zu jenem Teile der menschlichen Seele, der hiermit ins Auge gefaßt ist. Hier ist das »verborgene Heiligtum« der Seele. Nur ein Wesen kann da Einlaß gewinnen, mit dem die Seele gleicher Art ist. »Der Gott, der im Menschen wohnt, spricht, wenn die Seele sich als Ich erkennt.« Wie die Empfindungsseele und die Verstandesseele in der äußeren Welt leben, so taucht ein drittes Glied der Seele in das Göttliche ein, wenn diese zur Wahrnehmung ihrer eigenen Wesenheit gelangt.

Leicht kann demgegenüber das Mißverständnis entstehen, als ob solche Anschauungen das Ich mit Gott für *Eins* erklärten. Aber sie sagen durchaus nicht, daß das Ich Gott sei, sondern nur, daß es mit dem Göttlichen von einerlei Art und Wesenheit ist. Behauptet denn jemand, der Tropfen Wasser, der dem Meere entnommen ist, sei das Meer, wenn er sagt: der Tropfen sei derselben Wesenheit oder Substanz wie das Meer. Will man durchaus einen Vergleich gebrauchen, so kann man sagen: wie der Tropfen sich zu dem Meere verhält, so verhält sich das »Ich« zum Göttlichen. Der Mensch kann in sich ein Göttliches finden, weil sein ureigenstes Wesen dem Göttlichen entnommen ist. So also erlangt der Mensch durch dieses sein drittes Seelenglied, ein inneres Wissen von sich selbst, wie er durch den Astralleib ein Wissen von der Außenwelt erhält. Deshalb kann die Geheimwissenschaft dieses dritte Seelenglied auch die *Bewußtseinsseele* nennen. Und in ihrem Sinne besteht das Seelische aus drei Gliedern: der Empfindungsseele, Verstandesseele und Bewußtseinsseele, wie das Leibliche aus drei Gliedern besteht, dem physischen Leib, dem Ätherleib und dem Astralleib.(...)

In der Bewußtseinsseele enthüllt sich erst die wirkliche Natur des »Ich«. Denn während sich die Seele in Empfindung und Verstand an anderes verliert, ergreift sie als Bewußtseinsseele ihre eigene Wesenheit. Daher kann dieses »Ich« durch die Bewußtseinsseele auch nicht anders als durch eine gewisse innere Tätigkeit wahrgenommen werden. Die Vorstellungen von äußeren Gegenständen werden gebildet, so wie diese Gegenstände kommen und gehen; und diese Vorstellungen arbeiten im Verstande weiter durch ihre eigene Kraft. Soll aber das »Ich« sich selbst wahrnehmen, so kann es nicht bloß sich *hingeben;* es muß durch innere Tätigkeit seine Wesenheit aus den eigenen Tiefen erst heraufholen, um ein Bewußtsein davon zu haben. Mit der Wahrnehmung des »Ich« – mit der *Selbstbesinnung* – beginnt eine innere Tätigkeit des »Ich«. Durch diese Tätigkeit hat die Wahrnehmung des Ich in der Bewußtseinsseele für den Menschen eine ganz andere Bedeutung als die Beobachtung alles dessen, was durch die drei Leibesglieder und durch die beiden andern Glieder der Seele an ihn herandringt. Die Kraft, welche in der Bewußtseinsseele das Ich offenbar macht, ist ja dieselbe wie diejenige, welche sich in aller übrigen Welt kundgibt. Nur tritt sie in dem Leibe und in den niederen Seelengliedern nicht unmittelbar hervor, sondern offenbart sich stufenweise in ihren Wirkungen. Die unterste Offenbarung ist diejenige durch den physischen Leib; dann geht es stufenweise hinauf bis zu dem, was die Verstandesseele erfüllt. Man könnte sagen, mit dem Hinansteigen über jede Stufe fällt einer der Schleier, mit denen das Verborgene umhüllt ist. In dem, was die Bewußtseinsseele erfüllt, tritt dieses Verborgene hüllenlos in den innersten Seelentempel. Doch zeigt es sich da eben nur wie ein Tropfen aus dem Meere der alles durchdringenden Geistigkeit. Aber der Mensch muß diese Geistigkeit hier zunächst ergreifen. Er muß sie in sich selbst erkennen; dann kann er sie auch in ihren Offenbarungen finden.

Was da wie ein Tropfen hereindringt in die Bewußtseinsseele, das nennt die Geheimwissenschaft den *Geist.* So ist die Bewußtseinsseele mit dem Geiste verbunden, der das *Verborgene* in allem Offenbaren ist. Wenn der Mensch nun den Geist in aller Offenbarung ergreifen will, so muß er dies auf dieselbe Art tun, wie er das Ich in der Bewußtseinsseele ergreift. Er muß die Tätigkeit, welche ihn zum Wahrnehmen dieses Ich geführt hat, auf die offenbare Welt hinwenden. Dadurch aber entwickelt er sich zu höheren Stufen seiner Wesenheit. Er setzt den Leibes- und Seelengliedern Neues an. Das nächste ist, daß er dasjenige auch noch selbst erobert, was in den niederen Gliedern seiner Seele verborgen liegt. Und dies geschieht durch seine vom Ich ausgehende Arbeit an seiner Seele. (...) Jeder gegenwärtig lebende Mensch ist in dieser Arbeit begriffen: er mag wollen oder nicht, er mag von dieser Tatsache ein Bewußtsein haben oder nicht.

Durch diese Arbeit aber geht es zu höheren Stufen der Menschenwesenheit hinan. Der Mensch entwickelt durch sie neue Glieder seiner Wesenheit. Diese liegen als Verborgenes hinter dem für ihn Offenbaren. Es kann sich der Mensch aber nicht nur durch die Arbeit an seiner Seele vom Ich aus zum Herrscher über diese Seele machen, so daß diese aus dem Offenbaren das Verborgene hervortreibt, sondern er kann diese Arbeit auch erweitern. Er kann übergreifen auf den Astralleib. Dadurch bemächtigt sich das Ich dieses Astralleibes, indem es sich mit dessen verborgener Wesenheit vereinigt. Dieser durch das Ich eroberte, von ihm umgewandelte Astralleib kann das *Geistselbst* genannt werden. (Es ist dies dasselbe, was man in Anlehnung an die morgenländische Weisheit »Manas« nennt.) In dem Geistselbst ist ein höheres Glied der Menschenwesenheit gegeben, ein solches, das in ihr gleichsam keimhaft vorhanden ist und das im Laufe ihrer Arbeit an sich selbst immer mehr herauskommt. (...)

Die stärksten Impulse, welche im gewöhnlichen Leben auf diese Änderung hinarbeiten, sind die religiösen. Wenn das Ich die Antriebe, die aus der Religion fließen, immer wieder und wieder auf sich wirken läßt, so bilden diese in ihm eine Macht, welche bis in den Ätherleib hineinwirkt und diesen ebenso wandelt, wie geringere Antriebe des Lebens die Verwandlung des Astralleibes bewirken. (...)

In ähnlicher Art wirken die Einflüsse der wahren Kunst auf den Menschen. Wenn er durch die äußere Form, durch Farbe und Ton eines Kunstwerkes die geistigen Untergründe desselben mit Vorstellen und Gefühl durchdringt, dann wirken die Impulse, welche dadurch das Ich empfängt, in der Tat auch bis auf den Ätherleib. (...) Es gibt viele dergleichen Einflüsse im Menschenleben, die dem beobachtenden Blick nicht so offen liegen wie die genannten. Aber schon aus diesen ist ersichtlich, daß im Menschen ein weiteres Glied seiner Wesenheit verborgen ist, welches das Ich immer mehr und mehr herausarbeitet. Man kann dieses Glied als das zweite des Geistes, und zwar als den *Lebensgeist* bezeichnen. (Es ist dasselbe, was man mit Anlehnung an die morgenländische Weisheit »Buddhi« nennt.) Der Ausdruck »Lebensgeist« ist deshalb der entsprechende, weil in dem, was er bezeichnet, dieselben Kräfte wirksam sind wie in dem »Lebensleib«; nur ist in diesen Kräften, wenn sie als Lebensleib sich offenbaren, das menschliche Ich nicht tätig. Äußern sie sich aber als Lebensgeist, so sind sie von der Tätigkeit des Ich durchsetzt. (...)

Mit der Arbeit am Astralleib und am Ätherleib ist aber die Tätigkeit des Ich noch nicht erschöpft. Diese erstreckt sich auch auf den physischen Leib. (...) Nicht von einer Arbeit an dem Materiellen, als welches der physische Leib *erscheint*, soll hier gesprochen werden, sondern von der geistigen Arbeit an den unsichtbaren Kräften, welche ihn entstehen lassen und wieder zum Zerfall bringen. Für das gewöhnliche Leben kann dem Menschen diese Arbeit des Ich am physischen Leibe nur mit einer sehr geringen Klarheit zum Bewußtsein kommen. Diese Klarheit kommt im vollen Maße erst, wenn unter dem Einfluß der übersinnlichen Erkenntnis der Mensch die Arbeit bewußt in die Hand nimmt. Dann aber tritt zutage, daß es noch ein drittes geistiges Glied im Menschen gibt. Es ist dajenige, welches der *Geistmensch* im Gegensatze zum physischen Menschen genannt werden kann. (In der morgenländischen Weisheit heißt dieser »Geistesmensch« das »Atma«.)

Man wird in bezug auf den Geistesmenschen auch dadurch leicht irregeführt, daß man in dem physischen Leibe das niedrigste Glied des Menschen sieht und sich deswegen mit der Vorstellung nur schwer abfindet, daß die Arbeit an diesem physischen Leibe zu dem höchsten Glied in der Menschenwesenheit kommen soll. Aber gerade deswegen, weil der physische Leib den in ihm tätigen Geist unter drei Schleiern verbirgt, gehört die höchste Art von menschlicher Arbeit dazu, um das Ich mit dem zu einigen, was sein verborgener Geist ist.

So stellt sich der Mensch für die Geheimwissenschaft als eine aus verschiedenen Gliedern zusammengesetzte Wesenheit dar. Leiblicher Art sind: der physische Leib, der Ätherleib und der Astralleib. Seelisch sind: Empfindungsseele, Verstandesseele und Bewußtseinsseele. In der Seele breitet das Ich sein Licht aus. Und geistig sind: Geistselbst, Lebensgeist und Geistesmensch. Aus den obigen Ausführungen geht hervor, daß die Empfindungsseele und der Astralleib eng vereinigt sind und in einer gewissen Beziehung ein Ganzes ausmachen. In ähnlicher Art sind Bewußtseinsseele und Geistselbst ein Ganzes. Denn in der Bewußtseinsseele leuchtet der Geist auf und von ihr aus durchstrahlt er die andern Glieder der Menschennatur. Mit Rücksicht darauf kann man auch von der folgenden Gliederung des Menschen sprechen. Man kann Astralleib und Empfindungsseele als ein Glied zusammenfassen, ebenso Bewußtseinsseele und Geistselbst und kann die *Verstandesseele*, weil sie an der Ich-Natur Teil hat, weil sie in einer gewissen Beziehung schon das »Ich« ist, das sich seiner Geistwesenheit nur noch nicht bewußt ist, als »Ich« schlechtweg bezeichnen und bekommt dann sieben Teile des Menschen: 1. Physischer Leib; 2. Ätherleib oder Lebensleib; 3. Astralleib; 4. Ich; 5. Geistselbst; 6. Lebensgeist; 7. Geistmensch.

Auch für den an materialistische Vorstellungen gewöhnten Menschen würde diese Gliederung des Menschen im Sinne der Siebenzahl nicht das »unklare Zauberhafte« haben, das er ihr oft zuschreibt, wenn er sich genau an den Sinn der obigen Auseinandersetzungen halten würde und nicht von vornherein dieses »Zauberhafte« selbst in die Sache hineinlegen würde. In keiner andern Art, nur vom Gesichtspunkte einer höheren Form der Weltbeobachtung aus, sollte von diesen »sieben« Gliedern des Menschen gesprochen werden, so wie man von den sieben Farben des Lichts spricht oder von den sieben Tönen der Tonleiter (indem man die Oktave als eine Wiederholung des Grundtones betrachtet). Wie das Licht in sieben Farben, der Ton in sieben Stufen erscheint, so die *einheitliche* Menschennatur in den gekennzeichneten sieben Gliedern.

Die Geheimwissenschaft im Umriß

Das Geschehen nach dem Tod
Reinkarnation und Karma

Der Tod tritt durch nichts anderes ein als durch eine Änderung im Zusammenhange der Glieder des Menschenwesens. Auch dasjenige, was in bezug darauf die übersinnliche Beobachtung ergibt, kann in seinen Wirkungen in der offenbaren Welt gesehen werden; und die unbefangene Urteilskraft wird durch die Betrachtung des äußeren Lebens auch hier die Mitteilungen der übersinnlichen Erkenntnis bestätigt finden. Doch ist für diese Tatsachen der Ausdruck des Unsichtbaren im Sichtbaren weniger offenliegend, und man hat größere Schwierigkeiten, um das Gewicht dessen voll zu empfinden, was in den Vorgängen des äußeren Lebens bestätigend für die Mitteilungen der übersinnlichen Erkenntnis auf diesem Gebiete spricht. (...)

Während sich beim Übergang in den Schlaf der Astralleib nur aus seiner Verbindung mit dem Ätherleibe und dem physischen Leibe löst, die letzteren jedoch verbunden bleiben, tritt mit dem Tode die Abtrennung des physischen Leibes vom Ätherleib ein. Der physische Leib bleibt seinen eigenen Kräften überlassen und muß deshalb als Leichnam zerfallen. Für den Ätherleib ist aber nunmehr mit dem Tode ein Zustand eingetreten, in dem er während der Zeit zwischen Geburt und Tod niemals war, – bestimmte Ausnahmezustände abgerechnet, von denen noch gesprochen werden soll. Er ist nämlich jetzt mit seinem Astralleib vereinigt, ohne daß der physische Leib dabei ist. Denn nicht unmittelbar nach dem Eintritt des Todes trennen sich Ätherleib und Astralleib. Sie halten eine Zeitlang durch eine Kraft zusammen, von der leicht verständlich ist, daß sie vorhanden sein muß. Wäre sie nämlich nicht vorhanden, so könnte sich der Ätherleib gar nicht aus dem physischen Leibe herauslösen. Denn er wird mit diesem zusammengehalten: das zeigt der Schlaf, wo der Astralleib nicht imstande ist, die beiden Glieder des Menschen auseinanderzureißen. Diese Kraft tritt beim Tode in Wirksamkeit. Sie löst den Ätherleib aus dem physischen heraus, so daß der erstere jetzt mit dem Astralleib verbunden ist. (...) Später löst sich dann der Astralleib auch von seinem Ätherleib heraus und geht ohne diesen seine Wege weiter. Während der Verbindung der beiden Leiber ist der Mensch in einem Zustande, durch den er die Erlebnisse seines Astralleibes wahrnehmen kann. Solange der physische Leib da ist, muß mit der Loslösung des Astralleibes von ihm sogleich die Arbeit von außen beginnen, um die abgenutzten Organe zu erfrischen. Ist der physische Leib abgetrennt, so fällt diese Arbeit weg. Doch die Kraft, welche auf sie verwendet wird, wenn der Mensch schläft, bleibt nach dem Tode, und sie kann jetzt zu anderem verwendet werden. Sie wird nun dazu gebraucht, um die eigenen Vorgänge des Astralleibes wahrnehmbar zu machen.

Eine am Äußeren des Lebens haftende Beobachtung mag immerhin sagen: das sind alles Behauptungen, die dem mit übersinnlicher Anschauung Begabten einleuchten; für einen anderen Menschen sei aber keine Möglichkeit vorhanden, an ihre Wahrheit heranzudringen. Die Sache ist doch nicht so. Was die übersinnliche Erkenntnis auch auf diesem dem gewöhnlichen Anschauen entlegenen Gebiete beobachtet: es kann von der gewöhnlichen Urteilskraft, *nachdem es gefunden ist,* erfaßt werden. Es muß diese Urteilskraft nur die Lebenszusammenhänge, die im Offenbaren vorliegen, in der rechten Art vor sich hinstellen. Vorstellen, Fühlen und Wollen stehen unter sich und mit den an der Außenwelt von dem Menschen gemachten Erlebnissen in einem solchen Verhältnis, daß sie unverständlich bleiben, wenn die Art ihrer *offenbaren* Wirksamkeit nicht als Ausdruck einer unoffenbaren genommen wird. (...) Man befindet sich dieser Wirksamkeit gegenüber ohne die übersinnliche Erkenntnis wie in einem finstern Zimmer ohne Licht. Wie man die physischen Gegenstände der Umgebung erst im Lichte sieht, so wird, was durch das Seelenleben des Menschen sich abspielt, erst erklärbar durch die übersinnliche Erkenntnis.

Während der Verbindung des Menschen mit seinem physischen Leibe tritt die äußere Welt in Abbildern ins Bewußtsein; nach der Ablegung dieses Leibes wird wahrnehmbar, was der Astralleib erlebt, wenn er durch keine physischen Sinnesorgane mit dieser Außenwelt verbunden ist. Neue Erlebnisse hat er zunächst nicht. Die Verbindung mit dem Ätherleibe hindert ihn daran, etwas Neues zu erleben. Was er aber besitzt, das ist die *Erinnerung* an das vergangene Leben. Diese läßt der noch vorhandene Ätherleib als ein umfassendes, lebensvolles Gemälde erscheinen. Das ist das erste Erlebnis des Menschen nach dem Tode. Er nimmt das Leben zwischen Geburt und Tod als eine vor ihm ausgebreitete Reihe von *Bildern* wahr. Während dieses Lebens ist die Erinnerung nur im Wachzustand vorhanden, wenn der Mensch mit seinem physischen Leib verbunden ist. Sie ist nur insoweit vorhanden, als dieser Leib dies zuläßt. Der Seele geht nichts verloren von dem, was im Leben auf sie Eindruck macht. Wäre der physische Leib dazu ein vollkommenes Werkzeug: es müßte in jedem Augenblick des Lebens möglich sein, dessen ganze Vergangenheit vor die Seele zu zaubern. Mit dem Tode hört dieses Hindernis auf. Solange der Ätherleib dem Menschen erhalten bleibt, besteht eine gewisse Vollkommenheit der Erinnerung. Sie schwindet aber in dem Maße dahin, in dem der Ätherleib die Form verliert, welche er während seines Aufenthaltes im physischen Leibe gehabt hat und welche dem physischen Leib ähnlich ist. Das ist ja auch der Grund, warum sich der Astralleib vom Ätherleib nach einiger Zeit trennt. Er kann nur so lange mit diesem vereint bleiben, als dessen dem physischen Leib entsprechende Form andauert. – Während des Lebens zwischen Geburt und Tod tritt eine Trennung des Ätherleibes nur in Ausnahmefällen und nur für kurze Zeit ein. Wenn der Mensch z.B. eines seiner Glieder belastet, so kann ein Teil des Ätherleibes aus dem physischen sich abtrennen. Von einem Gliede, bei dem dies der Fall ist, sagt man, es sei »eingeschlafen«. Und das eigentümliche Gefühl, das man dann empfindet, rührt von dem Abtrennen des Ätherleibes her. (Natürlich kann eine materialistische Vorstellungsart auch hier wieder das Unsichtbare in dem Sichtbaren leugnen und sagen: das alles rühre nur von der durch den Druck bewirkten physischen Störung her.) Die übersinnliche Beobachtung kann in einem solchen Falle sehen, wie der entsprechende Teil des Ätherleibes aus dem physischen herausrückt. Wenn nun der Mensch einen ganz ungewohnten Schreck oder dergleichen erlebt, so kann für einen großen Teil des Leibes für eine ganz kurze Zeit eine solche Abtrennung des Ätherleibes erfolgen. Es ist das dann der Fall, wenn der Mensch sich durch irgend etwas plötzlich dem Tode nahe sieht, wenn er z.B. am Ertrinken ist oder bei einer Bergpartie ihm ein Absturz droht. Was Leute, die solches erlebt haben, erzählen, das kommt in der Tat der Wahrheit nahe und kann durch übersinnliche Beobachtung bestätigt werden. Sie geben an, daß ihnen in solchen Augenblicken ihr ganzes Leben wie in einem großen Erinnerungsbilde vor die Seele getreten ist. (...)

In einem Erinnerungsgemälde zusammengefaßt erscheint in der ersten Zeit nach dem Tode die erlebte Vergangenheit. Nach der Trennung von dem Ätherleib ist nun der Astralleib für sich allein auf seiner weiteren Wanderung. Es ist unschwer einzusehen, daß in dem Astralleib alles das vorhanden bleibt, was dieser durch seine eigene Tätigkeit während seines Aufenthaltes im physischen Leibe zu seinem Besitz gemacht hat. Das Ich hat bis zu einem gewissen Grade das Geistselbst, den Lebensgeist und den Geistesmenschen herausgearbeitet. Soweit diese entwickelt sind, erhalten sie ihr Dasein nicht von dem, was als Organe in den Leibern vorhanden ist, sondern vom Ich. Und dieses Ich ist ja gerade dasjenige Wesen, welches keiner äußeren Organe zu seiner Wahrnehmung bedarf. Und es braucht auch keine solchen, um im Besitze dessen zu bleiben, was es mit sich selbst vereint hat. Man könnte einwenden: Ja, warum ist im Schlafe keine Wahrnehmung von diesem entwickelten Geistselbst, Lebensgeist und Geistesmenschen vorhanden? Sie ist deswegen nicht vorhanden, weil das Ich zwischen Geburt und Tod an den physischen Leib gekettet ist. Wenn es auch im Schlafe mit dem Astralleibe sich außerhalb dieses physischen Leibes befindet, so bleibt es doch mit diesem eng verbunden. Denn die Tätigkeit seines Astralleibes ist diesem physischen Leibe zugewandt. Dadurch ist das Ich mit seiner Wahrnehmung an die äußere Sinnenwelt verwiesen, kann somit die Offenbarungen des Geistigen in seiner unmittelbaren Gestalt nicht empfangen. Erst durch den Tod tritt diese Offenbarung an das Ich heran, weil dieses durch ihn frei wird von seiner Verbindung mit physischem und Ätherleib. In dem Augenblicke kann für die Seele eine andere Welt aufleuchten, in dem sie herausgezogen ist aus der physischen Welt, die im Leben ihre Tätigkeit an sich fesselt. – Nun gibt es Gründe, warum auch in diesem Zeitpunkte für den Menschen nicht alle Verbindung mit der äußeren Sinnenwelt aufhört. Es bleiben nämlich gewisse Begierden vorhanden, welche diese Verbindung aufrechterhalten. Es sind Begierden, welche sich der Mensch eben dadurch schafft, daß er sich seines Ich als des vierten Gliedes seiner Wesenheit bewußt ist. (...)

Zweierlei Wünsche gibt es für das Ich im Leben. Solche, die aus den Leibern herstammen, die also innerhalb der Leiber befriedigt werden müssen, die aber auch mit dem Zerfall der Leiber ihr Ende finden. Dann solche, die aus der geistigen Natur des Ich stammen. Solange das Ich in den Leibern ist, werden auch diese durch die leiblichen Organe befriedigt. Denn in den Offenbarungen der Organe des Leibes wirkt das verborgene Geistige. Und in allem, was die Sinne wahrnehmen, empfangen sie zugleich ein Geistiges. Dieses Geistige ist, wenn auch in anderer Form, auch nach dem Tode vorhanden. Alles, was das Ich vom Geistigen innerhalb der Sinnenwelt begehrt, das hat es auch, wenn die Sinne nicht mehr da sind. Käme nun zu diesen zwei Arten von Wünschen nicht noch eine dritte hinzu, es würde der Tod nur einen Übergang bedeuten von Begierden, die durch Sinne befriedigt werden können, zu solchen, welche in der Offenbarung der geistigen Welt ihre Erfüllung finden. Diese dritte Art von Wünschen sind diejenigen, welche sich das Ich während seines Lebens in der Sinnenwelt erzeugt, weil es an ihr Gefallen findet auch insofern, als sich in ihr nicht das Geistige offenbart. – Die niedrigsten Genüsse können Offenbarungen des Geistes sein. Die Befriedigung, welche die Nahrungsaufnahme dem hungernden Wesen gewährt, ist eine Offenbarung des Geistes. Denn durch die Aufnahme von Nahrung wird das zustande gebracht, ohne welches das Geistige in einer gewissen Beziehung nicht seine Entwicklung finden könnte. Das Ich aber kann hinausgehen über den Genuß, der durch diese Tatsache notwendig geboten ist. (...)

Für *solche* Wünsche aber gibt es keine Erfüllung in der geistigen Welt, für die nicht schon im Sinnlichen der Geist lebt. Tritt der Tod ein, dann ist für *diese* Wünsche die Möglichkeit des Genusses abgeschnitten. (...)

Was jetzt im Menschen vorgeht, davon läßt sich nur ein Begriff bilden, wenn man sich vorstellt, jemand leide brennenden Durst in einer Gegend, in der weit und breit kein Wasser zu finden ist. So geht es dem Ich, insofern es nach dem Tode die nicht ausgelöschten Begierden nach Genüssen der äußeren Welt hegt und keine Organe hat, sie zu befriedigen. (...)

Der nächste Zustand des Ich besteht darin, sich frei zu machen von diesem Anziehungsband an die äußere Welt. Das Ich hat in sich eine Läuterung und Befreiung in dieser Beziehung herbeizuführen. Aus ihm muß alles herausgetilgt werden, was an Wünschen von ihm innerhalb des Leibes erzeugt worden ist und was in der geistigen Welt kein Heimatrecht hat. – Wie ein Gegenstand vom Feuer erfaßt und verbrannt wird, so wird die geschilderte Begierdenwelt nach dem Tode aufgelöst und zerstört. Es eröffnet sich damit der Ausblick in jene Welt, welche die übersinnliche Erkenntnis als das »verzehrende Feuer des Geistes« bezeichnen kann. (...)

Die nächsten Erlebnisse nach dem Tode sind nun in noch einer Beziehung durchaus verschieden von denen während des Lebens. Während der Läuterung lebt der Mensch gewissermaßen nach rückwärts. Er macht alles dasjenige noch einmal durch, was er im Leben seit der Geburt erfahren hat. Von den Vorgängen, die dem Tode unmittelbar vorausgingen, beginnt er und erlebt alles nochmals bis zur Kindheit in rückwärtiger Reihenfolge. Und dabei tritt ihm alles geistig vor Augen, was nicht aus der geistigen Natur des Ich während des Lebens entsprungen ist. Nur erlebt er auch dieses alles jetzt in umgekehrter Art. Ein Mensch, der z. B. im sechzigsten Jahre gestorben ist und der aus einer zornigen Aufwallung heraus in seinem vierzigsten Jahr jemand körperlichen oder seelischen Schmerz zugefügt hat, wird dieses Ereignis noch einmal erleben, wenn er bei seiner rückgängigen Daseinswanderung nach dem Tod an der Stelle seines vierzigsten Jahres angelangt ist. Nur erlebt er da nicht die Befriedigung, die ihm im Leben geworden ist durch den Angriff auf den andern, sondern dafür den Schmerz, der durch ihn diesem andern zugefügt worden ist. Aus dem Obigen kann man aber auch zugleich ersehen, daß nur dasjenige von einem solchen Vorgange nach dem Tode als peinvoll wahrgenommen werden kann, was aus einer Begierde des Ich entsprungen ist, die nur der äußeren physischen Welt entstammt. In Wahrheit schädigt das Ich nämlich nicht nur den andern durch die Befriedigung einer solchen Begierde, sondern sich selbst; nur bleibt ihm diese eigene Schädigung während des Lebens unsichtbar. Nach dem Tode aber wird diese ganz schädigende Begierdenwelt dem Ich sichtbar. Und zu jedem Wesen und jedem Dinge fühlt sich dann das Ich hingezogen, an dem solch eine Begierde entzündet worden ist, damit sie in »verzehrendem Feuer« ebenso wieder ausgetilgt werden kann, wie sie entstanden ist. Erst wenn der Mensch bei seiner Rückwärtswanderung in dem Zeitpunkte seiner Geburt angelangt ist, sind alle derartigen Begierden durch das Läuterungsfeuer hindurchgegangen, und nichts hindert ihn von jetzt ab an der vollen Hingabe an die geistige Welt. Er betritt eine neue Daseinsstufe. Wie er im Tode den physischen Leib, bald danach den Ätherleib abgelegt hat, so zerfällt jetzt derjenige Teil des astralischen Leibes, der nur im Bewußtsein der äußeren physischen Welt leben kann. (...)

Aber auch jetzt unterscheidet der Mensch zwischen dem, was zu *seinem* Ich gehört, und dem, was die Umgebung dieses Ich – man kann auch sagen dessen geistige Außenwelt – bildet. Nur strömt ihm das, was er von dieser Umgebung erlebt, so zu, wie während seines Aufenthaltes im Leibe ihm die Wahrnehmung seines eigenen Ich zuströmt. Während also die Umgebung des Menschen im Leben zwischen Geburt und Tod durch die Organe seiner Leiber zu ihm spricht, dringt nach Ablegung aller Leiber die Sprache der neuen Umgebung unmittelbar in das »innerste Heiligtum« des Ich. Die ganze Umgebung des Menschen ist jetzt erfüllt von Wesenheiten, welche gleicher Art sind mit seinem Ich, denn nur ein Ich hat zu einem Ich den Zutritt. So wie Mineralien, Pflanzen und Tiere den Menschen in der Sinnenwelt umgeben und diese zusammensetzen, so ist er nach dem Tode von einer Welt umgeben, die aus Wesenheiten geistiger Art zusammengesetzt ist. – Doch bringt der Mensch etwas, was in ihr nicht seine Umgebung ist, in diese Welt mit; es ist dasjenige, was das Ich innerhalb der Sinnenwelt erlebt hat. Zunächst trat die Summe dieser Erlebnisse unmittelbar nach dem Tode, solange der Ätherleib noch mit dem Ich verbunden war, als ein umfassendes Erinnerungsgemälde auf. Der Ätherleib selbst wird dann zwar abgelegt, aber von dem Erinnerungsgemälde bleibt etwas als unvergänglicher Besitz des Ich zurück. Wie wenn man aus allen Erlebnissen und Erfahrungen, die zwischen Geburt und Tod an den Menschen herangetreten sind, einen Extrakt, einen Auszug machen würde, so nimmt sich das aus, was da zurückbleibt. Es ist dies das geistige Erträgnis des Lebens, die Frucht desselben. (...)

Dieses Erträgnis ist noch vereinigt mit jenem Teile des Astralleibes, der am Ende der Läuterungszeit nicht abgeworfen wird. Es fällt ja nur jener Teil ab, welcher nach dem Tode mit seinen Begierden und Wünschen dem physischen Leben zugewandt war. Die Einsenkung des Ich mit dem, was es aus der sinnlichen Welt sich zugeeignet hat, in die geistige Welt, läßt sich mit dem Einbetten eines Samenkorns in die reifende Erde vergleichen. Wie dieses Samenkorn die Stoffe und Kräfte aus seiner Umgebung heranzieht, um sich zu einer neuen Pflanze zu entfalten, so ist Entfaltung und Wachstum das Wesen des in die geistige Welt eingesenkten Ich. – In demjenigen, was ein Organ wahrnimmt, liegt auch die Kraft verborgen, durch welche dieses Organ selbst gebildet wird. Das Auge nimmt das Licht wahr. Aber ohne das Licht gäbe es kein Auge. Wesen, welche ihr Leben im Finstern zubringen, bilden an sich keine Werkzeuge zum Sehen aus. So aber ist der ganze leibliche Mensch herausgeschaffen aus den verborgenen Kräften dessen, was durch die Glieder der Leiber wahrgenommen wird. Der physische Leib

I. Der Aufbruch eines neuen Bewußtseins

ist durch die Kräfte der physischen Welt, der Ätherleib durch diejenigen der Lebenswelt auferbaut, und der Astralleib ist aus der astralen Welt herausgestaltet. Wenn nun das Ich in das Geisterland versetzt ist, so treten ihm eben jene Kräfte entgegen, die für die physische Wahrnehmung verborgen bleiben. Was im ersten Gebiet des Geisterlandes sichtbar wird, das sind die geistigen Wesenheiten, welche den Menschen immer umgeben und die seinen physischen Leib auch aufgebaut haben. In der physischen Welt nimmt der Mensch also nichts anderes wahr als die Offenbarungen derjenigen geistigen Kräfte, welche seinen eigenen physischen Leib auch gestaltet haben. Nach dem Tode ist er eben mitten unter diesen gestaltenden Kräften selbst, die sich ihm jetzt in ihrer eigenen, vorher verborgenen Gestalt zeigen. Ebenso ist er durch die zweite Region inmitten der Kräfte, aus denen sein Ätherleib besteht; in der dritten Region strömen ihm die Mächte zu, aus denen sein Astralleib herausgegliedert ist. Auch die höheren Gebiete des Geisterlandes lassen ihm jetzt das zufließen, aus dem er im Leben zwischen Geburt und Tod aufgebaut ist.

Diese Wesenheiten der geistigen Welt wirken nunmehr zusammen mit dem, was der Mensch als Frucht aus dem vorigen Leben mitgebracht hat und was jetzt zum Keime wird. Und durch dieses Zusammenwirken wird der Mensch zunächst als geistiges Wesen aufs neue aufgebaut. Im Schlafe bleiben der physische Leib und der Ätherleib bestehen; der Astralleib und das Ich sind zwar außerhalb dieser beiden, aber noch mit ihnen verbunden. Was diese in solchem Zustande an Einflüssen aus der geistigen Welt empfangen, kann nur dienen, die während des Wachens erschöpften Kräfte wiederherzustellen. Nachdem aber der physische Leib und der Ätherleib abgelegt sind und nach der Läuterungszeit auch jene Teile des Astralleibes, die noch durch ihre Begierden mit der physischen Welt zusammenhängen, wird nun alles, was aus der geistigen Welt dem Ich zuströmt, nicht nur zum Verbesserer, sondern zum Neugestalter. Und nach einer gewissen Zeit (...) hat sich um das Ich herum ein Astralleib gegliedert, der wieder in einem solchen Ätherleib und physischen Leib wohnen kann, wie sie dem Menschen zwischen Geburt und Tod eigen sind. Der Mensch kann wieder durch eine Geburt gehen und in einem erneuten Erdendasein erscheinen, das nun in sich eingegliedert hat die Frucht des früheren Lebens. Bis zu der Neugestaltung eines Astralleibes ist der Mensch Zeuge seines Wiederaufbaues. Da sich ihm die Mächte des Geisterlandes nicht durch äußere Organe, sondern von innen aus offenbaren, wie das eigene Ich im Selbstbewußtsein, so kann er diese Offenbarung wahrnehmen, solange sein Sinn noch nicht auf eine äußere Wahrnehmungswelt gerichtet ist. Von dem Augenblicke an, wo der Astralleib neugestaltet ist, kehrt sich dieser Sinn aber nach außen. Der Astralleib verlangt nunmehr wieder einen äußeren Ätherleib und physischen Körper. Er wendet sich damit ab von den Offenbarungen des Innern. Deshalb gibt es jetzt einen Zwischenzustand, in dem der Mensch in Bewußtlosigkeit versinkt. Das Bewußtsein kann erst wieder in der physischen Welt auftauchen, wenn die zur physischen Wahrnehmung notwendigen Organe gebildet sind. In dieser Zeit, in welcher das durch innere Wahrnehmung erleuchtete Bewußtsein aufhört, beginnt sich nun der neue Ätherleib an den Astralleib anzugliedern, und der Mensch kann dann auch wieder in einen physischen Leib einziehen. An diesen beiden Angliederungen könnte sich mit Bewußtsein nur ein solches Ich beteiligen, welches von sich aus die im Ätherleib und physischen Leib verborgen schaffenden Kräfte, den Lebensgeist und den Geistesmenschen, erzeugt hat. Solange der Mensch nicht soweit ist, müssen Wesenheiten, die weiter in ihrer Entwicklung sind als er selbst, diese Angliederung leiten.

Der Astralleib wird von solchen Wesenheiten zu einem Elternpaare geleitet, so daß er mit dem entsprechenden Ätherleibe und physischen Leibe begabt werden kann. – Bevor die Angliederung des Ätherleibes sich vollzieht, ereignet sich nun etwas außerordentlich Bedeutsames für den wieder ins physische Dasein tretenden Menschen. Dieser hat ja in seinem vorigen Leben störende Mächte geschaffen, die sich bei der Rückwärtswanderung nach dem Tode gezeigt haben. Man nehme das früher erwähnte Beispiel wieder auf. Der Mensch habe aus einer Zornaufwallung heraus in dem vierzigsten Jahre seines vorigen Lebens jemand Schmerz zugefügt. Nach dem Tode trat ihm dieser Schmerz des andern als eine störende Kraft für die Entwicklung des eigenen Ich entgegen. Und so ist es mit allen solchen Vorfällen des vorigen Lebens. Beim Wiedereintritt in das physische Leben stehen nun diese Hindernisse der Entwicklung wieder vor dem Ich. Wie mit dem Eintritte des Todes eine Art Erinnerungsgemälde vor dem menschlichen Ich gestanden hat, so jetzt ein Vorblick auf das kommende Leben. Wieder sieht der Mensch ein solches Gemälde, das jetzt all die Hindernisse zeigt, welche der Mensch hinwegzuräumen hat, wenn seine Entwicklung weitergehen soll. Und das, was er so sieht, wird der Ausgangspunkt von Kräften, welche der Mensch ins neue Leben mitnehmen muß. Das Bild des Schmerzes, den er dem andern zugefügt hat, wird zur Kraft, die das Ich, wenn es nun wieder ins Leben eintritt, antreibt, diesen Schmerz wieder gut zu machen. So wirkt also das vorgängige Leben bestimmend auf das neue. Die Taten dieses neuen Lebens sind durch jene des vorigen in einer gewissen Weise verursacht. Diesen gesetzmäßigen Zusammenhang eines früheren Daseins mit einem späteren hat man als das *Gesetz des Schicksals* anzusehen; man ist gewohnt geworden, es mit dem aus der morgenländischen Weisheit entlehnten Ausdruck »Karma« zu bezeichnen.

Der Aufbau eines neuen Leibeszusammenhanges ist jedoch nicht die einzige Tätigkeit, welche dem Menschen zwischen dem Tode und einer neuen Geburt obliegt. Während dieser Aufbau geschieht, lebt der Mensch außerhalb der physischen Welt. Diese schreitet aber während dieser Zeit in ihrer Entwicklung weiter. In verhältnismäßig kurzen Zeiträumen ändert die Erde ihr Antlitz. Wie hat es vor einigen Jahrtausenden in den Gebieten ausgesehen, welche gegenwärtig von Deutschland eingenommen werden? Wenn der Mensch in einem neuen Dasein auf der Erde erscheint, sieht diese in der Regel niemals wieder so aus, wie sie zur Zeit seines letzten Lebens ausgesehen hat. Während er von der Erde abwesend war, hat alles mögliche sich geändert. In dieser Änderung des Antlitzes der Erde wirken nun auch verborgene Kräfte. Sie wirken aus derselben Welt heraus, in welcher sich der Mensch nach dem Tode befindet. Und er selbst muß an dieser Umgestaltung der Erde mitwirken. Er kann es nur unter der Anführung von höheren Wesenheiten, solange er sich durch die Erzeugung von Lebensgeist und Geistesmenschen nicht ein klares Bewußtsein über den Zusammenhang zwischen dem Geistigen und dessen Ausdruck im Physischen angeeignet hat. Aber er schafft mit an der Umwandlung der irdischen Verhältnisse. Man kann sagen, die Menschen gestalten während der Zeit vom Tode bis zu einer neuen Geburt die Erde so um, daß deren Verhältnisse zu dem passen, was sich in ihnen selbst entwickelt hat. Wenn wir einen Erdenfleck betrachten in einem bestimmten Zeitpunkt und dann nach langer Zeit wieder in einem völlig veränderten Zustande, so sind die Kräfte, welche diese Veränderung herbeigeführt haben, bei den toten Menschen. In solcher Art stehen diese auch zwischen dem Tode und einer neuen Geburt mit der Erde in Verbindung. Das übersinnliche Bewußtsein sieht in allem physischen Dasein die Offenbarung eines verborgenen Geistigen. (...)

Es wirkt aber nicht nur das Leben des Menschen vom Geisterlande aus auf die Verhältnisse der physischen Welt ein, sondern umgekehrt auch die Tätigkeit im physischen Dasein hat ihre Wirkungen in der geistigen Welt. Ein Beispiel kann veranschaulichen, was in dieser Beziehung geschieht. Es besteht ein Band der Liebe zwischen Mutter und Kind. Von der Anziehung zwischen beiden, die in Kräften der Sinnenwelt wurzelt, geht diese Liebe aus. Aber sie wandelt sich im Laufe der Zeiten. Aus dem sinnlichen Bande wird immer mehr ein geistiges. Und dieses geistige Band wird nicht nur für die physische Welt gewoben, sondern auch für das Geisterland. Auch mit andern Verhältnissen ist es so. Was in der physischen Welt durch Geistwesen gesponnen wird, das bleibt in der geistigen Welt bestehen. Freunde, die sich im Leben innig verbunden haben, gehören auch im Geisterland zusammen; und nach Ablegung der Leiber sind sie noch in einer viel innigeren Gemeinschaft als im physischen Leben. Denn als Geister sind sie so füreinander da, wie das oben bei den Offenbarungen geistiger Wesen an andere durch das Innere beschrieben worden ist. Und ein Band, das zwischen zwei Menschen gewoben worden ist, führt sie auch in einem neuen Leben wieder zusammen. Im wahrsten Sinne des Wortes muß daher von einem Wiederfinden der Menschen nach dem Tode gesprochen werden.

Was sich einmal mit dem Menschen vollzogen hat, von der Geburt bis zum Tode und von da bis zu einer neuen Geburt, das wiederholt sich. Der Mensch kehrt immer wieder auf die Erde zurück, wenn die Frucht, die er in einem physischen Leben erworben hat, im Geisterlande zur Reife gekommen ist. Doch besteht nicht eine Wiederholung ohne Anfang und Ende, sondern der Mensch ist einmal aus anderen Daseinsformen in solche übergetreten, welche in der gekennzeichneten Art verlaufen, und er wird in der Zukunft zu andern übergehen.

Die Geheimwissenschaft im Umriß

Die Tilgung »objektiver Schuld« durch Christus

Es bleibt bestehen die karmische Gerechtigkeit, aber in bezug auf die Wirkungen einer Schuld in der geistigen Welt tritt der Christus ein, der diese Schuld in sein Reich hinübernimmt und weiterträgt.

Der Christus ist derjenige, der in der Lage ist, weil er einem anderen Reiche angehört, unsere Schulden und unsere Sünden in der Welt zu tilgen, sie auf sich zu nehmen. (...)

Karma ist eine Angelegenheit der aufeinanderfolgenden Inkarnationen des Menschen. Dasjenige, was die karmische Gerechtigkeit bedeutet, muß mit dem Urteil gesehen werden, das unser irdisches Urteil ist. Dasjenige, was der Christus tut für die Menschheit, das muß mit einem Urteil gemessen werden, das anderen Welten als der Erdenwelt angehört. (...) Daß die ganze Erde sich mitentwickelt mit den Menschen, das ist die Folge der Tat des Christus. Alles dasjenige, was für die Erde sich anhäufen würde als Schuld, das würde die Erde in die Finsternis stoßen, und wir würden keinen Planeten haben zur Weiterentwicklung. Für uns selbst können wir im Karma sorgen, nicht aber für die ganze Menschheit und nicht für dasjenige, was in der Erdenevolution mit der ganzen Menschheitsevolution zusammenhängt.

So seien wir uns denn klar darüber, daß das Karma zwar nicht von uns genommen wird, wohl aber, daß getilgt werden unsere Schulden und Sünden für die Erdenentwicklung durch dasjenige, was eingetreten ist durch das Mysterium von Golgatha. Nun müssen wir uns ja natürlich klar sein, daß das alles selbstverständlich nicht dem Menschen zufließen kann ohne sein Zutun, daß es ihm nicht zufließen kann ohne seine Mitwirkung. (...)

Der Mensch muß sich erfüllen in seiner Seele mit dem Substanzgehalt der Christus-Wesenheit; er muß gleichsam von dem Christus in seine Seele etwas aufgenommen haben, so daß der Christus in ihm wirksam ist und ihn hinaufträgt in ein Reich, in dem der Mensch zwar nicht die Macht hat, sein Karma unwirksam zu machen, aber in dem durch den Christus das geschieht, daß unsere Schuld und unsere Sünden getilgt werden für die Außenwelt. (...) Denn dadurch, daß der Christus auf Golgatha gestorben ist, wird der Mensch nicht sehen seine Schuldentafeln, sondern er wird den sehen, der sie übernommen hat. (...)

Wir sehen da in tiefe Geheimnisse des Erdenwerdens hinein. Aber was ist notwendig, um den wahren Tatbestand zu durchschauen auf diesem Gebiet? Das ist notwendig, daß die Menschen die Möglichkeit haben, gleichgültig ob sie Sünder oder Gerechte sind, auf den Christus hinzuschauen, daß sie keine leere Stelle da sehen, wo der Christus stehen soll. Der Zusammenhang mit dem Christus ist notwendig. (...)

Unsägliches Leid müßte man mittragen, wenn nicht ein Wesen mit der Erde sich verbunden hätte, welches das, was von uns nicht mehr abgeändert werden kann, für die Erde ungeschehen machte. Dieses Wesen ist der Christus. Nicht subjektives Karma, aber die geistigen objektiven Wirkungen der Taten, der Schuld, die nimmt er uns ab. Das ist dasjenige, was wir, wie gesagt, in unserem Gemüt weiterverfolgen müssen. Dann werden wir es erst verstehen, daß der Christus im Grunde genommen diejenige Wesenheit ist, die mit der ganzen Menschheit im Zusammenhang steht, mit der ganzen Erdenmenschheit; denn die Erde ist um der Menschheit willen da. Also auch mit der ganzen Erde steht der Christus im Zusammenhang. Und das ist des Menschen Schwäche, die eingetreten ist infolge der luziferischen Verführung, daß der Mensch zwar imstande ist, sich subjektiv im Karma zu erlösen, daß er aber nicht imstande wäre, die Erde mitzuerlösen. Das vollbringt das kosmische Wesen, der Christus. (...)

Alles das, was uns der Christus ist, ist er uns dadurch, daß er nicht ein Wesen ist wie andere Menschen, sondern ein Wesen, das von oben, das heißt aus dem Kosmos, bei der Johannestaufe im Jordan in die menschliche Erdenentwicklung eingeflossen ist. Alles spricht für die kosmische Natur des Christus. Und wer im tiefen Sinne auffaßt, wie der Christus sich stellt zu Sünde und Schuld, der möchte so sagen: Es mußte, eben weil der Mensch im Laufe des Erdendaseins seine Schuld nicht tilgen konnte für die ganze Erde, ein kosmisches Wesen heruntersteigen, daß es doch möglich gemacht werde, daß die Erdenschuld getilgt werde.

Wahres Christentum kann gar nicht anders, als den Christus als ein kosmisches Wesen ansehen. Dann aber werden wir in unserer Seele tief, tief durchdrungen werden von dem, was eigentlich die Worte bedeuten: »Nicht ich, sondern der Christus in mir.« Denn dann strahlt von dieser Erkenntnis in unsere Seele etwas über, was ich nicht anders bezeichnen kann, als mit den Worten: Wenn ich mir erlaube zu sagen, »Nicht ich, sondern der Christus in mir«, so gestehe ich mir in diesem Augenblick, daß ich der Erdensphäre enthoben werde, daß in mir etwas lebt, was für den Kosmos Bedeutung hat, daß ich gewürdigt werde als Mensch, in meiner Seele etwas zu tragen, was außerirdisch ist. Und eine ungeheure Bedeutung wird übergehen in das Bewußtsein des Menschen, durchchristet zu sein. Und er wird verbinden mit diesem Paulinischen Ausspruch »Nicht ich, sondern der Christus in mir« auch das Gefühl, daß er nun tiefsten, tiefsten Ernst machen muß gegenüber seiner innerlichen Verantwortlichkeit dem Christus gegenüber. (...)

Das Gefühl wird entstehen in der Menschheit, wenn sie es ernst nimmt mit dem Christus, daß man sich dieses Christus, der in uns lebt, würdig erweisen soll dadurch, daß man es immer gewissenhafter und gewissenhafter nimmt mit diesem Christus, diesem kosmischen Prinzip in uns. (...)

Dasjenige, was man in einem gewissen Sinne christliches Gewissen nennen kann, das wird, wenn der Christus immer mehr und mehr einzieht in die Seelen, auch einziehen; das wird einziehen, wenn die Seelen sich der Anwesenheit des Christus bewußt werden, wenn das Paulus-Wort wahr wird: »Nicht ich, sondern der Christus in mir.«

Christus und die menschliche Seele

Christus – Herr des Karma

Ebenso wie auf dem physischen Plan im Beginne unserer Zeitrechnung in Palästina ein Ereignis sich abgespielt hat, in welchem der Christus die wesentlichste Rolle spielte, ein Ereignis, das Bedeutung hat für die ganze Menschheit, so wird sich im Laufe des zwanzigsten Jahrhunderts, gegen das Ende des zwanzigsten Jahrhunderts zu wiederum ein bedeutsames Ereignis abspielen; allerdings nicht in der physischen Welt, sondern in den höheren Welten, und zwar in derjenigen Welt, die wir zunächst als die Welt des Ätherischen bezeichnen. Und dieses Ereignis wird ebenso grundlegende Bedeutung für die Entwicklung der Menschheit haben, wie das Ereignis von Palästina im Beginne unserer Zeitrechnung. (...)

Dieses Ereignis ist kein anderes, als daß ein gewisses Amt im Weltenall für die menschheitliche Entwicklung in dem zwanzigsten Jahrhundert übergeht – in einer erhöhteren Weise übergeht, als das bis jetzt der Fall war – an den Christus. Und zwar lehrt uns die okkulte, die hellseherische Forschung, daß in unserm Zeitalter das Wichtige eintritt, daß der Christus der Herr des Karma für die Menschheitsentwicklung wird. Und dies ist der Beginn für dasjenige, was wir auch in den Evangelien mit den Worten angedeutet finden: Er werde wiederkommen, zu scheiden oder die Krisis herbeizuführen für die Lebendigen und die Toten. – Nur ist im Sinne der okkulten Forschung dieses Ereignis nicht so zu verstehen, als ob es ein einmaliges Ereignis wäre, das auf dem physischen Plan sich abspielt, sondern es hängt mit der ganzen zukünftigen Entwicklung der Menschheit zusammen. Und während das Christentum und die christliche Entwicklung bisher eine Art von Vorbereitung bedeutet, tritt jetzt das Bedeutsame ein, daß der Christus der Herr des Karma wird, daß ihm es obliegen wird, in der Zukunft zu bestimmen, welches unser karmisches Konto ist, wie unser Soll und Haben im Leben sich zueinander verhalten.

Dies, was jetzt gesagt wird, ist eine gemeinsame Erkenntnis des abendländischen Okkultismus seit vielen Jahrhunderten und wird von keinem Okkultisten, der diese Dinge weiß, geleugnet. Aber es ist insbesondere in den letzten Zeiten mit allen sorgfältigen Mitteln der okkulten Forschung wiederum erneut festgestellt. (...)

Nun gibt es eine große Anzahl von Menschen, und vorzugsweise sind es solche, welche die abendländische Kulturentwicklung mitgemacht haben – diese Dinge sind eben nicht für alle Menschen dieselben –, die eine ganz bestimmte Tatsache erleben in dem Augenblick, der auf die Trennung des Ätherleibes nach dem Tode folgt. Wir wissen, daß das menschliche Durchschreiten durch die Pforte des Todes so geschieht, daß wir uns abtrennen von dem physischen Leibe. Da ist der Mensch zunächst noch eine Zeitlang mit dem Ätherleibe verbunden; dann aber trennt er sich mit dem Astralleib und Ich auch von dem Ätherleib ab. (...) Wenn dann der Mensch diesen Ätherleib abgestreift hat, tritt er in die Region des Kamaloka über, in die Läuterungszeit der Seelenwelt. Aber vor diesem Eintritt in die Läuterungszeit der Seelenwelt findet doch ein ganz spezielles Erlebnis statt. (...)

Da erlebt der Mensch die Begegnung mit einer ganz bestimmten Wesenheit, die ihm sein karmisches Konto vorhält. (...) Dieses Amt geht im Verlaufe unserer Zeit – und das ist die bedeutungsvolle Sache – über an den Christus Jesus, und der Mensch wird immer mehr und mehr dem Christus Jesus als seinem Richter, als seinem karmischen Richter begegnen. Das ist das übersinnliche Ereignis. Genau ebenso, wie sich auf dem physischen Plan zu Beginn unserer Zeitrechnung das Ereignis von Palästina abgespielt hat, so spielt sich die Übertragung des karmischen Richteramtes an den Christus Jesus in unserm Zeitalter in der nächsthöheren Welt ab. Und diese Tatsache ist es, die so hereinwirkt in die physische Welt, auf den physischen Plan, daß der Mensch ein Gefühl dafür entwickeln wird in der Art: mit alledem, was er tut, schafft er etwas, gegenüber dem er dem Christus Rechenschaft schuldig sein wird. Und dieses Gefühl, das in einer ganz natürlichen Art im Verlaufe der Menschheitsentwicklung nunmehr auftritt, wird sich umgestalten, so daß es die Seele mit einem Lichte durchtränkt, das von dem Menschen selber ausgeht nach und nach, und das beleuchten wird die Christus-Gestalt innerhalb der ätherischen Welt. Und je mehr dieses Gefühl, das eine erhöhte Bedeutung noch haben wird als das abstrakte Gewissen, sich ausbilden wird, desto mehr wird die Äthergestalt des Christus in den nächsten Jahrhunderten sichtbar werden. (...)

I. Der Aufbruch eines neuen Bewußtseins

Wladimir Solowjow[1] weist hin auf zwei Kräfte in der Menschennatur, zwischen denen als der Mittler der persönliche Christus drinnenstehen soll. Er sagt: Ein Zweifaches ist es, wonach sich die Menschenseele sehnt: nach Unsterblichkeit und nach Weisheit oder sittlicher Vervollkommnung. Beide aber sind nicht von vornherein der menschlichen Natur eigen. Denn die menschliche Natur teilt die Eigentümlichkeit aller Naturen, und die Natur führt nicht zur Unsterblichkeit, sondern zum Tode. Und in schönen Betrachtungen führt nun der große Denker der Gegenwart aus, wie auch die äußere Wissenschaft zeigt, wie sich der Tod über alles breitet. Schauen wir also in die äußere Natur, so antwortet sie unserer Erkenntnis: der Tod ist! In uns aber lebt die Sehnsucht nach Unsterblichkeit. Warum? weil die Sehnsucht nach Vervollkommnung in uns lebt. (...) Ein Vollkommenheitsstreben aber ohne Sehnsucht nach Unsterblichkeit ist die Lüge des Daseins, meint Solowjow. Denn unsinnig wäre es, wenn die Seele wie alles Naturdasein mit dem Tode enden würde. Aber alles Naturdasein antwortet uns: der Tod ist! Daher ist die menschliche Seele genötigt, über das Naturdasein hinauszugehen, um die Antwort sich anderswo zu suchen. (...)

Wenn er (der Mensch) sich bewußt wird, daß er die Sehnsucht nach Vervollkommnung, nach Wahrheitsleben haben muß, und wenn er nach der Kraft fragt, welche ihm diese Sehnsucht befriedigen kann, da eröffnet sich ihm der Ausblick auf ein Reich, das zunächst dasteht wie eine Frage, das da sein muß für die menschliche Seele wie eine Rätselfrage, ohne deren Realisierung sich die menschliche Seele nur für eine Lüge halten kann: das Reich der Gnade über der Natur. Das Reich der Gnade kann keine Philosophie, keine Naturwissenschaft mit dem Dasein verbinden; denn die Naturkräfte wirken mechanisch, und die Gedankenkräfte haben nur Gedankenrealität. Was aber hat eine volle Realität, um die Seele zu verbinden mit der Unsterblichkeit? Das hat der in der Welt wirkende persönliche Christus. Und nur der lebendige Christus, nicht der bloß gedachte, kann die Antwort geben. Der bloß in der Seele wirkende ließe ja die Seele doch allein; denn die Seele kann sich nicht allein das Reich der Gnade gebären. Was über die Natur hinausgeht, was als eine reale Tatsache dasteht wie die Natur selber: der persönliche, der historische Christus, der ist es, der nicht eine Gedankenantwort, sondern eine reale Antwort gibt.

Und jetzt kommt dieser Philosoph zu derjenigen Antwort, die die

---

[1] Russischer Philosoph 1853–1900

äußerste, die geistvollste ist, die gegeben werden kann am Ende des Zeitalters, das unmittelbar abschließt, bevor die Tore sich öffnen im zwanzigsten Jahrhundert zu dem, was Ihnen so oft angedeutet worden ist: Es wird ein Schauen des Christus sein, was im zwanzigsten Jahrhundert seinen Ausgangspunkt nehmen wird.

Von Jesus zu Christus

Unsterblichkeit

Viele Menschen wissen heute schon gar nicht mehr, welches eigentlich der Sinn menschlicher Unsterblichkeit sein kann. Viele Menschen reden heute vor allen Dingen von Unsterblichkeit auch dann, wenn sie nur zugeben können, daß die Menschenseele mit ihrer Wesenheit durch die Pforte des Todes hindurchgeht und dann etwa irgendwelchen Platz im All findet. Das aber tut jedes Wesen. Dasjenige, was mit dem Kristall vereinigt ist, wenn er sich auflöst, geht in das All über; die Pflanze, die hinwelkt, geht in das All über; das Tier, das abstirbt, geht in das All über. Für den Menschen verhält sich die Sache doch noch anders. Unsterblichkeit hat für den Menschen nur einen Sinn, wenn er durch die Pforte des Todes sein Bewußtsein tragen kann. Denken Sie sich eine unsterbliche Menschenseele, die etwa nach dem Tode unbewußt wäre. Solche Unsterblichkeit hätte keinen Sinn, hätte nicht den geringsten Sinn. Bewußtsein muß die Menschenseele durch den Tod tragen, wenn sie von ihrer Unsterblichkeit sprechen soll. So wie die Seele mit dem Leibe vereint ist, kann sie nichts in sich finden, von dem sie sagen könnte: das ist so, daß ich es bewußt durch den Tod trage. Denn das Bewußtsein des Menschen ist eingeschlossen zwischen Geburt und Tod, es reicht ja nur bis zum Tode. So wie es die menschliche Seele zunächst hat, dieses Bewußtsein, so reicht es nur bis zum Tode. In dieses Bewußtsein leuchtet hinein der göttliche Wille, zum Beispiel in den Zehn Geboten. Lesen Sie im Buch Hiob, ob dieses Hineinleuchten den Menschen so weit hat bringen können, daß sein Bewußtsein etwa aufgerüttelt worden wäre und solche Kräfte aus sich herausgetrieben hätte, daß er sich hätte sagen können: Ich gehe mit Bewußtheit durch die Pforte des Todes. Stellen wir dazu das griechische Wort, das uns des Griechen Furcht vor dem Tode vorstellt: Besser ein Bettler in der Oberwelt als ein König im Reiche der Schatten – dann haben wir auch aus dem Heidentum heraus den Beleg, wie unsicher man geworden war über menschliche Unsterblichkeit.

I. Der Aufbruch eines neuen Bewußtseins

Und wie unsicher sind selbst heute noch viele Menschen. Alle die Menschen, die da sprechen, daß der Mensch, indem er durch die Pforte des Todes geht, in dem All aufgehe, sich mit irgendeinem Allwesen verbinde, achten nicht darauf, was die Seele, wenn sie von ihrer Unsterblichkeit sprechen will, sich selbst zuschreiben muß.

Wir brauchen nur ein Wort auszusprechen, und wir werden erkennen, wie der Mensch zu seiner Unsterblichkeit stehen muß. Dieses Wort ist das Wort *Liebe*. (...) Wir wissen und müssen es uns gestehen, daß die menschliche Seele, wie sie sein sollte, nicht sein könnte, wenn diese menschliche Seele nicht erfüllt sein könnte von Liebe. Ja man kommt darauf, wenn man in das Wesen der Seele eindringt, daß unsere Menschenseele nicht mehr Menschenseele sein würde, wenn sie nicht lieben könnte.

Nun aber denken wir uns einmal, wir gingen durch die Pforte des Todes so, daß wir verlören unsere Menschenindividualität, daß wir uns vereinigen würden mit einer Allgöttlichkeit. Dann wären wir in dieser Göttlichkeit darinnen, wir gehörten dazu. Wir könnten den Gott nicht mehr lieben, wir wären in ihm selbst. Liebe hätte keinen Sinn, wenn wir in dem Gotte wären. Zugeben müssen wir, wenn wir unsere Individualität nicht durch den Tod tragen könnten, daß wir im Tode die Liebe verlieren müßten, daß die Liebe in dem Augenblick aufhören müßte, wo die Individualität aufhört. Liebe kann nur ein Wesen das andere, was von dem andern getrennt ist. Wollen wir unsere Gottesliebe durch den Tod tragen, dann müssen wir durch den Tod unsere Individualität tragen, dann müssen wir durch den Tod tragen dasjenige, was in uns die Liebe entzündet. Sollte dem Menschen der Sinn der Erde gebracht werden, dann mußte ihm Aufschluß gebracht werden über seine Unsterblichkeit so, daß sein Wesen als unzertrennlich mit der Liebe gedacht werde. Nicht Wille und nicht Weisheit können dem Menschen geben, was er braucht; geben kann dem Menschen das, was er braucht, allein die Liebe.

Was war denn verdunkelt worden im Laufe des Entwicklungsganges des Menschen über die Erde? Nehmen wir den Juden oder nehmen wir den Heiden: verdunkelt war worden das Bewußtsein über den Tod hinaus. Bewußtsein zwischen Geburt und Tod; außerhalb von Geburt und Tod Dunkelheit, nichts verbleibt vom Bewußtsein innerhalb des Erdenleibes. (...) Erkenntnis, daß man über den Tod hinaus als Individualität lieben kann, das war es, was den Menschen verloren gegangen war.

Tod ist nicht das Aufhören des physischen Leibes. Dieses kann nur der Materialist sagen. Man denke sich nur einmal, daß der Mensch sein Bewußtsein in jeder Stunde, in der er im Leibe lebt, so hätte, daß er so gewiß wissen würde, was über den Tod hinaus liegt, wie er heute weiß, daß morgen die Sonne aufgehen und über den Himmel gehen wird, dann hätte der Tod keinen Stachel für den Menschen, dann wäre der Tod nicht dasjenige, was wir den Tod nennen, dann wüßten die Menschen im Leibe, daß der Tod nur eine Erscheinung ist, die von einer Form zur anderen führt. Unter »Tod« verstand auch Paulus nicht das Aufhören des physischen Leibes, sondern unter »Tod« verstand er die Tatsache, daß das Bewußtsein nur bis zum Tode reicht, daß der Mensch, insofern er an den Leib gebunden war im damaligen Erdenleben, innerhalb seines Leibes sein Bewußtsein nur bis zu dem Tode hindehnen konnte. Wir können überall hinzusetzen, wo Paulus vom Tode spricht: Mangel eines Bewußtseins über den Tod hinaus.

Was gab dem Menschen das Mysterium von Golgatha? (...) Was außerhalb der Erde war, es ist auf die Erde gekommen, es hat einen Menschenleib angenommen.

In dem Christus Jesus stand als Mensch vor den Menschen diejenige Wesenheit, die sonst vor der leibbefreiten Seele in den Mysterien gestanden hatte. Und was ist dadurch geschehen? Der Anfang ist damit gemacht worden, daß die Kräfte, die der Mensch verloren hat in der Erdenentwicklung seit Erdenanbeginn, diese Kräfte, durch die ihm seine Unsterblichkeit verbürgt wird, durch das Mysterium von Golgatha wieder an ihn herankommen. In der Überwindung des Todes auf Golgatha haben die Kräfte den Ursprung genommen, die in der Menschenseele wieder anfachen können die verlorengegangenen Kräfte. Und des Menschen Weg durch die Erdenentwicklung wird weiter so sein, daß, indem der Mensch den Christus immer mehr und mehr aufnehmen wird, er in sich entdecken wird dasjenige, was in ihm über den Tod hinaus lieben kann, das heißt, daß er als unsterbliche Individualität seinem Gott gegenüberstehen kann. Darum ist erst seit dem Mysterium von Golgatha das Wort wahr geworden: »Liebe Gott über alles und deinen Nächsten als dich selbst.« (Lukas 10, 27)

Christus und die menschliche Seele

Einleitung

CHRISTIAN MORGENSTERN

Dem achtunddreißigjährigen *Christian Morgenstern* gab die Begegnung mit Rudolf Steiner, fünf Jahre vor seinem Tod, den »inneren Kompaß« für die letzte Wegstrecke in die Hand. »Jetzt endlich wird der Vorhang zurückgezogen«, schrieb er und nannte seinen letzten, Steiner gewidmeten Gedichtband »Wir fanden einen Pfad«. Seinen Anlagen und Bestrebungen nach brachte Morgenstern alle Voraussetzungen für anthroposophisches Denken mit. »Eine Durchgeistigung der Realität auf allen Punkten« war sein tiefstes Anliegen. Das Birkenwerder »Tagebuch eines Mystikers«, Zeugnis seiner Entdeckung Hegels, Meister Eckharts, Jakob Böhmes, und vor allem des Johannesevangeliums, kreist um den Gedanken des Ewigen im Zeitlichen, der möglichen wesenhaften Einheit von Gott und Mensch. Jetzt sah er sich auf dem eingeschlagenen Weg mit überzeugender Sicherheit weitergeführt.

Zwei Hauptfragen seines Werkes, das Rätsel des Ich und die Spannung zwischen geschichtlicher Zeit und Ewigkeit, werden nun aus dem tieferen Verstehen von Reinkarnation und Karma erhellt. Im kritischen Rückblick auf seine religiösen Gedichte vor 1909 schreibt Morgenstern, nur esoterisches, nicht exoterisches Bemühen dringe zum Wesentlichen vor. Er hat nicht davon gesprochen, ob und wie weit er den von Rudolf Steiner angeratenen Meditationsweg ging, wohl aber davon, daß die inneren Zusammenhänge von natürlicher und geistiger Welt ihm in ungeahnter Weise transparent wurden. Die neuen Einsichten werden in allen Bereichen seines Wirkens fruchtbar, auch im Politisch-Sozialen, wie der im Nachlaß gefundene Entwurf einer Schrift gegen die Todesstrafe zeigt. Für ihn selbst waren Krankheit und Tod, so nahe ihm beides lebenslang war, jetzt weniger denn je ein Thema. Seine ganze Kraft war nach vorn gerichtet, in den »neuen Tag«, der sich vor ihm aufgetan hatte. »Alle Geheimnisse liegen in vollkommener Offenheit vor uns. Nur wir stufen uns gegen sie ab, vom Stein bis zum Seher. Es gibt keine Geheimnisse an sich, es gibt nur Uneingeweihte aller Grade.« (W. V, S. 306, Nr. 1425)

Weit entfernt davon, sich selbst für einen Eingeweihten zu halten, erarbeitete sich Morgenstern mit tiefer Hingabe Steiners Christologie. Die sich aus ihr ergebende Anschauung vom Menschen, der den »höheren Menschen« in sich, das Christus-Ich, in zahllosen Erdenleben verwirklichen und – nach dem »tiefen Fall in die Materie« – seinem göttlichen Urbeginn wieder zuführen kann, diese Anschauung wurde Morgenstern zur fraglosen Gewißheit, die ihn durch die letzten Krankheitsjahre trug und in den ruhig erwarteten Tod.

Christian Morgenstern
1871–1914

Der Mensch – sub specie reincarnationis

Wie oft wohl bin ich schon gewandelt
auf diesem Erdenball des Leids,
wie oft wohl hab ich umgewandelt
den Stoff, die Form des Lebenskleids?

Wie oft mag ich schon sein gegangen
durch diese Welt, aus dieser Welt,
um ewig wieder anzufangen
von frischem Hoffnungstrieb geschwellt?

Es steigt empor, es sinkt die Welle –
so leben wir auch ohne Ruh;
unmöglich, daß sie aufwärts schnelle
und nicht zurück – dem Grunde zu.

(aus dem Nachlaß, 1889)

Ich möchte nicht leben, wenn *Ich* nicht lebte.

Nur die Formen wechseln. Hoffnungen keimen. Des Toten Seele wird vielleicht schon wieder im Keim einer neuen vollkommeneren Form schlummern.

Vor einem Sterbelager.
Vielleicht trifft man sich einmal unter freundlicheren Verhältnissen wieder. Ja, vielleicht hatten wir uns auch diesmal schon wiedergetroffen, von früher her, nur daß wir es nie wirklich wissen, daß wir heimliche Zusammenwanderer sind.

Aphorismen

Wir müssen uns davor hüten, ausschließlich mit der Menschheit unseres Planeten zu rechnen. Wir müssen annehmen, daß jeder mögliche

Gedanke über Gott auch wirklich (von Gott) gedacht wird, gleichviel ob in unsern oder in Mars- oder Saturnköpfen, ja, daß es sehr wohl Planeten geben kann, auf denen Gott sozusagen leibhaftig im vollkommenen Bewußtsein seiner selbst lebt. Daß wir als die Phase Gottes, die wir sind, offenbar nur Gott in irgendeiner Phase darstellen, nicht zugleich in seiner höchsten; wiewohl auch seine höchste nur eine »endliche« sein mag, indem das unendliche »Mysterium« nur im immerwährenden Endlichen unendlich bleiben kann. Gott kann allein leben durch seinen immerwährenden Tod. Gott muß fortwährend sterben, um fortwährend leben zu können. Gott stirbt nie: um den Preis fortwährenden Todes. Versuchen wir dieses Furchtbare zu fassen, und wir überwinden es durch das Wort »Ich bin«, das Gott in uns spricht. »Ich sterbe als du, damit ich als ich lebe. Du aber bist ich und ich bin du, sei also getrost. Dies ist nun Unsere Notwendigkeit (wie ich sie als du erkannt zu haben meine).«

Birkenwerder Tagebuch

Gedanken vor Kierkegaard, Buch des Richters.
»So wird sie mich in der Ewigkeit verstehen.«[1] Wäre es nicht furchtbar, wenn der Mensch nur Entwurf Gottes bliebe? Wenn jeder dieser Entwürfe als Entwurf endigen müßte, statt weiter und weiter durch alle Ewigkeit ausgeführt, weiter gebildet zu werden? Gewiß, der gegenwärtige Weltdurchschnitt wird immer Fragmentmosaik sein – aber es fragt sich, ob einmaliges Fragmentmosaik oder Fragmentmosaik als Fortsetzung und zwar nicht bloß im Ganzen, sondern auch im Einzelnen, Einzelnsten: ob ich also nicht nur Fragment Gottes im Ganzen, sondern auch Entwickelungsfragment meiner Person, als einer gottwerdenden Person, als Gottes im Einzelnen, bin. So vielleicht: Kann Gott als Menschenperson verlorengehen, ist Person nur eine Maske Gottes (oder besser ein Leib Gottes) – oder ist Gott, einmal Person geworden, als solche ebenfalls unsterblich, so daß seine Entwickelung nicht nur eine Entwickelung zur Selbstahnung seiner Selbst als Welt, sondern auch eine Entwickelung in jedem Einzelnen zur immer wieder sterblichen Person auf immer wieder höherer Stufe wäre?

---

1 Zitat aus Kierkegaards Tagebüchern, auf seine ehemalige Verlobte bezogen: »Und wenn nicht früher, so ...«

Für Pflanze und Tier gibt es das Wort »ewig« nicht und daher auch keine – Ewigkeit. Es sollte sie auch für uns nicht geben. Wir *sind*. Wir werden nie sein, ebensowenig, wie wir je waren. Die Ewigkeit ist in jedem Moment »gelebte Gegenwart« – oder sie ist nicht.

Es gibt keinen größeren Stilisator in der Natur als den Tod. Gib das Leben dem Tod in die Hand und du übergibst es – seiner Kultur. Selbst mit dem Menschen ist es nicht anders. Je mehr uns der Tod in Händen hat, desto höhere Kunstwerke werden wir.

Aphorismen

Die Lehre der Reinkarnation zeigt uns den durch Zeit- und Weltalter sich hinziehenden Werdegang der Einzelindividualität, der von einem gewissen Moment ab – den die Bibel als Sündenfall bezeichnet – die Freiheit zum Guten wie zum Bösen gegeben und gelassen wird, und die sich nun in immer neuen menschlichen Verkörperungen, mit großen dazwischenliegenden Läuterungen, Ruhe- und Arbeitspausen, zum Christus hinauf- oder zum Widerchristus hinunterzuarbeiten Gelegenheit hat.

Die Lehre vom Karma – um es mit Worten aus einem von vielen Büchern zu geben – »Die Lehre vom Karma bedeutet, daß wir uns selbst zu dem gemacht haben, was wir sind, durch unsere früheren Handlungen; und daß wir an unserer ewigen Zukunft durch unsere gegenwärtigen Handlungen bauen. Durch nichts anderes, nur durch uns selbst werden wir bestimmt.«

Oder aus einer anderen Stelle: »Karma ist das unfehlbare Gesetz, welches die Wirkungen an die Ursache knüpft und zwar in der physischen, gedanklichen und geistigen Welt. Das Gesetz vom Karma ist unauflöslich verwoben mit dem von Reinkarnation. Karma selbst aber, die Summe unserer Handlungen aus früheren Lebensläufen, führt uns (nach dem jeweiligen Tode) wieder in das Erdenleben zurück.« –

Richtig verstanden ist kein Unterschied zwischen allen ganz tiefen Lehren der Menschheit; aber wie alles fortschreitet, so schreitet auch die Art und Fülle der Offenbarung fort, so wird alles Spätere Ergänzung, Erweiterung, Vertiefung des Früheren.

An Elisabeth Morgenstern, 31.3.1910

So wie wir – außer etwa als mystische Seher – den Geistkörper des Menschen nicht schauen, so schauen wir auch nicht den Geistkörper der Erde. Und doch muß auch der Planet als Ganzes seinen Geistkörper haben, und wer weiß, ob er damit nicht Brust an Brust mit Geistkörpern anderer Sterne lebt, so daß ...

Man versteht den Menschen erst – sub specie reincarnationis.

Die Ruhe vor dem Tode, das Entsetzen vor dem Tode – wie erklärlich von der Seele, die ihre – zum mindesten nächste – Zukunft voraussieht.

Wohin können wir denn sterben, wenn nicht in immer höheres, größeres, schwersterblicheres – Leben hinein!

Das Sein, das ist das Unvergängliche in uns, das Werden das, als was wir dahingehen. Wie können Sein und Werden Gegensätze sein, wenn sie doch an uns in jeder Sekunde *eins* sind, wenn das Ewig-Seiende im Ewig-Werdenden unaufhörlich »ist«!

Man spricht gern von dem sinnlosen Tod eines einzelnen, von den unschuldigen Opfern einer Katastrophe. Aber besser würden nur solche Anschauungen als sinnlos oder unschuldig empfunden. Man sollte sich des Wortes Sinnlosigkeit vor und in einem Kunstwerk, wie es das All ein für allemal ist, entschlagen ... Ein höheres Bewußtsein verwirft den Begriff der Schuldlosigkeit ganz, es anerkennt jedoch noch die Unschuld des Kindes. Eine dritte Einsicht weiß, daß auch dem Kinde nicht Unschuld, im letzten Verstande, zugesprochen werden kann, da es als seelisch-geistiges Wesen keine Neugeburt, sondern eine Wiederverkörperung ist, also ein volles Maß von eigenem Menschlichen vom ersten Tag an in sich birgt und weiter auszuwirken hat. Für dies Bewußtsein gibt es keine unschuldigen Opfer, keinen sinnlosen Tod, ihm löst sich alles in ungeheure, von allertiefstem Sinn durch- und überwaltete – wenn auch deshalb nicht weniger tragische – Entwicklung auf.

Der Mensch will schon lange genug wieder frei werden von der nur fünfsinnlichen Beschränkung, die zu seinem Wachstum allerdings notwendig war, die er aber doch niemals ganz verlernt hat, als ein Joch und eine Schulung zu empfinden, daraus er eines Tages wieder hervorgehen werde, wie er eines Tages hineingegangen ist: als einer, der aus Geisteswelten hinabgestiegen ist und zu Geisteswelten wieder hinansteigt. Er *will* es – und wer einmal gefühlt hat, was der Wille des Menschen bedeutet, der weiß auch, daß vor diesem Willen, wenn der Tag der Reife gekommen, die Tore der alten Heimat sich auftun, wie von magischer Hand berührt. Er weiß, daß alles im Himmel und auf Erden ihm entgegenwächst, wenn es so weit ist; daß er nicht mehr zu darben braucht, wenn das Maß seiner Prüfungen voll ist. Denn war auch Kant ein großer Lehrer und Erzieher, wie viele Lehrer- und Erzieherstufen sind vom Kant-Menschen noch aufwärts, bis dahin, wovon es heißt: La Somma Sapienza e il Primo Amore.[1]

Aphorismen

Gegen die Todesstrafe

Wenn Herr Dr. Paul Lindau zur Rechtfertigung der Todesstrafe Aussprüche Alphonse Karrs und Bismarcks anführt,[2] so ist demgegenüber zu sagen, daß es (auf der ganzen Erde) keinen Anspruch irgendwelcher Autorität gibt, der dem auf das Gute gerichteten Menschen sein reines, natürliches Gefühl verwirren darf. Im Kleinen wie im Großen handelt es sich lediglich darum, was dieser innere Kompaß zeigt, nicht aber, was öffentliche oder private Gelegenheitsmeinung darüber befindet.

Es kommt indessen noch ein zweiter Standpunkt neben dem des natürlichen Gefühls in Betracht: der eines natürlichen – d. h. von keinem Vorurteil befangenen – Denkens; ein Standpunkt freilich, der heutzutage noch weniger als der erste angetroffen wird. Wie kann nämlich, fragt ein solcher Denker, ein Mensch vernichtet werden – auf der Grundlage vollkommener Unwissenheit dessen, was ein Mensch ist, woher er kommt, wohin er geht, warum er gerade so ist, denkt, tut, und nicht anders. Heißt einen Verbrecher töten nicht ins Blinde und Blaue hinein töten?

Kann man einen Menschen deshalb aus der Atmosphäre des tiefen, ungeheuren Geheimnisses, das uns alle umfängt, das wir alle sind und vor dem es keine andre Grundstimmung als die unbegrenzter Ehrfurcht gibt, herauslösen, herausgelöst empfinden – weil er ein »Mörder« geworden ist?

---

1 Die höchste Weisheit und die erste (höchste) Liebe. Aus Dantes ›Divina Commedia‹, Inferno, 3. Gesang, Vers 6
2 A. Karr (1808–1890) französischer Journalist. Seine, sowie die Äußerungen Lindaus und Bismarcks sind nicht bekannt, ebenso der Fall Trenkler.

Ist der Mensch ein heiliges Rätsel und Geheimnis, vor dem Ehrfurcht – die einzige Grundstimmung sein darf, – so bleibt er dies auch, wenn er Trenkler heißt und als dreifacher Totschläger vor uns steht. Ist das Problem des Menschen das primäre, dem das Problem des Verbrechens erst subordiniert ist, so kann dies untergeordnete Problem nicht mit selbstbewußter Gebärde immer wieder unwiderruflich entschieden und erledigt werden, wenn man hinsichtlich des ersten, übergeordneten, der Hauptsache, der Basis, des A und O aller Probleme noch so gänzlich im Dunkeln tappt.

Von geistig erwachsenen Menschen muß man, anders als vom Verbrecher, klares, unbefangenes, in jedem Sinne ehrenhaftes Denken fordern. Er – ich spreche von unserer gegenwärtigen »Gesellschaft« im allgemeinen – steht nicht an, vor allen »letzten Dingen«, wenn nicht ignorabo, so doch ignoro zu sagen, er gibt seinen augenblicklichen Erkenntniszustand unumwunden zu. Das ist der Ehre wert, es enthält etwas von jener »neuen Tugend der Redlichkeit«, von der Nietzsche spricht.

Es verpflichtet aber auch, in dieser Redlichkeit nicht bloß bis zum nächsten Prellstein, sondern noch weiter zu gehen. Es verpflichtet, überall, wo es »letzte« Entscheidungen gibt, vor ihnen innezuhalten, sie sich zu versagen. Es verbietet dem, der seine so beschaffenen Gedanken folgerichtig zu Ende denkt, ganz von selber das Todesurteil, die Todesstrafe. – (...)

Ich weiß nicht, was das Leben ist, ich weiß nicht, was der Tod ist; dieses mehr oder minder eingestandene Glaubensbekenntnis des modernen Menschen dürfte ihn, folgerichtigerweise und wenn er ein Mann, kein Kind mehr, sein will, dazu verpflichten, mit beiden nicht zu spielen, von beiden die Hände zu lassen. Es ist Spielerei oder Pfuscherei, wenn ein denkender Mensch von heute über einen Mitmenschen die Todesstrafe verfügt.

Weiß man, warum er getötet hat, wenn man nicht einmal weiß, wer er ist, wenn man nicht einmal weiß, wie man selber ist? Genug schon, übergenug, daß eine Zeit unwissend, wie sie ist, in den Tag hinein lebt, auf gut Glück am Leben herumbastelt und -baut, kann man nicht einmal vor letzten Entscheidungen innehalten, muß selbst mit dem Tod noch – gespielt werden?

Kritische Schriften

I. Der Aufbruch eines neuen Bewußtseins

Ich hatte mich in »Gott« verloren. Aber Gott will nicht, daß wir uns in ihm verlieren, sondern daß wir uns in ihm *finden,* das aber heißt, daß wir Christus in uns und damit in ihm finden. Daß du den Christus in ihm, daß du dich als Christus in ihm findest.

Aphorismen

Evolution

Kaum daß sich, was sich einst von Dir getrennt,
in seiner Sonderwesensart erkannt,
begehrt zurück es in sein Element.

Es fühlt sich selbst und doch zugleich verbannt
und sehnt sich heim in seines Ursprungs Schoß ...
Doch vor ihm steht noch ehern unverwandt

äonengroß sein menschheitliches Los!

Wasserfall bei Nacht

Ruhe, Ruhe, tiefe Ruhe.
Lautlos schlummern Menschen, Tiere.
Nur des Gipfels Gletschertruhe
schüttet talwärts ihre
Wasser.

Geisterstille, Geisterfülle,
öffnet Eure Himmelsschranke!
Bleibe schlafend, liebe Hülle,
schwebt, Empfindung und Gedanke,
aufwärts!

Aufwärts in die Geisterhallen
taste dich, mein höher Wesen!
Laß des Leibes Schleier fallen,
koste, seingenesen,
Freiheit!

C. Der Überschuß des Geistes – eine Garantie der Unsterblichkeit

Einleitung

Max Scheler

Die »Verdrängung der Todesidee« kennzeichnet für Scheler den modernen Menschen. Die Tatsache, daß der Unsterblichkeitsglaube von Jahrhundert zu Jahrhundert an Kraft verliert, ist für ihn begründet in der »Erlebnisstruktur« des in den Hochkapitalismus hineingewachsenen Westeuropäers, dessen entscheidende Impulse Arbeit und Erwerb sind. Im uferlosen »Herumhantieren« an den Dingen ist das Denken zum Rechnen geworden; das Berechenbare allein gilt als das Wirkliche. Was nicht unter diese Kategorie fällt, wird als subjektiv willkürlich und damit als unwirklich abgetan. Diese »Rechenhaftigkeit« der Lebensführung ist nach Scheler aus einer »metaphysischen Verzweiflung« geboren, aus dem Bewußtsein der eigenen »Seinsunwürdigkeit« – der Angst. Angst vor dem Tod ist immer auch Angst vor dem Leben. Mit dem Tod verdrängt der Mensch auch das Leben in seiner Ganzheit – nicht nur, weil an die Stelle des Glaubens an ein ewiges Leben die ziellose Fortschrittsgläubigkeit, die Illusion eines endlos fortschreitenden Wissens und Könnens getreten, sondern weil grundsätzlich die Erfahrung von Zeit eine andere geworden ist. Die ursprünglich intuitiv empfundene und gelebte Totalität von Leben und Tod ist geschrumpft auf eine sinnlos ins Dunkel verlaufende Lebenslinie. Scheler nennt (ganz im Sinn Husserls) drei Formen der innerzeitlichen Lebenserfahrung: Gegenwärtigsein – Vergangensein – Zukünftigsein. Dem entsprechen die drei Verhaltensweisen »unmittelbares Wahrnehmen, unmittelbares Erinnern und unmittelbares Erwarten«. Alle drei sind in jedem Moment wirksam und machen den »Gesamtgehalt« unserer Erfahrung aus. Im Verlauf des biologischen Lebensablaufs gliedert sich das Verhältnis neu: Der Umfang des Vergangenen wächst, derjenige des Künftigen nimmt ab, das Gegenwärtige wird zwischen beidem »zusammengepreßt«. So steht das Dasein im »Erlebnis der Todesrichtung«. Wird der Umfang der Zukunftserstreckung zu null, tritt der Tod ein. Er ist also immer schon da als bestimmendes Element unserer Zeitlichkeit und muß nur individuell verwirklicht werden. Diese »intuitive Todesgewißheit« ist nach Scheler ein konstituierendes Element des menschlichen Bewußtseins.

I. Der Aufbruch eines neuen Bewußtseins

Das Leben würde anders gelebt aus einem klaren Wissen um dieses Ende. Ebenso aber geht mit der Verdrängung des Todes der letzte entscheidende Akt des Lebens selbst verloren, der gerade im Sterben besteht. Die Frage nach der Fortdauer des Lebens setzt voraus, daß der Tod als Tod erkannt und anerkannt wird. Es geht Scheler nicht um »Beweise« der Unsterblichkeit, noch weniger um solche der persönlichen Fortdauer. So wenig aus der Tatsache eines Leichnams zu schließen ist, daß die Person im Augenblick des Todes zu existieren aufgehört habe, so unmöglich ist auch der gegenteilige Schluß, daß sie fortdaure. Allein die Erfahrung des »Überschusses« aller geistigen Akte, die ein Mensch im Leben vollzieht, berechtigen zu der Annahme, daß ein solcher Aufschwung auch am Ende des Daseins stehen könnte. Denn jeder geistige Akt ist schon im zeitlichen Leben ein Transzendieren, ein Berühren »zeitloser und ewiger Sinneinheiten« über die leibliche Zuständlichkeit hinaus. Im Sterben müßte dieses »Fort- und Hinausschwingen« das Erlebnis des ewigen Seins der Person ermöglichen. Auf den beständigen »Überschuß des Geistes über das Leben« gründet Scheler den Glauben an die Fortdauer der Individualität. Mit ihr verbindet er einen Leibbegriff, den er als »Leib des Leibes« versteht – am ehesten noch der Bibelsprache vom »geistlichen Leib« entsprechend – als den notwendigen Ausdruck der »Selbstgegebenheit« des Menschen.

Mit dem Gedanken vom »Überschuß« und »Überschwang« des Geistes hat Scheler das Schlüsselwort für ein metaphysisches Denken in der Jahrhundertwende gegeben, das trotz der von Nietzsche ausgehenden gegenläufigen Versuche zur Überwindung der Metaphysik wirksam blieb. Hugo von Hofmannsthal, Rilke und Max Picard gehören in diesen Zusammenhang. Sie alle gehen davon aus, daß die »intuitive Todesgewißheit« ein konstituierendes Element des menschlichen Bewußtseins ist.

Max Scheler
1874–1928

Die Fortdauer der Individualität aus dem geistigen »Überschwang«

I. Der Tod

Wir sehen in den letzten Jahrhunderten den *Glauben an die Unsterblichkeit* innerhalb der westeuropäischen Zivilisation in wachsendem Sinken begriffen. Was ist der Grund? Viele meinen, es sei das, was sie den »Fortschritt der Wissenschaft« nennen. Die Wissenschaft aber pflegt eben nur der Totengräber – nie die Todesursache eines religiösen Glaubens zu sein. Religionen werden geboren, wachsen und sterben; sie werden *nicht bewiesen und nicht widerlegt.* Es wäre sicher ein großer Irrtum, zu meinen, daß das Sinken des Glaubens an die Unsterblichkeit aus solchen Ursachen resultiere, wie daß Immanuel Kant die Unsterblichkeitsbeweise der rationalistischen Metaphysik des 18. Jahrhunderts als irrig und unschlüssig aufdeckte; oder daraus, daß die Gehirnanatomie und Gehirnphysiologie in Verbindung mit der Psychologie eine so geartete Abhängigkeit des seelischen Geschehens vom Nervensystem aufgedeckt habe, daß der Schluß notwendig geworden sei, es höre mit der Zerstörung des Gehirns auch das seelische Geschehen auf; oder daß die Psychologie die Einheit und Einfachheit des Ich widerlegt und es als ein teilbares, abnehmendes und wachsendes Komplexionsphänomen von Empfindungen und Trieben aufgedeckt habe, wie Mach in seiner »Analyse der Empfindungen« meint, wenn er sagt, daß mit dem Aufgeben der nach ihm unbegründeten Annahme eines besonderen Icherlebnisses auch die Unsterblichkeit »unrettbar« sei. Dies und tausend ähnliches, was in dieser Richtung als Grund für das Sinken jenes Glaubens angeführt wird, beweist nur die große Zähigkeit des Vorurteils, ein Glaube beruhe auf Beweisen und falle mit Beweisen. Faktisch lassen sich alle auf Beobachtung beruhenden Tatsachen der Abhängigkeitsbeziehungen zwischen seelischen Erlebnissen und Vorgängen des zentralen Nervensystems mit den *verschiedensten* metaphysischen Theorien vom Zusammenhang von Leib und Seele wohl vereinbaren. (...) Was die philosophischen »Beweise« für das Dasein einer besonderen Seelensubstanz, ihre Einfachheit und Inkorruptibilität betrifft, so waren diese auch vor Kant nur *nachträgliche* Rechtfertigungen eines Gehaltes unmittelbarer Intuition und unreflektierter Lebenserfahrung, für welche ein Bedürfnis erst in dem Maße auftrat, als die Klarheit und Schärfe dieser Intuition verblaßte und jene Lebenserfahrungen mit der Änderung der Lebensrichtung selbst zu anderen Inhalten führen mußten.

Der eindringlichste Beweis für diesen Satz ist, daß es in der Geschichte Kulturstufen gegeben hat und noch gibt, innerhalb deren die Annahme des Fortlebens und der Unsterblichkeit überhaupt nicht in einem besonderen Akte des »Glaubens« gegeben ist, noch weniger aber als eines Beweises bedürftig erscheint, sondern geradezu einen Teil der »natürlichen Weltanschauung« darstellt, gemäß der z.B. heute jeder Mensch vom Dasein der Sonne überzeugt ist. Für das *indische* Volk war vor dem Auftreten Buddhas das Fortleben in der Form der Anschauung eines endlosen »Wanderns« der Seelen und ihres Immerwieder-Geborenwerdens eine »Überzeugung« solcher Art. Die gewaltige Neuerung Buddhas und seiner Vorgänger bestand darin, daß er die damals unerhörte Behauptung wagte, *es gebe einen Tod*, d.h. es gebe ein Ende, ein Aufhören, wenigstens ein schließliches Aufhören dieses ruhelosen Wanderns der Seelen; es gebe von dieser in der Anschauung des Volkes bis dahin gegenwärtigen endlosen Bewegung eine »Erlösung«, ein Eingehen der Seelen in das »Nirwana«. So war es *nicht die Unsterblichkeit*, sondern der *Tod*, der im Verlaufe der indischen Geschichte steigend zur Entdeckung und zur Anschauung kam. Die Beweislast war hier also die umgekehrte wie in Europa. Dem »selbstverständlichen« Fortleben und Wandern gegenüber war es das Todessehnen, der immer mächtiger sich durchringende Wunsch nach einem Ende, der sich schließlich in den Ideen Buddhas vom Nirwana Bahn brach.

Noch heute ist für das japanische Volk das Fortleben der Verstorbenen (...) ein Phänomen, das als eine spür- und fühlbare Erfahrung die ja bloß negative Annahme einer »Unsterblichkeit« erst sekundär begründet. *Wir* glauben, daß wir fortleben, weil wir glauben, daß wir unsterblich sind. Die *Japaner* aber glauben, daß sie unsterblich sind, weil sie das Fortleben und die Wirksamkeit der Fortlebenden zu spüren und zu erfahren meinen. Wenn wir z.B. seitens eines nüchternen und strengen Berichterstatters über den japanisch-russischen Krieg hören, daß ein von seinem Regimente abgeschnittenes Häuflein von japanischen Soldaten, die ihr Regiment in der Ferne gegen eine russische Übermacht im Kampfe liegen sahen, sich selbst den Tod gab, damit sie rascher zu dem weit entfernten Regiment, das bereits der feindlichen Übermacht zu erliegen drohte, hinüberkommen könnten und ihre Seelen wenigstens noch mitkämpfen können; wenn wir hören, daß sich der Japaner vor einem wichtigen Geschäfte am Hausaltar mit seinen Ahnen unterhält, um zu hören, was sie über die Sache denken (...), so sehen wir aus diesen und tausend ähnlichen Tatsachen, daß die Art, wie hier die Existenz der Verstorbenen den Nachlebenden gegeben ist, eine völlig andere Bewußtseinsform darstellt, als diejenige ist, die in Europa »Glaube an das Fortleben der Verstorbenen« genannt wird. Das ist nicht ein »Glauben« an etwas, (...) sondern es ist ein *immer gegenwärtiges* Umringtsein von den fortlebenden Toten, ein Spüren ihrer Wirksamkeit und ihres Hineinhandelns in die Geschäfte des Tages und in die Geschichte. Die Ahnen gelten hier als das wichtigste historische Agens. Der tiefsinnige Satz Auguste Comtes[1], daß die Weltgeschichte in ihrem Verlaufe immer mehr und mehr durch die Toten und immer weniger durch die Lebendigen bestimmt und gelenkt würde, hat hier eine metaphysische Verkörperung im Denken eines ganzen Volkes gefunden. (...)

Suchen wir also letzte *Gründe für das Sinken des Glaubens an die Unsterblichkeit* innerhalb der Völker *westeuropäischer* Kultur, so müssen wir unsere Blicke abwenden von allen jenen bloß symptomatischen Erscheinungen seines Sinkens, wie sie in allen bloß wissenschaftlichen Reflexionen darüber gegeben sind. Und wir müssen sie hinwenden auf die prinzipielle Art und Weise, wie gerade der moderne Mensch sein Leben und seinen Tod sich selbst zur Anschauung und zur Erfahrung bringt.

Da ergibt sich nun der auf den ersten Blick merkwürdige Tatbestand, daß es an erster Stelle gar nicht das besondere neue Verhältnis des Menschen zur Frage, ob er nach dem Tode fortexistieren werde und was nach seinem Tode sei, welches Schicksal ihm da widerfahren werde, ist, was für jenes Sinken des Glaubens an das Fortleben bestimmend ist, sondern vielmehr das *Verhältnis des modernen Menschen zum Tode selbst*. Der moderne Mensch glaubt in dem Maße und so weit

---

[1] französischer Philosoph des Positivismus, 1798–1857

nicht mehr an ein Fortleben und an eine Überwindung des Todes im Fortleben, als er seinen Tod nicht mehr anschaulich vor sich sieht – als er nicht mehr »angesichts des Todes lebt«; oder schärfer gesagt, als er die fortwährend in unserm Bewußtsein gegenwärtige *intuitive Tatsache,* daß uns der Tod gewiß ist, durch seine Lebensweise und Beschäftigungsart aus der klaren Zone seines Bewußtseins *zurückdrängt*, bis nur ein bloßes *urteils*mäßiges Wissen, er werde sterben, zurückbleibt. Wo aber der Tod selbst in dieser unmittelbaren Form nicht gegeben ist, wo sein Herankommen nur als ein dann und wann auftauchendes urteilsmäßiges Wissen gegeben ist, *da muß auch die Idee einer Überwindung des Todes im Fortleben verblassen.*

Es ist gegenwärtig die am meisten verbreitete Vorstellung, daß unser Wissen vom Tode ein bloßes Ergebnis der äußeren, auf Beobachtung und Induktion beruhenden Erfahrung vom Sterben der anderen Menschen und der uns umgebenden Lebewesen sei. Nach dieser Ansicht würde ein Mensch, der niemals mit angesehen oder davon gehört hat, daß nach einer bestimmten Zeit die Organismen aufhören, die ihnen vorher eigenen »Lebensäußerungen von sich zu geben«, und schließlich in einen »Leichnam« verwandelt werden und zerfallen, keinerlei Wissen vom Tode und von seinem Tode besitzen. Dieser Vorstellung, welche den Begriff des Todes zu einem rein *empirisch* aus einer Anzahl von Einzelfällen entwickelten Gattungsbegriff macht, müssen wir hier entschieden widersprechen. Ein Mensch wüßte in irgendeiner Form und Weise, daß ihn der Tod ereilen wird, auch wenn er das *einzige* Lebewesen auf Erden wäre. (...)

Gewiß, der Mensch braucht sich keinen besonderen »Begriff« vom Tode gebildet zu haben. Auch enthält dieses »Wissen« nichts von den seelischen und körperlichen Begleiterscheinungen, die dem Tode vorangehen, nichts von all den möglichen Realisierungsarten des Todes, nichts von Ursachen und Wirkungen. Aber trennt man nur »die Idee und das Wesen« des Todes selbst scharf von allen jenen in der Tat nur durch die Erfahrung zu vermittelnden Kenntnissen, so wird man finden, daß diese Idee zu den *konstitutiven* Elementen nicht nur unseres, ja alles vitalen Bewußtseins selbst gehört. (...)

Der Tod ist also nicht ein bloß empirischer Bestandteil unserer Erfahrung, sondern es gehört zum *Wesen* der Erfahrung jedes Lebens, und auch unseres eigenen, daß sie die Richtung auf den Tod hat. (...) Nehmen wir in der Form eines Gedankenexperiments die *intuitive Todesgewißheit* aus einer beliebigen Phase unseres Lebens heraus, so ergäbe sich sofort eine Haltung gegenüber aller Zukunft, die mit unserer wirklichen Haltung keinerlei Ähnlichkeit mehr hat. Wir würden dann unser eigenes Leben vor uns sehen wie einen immer weiter und weiter gehenden, seiner Natur nach ungeschlossenen Prozeß; und jedes unserer empirischen Erlebnisse würde mit diesem Perspektivenmangel unserer Erwartungssphäre *anders* aussehen, und jedes Verhalten unsererseits wäre in diesem Falle ein anderes, als es tatsächlich ist. (...) Unser Leben ist uns vielmehr innerlich in jedem Zeitpunkt als eine *geschlossene Totalität* gegenwärtig, auf deren Hintergrund alle besonderen Erlebnisse und Schicksale erscheinen. Und selbst unabhängig vom Altern ist uns, wenn auch nicht der Zeitpunkt und die Art seines Endes, so doch dieses Ende selbst gegenwärtig. (...)

Nur darauf beruht es, daß der Tod als solcher uns von Hause aus *nicht* entgegentreten kann als eine *zufällige* Erfahrung, als etwas, an das wir gleichsam bloß zufällig anrennen wie an eine Wand, an die wir im Dunkeln schreitend stoßen. Wenn also für gewisse historische Zeiten der Tod wirklich in ähnlicher Weise gegeben erscheint, so ist für diesen Fall diese Tatsache nicht etwas in der Natur des Bewußtseins Gelegenes. Sondern sie beruht auf einer *besonderen Ursache,* die jene natürliche Todesgewißheit für die Aufmerksamkeit und das Urteil *verdrängt.* Wäre der Tod aber von Hause aus nicht anders denn als eine solche »Wand« gegeben, bestünde er nur in einem Zerschmettertwerden des Lebewesens durch äußere lebensschädliche Reize und ihre Nachwirkungen, so könnte man überhaupt nicht sagen, er sei für jeden selbst eine erfahrbare Tatsache. Dann gälte wirklich jene kluge dialektische Wendung des Prodikos und Epikur:[1] »Wie soll ich den Tod fürchten? Ist doch, wenn ich bin, der Tod nicht, und bin doch, wenn der Tod ist, ich nicht.« Dialektisch ist diese berühmte Formel ebendeswegen, weil der Tod nicht etwa bloß auf Grund der Erfahrung, die wir an anderen Lebewesen machen, induktiv als wahrscheinlich vorausgesehen wird, sondern darum, weil er ein notwendiger und evidenter Bestandteil in jeder möglichen inneren Erfahrung des Lebensprozesses ist. (...)

Der Tod aber stellt sich als ein *absolutes Vergehen* von etwas dar, das in keiner Weise als das Entstehen von etwas anderem betrachtet werden kann. Wir sagen daher:

Das Sterben des Todes ist noch irgendwie eine Tat, ein *Actus des Le-*

---

[1] Prodikos: Sophist z. Z. des Sokrates; Epikuros: griech. Philosoph, 341–270

bewesens selbst. »Seinen Tod sterben« ist noch ein Actus, der in die Reihe der Lebensakte mit hineingehört, wie immer auch dieser Actus durch äußere Ursachen katastrophaler Natur ausgelöst sein mag. Merkwürdig genug, daß diese einfache, große intuitive Tatsache, daß jeder Tod in einem letzten Actus des Lebens gestorben werden muß, von niemand Geringerem als von Goethe wiederholt energisch hervorgehoben worden ist. In einem Gespräch mit Falk im Jahre 1813 macht Goethe zuerst eingehende Ausführungen, daß der Tod niemals als bloßes Überwältigtwerden vorgestellt werden könne, daß es zum Wesen des Todes gehöre, daß das Lebewesen selbst den Actus des Sterbens vollziehe. »Wie«, fällt ihm hier Falk verwundert ins Wort, »sprechen Sie doch vom Sterben, als ob es ein Akt von Selbständigkeit wäre.« Goethe antwortet: »Der Moment des Todes ... ist eben da, wo die regierende Hauptmonas alle ihre bisherigen Untergebenen ihres treuen Dienstes entläßt. Wie das Entstehen, so betrachte ich auch das Vergehen als einen selbständigen Akt dieser nach ihrem eigentlichen Wesen uns völlig unbekannten Hauptmonas.«[1] (...)

Ist nun die Todesgewißheit ein konstantes Element jeder Lebenserfahrung, so besteht doch darin eine große Variationsbreite, welches Maß von Klarheit und Deutlichkeit die Idee des Todes für die Menschen gewinnt, und welches Maß von Interesse und Aufmerksamkeit sie diesem Inhalt zulenken. Es gibt also ganz verschiedene Arten und Grade für die Rolle, die die Idee des Todes bei Menschen, Gruppen, Zeiten *faktisch* spielt, und unendlich verschiedene Arten der Deutung und der Auffassung des Todesphänomens; in ihnen aber wieder wechselnde Verhaltungsweisen wie Furcht und ruhige Erwartung, Ergebung. Vor allem aber gibt es weitgehende *Verdunkelungen und Erhellungen* dieses Wissens vom Tode – und dies auch für das Gesamtbewußtsein von historischen Epochen. Wenn somit die Todesevidenz ein konstitutives Element der Lebenserfahrung ist, so kann das faktisch vorgefundene Fehlen nicht einfach eine zufällige Ausfallserscheinung sein. Wo wir einen solchen Mangel antreffen, da muß vielmehr eine positive Ursache vorliegen für die Verdunkelung dieser Gewißheit. Eine solche Ursache aber ist die *Verdrängung* der Todesidee, welche wieder aus einem Nicht-Herrwerden über diesen Gedanken, aus einem Sich-nicht-abfinden-Können mit dem Tode hervorgeht. (...)

Von dieser natürlichen Verdrängung der intuitiven Todesidee aber

---

1 Siehe dazu Bd. II, S. 119 f.

ist völlig verschieden jene, die in das große einheitliche Bild des »*modernen westeuropäischen Menschen*« – als Massentypus betrachtet – gehört. Dieser Typus – sich seit dem Ende des 13. Jahrhunderts langsam emporarbeitend, langsam hinein in den Hochkapitalismus – ist trotz seiner nationalen und sonstigen Varietäten ein einziger, fest umschriebener Typus: umschrieben durch die »*Struktur seines Erlebens*«. Ich nehme aus dieser Erlebnisstruktur des modernen Menschen nur ein Element: *Arbeit* und *Erwerben*. (...)

Diese neuen triebhaft gewordenen Impulse des grenzenlosen Arbeitens und Erwerbens sind es vor allem, die eine *neue innere Gesamtstellung zum Tode* begründen; und hieraus erst als eine beiläufige Folge auch die Idee, die sich die Wissenschaft dieses Typus vom Tode macht. Dieser neue Menschentyp fürchtet nicht mehr den Tod, wie der antike Mensch; sondern so, wie sein grenzenloser Arbeits- und Erwerbstrieb ihn hinausdrängt über alle Kontemplation und allen Genuß Gottes und der Welt, so narkotisiert er ihn auch gegen den Todesgedanken in einer ganz besonderen Weise. Der Sturz in den Strudel der Geschäfte um der Geschäftigkeit selbst willen, das ist, wie schon Blaise Pascal sagt, die neue fragwürdige Medizin, die dem modernen Menschentypus die klare und leuchtende Idee des Todes verdrängt und die Illusion eines endlosen Fortganges des Lebens zur unmittelbaren Grundhaltung seiner Existenz werden läßt. (...) Der Tod ist dem neuen Typus weder der fackelsenkende Jüngling, noch Parze, noch Gerippe. Er allein fand kein Symbol für ihn: denn er ist für das Erleben nicht da. (...)

So sehr dieser moderne Mensch – »rechnet« mit dem Tode und sich tausendfach gegen ihn »versichert«, so ist der Tod doch *nicht eigentlich anschaulich für ihn da:* Er lebt nicht »angesichts« des Todes.

Kein Wunder, daß der Eintritt des Todes nicht mehr als notwendige Erfüllung eines Lebenssinnes erscheint, sondern alle Augen der Beteiligten weit aufgerissen macht – so wie wenn man mit dem Kopf an die Wand stößt. Der verdrängte Tod, der unsichtbar gewordene »Anwesende«, bis zur »Nichtexistenz« zerfürchtet – jetzt erst wird er die sinnlose Gewalt und Brutalität, als die er dem neuen Menschentyp erscheint, wenn er mit ihm konfrontiert wird. Er überkommt nur als *Katastrophe*. Er wird nicht mehr ehrlich und bewußt gestorben. Und niemand fühlt mehr und weiß, daß er zu sterben habe: *seinen* Tod.[1] (...)

---

[1] Hier zitiert Scheler Rilkes Gedicht »O Herr, gib jedem seinen eignen Tod ...« Vgl. in diesem Band S. 340.

I. Der Aufbruch eines neuen Bewußtseins

Dieser neue Typ ist zwar »Individualist« – aber das, worin er zugleich ganz verloren ist, sein soziales Ich, d.h. sein »Bild« für die andern und was er in diesem Bilde ist, das scheint er auch sich selbst zu sein. Und so stirbt für ihn auch nur immer der andere – und er selbst auch einmal nur als »ein anderer« für die anderen! Er weiß nicht, er sterbe auch für sich. So wie man eine vorgezeichnete Figur mit bunter Seide bestickt, so baute der ältere Typus seine einzelnen Lebensinhalte, seine Handlungen und Werke hinein, in die ihm stets vorschwebende Struktur der *Totalität* seines Lebens: Er lebte – angesichts des Todes. Der Tod, das war für sein Leben eine formende, eine richtende Gewalt; etwas, was dem Leben Gliederung und Aufbau gab. Aber dieser neue Typ lebt – wörtlich genommen – »hinein in den Tag«, bis merkwürdigerweise plötzlich kein neuer Tag mehr da ist. (...)

Erst eine Folge der Erlebnisstruktur dieses neuen Typs, die auch seine Erkenntnisstruktur bestimmt und leitet, ist nun die Zerkleinerung bis zum Verschwinden, welche auch die *Wissenschaft* mit der großen, schlichten und einfachen Tatsache des Todes vornimmt. Ich meine damit die moderne Lehre der Naturwissenschaft, daß es einen natürlichen Tod nicht gebe, daß jeder Tod als mehr oder weniger »*katastrophal*« anzusehen sei; desgleichen die Lehre, der Tod sei eine durch die Entwicklung des Lebens auf Erden erst entstandene »Anpassungserscheinung«; und endlich die durch Descartes[1] zuerst aufgestellte, für die gesamte moderne Lebenslehre grundlegend gewordene Theorie, der Tod sei nicht die Folge des Aufhörens eines besonderen Agens, das sich am Körper manifestiere und an den Stoffen und Energien, aus denen er besteht und die alle den Gesetzen der Chemie und Physik folgen, – sondern er sei nichts anderes als das durch Hinzukommen einer den körperlichen Mechanismus von außen her zerstörenden Ursache bewirkte Aufhören der Erscheinungen des »Bewußtseins«. Diese drei Lehren sind Teile *eines* logischen Zusammenhangs, der gleichmäßig die Leugnung eines besonderen *Urphänomens* »Leben« wie die Leugnung eines wesenhaft zu ihm gehörigen *Urphänomens* »Tod« zur Grundlage hat. (...) Der Gegensatz von Lebendig und Tot wird ein bloß *relativer* hierdurch; ja man kann im Grunde gar nicht mehr sehen, worin eigentlich der Tod besteht. Ist der Organismus nur ein Komplex von Organen, diese Komplexe von Geweben, diese wieder von Zellen (Zellenstaatsauffassung), und denkt man sich auch

---

[1] französischer Philosoph des Barock, 1596–1650

die Vorgänge in der Zelle als bloß chemisch-physikalische Prozesse, so besteht – abgesehen von der Bewußtseinssphäre – überhaupt gar kein bestimmter, greifbarer Vorgang, der »Tod« heißen könnte. (...) Man sagt nun: Obzwar der Tod – naturwissenschaftlich gesehen – gar kein bestimmtes elementares Ereignis ist, sondern nur ein langsam und stetig wachsender Kumulationserfolg im Zerfall hochkomplizierter organischer chemischer Verbindungen, so besteht der Grund davon, daß wir ihn gleichwohl für ein solches halten und ihm eine ganz bestimmte punktuelle Zeitstelle anweisen, wie sehr wir auch subjektiv über diese in gewissen Grenzen schwanken mögen, im Grunde überhaupt nicht in etwas naturwissenschaftlich Faßbarem, sondern in dem *Schwinden des Bewußtseins*, das eine Folge dieser Zerstörung der »Maschine« ist. (...)

Der Tod, diese härteste, sonnenklarste Realität, jedem sichtbar und zugänglich, jeden Tag mit größter Sicherheit und Klarheit gesehen, scheint sich für das Mikroskop der Analyse und »Wissenschaft« in eine Menge ineinander übergänglicher Kleinigkeiten zu verwandeln! Er droht unserm Auge zu entschwinden: er wird nicht angenommen und erklärt, sondern er wird – wegerklärt. (...)

Es ist nur als ein Mangel des »Fortschrittes« unserer bisherigen Medizin anzusehen, wenn nicht gar als ein moralisches Verschulden des »Unfleißes« der Ärzte und Mediziner, daß Menschen immer noch sterben. Ist doch *jede* Maschine prinzipiell wieder reparierbar. Und es wäre hiernach nur noch schuldhafter Unglaube an menschliche Tatkraft und Kunst, den Tod als eine absolute und endgültige Welteinrichtung anzusehen. Noch ein Stück weiter, und es wird hier die »Wissenschaft« zur Posse, wie man sie halb ernst und halb satirisch in einem pragmatischen amerikanischen Buche vom »Unfug des Sterbens«[1] nachlesen kann, in dem der Tod als eine europäische »Schlamperei« des Willens definiert ist. (...)

Es gibt ein *absolutes* Todesphänomen, das an das Wesen des Lebendigen geknüpft ist – und auch an alle Einheitsformen des Lebendigen. So gibt es nicht nur einen individuellen Tod, sondern auch einen Rassen- und Völkertod und wie man jetzt nach der Überwindung der darwinistischen Welle einzusehen beginnt, auch einen Artentod, der nicht auf äußere Ausschaltung durch die Selektion auf Grund der veränderten Lebensbedingungen, sondern auf *innere Erschöpfung* der die Art leitenden Lebensagentien zurückgeht. Und nicht unter schein-

---

[1] Prentice Mulford: Unfug des Lebens und des Sterbens [Fischer TB Nr. 1890]

bar Sprunghaftem verbirgt sich hier überall ein kontinuierliches Werden und Abändern, sondern unter der scheinbaren Kontinuität im Wechsel und in den Unterschieden der Lebenserscheinungen und Lebenseinheiten verbergen sich die tiefen sprunghaften Unterschiede der Organisation und die wahren sprunghaften Ursachen der Prozesse. Und immer bedeutet hier »Tod« jenes von innen her bestimmte Aufhören eines Prozesses, das mit allem Vergehen in der anorganischen Welt unvergleichlich ist.

II. Das Fortleben

Erste Bedingung für ein Fortleben nach dem Tode ist der Tod selbst. Erste Bedingung für ein mögliches Glauben an ein Fortleben ist die Aufhebung der die Idee vom Tode über den normalen Lebenstrieb hinaus verdrängenden Mächte, die ich am Typus des modernen Menschen aufwies. Alles, was diesen Kräften entgegenwirkt, macht die Todesidee von selbst und auf automatischem Wege wiedererscheinen. *»Fortleben der geistig-leiblichen Person«* – diese Worte gewinnen erst einen Sinn *angesichts des Todesphänomens,* angesichts der Existenz und Unentrinnbarkeit des Schicksals alles Lebendigen. Und ein Glaube an das Fortleben ist erst möglich, wenn die – trotz dem Lebenstriebe – mögliche geistige Ergebung in den Tod, wenn jene geistige Versöhnung mit ihm stattgefunden hat, die den konstitutiv gewordenen Illusionismus des modernen Menschen gegen den Tod aufzuheben vermag: wenn der übernormal verdrängte Tod *wiedererscheint.* (...) Es ist nicht gefragt, wie man die »Unsterblichkeit« beweisen oder den Glauben an sie rechtfertigen kann. »Beweisen« – im Stile des 18. Jahrhunderts – kann man sie sicher *nicht.* Aber es ist wie bei so vielen philosophischen Fragen auch sehr problematisch, ob hier Beweis überhaupt einen *Sinn* hat und ob man sie beweisen soll. (...)

Vermag ich zu zeigen, es bestehe eine *Wesensunabhängigkeit der Person* vom Dasein eines organischen Lebens, und es gebe Wesensgesetze ihrer Akte, ihres Anschauens, Denkens, Fühlens, Liebens, Hassens, die von den Wesensgesetzen alles – und nicht nur des irdischen – Lebendigen unabhängig sind, so werde ich zwar nie und nimmer beweisen können, daß mit dem letzten Akte einer menschlichen Lebenseinheit, jenem Akte, in dem sie ihren Tod stirbt, nicht auch gleichzeitig diese Person zu existieren aufhört. Trotz der Unabhängigkeit des Wesens der Person vom Wesen des Lebensrhythmus ihrer zugehörigen vitalen Einheit könnte sie ja in demselben Augenblicke zu sein aufhören, in dem der Tod eintrat. Aber ein *Grund* zu dieser Annahme wäre dann der Tod nicht – und *der* hätte zu beweisen, der so etwas behauptet.

Vermag ich weiterhin zu zeigen, daß die Art und Weise, wie mir die geistige Person eines anderen *zur Gegebenheit kommt*, wenn ich mit ihm spreche und seine Rede verstehe, keinerlei Schluß enthält, der von der Setzung der wechselnden Zustände seines *Körpers* auf die Setzung der von ihm vollzogenen geistigen Akte und seiner Person erfolgt, so kann die Tatsache, daß dieser Körper einmal in die Zustände übergeht, die wir »Leichnam« nennen, keinen Grund einschließen, die Existenz seiner Person von diesem Augenblicke an zu leugnen; (...) Daß sie unsichtbar ist, besagt nichts. »Unsichtbar« – in gewissem Sinne – ist die geistige Person auch, während ich mit ihr rede und sie sich ausdrückt. Daß wir sie nach dem Tode nicht sehen, besagt sehr wenig, da man sie überhaupt nicht sinnlich sehen kann. Daß Ausdruckserscheinungen nach dem Tode ausbleiben, ist daher ein Grund allein zur Annahme, daß ich die Person nicht mehr verstehen kann; nicht aber ist es ein Grund zur Annahme, sie sei nicht da. (...)

Ich sehe klar vor mir meinen Tod. Im stetigen Anwachsen der erlebten Wirksamkeit meiner Vergangenheit, die jeden meiner Schritte stärker und stärker bindet, fühlbarer determiniert und auf jeden als Ganzes wirksam ist, in der stetigen Verengung der mir in unmittelbarer Erwartung gegebenen Zukunftssphäre, in der immer stärker werdenden Pressung des Gegenwartsumfangs zwischen beiden, ist mir sein wachsendes Herannahen gegeben, von Sekunde zu Sekunde – (...) Aber indem ich den Tod so herankommen sehe als das evidente Los alles möglichen Lebens – und darum auch des meinigen, auch des Lebens, das in mir pulsiert –, erlebe ich und vollziehe ich an jeder Stelle dieses Ablaufs gleichwohl *Akte*, deren Sinngehalt und deren Sinngehaltszusammenhänge von dieser tiefen heimlichen Erfahrung völlig *unabhängig* sind. (...)

Wohl *transzendiere* ich in diesen Akten alles, was noch lebensrelativ ist, und ich darf sagen, daß mein Geist in solchen Akten ein Reich, eine *Sphäre von zeitlosen und ewigen Sinneinheiten* berühre. Aber mehr darf ich nicht sagen. Daß auch die Akte, die ich vollziehe, oder daß gar meine Person, ihr Träger, auch *fortdauere*, wenn ich aufhöre zu leben, das folgt auch aus dem Wesenszusammenhang zwischen der Idee eines Aktes und eines Gegenstandes in keiner Weise. (...)

Schon die Griechen hatten die Lehre von der Ewigkeit des Geistes klar ausgebildet. Auch wer alle persönliche Fortdauer leugnet, vermag sie anzuerkennen. Wie aber steht es mit der Lehre von der *persönlichen Fortdauer*? (...)

Gehört es zum Wesen des persönlichen Geistes, – man gestatte das Bild – in seinen Akten hinauszuschießen über die Grenze des Leibes und seiner Zustände, so kann ich fragen: Was gehört zum Wesen der Person, wenn im *Sterbensakt* der Leib aufhört zu sein – zur Person als der selbst noch aktuellen, konkreten Einheit aller Akte, zur Idee dieses einheitlichen, konkreten Tatfaktors, der an keine sog. »Substanz« angeheftet werden darf? Ich antworte: Es gehört dann zum Wesen der Person genau das nämliche, was zu ihrem Wesen gehörte, als der Mensch lebte – nichts Neues also –: daß so, wie sich während des Lebens ihre Akte »hinausschwangen« über die Leibzustände, sich nun sie selbst auch hinausschwinge über ihres Leibes Zerfall. Und nur dieses Schwingen, dieses *Fort- und Hinausschwingen*, dieser dynamische Actus, der zu ihrem *Wesen* gehört – er allein wird und muß im Sterben das volle Erleben und *Sein* der Person sein. Das heißt nicht, sie habe dann nur die Intention oder gar die Erwartung eines Fortlebens. Das wäre eine Platitüde; und viele Menschen – alle, die an ein Fortleben nicht glauben – haben diese Erwartung durchaus nicht. Es heißt: die Person *erlebe sich hier selbst noch fortlebend*. Oder einfacher: sie erlebe für ihr *Sein*, was sie während des Lebens bereits evident für ihre *Akte* und deren Gehalt erlebte: *Unabhängigkeit ihres Seins vom Leibe*. Wer hier sagt: Ja, aber nur in ihrer »Intention«, der vergißt, daß Intention und Akt in concreto das *Wesen* der Person ist – daß sie kein Ding, keine Substanz ist, die eine Intention »hätte« oder »ausübte«.

Aber damit ist nun auch alles zu Ende, was aus dem *philosophisch* Feststellbaren folgen möchte. Von mehr als diesem »Schwungerleben« hinaus über Leibesgrenzen – weiß ich kein Wort. Ich weiß also kein Wort, *daß* die Person nach dem Tode existiere; kein Wort erst recht, *wie* sie existiere. Denn warum sollte die Person nicht mit diesem letzten Schwunge »in« ihm durch ein metaphysisches Wunder aufhören zu sein? Existiert sie *nicht* fort – ich werde es nie wissen können. Existiert sie fort – ich werde es nie wissen können. Dieser Schwung allein muß noch nach Gesetzen ihres Wesens unmittelbares Erleben sein; er gehört zu ihrer *Selbsterfahrung*. Aber ich *glaube* es, daß sie *fortexistiert* – da ich keinen Grund habe, das Gegenteil anzunehmen, und die Wesensbedingungen für das, was ich glaube, evident erfüllt sind.

In der unmittelbaren Erfahrung des »*Überschusses*« aller geistigen Akte der Person, ja des Wesens »geistiger Akt« – über ihre Leibzustände, ja das Wesen »Leibzustand«, und im Akte des Sterbens in der Erfahrung des Überschusses der Person über die Leibeinheit – hier also ist das *intuitive Wesensdatum,* das die Idee des Fortlebens in all ihren tausendfachen Gestaltungen vom Glauben der Wilden bis zu den geläutertsten Ideen von Kant und Goethe erfüllt. Und nun ist klar: Dieses Überschußphänomen kann nur klar zur Gegebenheit kommen, wenn und soweit auch die erste Reihe dieser Betrachtungen gilt, *wenn und soweit der Tod selbst gegeben ist;* wenn und soweit der Mensch nicht nur weiß und urteilt, er werde sterben, sondern »angesichts« des Todes lebt. Indem – im selben Gesamtakte also – ich es sehe, fühle und erlebe, daß die Fülle der Differenz zwischen gelebtem und zu lebendem Leben zugunsten des gelebten Lebens wächst und wächst, sehe und erlebe ich auf dem Hintergrunde dieses Tatbestandes auch ein mit der Reifung der geistigen Person selbst wieder steigendes »Überschießen« der geistigen Akte über das immer sterbensbereitere Leben.

Wie weit in der Wesensreihe das Fortleben der Person reichen kann? Ich sage: *So weit* dieser Überschuß reicht – *der Überschuß des Geistes über das Leben.* Mehr weiß ich nicht.

Tod und Fortleben

Das »Sein zum Tode« (Heidegger) ist (…) in der Tat ein Kriterium der »Gesammeltheit« zu sich: angesichts des Todes.

Nicht einmal »in« die absolute Zeit fällt die Person hinein. Das bißchen absolute Zeit, das sie schauend und überschauend hat – als ihr eigenes, ihr jeweiliges Leben, ist Teil der absoluten Zeit – nie der physikalischen.

Die Person »schwebt« als Wesens- und Aktzentrum über ihrer Geschichte – und kann doch nur in ihr und durch sie sich explizieren und gestalten und verwirklichen.

Dieser Schwebe-Stand oder besser dieser Nicht-*stand,* dieser Mangel im ποῦ σιῶ auch in der Zeit, ist, was die Mystiker »nunc stans« nannten. Man darf es nicht aufheben wie Heidegger – ohne der Person den *freien Atem aus der Luft der Ewigkeit zu versagen;* ohne sie ganz sich vergaffen zu lassen in das Sein der Zeitlichkeit, sich in ihrer und des »Man« und »Wir« Geschichte aufgehen und verschweben zu lassen. (…)

I. Der Aufbruch eines neuen Bewußtseins

Der Tod als Vorwissen um die »Möglichkeit der Unmöglichkeit des Daseins« ist nicht rechtgesehen. Der Tod wird anziehender *mit* dem Leben und seinem Fortschreiten und ist zugleich der Punkt, da sich die wachsende Selbständigkeit des Geistes abhebt. Der Tod ist »Ernte«, nicht Selbst-vernichtung.

Die Person als individuelles Was von Aktzentren des ewigen Geistes ist das, was sich in Sterbensakten über-sein, über-werden über das *spontane Ende des Lebens weiß*. Im Sterben erlebt jedes Wesen seine relative Unsterblichkeit als Person: Er sieht, wie er sieht, das Leben vergeht, auch das Dahinschwinden des Lebens. Freut euch auf nichts mehr als auf den *Akt des Sterbens:* Das Wehe des Schmerzes wird gemindert durch das Schauen, wie ihr schon hinaus – darüber hinweg »seid« –.

Die metaphysische *Süße des Todes weiß nur einer* – der Sterbende.

Zu Heidegger: »Sein und Zeit«

Einleitung

Rainer Maria Rilke

Für wenige Dichter ist die Frage nach dem Sinn des Todes so bedrängend wie für Rilke. Die bekannten Verse aus dem »Stundenbuch« – »O Herr, gib jedem seinen eignen Tod« – bezeichnen nur den Anfang einer lebenslangen Auseinandersetzung, die das *eine* Problem in immer neuen Vorstellungen angeht. Das gesamte Werk ist bestimmt von einem fortschreitend bewußteren und gegen alle Versuchungen des Ausweichens behaupteten Offenhalten des Lebens zu seinem Ende hin. Rilke denkt, daß dieses Ende »die uns durchaus übertreffende Intensität« sein wird.[1] Deshalb stehen für ihn Dasein und Tod unter demselben Gesetz – dem Gesetz von »Abschied« und »Verwandlung«. Beides sollte im Leben lange und geduldig gelernt sein und unterscheidet sich vom Tod nur durch den Charakter des Endgültigen. Die Stunde des Sterbens erscheint Rilke als eine der vielen, in denen unser Wesen in Veränderungen über- und eingeht, die »an Intensität vielleicht nicht geringer« sind als die letzte, die den Tod bringt. Nur nach langem innerem Umgang mit dieser »furchtbaren Wahrheit« wächst die »ferne Einsicht«, daß sie »wahrscheinlich zugleich auch unsere fruchtbarste und seligste ist«.[2]

»Bleiben ist nirgends« – das ist Rilkes Grunderfahrung. Jeder Augenblick des Daseins ist Abschied, und nicht nur im unaufhaltsamen Dahinschwinden der Dinge. Streng genommen, erfordert auch jedes menschliche Verhältnis, einander aufzugeben, weitergehen zu lassen, bevor es »ganz und gar« sein muß. Erst in solcher Freiheit könnten sich die Bewegungen des Lebens, der Liebe vor allem, »ausentwickeln und gewissermaßen vollenden«. Der Schmerz dieser immerwährenden Tode muß »empfangen, getragen und bewältigt« werden. Bewältigen heißt für Rilke »verwandeln«. Seine Frage ist niemals »Was ist?«, sondern immer »Was bleibt?« Bleibend ist nicht das Sichtbare, so hart, ja unerträglich jeder Abschied von ihm sein mag. Im Aushalten dieser Härte liegt die Hoffnung, sie könne umschlagen ins »Extrem einer

---

[1] An Lisa Heise 19.1.1920. Br. II, 169
[2] An Elisabeth Freiin Schenk zu Schweinsberg 4.11.1909, Br. I, 269f.

Milde«, deren klare Reinheit »vielleicht alle Verhältnisse des Lebens nach und nach durchdringen und transparent machen« würde.[1] So heißt es in dem »Requiem für Wolf Graf von Kalckreuth«, den »leidenschaftlich Toten«, der in den Freitod geflüchtet war: »Was hast du nicht gewartet, daß die Schwere / ganz unerträglich wird: da schlägt sie um ... / Daß du zerstört hast. Daß man dies von dir / wird sagen müssen bis in alle Zeiten.« Am Schluß des Gedichts stehen die Verse, die noch der alte Gottfried Benn als Leitworte seiner Generation verstand: »Wer spricht von Siegen? Überstehn ist alles.« Sie sind Rilkes bis zuletzt festgehaltene, wenn auch schwer errungene Devise. Noch im Februar 1911 gestand er dem Freund Rudolf Kassner, das entscheidende Ja zum Schicksal des Menschen – dem »Sein zum Tode« – noch nicht sagen zu können.

Die von Rilke ersehnte, aber willentlich nicht zu leistende »Wende« brachte eine ihn plötzlich überfallende innere Erfahrung im winterlichen Park von Duino (1911/12). Erst ein Jahr später war er imstande, sie aus der Distanz, als »Erlebnis« einer dritten Person festzuhalten. Jahrelang noch zögerte er, bis er das Manuskript zur Veröffentlichung freigab. Überzeugt, eine Einweihung erfahren zu haben, hatte er nur *eine* Erklärung: »Er sei auf die andere Seite der Natur geraten.« Die behutsame Schilderung der ihn durchdringenden Schwingungen und »Mitteilungen«, des Losgelöstseins der Seele aus dem Körper, der plötzlich gefühlten Nähe zu Verstorbenen, verweist auf eine erste Erfahrung dessen, was er später mit dem vieldeutbaren Begriff »Weltinnenraum« bezeichnete, einer zeitlosen, gleichwohl räumlich gedachten innerweltlichen Transzendenz, in der jedes Gegenüber, auch die Grenze zwischen Leben und Tod aufgehoben erscheint. Während der Niederschrift steigt ein fünf Jahre zurückliegendes ähnliches Erlebnis in Capri auf: Mit einem Vogelruf, den er gleichzeitig, als sei die Körpergrenze nicht da, draußen und im Innern hörte, schien das Unendliche »vertraulich« in ihn überzugehen. Alle Dinge gewinnen eine neue, geistigere, »unerschöpfliche Bedeutung« und der Dichter selbst eine neue Beweglichkeit und Freiheit, die aber auch in tiefere Abgeschiedenheit gegenüber den noch »in Tod und Leben Gebundenen« führt. Das Erlebnis bedeutet für Rilke nichts anderes, als daß er »zu seiner Art Überwindung«, zur Bejahung des Todes, gekommen, daß die »Wende« vollzogen war.

---

1 An Gräfin Margot Sizzo-Noris-Crouy, Dreikönigstag 1923, Br. II, 380

Dennoch sind die Duineser Elegien Vergänglichkeitsklage. Ein zweites Erlebnis Rilkes löste sie unmittelbar aus. Mit einem geschäftlichen Schreiben sich quälend, vernahm er im Brausen eines Sturmes vom Meer her die Worte: »Wer, wenn ich schriee, hörte mich denn aus der Engel Ordnungen?« Er schrieb sie nieder: Der Anfang der ersten Elegie war da, die noch am selben Tag vollendet wurde. Auch die zweite und der Beginn der dritten Elegie gelangen ihm, ehe die innere Strömung versiegte. Zehn Jahre später erst ließ ein neuer »Sturm an Geist und Herz« ihn in der ununterbrochenen Folge weniger Tage und Nächte alle zehn Elegien vollenden. Doch dabei blieb es nicht. Mitten in die Arbeit hinein traf ihn der innere »Auftrag«, der früh verstorbenen jungen Tänzerin Wera Ouckama Knoop ein »Grab-Mal« zu errichten. So schrieb er die »Sonette an Orpheus«, dem »vielleicht geheimsten und rätselhaftesten Diktat« gehorchend, das er je erfahren hatte. »Ich sehe eine unendliche Gnade darin«, schrieb er, »daß ich, mit dem gleichen Atem, diese beiden Segel füllen durfte: das kleine rostfarbene Segel der Sonette und der Elegien riesiges weißes Segel-Tuch.«[1]

Auch in den Elegien erweist sich »Lebens- und Todesbejahung als Eines«. In der Konsequenz des Identitäts-Erlebnisses von Duino erscheint der Tod hier »als die uns abgekehrte, von uns unbeschienene *Seite des Lebens*«. Das weiteste Bewußtsein des Daseins ist also zu gewinnen, das beide unabgegrenzten Bereiche umfaßt. Es gibt kein Diesseits oder Jenseits, nur die Einheit von Leben und Tod im »Weltinnenraum«. In ihm sind die »Engel« zu Hause, die nicht als Wesen des christlichen Himmels mißverstanden werden dürfen, eher Nietzsches »Übermenschen« vergleichbar sind. Im Engel der Elegien, dem zugleich schrecklichen und strahlenden Bild des Über-Ich, erscheint der Auftrag der Erde an den Menschen schon vollzogen: Die Verwandlung des Sichtbaren ins Unsichtbare. Der Engel steht für den höheren Rang der Realität des Unsichtbaren. Allein der Mensch als der Schwindendste unter allem Schwindenden – weil er im Gegensatz zum Tier vom Tod weiß – kann den hinfälligen Dingen und Geschöpfen der Erde helfen, indem er sie liebend mit hinübernimmt »in den andern Bezug«, in das Bleibende, dem er mit einem Teil seines Wesens angehört. Eine völlige Umorientierung vom Außen zum Innen ist notwendig,

---

[1] Wie auch die folgenden Zitate: Brief an den polnischen Übersetzer Rilkes Witold Hulewicz, 13. XI. 1925; Br. II, 485

I. Der Aufbruch eines neuen Bewußtseins

vom geduldigen Anschauen des Sichtbaren zum Versuch, dieses geistiger, wahrer, im Seelenraum erstehen zu lassen: »Werk des Gesichts ist getan. Tue nun Herzwerk.« (»Wendung«) Die rettende transzendierende Bewegung erscheint dringend nicht nur, weil die lebendigen Dinge schon durch Gebilde der Technik ersetzt werden, auch weil für Rilke alles Dasein auf der Erde nur *ein* Mal ist: »*Ein*mal jedes, nur *ein*mal. *Ein*mal und nicht mehr. Und wir auch *ein*mal. Nie wieder...«

Die Sorge dessen, der die Verwandlung leisten will – für Rilke also die Sorge vor allem des Dichters – besteht darin, nicht zu wissen, *wie* er die Dinge und sich selbst aus dem »Hier« ins »Dort« bringen soll. Die Sonette und späten Gedichte sprechen vom Wagnis, sich der Sprache anzuvertrauen. Von allen irdischen Wesen hat nur der Mensch die Sprache. Der transzendierenden Gewalt des Wortes könnte die Verwandlung anvertraut sein. Denn auf der Erde ist »des Säglichen Zeit«. Nicht das alltägliche, das dichterische Sagen ist gemeint, das bewußte Nennen der Namen, das Rühmen und Preisen, das die Dinge in ihrem ursprünglich dem Menschen vertrauten, ihm aber mehr und mehr entschwindenden Wesen festhält: »Unsere Aufgabe ist es, diese vorläufige, hinfällige Erde uns so tief, so leidend und leidenschaftlich einzuprägen, daß ihr Wesen in uns ›unsichtbar‹ wieder aufersteht.« Symbol des Dichters, der »gehorcht, indem er überschreitet«, ist Orpheus, der thrakische Sänger des griechischen Mythos, der zu den Toten hinabstieg und die Mächte des Schattenreichs mit seiner Leier bezwang, den zuletzt die Bacchantinnen zerrissen und in die Natur zerstreuten. Aus ihr tönt seine Stimme zurück, und der Dichter, stellvertretend für den Menschen, folgt der »unendlichen Spur«. Die Todesgrenze überschreitend, hält er das Schwindende fest in seinem Wort. Denn »Nirgends... wird Welt sein als innen.. und immer geringer schwindet das Außen.« (Siebente Elegie) In diesem Sinn sagt Rilke: »Gesang ist Dasein.«

Die Schwere des »Seins zum Tode« ist damit nicht aufgehoben, der Widerspruch des letztlich doch transzendent gedachten Weltinnenraums, der den Tod mit enthält, nicht gelöst. Die tiefe, von Rilke leidenschaftlich bejahte Verwandtschaft des Menschen mit der Erde zwingt dazu, sich mit dem Tod in seiner »unmaskierten Grausamkeit zu vertragen«. Als die dem Dasein abgekehrte Seite muß er in die großen Bewegungen der Liebe, die das volle Leben umfassen wollen, einbezogen werden. Was den Menschen letztlich dazu befähigt, nennt der späte Rilke das »überzählige Dasein« oder auch den »Überfluß«. Er entsteht aus der Fülle des Herzens, den erfahrenen und bestandenen Leiden, den Schmerzen des »unsäglich Menschlichen«. Dieser Zusatz an Verwandlung mehrt den angesammelten Schatz des Unsichtbaren. So sieht Rilke im Verlangen der Märtyrer nach Schmerzen eine »heilige List«, am Ende der Überwindungen nichts mehr zu haben als »die ununterbrochene Seligkeit im Anschauen Gottes«. Für ihn selbst bleibt die Dimension des Göttlichen in der Frage, weil zuvor (wie später für Heidegger) nach dem Wesen und der Wahrheit des Seins zu fragen ist.[1] Schmerz, Liebe und Tod sind äußerste Grenzsituationen, in denen das Endliche (die »Zahl«) überschritten und die Dimension des Unendlichen, der Bereich der »Engel«, erfahren werden kann: »Daß ich dereinst, an dem Ausgang der grimmigen Einsicht,/ Jubel und Ruhm aufsinge zustimmenden Engeln.« (Zehnte Elegie) Der Gewinn an innerer Fülle übertrifft jeden möglichen Verlust im Tod: »Siehe, ich lebe. Woraus? Weder Kindheit noch Zukunft/ werden weniger ... Überzähliges Dasein/ entspringt mir im Herzen.« (Neunte Elegie). Auch das XII. Sonett beginnt: »O trotz Schicksal: die herrlichen Überflüsse/ unseres Daseins ...«

Klage und Jubel bleiben in gleichgewichtiger Schwebe. Dasein heißt: allem Abschied Voraus-sein, »Überwintern«, immer schon Totsein im Wissen der eigenen Endlichkeit. Der Sinn dieses Schicksals ist weniger erkannt, denn gefühlt. Aus der Stärke dieses Gefühls befreit sich die »innige Schwingung« des übersteigenden Herzens: »Und ists Gefühl: wer weiß, wie weit es reicht/ und was es in dem reinen Raum ergibt,/ in dem ein kleines Mehr von schwer und leicht/ Welten bewegt und einen Stern verschiebt.« (SW II, 265) Auch Rilkes Spätgedichte – sparsamer im Wort und deshalb uns heute vielleicht mehr angehend – sind verborgene Todesgedichte. So umschreibt das Gedicht »Spaziergang« den Tod mit einem Grundwort der Spätzeit als »Ferne«, die schon verwandelt, bevor sie Nähe wird. So erscheint die Musik als höchste auf Erden mögliche Übersteigung vor der endgültigen Verwandlung – in einer Sprache, die formal bereits die aus einem einzigen isolierten Wort bestehenden Verse Celans vorwegnimmt. In der letzten Tagebuch-Eintragung kurz vor dem Tod ist jede Distanz des Dichters zum Gedicht aufgegeben, die frühe Forderung zu »überstehen« unmittelbarer einsamster Existenzvollzug, für den gerade noch Worte übrig sind.

---

[1] Siehe dazu: J.W. Storck, Rilke und Heidegger. Blätter der Rilke-Gesellschaft 4/1976

Rainer Maria Rilke
1875–1926

Das »überzählige« Dasein – Verwandlung ins Unsichtbare

O Herr, gib jedem seinen eignen Tod.
Das Sterben, das aus jenem Leben geht,
darin er Liebe hatte, Sinn und Not.

Denn wir sind nur die Schale und das Blatt.
Der große Tod, den jeder in sich hat,
das ist die Frucht, um die sich alles dreht.

Das Stundenbuch. III

Dieses ausgezeichnete Hôtel ist sehr alt, schon zu König Chlodwigs Zeiten starb man darin in einigen Betten. Jetzt wird in 559 Betten gestorben. Natürlich fabrikmäßig. Bei so enormer Produktion ist der einzelne Tod nicht so gut ausgeführt, aber darauf kommt es auch nicht an. Die Masse macht es. Wer gibt heute noch etwas für einen gut ausgearbeiteten Tod? Niemand. Sogar die Reichen, die es sich doch leisten könnten, ausführlich zu sterben, fangen an, nachlässig und gleichgültig zu werden; der Wunsch, einen eigenen Tod zu haben, wird immer seltener. Eine Weile noch, und er wird ebenso selten sein wie ein eigenes Leben. (...)

Manchmal denke ich mir, wie der Himmel entstanden ist und der Tod: dadurch, daß wir unser Kostbarstes von uns fortgerückt haben, weil noch so viel anderes zu tun war vorher und weil es bei uns Beschäftigten nicht in Sicherheit war. Nun sind Zeiten darüber vergangen, und wir haben uns an Geringeres gewöhnt. Wir erkennen unser Eigentum nicht mehr und entsetzen uns vor seiner äußersten Großheit. Kann das nicht sein?

Die Aufzeichnungen des Malte Laurids Brigge

Rainer Maria Rilke

Todeserfahrung

Wir wissen nichts von diesem Hingehn, das
nicht mit uns teilt. Wir haben keinen Grund,
Bewunderung und Liebe oder Haß
dem Tod zu zeigen, den ein Maskenmund

tragischer Klage wunderlich entstellt.
Noch ist die Welt voll Rollen, die wir spielen.
Solang wir sorgen, ob wir auch gefielen,
spielt auch der Tod, obwohl er nicht gefällt.

Doch als du gingst, da brach in diese Bühne
ein Streifen Wirklichkeit durch jenen Spalt,
durch den du hingingst: Grün wirklicher Grüne,
wirklicher Sonnenschein, wirklicher Wald.

Wir spielen weiter. Bang und schwer Erlerntes
hersagend und Gebärden dann und wann
aufhebend; aber dein von uns entferntes,
aus unserm Stück entrücktes Dasein kann

uns manchmal überkommen, wie ein Wissen
von jener Wirklichkeit sich niedersenkend,
so daß wir eine Weile hingerissen
das Leben spielen, nicht an Beifall denkend.

Aus einem Kondolenzbrief

Dieses Fortgehen Ihrer Schwester, unter dessen Wirkung Sie stehen, berührt mich stärker, als Sie wissen können. Warum Menschen, die sich lieb haben, voneinandergehen, eh es nötig ist? – ja: vielleicht, weil diese Notwendigkeit jeden Augenblick heraustreten und fordern kann. Weil es doch etwas so sehr Vorläufiges ist: beisammen zu sein und sich lieb zu haben. Weil dahinter doch in jedem – oft eingestanden, oft verleugnet – die merkwürdige Gewißheit wartet, daß alles, was über ein schönes, in seinem Wesen fortschrittloses Mittelmaß hinausreicht, doch völlig allein, als von einem unendlich Einzelnen (fast Einzigen) wird empfangen, ertragen und bewältigt sein müssen. Die Stunde des Sterbens, die diese Einsicht einem jeden abringt, ist nur eine von unseren Stunden und keine ausnahmsweise: Unser Wesen geht immerfort in Veränderungen über und ein, die an Intensität vielleicht nicht geringer sind als das Neue, Nächste und Übernächste, das der Tod mit sich bringt. Und so wie wir einander an einer bestimmten Stelle jenes auffallendsten Wechsels ganz und gar lassen müssen, so müssen wir, strenggenommen, einander jeden Augenblick aufgeben und weiterlassen und nicht zurückhalten. Macht es Sie bestürzt, daß ich das alles so hinschreiben kann, wie einer, der einen Satz in einer fremden Sprache abschreibt, ohne zu wissen, was Schmerzlichstes er bedeutet? Das ist, weil diese furchtbare Wahrheit wahrscheinlich zugleich auch unsere fruchtbarste und seligste ist. Wenn man oft mit ihr umgeht, so verliert sie zwar nichts von ihrer harten Erhabenheit (und legte man sich weinend um sie, – man erwärmte und erweichte sie nicht); aber das Vertrauen zu ihrer Strenge und Schwere nimmt täglich zu.

An Elisabeth Schenk zu Schweinsberg. 4.XI.1909

Erlebnis

Es mochte wenig mehr als ein Jahr her sein, als ihm im Garten des Schlosses, der sich den Hang ziemlich steil zum Meer hinunterzog, etwas Wunderliches widerfuhr. Seiner Gewohnheit nach mit einem Buch auf und ab gehend, war er darauf gekommen, sich in die etwa schulterhohe Gabelung eines strauchartigen Baumes zu lehnen, und sofort fühlte er sich in dieser Haltung so angenehm unterstützt und so reichlich eingeruht, daß er so, ohne zu lesen, völlig eingelassen in die Natur, in einem beinah unbewußten Anschauen verweilte. Nach und nach erwachte seine Aufmerksamkeit über einem niegekannten Gefühl: es war, als ob aus dem Innern des Baumes fast unmerkliche Schwingungen in ihn übergingen; (...)

Mehr und mehr war er überrascht, ja ergriffen von der Wirkung, die jenes in ihn unaufhörlich Herüberdringende in ihm hervorbrachte: er meinte nie von leiseren Bewegungen erfüllt worden zu sein, sein Körper wurde gewissermaßen wie eine Seele behandelt und in den Stand gesetzt, einen Grad von Einfluß aufzunehmen, der bei der sonstigen Deutlichkeit leiblicher Verhältnisse eigentlich gar nicht hätte empfunden werden können. Dazu kam, daß er in den ersten Augenblicken den Sinn nicht recht feststellen konnte, durch den er eine derartig feine und ausgebreitete Mitteilung empfing; auch war der Zustand, den sie in ihm herausbildete, so vollkommen und anhaltend, anders als alles andere, aber so wenig durch Steigerung über bisher Erfahrenes hinaus vorstellbar, daß er bei aller Köstlichkeit nicht daran denken konnte, ihn einen Genuß zu nennen. Gleichwohl, bestrebt, sich gerade im Leisesten immer Rechenschaft zu geben, fragte er sich dringend, was ihm da geschehe, und fand fast gleich einen Ausdruck, der ihn befriedigte, vor sich hinsagend: er sei auf die andere Seite der Natur geraten. Wie im Traum manchmal, so machte ihm jetzt dieses Wort Freude, und er hielt es für beinah restlos zutreffend. Überall und immer gleichmäßiger erfüllt mit dem in seltsam innigen Abständen wiederkehrenden Andrang, wurde ihm sein Körper unbeschreiblich rührend und nur noch dazu brauchbar, rein und vorsichtig in ihm dazustehen, genau wie ein Revenant, der, schon anderswo wohnend, in dieses zärtlich Fortgelegtgewesene wehmütig eintritt, um noch einmal, wenn auch zerstreut, zu der einst so unentbehrlich genommenen Welt zu gehören. Langsam um sich sehend, ohne sich sonst in der Haltung zu verschieben, erkannte er alles, erinnerte es, lächelte es gleichsam mit entfernter Zuneigung an, ließ es gewähren, wie ein viel Früheres, das einmal, in abgetanen Umständen, an ihm beteiligt war. Einem Vogel schaute er nach, ein Schatten beschäftigte ihn, ja der bloße Weg, wie er da so hinging und sich verlor, erfüllte ihn mit einem nachdenklichen Einsehn, das ihm um so reiner vorkam, als er sich davon unabhängig wußte. Wo sonst sein Aufenthalt war, hätte er nicht zu denken vermocht, aber daß er zu diesem allen hier nur *zurückkehrte*, in diesem Körper stand, wie in der Tiefe eines verlassenen Fensters, hinübersehend: davon war er ein paar Sekunden lang so überzeugt, daß die plötzliche Erscheinung eines Hausgenossen ihn auf das qualvollste erschüttert hätte, während er wirklich, in seiner Natur, darauf vorbereitet war, Polyxène oder Raimondine oder sonst einen Verstorbenen des Hauses aus der Wendung des Weges heraustreten zu sehn. (...) Eine Vinca, die in seiner Nähe stand und deren blauem Blick er wohl auch sonst zuweilen begegnet war, berührte ihn jetzt aus geistigerem Abstand, aber mit so unerschöpflicher Bedeutung, als ob nun nichts mehr zu verbergen sei. (...) Sich sagend von Zeit zu Zeit, daß dies nicht bleiben könne, fürchtete er gleichwohl nicht das Aufhören des außerordentlichen Zustands, als ob von ihm, ähnlich wie von Musik, nur ein unendlich gesetzmäßiger Ausgang zu erwarten sei.

Erlebnis I

I. Der Aufbruch eines neuen Bewußtseins

Später meinte er, sich gewisser Momente zu erinnern, in denen die Kraft dieses einen schon, wie im Samen, enthalten war. Er gedachte der Stunde in jenem anderen südlichen Garten (Capri), da ein Vogelruf draußen und in seinem Innern übereinstimmend da war, indem er sich gewissermaßen an der Grenze des Körpers nicht brach, beides zu einem ununterbrochenen Raum zusammennahm, in welchem, geheimnisvoll geschützt, nur eine einzige Stelle reinsten, tiefsten Bewußtseins blieb. Damals schloß er die Augen, um in einer so großmütigen Erfahrung durch den Kontur seines Leibes nicht beirrt zu sein, und es ging das Unendliche von allen Seiten so vertraulich in ihn über, daß er glauben durfte, das leichte Aufruhn der inzwischen eingetretenen Sterne in seiner Brust zu fühlen. (...)

Noch wußte er nicht, wie weit den Anderen seine Abgeschiedenheit zum Eindruck kam. Was ihn selbst anging, so verlieh erst sie ihm eine gewisse Freiheit gegen die Menschen, – der kleine Anfang von Armut, um den er leichter war, gab ihm unter diesen aneinander Hoffenden und Besorgten, in Tod und Leben Gebundenen, eine eigene Beweglichkeit. Noch war die Versuchung in ihm, ihrem Beschwerten sein Leichtes entgegenzuhalten, obwohl er schon einsah, wie er sie darin täuschte, da sie ja nicht wissen konnten, daß er nicht (wie der Held) in allen ihren Bindungen, nicht in der schweren Luft ihrer Herzen, zu seiner Art Überwindung gekommen war, sondern draußen, in einer menschlich so wenig eingerichteten Geräumigkeit, daß sie sie nicht anders als »das Leere« nennen würden.

Aus dem Taschenbuch 1921–26

> Durch alle Wesen reicht der *eine* Raum:
> Weltinnenraum. Die Vögel fliegen still
> durch uns hindurch. O, der ich wachsen will,
> ich seh hinaus, und *in* mir wächst der Baum.
> *Aus: Es winkt zu Fühlung ...*

Die erste Elegie

(...) Ist es nicht Zeit, daß wir liebend
uns vom Geliebten befrein und es bebend bestehn:
wie der Pfeil die Sehne besteht, um gesammelt im Absprung
mehr zu sein als er selbst. Denn Bleiben ist nirgends.

Rainer Maria Rilke

Stimmen, Stimmen. Höre, mein Herz, wie sonst nur
Heilige hörten: daß sie der riesige Ruf
aufhob vom Boden; sie aber knieten,
Unmögliche, weiter und achtetens nicht:
so waren sie hörend. Nicht daß du Gottes ertrügest
die Stimme, bei weitem. Aber das Wehende höre,
die ununterbrochene Nachricht, die aus Stille sich bildet.
Es rauscht jetzt von jenen jungen Toten zu dir.
Wo immer du eintratst, redete nicht in Kirchen
zu Rom und Neapel ruhig ihr Schicksal dich an?
Oder es trug eine Inschrift sich erhaben dir auf,
wie neulich die Tafel in Santa Maria Formosa.
Was sie mir wollen? Leise soll ich des Unrechts
Anschein abtun, der ihrer Geister
reine Bewegung manchmal ein wenig behindert.

Freilich ist es seltsam, die Erde nicht mehr zu bewohnen,
kaum erlernte Gebräuche nicht mehr zu üben,
Rosen, und andern eigens versprechenden Dingen
nicht die Bedeutung menschlicher Zukunft zu geben;
das, was man war in unendlich ängstlichen Händen,
nicht mehr zu sein, und selbst den eigenen Namen
wegzulassen wie ein zerbrochenes Spielzeug.
Seltsam, die Wünsche nicht weiterzuwünschen. Seltsam,
alles, was sich bezog, so lose im Raume
flattern zu sehen. Und das Totsein ist mühsam
und voller Nachholn, daß man allmählich ein wenig
Ewigkeit spürt. – Aber Lebendige machen
alle den Fehler, daß sie zu stark unterscheiden.
Engel (sagt man) wüßten oft nicht, ob sie unter
Lebenden gehn oder Toten. Die ewige Strömung
reißt durch beide Bereiche alle Alter
immer mit sich und übertönt sie in beiden.

Schließlich brauchen sie uns nicht mehr, die Frühe-entrückten,
man entwöhnt sich des Irdischen sanft, wie man den Brüsten
milde der Mutter entwächst. Aber wir, die so große
Geheimnisse brauchen, denen aus Trauer so oft
seliger Fortschritt entspringt –: *könnten* wir sein ohne sie?
Ist die Sage umsonst, daß einst in der Klage um Linos

wagende erste Musik dürre Erstarrung durchdrang,
daß erst im erschrockenen Raum, dem ein beinah göttlicher Jüngling
plötzlich für immer enttrat, das Leere in jene
Schwingung geriet, die uns jetzt hinreißt und tröstet und hilft.

Die achte Elegie

Rudolf Kassner zugeeignet

Mit allen Augen sieht die Kreatur
das Offene. Nur unsre Augen sind
wie umgekehrt und ganz um sie gestellt
als Fallen, rings um ihren freien Ausgang.
Was draußen ist, wir wissens aus des Tiers
Antlitz allein; denn schon das frühe Kind
wenden wir um und zwingens, daß es rückwärts
Gestaltung sehe, nicht das Offne, das
im Tiergesicht so tief ist. Frei von Tod.
Ihn sehen wir allein; das freie Tier
hat seinen Untergang stets hinter sich
und vor sich Gott, und wenn es geht, so gehts
in Ewigkeit, so wie die Brunnen gehen.
Wir haben nie, nicht einen einzigen Tag,
den reinen Raum vor uns, in den die Blumen
unendlich aufgehn. Immer ist es Welt
und niemals Nirgends ohne Nicht:
das Reine, Unüberwachte, das man atmet und
unendlich *weiß* und nicht begehrt. Als Kind
verliert sich eins im stilln an dies und wird
gerüttelt. Oder jener stirbt und *ists*.
Denn nah am Tod sieht man den Tod nicht mehr
und starrt hinaus, vielleicht mit großem Tierblick.
Liebende, wäre nicht der andre, der
die Sicht verstellt, sind nah daran und staunen ...
Wie aus Versehn ist ihnen aufgetan
hinter dem andern ... Aber über ihn
kommt keiner fort, und wieder wird ihm Welt.

Der Schöpfung immer zugewendet, sehn
wir nur auf ihr die Spiegelung des Frei'n,
von uns verdunkelt. Oder daß ein Tier,
ein stummes, aufschaut, ruhig durch uns durch.
Dieses heißt Schicksal: gegenüber sein
und nichts als das und immer gegenüber.
(...)
Wer hat uns also umgedreht, daß wir,
was wir auch tun, in jener Haltung sind
von einem, welcher fortgeht? Wie er auf
dem letzten Hügel, der ihm ganz sein Tal
noch einmal zeigt, sich wendet, anhält, weilt –,
so leben wir und nehmen immer Abschied.

Die neunte Elegie

Warum, wenn es angeht, also die Frist des Daseins
hinzubringen, als Lorbeer, ein wenig dunkler als alles
andere Grün, mit kleinen Wellen an jedem
Blattrand (wie eines Windes Lächeln) –: warum dann
Menschliches müssen – und, Schicksal vermeidend,
sich sehnen nach Schicksal?...

    Oh, *nicht*, weil Glück *ist*,
dieser voreilige Vorteil eines nahen Verlusts.
Nicht aus Neugier, oder zur Übung des Herzens,
das auch im Lorbeer *wäre*.....

Aber weil Hiersein viel ist, und weil uns scheinbar
alles das Hiesige braucht, dieses Schwindende, das
seltsam uns angeht. Uns, die Schwindendsten. *Ein* Mal
jedes, nur *ein* Mal. *Ein* Mal und nicht mehr. Und wir auch
ein Mal. Nie wieder. Aber dieses
ein Mal gewesen zu sein, wenn auch nur *ein* Mal:
irdisch gewesen zu sein, scheint nicht widerrufbar.

Und so drängen wir uns und wollen es leisten,
wollens enthalten in unsern einfachen Händen,
im überfüllteren Blick und im sprachlosen Herzen.

I. Der Aufbruch eines neuen Bewußtseins

Wollen es werden. – Wem es geben? Am liebsten
alles behalten für immer ... Ach, in den andern Bezug,
wehe, was nimmt man hinüber? Nicht das Anschaun, das hier
langsam erlernte, und kein hier Ereignetes. Keins.
Also die Schmerzen. Also vor allem das Schwersein,
also der Liebe lange Erfahrung, – also
lauter Unsägliches. Aber später,
unter den Sternen, was solls: *die* sind *besser* unsäglich.
Bringt doch der Wanderer auch vom Hange des Bergrands
nicht eine Hand voll Erde ins Tal, die allen unsägliche, sondern
ein erworbenes Wort, reines, den gelben und blaun
Enzian. Sind wir vielleicht *hier*, um zu sagen: Haus,
Brücke, Brunnen, Tor, Krug, Obstbaum, Fenster, –
höchstens: Säule, Turm ..... aber zu *sagen*, verstehs,
oh zu sagen *so*, wie selber die Dinge niemals
innig meinten zu sein. Ist nicht die heimliche List
dieser verschwiegenen Erde, wenn sie die Liebenden drängt,
daß sich in ihrem Gefühl jedes und jedes entzückt?
Schwelle: was ists für zwei
Liebende, daß sie die eigne ältere Schwelle der Tür
ein wenig verbrauchen, auch sie, nach den vielen vorher
und vor den Künftigen ....., leicht.

Hier ist des *Säglichen* Zeit, *hier* seine Heimat.
Sprich und bekenn. Mehr als je
fallen die Dinge dahin, die erlebbaren, denn,
was sie verdrängend ersetzt, ist ein Tun ohne Bild.
Tun unter Krusten, die willig zerspringen, sobald
innen das Handeln entwächst und sich anders begrenzt.
Zwischen den Hämmern besteht
unser Herz, wie die Zunge
zwischen den Zähnen, die doch,
dennoch, die preisende bleibt.

Preise dem Engel die Welt, nicht die unsägliche, *ihm*
kannst du nicht großtun mit herrlich Erfühltem; im Weltall,
wo er fühlender fühlt, bist du ein Neuling. Drum zeig
ihm das Einfache, das, von Geschlecht zu Geschlechtern gestaltet,
als ein Unsriges lebt, neben der Hand und im Blick.
Sag ihm die Dinge. Er wird staunender stehn; wie du standst

bei dem Seiler in Rom, oder beim Töpfer am Nil.
Zeig ihm, wie glücklich ein Ding sein kann, wie schuldlos und unser,
wie selbst das klagende Leid rein zur Gestalt sich entschließt,
dient als ein Ding, oder stirbt in ein Ding –, und jenseits
selig der Geige entgeht. – Und diese, von Hingang
lebenden Dinge verstehn, daß du sie rühmst; vergänglich,
traun sie ein Rettendes uns, den Vergänglichsten, zu.
Wollen, wir sollen sie ganz im unsichtbarn Herzen verwandeln
in – o, unendlich in uns! wer wir am Ende auch seien.

Erde, ist es nicht dies, was du willst: *unsichtbar*
in uns erstehn? – Ist es dein Traum nicht,
einmal unsichtbar zu sein? – Erde! unsichtbar!
Was, wenn Verwandlung nicht, ist dein drängender Auftrag?
Erde, du liebe, ich will. Oh glaub, es bedürfte
nicht deiner Frühlinge mehr, mich dir zu gewinnen –, *einer*,
ach, ein einziger ist schon dem Blute zu viel.
Namenlos bin ich zu dir entschlossen, von weit her.
Immer warst du im Recht, und dein heiliger Einfall
ist der vertrauliche Tod.

Siehe, ich lebe. Woraus? Weder Kindheit noch Zukunft
werden weniger ..... Überzähliges Dasein
entspringt mir im Herzen.

Sonette an Orpheus

Nur wer die Leier schon hob
auch unter Schatten,
darf das unendliche Lob
ahnend erstatten.

Nur wer mit Toten vom Mohn
aß, von dem ihren,
wird nicht den leisesten Ton
wieder verlieren.

Mag auch die Spieglung im Teich
oft uns verschwimmen:
Wisse das Bild.

I. Der Aufbruch eines neuen Bewußtseins

Erst in dem Doppelbereich
werden die Stimmen
ewig und mild.

I, 9

Sei allem Abschied voran, als wäre er hinter
dir, wie der Winter, der eben geht.
Denn unter Wintern ist einer so endlos Winter,
daß, überwinternd, dein Herz überhaupt übersteht.

Sei immer tot in Eurydike –, singender steige,
preisender steige zurück in den reinen Bezug.
Hier, unter Schwindenden, sei, im Reiche der Neige,
sei ein klingendes Glas, das sich im Klang schon zerschlug.

Sei – und wisse zugleich des Nicht-Seins Bedingung,
den unendlichen Grund deiner innigen Schwingung,
daß du sie völlig vollziehst dieses einzige Mal.

Zu dem gebrauchten sowohl, wie zum dumpfen und stummen
Vorrat der vollen Natur, den unsäglichen Summen,
zähle dich jubelnd hinzu und vernichte die Zahl.

II, 13

Seele im Raum

Hier bin ich, hier bin ich, Entrungene,
taumelnd.
Wag ichs denn? Werf ich mich?

Fähige waren schon viel
dort, wo ich drängte. Nun wo
auch noch die Mindesten restlos Macht vollziehn,
schweigend vor Meisterschaft –:
Wag ichs denn? Werf ich mich?

Zwar ich ertrug, vom befangenen Körper aus,
Nächte; ja, ich befreundete
ihn, den irdenen, mit der Unendlichkeit;
schluchzend
überfloß, das ich hob,
sein schmuckloses Herz.

Aber nun, wem zeig ichs,
daß ich die Seele bin? Wen
wunderts?
Plötzlich soll ich die Ewige sein,
nicht mehr am Gegensatz haftend, nicht mehr
Trösterin; fühlend mit nichts als
Himmeln.

Kaum noch geheim;
denn unter den offenen
allen Geheimnissen eines,
ein ängstliches.

O wie durchgehn sich die großen Umarmungen.
Welche wird mich umfangen, welche mich weiter
geben, mich, linkisch
Umarmende?

Oder vergaß ich und kanns?
Vergaß den erschöpflichen Aufruhr
jener Schwerliebenden? Staun',
stürze aufwärts und kanns?

Aus einem Kondolenzbrief:

Nicht sich trösten wollen über einen solchen Verlust, müßte unser Instinkt sein, vielmehr müßte es unsere tiefe schmerzhafte Neugierde werden, ihn ganz zu erforschen, die Besonderheit, die Einzigkeit gerade *dieses* Verlustes, seine Wirkung innerhalb unseres Lebens zu erfahren, ja wir müßten die edle Habgier aufbringen, gerade um *ihn,* um seine Bedeutung und Schwere, unsere innere Welt zu bereichern. ... Ein solcher Verlust ist, je tiefer er uns trifft, und je heftiger er uns angeht, desto mehr eine *Aufgabe,* das nun im Verlorensein hoffnungslos Betonte neu, anders und endgültig in Besitz zu nehmen: *dies* ist dann unendliche Leistung, die alles Negative, das dem Schmerz anhaftet, alle Trägheit und Nachgiebigkeit, die immer einen Teil des Schmerzes ausmacht, auf der Stelle überwindet, dies ist tätiger, innenwirkender Schmerz, der einzige, der Sinn hat und unserer würdig ist. (...)
– Ich werf es allen modernen Religionen vor, daß sie ihren Gläubigen Tröstungen und Beschönigungen des Todes geliefert haben, statt

ihnen Mittel ins Gemüt zu geben, sich mit ihm zu vertragen und zu verständigen. Mit ihm, mit seiner völligen, unmaskierten Grausamkeit: diese Grausamkeit ist so ungeheuer, daß sich gerade bei ihr der Kreis schließt: sie führt schon wieder an das Extrem einer Milde, (...) die, empfänden sie nur einige von uns mit Überzeugung, vielleicht alle Verhältnisse des Lebens nach und nach durchdringen und transparent machen könnte: zur Erfahrung *dieser* reichsten und heilsten Milde hat die Menschheit niemals auch nur die ersten Schritte getan, – es sei denn in ihren ältesten, arglosesten Zeiten, deren Geheimnis uns fast verloren gegangen ist.

Nichts, ich bin sicher, war je der Inhalt der »Einweihungen«, als eben die Mitteilung eines »Schlüssels«, der erlaubte, das Wort »Tod« *ohne* Negation zu lesen; wie der Mond, so hat gewiß das Leben eine uns dauernd abgewendete Seite, die *nicht* sein Gegenteil ist, sondern seine Ergänzung zur Vollkommenheit, zur Vollzähligkeit, zu der wirklichen heilen und vollen Sphäre und Kugel des *Seins*.

Man sollte nicht fürchten, daß unsere Kraft nicht hinreiche, irgend eine, und sei es die nächste und sei es die schrecklichste Todeserfahrung zu ertragen; der Tod ist nicht *über* unsere Kraft, er ist der Maßstrich am Rande des Gefäßes: wir sind *voll*, so oft wir ihn erreichen – und Voll-sein heißt (für uns) Schwer-sein ... das ist alles. – Ich will nicht sagen, daß man den Tod *lieben* soll; aber man soll das Leben so großmütig, so ohne Rechnen und Auswählen lieben, daß man unwillkürlich ihn (des Lebens abgekehrte Hälfte) immerfort mit einbezieht, ihn mitliebt – was ja auch tatsächlich in den großen Bewegungen der Liebe, die unaufhaltsam sind und unabgrenzbar, jedesmal geschieht! Nur weil wir den Tod ausschließen in einer plötzlichen Besinnung, ist er mehr und mehr zum Fremden geworden, und da wir ihn im Fremden hielten, ein Feindliches.

Es wäre denkbar, daß er uns unendlich viel näher steht, als das Leben selbst... Was wissen wir davon?! Unser effort (dies ist mir immer deutlicher geworden mit den Jahren, und meine Arbeit hat vielleicht nur noch den *einen* Sinn und Auftrag, von dieser Einsicht, die mich so oft unerwartet überwältigt, immer unparteiischer und unabhängiger ... seherischer vielleicht, wenn das nicht zu stolz klingt... Zeugnis abzulegen), ... unser effort, mein ich, kann *nur* dahin gehen, die *Einheit* von Leben und Tod vorauszusetzen, damit sie sich uns nach und nach erweise. Voreingenommen, wie wir es *gegen* den Tod sind, kommen wir nicht dazu, ihn aus seinen Entstellungen zu lösen ... glauben Sie nur,

liebe gnädigste Gräfin, daß er ein *Freund* ist, unser tiefster, vielleicht der einzige durch unser Verhalten und Schwanken niemals, niemals beirrbare Freund ... und *das*, versteht sich, *nicht* in jenem sentimentalisch-romantischen Sinn der Lebensabsage, des Lebens-Gegenteils, sondern unser Freund, gerade dann, wenn wir dem Hier-Sein, dem Wirken, der Natur, der Liebe ... am leidenschaftlichsten, am erschüttertsten zustimmen. Das Leben sagt immer zugleich: Ja und Nein. Er, der Tod (ich beschwöre Sie, es zu glauben!) ist der eigentliche Ja-Sager. Er sagt *nur*: Ja. Vor der Ewigkeit.
              An M. Sizzo-Noris-Crouy, 1923

Aus einem Brief zu den Elegien:

Wir, diese Hiesigen und Heutigen, sind nicht einen Augenblick in der Zeitwelt befriedigt, noch in sie gebunden; wir gehen immerfort über und über zu den Früheren, zu unserer Herkunft und zu denen, die scheinbar nach uns kommen. In jener größesten »*offenen*« Welt *sind* alle, man kann nicht sagen »gleichzeitig«, denn eben der Fortfall der Zeit bedingt, daß sie alle *sind*. Die Vergänglichkeit stürzt überall in ein tiefes Sein. Und so sind alle Gestaltungen des Hiesigen nicht nur zeitbegrenzt zu gebrauchen, sondern, soweit wirs vermögen, in jene überlegenen Bedeutungen einzustellen, an denen wir Teil haben. Aber *nicht im christlichen Sinne* (von dem ich mich immer leidenschaftlicher entferne), sondern, in einem rein irdischen, tief irdischen, selig irdischen Bewußtsein gilt es, das *hier* Geschaute und Berührte in den weiteren, den weitesten Umkreis einzuführen. Nicht in ein Jenseits, dessen Schatten die Erde verfinstert, sondern in ein Ganzes, in *das Ganze*.
              An Witold Hulewicz. 1925

Späte Gedichte

Ach, nicht getrennt sein,
nicht durch so wenig Wandung
ausgeschlossen vom Sternen-Maß.
Innres, was ists?
Wenn nicht gesteigerter Himmel,
durchworfen mit Vögeln und tief
von Winden der Heimkehr.

I. Der Aufbruch eines neuen Bewußtseins

Spaziergang

Schon ist mein Blick am Hügel, dem besonnten,
dem Wege, den ich kaum begann, voran.
So faßt uns das, was wir nicht fassen konnten,
voller Erscheinung, aus der Ferne an –

und wandelt uns, auch wenn wirs nicht erreichen,
in jenes, das wir, kaum es ahnend, sind;
ein Zeichen weht, erwidernd unserm Zeichen ...
Wir aber spüren nur den Gegenwind.

An die Musik

Musik: Atem der Statuen. Vielleicht:
Stille der Bilder. Du Sprache wo Sprachen
enden. Du Zeit,
die senkrecht steht auf der Richtung vergehender Herzen.

Gefühle zu wem? O du der Gefühle
Wandlung in was? –: in hörbare Landschaft.
Du Fremde: Musik. Du uns entwachsener
Herzraum. Innigstes unser,
das, uns übersteigend, hinausdrängt, –
heiliger Abschied:
da uns das Innre umsteht
als geübteste Ferne, als andre
Seite der Luft:
rein,
riesig,
nicht mehr bewohnbar.

Letzte Eintragung im letzten Taschenbuch:

Komm du, du letzter, den ich anerkenne,
heilloser Schmerz im leiblichen Geweb:
wie ich im Geiste brannte, sieh, ich brenne
in dir; das Holz hat lange widerstrebt

Rainer Maria Rilke

der Flamme, die du loderst, zuzustimmen,
nun aber nähr' ich dich und brenn in dir.
Mein hiesig Mildsein wird in deinem Grimmen
ein Grimm der Hölle nicht von hier.
Ganz rein, ganz planlos frei von Zukunft stieg
ich auf des Leidens wirren Scheiterhaufen,
so sicher nirgend Künftiges zu kaufen
um dieses Herz, darin der Vorrat schwieg.
Bin ich es noch, der da unkenntlich brennt?
Erinnerungen reiß ich nicht herein.
O Leben, Leben: Draußensein.
Und ich in Lohe. Niemand der mich kennt.

Dezember 1926

Einleitung

Hugo von Hofmannsthal, Gerhart Hauptmann, Max Picard

Das kleine lyrische Drama »Der Tor und der Tod« ist ein Werk des neunzehnjährigen *Hofmannsthal*. Eine ganze Generation fand sich in der Gestalt des jungen Ästheten Claudio wieder. Sie übersah, daß hier das ausschließlich auf die Kunst bezogene »schöne« Leben nicht verherrlicht, sondern gerichtet wird. Claudio ist vornehm, reich, verwöhnt, ohne Verantwortung und Alltagssorgen. Er hat sich mit edlen Dingen umgeben, die sein Geist nur noch spiegelt, ohne eigene tätige Kraft. Die Kunst hat ihn dem Leben entzogen, natürliche Gefühle sind ihm fremd geworden, und so ist er im Grunde ohne menschliches Schicksal. Zu klug, um dies nicht zu erkennen, leidet er unter seiner Isolation, bleibt aber im Zirkel unfruchtbarer Selbstreflexion gefangen. Die Begegnung mit dem Tod ist die erste und einzige Realität in seinem Dasein, »das erste Ding, dessen tiefe Wahrhaftigkeit er zu *fassen* imstande ist«, wie Hofmannsthal sagt. Die Erscheinung des Todes macht dem »Krankheitszustand der Seele« ein Ende, die »Heilung« beginnt. (Tagebuch 4. I. 1894)

Hier setzt der nachfolgend wiedergegebene Text ein. Das »göttlichmenschliche« Geigenspiel des sich nahenden Todes ruft in Claudio die Erinnerung an Kindheit und Jugend wach, den grenzenlosen »Überschwang« der Seele im liebenden Einklang mit der Welt. Der krasse Gegensatz dieser Fülle zur Armut seines jetzigen Lebens ist es, der ihn dann in Todesangst das Unmögliche fordern läßt – sein ungelebtes Leben nachholen zu können. Der Tod erfüllt den Wunsch auf *seine* Weise: Ein paar Geigenstriche rufen die Schattengestalten der Mutter, der Geliebten, des Freundes herauf, so wie blitzartig verkürzt das Leben vor dem Erlöschen des Bewußtseins noch einmal vorbeiziehen kann. Dieser (im Text ausgelassene) »Totentanz« ist das Gericht, und Claudio stellt sich ihm. Das macht ihn in der letzten Stunde frei. Im schmerzhaften Prozeß wachsender Selbsterkenntnis erfährt er seine Schuld an denen, die ihn liebten – Mißachtung, Untreue, Verrat – aber auch die Stärke des eigenen totgeglaubten Gefühls. Das ganze versäumte Leben preßt sich ihm in den Todesaugenblick zusammen: »Erst da ich sterbe, spür' ich, daß ich bin.« Im Übermaß des neuen

Fühlens tauscht er nun freiwillig das Leben gegen die »Wunder und Gewalten« des Todes.

Der Tod, der so erlöst, ist nicht das schauerliche Gerippe der mittelalterlichen Totentänze, kaum der christliche Tod als der Sünde Sold und Bote des letzten Gerichts, oder doch alles dies und zugleich Dionysos, der Herr des rauschhaften Lebens, der dunklen Seelengründe, der gestorbene und von neuem erstandene Gott, der durch Tod und Wiedergeburt geleitet. Wie bei Nietzsche begegnen sich hier heidnisches Mysterium und christliche Mystik. In beidem ist der symbolische wie der reale Tod Schlüssel zum wahren Leben. Dreimal an entscheidender Stelle fällt das Wort vom »Überschwellen der Gefühle«, vom »Fühlensübermaß«. Das die Daseinsgrenzen überflutende, an einen paradiesischen Urzustand erinnernde Allgefühl der Jugend kehrt, geweitet um ein neues Wissen, in der Todesstunde zurück. Denn die Lebensferne Claudios war auch Todesferne. Es war der Tod, der, von ihm unbemerkt, in jedem wahren Gefühl, jeder großen Stunde, seine »Erdenform« erschauern ließ. Der Tod ist, auch für den späten Hofmannsthal, die allgegenwärtige tiefere Wirklichkeit des Lebens, sein innerster Quellpunkt, an dem es transzendiert. Weil Claudio an dieser Erfahrung vorbeigegangen ist, bejaht er zuletzt den Tod als das Erwachen aus blassem Lebenstraum ins »Todeswachen«. In diesem Sinn ist sein Sterben ein Geborenwerden.

Im Blick auf das Gesamtwerk Hofmannsthals ist der Tod Claudios jedoch nur ein Ausweg, nicht wirkliche Lösung. Der Versuchung, aus dem frühen Traum unmittelbar sich hinüberzuretten in den Tod, setzt der reife Dichter »die Erziehung zum Leben« entgegen. »Auf den Raum zwischen Traum und Tod kommt alles an. Im ›Tor und Tod‹ ist er kaum mehr als eine schmale Schwelle. Er wird in Hofmannsthals Werk sich ausdehnen und sich anfüllen mit sinnlicher und sittlicher Welt.«[1]

Heilend, weil den in der Seele angelegten »Überfluß« befreiend, ist der Tod auch für den Dichter des leidenden Menschen, *Gerhart Hauptmann*. Vor allem aber ist er die Besiegelung des schicksalhaften Leids, das menschliche Existenz heißt. Nur selten geht der Blick darüber hinaus wie in einer der eindringlichsten Szenen am Schluß des Dramas »Michael Kramer«.

[1] Richard Alewyn: Der Tod des Ästheten (Über Hofmannsthals »Der Tor und der Tod«). In: Interpretationen 2: Deutsche Dramen ... Fischerbücherei 1965, S. 307

Hauptmann ist alles andere als ein spekulativer Geist. Er deutet nicht, er zeigt auf. Seine – im Gegensatz zu Hofmannsthals Wortmächtigkeit – eher gebärdenhafte, das Medium des Bewußtseins kaum berührende Sprache, ja die Ohnmacht seiner Figuren vor dem treffenden Wort, sind Ausdruck eines bestimmten Menschen in einer bestimmten konkreten Situation. Die dichte Atmosphäre jedoch entsteht durch die sonst meist verschwiegene, hier aber fast mühsam beschworene transzendente Macht des Todes. Die Szene zeigt den Maler vor der Leiche des ermordeten Sohnes, ergriffen von dem, was er sieht. In vollkommener Klarheit offenbart das Gesicht des Toten sein bis dahin verkanntes wahres Wesen, seine Kraft und seine Möglichkeiten, die er in den widrigen Lebensumständen nicht entwickeln konnte. Der Tod hat den verborgenen Schatz gehoben, die Fülle des inneren Überschusses sichtbar gemacht, die von sich aus nicht frei werden konnte. Das ins Erhabene gewachsene Totengesicht ist sein Werk. Hauptmanns Menschen tun den Schritt ins Erhabene nicht selbst, wie die Helden Schillers. Sie treiben schicksalhaft im »Ungeheuren«, ohne je zu wissen, ob und wo sie landen werden. Das Ufer der anderen Wirklichkeit, auf das es nach dieser todesträchtigen Fahrt ankommt, liegt im Dunkel. Michael Kramer bleibt vor der Frage stehen, vor der letztlich auch der greise Hauptmann noch antwortlos stand: »Was wird es wohl sein am Ende???«

Dennoch – das Erhabene, Große des Todes öffnet eine Dimension, die hier mit den Worten »ewige Liebe« und »Gottessohn« angedeutet ist. Das »dunkle Geheimnis« des Menschseins war für Hauptmann letztlich nur zu erahnen im Blick auf die reine Gestalt des »Menschensohnes«, dessen Umrisse er in der für ihn charakteristischen Unbestimmtheit im Spätwerk zu fassen sucht (Emanuel Quint, Der neue Christophorus). Sein Leben lang hat er mit dem Christus-Problem gerungen, ohne – so weit wir es wissen – für sich eine Klärung zu finden.

Ausdrückliches Thema im Zusammenhang mit dem Todesproblem ist der »Überfluß« für den Arzt und Schriftsteller *Max Picard*. Er geht am weitesten in der Bestimmung dieses »Mehr«, wie er ihn nennt. Auch für ihn ist er kein geistiger Akt der Person, wie etwa noch für Scheler, vielmehr ein Übermaß an Leben, das in allen Dingen der Schöpfung über das Notwendige hinaus wirkt. Das Mehr unterscheidet sich von der bloßen Funktionalität der Maschine, es ist »ein Grund der Welt«. Vor allem ist es im Menschen und weist über ihn hinaus auf das absolute Mehr – auf Gott. Das Mehr ist ein göttliches Prinzip, das in allem Seienden verborgene Über-sein. Alle Verwandlung geht von ihm aus. Das Mehr leuchtet dem Kind voran in die Welt und dem Toten zurück in den Ursprung. Im Kindergesicht, das noch nicht von Weltbezügen überlagert ist, strahlt es aus als das Paradiesische. Im Antlitz des Toten kehrt es wieder, wenn er aus der Zerstreuung zu sich selbst eingekehrt ist. Dann ist es so rein und ausschließlich da, als sei der Tod nur gekommen, um es sichtbar zu machen: »Die Bewegung ist heimgekehrt zu ihrer Herkunft.« Das könnte auch Heidegger gesagt haben. Zeit und Kausalität erscheinen im Totengesicht aufgehoben, es ist schon vorgeformt von Unsterblichkeit – unvorstellbar, daß es verschwinden, verwesen könnte. Die Individualität des Toten geht in dieses Mehr ein wie der Ton in die Harmonie. Sie vollendet sich im Mehr. Picard betont: Keine Angst vor dem Tod wäre imstande, den Gedanken der Unsterblichkeit je hervorzubringen. Es ist gerade umgekehrt: Das Mehr, das Transzendente, wagt sich im Menschen am weitesten in die Welt vor, drückt sich durch die Materie durch. Wir können es nur fassen, weil – wie Picard mit Plotin sagt – »es das gibt, das Eine«, von dem alles kommt, zu dem alles zurückkehrt.

Hugo von Hofmannsthal
1874–1929

Vom »Fühlensübermaß«

Der Tor und der Tod

CLAUDIO
Er geht eine Weile nachdenklich auf und nieder. Hinter der Szene erklingt das sehnsüchtige und ergreifende Spiel einer Geige, zuerst ferner, allmählich näher, endlich warm und voll, als wenn es aus dem Nebenzimmer dränge.
       Musik?
 Und seltsam zu der Seele redende! (…)
 Mich dünkt, als hätt ich solche Töne
 Von Menschengeigen nie gehört …
Er bleibt horchend gegen die rechte Seite gewandt.
 In tiefen, scheinbar lang ersehnten Schauern
 Dringts allgewaltig auf mich ein;
 Es scheint unendliches Bedauern,
 Unendlich Hoffen scheints zu sein,
 Als strömte von den alten, stillen Mauern
 Mein Leben flutend und verklärt herein.
 Wie der Geliebten, wie der Mutter Kommen,
 Wie jedes Langverlornen Wiederkehr,
 Regt es Gedanken auf, die warmen, frommen,
 Und wirft mich in ein jugendliches Meer:
 Ein Knabe stand ich so im Frühlingsglänzen
 Und meinte aufzuschweben in das All,
 Unendlich Sehnen über alle Grenzen
 Durchwehte mich in ahnungsvollem Schwall! (…)
 Wie waren da lebendig alle Dinge
 Dem liebenden Erfassen nah gerückt,
 Wie fühlt ich mich beseelt und tief entzückt,
 Ein lebend Glied im großen Lebensringe!

Da ahnte ich, durch mein Herz auch geleitet,
Den Liebesstrom, der alle Herzen nährt,
Und ein Genügen hielt mein Ich geweitet,
Das heute kaum mir noch den Traum verklärt.
Tön fort, Musik, noch eine Weile so
Und rühr mein Innres also innig auf:
Leicht wähn ich dann mein Leben warm und froh,
Rücklebend so verzaubert seinen Lauf:
Denn alle süßen Flammen, Loh an Loh
Das Starre schmelzend, schlagen jetzt herauf!
Des allzu alten, allzu wirren Wissens
Auf diesen Nacken vielgehäufte Last
Vergeht, von diesem Laut des Urgewissens,
Den kindisch-tiefen Tönen angefaßt.
Weither mit großem Glockenläuten
Ankündigt sich ein kaum geahntes Leben,
In Formen, die unendlich viel bedeuten,
Gewaltig-schlicht im Nehmen und im Geben.
Die Musik verstummt fast plötzlich.
Da, da verstummt, was mich so tief gerührt,
Worin ich Göttlich-Menschliches gespürt!
Der diese Wunderwelt unwissend hergesandt,
Er hebt wohl jetzt nach Kupfergeld die Kappe,
Ein abendlicher Bettelmusikant.
Am Fenster rechts:
Hier unten steht er nicht. Wie sonderbar!
Wo denn? Ich will durch andre Fenster schaun ...
Wie er nach der Türe rechts geht, wird der Vorhang leise zurückgeschlagen, und in der Tür steht der Tod, den Fiedelbogen in der Hand, die Geige am Gürtel hängend. Er sieht Claudio, der entsetzt zurückfährt, ruhig an.
Wie packt mich sinnlos namenloses Grauen!
Wenn deiner Fiedel Klang so lieblich war,
Was bringt es solchen Krampf, dich anzuschauen?
Und schnürt die Kehle so und sträubt das Haar?
Geh weg! Du bist der Tod. Was willst du hier?
Ich fürchte mich. Geh weg! Ich kann nicht schrein,
Sinkend:
Der Halt, die Luft des Lebens schwindet mir!
Geh weg! Wer rief dich? Geh! Wer ließ dich ein?

I. Der Aufbruch eines neuen Bewußtseins

DER TOD
 Steh auf! Wirf dies ererbte Graun von dir!
 Ich bin nicht schauerlich, bin kein Gerippe!
 Aus des Dionysos, der Venus Sippe,
 Ein großer Gott der Seele steht vor dir.
 Wenn in der lauen Sommerabendfeier
 Durch goldne Luft ein Blatt herabgeschwebt,
 Hat dich mein Wehen angeschauert,
 Das traumhaft um die reifen Dinge webt;
 Wenn Überschwellen der Gefühle
 Mit warmer Flut die Seele zitternd füllte,
 Wenn sich im plötzlichen Durchzucken
 Das Ungeheure als verwandt enthüllte.
 Und du, hingebend dich im großen Reigen,
 Die Welt empfingest als dein eigen:
 In jeder wahrhaft großen Stunde,
 Die schauern deine Erdenform gemacht,
 Hab ich dich angerührt im Seelengrunde
 Mit heiliger, geheimnisvoller Macht.

CLAUDIO
 Genug! Ich grüße dich, wenngleich beklommen.
 Kleine Pause.
 Doch wozu bist du eigentlich gekommen?

DER TOD
 Mein Kommen, Freund, hat stets nur *einen* Sinn!

CLAUDIO
 Bei mir hats eine Weile noch *dahin!*
 Merk: eh das Blatt zu Boden schwebt,
 Hat es zur Neige seinen Saft gesogen!
 Dazu fehlt viel: Ich habe nicht gelebt! (...)
 Mit halbem Herzen, unterbundnen Sinnen
 In jedem Ganzen rätselhaft gehemmt,
 Fühlt ich mich niemals recht durchglutet innen,
 Von großen Wellen nie so recht geschwemmt,
 Bin nie auf meinem Weg dem Gott begegnet,
 Mit dem man ringt, bis daß er einen segnet.

Hugo von Hofmannsthal, Gerhart Hauptmann, Max Picard

DER TOD
　Was allen, ward auch dir gegeben,
　Ein Erdenleben, irdisch es zu leben.
　Im Innern quillt euch allen treu ein Geist,
　Der diesem Chaos toter Sachen
　Beziehung einzuhauchen heißt,
　Und euren Garten draus zu machen
　Für Wirksamkeit, Beglückung und Verdruß.
　Weh dir, wenn ich dir das erst sagen muß!
　Man bindet und man wird gebunden,
　Entfaltung wirken schwül und wilde Stunden,
　In Schlaf geweint und müd geplagt
　Noch wollend, schwer von Sehnsucht, halbverzagt,
　Tiefatmend und vom Drang des Lebens warm …
　Doch alle *reif*, fallt ihr in meinen Arm.

CLAUDIO
　Ich aber bin nicht reif, drum laß mich hier.
　Ich will nicht länger töricht jammern,
　Ich will mich an die Erdenscholle klammern,
　Die tiefste Lebenssehnsucht schreit in mir.
　Die höchste Angst zerreißt den alten Bann;
　Jetzt fühl ich – laß mich – daß ich leben kann! (…)[1]

　Warum erklingt uns nicht ein Geigenspiel.
　Aufwühlend die verborgne Geisterwelt,
　Die unser Busen heimlich hält,
　Verschüttet, dem Bewußtsein so verschwiegen,
　Wie Blumen im Geröll verschüttet liegen?
　Könnt ich mit dir sein, wo man dich nur hört,
　Nicht von verworrner Kleinlichkeit verstört!
　Ich kanns! Gewähre, was du mir gedroht:
　Da tot mein Leben war, sei du mein Leben, Tod!
　Was zwingt mich, der ich beides nicht erkenne,
　Daß ich dich Tod und jenes Leben nenne?
　In eine Stunde kannst du Leben pressen,
　Mehr als das ganze Leben konnte halten,

---

[1] Statt einer Antwort führt der Tod Claudio Mutter, Geliebte und Freund vor Augen. Seine Schuld an ihnen erkennend, ergibt er sich der Macht des Todes.

Das schattenhafte will ich ganz vergessen,
Und weih mich deinen Wundern und Gewalten.
Er besinnt sich einen Augenblick.
Kann sein, dies ist nur sterbendes Besinnen,
Heraufgespült vom tödlich wachen Blut,
Doch hab ich nie mit allen Lebenssinnen
So viel ergriffen, und so nenn ichs gut!
Wenn ich jetzt ausgelöscht hinsterben soll,
Mein Hirn von dieser Stunde also voll,
Dann schwinde alles blasse Leben hin:
Erst, da ich sterbe, spür ich, daß ich bin.
Wenn einer träumt, so kann ein Übermaß
Geträumten Fühlens ihn erwachen machen,
So wach ich jetzt, im Fühlensübermaß
Vom Lebenstraum, wohl auf im Todeswachen.
Er sinkt tot zu den Füßen des Todes nieder.

DER TOD
indem er kopfschüttelnd langsam abgeht
Wie wundervoll sind diese Wesen,
Die, was nicht deutbar, dennoch deuten,
Was nie geschrieben wurde, lesen,
Verworrenes beherrschend binden
Und Wege noch im Ewig-Dunkeln finden.
Er verschwindet in der Mitteltür, seine Worte verklingen. Im Zimmer bleibt es still. Draußen sieht man durchs Fenster den Tod geigenspielend vorübergehen, hinter ihm die Mutter, auch das Mädchen, dicht bei ihnen eine Claudio gleichende Gestalt.

Gerhart Hauptmann
1862–1946

Das Freiwerden des inneren »Überschusses« im Tod

Der Vater vor dem toten Sohn

Wenn erst das Große ins Leben tritt, hörn Se, dann ist alles Kleine wie weggefegt. Das Kleine trennt, das Große, das eint, sehn Se. Das heißt, man muß so geartet sein. Der Tod ist immer das Große, hörn Se: der Tod und die Liebe. (...)

Der Tod, sehn Se, weist ins Erhabne hinaus. Sehn Se, da wird man niedergebeugt. Doch was sich herbeiläßt, uns niederzubeugen, ist herrlich und ungeheuer zugleich. Das fühlen wir dann, das sehen wir fast, und hörn Se, da wird man aus Leiden – groß. – (...)

Ich habe den Tag über hier gesessen, ich habe gezeichnet, ich habe gemalt, ich habe auch seine Maske gegossen. Dort liegt sie, dort, in dem seidnen Tuch. Jetzt gibt er dem Größten der Großen nichts nach. *Er deutet auf die Beethovenmaske.* Und will man das festhalten, wird man zum Narren. Was jetzt auf seinem Gesichte liegt, das alles, Lachmann, hat in ihm gelegen. Das fühlt' ich, das wußt' ich, das kannt' ich in ihm und konnte ihn doch nicht heben, den Schatz. Sehn Se, nun hat ihn der Tod gehoben. – Nun ist alles voll Klarheit um ihn her, das geht von ihm aus, von dem Antlitz, Lachmann, und hörn Se, ich buhle um dieses Licht, wie so'n schwarzer, betrunkner Schmetterling. – Hörn Se, man wird überhaupt so klein: Das ganze Leben lang war ich sein Schulmeister. Ich habe den Jungen malträtiert, und nun ist er mir so ins Erhabne gewachsen. (...) Man soll sich nicht ängsten in der Welt. Die Liebe, sagt man, ist stark wie der Tod. Aber kehren Se getrost den Satz mal um: Der Tod ist auch mild wie die Liebe, Lachmann. – – Hörn Se, der Tod ist verleumdet worden, das ist der ärgste Betrug in der Welt!! Der Tod ist die mildeste Form des Lebens: der ewigen Liebe Meisterstück. *Er öffnet das große Atelierfenster, leise Abendglocken – frostgeschüttelt.* Das große Leben sind Fieberschauer, bald kalt, bald heiß. Bald heiß, bald kalt! ––– Ihr tatet dasselbe dem Gottessohn! Ihr tut es

I. Der Aufbruch eines neuen Bewußtseins

ihm heut wie dazumal! So wie damals, wird er auch heut nicht sterben! – (...) Wo sollen wir landen, wo treiben wir hin? Warum jauchzen wir manchmal ins Ungewisse? Wir Kleinen, im Ungeheuren verlassen? Als wenn wir wüßten, wohin es geht. So hast du gejauchzt! – Und was hast du gewußt? – Von irdischen Festen ist es nichts! – Der Himmel der Pfaffen ist es nicht! Das ist es nicht, und jen's ist es nicht, aber was ... – *mit gen Himmel erhobenen Händen* – was wird es wohl sein am Ende???

Michael Kramer, IV. Akt. Schluß

Max Picard
1888–1965

Das »Mehr«, Spur des göttlichen Ursprungs

> »Wisset, daß der Mensch unendlich
> über den Menschen hinausreicht.«
> *Pascal*

Die Gegenwärtigkeit des toten Menschengesichts

Das Gesicht des *Sterbenden* fällt in sich selbst zurück, sich in sich selbst vergrabend, als wolle es sich vor dem Tode verstecken. Ein trennender Raum ist um den Sterbenden herum: es ist der Raum der Welt, der leer ist, da der Sterbende sich aus ihm zu sich selbst zurückgezogen hat.

Anders ist das Gesicht des *Toten*. Es ist zurückgekehrt aus sich selber, ungemein zurückgekehrt. Es ist *da*, heftig da, so sehr, als ob es nicht geworden, sondern immer dieses tote Menschengesicht gewesen wäre.

Für den Menschen von heute ist der Tod nicht mehr ein Grundphänomen für sich, sondern bloß das Letzte des Lebens, sein Rest, das Ausgeschöpfte, das Leere, die Folge eines Fehlers in der Konstruktion, etwas, das nicht da sein darf und weggewischt wird. Das Gesicht des Toten widerspricht dem: es ist so da, wie nur etwas da ist, das für sich gilt.

Das Gesicht des Lebenden will Welt, ist offen zu ihr hin, es bewegt sich zu ihr hin, umfaßt sie, es ist Tor in die Welt – das Gesicht des Toten umfaßt nur sich selber, es hat alles, es ist Tor gegen die Welt. Es ist nur da, fast drohend durch die Heftigkeit des Da-Seins. Man hört auf zu fragen, ob etwas anders sein könnte. Die Welt der Möglichkeiten ist weggeschoben, es gibt nur das Eine, Gewisse, das tote Menschengesicht. Eine Spur von Gottes: »Ich bin, der ich bin«, ist in ihm.

So heftig ist die Isolierung um es herum, daß der Mensch davor selbst abgelöst wird von allem. Er wird wieder der Einzelne.

Einsamkeit ist um das tote Menschengesicht und um den Menschen davor. Ist dadurch die Einsamkeit des Lebenden legitimiert, oder heißt das, daß die Einsamkeit des Lebenden zum Tode führt? Weder das eine, noch das andere. Das tote Menschengesicht bezieht sich nicht auf das Leben, es ist pures *Da*sein für sich.

Das *Da*-Sein, das durch die *Bewegung* des Lebens weggedrängt wurde, wird sichtbar. Der Ausgang der Bewegung, das Daseinshafte ist wieder erreicht. Die Bewegung ist heimgekehrt zu ihrer Herkunft. »Gerade im höchsten Denken und Handeln des Menschen offenbart sich dieses ewig Seiende. In Gott ist keine Veränderung denkbar« (Friedrich Schlegel). Die Intensität des Daseienden geht über alles Zweckhafte, über alle Faktizität hinaus. Es ist mehr Daseiendes, als aufgebraucht werden könnte. Es wirkt noch zurück auf den Dynamismus der Lebenden: er wird gehemmt, einfach dadurch, daß es das tote Menschengesicht gibt. Auch das ist das Geheimnisvolle des toten Menschengesichtes, und es besteht auch in *unserer* Welt des allzusehr Aufgedeckten. Die Form des lebenden Menschengesichtes aber wird befestigt dadurch, daß sie im toten Menschengesicht überdeutlich geprägt ist.

So intensiv ist das Gesicht des Toten da: die Zeit hört auf abzulaufen. Nichts sonst ist mehr, nichts geschieht mehr. Man schaut das tote Menschengesicht an und wird angeschaut von ihm. Schauen und Angeschaut-werden ist eins. Man ist vor dem Toten und zugleich verschwindet man vor ihm und ist im nächsten Augenblick wieder da: Dasein und Verschwinden gehen ineinander über. Die Welt der extremen Kausalität von heute scheint aufgehoben. Man kann sich nicht vorstellen, daß das tote Menschengesicht sich verändern, verwesen könne, so sehr ist es da, als das Eine, Unwandelbare: eine Spur des immer Dauernden, der Unsterblichkeit, ist schon jetzt in ihm. Es formt sich schon im voraus nach dem Urbild alles Dauernden, Unsterblichen. Es wird ein Abbild davon. Und als ein solches Bild umschwebt es den auf der Erde zurückgebliebenen Menschen. Denn es ist das Wesen des Bildes, daß es den Menschen umschwebt, es begleitet ihn, ist bei ihm, ohne daß er es sucht, verschwindet wieder und ist im nächsten Augenblick wieder da. Es verläßt einen nicht. Das Bildhafte des Totengesichtes macht es den Lebenden leicht, den Toten nicht zu vergessen. Es selber, das tote Menschengesicht, vergißt die Lebenden nicht. Auch das ist das Geheimnis des toten Menschengesichts, daß es ungemein da ist und zugleich überall bei einem.

Die Gesichter der Toten gehören alle zueinander. Das Gesicht eines Toten bezieht sich mehr auf die anderen Totengesichter, es ist mehr geprägt durch diese, als durch das eigene Gesicht des Lebens. Es gibt eine Union der Totengesichter. Die Totengesichter verstehen einander mehr, als wir sie verstehen. »Die Wachen haben eine einzige gemeinsame Welt – im Schlaf wendet sich jeder der eigenen zu« (Heraklit), – aber im Tode ist jeder wieder in einer gemeinsamen Welt, in der der Toten.

Das Mehr

Das Gesicht des Toten hat nichts von der Leere, dem Ausgeleerten des Gesichts des Sterbenden. Es ist ausgefüllt, ganz. Ein Neues ist durch den Tod hinzugekommen, das Mehr. »Wie bei allen Toten war das Gesicht von Peter Ivanovitsch schöner und vor allem bedeutender geworden. Das Gesicht hatte den Ausdruck, als ob es sagen wollte: Alles was geschehen mußte, ist geschehen, und es war recht so. Und außerdem lag in den Zügen noch etwas, wie ein Vorwurf und eine Mahnung an alle, welche noch am Leben waren« (Tolstoi, der Tod des Iwan Iljitsch).

Was ist das Mehr? Dies: In jedem Ding der Schöpfung ist mehr, als es brauchte, um so zu sein wie es ist. Über alles Notwendige hinaus ist ein Mehr in einem Ding der Schöpfung, die Welt ist nicht nach dem Abgemessenen, gerade Ausreichenden, eingerichtet, sondern aus der Fülle. Das Mehr ist der Grund der Welt, nicht das Rationierte. Eine Blume, zum Beispiel, leitet ihren Samen nicht auf dem schnellsten Wege, wie in einer Röhre, zum nächsten Jahre hin, sondern sie blüht während vieler Tage im Übermaß aller Farben. Dieses Übermaß der Farben gilt, und nur nebenbei fallen die Samen herunter. Um der Fülle, um des Daseins in der Fülle willen, ist die Blume da, nicht wegen des schmalen, raschen Weges zum Ziel.

Durch das Mehr braucht ein Ding der Schöpfung sich nicht auf, es erholt sich in seinem Mehr. Eine Maschine hat das Mehr nicht, sie ist eben dadurch Maschine, sie kann nur funktionieren nach dem, was ihr zugemessen ist, und sie funktioniert um so besser, je exakter ihr zugeteilt worden ist. Sie kann sich nicht verwandeln. Ein Ding der Schöpfung aber verwandelt sich vom Mehr her. Es reicht durch das Mehr über sich selbst hinaus.

Am meisten von allem in der Schöpfung ist das Mehr im Menschen. Denn der Mensch ist Gott, dem größten, dem absoluten Mehr, am nächsten. Nirgends als beim Menschen bewegt sich das Transzendente, das Mehr, soweit in die Welt hinein, es ist Vertrauen zum Menschen in diesem Wagnis. Das Mehr ist beim Menschen das, aus dem all sein Sagen und Tun kommt und das zugleich über allem Sagen und Tun steht. Es ist das Behütende, das Schutzengelhafte über dem Menschen. Es ist Grund der Menschenerde in ihm und zugleich Sternbild über ihm.

Im Gesicht des Kindes, das unmittelbar vom Ursprung des Mehr herkommt, ist das Mehr sehr deutlich. Es macht das Paradiesische in einem Kindergesicht aus. Im Tod, wenn das Gesicht des Erwachsenen nicht mehr überlagert ist von den tausend Funktionen zur Welt hin, erscheint das Mehr wieder unverdeckt, mächtiger sogar als im Gesicht des Kindes. Wenn Heidegger darin recht hat, daß die Wahrheit das Aufgedeckte sei, so ist im Gesicht des Toten die Wahrheit, das Mehr, aufgedeckt. So sehr ist nun das Mehr da, daß es scheint, der Tod sei nur gekommen, um das Mehr sichtbar zu machen. Das tote Menschengesicht steht durch die Fülle des Mehr als eine neue Schöpfung vor einem: noch der Tod offenbart die Kontinuität der Schöpfung.

Mit dem Mehr wächst der Mensch wieder zu seinem Ursprung hin, zum absoluten Mehr. Das Mehr leuchtet dem Kind in die Welt voran, dem Toten leuchtet es aus der Welt zum Ursprung zurück: das Mehr ist der Psychopompós, der Totengeleiter.

Der Grundstock des Mehr am Anfang und Ende des Lebens: das Leben des Menschen spielt sich unter dem Bogen ab, der zwischen beiden gespannt ist.

Das Gesicht des Tieres ist im Tode zu sich eingezogen, es zieht sich in sich selbst ein, als wolle es sich wegtun – es nimmt ab im Tode, es ist reduziert, im Gegensatz zum Menschengesicht.

Goethe vor Wielands Totenmaske: »Der Tod ist ein schlechter Porträtmaler«, – ja eben darum, weil ein Neues im Gesicht erscheint: das unverdeckte Mehr. Es ist darum falsch zu sagen: ut vita ita mors (Wie das Leben, so der Tod). Das Totengesicht zeigt auch nicht an, was aus dem Menschen eigentlich hätte werden können, alle Möglichkeiten sind aufgegangen im Mehr, nichts ist in ihm vom Gedanken des letzten Augenblicks: alles Subjektive und alles Augenblickshafte ist aufgelöst im Mehr.

Wohl sind die Linien, die das Leben dem Gesicht eingeprägt hat, im Gesicht des Toten da, aber sie sind jetzt nur noch Modulationen des Mehr, Chiffren innerhalb des Mehr. Es ist wie bei Rembrandt, wo im

Licht der Gegenstand aufgeht: Christus wird in der Auferstehung emporgehoben aus dem Grab durch das Licht, nicht nur ins Licht. Die einzelnen Teile des Gesichtes werden nicht undeutlich im Mehr, im Gegenteil, sie sind intensiver da als vorher, sie bekommen Intensität von seiner Intensität; das Gesicht wird gegenwärtiger, als es im Leben war.

Das Spezifisch-Persönliche ist immer noch da, aber es hat aufgehört, durch sich selbst bedeutend zu sein, es wird jetzt durch das Mehr, in dem es ist, bedeutend. »Wie die Harmonie auf der Flöte flötet« (Nikolaus von Kues), so spielt das Mehr als Instrument auf dem Persönlichen, es wird Ton im Mehr.

Vom Persönlichen im Leben nimmt das Gesicht etwas mit in den Tod, aber dieses wird Teil jetzt dieses Mehr. Wie die toten ägyptischen Könige in den Grabkammern Dinge aus dem Leben bei sich hatten, verkleinert: Eßgefäße, kleine Schiffe, Wagen, Stühle, so hat das tote Menschengesicht vom Gewesenen bei sich: zeichenhaft. Das Gewesene reicht nun über die Faktizität, die es im Leben hatte, hinaus. Der Ernst, zum Beispiel, ist jetzt da als *der* Ernst, er wird zum Phänomen des Ernstes überhaupt. Die Ruhe in diesen Gesichtern wird zum Urphänomen, es ist nicht die persönlich errungene, sondern die am Anfang der Schöpfung dem Menschen verliehene und nun wiedergekehrte Ruhe.

Das letzte Antlitz

Im allgemeinen ist es so, daß einer nicht von sich selber, sondern vom Tod her mehr wird. Aber Dr. B. wird durch sich selber mehr. Es ist ganz großartig, wie er den Tod als eine Aufgabe vornimmt, die er durchzunehmen hat. Genau so wie ein Schüler sich an eine Aufgabe setzt, so setzt er sich an den Tod. Nein, nicht wie ein Schüler, wie ein Feldherr: er disponiert alles, was zum Tode gehört. Er will nichts verfehlen. Es ist, als ob er sich alles in einem Notizbüchlein notiert hätte. Er läßt nur noch solche Menschen zu sich, die mit seinem Tode wirklich etwas zu tun haben. Und er wollte nicht mehr im Krankenhaus bleiben, weil dort der Tod zu leicht, zu selbstverständlich ist. Daheim in der gewöhnlichen Umgebung ist der Tod schwer. Der Tod bricht hier auch wirklich in das Leben hinein. Im Krankenhaus schleicht er sich durchs Schlüsselloch ein. Er ist immer auf dem Korridor.

Aus einem Brief über den Tod, 15.11.1935

Wo die Götter atmen. Da, wo wir uns anstrengen hin zum Göttlichen, es aus der Zeitlichkeit in jeder Minute neu zu erraffen, da, wo wir vor Anstrengung schwer atmen, da ruhen die Götter, da ruht der Atem der Götter. Wir nehmen den Göttern den Atem ab. Still wird es bei den Göttern, wenn der Mensch sich zu ihnen hin anstrengt. Die Götter hören sich in dieser Stille, sie hören sich, wenn wir zu ihnen hin uns anstrengen.

Wo aber wir ruhen, atmen die Götter. Im Tod hört man den Atem der Götter. Im Tode hört man den Atem der Götter in diese Welt hinein.

Nur Gott selber kann einem Urlaub von dieser Anstrengung geben. Es gibt auch nichts Schöneres als diesen Urlaub von der Anstrengung. Gott selber strengt sich dann für einen an, aber da er ein Gott ist, atmet er da nicht, wo wir atmen würden, doch wir sind dann imstande, den Atem Gottes zu hören, obwohl er nicht ist.

Dieses Mixtum, das der Mensch darstellt von Ewigem und Zeitlichem, muß vom Menschen in jeder Minute neu dargestellt werden. Das ist sein Wesen, daß er diese von Gott geschaffene Verrichtung selber noch einmal schafft, ewig sich dissoziierend und ewig sich verbindend.

Der Mensch erfaßt Gott, Unsterblichkeit als geschlossen, in sich seiend. Er wäre nicht imstande etwas als ein Anderes zu erkennen, es zu erkennen als das was es ist, *abgeschlossen*, wenn er nicht die Kenntnis eines Absolut-Abgeschlossenen hätte; er sähe alles chaotisch.

Solche Phänomene wie das Leben des Menschen, in dem sich das Vegetative an den Geist bindet, entstehen durch einen Akt, ebenso die Unsterblichkeit, wobei der »Drang« und der »Geist« nur akzidentelle Momente sind.

Der Akt, durch den Unsterblichkeit konstituiert wird, ist abgeschlossen und er ist als solcher nicht vom Drang aus erkennbar.

Der Akt der Unsterblichkeit ist immer durch die Unsterblichkeit selber erklärbar. Es ist ein Akt, abgeschlossen.

Die Unsterblichkeit können wir nur fassen, weil es das gibt, das Eine. Als Einheit, als Begriff, als Phänomen. Nur darum ist sie abgegrenzt. Sie wird »durchgedrückt« von drüben.

Die Unsterblichkeit, wie wir sie fassen, ist ein Versuch, das hier nachzuahmen. Sie ist nicht vom Geringeren her heraufgebildet, sondern vom Höheren herabkommend, nach ihm strebend.

Hugo von Hofmannsthal, Gerhart Hauptmann, Max Picard

Die Angst kann die Unsterblichkeit nicht schaffen. Sie ist nicht so produktiv, einen solchen Gedanken hervorzubringen.

Unsere Welt reicht in die Welt der Toten hinein, und jene in unsere.

Daß es überhaupt ein Ende gibt, ist ein Zeichen vom Vorgegebenen. Tod ist Loslassen des Vorgegebenen und, zugleich, Umfassen.

Fragmente

II.
Erfahrungen und Denkwege im zwanzigsten Jahrhundert

Einleitung

Franz Kafka

Kafkas Werk am Eingang des zwanzigsten Jahrhunderts hat das Gesicht der Moderne geprägt. Seine beklemmende Negativität ist jedoch weniger ein Ausdruck des neuzeitlichen Nihilismus als vielmehr die andere, die »böse« Seite eines Positiven, das die Erzählungen fast ganz verschweigen. In den Aphorismen und Tagebüchern dagegen wird ein Kampf sichtbar, der Kafka in unmittelbarer Nähe zu Heinrich von Kleist zeigt, dem ersten, im weitesten Sinn modernen Dichter – ein mit allen Seelen- und Geisteskräften geführter Kampf um das eine und einzige Ziel der Erkenntnis von Wahrheit. Das Bewußtsein von der Verlorenheit des Ich in einer verfremdeten Welt hat sich bei Kafka fast ausweglos radikalisiert. Von der Schönheit der Welt, der Größe des Menschen, ist nicht mehr die Rede. Das irdische Dasein erscheint als ein labyrinthisches System von Lügen, dem nicht zu entrinnen ist. Ja der Mensch selbst erfährt sich in einem bestimmten Sinn als Lüge. Denn er sieht die Wahrheit, die er von seinem Ursprung her zu sein glaubt, verstellt durch Hindernisse, deren größtes er selbst ist – ein Grundmotiv fast aller Erzählungen Kafkas: »Er hat das Gefühl, daß er sich dadurch, daß er lebt, den Weg verstellt. Aus dieser Behinderung nimmt er dann wieder den Beweis dafür, daß er lebt.« Ironisch nennt Kafka den Menschen den »freien und gesicherten Bürger« des Himmels und der Erde: in Wirklichkeit ist er von beiden Mächten an eine Kette gelegt, die ihn drosselt, in welche Richtung er sich auch bewegt. Der Ausbruch aus dieser paradoxen Existenz, der Durchbruch zur Wahrheit, gelingt nur, wenn wir die Lüge, die wir sind, aufheben und den »archimedischen Punkt« gewinnen, von dem aus nicht nur die Welt, vor allem auch die eigene Existenz gleichsam aus den Angeln gehoben werden kann.[1] Da es für Kafka zwar das Ziel gibt, aber eigentlich keinen Weg mehr dorthin, und auch »Botschaften« von dort uns nicht mehr erreichen, kann es nur darum gehen, die Lüge des Irdischen zu durchschauen und sie schrittweise abzubauen. Nur Annäherungen an die Wahrheit sind möglich, nur der Aufweis dessen, was

---

[1] vgl. Wilhelm Emrich: F. K. In: Deutsche Literatur im 20. Jahrhundert. 1955, S. 230 ff.

Wahrheit *nicht* ist. Die methodische Unerbittlichkeit, mit der Kafka jede scheinbare Erkenntnis negiert und durch die entgegengesetzte Erkenntnis ad absurdum führt, verfolgt nur diese eine Absicht. Je unerklärlicher die Wahrheit in dieser Vielfalt widersprüchlichster Erklärungen scheint, desto mehr nähert sich paradoxerweise der Mensch dem archimedischen Punkt, an dem er aus der Einseitigkeit seiner Existenz zur Anschauung ihrer Totalität und damit zur eigentlichen Selbstbestimmung kommen kann. Nur in einem unendlichen Prozeß der Reflexionen und Negationen tritt das wahre Bild vom Menschen klarer hervor. »Das Negative zu tun, ist uns noch auferlegt; das Positive ist uns schon gegeben«, schreibt Kafka.

Im Sinn einer solchen der negativen Theologie vergleichbaren negativen Anthropologie versteht er sein Schreiben als eine »Expedition nach der Wahrheit«. Er erlaubt sich keine Ausflucht oder Zuflucht. Von einer »schrecklichen Hellsichtigkeit, Reinheit und Unfähigkeit zum Kompromiß« ist er, wie die Freundin Milena Jesenská an Max Brod schreibt, wie »ein Nackter unter Angekleideten«. Aber seinem Unvermögen, mit der Welt zurechtzukommen, liegt ein Vermögen zugrunde, eine »sich selbst bewahrende Kraft«, die seinem Werk bei aller Hoffnungslosigkeit »ein eigentümliches Leuchten, etwas Friedvolles und Unverzweifeltes« gibt.[1] Nur schreibend, in der schöpferischen Tätigkeit, fühlt er »eine himmlische Auflösung« aller Konflikte, »ein wirkliches Lebendigwerden«. Denn hier sucht er »ins Freie der eigentlichen Beschreibung« zu kommen, »das isolierte Endliche in das unendliche Leben, das Zufällige in das Gesetzmäßige hinüberzuführen« und »die Welt ins Reine, Wahre, Unveränderliche« zu heben. Kafka ist sich bewußt, mit einer solchen Forderung an sich selbst einen Kampf auf Leben und Tod »gegen die letzte irdische Grenze« zu wagen. Er vergleicht ihn mit dem unaufhörlichen Emporfliegen zur Spitze eines Berges, auf der er sich nur schwankend einen Augenblick halten kann, ehe er wieder in die Tiefe stürzt, wo niemand ihn aufzufangen bereit ist. »Es ist leider kein Tod, aber die ewigen Qualen des Sterbens«, lautet die Tagebuchstelle vom 6. August 1914. In diesen Qualen, die zu einem zeitweisen Zusammenbruch seiner schöpferischen Existenz führten, macht Kafka eine entscheidende Erfahrung. Seinem Willensansturm von unten, vom Menschen her, begegnet eine Bewegung »wie von oben zu mir herab«, dem Ergreifenwollen ein Er-

---

[1] Günter Blöcker: Die neuen Wirklichkeiten; Franz Kafka. Berlin 1957, S. 303

griffenwerden. Im Bild einer Jagd, die ihn fast zerstörend durchrast und dennoch kraftvoll vorwärtsreißt, sucht er das Geschehen zu fassen. Das Jagen nimmt die »Richtung aus der Menschheit«, es kann zum »Irrsinn« führen, kann aber auch tragen: »Wohin komme ich dann?« Die Frage bleibt offen, aber Kafka ist überzeugt, sein Schreiben, das ihm zu einer »Form des Gebetes« wird, hätte »leicht zu einer neuen Geheimlehre, einer Kabbala«, führen können, wäre nicht der Zionismus dazwischen gekommen. Der ostjüdischen Mystik, dem Chassidismus, tief verwandt, der wie die christliche Mystik von neuplatonischen Ideen genährt wurde, geht er doch einen absolut individuellen Weg. Ohne methodische Sicherung führt er durch Kämpfe und Krisen zu der grundlegenden Erfahrung: »Es gibt nichts anderes als eine geistige Welt; was wir sinnliche Welt nennen, ist das Böse in der geistigen, und was wir böse nennen, ist nur eine Notwendigkeit eines Augenblicks unserer ewigen Entwicklung.«

»Es gibt nichts anderes als eine geistige Welt« — nur diese Einsicht erklärt für Kafka die Tatsache, daß er in der sinnlichen Welt »nicht atmen« kann, zu ersticken droht. Sie ist nicht die eigentliche Wirklichkeit, *ist* überhaupt nicht im Sinn der Wahrheit von Sein, sondern nur unsere »Verirrung«, das Böse schlechthin. Deshalb bedeutet sie nicht mehr als einen Durchgang auf dem unendlichen Weg des Menschen zu sich selbst. Denn der wahre Mensch, um den es Kafka geht, *ist* immer, ungeachtet seiner Entstellungen im Zeitlichen. Am Ende aller Fragen nach der Wahrheit steht, wie bei Kleist, die Vision des Paradieses. Von ihm sagt Kafka, daß wir »tatsächlich dort dauernd sind, ob wir es hier wissen oder nicht«. Urbild des irdischen Menschen ist der paradiesische Mensch in der göttlichen Einheit des Anfangs. Zwar starb er mit der Vertreibung, aber das Paradies wurde nicht zerstört. Auch der von sich selbst abgefallene Mensch starb nicht, aber er wurde sterblich. Zugleich aber wurde er fähig, auf einem unendlichen, wenn auch vielleicht niemals ans Ziel führenden Weg die Sterblichkeit wieder aufzuheben und gottähnlich zu werden. Diese »ewige Entwicklung« — als die große innere Gegenbewegung zur Vertreibung — kann nur durch den Tod führen: »Dem Tod würde ich mich anvertrauen. Rest eines Glaubens. Rückkehr zum Vater. Großes Versöhnungsfest.«

Kafkas Überzeugung, daß der Mensch, wie die gesamte sinnliche Welt, gleichsam spiegelverkehrt zur geistigen Wirklichkeit existiert, bewirkt, daß seine Geschichten »in einer Art Umkehrung ihrer selbst zu einem rückwärts gelesenen Geburtsvorgang« führen, zu den lähmenden Situationen von Beziehungslosigkeit, den folgenlos bleibenden Verwandlungen, zu den Prozessen von Selbstrechtfertigung, Gericht und Selbstgericht, die unausweichlich mit dem Tod enden.[1] Blitzartig erscheinende Möglichkeiten, die Scheinwelt zu durchbrechen, enthüllen sich als Trug, neue Verrätselungen verhindern, daß die Spiegelschrift entziffert werden kann. Letztlich teilt Kafka den religiösen Grundgedanken des orthodoxen Judentums von der Unerlöstheit und zum Untergang bestimmten irdischen Welt, die in der Hoffnung auf den Messias lebt. Aber das Dogma ist bei ihm auf seine Wurzel zurückgeführt: Nicht in geschichtlicher Zeit, erst am Ende der Zeiten, »wenn die Gräber sich öffnen«, kann Erlösung sein. Bezeichnenderweise ist sie für Kafka nur denkbar im Zusammenhang mit dem »Standrecht« des Jüngsten Gerichts. Das »Böse« der sinnlichen Erscheinungswelt muß zuletzt »dem zügellosesten Individualismus des Glaubens« weichen, die Zerstörung ins Äußerste getrieben werden, bevor der Messias erscheinen kann. Es ist nicht Christus, aber die Erlösung als *inneres* *Ereignis*, an die Kafka über die endzeitliche Erwartung hinaus vor allem denkt, ist ausdrücklich auf Christus bezogen: Sie ist durch die »symbolische Aufzeigung der Auferstehung des Mittlers im einzelnen Menschen« ermöglicht. Erlösung und Auferstehung – beides wäre Einkehr in die allein wirkliche geistige Welt.

Der quälenden Frage, warum der Mensch überhaupt aus der paradiesischen Ureinheit ins irdische Dasein verbannt und dem Gesetz des Todes unterworfen wurde, hält Kafka das Vertrauen auf das Unzerstörbare im Menschen entgegen, ohne das wir nicht leben könnten. Sein Ringen um die Wahrheit des Menschen ist auch der Versuch, Tod und Vergänglichkeit als bloßen Schein zu durchschauen. Glaube ist für ihn Vertrauen ins Unvergängliche, vor allem aber die Anstrengung, die Verirrung ins Vergängliche, in die Lüge der Selbstentfremdung, rückgängig zu machen: »Glauben heißt: das Unzerstörbare in sich befreien, oder richtiger: sich befreien, oder richtiger: unzerstörbar sein, oder richtiger: sein.« Dieses Sein, als höchstes Ziel eines sich stufenweise vollziehenden Abstraktionsprozesses, wäre die aus allen Bedingungen des Zeitlichen herausgelöste und befreite Wahrheit, die Wahrheit des verlorenen und wiedergewonnenen Paradieses. Nicht vom Baum der Erkenntnis sollte der Mensch zum zweiten Mal essen, wie Kleist fordert, sondern nun vom Baum des Lebens, der ihm jenes voll-

---

[1] vgl. Gerhard Neumann: F. K. In: Deutsche Dichter, Bd 7, Stuttgart 1989, S. 249

kommene Innesein im »Herrn des Lebens« wiederbringen könnte, das nicht Selbstverlust wäre, vielmehr höchstes Selbstsein. Das deutsche Wort »Sein« drücke beides aus, notiert Kafka, »Dasein und Ihm-gehören«. Ob er den mystischen Weg des »Entwerdens« aus eigener Erfahrung kannte oder nur traumhaft nacherlebte, hat er nicht gesagt. Aber wohl kaum in neuerer Zeit ist der mystische Tod und noch die »Schau« so beschrieben worden wie von Kafka – das Hülle um Hülle Ablegen und Befreien noch des Kerns vom Kern, bis ins Innerste des »unvergänglichen Feuers«, das – gleich Eckharts »Seelenfünklein« – zuletzt von dem Einen Licht aufgesogen, mit ihm sich eint, in einem Sein, das keines Kampfes, keiner Worte mehr bedarf: »Nichts Böses; hast du die Schwelle überschritten, ist alles gut. Eine andere Welt und du mußt nicht reden.«

Um dieses Seins willen vertraut sich Kafka dem Tod an. Der Wunsch zu sterben, ist ihm »ein erstes Zeichen beginnender Erkenntnis«, auch wenn der physische Tod nicht unmittelbar oder gar nicht ans Ziel führen sollte. Denn wie das Paradies unzerstört, Ewigkeit immer ist, so ist für Kafka auch die »Vertreibung« ewig. Zeitlich gedacht, sie wiederholt sich ewig. Mit diesem Gedanken berührt er die aus der Gnostik in die jüdische wie christliche Mystik eingegangene Wiederverkörperungslehre. Der Weg in die Wirklichkeit der geistigen Welt, das Sein in Gott, ist unendlich, die Entwicklung notwendig grenzenlos. *Ein* Erdenleben reicht nicht aus. Deshalb heißt sterben für Kafka zunächst nichts anderes, als von der alten »Zelle«, die man haßt, in eine neue gebracht zu werden, die man hassen lernen wird – wenn auch mit jenem »Rest von Glauben«, der Herr des Gefängnisses könne zufällig den Transport sehen und sagen: »Diesen sollt ihr nicht wieder einsperren. Er kommt zu mir.« Ein solcher Aufstieg aus einer Welt, in der man nicht atmen kann, »in die hohe Freiheit« des Seins kann jedoch kaum gedacht, geschweige denn erreicht werden. »Angst vor dem Aufsteigen in ein höheres Leben«, notiert Kafka. Zuletzt kommt alles nur darauf an, »ein richtiger Anwärter auf die Gnade zu sein«. Denn die bedrückendste Überzeugung Kafkas ist die »von der einstigen Rechtfertigung unserer Zeitlichkeit«. Nicht nur unsere Verirrung in das Sinnlich-Böse muß verantwortet werden, sondern paradoxerweise auch der seit dem Abfall aus der paradiesischen Ureinheit mit der Todesstrafe belegte Wille zur Erkenntnis. Da aber jede Erkenntnis des ewigen Zieles notwendig das Streben dorthin nach sich zieht, ist Erkenntnis beides: »Stufe zum ewigen Leben und Hindernis«. Der Mensch muß also sich selbst, das Hindernis, zerstören, um Stufe sein zu können – ein Grundmotiv der Erzählungen Kafkas. Der Tod ist die letzte Voraussetzung dafür, daß der Stufenweg der »ewigen Entwicklung« beschritten werden kann. In jedem Augenblick steht er vor dem Menschen wie auf Altdorfers Bild der Alexanderschlacht im Schulzimmer, das schon für den Knaben die Grausamkeit eines plötzlichen tödlichen Würgegriffs am Hals hatte. Später besteht für Kafka das Grausame des Todes darin, daß hier ein scheinbares Ende wirklichen Schmerz verursacht, weil es als wirkliches Ende mißverstanden wird. Dieses falsche, die Wahrheit des Todes entstellende Bild gilt es »durch unsere Taten noch in diesem Leben ... auszulöschen«. Die Menschheitsentwicklung ist für Kafka angelegt auf ein »Wachsen der Sterbenskraft«. Todesangst und Klage am Sterbebett sind Zeichen, »daß hier nicht im wahren Sinn gestorben worden ist«. In diesem Sinn unterscheidet Kafka den wahren vom falschen Tod: »Unsere Rettung ist der Tod, aber nicht dieser.« »Dieser« ist der unerkannte Tod, der, wie in der Geschichte vom »Jäger Gracchus«, in eine bloße Schattenexistenz zwischen Leben und Tod führen könnte, in ein endloses Sterben, weil die Ewigkeit aus »Versehen« oder »Zerstreutheit« verfehlt wurde. Der wahre Tod ist der als »Übergang« erkannte Tod, der sich auf die Wahrheit zubewegt, die Kafka auch das »Gesetz« nennt.

Das Gesetz ist wie die Wahrheit und das Sein des Menschen unsichtbar. Auch die Schloß- und Gerichtsbehörden kennen es nicht. Der unwissende Mann vom Lande (in der Geschichte »Vor dem Gesetz«) zögert ein Leben lang vor seiner bewachten Tür. Es ist das »Zögern vor der Geburt«, das »Vergessen des Traums von der Wahrheit«, und damit auch das Vergessen der Aufgabe, die der Mensch nach Kafka selbst ist. Deshalb mißlingt die Geburt. Sterbend erfährt der Mann, daß die Tür, die nun geschlossen wird, für ihn allein bestimmt war, während ein unverlöschlicher Glanz aus dem Innern bricht. Ein Licht sieht auch der sterbende K. im Roman »Der Prozeß«. Obwohl hier wie dort das Geschehen unauflösbar bleibt – das von Kafka wiederholt gebrauchte älteste Symbol aller Mystiker spricht für sich. Befragt, was ihm Christus bedeute, antwortete er: »Das ist ein lichterfüllter Abgrund. Man muß die Augen schließen, um nicht abzustürzen.« Selbst wenn die Aussage nicht wörtlich überliefert wäre, – sie macht eine Nähe sichtbar, die Kafka mit den wesentlichen jüdischen Dichtern des zwanzigsten Jahrhunderts teilt.

Auch das Leid hat für Kafka die Bedeutung einer Nachfolge Christi.

Wie Er für die Menschheit gelitten hat, muß sie jetzt für ihn leiden, um ihrer »ewigen Entwicklung« willen. Der Mensch könnte sich vom Leiden zurückhalten, es läge in seiner Natur. Doch wäre gerade diese Zurückhaltung das einzige Leid, das vermieden werden müßte. Denn Leiden ist für Kafka eine positive Kraft, ja die einzige Verbindung zur geistigen Welt. Es vollzieht den Übergang als das schnellste Pferd, das zur Vollkommenheit trägt, wie Eckhart sagt. Kafka sagt es anders: Leiden ist nur hier Leiden, aber »in einer anderen Welt unverändert ... Seligkeit«. Nur visionär, als Traum, gestaltet Kafka den zu sich selbst erwachenden seligen Menschen, und auch dann noch, wie auch sonst, in Tiergestalt. In seiner letzten Erzählung, den »Forschungen eines Hundes«, ertönt die jenseitige Stimme der Wahrheit als Musik – ein hoher Ton »aus großer Ferne«, drohend und beseligend zugleich. Von der Melodie gejagt, in völligem »Außer-sich-sein«, erhebt sich der Hund aus Schmutz und Blut und fliegt, den Boden vergessend, als ob er sich für immer emporschwingen wollte, im Gefühl einer nicht mitteilbaren Freiheit, »in den herrlichsten Sprüngen dahin«. – Den Glauben an die »andere« Welt, die unzerstörbare, wenn auch fast unerreichbar ferngerückte Welt der Wahrheit, hat Kafka immer wieder gegen die Verlorenheit des Menschen in einer von der Maschine bestimmten Zeit behauptet, so daß er schreiben konnte: »Die Tatsache, daß es nichts anderes gibt als eine geistige Welt, nimmt uns die Hoffnung und gibt uns die Gewißheit.«

Franz Kafka
1883–1924

Die Expedition nach der Wahrheit

Die sinnliche Welt als das Böse in der geistigen

Vor dem Gesetz steht ein Türhüter. Zu diesem Türhüter kommt ein Mann vom Lande und bittet um Eintritt in das Gesetz. Aber der Türhüter sagt, daß er ihm jetzt den Eintritt nicht gewähren könne. Der Mann überlegt und fragt dann, ob er also später werde eintreten dürfen. »Es ist möglich«, sagt der Türhüter, »jetzt aber nicht«. Da das Tor zum Gesetz offensteht wie immer und der Türhüter beiseite tritt, bückt sich der Mann, um durch das Tor in das Innere zu sehn. Als der Türhüter das merkt, lacht er und sagt: »Wenn es dich so lockt, versuche es doch, trotz meines Verbotes hineinzugehn. Merke aber: Ich bin mächtig. Und ich bin nur der unterste Türhüter. Von Saal zu Saal stehn aber Türhüter, einer mächtiger als der andere. Schon den Anblick des dritten kann nicht einmal ich mehr ertragen.« Solche Schwierigkeiten hat der Mann vom Lande nicht erwartet; das Gesetz soll doch jedem und immer zugänglich sein, denkt er, aber als er jetzt den Türhüter in seinem Pelzmantel genauer ansieht, seine große Spitznase, den langen, dünnen, schwarzen tatarischen Bart, entschließt er sich, doch lieber zu warten, bis er die Erlaubnis zum Eintritt bekommt. Der Türhüter gibt ihm einen Schemel und läßt ihn seitwärts von der Tür sich niedersetzen. Dort sitzt er Tage und Jahre. Er macht viele Versuche, eingelassen zu werden, und ermüdet den Türhüter durch seine Bitten. Der Türhüter stellt öfters kleine Verhöre mit ihm an, fragt ihn über seine Heimat aus und nach vielem andern, es sind aber teilnahmslose Fragen, wie sie große Herren stellen, und zum Schlusse sagt er ihm immer wieder, daß er ihn noch nicht einlassen könne. Der Mann, der sich für seine Reise mit vielem ausgerüstet hat, verwendet alles, und sei es noch so wertvoll, um den Türhüter zu bestechen. Dieser nimmt zwar alles an, aber sagt dabei: »Ich nehme es nur an, damit du nicht glaubst, etwas versäumt zu haben.« Während der vielen Jahre beobachtet der Mann den Türhüter fast ununterbrochen. Er vergißt die andern Türhüter, und dieser erste scheint ihm das einzige Hindernis für den Eintritt in das Gesetz. Er verflucht den unglücklichen Zufall, in den ersten Jahren rücksichtslos und laut, später, als er alt wird, brummt er nur noch vor sich hin. Er wird kindisch, und, da er in dem jahrelangen Studium des Türhüters auch die Flöhe in seinem Pelzkragen erkannt hat, bittet er auch die Flöhe, ihm zu helfen und den Türhüter umzustimmen. Schließlich wird sein Augenlicht schwach, und er weiß nicht, ob es um ihn wirklich dunkler wird, oder ob ihn nur seine Augen täuschen. Wohl aber erkennt er jetzt im Dunkel einen Glanz, der unverlöschlich aus der Türe des Gesetzes bricht. Nun lebt er nicht mehr lange. Vor seinem Tode sammeln sich in seinem Kopfe alle Erfahrungen der ganzen Zeit zu einer Frage, die er bisher an den Türhüter noch nicht gestellt hat. Er winkt ihm zu, da er seinen erstarrenden Körper nicht mehr aufrichten kann. Der Türhüter muß sich tief zu ihm hinunterneigen, denn der Größenunterschied hat sich sehr zuungunsten des Mannes verändert. »Was willst du denn jetzt noch wissen?« fragt der Türhüter, »du bist unersättlich«. »Alle streben doch nach dem Gesetz«, sagt der Mann, »wieso kommt es, daß in den vielen Jahren niemand außer mir Einlaß verlangt hat?« Der Türhüter erkennt, daß der Mann schon an seinem Ende ist, und, um sein vergehendes Gehör noch zu erreichen, brüllt er ihn an: »Hier konnte niemand sonst Einlaß erhalten, denn dieser Eingang war nur für dich bestimmt. Ich gehe jetzt und schließe ihn.«

Vor dem Gesetz

Wir sind, mit dem irdisch befleckten Auge gesehn, in der Situation von Eisenbahnreisenden, die in einem langen Tunnel verunglückt sind, und zwar an einer Stelle, wo man das Licht des Anfangs nicht mehr sieht, das Licht des Endes aber nur so winzig, daß der Blick es immerfort suchen muß und immerfort verliert, wobei Anfang und Ende nicht einmal sicher sind. Rings um uns aber haben wir in der Verwirrung der Sinne oder in der Höchstempfindlichkeit der Sinne lauter Ungeheuer und ein je nach der Laune und Verwundung des Einzelnen entzückendes oder ermüdendes kaleidoskopisches Spiel.

Was soll ich tun? oder: Wozu soll ich es tun? sind keine Fragen dieser Gegenden.

Er ist ein freier und gesicherter Bürger der Erde, denn er ist an eine Kette gelegt, die lang genug ist, um ihm alle irdischen Räume frei zu geben, und doch nur so lang, daß nichts ihn über die Grenzen der Erde reißen kann. Gleichzeitig aber ist er auch ein freier und gesicherter Bürger des Himmels, denn er ist auch an eine ähnlich berechnete Himmelskette gelegt. Will er nun auf die Erde, drosselt ihn das Halsband des Himmels, will er in den Himmel, jenes der Erde. Und trotzdem hat er alle Möglichkeiten und fühlt es; ja, er weigert sich sogar, das Ganze auf einen Fehler bei der ersten Fesselung zurückzuführen.

Wir wurden aus dem Paradies vertrieben, aber zerstört wurde es nicht. Die Vertreibung aus dem Paradies war in einem Sinne ein Glück, denn wären wir nicht vertrieben worden, hätte das Paradies zerstört werden müssen.

Wir wurden geschaffen, um im Paradies zu leben, das Paradies war bestimmt, uns zu dienen. Unsere Bestimmung ist geändert worden; daß dies auch mit der Bestimmung des Paradieses geschehen wäre, wird nicht gesagt.

Gott sagte, daß Adam am Tage, da er vom Baume der Erkenntnis *essen werde, sterben müsse*. Nach Gott sollte die augenblickliche Folge des Essens vom Baume der Erkenntnis *der Tod sein*, nach der Schlange (wenigstens konnte man sie dahin verstehn) die *göttliche Gleichwerdung*. Beides war in ähnlicher Weise unrichtig. Die Menschen starben nicht, sondern *wurden sterblich*, sie wurden nicht Gott gleich, aber erhielten eine unentbehrliche *Fähigkeit, es zu werden*. Beides war auch in ähnlicher Weise richtig. Nicht der Mensch starb, aber der paradiesische Mensch, sie wurden nicht Gott, aber das göttliche Erkennen.

Seit dem Sündenfall sind wir in der Fähigkeit zur Erkenntnis des Guten und Bösen im Wesentlichen gleich; trotzdem suchen wir gerade hier unsere besonderen Vorzüge. Aber erst jenseits dieser Erkenntnis beginnen die wahren Verschiedenheiten. Der gegenteilige Schein wird durch folgendes hervorgerufen: Niemand kann sich mit der Erkenntnis allein begnügen, sondern muß sich bestreben, ihr gemäß zu handeln. Dazu aber ist ihm die Kraft nicht mitgegeben, er muß daher sich zerstören, selbst auf die Gefahr hin, sogar dadurch die notwendige Kraft nicht zu erhalten, aber es bleibt ihm nichts anderes übrig, als dieser letzte Versuch. (Das ist auch der Sinn der Todesdrohung beim Verbot des Essens vom Baume der Erkenntnis; vielleicht ist das auch der ursprüngliche Sinn des natürlichen Todes.) Vor diesem Versuch nun fürchtet er sich; lieber will er die Erkenntnis des Guten und Bösen rückgängig machen (die Bezeichnung »Sündenfall« geht auf diese Angst zurück); aber das Geschehene kann nicht rückgängig gemacht, sondern nur getrübt werden. Zu diesem Zweck entstehen die Motivationen. Die ganze Welt ist ihrer voll, ja die ganze sichtbare Welt ist vielleicht nichts anderes als eine Motivation des einen Augenblick lang ruhenwollenden Menschen.

Warum klagen wir wegen des Sündenfalles? Nicht seinetwegen sind wir aus dem Paradiese vertrieben worden, sondern wegen des Baumes des Lebens, damit wir nicht von ihm essen.

Wir sind von Gott beiderseitig getrennt: Der Sündenfall trennt uns von ihm, der Baum des Lebens trennt ihn von uns.

Wir sind nicht nur deshalb sündig, weil wir vom Baum der Erkenntnis gegessen haben, sondern auch deshalb, weil wir vom Baum des Lebens noch nicht gegessen haben. Sündig ist der Stand, in dem wir uns befinden, unabhängig von Schuld.

Baum des Lebens – Herr des Lebens.

Wenn das, was im Paradies zerstört worden sein soll, zerstörbar war, dann war es nicht entscheidend; war es aber unzerstörbar, dann leben wir in einem falschen Glauben.

Die Vertreibung aus dem Paradies ist in ihrem Hauptteil ewig: Es ist also zwar die Vertreibung aus dem Paradies endgültig, das Leben in der Welt unausweichlich, die Ewigkeit des Vorganges aber (oder zeitlich ausgedrückt: die ewige Wiederholung des Vorgangs) macht es trotzdem möglich, daß wir nicht nur dauernd im Paradiese bleiben könnten, sondern tatsächlich dort dauernd sind, gleichgültig ob wir es hier wissen oder nicht.

Das Negative zu tun, ist uns noch auferlegt; das Positive ist uns schon gegeben.

Es gibt zwei menschliche Hauptsünden, aus welchen sich alle andern ableiten: Ungeduld und Lässigkeit. Wegen der Ungeduld sind sie aus dem Paradiese vertrieben worden, wegen der Lässigkeit kehren sie nicht zurück.

Vielleicht aber gibt es nur eine Hauptsünde: die Ungeduld. Wegen der Ungeduld sind sie vertrieben worden, wegen der Ungeduld kehren sie nicht zurück.

Es gibt für uns zweierlei Wahrheit, so wie sie dargestellt wird durch den Baum der Erkenntnis und den Baum des Lebens. Die Wahrheit des Tätigen und die Wahrheit des Ruhenden. In der ersten teilt sich das Gute vom Bösen, die zweite ist nichts anderes als das Gute selbst, sie weiß weder vom Guten noch vom Bösen. Die erste Wahrheit ist uns wirklich gegeben, die zweite ahnungsweise. Das ist der traurige Anblick. Der fröhliche ist, daß die erste Wahrheit dem Augenblick, die zweite der Ewigkeit gehört, deshalb verlöscht auch die erste Wahrheit im Licht der zweiten.

Wahrheit ist unteilbar, kann sich also selbst nicht erkennen; wer sie erkennen will, muß Lüge sein.

In einer Welt der Lüge wird die Lüge nicht einmal durch ihren Gegensatz aus der Welt geschafft, sondern nur durch eine Welt der Wahrheit.

Das Böse ist eine Ausstrahlung des menschlichen Bewußtseins in bestimmten Übergangsstellungen. Nicht eigentlich die sinnliche Welt ist Schein, sondern ihr Böses, das allerdings für unsere Augen die sinnliche Welt bildet.

Zerstören dieser Welt wäre nur dann die Aufgabe, wenn sie erstens böse wäre, das heißt widersprechend unserem Sinn, und zweitens, wenn wir imstande wären, sie zu zerstören. Das erste erscheint uns so, des zweiten sind wir nicht fähig. Zerstören können wir diese Welt nicht, denn wir haben sie nicht als etwas Selbständiges aufgebaut, sondern haben uns in sie verirrt, noch mehr: diese Welt ist unsere Verirrung, als solche ist sie aber selbst ein Unzerstörbares, oder vielmehr etwas, das nur durch seine Zu-Ende-Führung, nicht durch Verzicht zerstört werden kann, wobei allerdings auch das Zuendeführen nur eine Folge von Zerstörungen sein kann, aber innerhalb dieser Welt.

Mit stärkstem Licht kann man die Welt auflösen. Vor schwachen Augen wird sie fest, vor noch schwächeren bekommt sie Fäuste, vor noch schwächeren wird sie schamhaft und zerschmettert den, der sie anzuschauen wagt.

Einer staunte darüber, wie leicht er den Weg der Ewigkeit ging; er raste ihn nämlich abwärts.

Verstecke sind unzählige, Rettung nur eine, aber Möglichkeiten der Rettung wieder so viele wie Verstecke. Es gibt ein Ziel, aber keinen Weg; was wir Weg nennen, ist Zögern.

Hochzeitsvorbereitungen auf dem Lande

Das Zögern vor der Geburt. Gibt es eine Seelenwanderung, dann bin ich noch nicht auf der untersten Stufe. Mein Leben ist das Zögern vor der Geburt.

Tagebücher

Der Weg ist unendlich, da ist nichts abzuziehen, nichts zuzugeben und doch hält jeder noch seine eigene kindliche Elle daran. »Gewiß, auch diese Elle Wegs mußt du noch gehen, es wird dir nicht vergessen werden.«

Nur unser Zeitbegriff läßt uns das Jüngste Gericht so nennen, eigentlich ist es ein Standrecht.

Wer der Welt entsagt, muß alle Menschen lieben, denn er entsagt auch ihrer Welt. Er beginnt daher, das wahre menschliche Wesen zu ahnen, das nicht anders als geliebt werden kann, vorausgesetzt, daß man ihm ebenbürtig ist.

Er hat den archimedischen Punkt gefunden, hat ihn aber gegen sich ausgenützt, offenbar hat er ihn nur unter dieser Bedingung finden dürfen.

Ein erstes Zeichen beginnender Erkenntnis ist der Wunsch zu sterben. Dieses Leben scheint unerträglich, ein anderes unerreichbar. Man schämt sich nicht mehr, sterben zu wollen; man bittet, aus der alten Zelle, die man haßt, in eine neue gebracht zu werden, die man erst hassen lernen wird. Ein Rest von Glauben wirkt dabei mit, während des Transportes werde zufällig der Herr durch den Gang kommen, den Gefangenen ansehen und sagen: »Diesen sollt ihr nicht wieder einsperren. Er kommt zu mir.«

Hochzeitsvorbereitungen ...

Dem Tod also würde ich mich anvertrauen. Rest eines Glaubens. Rückkehr zum Vater. Großer Versöhnungstag.

Tagebücher

»Wenn ––––, mußt du sterben«, bedeutet: Die Erkenntnis ist beides, Stufe zum ewigen Leben und Hindernis vor ihm. Wirst du nach gewonnener Erkenntnis zum ewigen Leben gelangen wollen – und du wirst nicht anders können als es wollen, denn Erkenntnis ist dieser Wille –, so wirst du dich, das Hindernis, zerstören müssen, um die Stufe, das ist die Zerstörung, zu bauen. Die Vertreibung aus dem Paradies war daher keine Tat, sondern ein Geschehen.

Der Tod ist vor uns, etwa wie im Schulzimmer an der Wand ein Bild der Alexanderschlacht. Es kommt darauf an, durch unsere Taten noch in diesem Leben das Bild zu verdunkeln oder gar auszulöschen.

Das Grausame des Todes liegt darin, daß er den wirklichen Schmerz des Endes bringt, aber nicht das Ende.
  Das Grausamste des Todes: ein scheinbares Ende verursacht einen wirklichen Schmerz.
  Die Klage am Sterbebett ist eigentlich die Klage darüber, daß hier nicht im wahren Sinn gestorben worden ist. Noch immer müssen wir uns mit diesem Sterben begnügen, noch immer spielen wir das Spiel.
  Die Menschheitsentwicklung – ein Wachsen der Sterbenskraft.
  Unsere Rettung ist der Tod, aber nicht dieser.

Es gibt nichts anderes als eine geistige Welt; was wir sinnliche Welt nennen, ist das Böse in der geistigen, und was wir böse nennen, ist nur eine Notwendigkeit eines Augenblicks unserer ewigen Entwicklung.

Die Klage: Wenn ich ewig sein werde, wie werde ich morgen sein?

Der Dornbusch ist der alte Weg-Versperrer. Er muß Feuer fangen, wenn du weiter willst.

Du kannst dich zurückhalten von den Leiden der Welt, das ist dir freigestellt und entspricht deiner Natur, aber vielleicht ist gerade dieses Zurückhalten das einzige Leid, das du vermeiden könntest.

Hochzeitsvorbereitungen ...

Habe M. von der Nacht erzählt, ungenügend. Symptome nimm hin, klage nicht über Symptome, steige in das Leiden hinab.

Tagebücher

Alle Leiden um uns müssen auch wir leiden. Christus hat für die Menschheit gelitten, aber die Menschheit muß für Christus leiden. Wir alle haben nicht *einen* Leib, aber *ein* Wachstum, und das führt uns durch alle Schmerzen, ob in dieser oder jener Form. So wie das Kind durch alle Lebensstadien bis zum Greis und zum Tod sich entwickelt (und jenes Stadium im Grunde dem früheren, im Verlangen oder in Furcht, unerreichbar scheint), ebenso entwickeln wir uns (nicht weniger tief mit der Menschheit verbunden als mit uns selbst) durch alle Leiden dieser Welt. Für Gerechtigkeit ist in diesem Zusammenhang kein Platz, aber auch nicht für Furcht vor den Leiden oder für die Auslegung des Leidens als eines Verdienstes.

Das Leiden ist das positive Element dieser Welt, ja es ist die einzige Verbindung zwischen dieser Welt und dem Positiven.
    Nur hier ist Leiden Leiden. Nicht so, als ob die, welche hier leiden, anderswo wegen dieses Leidens erhöht werden sollen, sondern so, daß das, was in dieser Welt leiden heißt, in einer andern Welt, unverändert und nur befreit von seinem Gegensatz, Seligkeit ist.

Wieviel bedrückender als die unerbittlichste Überzeugung von unserem gegenwärtigen sündhaften Stand ist selbst die schwächste Überzeugung von der einstigen ewigen Rechtfertigung unserer Zeitlichkeit. Nur die Kraft im Ertragen dieser zweiten Überzeugung, welche in ihrer Reinheit die erste voll umfaßt, ist das Maß des Glaubens.

Das Böse ist manchmal in der Hand wie ein Werkzeug, erkannt oder unerkannt läßt es sich, wenn man den Willen hat, ohne Widerspruch zur Seite legen.

Die Freuden dieses Lebens sind nicht die seinen, sondern unsere Angst vor dem Aufsteigen in ein höheres Leben; die Qualen dieses Lebens sind nicht die seinen, sondern unsere Selbstqual wegen jener Angst.

Der Mensch kann nicht leben ohne ein dauerndes Vertrauen zu etwas Unzerstörbarem in sich, wobei sowohl das Unzerstörbare als auch das Vertrauen ihm dauernd verborgen bleiben können. Eine der Ausdrucksmöglichkeiten dieses Verborgenbleibens ist der Glaube an einen persönlichen Gott.

Theoretisch gibt es eine vollkommene Glücksmöglichkeit: An das Unzerstörbare in sich glauben und nicht zu ihm streben.

Das Unzerstörbare ist eines; jeder einzelne Mensch ist es und gleichzeitig ist es allen gemeinsam, daher die beispiellos untrennbare Verbindung der Menschen.

Glauben heißt: das Unzerstörbare in sich befreien, oder richtiger: sich befreien, oder richtiger: unzerstörbar sein, oder richtiger: sein.

Es gibt kein Haben, nur ein Sein, nur ein nach letztem Atem, nach Ersticken verlangendes Sein.

Das Wort »sein« bedeutet im Deutschen beides: Dasein und Ihmgehören.

Der Messias wird kommen, sobald der zügelloseste Individualismus des Glaubens möglich ist –, niemand diese Möglichkeit vernichtet, niemand die Vernichtung duldet, also die Gräber sich öffnen. Das ist vielleicht auch die christliche Lehre, sowohl in der tatsächlichen Aufzeigung des Beispieles, dem nachgefolgt werden soll, eines individualistischen Beispiels, als auch in der symbolischen Aufzeigung der Auferstehung des Mittlers im einzelnen Menschen.

Vor dem Betreten des Allerheiligsten mußt du die Schuhe ausziehen, aber nicht nur die Schuhe, sondern alles, Reisekleid und Gepäck, und darunter die Nacktheit und alles, was unter der Nacktheit ist, und alles, was sich unter dieser verbirgt, und dann den Kern und den Kern des Kerns, dann das übrige und dann den Rest und dann noch den Schein

des unvergänglichen Feuers. Erst das Feuer selbst wird vom Allerheiligsten aufgesogen und läßt sich von ihm aufsaugen, keines von beiden kann dem widerstehen.
Hochzeitsvorbereitungen ...

Nichts Böses; hast du die Schwelle überschritten, ist alles gut. Eine andere Welt, und du mußt nicht reden.
Tagebücher

Die Tatsache, daß es nichts anderes gibt als eine geistige Welt, nimmt uns die Hoffnung und gibt uns die Gewißheit.
Hochzeitsvorbereitungen ...

Einleitung

Georg Trakl

»Wie könnte das Sterben, die Sekunde zur Ewigkeit, kurz sein?« Die scheinbare Paradoxie dieses Satzes von Trakl löst sich auf in seiner Dichtung. Mit jedem Gedicht, das er schreibt, – und sein Werk ist im Grunde nur *ein* Gedicht – vollzieht er dieses Sterben. Er nennt es den »Untergang«. »Die Drossel ein Fremdes in den Untergang rief« – »O, die bittere Stunde des Untergangs« – »Erschütternd ist der Untergang des Geschlechts« – die Beispiele ließen sich leicht vermehren. Können solche immerwährenden, offensichtlich hoffnungslosen Untergänge aber noch »die Sekunde zur Ewigkeit« sein? Und wenn es so ist, welche Ewigkeit ist gemeint? Die endgültige Vernichtung, die das Gedicht »Klage« als untergründige Angst heraufbeschwört, oder ein allem Irdisch-Zeitlichen enthobenes Sein? Rilke hat das Gewicht dieses »fortwährenden Untergangs«, dieses »Fallens«, einen »Vorwand für die unaufhaltsamste Himmelfahrt« genannt.[1] Mag ein solches Wort, auf Trakl angewandt, auch befremden, so erhellt es doch die Bewußtseinsdimension, aus der er spricht. Gerade dieses Bewußtsein ist es, das für Trakl den Menschen zum »Einsamen« und »Fremdling« macht, zum »Wanderer« und »Dulder«, ja zum »Wahnsinnigen«, und damit »Abgeschiedenen«. Im Unterschied zu denjenigen, die in der »Windesstille der Seele« leben und lebend schon erkalten, tut die Seele dieser Außenseiter des Lebens noch den »nächtlichen Flügelschlag«, erreicht sie noch »Gottes einsamer Wind«. Ihre Erfahrung ist eine solche, die den Untergang verstehen läßt, die den Lebensgrund erfassende Einsicht: »Es ist die Seele ein Fremdes auf Erden.«

Der Vers steht in dem Gedicht »Frühling der Seele« als einzige gedankliche Formulierung in einer Kette von Bildern.[2] Die Bewegung dieses Gedichts durchläuft zeitlich die erste, noch nächtliche Frühe, den hohen Mittag bis zum einsinkenden Abend. Der Titel weist jedoch auf einen inneren Ablauf – die sich auftuende Landschaft ist Land-

---

[1] An Buschbeck, 22. II. 1917. Briefe aus den Jahren 1914–1921; Inselverlag 1937
[2] Vgl. Martin Heidegger: Georg Trakl. Eine Erörterung seines Gedichts. Merkur 61, VII. Jg., Stuttgart 1953. Die hier versuchte Deutung weicht in einem wesentlichen Punkt von H. ab.

schaft der Seele. Von Untergang ist scheinbar nicht die Rede. Der hart einsetzende erste Vers könnte aber einen Vorgang meinen, den ein anderes Gedicht aus demselben Zyklus unmittelbarer veranschaulicht. »Gebirge, Schwärze, Schweigen und Schnee./Rot vom Wald niedersteigt die Jagd,/... O, die Geburt des Menschen. Nächtlich rauscht/ Blaues Wasser im Felsengrund;/Seufzend erblickt sein Bild der gefallene Engel,/Erwacht ein Bleiches in dumpfer Stube...« Der Titel dieses Gedichts heißt »Geburt«. Hier ist ausgesprochen, was im ersten Gedicht nur verkürzte Metapher für ein traumhaftes Erinnern ist: die Geburt einer Seele auf die Erde. Hier wie dort steht Schwarz gegen Blau, die Farbe der Erdenwelt gegen die Farbe der Seele. Jedoch ist der Gegensatz im zweiten Gedicht eindeutiger, schärfer. Das Rot der Jagd weist auf Gewalt, Blut und Tod, die Mächte der Erde – das Seufzen des Engels, das blaue Wasser, auf »des Menschen goldnes Bildnis«, das in der Welt »dumpfer Stube« als »ein Bleiches« erwacht. Geburt ist schon beginnender Untergang, denn die Erde steht im Zeichen des Bösen, der »Schuld des Geborenen«, der »furchtbaren Pfade des Todes«. Über diesen aber »winkt« das Blau des Frühlings. Anders als im Gedicht »Geburt« bleibt im Gedicht »Frühling der Seele« das Blau als Seelenraum gegenwärtig. Denn auch hier ist nicht das kosmische Himmelsblau gemeint, auch nicht das Aufleben der Seele im Frühling, vielmehr deuten die auch in anderen Gedichten gebrauchten Attribute des Blau – »geistlich«, »rein«, »kühl«, »heilig« – auf die Kindheit des Menschen als die vorgeburtlich erfahrene Gegenwelt zur Erde. Vom ruhigen Wohnen im »beseelten Blau« ist die Rede, von »blauer Höhle der Kindheit«, ja, wie von der romantischen »blauen Blume« auch von der »blauen Seele«. Die ganze Bewegung des Gedichts »Frühling der Seele« läuft auf den »blauen Augenblick« zu, der »nur mehr Seele« ist, wie es in dem Gedicht »Kindheit« heißt. Die »kindlichen Gärten« liegen im Glanz der Reinheit, der strahlende Sonnenabgrund im Flußspiegel hat die Gewalt einer Paradiesesvision.

Der Lebensmittag bringt die Begegnung mit der Schwester. Sie steht im dionysischen Zeichen der »wilden Eiche«, aber auch in dem des »silbernen Dorns«, des sich verwandelnden Schmerzes. Als anima des dichterischen Ich hat sie teil am blauen Seelenreich, das nur *ein* Geschlecht kennt; auf der Erde besagt ihre Nähe Schuld, Trübung der Reinheit, »gewaltiges Sterben«. So folgt notwendig die Stunde der Trauer und mit ihr die grundlegende Erkenntnis »Es ist die Seele ein Fremdes auf Erden«. Der Vers leitet eine Verwandlung ein, den wahren Untergang, der im Gegensatz zu Verfall und Verwesung – die Vision eines Aufgangs, eines Wiedereingangs in den Anfang ist. Die Bilder der ersten Strophen kehren verinnerlicht wieder. Die Wasser fließen »dunkler« und »tönen«, Fische spielen in ihnen, Symbole der Erneuerung und Wiedergeburt. Statt der »friedlosen Schatten« begegnet jetzt das »friedliche Geleit« der Glocke, und auf der Stirn des Toten »blüht« die hochzeitliche Myrthe.

Entscheidend ist die schon in den ersten Strophen auftauchende Farbe »rosig«. Verbunden mit dem Bild des »Hügels« oder »Abendhügels«, der bei Trakl fast immer *den* Grabhügel, Golgatha, meint, weist sie auf das Ostergeschehen. Rosig ist die Farbe der verheißenen Auferstehung, der Morgenröte, der Freude: »Rosige Osterglocken im Grabgewölbe der Nacht«, »Freude im rosigen Wind«. Der »rosige Mensch« ist der durch die »goldenen Schauer des Todes« hindurchgehende, im »Frühling der Seele« sich wiederfindende Mensch, von dem auch der »sanfte Gesang des Bruders« (Hölderlin ist gemeint) singt.

Auch Christus begegnet als der sanfte, heilige Bruder im Leiden und Sterben, nicht als der Auferstandene. Seine Farben sind Blau und Gold. Als reine Seele, »die blaue Gestalt des Menschen«, geht er »den goldenen Schritt/ Ersterbend unter dem Ölbaum«. Auch diese kaum auszudrückende innige Beziehung zur Leidensgestalt Christi macht Trakls Werk zu einer Karfreitagsdichtung, wie man sie genannt hat. Gethsemane und das Kreuz sind stetig wiederkehrende Bilder: »O wie leise stand in dunkler Seele das Kreuz auf«. Das immer gegenwärtige Golgatha-Geschehen ermöglicht ein letztes Einverständnis mit dem Schmerz. »Versunken in des Hügels gerechtes Maß«, werden dem Leidenden »Maß und Gesetz« von Leben und Sterben einsichtiger. Jenseits der schmerzversteinerten Schwelle werden Brot und Wein, die hellen Zeichen der Eucharistie, sichtbar, wie in dem vollendet einfachen Gedicht »Ein Winterabend« und im »Gesang des Abgeschiedenen«. Auch das Bild der Dornenkrone aus dem Golgatha-Gedicht – »So leise blutet Demut,/ Tau, der langsam tropft vom blühenden Dorn« – ist verwandelt. Das Bluten ist ein Blühen in der Farbe des Göttlichen: Der golden blühende »Baum der Gnaden« ist Kreuz und Lebensbaum in einem. In einer bei Trakl seltenen Gelöstheit wird hier deutlich: Das Inferno der Erde, von ihm zuletzt im Kriegsjahr 1914 erlitten, spielt sich nicht im verlorenen Raum ab, der »Untergang« treibt nicht ins Leere – auch wenn hier alle Straßen »in schwarze Verwesung« zu führen scheinen. Wie auf alten Bildern alle Dinge auf

Goldgrund stehen, so leuchtet in Trakls Dichtung, wenn auch sehr fern und der »heißen Flamme des Geistes« fast nicht mehr erreichbar, das jenseitige Gold auf: »Schweigsam über der Schädelstätte öffnen sich Gottes/ goldene Augen.« Es bedarf der unsäglichen Geduld im Aushalten der Schwärze, der Geduld dessen, der es anders weiß: »Goldenes Auge des Anbeginns, dunkle Geduld des Endes.« Das Ende, so darf man hier wohl sagen, ist die Heimkehr in den Anfang, in die »dunkelgoldene Kindheit« des Menschen, deren Ahnung und Abglanz der »Frühling der Seele« ist.

Georg Trakl
1887–1914

Untergang und Vision des Aufgangs

Klage

Schlaf und Tod, die düstern Adler
Umrauschen nachtlang dieses Haupt:
Des Menschen goldnes Bildnis
Verschlänge die eisige Woge
Der Ewigkeit. An schaurigen Riffen
Zerschellt der purpurne Leib.
Und es klagt die dunkle Stimme
Über dem Meer.
Schwester stürmischer Schwermut
Sieh ein ängstlicher Kahn versinkt
Unter Sternen,
Dem schweigenden Antlitz der Nacht.

Frühling der Seele

Aufschrei im Schlaf; durch schwarze Gassen stürzt der Wind,
Das Blau des Frühlings winkt durch brechendes Geäst,
Purpurner Nachttau und es erlöschen rings die Sterne.
Grünlich dämmert der Fluß, silbern die alten Alleen
Und die Türme der Stadt. O sanfte Trunkenheit
Im gleitenden Kahn und die dunklen Rufe der Amsel
In kindlichen Gärten. Schon lichtet sich der rosige Flor.

Feierlich rauschen die Wasser. O die feuchten Schatten der Au,
Das schreitende Tier; Grünendes, Blütengezweig
Rührt die kristallene Stirne; schimmernder Schaukelkahn.
Leise tönt die Sonne im Rosengewölk am Hügel.
Groß ist die Stille des Tannenwalds, die ernsten Schatten am Fluß.

Georg Trakl

Reinheit! Reinheit! Wo sind die furchtbaren Pfade des Todes,
Des grauen steinernen Schweigens, die Felsen der Nacht
Und die friedlosen Schatten? Strahlender Sonnenabgrund.

Schwester, da ich dich fand an einsamer Lichtung
Des Waldes und Mittag war und groß das Schweigen des Tiers;
Weiße unter wilder Eiche, und es blühte silbern der Dorn.
Gewaltiges Sterben und die singende Flamme im Herzen.

Dunkler umfließen die Wasser die schönen Spiele der Fische.
Stunde der Trauer, schweigender Anblick der Sonne;
Es ist die Seele ein Fremdes auf Erden. Geistlich dämmert
Bläue über dem verhauenen Wald und es läutet
Lange eine dunkle Glocke im Dorf; friedlich Geleit.
Stille blüht die Myrthe über den weißen Lidern des Toten.

Leise tönen die Wasser im sinkenden Nachmittag
Und es grünet dunkler die Wildnis am Ufer, Freude im rosigen Wind;
Der sanfte Gesang des Bruders am Abendhügel.

Ein Winterabend

Wenn der Schnee ans Fenster fällt,
Lang die Abendglocke läutet,
Vielen ist der Tisch bereitet
Und das Haus ist wohlbestellt.

Mancher auf der Wanderschaft
Kommt ans Tor auf dunklen Pfaden.
Golden blüht der Baum der Gnaden
Aus der Erde kühlem Saft.

Wanderer tritt still herein;
Schmerz versteinerte die Schwelle.
Da erglänzt in reiner Helle
Auf dem Tische Brot und Wein.

II. Erfahrungen und Denkwege im zwanzigsten Jahrhundert

Gesang des Abgeschiedenen
An Karl Borromäus Heinrich

Voll Harmonien ist der Flug der Vögel. Es haben die grünen Wälder
Am Abend sich zu stilleren Hütten versammelt;
Die kristallenen Weiden des Rehs.
Dunkles besänftigt das Plätschern des Bachs, die feuchten Schatten

Und die Blumen des Sommers, die schön im Winde läuten.
Schon dämmert die Stirne dem sinnenden Menschen.

Und es leuchtet ein Lämpchen, das Gute, in seinem Herzen
Und der Frieden des Mahls; denn geheiligt ist Brot und Wein
Von Gottes Händen, und es schaut aus nächtigen Augen
Stille dich der Bruder an, daß er ruhe von dorniger Wanderschaft.
O das Wohnen in der beseelten Bläue der Nacht.

Liebend auch umfängt das Schweigen im Zimmer die Schatten der Alten,
Die purpurnen Martern, Klage eines großen Geschlechts,
Das fromm nun hingeht im einsamen Enkel.

Denn strahlender immer erwacht aus schwarzen Minuten des Wahnsinns
Der Duldende an versteinerter Schwelle
Und es umfängt ihn gewaltig die kühle Bläue und die leuchtende Neige des Herbstes,

Das stille Haus und die Sagen des Waldes,
Maß und Gesetz und die mondenen Pfade der Abgeschiedenen.

Einleitung

Martin Heidegger

Die Frage nach dem Sein steht im Zentrum von Heideggers Denken. Im Frühwerk »Sein und Zeit« ist sie eng verschränkt mit der Todesfrage, jedoch einzig im Blick darauf, ob und in welcher Weise das Leben zwischen Geburt und Tod von seinem Ende her ein Verstehen von Sein erschließt. Es geht nicht darum, was nach dem Tode sein könnte. Die Verhülltheit des Seins ist auch die des Todes. Das Fragen wird verstanden als eine Seinsweise des Menschen. Sein Fragen nach dem Sein »als Seinsmodus eines Seienden« ist selbst vom Sein her bestimmt. Deshalb erfordert die Frage nach dem Sein die Vorfrage nach dem Seienden, das der Mensch ist. Heidegger kennzeichnet es als »Dasein«. Dasein ist wesenhaft »In-der-Welt-sein«. Von anderem Seienden unterscheidet es sich dadurch, daß es nicht nur einen Bezug zu sich selbst, zu mitmenschlichem Dasein, sowie zu anderem Seienden hat, sondern sich von je in einem bestimmten Verständnis von Sein bewegt. Nur im Sein des Menschen geht es um dieses Sein selbst, denn nur er allein »existiert«, das heißt, nur er steht offen für die »Offenheit des Seins«. Dieses existenziale Wesen des Menschen ist der Grund dafür, daß er sich zu seinem Dasein so oder so verhalten, daß es »eigentlich« oder »uneigentlich« sein kann. Der spätere Heidegger betont das im wörtlichen Sinn ekstatische Wesen des Daseins, indem er es als »Ek-sistenz« bezeichnet, als Hinausstehen in die »Lichtung des Seins«, als »Inständigkeit«. Diese schließt zwei wesentliche Bestimmungen von Existenz (»Existenzialien«) ein: »Sorge« und »Angst«.

In der Sorge um seine mögliche »Ganzheit« ist das Dasein sich ständig voraus in einem noch nicht Seienden, noch Ausstehenden, das aber schon zu ihm gehört. Von diesem möglichen Künftigen kommt es zurück aufs Gegenwärtige und Gewesene: Die Sorge enthüllt so die »Zeitlichkeit« als Grundverfassung des In-der-Welt-seins. Dieses wird erst »ganz«, indem es endet. Das letzte Ausstehende ist der Tod: Dasein ist »Sein zum Tode«. Als solches ist es ständig unabgeschlossen: Hat es aber seine »Ganzheit« erreicht, ist es nicht mehr »da«, als Seiendes nicht mehr erfahrbar. Der »Umschlag eines Seienden aus der

Seinsart des Daseins ... zum Nichtmehrdasein« kann zwar am Sterben anderer erfahren werden, nicht aber sein »Zustandegekommensein«. Die Frage – in welchem Sinn endet das Dasein? – muß in dieser Perspektive offenbleiben. Denn keine Weise des Endens von Seiendem entspricht dem Zu-Ende-sein des Daseins. Mit dem Tod ist es weder vollendet wie die reife Frucht, noch einfach verschwunden wie Regen, noch aufgebraucht wie Brot oder fertig wie ein Gemälde. Das Enden des Daseins (der Tod) ist mit seinem Beginn (der Geburt) schon übernommen. Dasein stirbt ständig, ist immer schon dem Tod überantwortet. Deshalb nennt Heidegger Dasein »Geworfenheit in den Tod«. Diese enthüllt sich in der »Angst«. Auch für Jakob Böhme »urständet« das Leben in der Angst. Sie ist Ausdruck der Empfindung des Abstands der naturhaften Peripherie der Schöpfung von ihrem göttlichen Zentrum (s. Bd I). Ebenso ist für Heidegger Angst nicht einfach Furcht vor dem Tod als dem Ende. Als eine »Grundbefindlichkeit des Daseins« bringt die Angst »das Dasein vor es selbst«, das heißt vor seine eigenste, unbezügliche (aus allen Bezügen gelöste) und unwiederholbare Möglichkeit des Seinkönnens. Sie erschließt dem Dasein die Freiheit, »eigentlich« sein zu können. Das die Öffentlichkeit konstituierende »Man«, das alltägliche Selbst, weicht dieser letzten Herausforderung durch den Tod aus: Der »Mut zur Angst vor dem Tode« wird überspielt. Dagegen versteht das »eigentliche« Selbst den Tod als »äußerste Möglichkeit der Existenz ... sich selbst aufzugeben«. Im ständigen Sich-vorweg-sein, im »Vorlaufen« in den eigenen Tod, wird es frei von der Erstarrung in einer schon erreichten endlichen Existenz. Das freie Vorlaufen in die unüberholbare Möglichkeit des Todes erschließt alle ihr vorgelagerten anderen Möglichkeiten und damit die Erfahrung des Daseins in seiner Ganzheit. »Die Sterblichen sterben den Tod im Leben. Im Tod werden die Sterblichen un-sterblich«, sagt der späte Heidegger im Anschluß an Hölderlins Gedicht »Griechenland«.[1] In solcher Freiheit öffnet sich das Dasein der aus ihm selbst entspringenden Bedrohung durch das Ende. Geht es Rilke um das »Überstehen«, so ist für Heidegger das »Erschließen« der Bedrohung entscheidend. Die Angst hält die ständige Bedrohung durch den Tod offen. In ihr erfährt sich das Dasein »*vor* dem Nichts der möglichen Unmöglichkeit seiner Existenz«. Gerade so aber erschließt sich die äußerste Möglichkeit des Seinkönnens. Worin besteht diese Möglichkeit für Heidegger? Was ist für ihn das »Nichts«?

---

1 Erläuterungen zu Hölderlins Dichtung, 4, Frankfurt 1971, S.165

Die Analyse des Daseins in »Sein und Zeit« ist bewußt »diesseitig«. Die Frage, was nach dem Tode sei, wenn das »da« wegfällt, wird nicht gestellt, ja erscheint nicht gerechtfertigt. Das leidenschaftlich strenge Fragen Heideggers in »Sein und Zeit« bewegt sich konsequent im Horizont des Seienden mittels der wenn auch im weitesten Sinn angewandten phänomenologischen Methode. Seit der 1929 gehaltenen und 1943 und 1949 um Nachwort und Einleitung erweiterten Freiburger Antrittsvorlesung »Was ist Metaphysik?« wird die Frage nach dem Nichts auf dem Boden der in »Sein und Zeit« erarbeiteten fundamentalontologischen Begriffe ausdrücklich gestellt. Dasein als Sein zum Tode wird als »Hineingehaltenheit in das Nichts« bestimmt. Setzt es sich im Vorlaufen in den Tod der Angst aus, so erfährt es das »schlechthin Andere zu allem Seienden« – das Nichts: »Die Angst enthüllt das Nichts.« Aber dieses Nichts ist nicht nichts. Es erscheint als Nichts, weil es kein Seiendes ist. Es macht vielmehr das Seiende als solches erst offenbar. Es ist dasjenige, »aus dessen Lichtung jegliches Seiende in das zurückkehrt, was es ist und zu sein vermag«. Mit anderen Worten Heideggers: »Dieses Nichts west als das Sein.« Die Angst schenkt im »Schrecken des Abgrunds«, der sich mit dem Nichts auftut, »eine Erfahrung des Seins als des Anderen zu allem Seienden«. Das angstbejahende Vorlaufen in den Tod ist somit ein Transzendieren über alles Seiende hinaus in »das Geheimnis des Seins selbst«. Einzig der Mensch erfährt »das Wunder aller Wunder, daß Seiendes *ist*«. Nur er wird in die Wahrheit des Seins gerufen. Seine Angst vor dem vieldeutigen Nichts und dem abgründigen Sein ist ein und dieselbe. Sie »verbürgt die geheimnisvolle Möglichkeit der Erfahrung des Seins« im Nichts.

Die äußerste Möglichkeit solcher Erfahrung ist der Tod. Nur wenige Äußerungen Heideggers gelten der Frage: Was wird aus dem Menschen im Tod? Wenn der Tod »die eigentliche Eröffnung der ontologischen Differenz, also des Unterschiedes zwischen dem Sein und dem Seienden« ist, dann entzieht sich das Todesgeschehen einem Denken und Sprechen, das am Seienden orientiert ist.[1] Die Menschen sind die Sterblichen, weil sie – im Unterschied zum Tier – den Tod »vermögen«. Das heißt nicht nur, daß sie um ihr Ende wissen und sich dazu verhalten. Weil ihr Da-Sein als Hineingehaltenheit in das Nichts je schon über das Seiende im Ganzen hinaus ist, sind sie »das wesende

---

1 Vgl. G. Scherer: Das Problem des Todes in der Philosophie. Darmstadt 1979, S. 198

Verhältnis zum Sein als Sein.« Ohne diese Transzendenz könnte der Mensch sich nicht zu Seiendem verhalten, auch nicht zu sich selbst. Es gäbe »kein Selbstsein und keine Freiheit«. So gesehen, heißt Dasein, das Sein im Nichts erfahren lernen. Erst dann kann gedacht werden, was sich in der Wahrheit des Seins verbirgt: das Wesen des Heiligen, das Wesen von Gottheit, Gott. Erst dann, so ließe sich fortfahren, könnte auch nach der Unsterblichkeit der Seele gefragt werden.

Martin Heidegger
1889–1976

Das Sein zum Tode. Sorge und Angst. Das Nichts: »Geheimnis des Seins«

Dasein und Zeitlichkeit

Das »Ende« des In-der-Welt-seins ist der Tod. Dieses Ende, zum Seinkönnen, d. h. zur Existenz gehörig, begrenzt und bestimmt die je mögliche Ganzheit des Daseins. Das Zu-Ende-sein des Daseins im Tode und somit das Ganzsein dieses Seienden wird aber nur dann phänomenal angemessen in die Erörterung des möglichen Ganz*seins* einbezogen werden können, wenn ein ontologisch zureichender, d. h. *existenzialer* Begriff des Todes gewonnen ist. Daseinsmäßig aber *ist* der Tod nur in einem existenziellen *Sein zum Tode*. Die existenziale Struktur dieses Seins erweist sich als die ontologische Verfassung des Ganzseinkönnens des Daseins. (…)

Mit der Aufweisung eines *eigentlichen Ganzseinkönnens* des Daseins versichert sich die existenziale Analytik der Verfassung des *ursprünglichen* Seins des Daseins, das eigentliche Ganzseinkönnen aber wird zugleich als Modus der Sorge sichtbar. Damit ist denn auch der phänomenal zureichende Boden für eine ursprüngliche Interpretation des Seinssinnes des Daseins gesichert.

Der ursprüngliche ontologische Grund der Existenzialität des Daseins aber ist die *Zeitlichkeit*. Die gegliederte Strukturganzheit des Seins des Daseins als Sorge wird erst aus ihr existenzial verständlich. (…)

Das mögliche Ganzsein des Daseins und das Sein zum Tode

Der Sorge, welche die Ganzheit des Strukturganzen des Daseins bildet, widerspricht offenbar ihrem ontologischen Sinn nach ein mögliches Ganzsein dieses Seienden. Das primäre Moment der Sorge, das

»Sichvorweg«, besagt doch: Dasein existiert je umwillen seiner selbst. »Solange es ist«, bis zu seinem Ende verhält es sich zu seinem Seinkönnen. Auch dann, wenn es, noch existierend, nichts mehr »vor sich« und »seine Rechnung abgeschlossen« hat, ist sein Sein noch durch das »Sichvorweg« bestimmt. Die Hoffnungslosigkeit z. B. reißt das Dasein nicht von seinen Möglichkeiten ab, sondern ist nur ein eigener Modus des *Seins* zu diesen Möglichkeiten. Nicht minder birgt das illusionslose »Gefaßtsein *auf* Alles« das »Sichvorweg« in sich. Dieses Strukturmoment der Sorge sagt doch unzweideutig, daß im Dasein immer noch etwas *aussteht*, was als Seinkönnen seiner selbst noch nicht »wirklich« geworden ist. Im Wesen der Grundverfassung des Daseins liegt demnach eine *ständige Unabgeschlossenheit*. Die Unganzheit bedeutet einen Ausstand an Seinkönnen.

Sobald jedoch das Dasein so »existiert«, daß an ihm schlechthin nichts mehr aussteht, dann ist es auch schon in eins damit zum Nichtmehr-da-sein geworden. Die Behebung des Seinsausstandes besagt Vernichtung seines Seins. Solange das Dasein als Seiendes *ist*, hat es seine »Gänze« nie erreicht. Gewinnt es sie aber, dann wird der Gewinn zum Verlust des In-der-Welt-seins schlechthin. *Als Seiendes* wird es dann nie mehr erfahrbar.

Der Grund der Unmöglichkeit, Dasein als seiendes Ganzes ontisch zu erfahren und demzufolge in seinem Ganzsein ontologisch zu bestimmen, liegt nicht in einer Unvollkommenheit des *Erkenntnisvermögens*. Das Hemmnis steht auf seiten des *Seins* dieses Seienden. Was *so* gar nicht erst *sein* kann, *wie* ein Erfahren das Dasein zu erfassen prätendiert, entzieht sich grundsätzlich einer Erfahrbarkeit. Bleibt aber dann die Ablesung der ontologischen Seinsganzheit am Dasein nicht ein hoffnungsloses Unterfangen? (...)

Die Erfahrbarkeit des Todes der Anderen

Das Erreichen der Gänze des Daseins im Tode ist zugleich Verlust des Seins des Da. Der Übergang zum Nichtmehrdasein hebt das Dasein gerade aus der Möglichkeit, diesen Übergang zu erfahren und als erfahrenen zu verstehen. Dergleichen mag allerdings dem jeweiligen Dasein bezüglich seiner selbst versagt bleiben. Um so eindringlicher ist doch der Tod Anderer. Eine Beendigung des Daseins wird demnach »objektiv« zugänglich. Das Dasein kann, zumal da es wesenhaft Mitsein mit Anderen ist, eine Erfahrung vom Tode gewinnen. Diese »objektive« Gegebenheit des Todes muß dann auch eine ontologische Umgrenzung der Daseinsganzheit ermöglichen. (...)

Auch das Dasein der Anderen ist mit seiner im Tode erreichten Gänze ein Nichtmehrdasein im Sinne des Nicht-mehr-in-der-Weltseins. Besagt Sterben nicht Aus-der-Welt-gehen, das In-der-Welt-sein verlieren? Das Nicht-mehr-in-der-Welt-sein des Gestorbenen ist gleichwohl noch – extrem verstanden – ein Sein im Sinne des Nur-noch-vorhandenseins eines begegnenden Körperdinges. Am Sterben der Anderen kann das merkwürdige Seinsphänomen erfahren werden, das sich als Umschlag eines Seienden aus der Seinsart des Daseins (bzw. des Lebens) zum Nichtmehrdasein bestimmen läßt. (...)

Je angemessener das Nichtmehrdasein des Verstorbenen phänomenal gefaßt wird, um so deutlicher zeigt sich, daß solches Mitsein mit dem Toten gerade *nicht* das eigentliche Zuendegekommensein des Verstorbenen erfährt. Der Tod enthüllt sich zwar als Verlust, aber mehr als solcher, den die Verbleibenden erfahren. Im Erleiden des Verlustes wird jedoch nicht der Seinsverlust als solcher zugänglich, den der Sterbende »erleidet«. Wir erfahren nicht im genuinen Sinne das Sterben der Anderen, sondern sind höchstens immer nur »dabei«. (...)

Keiner kann dem Anderen sein Sterben abnehmen. Jemand kann wohl »für einen Anderen in den Tod gehen«. Das besagt jedoch immer: für den Anderen sich opfern »*in einer bestimmten Sache*«. Solches Sterben für ... kann aber nie bedeuten, daß dem Anderen damit sein Tod im geringsten abgenommen sei. Das Sterben muß jedes Dasein jeweilig selbst auf sich nehmen. Der Tod ist, sofern er »ist«, wesensmäßig je der meine. Und zwar bedeutet er eine eigentümliche Seinsmöglichkeit, darin es um das Sein des je eigenen Daseins schlechthin geht. (...)

Ausstand, Ende und Ganzheit

Das zum Dasein gehörige Noch-nicht aber bleibt nicht nur vorläufig und zuweilen für die eigene und fremde Erfahrung unzugänglich, es »ist« überhaupt noch nicht »wirklich«. Das Problem betrifft nicht die *Erfassung* des daseinsmäßigen Noch-nicht, sondern dessen mögliches *Sein* bzw. *Nichtsein*. Das Dasein muß als es selbst, was es noch nicht ist, *werden*, d.h. *sein*. Um sonach das *daseinsmäßige Sein des Noch-nicht* vergleichend bestimmen zu können, müssen wir Seiendes in Betracht nehmen, zu dessen Seinsart das Werden gehört.

Die unreife Frucht z.B. geht ihrer Reife entgegen. Dabei wird ihr im

Reifen das, was sie noch nicht ist, keineswegs als Noch-nicht-vorhandenes angestückt. Sie selbst bringt sich zur Reife, und solches Sichbringen charakterisiert ihr Sein als Frucht. Alles Erdenkliche, das beigebracht werden könnte, vermöchte die Unreife der Frucht nicht zu beseitigen, käme dieses Seiende nicht *von ihm selbst her* zur Reife. Das Noch-nicht der Unreife meint nicht ein außenstehendes Anderes, das gleichgültig gegen die Frucht an und mit ihr vorhanden sein könnte. Es meint sie selbst in ihrer spezifischen Seinsart. (...)

Das Noch-nicht ist schon in ihr eigenes Sein einbezogen und das keineswegs als beliebige Bestimmung, sondern als Konstitutivum. Entsprechend *ist* auch das Dasein, solange es ist, *je schon sein Nochnicht*.

Was am Dasein die »Unganzheit« ausmacht, das ständige Sich-vorweg, ist weder ein Ausstand eines summativen Zusammen, noch gar ein Noch-nicht-zugänglich-geworden-sein, sondern ein Noch-nicht, das je ein Dasein als das Seiende, das es ist, zu sein hat. Gleichwohl zeigt der Vergleich mit der Unreife der Frucht, bei einer gewissen Übereinstimmung, doch wesentliche Unterschiede. Sie beachten, heißt, die bisherige Rede von Ende und Enden in ihrer Unbestimmtheit erkennen.

Wenn auch das Reifen, das spezifische Sein der Frucht, als Seinsart des Noch-nicht (der Unreife) formal darin mit dem Dasein übereinkommt, daß dieses wie jenes in einem noch zu umgrenzenden Sinne je schon sein Noch-nicht *ist*, so kann das doch nicht bedeuten, Reife als »Ende« und Tod als »Ende« deckten sich auch hinsichtlich der ontologischen Endestruktur. Mit der Reife *vollendet* sich die Frucht. Ist denn aber der Tod, zu dem das Dasein gelangt, eine Vollendung in diesem Sinne? Das Dasein hat zwar mit seinem Tod seinen »Lauf vollendet«. Hat es damit auch notwendig seine spezifischen Möglichkeiten erschöpft? Werden sie ihm vielmehr nicht gerade genommen? Auch »unvollendetes« Dasein endet. Andererseits braucht das Dasein so wenig erst mit seinem Tod zur Reife zu kommen, daß es diese vor dem Ende schon überschritten haben kann. Zumeist endet es in der Unvollendung oder aber zerfallen und verbraucht.

Enden besagt nicht notwendig Sich-vollenden. Die Frage wird dringlicher, *in welchem Sinne überhaupt der Tod als Enden des Daseins begriffen werden muß*.

Enden bedeutet zunächst *Aufhören* und das wiederum in einem ontologisch verschiedenen Sinn. Der Regen hört auf. Er ist nicht mehr vorhanden. Der Weg hört auf. Dieses Enden läßt den Weg nicht verschwinden, sondern dieses Aufhören bestimmt den Weg als diesen vorhandenen. Enden als Aufhören kann demnach bedeuten: in die Unvorhandenheit übergehen oder aber gerade erst Vorhandensein mit dem Ende. Dieses letztgenannte Enden kann wiederum entweder ein *unfertig* Vorhandenes bestimmen – ein im Bau befindlicher Weg bricht ab – oder aber die »Fertigkeit« eines Vorhandenen konstituieren – mit dem letzten Pinselstrich wird das Gemälde fertig.

Aber das Enden als Fertigwerden schließt nicht Vollendung in sich. Wohl muß dagegen, was vollendet sein will, seine mögliche Fertigkeit erreichen. Vollendung ist ein fundierter Modus der »Fertigkeit«. Diese ist selbst nur möglich als Bestimmung eines Vorhandenen oder Zuhandenen.

Auch das Enden im Sinne des Verschwindens kann sich noch entsprechend der Seinsart des Seienden modifizieren. Der Regen ist zu Ende, d. h. verschwunden. Das Brot ist zu Ende, d. h. aufgebraucht, als Zuhandenes nicht mehr verfügbar.

Durch keinen dieser Modi des Endens läßt sich der Tod als Ende des Daseins angemessen charakterisieren. Würde das Sterben als Zu-Ende-sein im Sinne eines Endens der besprochenen Art verstanden, dann wäre das Dasein hiermit als Vorhandenes bzw. Zuhandenes gesetzt. Im Tod ist das Dasein weder vollendet, noch einfach verschwunden, noch gar fertig geworden oder als Zuhandenes ganz verfügbar.

So wie das Dasein vielmehr ständig, solange es ist, schon sein Nochnicht *ist,* so *ist* es auch schon immer sein Ende. Das mit dem Tod gemeinte Enden bedeutet kein Zu-Ende-sein des Daseins, sondern ein *Sein zum Ende* dieses Seienden. Der Tod ist eine Weise zu sein, die das Dasein übernimmt, sobald es ist. »Sobald ein Mensch zum Leben kommt, sogleich ist er alt genug zu sterben.«[1] (...)

Die Abgrenzung der existenzialen Analyse des Todes gegenüber möglichen anderen Interpretationen des Phänomens

Der Tod im weitesten Sinne ist ein Phänomen des Lebens. Leben muß verstanden werden als eine Seinsart, zu der ein In-der-Welt-sein gehört. Sie kann nur in privativer Orientierung am Dasein ontologisch fixiert werden. Auch das Dasein läßt sich als pures Leben betrachten.

[1] Der Ackermann aus Böhmen.

Für die biologisch-physiologische Fragestellung rückt es dann in den Seinsbezirk, den wir als Tier- und Pflanzenwelt kennen. In diesem Felde können durch ontische Feststellung Daten und Statistiken über die Lebensdauer von Pflanzen, Tieren und Menschen gewonnen werden. Zusammenhänge zwischen Lebensdauer, Fortpflanzung und Wachstum lassen sich erkennen. Die »Arten« des Todes, die Ursachen, »Einrichtungen« und Weisen seines Eintretens können erforscht werden.

Dieser biologisch-ontischen Erforschung des Todes liegt eine ontologische Problematik zugrunde. Zu fragen bleibt, wie sich aus dem ontologischen Wesen des Lebens das des Todes bestimmt. (…)

Die existenziale Interpretation des Todes liegt vor aller Biologie und Ontologie des Lebens. Sie fundiert aber auch erst alle biographisch-historische und ethnologisch-psychologische Untersuchung des Todes. (…)

Die ontologische Analyse des Seins zum Ende greift andererseits keiner existenziellen Stellungnahme zum Tode vor. Wenn der Tod als »Ende« des Daseins, d. h. des In-der-Welt-seins bestimmt wird, dann fällt damit keine ontische Entscheidung darüber, ob »nach dem Tode« noch ein anderes, höheres oder niedrigeres Sein möglich ist, ob das Dasein »fortlebt« oder gar, sich »überdauernd«, »unsterblich« ist. Über das »Jenseits« und seine Möglichkeit wird ebensowenig ontisch entschieden wie über das Diesseits, als sollten Normen und Regeln des Verhaltens zum Tode zur »Erbauung« vorgelegt werden. Die Analyse des Todes bleibt aber insofern rein »diesseitig«, als sie das Phänomen lediglich daraufhin interpretiert, wie es als Seinsmöglichkeit des jeweiligen Daseins *in dieses hereinsteht*. Mit Sinn und Recht kann überhaupt erst dann methodisch sicher auch nur *gefragt* werden, was *nach dem Tode sei*, wenn dieser in seinem vollen ontologischen Wesen begriffen ist. Ob eine solche Frage überhaupt eine mögliche *theoretische* Frage darstellt, bleibe hier unentschieden.

Die Vorzeichnung
der existenzialontologischen Struktur des Todes

Der Tod ist eine Seinsmöglichkeit, die je das Dasein selbst zu übernehmen hat. Mit dem Tod steht sich das Dasein selbst in seinem *eigensten* Seinkönnen bevor. In dieser Möglichkeit geht es dem Dasein um sein In-der-Welt-sein schlechthin. Sein Tod ist die Möglichkeit des Nicht-mehr-dasein-könnens. Wenn das Dasein als diese Möglichkeit seiner selbst sich bevorsteht, ist es *völlig* auf sein eigenstes Seinkönnen verwiesen. So sich bevorstehend sind in ihm alle Bezüge zu anderem Dasein gelöst. Diese eigenste unbezügliche Möglichkeit ist zugleich die äußerste. Als Seinkönnen vermag das Dasein die Möglichkeit des Todes nicht zu überholen. Der Tod ist die Möglichkeit der schlechthinnigen Daseinsunmöglichkeit. So enthüllt sich der *Tod* als die *eigenste, unbezügliche, unüberholbare Möglichkeit*. Als solche ist er ein *ausgezeichneter* Bevorstand. Dessen existenziale Möglichkeit gründet darin, daß das Dasein ihm selbst wesenhaft erschlossen ist und zwar in der Weise des Sich-vorweg. Dieses Strukturmoment der Sorge hat im Sein zum Tode seine ursprünglichste Konkretion. Das Sein zum Ende wird phänomenal deutlicher als Sein zu der charakterisierten ausgezeichneten Möglichkeit des Daseins.

Die eigenste, unbezügliche und unüberholbare Möglichkeit beschafft sich aber das Dasein nicht nachträglich und gelegentlich im Verlaufe seines Seins. Sondern, wenn Dasein existiert, ist es auch schon in diese Möglichkeit *geworfen*. Daß es seinem Tod überantwortet ist, und dieser somit zum In-der-Welt-sein gehört, davon hat das Dasein zunächst und zumeist kein ausdrückliches oder gar theoretisches Wissen. Die Geworfenheit in den Tod enthüllt sich ihm ursprünglicher und eindringlicher in der Befindlichkeit der Angst. Die Angst vor dem Tode ist Angst »vor« dem eigensten, unbezüglichen und unüberholbaren Seinkönnen. Das Wovor dieser Angst ist das In-der-Welt-sein selbst. Das Worum dieser Angst ist das Sein-können des Daseins schlechthin. Mit einer Furcht vor dem Ableben darf die Angst vor dem Tode nicht zusammengeworfen werden. Sie ist keine beliebige und zufällige »schwache« Stimmung des Einzelnen, sondern, als Grundbefindlichkeit des Daseins, die Erschlossenheit davon, daß das Dasein als geworfenes Sein *zu* seinem Ende existiert. Damit verdeutlicht sich der existenziale Begriff des Sterbens als geworfenes Sein zum eigensten, unbezüglichen und unüberholbaren Seinkönnen. Die Abgrenzung gegen ein pures Verschwinden, aber auch gegen ein Nur-Verenden und schließlich gegen ein »Erleben« des Ablebens gewinnt an Schärfe. (...)

Das Sein zum Tode und die Alltäglichkeit des Daseins

Die Öffentlichkeit des alltäglichen Miteinander »kennt« den Tod als ständig vorkommendes Begegnis, als »Todesfall«. Dieser oder jener Nächste oder Fernerstehende »stirbt«. Unbekannte »sterben« täglich und stündlich. »Der Tod« begegnet als bekanntes innerweltlich vorkommendes Ereignis. Als solches bleibt er in der für das alltäglich Begegnende charakteristischen Unauffälligkeit. Das Man hat für dieses Ereignis auch schon eine Auslegung gesichert. Die ausgesprochene oder auch meist verhaltene »flüchtige« Rede darüber will sagen: man stirbt am Ende auch einmal, aber zunächst bleibt man selbst unbetroffen. (...)

Das verdeckende Ausweichen vor dem Tode beherrscht die Alltäglichkeit so hartnäckig, daß im Miteinandersein die »Nächsten« gerade dem »Sterbenden« oft noch einreden, er werde dem Tod entgehen und demnächst wieder in die beruhigte Alltäglichkeit seiner besorgten Welt zurückkehren. Solche »Fürsorge« meint sogar, den »Sterbenden« dadurch zu »trösten«. Sie will ihn ins Dasein zurückbringen, indem sie ihm dazu verhilft, seine eigenste, unbezügliche Seinsmöglichkeit noch vollends zu verhüllen. Das Man besorgt dergestalt eine *ständige Beruhigung über den Tod*. Sie gilt aber im Grunde nicht nur dem »Sterbenden«, sondern ebenso sehr den »Tröstenden«. (...)

Das Man läßt den Mut zur Angst vor dem Tode nicht aufkommen. Die Herrschaft der öffentlichen Ausgelegtheit des Man hat auch schon über die Befindlichkeit entschieden, aus der sich die Stellung zum Tode bestimmen soll. In der Angst vor dem Tode wird das Dasein vor es selbst gebracht als überantwortet der unüberholbaren Möglichkeit. Das Man besorgt die Umkehrung dieser Angst in eine Furcht vor einem ankommenden Ereignis. Die als Furcht zweideutig gemachte Angst wird überdies als Schwäche ausgegeben, die ein selbstsicheres Dasein nicht kennen darf. Was sich gemäß dem lautlosen Dekret des Man »gehört«, ist die gleichgültige Ruhe gegenüber der »Tatsache«, daß man stirbt. Die Ausbildung einer solchen »überlegenen« Gleichgültigkeit *entfremdet* das Dasein seinem eigensten, unbezüglichen Seinkönnen. (...)

Existenzialer Entwurf eines eigentlichen Seins zum Tode

Eigentliches Sein zum Tode kann vor der eigensten, unbezüglichen Möglichkeit *nicht ausweichen* und in dieser Flucht sie *verdecken* und für die Verständigkeit des Man *umdeuten.* (...)

Das Sein zur Möglichkeit als Sein zum Tode soll aber zu *ihm* sich so verhalten, daß er sich in diesem Sein und für es *als Möglichkeit* enthüllt. Solches Sein zur Möglichkeit fassen wir terminologisch als *Vorlaufen in die Möglichkeit.* Birgt diese Verhaltung aber nicht eine Näherung an das Mögliche in sich, und taucht mit der Nähe des Möglichen nicht seine Verwirklichung auf? Diese Näherung tendiert jedoch nicht auf ein besorgendes Verfügbarmachen eines Wirklichen, sondern im verstehenden Näherkommen wird die Möglichkeit des Möglichen nur »größer«. *Die nächste Nähe des Seins zum Tode als Möglichkeit ist einem Wirklichen so fern als möglich.* Je unverhüllter diese Möglichkeit verstanden wird, um so reiner dringt das Verstehen vor in die Möglichkeit *als die der Unmöglichkeit der Existenz überhaupt.* Der Tod als Möglichkeit gibt dem Dasein nichts zu »Verwirklichendes« und nichts, was es als Wirkliches selbst *sein* könnte. Er ist die Möglichkeit der Unmöglichkeit jeglichen Verhaltens zu ..., jedes Existierens. Im Vorlaufen in diese Möglichkeit wird sie »immer größer«, d.h. sie enthüllt sich als solche, die überhaupt kein Maß, kein mehr oder minder kennt, sondern die Möglichkeit der maßlosen Unmöglichkeit der Existenz bedeutet. Ihrem Wesen nach bietet diese Möglichkeit keinen Anhalt, um auf etwas gespannt zu sein, das mögliche Wirkliche sich »auszumalen« und darob die Möglichkeit zu vergessen. Das Sein zum Tode als Vorlaufen in die Möglichkeit *ermöglicht* allererst diese Möglichkeit und macht sie als solche frei.

Das Sein zum Tode ist Vorlaufen in ein Seinkönnen *des* Seienden, dessen Seinsart das Vorlaufen selbst hat. Im vorlaufenden Enthüllen dieses Seinkönnens erschließt sich das Dasein ihm selbst hinsichtlich seiner äußersten Möglichkeit. Auf eigenstes Seinkönnen sich entwerfen aber besagt: sich selbst verstehen können im Sein des so enthüllten Seienden: existieren. Das Vorlaufen erweist sich als Möglichkeit des Verstehens des *eigensten* äußersten Seinkönnens, d.h. als Möglichkeit *eigentlicher Existenz.* (...)

Der Tod ist *eigenste* Möglichkeit des Daseins. Das Sein zu ihr erschließt dem Dasein sein *eigenstes* Seinkönnen, darin es um das Sein des Daseins schlechthin geht. Darin kann dem Dasein offenbar werden, daß es in der ausgezeichneten Möglichkeit seiner selbst dem Man entrissen bleibt, d. h. vorlaufend sich je schon ihm entreißen kann. Das Verstehen dieses »Könnens« enthüllt aber erst die faktische Verlorenheit in die Alltäglichkeit des Man-selbst.

Die eigenste Möglichkeit ist *unbezügliche*. Das Vorlaufen läßt das Dasein verstehen, daß es das Seinkönnen, darin es schlechthin um sein eigenstes Sein geht, einzig von ihm selbst her zu übernehmen hat. Der Tod »gehört« nicht indifferent nur dem eigenen Dasein zu, sondern er *beansprucht* dieses *als einzelnes*. Die im Vorlaufen verstandene Unbezüglichkeit des Todes vereinzelt das Dasein auf es selbst. Diese Vereinzelung ist eine Weise des Erschließens des »Da« für die Existenz. Sie macht offenbar, daß alles Sein bei dem Besorgten und jedes Mitsein mit Anderen versagt, wenn es um das eigenste Seinkönnen geht. Dasein kann nur dann *eigentlich es selbst* sein, wenn es sich von ihm selbst her dazu ermöglicht. Das Versagen des Besorgens und der Fürsorge bedeutet jedoch keineswegs eine Abschnürung dieser Weisen des Daseins vom eigentlichen Selbstsein. Als wesenhafte Strukturen der Daseinsverfassung gehören sie mit zur Bedingung der Möglichkeit von Existenz überhaupt. Das Dasein ist eigentlich es selbst nur, sofern es sich *als* besorgendes Sein bei ... und fürsorgendes Sein mit ... primär auf sein eigenstes Seinkönnen, nicht aber auf die Möglichkeit des Man-selbst entwirft. Das Vorlaufen in die unbezügliche Möglichkeit zwingt das vorlaufende Seiende in die Möglichkeit, sein eigenstes Sein von ihm selbst her aus ihm selbst zu übernehmen.

Die eigenste, unbezügliche Möglichkeit ist *unüberholbar*. Das Sein zu ihr läßt das Dasein verstehen, daß ihm als äußerste Möglichkeit der Existenz bevorsteht, sich selbst aufzugeben. Das Vorlaufen aber weicht der Unüberholbarkeit nicht aus wie das uneigentliche Sein zum Tode, sondern gibt sich *frei für* sie. Das vorlaufende Freiwerden *für* den eigenen Tod befreit von der Verlorenheit in die zufällig sich andrängenden Möglichkeiten, so zwar, daß es die faktischen Möglichkeiten, die der unüberholbaren vorgelagert sind, allererst eigentlich verstehen und wählen läßt. Das Vorlaufen erschließt der Existenz als äußerste Möglichkeit die Selbstaufgabe und zerbricht so jede Versteifung auf die je erreichte Existenz. Das Dasein behütet sich, vorlaufend, davor, hinter sich selbst und das verstandene Seinkönnen zurückzufallen und »für seine Siege zu alt zu werden« (Nietzsche). Frei für die eigensten, vom *Ende* her bestimmten, d. h. als *endliche* verstandenen Möglichkeiten, bannt das Dasein die Gefahr, aus seinem endlichen Existenzverständnis her die es überholenden Existenzmöglichkeiten der Anderen zu verkennen oder aber sie mißdeutend auf die eigene zurückzuzwingen – um sich so der eigensten faktischen Existenz zu begeben. Als unbezügliche Möglichkeit vereinzelt der Tod aber nur, um als unüberholbare das Dasein als Mitsein verstehend zu machen für das Seinkönnen der Anderen. Weil das Vorlaufen in die unüberholbare Möglichkeit alle ihr vorgelagerten Möglichkeiten mit erschließt, liegt in ihm die Möglichkeit eines existenziellen Vorwegnehmens des *ganzen* Daseins, d.h. die Möglichkeit, als *ganzes Seinkönnen* zu existieren.

(...) Im Vorlaufen zum unbestimmt gewissen Tode öffnet sich das Dasein für eine aus seinem Da selbst entspringende, ständige *Bedrohung*. Das Sein zum Ende muß sich in ihr halten und kann sie so wenig abblenden, daß es die Unbestimmtheit der Gewißheit vielmehr ausbilden muß. Wie ist das genuine Erschließen dieser ständigen Bedrohung existenzial möglich? Alles Verstehen ist befindliches. Die Stimmung bringt das Dasein vor die Geworfenheit seines »daß-es-da-ist«. *Die Befindlichkeit aber, welche die ständige und schlechthinnige, aus dem eigensten vereinzelten Sein des Daseins aufsteigende Bedrohung seiner selbst offen zu halten vermag, ist die Angst.* In ihr befindet sich das Dasein *vor* dem Nichts der möglichen Unmöglichkeit seiner Existenz. Die Angst ängstet sich *um* das Seinkönnen des so bestimmten Seienden und erschließt so die äußerste Möglichkeit. Weil das Vorlaufen das Dasein schlechthin vereinzelt und es in dieser Vereinzelung seiner selbst der Ganzheit seines Seinkönnens gewiß werden läßt, gehört zu diesem Sichverstehen des Daseins aus seinem Grunde die Grundbefindlichkeit der Angst. Das Sein zum Tode ist wesenhaft Angst. Die untrügliche, obzwar »nur« indirekte Bezeugung dafür gibt das gekennzeichnete Sein zum Tode, wenn es die Angst in feige Furcht verkehrt und mit der Überwindung dieser die Feigheit vor der Angst bekundet.

Die Charakteristik des existenzial entworfenen eigentlichen Seins zum Tode läßt sich dergestalt zusammenfassen: *Das Vorlaufen enthüllt dem Dasein die Verlorenheit in das Man-selbst und bringt es vor die Möglichkeit, auf die besorgende Fürsorge primär ungestützt, es selbst zu sein, selbst aber in der leidenschaftlichen, von den Illusionen des Man gelösten, faktischen, ihrer selbst gewissen und sich ängstenden* Freiheit zum Tode.

Sein und Zeit

»Die Dimension des Heilen«

Die Sterblichen sind die Menschen. Sie heißen die Sterblichen, weil sie sterben können. Sterben heißt: den Tod als Tod vermögen. Nur der Mensch stirbt. Das Tier verendet. Es hat den Tod als Tod weder vor sich noch hinter sich. Der Tod ist der Schrein des Nichts, dessen nämlich, was in aller Hinsicht niemals etwas bloß Seiendes ist, was aber gleichwohl west, sogar als das Geheimnis des Seins selbst. Der Tod birgt als der Schrein des Nichts das Wesende des Seins in sich. Der Tod ist als der Schrein des Nichts das Gebirg des Seins. Die Sterblichen nennen wir jetzt die Sterblichen – nicht, weil ihr irdisches Leben endet, sondern weil sie den Tod als Tod vermögen. Die Sterblichen sind, die sie sind, als die Sterblichen, wesend im Gebirg des Seins. Sie sind das wesende Verhältnis zum Sein als Sein.

Das Ding

Wer (...) vom Denken nur eine Versicherung erwartet und den Tag errechnet, an dem es ungebraucht übergangen werden kann, der fordert dem Denken die Selbstvernichtung ab. Die Forderung erscheint in einem seltsamen Licht, wenn wir uns darauf besinnen, daß das Wesen der Sterblichen in die Achtsamkeit auf das Geheiß gerufen ist, das sie in den Tod kommen heißt. Er ist als äußerste Möglichkeit des sterblichen Daseins nicht Ende des Möglichen, sondern das höchste Gebirg (das versammelnde Bergen) des Geheimnisses der rufenden Entbergung.

Moira (Parmenides VIII)

Erst aus der Wahrheit des Seins läßt sich das Wesen des Heiligen denken. Erst aus dem Wesen des Heiligen ist das Wesen von Gottheit zu denken. Erst im Lichte des Wesens von Gottheit kann gedacht und gesagt werden, was das Wort »Gott« nennen soll. Oder müssen wir nicht erst diese Worte alle sorgsam verstehen und hören können, wenn wir als Menschen, das heißt als eksistente Wesen, einen Bezug des Gottes zum Menschen sollen erfahren dürfen? Wie soll denn der Mensch der gegenwärtigen Weltgeschichte auch nur ernst und streng fragen können, ob der Gott sich nahe oder entziehe, wenn der Mensch es unterläßt, allererst in die Dimension hineinzudenken, in der jene Frage allein gefragt werden kann? Das aber ist die Dimension des Heiligen, die sogar schon als Dimension verschlossen bleibt, wenn nicht das Offene des Seins gelichtet und in seiner Lichtung dem Menschen nahe ist. Vielleicht besteht das Auszeichnende dieses Weltalters in der Verschlossenheit der Dimension des Heilen. Vielleicht ist dies das einzige Unheil.

Über den Humanismus

Einleitung

Verwandlung und Wiederkehr

Hans Carossa, Ina Seidel, Hermann Hesse, Ernst Jünger

Die stillen Bücher *Hans Carossas* verdanken ihre breite Wirkung zwischen den beiden Weltkriegen wohl auch der Tatsache, daß hier ein Dichter zugleich Arzt war, von früh an mit dem Tod vertraut, auf nichts anderes bedacht als auf Heilung in einem umfassenden Sinn. Im Gegensatz zu Gottfried Benn, der gleich einem Chirurgen den Grund des Übels sezierend bloßlegt, sucht Carossa helfende Gegenkräfte zu beleben. Auch er kennt das Dämonische im Menschen, aber vertraut der stärkeren Kraft der »ewigen Seele«, dem im Unheil verborgenen »Heil«. In der »Zeitengruft« des Todes die Flügel zu regen, ist sein Anliegen, auch mittels der Sprache, die der Arzt nicht anders handhabt als seine Heilgifte. »Raube das Licht aus dem Rachen der Schlange« heißt das Motto des Rumänischen Kriegstagebuches, das die Erfahrungen des Arztes an der Front so besonnen schildert, daß auch im Unmenschlichsten noch Menschliches aufscheint, Menschliches im Sinn des Urbildhaften, dem Carossa in allen Gestalten des Lebendigen nachgeht, sei es im Sterben eines Kätzchens, im Baum, Schmetterling oder Gestirn. Noch in der späten »Abendländischen Elegie«, in der die Schrecken der Zerstörung, das eigentlich Ahumane, noch einmal beschworen werden, beharrt er auf seinem Glauben an die in »kranker Welt« sich rein bewahren könnende Seele. Er hält sie für fähig, die Finsternisse zu durchdringen bis zu den wahren Heilquellen, die – davon ist er überzeugt – »immer noch einige Schichten tiefer entspringen als in den Lagen, wo das Grauen entsteht«. Wie der Dichter noch in den unvertrautesten Zeichnungen Kubins die »zeitlose Macht des Herzens« fühlte, so vertraute er darauf, daß »die Wege der Finsternis« bald zu Ende gegangen werden, daß aber undurchmeßbar nur eines ist – »das Mysterium des Lichts«. Er meint dessen gewiß zu sein, »daß in der oberen Sphäre/Nicht alles mitstürzt, was im Irdischen fällt«, deshalb seine Forderung »Blick auf! Laß das Vergängliche vergehn!« Ein neuer menschenwürdiger Anfang scheint ihm immer möglich, weil

Dasein angewiesen ist auf Verwandlung, das heißt für ihn, auf das langsame Reifen der »höheren Natur«.

Der Tod ist für den Arzt und Dichter die größte aller Verwandlungen. Im alternden Menschen bereitet sie sich vor, in seinem beruhigten Verhältnis zur Außenwelt, in der Beschränkung auf weniges. Dann kann, mit Carossas behutsamen Worten, »eine reinere Schau« beginnen, die in der irdischen Gestalt eines Geschöpfes die »Grundfigur«, das Urbild, wahrzunehmen beginnt. Die Dinge rücken in die Sphäre des Geistes, und es beginnt die Umkehrung des Geburtsvorgangs: Die Welt entläßt die ewige Seele und gibt sie weiter zu geahnten neuen Verwandlungen: »Es gibt kein Ende/Nur glühendes Dienen/Zerfallend senden/Wir Strahlen aus.«

Im Werk *Ina Seidels* erscheint der Gedanke der Verwandlung als zunehmend klarer werdende Vorstellung von der Wiedergeburt der Seele – zunächst noch ganz gefühlshaft (»Das Haus zum Monde«), dann durchdachter und sicherer im Bekenntnis zur Ideenwelt der Romantik mit der Erzählung »Unser Freund Peregrin«. Hier gehen drei, noch im traumhaften Helldunkel der Kindheit befangene Menschen in der geistigen Ausstrahlung eines Dichters (Novalis) den »Weg nach innen«, im Bewußtsein, daß er zu einer von weit her vertrauten Wirklichkeit führt, »wo die Sehnsucht aufgehört und die Versöhnung begonnen hat«. Hier auch steht das Bekenntnis, »daß der Peregrinus den ewigen Aufbruch bedeutet, nicht den Herd, sondern die Flamme, die immer wieder erblüht«.

Der protestantischen Dichterin war die Neubelebung, die Wiedergeburt der Kirche in der Auseinandersetzung mit dem Katholizismus ein tiefes Anliegen. In den wesentlichen Gesprächen des Romans »Lennacker«, einer Biographie des Protestantismus von Luther bis zur Gegenwart im Spiegel eines Pfarrergeschlechts, geht es um die zentrale Begegnung der Seele mit der »Urmacht« des Christentums, mit Christus, um die Begegnung auch im Abendmahl. Der Romanschluß faßt den Gedanken der Wiedergeburt mit dem der Unsterblichkeit in Christus auf eigentümliche Weise zusammen. Die Stimme der schon fast dem Irdischen entrückten alten Sängerin des einfachen Liedes »Wenn die Sichel trifft...« (s. Text) macht dem jungen Lennacker, dem letzten seines Geschlechts, plötzlich die geistige Gegenwart einer längst Verstorbenen fühlbar und mit ihr das »Unvergängliche in der Kirche beider Gestalt«.

Hermann Hesses vielzitiertes »Stufen«-Gedicht aus dem Spätroman »Das Glasperlenspiel« bejaht nicht nur das Lebensgesetz der Verwandlung. Stufen bezeichnen das Zusammenwirken von drei Bewegungen: Fortschreiten, Aufwärtsschreiten, allmähliche Entfaltung. Die Gesamtbewegung führt fast zwangsläufig über die Lebensgrenze hinaus in »neue Räume« der Entwicklung, durch viele Tode und Erdenleben. Die drei dem »Glasperlenspiel« angefügten Lebensläufe gehören denn auch in zeitlich weit auseinanderliegende Menschheitsepochen. Dennoch wird im Gedicht der Gedanke der Wiedergeburt mit einem zögernden »vielleicht« eingeleitet. Dem entspricht eine Briefstelle Hesses über den Tod der Hauptfigur des Romans: »Ich habe tatsächlich an Fortleben oder Neugeburt nach dem Tode gedacht, wenn ich auch keineswegs kraß und materiell an Reinkarnation glaube.« Hesse hält unbeirrbar fest am Gedanken der Verwandlung alles Lebendigen, aber die Formen dieser Verwandlung könnten für ihn auch solche der Natur, des Universums, sein, wie es das Gedicht »Alle Tode« ausdrückt. Diese Verse enthalten zugleich das Kennwort einer Lebensproblematik, die den Gedanken der Wiederkehr als zweitrangig erscheinen läßt: »Beide Pole des Lebens.« Der Dualismus von Außen und Innen, Natur und Geist, Welt und Ich, und letztlich von Ich und Gott, war für Hesse zeitlebens eine qualvolle Erfahrung und die Erkenntnis der allen Widerspruch aufhebenden Einheit ein Ziel, dem mehr oder weniger bewußt auch seine Begegnungen mit der Romantik, der Psychoanalyse Carl Gustav Jungs und mit den altindischen und altchinesischen Weisheitslehren galten. Alle Wege waren Wege »nach innen«. Die beiden ersten endeten an den Erfahrungen des an der Wirklichkeit scheiternden eigenen Ich, als dauerhaft erwies sich der östliche Weg: Der Versuch, die hinter der Polarität des Lebens geahnte Einheit zu gewinnen, ist letztlich nichts anderes als die Sehnsucht nach Dauer, nach Sein. Sie verwandelt die Lust an der Vielfalt der Gestaltungen in »Klage«, denn der Gedanke an »der Geburten ew'ge Flut« rückt das ersehnte Ziel ins Ungewisse. Ganz nah, als »das große Geheimnis«, erscheint es in der Indien-Erzählung »Siddharta«, weil der Yoga-Weg der Entselbstung gefunden ist, der den Zwiespalt von Innen und Außen als Illusion enthüllt und zum Frieden führt. Für den Autor selbst folgten noch Jahre innerer Kämpfe. Aber eines der letzten Gedichte spiegelt die erreichte Ruhe im Bild einer langsam zerfallenden Buddha-Figur. Die Gestalt löst sich auf ins Gestaltlose, das Begrenzte ins Grenzenlose. Im »Entwerden im All« vollendet sich für

Hesse der Sinn allen Seins. Die Verwandlungen von Blühen und Vergehen, Leben und Sterben, sind nur Übergänge in eine mehr gefühlte als gedachte »ewige Einheit«, in der das Ich seinen Frieden findet, indem es sich selbst aufhebt.

Ernst Jünger, der Seismograph aller geistigen Strömungen seiner Zeit, hat zum Tod ein lebenslanges, sich stetig veränderndes Verhältnis. Der nationalistische Aktivismus seiner frühen Kriegsschriften bringt es mit sich, daß der Kampf heroisiert wird, das »abenteuerliche Herz« im »stürmischen Vorlaufen zum Tode« (Heidegger) seine höchste Befriedigung findet. Die Frage nach dem Danach entsteht erst im beständigen Fortschreiten durch die wechselnden Situationen des Zeitgeschehens und ihrer Bewältigung als Stationen des eigenen Lebenslaufs. Erstes Anzeichen für eine entschiedene Wandlung von der äußeren Aktivität in eine mehr kontemplative Haltung ist die kurz vor Ende des Zweiten Weltkriegs entstandene Friedensschrift. Wenig später folgte die ebenso grundsätzliche Abhandlung »Über die Linie«, die den von Nietzsche prophezeiten Nihilismus (nach Heideggers Ansicht verfrüht) für überwunden erklärt. Der eigentliche Versuch, die nihilistische Situation, die auch ein falsches Verhältnis zum Tod einschließt, zu überwinden, erfolgt im Roman »Der Waldgang«. Wird in »Heliopolis« noch die Ohnmacht des Menschen vor dem allesbeherrschenden Tod gezeigt, so soll hier die wesentliche Erfahrung des Todes erst gemacht werden. Ein zu allen Wagnissen entschlossener Waldgänger dringt in das »Todeshaus« des Waldes – Bild der irdischen Sinnenwelt – zu einer inneren Selbstbegegnung ein, in der sich ihm die »unzerstörbare Substanz« offenbaren und die Todesfurcht schwinden soll. Die Erzählebene wird jedoch bald aufgegeben zugunsten religionsgeschichtlicher, mythologischer und historischer Verweise. Christus und, in seiner Nachfolge, die Märtyrer, Dionysos und Herakles und schließlich Sokrates, werden als Ur- und Vorbilder der inneren Freiheit gegenüber dem Tod genannt. – Die Fülle des literarisch Verarbeiteten, die Sachlichkeit und kühle Distanz des späteren Jünger, die geschliffene Sprache, – all das macht es schwer, seinen persönlichen Standort auszumachen. Auch lassen sich wesentliche Äußerungen zum Todesproblem zurückführen auf Jakob Böhme oder Leibniz, Goethe und Hamann, Hölderlin und Novalis. Letztlich spricht immer der leidenschaftliche Naturforscher, der den Dingen philosophisch auf den Grund zu kommen sucht und erkennt, daß Stoff Geist ist und unzerstörbares Leben das Universum wie den Menschen erfüllt: »Es gibt keine unbelebte Materie; das Universum lebt.« Von dieser immer neu hinterfragten Einsicht gehen alle Betrachtungen aus.

In einer Festschrift zum 70. Geburtstag wird Jüngers schriftstellerisches Werk unter den beiden Brennpunkten »Wandlung und Wiederkehr« gedeutet. Das trifft vor allem auch für das Todesproblem zu. »Es gibt keinen Tod, nur Verwandlungen« ist ein oft variierter Satz und Grundmotiv seines Denkens. Immer weniger ist der Tod für Jünger eigenständige Gegenmacht des Lebens. Er steht in seinem Dienst, nicht zerstörend, sondern es steigernd. Wenn Jünger den Menschen als Embryo eines höheren Zustands bezeichnet, der zugleich mit diesem Zustand schwanger geht, dann versteht er den Tod als Geburt dieses höheren Zustandes, der – im Gegensatz zum zeitlich sterblichen Sein – ewiges Sein ist. Im Sterben vollzieht sich der Übergang vom Gleichniszustand des Irdischen in den Geheimniszustand des Ewigen. In den »Mantras« weist Jünger auf die Leibnizsche Vorstellung hin, wonach die Seele als Spiegel des unzerstörbaren Universums selbst Unzerstörbares an sich hat (Vgl. Bd I). Gibt es aber Unzerstörbares, dann können alle erdenklichen Zerstörungen nur Läuterungen sein, die das Ewige aus dem Vergänglichen herausarbeiten. Der Tod als Goldwäscher – dieses alte, auch von Goethe gebrauchte Bild greift Jünger hier auf. Die den Menschen seit je beunruhigende Frage, ob er nur als Gattung oder auch als Individuum unsterblich sei, beantwortet er mit einem Vergleich: »Wie ein Reiter die Pferde wechselt, so wechselt das Wiederkehrende die Individuen.« Die Gattung das wiederkehrende »überzeitliche Gefäß des Zeitlosen«, das Individuum zeitlich auswechselbar und sterblich, das sind Vorstellungen östlicher Reinkarnationslehren. Für Jünger heißt es aber auch die Macht des Todes unterschätzen, würde man ihr nicht zubilligen, das Rad der Geburten durchbrechen und das Leben unmittelbar ins Absolute eingehen lassen zu können. Denn das Ende aller Wiedergeburten müßte die Vermählung des Einzelnen mit dem Zentrum sein. Hier beginnt für Jünger der Traum, den Philosophen wie Gläubige träumen. Das sichere Wissen um seine Unsterblichkeit gäbe dem Menschen göttliche Macht, doch schon eine Ahnung dieser Wahrheit würde seine Freiheit gegenüber dem Tod unendlich vergrößern und »Furcht gegen Sicherheit« vertauschen.

Auf einem anderen Weg kommt Jünger jedoch auf diese Sehnsucht des Menschen zurück. Im Unterschied zu Wandlung und Wiederkehr bezeichnet er den endgültigen Übergang aus der innerzeitlichen in die überzeitliche Existenz als »Stunde zum Aufstehen« aus dem nächtlichen Schlaf, als »Auferstehung«. Er versteht sie nicht ausdrücklich im christlichen Sinn, eher als »reine Aufzeigung unzerstörbarer Substanz«. Philosophisch begrifflich ließe sich so das österliche Geschehen wohl auch bestimmen. Entscheidend für Jünger ist das Außer- und Überzeitliche dessen, was im Tod sich ereignet, seine absolute Einmaligkeit in einer neuen Dimension. So kann er zusammenfassend sagen: »Wandlung und Wiederkehr oft und in Stufen; Auferstehung nur ein Mal ...«

Hans Carossa
1878–1956

Verwandlung und Wiederkehr

Seit wann bin ich? – Die Stunde, da die Welt uns übernimmt, und die andere, da sie uns wieder weitergibt, sie werden aufgeschrieben und nach einer Weile vergessen. Das Herz aber erinnert sich nicht, wann es zu schlagen begonnen; es fühlt sich anfang- und endelos, und in den geistigsten, jugendlichsten Sekunden des Daseins, wenn uns die Lebenswoge so hoch erhebt, daß wir weiter schauen als sonst, ist aller Zeitentrug aufgehoben; einzig die ewige Seele lebt. So wissen wir uns ursprünglich auch Eins mit allem rings Gegebenen. Das Kind, das aus der Säuglingsdämmerung hervorwächst, weiß nicht, daß der allgemeinsame Weltstoff, dem es entnommen ist, sich längst gefährlich von ihm fortgewandelt hat; es lächelt jedem Wesen zu, es kennt weder Mitleid noch Furcht, es langt nach den strahlenden Augen von Menschen und Tieren, es würde den Tiger streicheln, die Flamme umarmen.

Führung und Geleit

Der Acker der Zeit wird mit scharfer Pflugschar gepflügt.
Wohin wir schaun, sind aufgeworfene Schollen;
Doch hart ist das Erdreich, – ob ihm unsre Keimkraft genügt?
Still, sorgen wir nicht, wohin wir gesät werden sollen!
Wer weiß es denn, ob er nicht Keim für künftigen Stern ist?
Machen wir selbst uns nur dichter und reiner und neuer,
Daß alles in uns vergehe, was nicht ganz Kern ist!
Und wenn uns das Erdreich nicht löst, so löst uns das Feuer.

Ein Kriegserlebnis:

Drinnen gab es keinen Bretterboden; der Priester lag in einer Blutlache auf bloßer Erde, den Mantel über sich gebreitet, Gesicht und Hände leichenblaß, aber wundersam ins Knabenhafte verjüngt. Das

Lächeln, womit er uns grüßte, war deutlich und gegenwärtig, kam keineswegs aus dem Nichts herüber und gab uns erst den rechten Mut zur Hilfe. (...)

Die fast lautlose Stimme verriet keinen Schmerz, keine Angst; eher schien ein heimlicher Jubel dahinter zu schwingen, und man hätte sich geschämt, ihn zu bemitleiden. Der Mann, der da in seinem Blute lag, behielt ja mitten im jammervollsten Zustand noch den Ausdruck einer ungemeinen Überlegenheit über sich selber. In seinem Dasein, dies fühlte man, war etwas Planmäßiges, auch das gegenwärtige Unheil sicherlich seit langem als Möglichkeit in Rechnung gezogen, und gewiß nicht auf der Seite der Verluste. Der Unterschied zwischen einem Menschen, der noch mit wildem Drang im Leben haftet, und dem Entsagenden, der seine Triebe ins Geistige hinüberwandelt, war mir nie deutlicher gewesen. Wenn unsereiner dahinging, so blieb immer etwas nicht ganz Geklärtes, nicht ganz Aufgearbeitetes zurück; dieser aber verschwebte, wie eine Sonate von Bach, aus dem Dunklen hervorgerufen, in einfach lichten Linien durchgeführt und vollkommen gelöst.

Führung und Geleit

Tönend wird die Muschel erst, wenn der lebendige Leib aus ihr entfernt ist.

Der Tag des jungen Arztes

> Ja, wir sind Widerhall ewigen Halls.
> Was man das Nichts nennt, ist Wurzel des Alls.
> Aber das wollen wir mutig vergessen,
> Wollen die Kreise des Da-Seins durchmessen!
> Was hier nicht gebunden wird, ist nirgends gebannt.
> Wie weit eine Liebe sich spannt
> In die Zeit, in die Tat, in das Glück ihrer Erde,
> So tief wird sie zeugen im ewigen Werde.

> Was Einer ist, was Einer war,
> Beim Scheiden wird es offenbar.
> Wir hörens nicht, wenn Gottes Weise summt.
> Wir schaudern erst, wenn sie verstummt.

II. Erfahrungen und Denkwege im zwanzigsten Jahrhundert

Geheimnisse

Stern muß verbrennen
Schlaflos im Äther,
Damit um Erden
Das Leben grünt.

Blut muß versinken,
Viel Blut, viel Tränen,
Damit uns Erde
Zur Heimat wird.

Wo Kräfte rasen
In wundem Hasse,
Quillt lautre Heilkraft
Aus gutem Tod.

Solang wir irren,
Wachen die Mächte.
In bittrer Eintracht
Suchen wir Licht.

Und alle Wunder
Geschehn an Ufern;
Wir drängen alle
Zum freien Strand.

Wir sind beladen
Mit Stoff der Sonne.
Wir müssen schwinden,
So stark sind wir.

Es gibt kein Ende,
Nur glühendes Dienen.
Zerfallend senden
Wir Strahlen aus.

O verlerne die Zeit,
Daß nicht dein Antlitz verkümmre
Und mit dem Antlitz das Herz!
Leg ab deine Namen!
Verhänge die Spiegel!
Weihe dich einer Gefahr!

Wer einem Wink folgt im Sein,
Vieles zu Einem erbaut,
Stündlich prägt ihn der Stern.
Und nach glühenden Jahren,
Wenn wir irdisch erblinden,
Reift eine größre Natur.

Maeterlinck bemerkt einmal im Hinblick auf die alten Ägypter, nirgends habe das Leben herrlicher geblüht als in den Ländern, wo die Totenverehrung am meisten verehrt worden sei. Noch weiter geht die nordische Seherin in der Völuspa; ihr gilt es als ein sicheres Zeichen für den bevorstehenden Untergang der Welt, wenn die Pflichten gegen die Toten vernachlässigt werden. Wir nennen die Entschlafenen, die wir verehrten und liebten, Vollendete und geben damit zu, daß wir nur durch unser bestes, wahrstes Denken und Handeln ihres ferneren Umgangs würdig werden können. Der Drang des trüben, süchtigen Lebens geht sie nichts mehr an; auch die Totenklage erreicht sie nicht. Darum fühlen wir uns beim Besuch der Gräber über unser Sterbliches hinausgetragen; darum auch weigert sich der Mensch, zu glauben, daß der innige Gedankenstrahl, den er einer heimgegangenen Seele zusendet, sich im Leeren verlieren könne.

Aufzeichnungen aus Italien

Um die Grundfigur eines Geschöpfes zu erkennen, dazu müßte man lange leben, müßte sich auf weniges beschränken, müßte dieses wenige immer wieder wie in einem Tode tief vergessen, um sich eines Tages um so tiefer daran zu erinnern. Der große Eichbaum vor dem Garten ist heute nicht viel anders als zur Zeit meiner Kindheit; man freute sich alljährlich am ersten Winterfrostmorgen der weißen verästelten Blitzgestalt, im Sommer aber der herrlichen Belaubung und der festen gedrungenen Früchte. Später dann, als mir die Haare schon grau wurden, da war das mächtige Gewächs auf einmal mehr als nur erfreulich; es schien in die Sphäre des Geistes gerückt, sein Wesen erfüllte sich von Jahr zu Jahr; ich wußte, daß zu irgendeiner Stunde das Urbild der Eiche in mir aufglänzen wird. So gibt es in jedem langen Dasein, das beruhigt nach außen blickt, eine Vermehrung der Zeit. Wir werden reif und fangen zu welken an; aber der Tod bleibt noch aus, und nun kann, über alle Erfahrung hin, etwas geschehen: ein höheres Wachstum, eine reinere Schau kann beginnen. Ja, ein Zustand scheint möglich – ich bin weit entfernt, ihn zu kennen, er deutet sich nur an –, ein Zustand, vergleichbar den seltenen Abendminuten, wo schon ein Stern im Osten flimmert, während noch die Sonne nicht ganz versunken ist. In der ersten Kindheit ging etwas Ähnliches vor: damals war das Außen von dem Innen noch nicht streng geschieden, und das Gestirn der Ewigkeit leuchtete noch eine Weile herüber, während schon der irdische Lebensmorgen aufstieg.

Geheimnisse des reifen Lebens

Ina Seidel
1885–1974

Die lange Übung

Du wirst vielleicht durch lange Übung langsam
Die ersten Zeilen des Gebetes lernen.
Wenn du sie kannst, wird er dich dann entfernen
Aus dem Bereich der leicht gesagten Worte. –

Und diese ersten Zeilen des Gebetes
Sind alles was du mitnimmst auf die Reise.
Sie bleiben die nie aufgezehrte Speise
Für dich an dem von ihm bestimmten Orte.

Du wirst die ersten Zeilen des Gebetes
Mitbringen, wenn du wiederkehrst von drüben,
Und ihrer mächtig wirst du weiter üben –
Und einmal wird Gebet sein ohne Worte. –

Hansjakob sah mit gebannter Aufmerksamkeit auf das kleine greise Geschöpf; er sah hin und war angestrengt damit beschäftigt, der Erinnerung auf die Spur zu kommen, die der in der für gewöhnlich tierhaft verschlossenen, allem Persönlichen schon ganz enthobenen Maske von Jutta Corvinus durchbrechende Ausdruck in ihm erweckte. Das, wußte er plötzlich wie von einem elektrischen Funken erschüttert und hellsichtig gemacht: das war ja die Ura – die Urgroßmutter – mein Gott, war sie nicht gestorben oder – ist das, was in ihr lebte, einfach *da* und tritt in alten Menschen zuweilen zutage als das Unvergängliche in der Kirche beider Gestalt? So klang eines Menschen Stimme ja nicht, wie die hohe, gläsern schwingende Stimme von Jutta Corvinus jetzt erklang:

»Wenn die Sichel trifft,
Wenn der Leib zerfällt,
Ist es nur die Schrift,
Die zusammenhält.

II. Erfahrungen und Denkwege im zwanzigsten Jahrhundert

>Was von *dir* ich weiß,
>Herr Jesu Christ,
>Der Seele Speis
>Und Trank dann ist.
>
>Dein heilig Wort
>Ist dann der Leib,
>Drin ich hinfort
>Unsterblich bleib.«

Mithin, dachte Lennacker verworren, mithin baute sich die Seele ihren anderen Leib unmittelbar aus dem, was ihr von Jesu Welt zugänglich ist? Er wandte sich an die Steckelberg. »Schreiben Sie mir's auf«, bat er dringlich. –

Lennacker

Hermann Hesse
1877–1962

Stufen

Wie jede Blüte welkt und jede Jugend
Dem Alter weicht, blüht jede Lebensstufe,
Blüht jede Weisheit auch und jede Tugend
Zu ihrer Zeit und darf nicht ewig dauern.
Es muß das Herz bei jedem Lebensrufe
Bereit zum Abschied sein und Neubeginne,
Um sich in Tapferkeit und ohne Trauern
In andre, neue Bindungen zu geben.
Und jedem Anfang wohnt ein Zauber inne,
Der uns beschützt und der uns hilft, zu leben.

Wir sollen heiter Raum um Raum durchschreiten,
An keinem wie an einer Heimat hängen,
Der Weltgeist will nicht fesseln uns und engen,
Er will uns Stuf um Stufe heben, weiten.

Kaum sind wir heimisch einem Lebenskreise
Und traulich eingewohnt, so droht Erschlaffen;
Nur wer bereit zu Aufbruch ist und Reise,
Mag lähmender Gewöhnung sich entraffen.

Es wird vielleicht auch noch die Todesstunde
Uns neuen Räumen jung entgegen senden,
Des Lebens Ruf an uns wird niemals enden ...
Wohlan denn, Herz, nimm Abschied und gesunde!

Zum Gedächtnis

Erst seit den schönen, innig erfüllten Stunden, die ich im kalten, hellen Stüblein meines toten Vaters zu Gast war, ist das Wissen um den Tod mir wichtig und köstlich geworden. Bisher hatte ich den Tod wenig bedacht, nie gescheut, oft in verzweifelnder Ungeduld gewünscht. Erst jetzt sah ich ganz seine Wirklichkeit und Größe, wie er als Gegenpol da drüben steht und uns erwartet, damit ein Schicksal vollendet und ein Kreis geschlossen werde. Bisher war mein Leben ein Weg gewesen, bei dessen Anfängen ich viel in Liebe verweilte, bei Mutter und Kindheit, ein Weg, den ich oft singend und oft verdrossen ging und den ich oft verwünschte – aber nie war das Ende dieses Weges klar vor mir gestanden. Aller Antrieb, alle Kraft, die mein Dasein speiste, schien mir nur vom dunklen Anfang auszugehen, von Geburt und Mutterschoß, und der Tod schien mir nur der zufällige Punkt zu sein, wo diese Kraft, dieser Schwung und Antrieb einmal erlahmen und erlöschen würde. Jetzt erst sah ich die Größe und Notwendigkeit auch in diesem »Zufälligen« und fühlte mein Leben an beiden Enden gebunden und bestimmt und sah meinen Weg und meine Aufgabe, dem Ende entgegenzugehen als der Vollendung, ihm zu reifen und zu nahen als dem ernsten Fest aller Feste. (...)

Wer den Weg der Reife einmal betreten hat, der kann nicht mehr verlieren, nur gewinnen. Bis einmal auch ihm die Stunde kommt, wo er die Käfigtür offen findet und mit einem letzten Herzklopfen dem Unzulänglichen entschlüpft.

Wer dann für einen Menschen von unserer Art in der Bibel und in andern Büchern nach einem guten Spruch und Ausruf fahndet, der nicht alles sagt und sagen will, aber den holdesten Glanz der Sache doch im Spiegel fängt, der wird wohl nirgendwo einen bessern finden als den Psalmvers: »Der Strick ist zerrissen, der Vogel ist frei.«

Nach dem Tod des Vaters

Alle Tode

Alle Tode bin ich schon gestorben,
Alle Tode will ich wieder sterben,
Sterben den hölzernen Tod im Baum,
Sterben den steinernen Tod im Berg,
Irdenen Tod im Sand,
Blätternen Tod im knisternden Sommergras
Und den armen, blutigen Menschentod.

Hans Carossa, Ina Seidel, Hermann Hesse, Ernst Jünger

Blume will ich wieder geboren werden,
Baum und Gras will ich wieder geboren werden,
Fisch und Hirsch, Vogel und Schmetterling.
Und aus jeder Gestalt
Wird mich Sehnsucht reißen die Stufen
Zu den letzten Leiden,
Zu den Leiden des Menschen hinan.

O zitternd gespannter Bogen,
Wenn der Sehnsucht rasende Faust
Beide Pole des Lebens
Zueinander zu biegen verlangt!
Oft noch und oftmals wieder
Wirst du mich jagen von Tod zu Geburt
Der Gestaltungen schmerzvolle Bahn,
Der Gestaltungen herrliche Bahn.

Klage

Uns ist kein Sein vergönnt. Wir sind nur Strom,
Wir fließen willig allen Formen ein:
Dem Tag, der Nacht, der Höhle und dem Dom,
Wir gehn hindurch, uns treibt der Durst nach Sein.

So füllen Form um Form wir ohne Rast,
Und keine wird zur Heimat uns, zum Glück, zur Not,
Stets sind wir unterwegs, stets sind wir Gast,
Uns ruft nicht Feld noch Pflug, uns wächst kein Brot.

Wir wissen nicht, wie Gott es mit uns meint,
Er spielt mit uns, dem Ton in seiner Hand,
Der stumm und bildsam ist, nicht lacht noch weint,
Der wohl geknetet wird, doch nie gebrannt.

Einmal zu Stein erstarren! Einmal dauern!
Danach ist unsre Sehnsucht ewig rege,
Und bleibt doch ewig nur ein banges Schauern,
Und wird doch nie zur Rast auf unsrem Wege.

Ein Ziel stand vor Siddhartha, ein einziges: leer werden, leer von Durst, leer von Wunsch, leer von Traum, leer von Freude und Leid. Von sich selbst wegsterben, nicht mehr Ich sein, entleerten Herzens Ruhe zu finden, im entselbsteten Denken dem Wunder offen zu stehen, das war sein Ziel. Wenn alles Ich überwunden und gestorben war, wenn jede Sucht und jeder Trieb im Herzen schwieg, dann mußte das Letzte erwachen, das Innerste im Wesen, das nicht mehr Ich ist, das große Geheimnis.

Siddhartha

Uralte Buddha-Figur,
in einer japanischen Waldschlucht verwitternd

Gesänftigt und gemagert, vieler Regen
Und vieler Fröste Opfer, grün von Moosen
Gehn deine milden Wangen, deine großen
Gesenkten Lider still dem Ziel entgegen,
Dem willigen Zerfalle, dem Entwerden
Im All, im ungestaltet Grenzenlosen.
Noch kündet die zerrinnende Gebärde
Vom Adel deiner königlichen Sendung
Und sucht doch schon in Feuchte, Schlamm und Erde,
Der Formen ledig, ihres Sinns Vollendung,
Wird morgen Wurzel sein und Laubes Säuseln,
Wird Wasser sein, zu spiegeln Himmels Reinheit,
Wird sich zu Efeu, Algen, Farnen kräuseln, –
Bild allen Wandels in der ewigen Einheit.

Ernst Jünger
geb. 1895

Der Übergang im Sterben

Der Tod gleicht einem fremden Kontinent, über den niemand berichten wird, der ihn betrat. Seine Geheimnisse beschäftigen uns so stark, daß ihr Schatten den Weg verdunkelt, der dorthin führt – das heißt, wir unterscheiden zwischen dem Tode und dem Sterben nicht scharf genug. Diese Unterscheidung ist insofern von Wert, als vieles, was wir dem Tode zuschreiben, sich bereits im Sterben vollzieht und als unsere Blicke und Vorstellungen in das Zwischenreich zuweilen noch eindringen. Wie fern uns der Tod auch liege, so vermögen wir doch das Klima zu schmecken, das ihn umgibt.

Es gibt Fälle, die auf Messers Schneide stehen und in denen der Mensch den Tod bereits gewahrt wie Klippen, die hinter der nahen Brandung stehen. Dann aber zieht das Leben wieder in ihn ein, wie in einem fast erkalteten Herde die Flamme von neuem erwacht. Solche Fälle gleichen einem falschen Alarm; und wie es Schiffe gibt, auf denen der Kapitän erst bei drohendem Sturm die Brücke betritt, so erscheint hier eine sonst verborgene Instanz und trifft ihre Vorkehrungen. Der Mensch besitzt Fähigkeiten, die er wie eine verschlossene Ordre mit sich führt; er verfügt über sie nicht eher, als er ihrer bedarf. Zu diesen Fähigkeiten gehört, daß er seine Lage erfaßt, und in der Tat ist das der Fall – nach einem Augenblick der Verblüffung geht der Annäherung des Todes Erkenntnis voraus.

Während wir ihm die Stirne kühlen, ist der Sterbende bereits unendlich von uns entfernt – er weilt in Landschaften, die sich eröffnen, nachdem der Geist den flammenden Vorhang des Schmerzes durchschritten hat. Zeit und Raum als die beiden Keimblätter, zwischen denen das Leben erblüht, falten sich wieder ein, und in diesem Dahinschwinden der Bedingungen fällt dem inneren Auge eine neue Art der Anschauung zu. Nun erscheint ihm das Leben in einem neuen Sinn, ferner und deutlicher als sonst. Es wird übersichtlich wie ein Gebiet auf der Landkarte, und seine Entwicklung, die sich über viele Jahre erstreckte, ist in ihrem Kern zu erblicken wie die Linien der Hand. Der

Mensch erfaßt seinen Wandel in der Perspektive des Notwendigen, zum ersten Male ohne Schatten und Licht. Auch tauchen weniger die Bilder wieder auf als die Essenz ihrer Inhalte – als ob nach einer Oper bei schon gefallenem Vorhang noch einmal im leeren Raume von einem unsichtbaren Orchester das Grundmotiv gespielt würde, einsam, tragisch, stolz und mit einer tödlichen Bedeutsamkeit. Er erfaßt eine neue Art, sein Leben zu lieben – ohne Erhaltungstrieb; und seine Gedanken gewinnen Souveränität, indem sie sich der Furcht entwinden, die alle Begriffe, alle Urteile trübt und beschwert.

Bereits hier entscheidet sich die Frage der Unsterblichkeit, die den Geist im Leben so ungemein beunruhigte. Das Außerordentliche der Lösung liegt darin, daß der Sterbende einen Punkt erreicht, an dem er wie von einem Grat die Landschaft des Lebens und des Todes überblickt – und er gewinnt vollkommene Sicherheit, indem er sich sowohl in der einen als in der anderen gewahrt. Er erfährt einen Aufenthalt, wie vor einer einsamen Zollstation im höchsten Gebirge, wo ihm die Scheidemünze der Erinnerung in Gold gewechselt wird. Sein Bewußtsein reicht vor wie ein Licht, bei dessen Schein er erkennt, daß man ihn nicht hintergeht, sondern daß er Furcht gegen Sicherheit vertauscht.

In dieser Spanne, die zugleich zur Zeit und auch schon nicht mehr zur Zeit gehört, darf man auch die Bezirke vermuten, die von den Kulten als die Purgatorien geschildert sind. Es ist der Weg, auf dem die menschliche Würde ihre Wiederherstellung erfährt. Es gibt kein Leben, das sich ganz vor dem Niederen bewahrt hätte; niemand kommt ohne Einbuße davon. Nun aber gibt es kein Ausweichen mehr, wie in einem felsigen Engpasse, und auch kein Zögern, welche Hindernisse sich auch auftürmen. Der Tod regiert jetzt den Schritt, wie ein ferner Katarakt den Lauf der Strömung bestimmt. Der Mensch gleicht auf diesem einsamen Marsche, den nichts zu hindern vermag, einem Soldaten, der seinen Rang zurückgewinnen wird.

Wie dem Kinde Organe gegeben sind, welche die Geburt erleichtern und ermöglichen, so besitzt der Mensch auch Organe für den Tod, deren Bildung und Kräftigung zur theologischen Praxis gehört. Wo diese Kenntnis erlischt, verbreitet sich dem Tode gegenüber eine Art von Idiotie, die sich im Anwachsen der blinden Angst wie auch einer ebenso blinden, mechanischen Todesverachtung verrät.

Das abenteuerliche Herz

Hans Carossa, Ina Seidel, Hermann Hesse, Ernst Jünger

Das Unzerstörbare

Ob denn das Sein im Menschen überhaupt vernichtet werden kann? An dieser Frage scheiden sich nicht nur Konfessionen, sondern auch Religionen – sie läßt sich nur aus dem Glauben beantworten. Man mag dieses Sein als das Heil, die Seele, die ewige und kosmische Heimat des Menschen erkennen – immer wird einleuchten, daß der Angriff auf diese Schicht dem finstersten Abgrund entstammen muß. Auch heute, wo die herrschenden Begriffe nur die Oberfläche des Vorgangs fassen, wird geahnt, daß Anschläge im Gange sind, die auf anderes als auf bloße Enteignungen oder Liquidierungen abzielen. Auf einer solchen Ahnung beruht der Vorwurf des »Seelenmords«.

Ein solches Wort kann nur durch einen bereits geschwächten Geist geprägt werden. Es wird jeden unangenehm berühren, der eine Vorstellung von der Unsterblichkeit und den auf ihr sich gründenden Ordnungen besitzt. Wo es Unsterblichkeit gibt, ja, wo nur der Glaube an sie vorhanden ist, da sind auch Punkte anzunehmen, an denen der Mensch durch keine Macht und Übermacht der Erde erreicht oder beeinträchtigt, geschweige denn vernichtet werden kann. (...)

Die Panik, die man heute weithin beobachtet, ist bereits der Ausdruck eines angezehrten Geistes, eines passiven Nihilismus. (...)

Demgegenüber ist es wichtig zu wissen, daß jeder Mensch unsterblich ist, und daß ein ewiges Leben in ihm seine Stätte aufgeschlagen hat, die unerforschtes und doch bewohntes Land für ihn bleiben, ja, die er leugnen mag, doch welche keine zeitliche Macht zu brechen imstande ist. Der Zugang bei vielen, ja, bei den Meisten mag einem Brunnen gleichen, in welchen seit Jahrhunderten Trümmer und Schutt geworfen sind. Räumt man das fort, so findet man am Grunde nicht nur die Quelle, sondern auch die alten Bilder vor. Der Reichtum des Menschen ist unendlich größer, als er ahnt. Es ist ein Reichtum, den niemand rauben kann, und der im Lauf der Zeiten auch immer wieder sichtbar anflutet, vor allem, wenn der Schmerz die Tiefen aufgegraben hat.

Das ist es, was der Mensch wissen will. Hier liegt das Zentrum seiner zeitlichen Unruhe. Das ist die Ursache seines Durstes, der in der Wüste wächst – und diese Wüste ist die Zeit. Je mehr die Zeit sich ausdehnt, je bewußter und zwingender, aber auch je leerer sie in ihren kleinsten Teilen wird, desto brennender wird der Durst nach den ihr überlegenen Ordnungen.

Der Waldgang

Es ruhen im Menschen auch Qualitäten, die erst der Tod entfalten wird. Dann findet die Verwandlung nicht mehr in Schichten, sondern in der Fülle statt.

Gärten und Straßen

Der Tod ist der mächtige Goldwäscher am Strome der Vergänglichkeit, der letzte Prüfer dessen, was echt, unteilbar an uns ist.

Jahre der Okkupation

Leben ist in den Organismen, *Leben* auch in der Materie. Die Organismen also leben und *leben;* was wir als Tod bezeichnen, ist Übergang aus ihrem Gleichnis- in ihren Geheimnisstand.

Wir sind zugleich die Embryonen eines höheren Zustandes und solche, die mit diesem Zustand schwanger gehen.

Wir sehen den Tod als Berauber, als Subtrahierenden, während er in Wahrheit der große Divisor ist. Er stellt das Leben dem *Leben* gegenüber, und das Ergebnis bleibt, ob das Leben lang oder kurz, ob es groß oder klein und ob es schlecht oder gut war: die unzerstörbare *Eins*.

Das Leben, das Licht und das Glück müssen einmal zerstört werden, als Krücken der Sinnenwelt. Unser Licht ist nur der Schatten eines anderen Lichtes, unsere Worte sind ein Echo des Wortes jenseits der Zeit. Einmal muß der Sprung gewagt werden.

Das *Leben* ist außerhalb der Zeit und reicht in die Zeit hinein. Wenn der Tod kommt, zieht es die Fühlhörner ein.

Wir sind gewohnt, den Tod, etwa durch Krankheit oder Unfall, als Ursache zu sehen, die das Leben beschließt. Das ist ein Irrtum; es ist vielmehr das Leben, das den Tod herbeiruft, wenn es in einen neuen Stand eintreten will.

Wenn wir sterben, folgen wir einem Instinkt. Das ist eine der Ursachen, aus denen mit der Zivilisation auch die Langlebigkeit wächst.

Nur der Eintritt des Todes überrascht uns, nicht der Tod selbst. Wir sind für einen Augenblick erschrocken, als ob wir geweckt würden. Dann wissen wir, daß die Stunde zum Aufstehen gekommen ist. Wir kannten sie während des ganzen Schlafes, während der langen Nacht.

Der Tod steht am Kreuzweg, wo sich der Tote vom Leichnam trennt. Der Tote aber ist der *Lebende*.

Es ist zu unterscheiden zwischen dem Körper, dem Leichnam und dem Kadaver, zwischen dem Sterbenden, dem Gestorbenen und dem Toten, allen Formen und Übergängen, in denen das Leben im Zeitlichen und Überzeitlichen spielt. Das *Leben* in seiner zeitlosen Höhe bleibt davon unberührt.

Leibniz: »Die Seele ist der Spiegel des unzerstörbaren Universums.« Aber auch im Spiegel ist Unzerstörbares.

Wenn es Unzerstörbares gibt, können alle denkbaren Zerstörungen nur Läuterungen sein.

(...) Wenn Unzerstörbares lebt, dann wird es bleiben, auch wenn das Universum sich in Dynamit verwandelt, die Erde zerspringt.

Einmal die kreisende Bewegung des Rades zu verlassen und sich dem Zentrum zu vermählen – das ist ein Gedanke, dem Philosophen, ein Ziel, dem Gläubige zustreben. Es heißt, die Macht des Todes unterschätzen, wenn man meint, daß dazu zahllose Existenzen zu durchwandern seien. Er führt das Leben unmittelbar ins Absolute ein. Hier gelten tausend Jahre nicht mehr als die Sekunde und wiegt der Tod des Weisen nicht schwerer als der des Narren; die Zeit hört auf und mit ihr die Qualität.

Der ungemeine Wert, den alle Geschöpfe auf die Erhaltung ihrer Individualität legen, deutet auf einen realen Anspruch hin. Dieser Anspruch gleicht einem Gutschein, der eingelöst oder umgetauscht werden wird. Darin sind sich die Religionen einig, wenngleich sie hinsichtlich der Bewertung auseinandergehen.

Zeitloses kehrt wieder, aber die Wiederkehr bleibt in der Zeit.

Wie ein Reiter die Pferde wechselt, so wechselt das Wiederkehrende die Individuen.

Die Gattung, als überzeitliches Gefäß des Zeitlosen, verkörpert sich zeitlich in den Individuen.

Mantras

Zur Monadologie

Das Vegetative ist schon in den Elementen; das zeigen die Eisblumen. Die Eisblume ist nicht genetisch älter als die Rose; sie ahmen beide ein verborgenes Vorbild nach. Auch im Kristall ist Leben; der Baum des Lebens reicht mit seinen Wurzeln bis auf den Grund der Materie.

Es gibt keine unbelebte Materie; das Universum lebt. Was wir als Leben bezeichnen, ist eine kleine Insel, ein Riff im Ewigen Meer. Wir wohnen an einem der kritischen Orte des Weltalls, und wie bei kritischen Temperaturen Kristalle bald wachsen, bald verschmelzen, so leben und sterben wir. Der Tod ist eines unserer Phänomene, ein Aggregatzustand.

Damit dem Menschen dieses Wissen vermittelt werde, sind Philosopheme, und damit es tröste, sind Religionen notwendig. Sie lassen ihn ahnen, daß nicht nur Leben, sondern Ewiges Leben ihn bewohnt. Die Wahrheit wird durch zahllose Gleichnisse evident. Sie darf nur erraten werden; der Zweifel gehört zum kritischen Ort. Er hat seine Aufgabe.

Wenn der Mensch um seine Unsterblichkeit wüßte, also nicht nur vom Baum der Erkenntnis, sondern auch vom Baum des Lebens gekostet hätte, was Gott befürchtete, so würde seine Macht ungeheuer sein. Schon wer Unsterblichkeit ahnt, ist stärker, unverwundbarer als alle anderen.

Verwesung kann in die Atome nicht eindringen. Die Physik, die zu so scharfsinnigen Gleichungen von Kraft und Stoff vorgedrungen ist, bedürfte der Ausdehnung in neue Dimensionen, um uns zu lehren, daß der Stoff gleichzeitig Geist ist und, so gesehen, nichts außerdem. Dort müssen die feinsten, immateriellen Teilchen sein. Erst so erklärt sich die Macht der Phänomene, und zwar nicht nur der physikalischen, sondern auch der biologischen und moralischen, deren Ähnlichkeit auf eine unteilbare Einheit hinweist und deren Divergenz auf die perspektivische Beschränkung des exzentrisch gewordenen Beobachters.

Es scheint, daß die Vorstellung der kleinsten beseelten Einheiten des Weltstoffs besonders jenen Geistern gegeben ist, die philosophisches und mathematisch-mechanisches Genie vereinen wie Pascal und Leibniz, oder auch indischen Denkern, denen die Welt die Konzeption der Null und des Prana verdankt.

Sgraffiti

Dann über »Auferstehung«. Daran hatte ich kaum je einen Zweifel – im Gegenteil: diese unsere innerzeitliche Existenz kam mir mit der Zeit immer unwirklicher, dünner, schattenhafter vor.

Die Auferstehung wirkt glaubwürdiger als die Wiederkehr, an der ich ebensowenig zweifle – etwa an der Wiederkehr mythischer Figuren in den historischen – denn schon die Tatsache der Vererbung von Physiognomien und Charakteren bezeugt sie deutlich genug. Doch bleibt sie auf den natürlichen, mythischen und historischen Zusammenhang beschränkt. Die Auferstehung dagegen ist außerzeitlich, ist reine Aufzeigung unzerstörbarer Substanz. (...)

Wandlung und Wiederkehr: oft und in Stufen; Auferstehung nur ein Mal. Wandlung im Zwischenreich, Verwandlung in einer völlig neuen Dimension.

Siebzig Verweht II

Einleitung

Albrecht Haushofer, Dietrich Bonhoeffer,
Reinhold Schneider

Glaubenszeugnisse des Widerstands im Nationalsozialismus

Die folgenden Bekenntnisse, Zeugnis vom Geist des Widerstands im »Dritten Reich«, unterscheiden sich zunächst durch die persönliche Situation, in der sie entstanden sind. *Haushofer* und *Bonhoeffer* schreiben im Bewußtsein der unmittelbar bevorstehenden Hinrichtung, im Bemühen, mit diesem Sterben fertig zu werden, sich loslösend aus der Familie, der Lebensaufgabe, der Welt im ganzen, dem Kommenden zugewandt. *Reinhold Schneider* schreibt aus der Not des Existierens in dieser mörderischen Welt, das er einen Todeskampf genannt hat. Der Nacht von Gewalt und Leid setzt er den »Tag« entgegen, der von Golgatha ausgeht, den leidenschaftlichen Willen zur Nachfolge Christi in Kreuzestod und Auferstehung. Er hat überlebt, aber dann wurde alles, wie er sagt, »dunkler und schwerer«. Die späten Tagebuch-Aufzeichnungen »Winter in Wien« lassen eine tiefgreifende Veränderung erkennen. Glauben geht nun fast »über die Kraft«. Er selbst spricht von einem »inneren Unfall«, dem »Einbruch der dunklen Wasser in einen leer gewordenen Raum«. Während einer Messe fühlt er sich »aus dieser Wirklichkeit, diesem Wahrheitsbereich gleiten, ... gezogen von meinem Daseinsgewicht, mit gesenkten Augen, verschlossenem Mund«. Die Notizen zeigen ihn, der in schwersten Jahren Unzähligen mit Rat und Trost half, als fast hilflosen Beobachter des mit »franziskanischer Liebe« (Bergengruen, Grabrede) angeschauten Naturreichs, in dem Gestaltung und Vernichtung gleichgewichtig sind, Leben nur aus Tod sich zeugt – und der Geschichte, die er im Todeszirkel von Wissenschaft und Technik, Forschung und Macht, ihrem Ende zutreiben sieht. Er hört, daß im Gebirge die Gletscher zurückweichen, und fühlt das Eis vorrücken in den Völkern, im Menschen.

Das Bewußtsein, »daß letzte Zeit ist«, wird beherrschend und zuletzt eins mit dem tiefen Bedürfnis nach ewiger Ruhe – nicht »ewigem Leben«. Es taucht der früher undenkbare Gedanke auf, das Wesen des Menschen sei nicht, wie Platon sagt, bestimmt von der Sehnsucht nach

Unsterblichkeit (und damit auch von der Angst vor dem Tod, dem Nichts), und auch die christliche Auferstehungsbotschaft sei psychologisch und geschichtlich bedingt. Dem an der Unaufhebbarkeit der Dissonanzen der Welt Leidenden erschien zuletzt der mitleidende Christus hilfreicher als der Auferstandene, Karfreitag näher als Ostern. Daß er an einem Ostersonntag, dem Tag der Auferstehung, starb, wurde von seinen Freunden als Zeichen und Trost verstanden.

Albrecht Haushofer
1903–1945

Der Tod – Weg in die Freiheit

An der Schwelle

Die Mittel, die aus diesem Dasein führen,
ich habe sie geprüft mit Aug und Hand.
Ein jäher Schlag – und keine Kerkerwand
ist mächtig, meine Seele zu berühren.
Bevor der Posten, der die Tür bewacht,
den dicken Klotz von Eisen sich erschlösse,
ein jäher Schlag – und meine Seele schösse
hinaus ins Licht – hinaus in ferne Nacht.
Was andere hält an Glauben, Wünschen, Hoffen,
ist mir erloschen. Wie ein Schattenspiel
scheint mir das Leben, sinnlos ohne Ziel,
Was hält mich noch – die Schwelle steht mir offen.
Es ist uns nicht erlaubt, uns fortzustehlen,
mag uns ein Gott, mag uns ein Teufel quälen.

Qui Resurrexit

In tausend Bildern hab ich Ihn gesehn.
Als Weltenrichter, zornig und erhaben,
als Dorngekrönten, als Madonnenknaben, –
doch keines wollte ganz in mir bestehn.
Jetzt fühl' ich, daß nur eines gültig ist:
Wie sich dem Meister Mathis Er gezeigt –
doch nicht der Fahle, der zum Tod sich neigt –
der Lichtumflossne: dieser ist der Christ.
Nicht Menschenkunst allein hat so gemalt:
Dem Grabesdunkel schwerelos entschwebend,

Albrecht Haushofer, Dietrich Bonhoeffer, Reinhold Schneider

das Haupt mit goldnem Leuchten rings umwebend.
Von allen Farben geisterhaft umstrahlt,
noch immer Wesen, dennoch grenzenlos,
fährt Gottes Sohn empor zu Gottes Schoß.
Moabiter Sonette

Dietrich Bonhoeffer
1906–1945

Es ist merkwürdig, wie die nur mit dem inneren Ohr gehörte Musik, wenn man sich ihr gesammelt hingibt, fast schöner sein kann als die physisch gehörte; sie hat eine größere Reinheit, die Schlacken fallen ab; sie gewinnt gewissermaßen einen »neuen Leib«! Es sind nur einige wenige Stücke, die ich so kenne, daß ich sie von innen her hören kann; aber gerade bei den Osterliedern gelingt es besonders gut. Die Musik des tauben Beethoven wird mir existenziell verständlicher, besonders gehört für mich dahin der große Variationssatz aus Opus 111:

(...) Ostern? Unser Blick fällt mehr auf das Sterben als auf den Tod. Wie wir mit dem Sterben fertigwerden, ist uns wichtiger als wie wir den Tod besiegen. Sokrates überwand das Sterben, Christus überwand den Tod als ἔσχατος ἐχθρός (1. Kor. 15, 26).[1] Mit dem Sterben fertigwerden bedeutet noch nicht mit dem Tod fertigwerden. Die Überwindung des Sterbens ist im Bereich menschlicher Möglichkeiten, die Überwindung des Todes heißt Auferstehung. Nicht von der ars moriendi[2], sondern von der Auferstehung Christi her kann ein neuer, reinigender Wind in die gegenwärtige Welt wehen. *Hier* ist die Antwort auf das: δός μοι ποῦ στῶ καὶ κινήσω τὴν γῆν.[3] Wenn ein paar Menschen dies wirklich glaubten und sich in ihrem irdischen Handeln davon bewegen ließen, würde vieles anders werden. Von der Auferstehung her leben – das heißt doch Ostern. Findest Du auch, daß die

1 Als letzter Feind wird der Tod entmachtet.
2 Kunst zu sterben
3 Gib mir den Ort, wo ich stehe, und ich werde die Erde bewegen. (Archimedes)

meisten Menschen nicht wissen, woher sie eigentlich leben? Die perturbatio animorum[1] greift außerordentlich um sich. Es ist ein unbewußtes Warten auf das lösende und befreiende Wort. Aber noch ist wohl nicht die Zeit, daß es gehört werden kann. Aber sie wird kommen, und dieses Ostern ist vielleicht eine der letzten großen Gelegenheiten, uns auf unsere künftige große Aufgabe vorzubereiten.

Aus dem Gefängnis Berlin-Tegel 2.4.1944

Nun sagt man, das Entscheidende sei, daß im Christentum die Auferstehungshoffnung verkündigt würde, und daß also damit eine echte Erlösungsreligion entstanden sei. Das Schwergewicht fällt nun auf das Jenseits der Todesgrenze. Und eben hierin sehe ich den Fehler und die Gefahr. Erlösung heißt nun Erlösung aus Sorgen, Nöten, Ängsten und Sehnsüchten, aus Sünde und Tod in einem besseren Jenseits. Sollte dieses aber wirklich das Wesentliche der Christusverkündigung der Evangelien und des Paulus sein? Ich bestreite das. Die christliche Auferstehungshoffnung unterscheidet sich von der mythologischen darin, daß sie den Menschen in ganz neuer und gegenüber dem Alten Testament noch verschärfter Weise an sein Leben auf der Erde verweist.

Der Christ hat nicht wie die Gläubigen der Erlösungsmythen aus den irdischen Aufgaben und Schwierigkeiten immer noch eine letzte Ausflucht ins Ewige, sondern er muß das irdische Leben wie Christus (»Mein Gott, warum hast Du mich verlassen?«) ganz auskosten; und nur indem er das tut, ist der Gekreuzigte und Auferstandene bei ihm und ist er mit Christus gekreuzigt und auferstanden. Das Diesseits darf nicht vorzeitig aufgehoben werden. Darin bleiben Neues und Altes Testament verbunden. Erlösungsmythen entstehen aus den menschlichen Grenzerfahrungen. Christus aber faßt den Menschen in der Mitte seines Lebens.

Aus Berlin-Tegel, 27.6.1944

1 Verstörung der Seelen

II. Erfahrungen und Denkwege im zwanzigsten Jahrhundert

Stationen auf dem Wege zur Freiheit

Leiden

Wunderbare Verwandlung. Die starken, tätigen Hände
sind dir gebunden. Ohnmächtig, einsam siehst du das Ende
einer Tat. Doch atmest du auf und legst das Rechte
still und getrost in stärkere Hand und gibst dich zufrieden.
Nur einen Augenblick berührtest du selig die Freiheit
dann übergabst du sie Gott, damit er sie herrlich vollende.

Tod

Komm nun, höchstes Fest auf dem Wege zur ewigen Freiheit,
Tod, leg nieder beschwerliche Ketten und Mauern
unsres vergänglichen Leibes und unsrer verblendeten Seele,
daß wir endlich erblicken, was hier uns zu sehen mißgönnt ist.
Freiheit, dich suchten wir lange in Zucht und in Tat und in Leiden.
Sterbend erkennen wir nun im Angesicht Gottes dich selbst.

Nach dem Mißlingen des 20. Juli 1944

Auf dem Wege zur Freiheit ist der Tod das höchste Fest.

Juli 1944

Reinhold Schneider
1903–1958

Das Verstummen der Frage nach Unsterblichkeit

Ostern

Mit Deines Leids Gewalten,
Aus Deines Todes Kraft
Hast Du den Fels gespalten
Und uns dem Tod entrafft.
Nun ziehst Du alle Pfade
Tief in Dein Leid hinein;
Es will die größte Gnade
Im größten Leiden sein.

Du siegst, wenn Abendschauer
Ein irrend Volk erreicht
Und rätselvolle Trauer
Der Frommen Herz beschleicht;
Wenn ferner Größe Bilder
Im fahlen Blitze stehn
Und schrecklicher und wilder
Die Wetter niederwehn.

Du siegst mit jedem Weinen,
Das Sturmesnacht durchdringt,
In Seufzern, die Dich meinen,
Im Tod, der um Dich ringt;
Wo Sieg und Ruhm veraltet
In Erdenniedrigkeit,
Da wird Dein Leib gestaltet,
Wird Dir ein Herz bereit.

Du siegst, wenn Welttyrannen
Der Völker stürmisch Blut,
Was fromme Väter sannen,

Verderben in der Glut.
Wenn die Dämonen schwanden,
Steht groß Dein Zeichen da:
Die Weltnacht ist bestanden,
Tag kommt von Golgatha.

Glorreicher Herr des Todes,
Tod, der gesund uns macht,
Dem Schwerte des Herodes
Gleicht jeden Reiches Pracht.
Dein Tod ist unser Leben.
Dein Grab ist unser Haus,
Und glaubensmächtig streben
Wir übers Grab hinaus.

Du schwebst, mit Grabesschleiern
Wallt schon ein Licht herab,
Wir beten an und feiern
Geburt in Deinem Grab.
Unsägliche Schmerzen brennen
Der Erde Völker rein;
Die Deinen Tod bekennen,
Gehn herrlich zu Dir ein.

Der Du, von Macht umflossen,
Da Dich die Stadt geehrt,
Dich, still in Dir entschlossen,
Zum Opfer abgekehrt,
Laß Welt und Völker schauern
Vom letzten Schwertesschlag
Und hingebrochne Mauern
Erglühn von Deinem Tag!

Grablied

Wer heimlich Christi Leiden
An seinem Leib gespürt,
Wird im Hinüberscheiden
Vom ersten Glanz berührt;

Wer Christi Tod erlitten,
Wird mit ihm auferstehn;
Wo er hindurchgeschritten,
Da wage ich's zu gehn.

Ich will mein selbst vergessen
Am Saum der Erdennacht
Und an das Kreuz mich pressen
Mit meiner Seele Macht;
Kein Wort soll mich erreichen,
Das, Herr, Dein Mund nicht sprach.
Gewähre nur ein Zeichen,
So folge ich Dir nach.

Aus ungeheuren Räumen,
Darin das Grauen webt,
Schreckt, gleich verworrnen Träumen,
Der Tod, der vor Dir bebt.
Ich seh' Dein Antlitz strahlen,
Kein Wort gleicht Deinem Wort,
Und über Zweifelsqualen
Reißt mich die Liebe fort.

Schon dringt ein ahnend Schauern
Von Raum zu Raum herab;
Die noch an Gräbern trauern,
Begreifen nicht dein Grab.
Die meine Brüder waren,
Bezwingt die Erde nicht;
In ungemeßnen Scharen
Sehn sie Dein Angesicht.

Aus den letzten Notizbüchern 1957/58

Ich komme seit einigen Jahren (...) in eine schwierige Situation. Fest überzeugt von der göttlichen Stiftung und ihrer bis zum Ende der Geschichte währenden Dauer, ziehe ich mich doch am liebsten in die Krypta zurück; ich höre den fernen Gesang. Ich weiß, daß Er auferstanden ist; aber meine Lebenskraft ist so sehr gesunken, daß sie über das Grab nicht hinauszugreifen, sich über den Tod hinweg nicht zu sehnen und zu fürchten vermag. Ich kann mir einen Gott nicht denken, der so unbarmherzig wäre, einen todmüden Schläfer unter seinen Füßen, einen Kranken, der endlich eingeschlafen ist, aufzuwecken. Kein Arzt, keine Pflegerin würde das tun, wieviel weniger Er!

»Tu ne me perdrais pas, si tu ne m' avais pas perdu«, schreibt Henry de Montherlant in seinen Carnets.[1] (...) Diese Umkehrung des berühmten Wortes Pascals läßt sich nicht entkräften; sie besteht wie der Satz, dem sie entgegentritt. Sie könnte uns sagen, was eigentlich sich ereignet: daß Heilige Nacht zur Karfreitagsnacht wird.

Periissem, nisi periissem.[2] Es ist wahr: das Verhältnis zu Gott ist eine fundamentale Gegebenheit, Element der Person, feststellbar oder nicht: im Ja oder im Nein Substanz, von der aus das Experiment des Daseins erst aufgenommen werden kann. Die Substanz kann – im Ja oder im Nein – der Substanz nicht widersprechen. Das Korn will Erdreich, in dem es sterben kann, um aufzuerstehen. Wenn der Mensch das ewige Leben weder ersehnt noch fürchtet – und dieser Zone sind wir sehr nah –, verdorrt das Korn für immer. Der Glaube an Auferstehung setzt den Wunsch nach Auferstehung voraus – oder die Angst vor dem Nichts. Aber weder dieser Wunsch noch die Angst verstehen sich von selbst; in der Definition des Menschlichen, soweit sie überhaupt möglich ist, sind sie nicht eingeschlossen. Menschentum kann sich darstellen, formen, ohne von der Frage nach Unsterblichkeit beunruhigt zu werden: hier ist die Grenze der Verkündung, der Mission, des Wortes, des Christentums. Es ist nicht das Wort an alle, sondern an die Erwählten unter allen.

Mit der Frage des Gesetzeslehrers: »Magister, quid faciendo vitam aeternam possidebo?« (Luk. 10,25)[3], ist die seelische Situation gekennzeichnet, auf der das Evangelium ruht. Es ist dem nur faßbar, der diese Frage stellt. Nun entspricht es ganz der Paradoxie, die aus der Erscheinung schicksalloser Wahrheit in Zeit und Geschichte unabänderlich folgt, daß diese Frage zwar genau die Botschaft trifft, hier aber gestellt wird, um den Herrn zu versuchen. Er antwortet, unberührbar, mit der Schrift selbst, sokratisch: der Frager muß die Antwort finden in

---

1 Du würdest mich nicht verlieren, wenn Du mich nicht schon verloren hättest.
2 Ich hätte zugrunde gehen müssen, wenn ich nicht schon zugrunde gegangen wäre.
3 Meister, was soll ich tun, damit ich das ewige Leben erwerbe?

sich selbst. Die gesamte christliche Kultur mit allen Ausstrahlungen wird von dem Ernst dieser Frage getragen. Ist sie aber nun dem Menschen wesentlich? Ist sie unabdingbar? Nein. Weder die Vorsokratiker noch die Stoiker haben sie aufgeworfen; unüberschaubare Völkerscharen gingen und gehen hin, ohne an ihr zu leiden. Das Bild des Menschen und das Verlangen nach ewigem Leben lassen sich ebensowohl voneinander trennen wie der Mensch und der Glaube an ewigen Tod oder das Verlangen nach Verlöschen. Die durch die Herabkunft Christi beantwortete, ihm vorausgegangene Frage ist geschichtlich, genau lokalisiert, also Stimme einer variablen, einer sehr besonderen Konstellation. Hieran scheitern an bestimmter Stelle Verkündung und Mission. Was kann Christi Sieg über den Tod Menschen und Völkern bedeuten, die sich in den Tod ergeben haben, nach Ewigkeit gar nicht verlangen? Die Osterbotschaft kann sie nicht erreichen. Und doch wurden die Apostel an alle Völker gesandt. Und doch wissen wir von Dornen, Disteln, steinigem Grund, wo das Korn nichts vermag. Gilt das nur von einzelnen, gilt es nicht auch von Völkern?

Wir sprechen schnell von Abfall oder Auflehnung, ohne die Psychologie des Unglaubens hinreichend zu betreiben, was nach Dostojewsky nicht mehr geschehen dürfte. Wer sich in den Nicht-Glauben nicht ernsthaft versetzt, kann ihn nicht bestreiten, heute jedenfalls nicht. In christlicher Sicht mag man das Verstummen der Frage nach Unsterblichkeit als eine seelische Katastrophe betrachten, wohl gar als ein Geheimnis der Finsternis; das ewige Leben wird erlangen, wer Gott aus ganzer Seele liebt und den Nächsten wie sich selbst. Aber auch diese Bezogenheiten richten sich an eine ganz bestimmte seelische Gegebenheit. Kann der nur Gott lieben aus ganzer Seele, der das ewige Leben will: Liebt er Gott um dieses Lebens willen? Kann nur der den Nächsten lieben wie sich selbst, der Gott liebt? – Ist nicht eine Existenz möglich, die diese Beziehungen nicht zu leisten vermag, wenigstens nicht zugleich, die Gott liebt, aber das Leben nicht sucht, die den Nächsten liebt, aber vielleicht nicht Gott und nicht das Leben? (...)

Es ist alles, worum wir hätten bangen können, geborgen im Bergwerk der Mystiker unter Vater Haydns Taktstock: Was wir in Wahrheit besitzen, was wir sind (denn wir besitzen nur, was wir sind), können wir nicht verlieren.

Winter in Wien

Einleitung

Gottfried Benn

Gottfried Benn, der konsequenteste Nachfolger Nietzsches, hat den Durchbruch der literarischen Moderne entscheidend mitbewirkt. Leben und Werk sind geprägt von der »Wucht des nihilistischen Gefühls«, dem Leiden am Menschen, der in der materialisierten Zivilisationswelt, im Zerfall aller »moralischen und philosophischen Inhalte«, seine Substanz verliert. Radikaler noch als Nietzsche, fordert Benn die »Zerstörung aller nur tradierten, nicht mehr lebenswirksamen metaphysischen Werte« (An Oelze, 3.11.1940). Die letzte Hoffnung ist auch für Benn die Kunst. Ihr traut er die Kraft zur Rettung aus der nihilistischen Verzweiflung zu. Auf der Suche nach einem »Fleck, der gegen die Verwesung spräche!! – Das Fleckchen, wo sich Gott erging …!!!« (»Fleisch«), erscheint nur sie unsterblich. Die neue Kunst, die Benn fordert, ist eine »Metaphysik der Form«. Es geht in ihr nicht mehr um Inhalte, auch nicht um Aussagen des menschlichen Existierens, es geht nur noch um das Wort, die Sprache, den Stil. Die einzig noch zugängliche Transzendenz ist für Benn das »Formgefühl«, das er als grundlegendes »Gefühl für die anthropologische Erlösung im Formalen, für die Reinigung des Irdischen im Begriff« kennzeichnet. (IV, 44.) Als Ausflucht ins Ästhetische wäre dieser Formalismus falsch verstanden. Benn selbst sieht in ihm den »fast religiösen Versuch, die Kunst aus dem Ästhetischen zum Anthropologischen zu überführen«. So heißt es schon in der George-Rede von 1934: »Es ist das Formgefühl, das die große Transzendenz der neuen Epoche sein wird, die Fuge des zweiten Zeitalters, das erste schuf Gott nach seinem Bilde, das zweite der Mensch nach seinen Formen, das Zwischenreich des Nihilismus ist zu Ende.« (I, 475)

Die Kunst ermöglicht eine letzte Sinngebung im Sinnlosen, weil sie, darin stimmt Benn mit Nietzsche überein, den Blick vom Werden ablenken und zum Sein hinlenken kann. Dem Kreislauf des Werdens und Vergehens setzt sie Gestalt und Dauer entgegen, dem Nichts entreißt sie unvergängliches Sein. Deshalb ist Vollendung der Form die einzig noch mögliche metaphysische Tätigkeit des Menschen, die eigentlich antinihilistische und damit auch todüberwindende Tat. Benn sieht sie in direkter Analogie zur Christus-Tat, als ihre säkulare Wiederholung durch den Künstler im Wort, im Stein, im Klang: »... beuge, beuge / dein Haupt in Dorn und Schlehn, / in Blut und Wunden, beuge / die Form, das Auferstehn, / gehüllt in Tücher, als Labe / den Schwamm mit Essig am Rohr, / so tritt aus den Steinen, dem Grabe / Auferstehung hervor.« (»Valse Triste«) Der »formende und formelhafte Geist« des schöpferischen Ich muß die Qualen des Nihilismus voll durchleiden. Nur so entsteht Kunst, die erlöst – nicht nur im schaffenden, auch im aufnehmenden Akt. Die »transzendente Realität der Strophe« etwa beruht für Benn auf der von aller Unruhe des Werdens befreiten zwecklosen reinen Form. Wie das in die Luft geblasene Gebilde des Glasbläsers ruht sie gleichgewichtig in sich selbst. (»Der Ptolemäer«) Deshalb nennt Benn ein solches Gedicht »statisch«. Es reicht in Tiefen, die er als »Prähistorie der Wirklichkeit« versteht, als das prälogische Fundament unseres Bewußtseins, oder wie er sagt, unseres Gehirns: »In unserem Gehirn liegt die Vorwelt gesammelt mit ihren verdeckten Kräften, ... alle jene Zeiten und Zustände sind da, als Außen und Innen noch nicht getrennt waren, Gott und Nicht-Gott noch vereint, die unerträgliche Spannung zwischen Ich und Welt noch unerklungen ...« (II, 403f.) Diese gleichsam paradiesische Vorwelt, von Benn jedoch naturwissenschaftlich – und vielleicht bewußt provokatorisch – »Wirklichkeit aus Hirnrinde« genannt, liefert den »suchenden und leidvollen Bewegungen des modernen Künstlers das »innere Material«. Sie enthält die große Möglichkeit, das nihilistische »Außen« zu durchbrechen in die verlorene Mitte vorbewußten Seins.

Benns Leiden am Menschen ist im Grunde ein »Leiden am Bewußtsein«. Der Mensch der Gegenwart ist für ihn der intellektuelle »Phänotyp« einer geschichtlichen Spätzeit, Produkt einer jahrtausendelang fortgeschrittenen »Verhirnung«. Das ist sein Verhängnis und eigentliche Ursache des Nihilismus: »Das Hirn ist unser Schicksal, unsere Aufgabe, unser Fluch.« Die »Substanz« ist zerstört, die Welt »zerdacht«, ins Beziehungslose zerfallen, der Mensch herausgefallen aus der Ureinheit der Schöpfungsfrühe.[1] Nur in der seltenen »Stunde der Erfüllung«, der rauschhaften »Simultanvision«, werden jene Wirklichkeiten Gegenwart. Das Wort reicht noch in den Grund, deshalb ist es »primär« und in dieser Eigenschaft das »letzte Mysterium«. Weil in

---

1 Vgl. Otto Knörrich: Die deutsche Lyrik seit 1945. 2. erw. u. rev. Aufl., Stuttgart 1978, S. 156

ihm noch »entrückter strömender Beginn« ist, deshalb ist es unsterblich. Benn geht so weit zu sagen; das aus solchen Worten gefügte »absolute Gedicht« könne »ein *überirdisches*, ein transzendentes, ein das Leben des einzelnen Menschen nicht verbesserndes, aber ihn übersteigerndes Wesen sein« (II, 400), zwar auf ihn angewiesen, aber dann sich von ihm lösend: »Die erst von Händen berührten, / doch dann den Händen entführten / Statuen bergen die Saat« (»Leben-niederer Wahn.«).

Daß hinter dem Wort noch »Dunkelheiten und Seinsabgründe« liegen, hat gerade der alternde Benn betont. Immer häufiger ist vom Dunkel die Rede, vor dem es auszuharren gilt. Denn die »formfordernde Gewalt des Nichts« verlangt erneut das Bewußtsein, das dem Zerfall von Ich und Realität standzuhalten hat. Auch das absolute Gedicht bleibt eingespannt in den »leeren Raum von Welt und Ich«, ein »Selbstgespräch des Leides und der Nacht«. Es ist »das Gedicht ohne Glauben, ... ohne Hoffnung, ... an niemanden gerichtet«, schwermütiges Zeugnis der »schizoiden« Katastrophe des modernen Menschen. Denn es gibt nur die im schöpferischen Augenblick aufscheinenden Erinnerungsreste frühester Erfahrungen, wozu auch und immer wieder bei Benn die christlichen Symbole gehören. Der sie erinnert, ist niemals die empirische Individualität des Dichters, vielmehr das »lyrische Ich«. Dieses Grundwort Benns ist schwer bestimmbar. Der Ich-Begriff des deutschen Idealismus wirkt hier nach, denn das lyrische Ich ist ein absolutes Ich. Dennoch ist es als Typus gedacht, der sich in einzelnen Individualitäten manifestiert. Es ist »mutativ geschichtet«, das heißt, durch Erbanlagen und genetische Mutationen, also sprunghafte, nicht kausal entwickelte, Veränderungen, aus dem »entrückten strömenden Beginn« entstanden. Das moderne absolute Ich ist ein »Gitter-Ich«, »fluchterfahren und trauergeweiht«, das nur stundenweise wirklich existiert mit »Stundengöttern«.[1] Das absolute Gedicht ist monologisch, Frage an das Ich, Gespräch mit dem Ich. Sein metaphysischer Anspruch beruht – entgegen aller Entwicklungsfremdheit Benns – gerade darin, daß es, wie er mit Novalis sagt, nicht nur Anthropologie, vielmehr »progressive Anthropologie« sein will. Der »Wille zur Form«, die »Transzendenz der schöpferischen Lust« entspricht, anthropologisch gesehen, der »eigentlichen Existenz« bei Heidegger.[2] Die dem Menschen eigentümliche »Gehirn«-Substanz in geistige Be-

---

1 Vgl. Beda Allemann: G. B. Das Problem der Geschichte. Pfullingen 1963, S. 58
2 Knörrich, a. a. O., S. 30

griffe vorzutreiben, am »Ich und seinem Sprachbestand« zu arbeiten, im »Joch der Höhe« – der Form als dem höchsten Inhalt – sich weiter zu »schichten«, darum allein geht es. Das heißt aber auch, daß der Sprechende im Mysterium des Wortes (dem »Phallus des Geistes«) sich immer neu zurückbindet an das Schöpfungswort, das jedoch für Benn nicht eindeutig der Logos ist, sondern auch magische Formel, kraft welcher das Ich sich des Ursprungs vergewissert: »Im Anfang, in der Mitte und am Ende ist das Wort.« (IV, 154)

»Unsterblichkeit im Worte und im Laut« – hat Benn mit diesem »Ausweg« in das Geschichts- und Zeitlose der Kunst die Frage nach der Unsterblichkeit des Menschen verneint? Der Zynismus der frühen Jahre löst sich mit zunehmendem Alter in tiefe Schwermut, die sogar die als Rettung gedachte Kunst in Frage stellt: »Ist Ausdruck Schuld? Er könnte es sein.« »Ist vielleicht Kunstmachen überhaupt eine untiefe Reaktion, ist nicht vielleicht schweigend an der menschlichen Substanz leiden – tiefer?« (I, 577) Der junge Benn konstatiert körperlichen und geistigen Verfall schonungslos, brutal. Der reifere Dichter erkennt den Tod in allen seinen Formen an. Die Einleitung zu der Schrift des französischen Arztes Barbarin »Der Tod als Freund« (s. Text) zeigt, weit über die sachliche Auseinandersetzung mit dem Thema des Sterbens hinaus, Verantwortung und letzte große Offenheit gegenüber der Frage nach dem Danach. Auch die Gedichte dieser Zeit berühren sie häufig. »Vielleicht ein Übergang, vielleicht das Ende«, lauten Verse aus »Primäre Tage«. Bestimmtere persönliche Erfahrungen vom »Ende der Reise«, der letzten Stunde, dem letzten Gesicht, setzen der »ewigen Frage – wozu?« Bilder der Verwandlung entgegen, wie das Bild vom »weißen Flügel« oder den niedersteigenden »Boten aus Rosen und Licht«. Auch die wiederholt als Grabspruch gebrauchte Formel »Tu sais – du weißt« enthält die Ahnung »einer irgendwie gearteten Weiterexistenz«, wie Benn in einem Brief schreibt. Unmittelbar vor dem eigenen Tod, aus den Schmerzen der rasch fortschreitenden Krankheit, nimmt er noch einmal das entscheidende Wort früherer Gedichte (»Verzweiflung«, »Rosen«) auf, das Wort »steigen«. Es sind klare und sichere Sätze, die er dem ältesten Freund Oelze schreibt:[1] »Jene Stunde ... wird keine Schrecken haben, seien Sie beruhigt, wir werden nicht fallen, wir werden steigen –«.

---

[1] Die Postkarte vom 16.6.1956 ging verloren, ihr Inhalt ist in Oelzes Abschrift überliefert.

Gottfried Benn
1886–1956

Die antinihilistische transzendierende Tat der Kunst:
»Unsterblichkeit im Worte und im Laut«

Verlorenes Ich

Verlorenes Ich, zersprengt von Stratosphären,
Opfer des Ion –: Gamma-Strahlen-Lamm –,
Teilchen und Feld –: Unendlichkeitschimären
auf deinem grauen Stein von Notre-Dame.

Die Tage gehn dir ohne Nacht und Morgen,
die Jahre halten ohne Schnee und Frucht
bedrohend das Unendliche verborgen –,
die Welt als Flucht.

Wo endest du, wo lagerst du, wo breiten
sich deine Sphären an –, Verlust, Gewinn –:
Ein Spiel von Bestien: Ewigkeiten,
an ihren Gittern fliehst du hin.

Der Bestienblick: die Sterne als Kaldaunen,
der Dschungeltod als Seins- und Schöpfungsgrund,
Mensch, Völkerschlachten, Katalaunen
hinab den Bestienschlund.

Die Welt zerdacht. Und Raum und Zeiten
und was die Menschheit wob und wog,
Funktion nur von Unendlichkeiten –,
die Mythe log.

Woher, wohin –, nicht Nacht, nicht Morgen,
kein Evoë, keine Requiem,
du möchtest dir ein Stichwort borgen –,
allein bei wem?

Ach, als sich alle einer Mitte neigten
und auch die Denker nur den Gott gedacht,
sie sich den Hirten und dem Lamm verzweigten,
wenn aus dem Kelch das Blut sie rein gemacht,

und alle rannen aus der einen Wunde,
brachen das Brot, das jeglicher genoß –,
oh ferne zwingende erfüllte Stunde,
die einst auch das verlorene Ich umschloß.

Nur zwei Dinge

Durch so viel Formen geschritten,
durch Ich und Wir und Du,
doch alles blieb erlitten
durch die ewige Frage: wozu?

Das ist eine Kinderfrage.
Dir wurde erst spät bewußt,
es gibt nur eines: ertrage
– ob Sinn, ob Sucht, ob Sage –
dein fernbestimmtes: Du mußt.

Ob Rosen, ob Schnee, ob Meere,
was alles erblühte, verblich,
es gibt nur zwei Dinge: die Leere
und das gezeichnete Ich.

Ach, das Erhabene

Nur der Gezeichnete wird reden
und das Vermischte bleibe stumm,
es ist die Lehre nicht für jeden,
doch keiner sei verworfen drum.

Ach, das Erhabne ohne Strenge,
so viel umschleiernd, tief versöhnt,
ganz unerfahrbar für die Menge,
da es aus einer Wolke tönt.

Nur wer ihm dient, ist auch verpflichtet,
es selbst verpflichtet nicht zum Sein,
nur wer sich führt, nur wer sich schichtet,
tritt in das Joch der Höhe ein.

Nur wer es trägt, ist auch berufen,
nur wer es fühlt, ist auch bestimmt –:
da ist der Traum, da sind die Stufen
und da die Gottheit, die es nimmt.

Ein Wort

Ein Wort, ein Satz –: aus Chiffren steigen
erkanntes Leben, jäher Sinn,
die Sonne steht, die Sphären schweigen
und alles ballt sich zu ihm hin.

Ein Wort –, ein Glanz, ein Flug, ein Feuer,
ein Flammenwurf, ein Sternenstrich –,
und wieder Dunkel, ungeheuer,
im leeren Raum um Welt und Ich.

Wer allein ist

Wer allein ist, ist auch im Geheimnis,
immer steht er in der Bilder Flut,
ihrer Zeugung, ihrer Keimnis,
selbst die Schatten tragen ihre Glut.

Trächtig ist er jeder Schichtung
denkerisch erfüllt und aufgespart,
mächtig ist er der Vernichtung
allem Menschlichen, das nährt und paart.

Ohne Rührung sieht er, wie die Erde
eine andere ward, als ihm begann,
nicht mehr Stirb und nicht mehr Werde:
formstill sieht ihn die Vollendung an.

Gottfried Benn

Verzweiflung[1]

Sprich zu dir selbst, dann sprichst du zu den Dingen
und von den Dingen, die so bitter sind,
ein anderes Gespräch wird nie gelingen,
den Tod trägt beides, beides endet blind.

Hier singt der Osten und hier trinkt der Westen,
aus offenen Früchten rinnt es und vom Schaft
der Palmen, Gummibäume und in Resten
träuft auch die Orchidee den Seltsamsaft.

Du überall, du allem nochmals offen,
die letzte Stunde und du steigst und steigst,
dann noch ein Lied, und wunderbar getroffen
sinkst du hinüber, weißt das Sein und schweigst.

Verse

Wenn je die Gottheit, tief und unerkenntlich
in einem Wesen auferstand und sprach,
so sind es Verse, da unendlich
in ihnen sich die Qual der Herzen brach;
die Herzen treiben längst im Strom der Weite,
die Strophe aber streift von Mund zu Mund,
sie übersteht die Völkerstreite
und überdauert Macht und Mörderbund.

Auch Lieder, die ein kleiner Stamm gesungen,
Indianer, Yakis mit Aztekenwort,
längst von der Gier des weißen Manns bezwungen
leben als stille Ackerstrophen fort:
»komm, Kindlein, komm im Schmuck der Siebenähren,
komm, Kindlein, komm in Kett' und Jadestein,
der Maisgott stellt ins Feld, uns zu ernähren,
den Rasselstab und du sollst Opfer sein —«

---

[1] Schluß des dreiteiligen Gedichts

Das große Murmeln dem, der seine Fahrten
versenkt und angejocht dem Geiste lieh,
Einhauche, Aushauch, Weghauch – Atemarten
indischer Büßungen und Fakirie –,
das große Selbst, der Alltraum, einem jeden
ins Herz gegeben, der sich schweigend weiht,
hält sich in Psalmen und in Veden
und spottet alles Tuns und trotzt der Zeit.

Zwei Welten stehn in Spiel und Widerstreben,
allein der Mensch ist nieder, wenn er schwankt,
er kann vom Augenblick nicht leben,
obwohl er sich dem Augenblicke dankt;
die Macht vergeht im Abschaum ihrer Tücken,
indes ein Vers der Völker Träume baut,
die sie der Niedrigkeit entrücken,
Unsterblichkeit im Worte und im Laut.

Wenn dir am Ende –

Wenn dir am Ende der Reise
Erde und Wolke verrinnt,
sie nur noch Laute, leise,
vom Himmel gefallene sind,

und nur noch Farben, getönte
aus einem wechselnden Reich,
nicht bittere, nicht versöhnte,
Austausch alles und gleich,

wenn dir die Blicke nach oben
und dir die Blicke zu Tal
schweigend das Nämliche loben,
schweigend die nämliche Qual,

schließen sich die Gesichte
über der lastenden Flut:
ach, die vielen Gewichte,
doch die Waage, sie ruht.

Gottfried Benn

An Lotte Reiss-Jacobi

Liebe Frau Lotte Reiss, keine Nachricht aus der ganzen Welt hätte mich mehr betrüben können als die, die Sie mir schickten. Es ist immer wieder so schwer zu begreifen, daß ein Leben nun nicht mehr ist, mit dem man verbunden war – wenigstens nicht mehr in der Gestalt ist, in der man an sie dachte u. vor sich sah. Ich glaube ja an eine irgendwie geartete Weiterexistenz auch nach dem Tod, es ist kein Aufhören, die Toten bleiben bei uns u. gehören dazu, trotzdem bleibt das Aufhören des Sichtbaren und Ansprechbaren eine große Erschütterung.

15.V.1951

Dann –

Wenn ein Gesicht, das man als junges kannte
und dem man Glanz und Tränen fortgeküßt,
sich in den ersten Zug des Alters wandte,
den frühen Zauber lebend eingebüßt.

Der Bogen einst, dem jeder Pfeil gelungen,
purpurgefiedert lag das Rohr im Blau,
die Cymbel auch, die jedes Lied gesungen:
– »Funkelnde Schale« – »Wiesen im Dämmergrau« –

Dem ersten Zug der zweite schon im Bunde,
ach, an der Stirne hält sie schon die Wacht,
die einsame, die letzte Stunde –
das ganze liebe Antlitz dann in Nacht.

Aus Fernen, aus Reichen

Was dann nach jener Stunde
sein wird, wenn dies geschah,
weiß niemand, keine Kunde
kam je von da,
von den erstickten Schlünden
von dem gebrochnen Licht,
wird es sich neu entzünden,
ich meine nicht.

Doch sehe ich ein Zeichen:
über das Schattenland
aus Fernen, aus Reichen
eine große, schöne Hand,
die wird mich nicht berühren,
das läßt der Raum nicht zu:
doch werde ich sie spüren,
und das bist du.

Und du wirst niedergleiten
am Strand, am Meer,
aus Fernen, aus Weiten:
»– erlöst auch er;«
ich kannte deine Blicke
und in des tiefsten Schoß
sammelst du unsere Glücke,
den Traum, das Los.

Ein Tag ist zu Ende,
die Reifen fortgebracht,
dann spielen noch zwei Hände
das Lied der Nacht,
vom Zimmer, wo die Tasten
den dunklen Laut verwehn,
sieht man das Meer und die Masten
hoch nach Norden gehn.

Wenn die Nacht wird weichen,
wenn der Tag begann,
trägst du Zeichen,
die niemand deuten kann,
geheime Male
von fernen Stunden krank
und leerst die Schale,
aus der ich vor dir trank.

Gottfried Benn

G. Barbarin, der Tod als Freund[1]

Von den 1500 Millionen lebenden Menschen, die die Erde besiedeln, sterben jährlich dreißig Millionen, das sind 82 200 täglich, 3425 stündlich, in der Minute siebenundfünfzig, demnach stirbt in jeder Sekunde ein Mensch. Wann ist deine Sekunde? – diese Frage weicht keinen Augenblick aus dem Vorstellungsablauf des abendländischen Menschen, sein Persönlichkeitsgefühl, seine Gedankengeburten, seine handelnden Leistungen sind eingebettet in die Vorstellung des Endes seines Wesens und seines Werkes. Die Menschen der großen asiatischen Rassen haben eine andere Art, dem Tod gegenüberzustehen.

Innerhalb der abendländischen Welt gibt es eine einfache und einschränkende Weise, vom Tod zu sprechen. Sie setzt den Chemismus der letzten Stunden, das klinische Bild der Auflösung gleich Tod und bezeichnet dies als Sterben. Es ist die Ausdrucksweise der Naturwissenschaften. »Der Tod ist eine Kohlensäurevergiftung.« »Der Tod ist eine Störung des Schwingungsgleichgewichts.« Er ist »die Folge der Emanzipation der lokalen Funktionen«. Diese Ausdrucksweise sucht ferner den Tod örtlich, organhaft zu bestimmen: »Die Menschen sterben vom Herzen aus«; »der Tod kommt vom Gehirn«; übrigens ist es die Wissenschaft der Antike, die hier auflebt, die alten Ärzte hatten eine Liste der drei Eingangspforten des Todes aufgestellt: Lunge, Herz, Gehirn.

Wo bedeutende Männer der modernen Medizin und Biologie in die Besprechung dieser Fragen eintraten, in Deutschland zum Beispiel Nothnagel, Perthes, Korschelt, griffen sie dabei auch immer den besonderen Gedanken auf, wie beschaffen sind diese letzten Stunden des Menschen, was bringen sie dem Sterbenden, fühlt er das Ende, leidet er, leidet er körperliche Schmerzen oder seelische im Bewußtsein seines nahen Todes. Und merkwürdigerweise lautet der Bescheid dieser Ärzte, die so viele Kranke sterben sahen, fast einmütig: nein, im allgemeinen leidet er nicht, umhüllt von Schatten der Ohnmacht oder der Bewußtlosigkeit und fast immer des Nichtwissens um das Ende, gleitet er hinüber, erlischt sein Lebenslicht. »Immer besser, immer heiterer«, antwortete Schiller am Abend vor seinem Tode auf die Frage, wie es ihm gehe. (...) Wir hören, schon die Alten waren davon durchdrungen, daß der Tod oft sanft sei, bei Cicero, bei Seneca findet sich eine Ahnung davon, und ein anderer römischer Schriftsteller, der im vorliegenden Buch zitiert wird,

---

[1] Einleitung zur Schrift des französischen Arztes B.

man denke, ein Schriftsteller des römischen Kriegsvolks, schrieb den Satz: »Die Trennung der Seele vom Körper vollzieht sich ohne Schmerz, meist, ohne daß man etwas davon bemerkt, und mitunter gar unter Wohlgefühlen.«

Es ist demnach ein altes europäisches Nachdenken, das sich mit diesen letzten Stunden beschäftigt, und es ist eine Auffassung, die sich durch die Jahrhunderte erhalten hat, daß die letzten Stunden des Lebens vielfach sanft seien, von Träumen durchzogen und schon von Lethe rettend getränkt. Der Tod als der Bruder des Schlafs: zwei Knaben mit verschränkten oder übereinandergeschlagenen Füßen im Arme der Nacht, der eine weiß, der andere schwarz, der eine schläft, der andere scheint zu schlafen, eine gesenkte Fackel hält der und der den Mohnstengel – das sehen wir auf einem griechischen Totenkasten im Bild. Mort douce – das zweite Bild: unter umschattenden Wipfeln eines Baumes steht die Nacht und verteilt den gliederlösenden Mohn, Götter der Träume und Kinder des Schlafs gehen hinter ihr gebückt und sammeln die ausgestreuten Stengel. Und auf einem dritten Bilde ist die Fähre, der Kahn, Charon reicht dem Alten freundlich die Hand, Merkur führte ihn helfend her, und nun geht es über den Fluß, den stygischen, in das Vergessen.

Mort douce – das hat nun der Doktor Barbarin aus Paris zum Thema seines Buches gemacht, und er verficht diese These durch die Vorlage eines erstaunlich reichen Materials. (...)

Der Erstickungstod, der Tod durch Ertrinken, der Tod durch Blitzschlag, Feuer, Gas, Schußwaffen, Abstürze, durch wilde Tiere, Hinrichtungen, Zugzusammenstöße und der Tod in Sing-Sing –, Rundfragen über den Tod, Beispiele berühmter Sterbefälle, die Meinungen von Henkern und wie die tibetanischen Lamas gegen das Koma ankämpfen –: über dies alles sammelt Barbarin Dokumente und legt sie uns vor. Da können wir natürlich an der Frage nicht vorbei, ist denn dieses *Wie* des Sterbens überhaupt das Todesproblem, ist es nicht nur das Äußerliche des Vorganges, für das so viel Meinung und Beweis aufzubringen sich gar nicht recht lohnt, ist nicht die eingangs erwähnte einfache und einschränkende Art, vom Sterben zu sprechen, eine zu naturhafte, eine periphere Art, das Todesproblem zu sehen?

Von Clémenceau stammt die Bemerkung in bezug auf uns: »Sehen Sie sich doch bloß diese Deutschen an, ihre Literatur! Sie kennen nur den Tod, immer nur den Tod!« Vielleicht sah der Feind hier scharf und sah tatsächlich etwas sehr Deutsches: Für uns ist der Tod kein körperliches Sein, sondern erklärtermaßen ein moralisches und metaphysisches, das uns vielleicht tiefer bewegt als andere Rassen. Darum entsteht in uns diese Frage, die vielleicht für andere Völker nicht die Bedeutung hat. Aber was dies Buch angeht, muß man gerecht sein, auch diese, unsere, Seite des Todes sieht Barbarin, obschon sein Buch als Ganzes mehr auf das Statisch-Materielle angelegt ist. Wir finden zum Beispiel bei ihm ein so merkwürdiges, außerordentlich des Nachdenkens wertes, aus dunklen Reichen stammendes Wort: »Der Tod ist eine Entscheidung«. Dies sagt er und: »Es ist nicht die Todesstunde oder der Tag vorher, wo sich der Geist des Kranken angesichts der Entscheidung aufbäumt. Der entscheidende Schock zwischen Vorstellung und Wirklichkeit findet drei oder acht oder vierzehn Tage vorher statt. Oft mitunter noch früher«. Ferner an einer anderen Stelle: »Der Tod ist eine Einwilligung«. Eine Einwilligung – das kann man nicht anders auslegen als, der Tod ist eine tiefe moralische Pflicht, die der Mensch, der lebte und weil er lebte, zu übernehmen um seiner fremden und fernen Herkunft willen sich entschließen muß. Zweifellos ein großer metaphysischer Gedanke!

Eine Einwilligung die die Helden sichtbar und freiwillig und frühzeitig übernehmen, die, die den Schierlingsbecher trinken, und die, die die Pelotons in der frühen Morgenstunde der Hinrichtung auf sich gerichtet sehen – fast alle hätten sie ihre Taten unterlassen können, zurücknehmen, überlaufen, praktisch handeln, mit einem Wort: *leben* können, doch sie entschieden sich und fielen um dieser Entscheidung willen, dieser moralischen Entscheidung für ein Ziel jenseits des persönlichen und körperlichen Todes. Ob der Tod sanft ist oder hart, die Helden bleiben. Sie erblicken etwas Größeres, als das Leben und etwas Größeres als den Tod und vereinigen durch ihr Sterben sich und ihr Volk mit dem Allgemeinen. (...)

Die Bereitschaft zum Tod, die Entscheidung zum Tod, das ist die hohe menschliche Aufgabe, das wollen wir über Barbarins These und Barbarins Material nicht einen Augenblick vergessen! Verlassen, was man schmerzlich liebte, verlassen, um was man schmerzlich litt; ohne Erklärungen zu erhalten über die Materie, an die man gebunden war, und ohne begründete Erkenntnis vom Wesen dessen, das einen nun wieder von ihr fordert; von allem die Hände lösen, auch von dem, was unvollendet und unvollbracht war, vielleicht in anderen wiederkehren, vielleicht, aber niemand weiß es – deine Sekunde ist da, du mußt einwilligen, mußt du gehen.

Alle die Gräber

Alle die Gräber, die Hügel
auf Bergen und an Seen,
die ich grub und von deren Wällen
ich die offene Erde gesehn,

die ich trug und weiter trage
als Tang und Muscheln im Haar,
die ich frug und weiter frage,
wie das Meer am Grunde denn war –

Alle die Gräber, die Hügel,
in denen ich war und bin,
jetzt streift ein weißer Flügel
manchmal über sie hin,

der kann die Kränze nicht heben,
nicht wecken der Rosen Schein,
die ich hinabgegeben,
doch ein Wandelndes deutet er ein.

Du mußt dir alles geben

Gib in dein Glück, dein Sterben,
Traum und Ahnung getauscht,
diese Stunde, ihr Werben
ist so doldenverrauscht,
Sichel und Sommermale
aus den Fluren gelenkt,
Krüge und Wasserschale
süß und müde gesenkt.

Du mußt dir alles geben,
Götter geben dir nicht,
gib dir das leise Verschweben
unter Rosen und Licht,
was je an Himmeln blaute,
gib dich in seinen Bann,
höre die letzten Laute
schweigend an.

Gottfried Benn

Warst du so sehr der Eine,
hast das Dumpfe getan,
ach, es zieht schon die reine
stille gelöschte Bahn,
ach, schon die Stunde, jene
leichte im Spindellicht,
die von Rocken und Lehne
singend die Parze flicht.

Warst du der große Verlasser,
Tränen hingen dir an,
und Tränen sind hartes Wasser,
das über Steine rann,
es ist alles vollendet,
Tränen und Zürnen nicht,
alles wogengeblendet
dein in Rosen und Licht.

Süße Stunde. O Altern!
Schon das Wappen verschenkt:
Stier unter Fackelhaltern
und die Fackel gesenkt,
nun von Stränden, von Liden,
einem Orangenmeer
tief in Schwärmen Sphingiden
führen die Schatten her.

Gabst dir alles alleine,
gib dir das letzte Glück,
nimm die Olivenhaine
dir die Säulen zurück,
ach, schon lösen sich Glieder
und in dein letztes Gesicht
steigen Boten hernieder
ganz in Rosen und Licht.

Ebereschen

Ebereschen – noch nicht ganz rot
von jenem Farbton, wo sie sich entwickeln
zu Nachglut, Vogelbeere, Herbst und Tod.

Ebereschen – noch etwas fahl,
doch siehe, schon zu einem Strauß gebunden
ankündigend halbtief die Abschiedsstunden:
vielleicht nie mehr, vielleicht dies letzte Mal.

Ebereschen – dies Jahr und Jahre immerzu
in fahlen Tönen erst und dann in roten
gefärbt, gefüllt, gereift, zu Gott geboten –
wo aber fülltest, färbtest, reiftest du –?

Epilog 1949

I

Die trunkenen Fluten fallen –
die Stunde des sterbenden Blau
und der erblaßten Korallen
um die Insel von Palau.

Die trunkenen Fluten enden
als Fremdes, nicht dein, nicht mein,
sie lassen dir nichts in Händen
als der Bilder schweigendes Sein.

Die Fluten, die Flammen, die Fragen –
und dann auf Asche sehn:
»Leben ist Brückenschlagen
über Ströme, die vergehn.«

II

Ein breiter Graben aus Schweigen,
eine hohe Mauer aus Nacht
zieht um die Stuben, die Steigen,
wo du gewohnt, gewacht.

Gottfried Benn

In Vor- und Nachgefühlen
hält noch die Strophe sich:
»Auf welchen schwarzen Stühlen
woben die Parzen dich,

aus wo gefüllten Krügen
entströmst du und verrinnst
auf den verzehrten Zügen
ein altes Traumgespinst.«

Bis sich die Reime schließen,
die sich der Vers erfand,
und Stein und Graben fließen
in das weite, graue Land.

III

Ein Grab am Fjord, ein Kreuz am goldenen Tore,
ein Stein im Wald und zwei an einem See –:
ein ganzes Lied, ein Ruf im Chore:
»Die Himmel wechseln ihre Sterne – geh!«

Das du dir trugst, dies Bild, halb Wahn, halb Wende,
das trägt sich selbst, du mußt nicht bange sein
und Schmetterlinge, März bis Sommerende,
das wird noch lange sein.

Und sinkt der letzte Falter in die Tiefe,
die letzte Neige und das letzte Weh,
bleibt doch der große Chor, der weiterriefe:
die Himmel wechseln ihre Sterne – geh.

IV

Es ist ein Garten, den ich manchmal sehe
östlich der Oder, wo die Ebenen weit,
ein Graben, eine Brücke, und ich stehe
an Fliederbüschen, blau und rauschbereit.

Es ist ein Knabe, dem ich manchmal trauere,
der sich am See in Schilf und Wogen ließ,
noch strömte nicht der Fluß, vor dem ich schauere,
der erst wie Glück und dann Vergessen hieß.

Es ist ein Spruch, dem oftmals ich gesonnen,
der alles sagt, da er dir nichts verheißt –
ich habe ihn auch in dies Buch versponnen,
er stand auf einem Grab: »tu sais« – du weißt.

V

Die vielen Dinge, die du tief versiegelt
durch deine Tage trägst in dir allein,
die du auch im Gespräche nie entriegelt,
in keinen Brief und Blick sie ließest ein,

die schweigenden, die guten und die bösen,
die so erlittenen, darin du gehst,
die kannst du erst in jener Sphäre lösen,
in der du stirbst und endend auferstehst.

Einleitung

Else Lasker-Schüler

Der Glaube an die welterlösende Macht der Dichtung ist nirgends so leidenschaftlich unbedingt gelebt worden wie von Else Lasker-Schüler.[1] Die poetischen Rollen, die sie so häufig in ihrem Leben spielt, sind für sie wahrer und gültiger als ihre biographische Existenz, die eine Kette von Katastrophen war: »Ich sterbe am Leben und atme im Bilde wieder auf.« (»Mein Herz«) Als orientalische Märchenprinzessin Tino von Bagdad lebte die junge Lyrikerin im Berliner Künstlerkreis um Peter Hille, ihrem geistigen Zufluchtsort. Ihre erste Gedichtsammlung unter dem Titel »Styx« handelt von Liebe und Schuld, Weltflucht und Todesnähe. Die Verwandlung in die Gestalt des biblischen Joseph von Ägypten ist »der Schritt vom Erleiden zum Handeln«: »In der Nacht meiner tiefsten Not erhob ich mich zum Prinzen von Theben.« Auch Joseph, arabisch Jussuf, ist mehr als eine Rolle. Er ist eine Selbstdeutung, der die Dichterin bis zum Nachweis in der Familiengenealogie und durch nachträglich stilisierte Kindheitserinnerungen konkrete Realität zu geben suchte. Die Einheit von biographischem und imaginärem Ich gegen jede äußere Gefährdung behauptend, spricht sie ganz selbstverständlich von ihrer Identität mit Joseph in einem früheren Dasein (II, 150) und von sich selbst als dem wiedergeborenen Retter. Der hohe, ja absurde Anspruch, der in dieser bewußten Selbsterhebung liegt, zielt, »offenbarer als sie vielleicht selbst gewußt hat, auf den, der am Ende der Zeiten erscheinen wird, um das messianische Reich zu errichten«[2]. Auch andere Bilder, in denen sie ihren Erlösungsauftrag deutet (der »Hieroglyph unter der Schöpfung«, der »Letzte«), könnten auf die alte jüdische Tradition verweisen, wonach dem triumphierenden Messias aus Davids Stamm ein leidender aus dem Stamm Josephs vorausgeht, oder auf die frühe christliche, die Joseph als Präfiguration Christi versteht.[3] Obwohl in den religiösen Vorstellungen der

---

[1] Vgl., auch zum Folgenden, Dieter Bänsch, E. L.-Sch. Zur Kritik eines etablierten Bildes. Stuttgart 1971
[2] Bänsch a.a.O., S. 210
[3] Sigrid Bauschinger: Die Symbolik des Mütterlichen im Werk E. L.-Schs. Phil. Diss. Frankfurt 1960, S. 22

Dichterin buddhistische, jüdische und christliche, mythologische und mystische Elemente phantasievoll sich mischen und in Begriffen wie Gott, Unendlichkeit, Auferstehung der Gegensatz von Transzendenz und Immanenz häufig aufgehoben erscheint, so ist doch stets dasselbe Grundschema erkennbar: »Die Schöpfung, das Paradies, die Liebe, der Sündenfall, Erkenntnis, Tod und Vertreibung in ständiger Verschiebung und Durchdringung«.[1] Nicht zuletzt bedingt es die jeder Aussage zugrunde liegende persönliche Situation, daß für sie nur die Liebe es ist, die sich wieder den Eingang ins »Paradies« verschafft. Das ist die rettende Botschaft des Prinzen Jussuf in der Weltnacht der Lieblosigkeit und des Todes: »Ich habe Liebe in die Welt gebracht –/ Daß blau zu blühen jedes Herz vermag.« Blau ist, wie für Novalis und Trakl, die Farbe der Heimat der Seele. Nur ein liebender Mensch kann den Tod überwinden, kann auferstehen. So real glaubte Else Lasker-Schüler an die Liebe als Gegenmacht des Todes, daß sie das Sterben des Sohnes als ein Ringen ihrer Liebe gegen den Tod erlebte. Sie mußte an der Wirklichkeit scheitern, nicht anders als mit ihrem Traum von der Welterlösung, dem Traum, daß »tausendjährige Sehnsucht doch einmal den Stein sprengen werde«. (II,151)

Von je hatten ihre inneren Fluchtbewegungen einer visionären Stadt der Liebe gegolten, einer Stadt mit schützenden Mauern, die zunächst Bagdad hieß, dann Theben, und zuletzt für die politisch Vertriebene Jerusalem wurde. Ergreifend die müden Worte der alt und hinfällig gewordenen vor ihrem Tod, die überliefert sind: »Ich kann nicht mehr lieben«, und wie eine Antwort darauf die Verse eines »Sterbelieds« aus dem Nachlaß: »Mir ist, als ob ich stürbe – ja gestorben bin.«

---

[1] Vgl. Erika Klüsener: E.L.-Sch., Rowohlt Monographie 1980, S. 59

Else Lasker-Schüler
1876–1945

Der Traum von der Welterlösung durch Liebe

Dasein

Hatte wogendes Nachthaar,
Liegt lange schon wo begraben.
Hatte Augen wie Bäche klar,
Bevor die Trübsal mein Gast war,
Hatte Hände muschelrotweiß,
Aber die Arbeit verzehrte ihr Weiß.
Und einmal kommt der Letzte,
Der senkt den hohlen Blick
Nach meines Leibes Vergänglichkeit
Und wirft von mir alles Sterben.
Und es atmet meine Seele auf
Und trinkt das Ewige ...

Gebet

Ich suche allerlanden eine Stadt,
Die einen Engel vor der Pforte hat.
Ich trage seinen großen Flügel
Gebrochen schwer am Schulterblatt
Und in der Stirne seinen Stern als Siegel.

Und wandle immer in die Nacht ...
Ich habe Liebe in die Welt gebracht –
Daß blau zu blühen jedes Herz vermag,
Und hab ein Leben müde mich gewacht,
In Gott gehüllt den dunklen Atemschlag.

O Gott, schließ um mich deinen Mantel fest;
Ich weiß, ich bin im Kugelglas der Rest,

Und wenn der letzte Mensch die Welt vergießt,
Du mich nicht wieder aus der Allmacht läßt
Und sich ein neuer Erdball um mich schließt.

Herbst

Ich pflücke mir am Weg das letzte Tausendschön .....
Es kam ein Engel mir mein Totenkleid zu nähen –
Denn ich muß andere Welten weiter tragen.

Das ewige Leben *dem*, der viel von Liebe weiß zu sagen.
Ein Mensch der *Liebe* kann nur auferstehen!
Haß schachtelt ein! wie hoch die Fackel auch mag schlagen.

Ich will dir viel viel Liebe sagen –
Wenn auch schon kühle Winde wehen,
In Wirbeln sich um Bäume drehen,
Um Herzen, die in ihren Wiegen lagen.

Mir ist auf Erden weh geschehen .....
Der Mond gibt Antwort dir auf deine Fragen.
Er sah verhängt mich auch an Tagen,
Die zaghaft ich beging auf Zehen.

Ergraut kommt seine kleine Welt zurück

In meinem Herzen spielen Paradiese .....
Ich aber kehre aus versunkenem Glück
In eine Welt trostlosester Entblätterung zurück.

Ein Grübchen lächelt ahnungslos aus einer Wiese,
Ein Bach, doch auf dem Grunde dürstet sein Geschick.

Ich leide sehr um sein verflüchtend Glück –
Darum ich mich des Tauchens heller Lust verschließe.

Aus meinem Herzen fallen letzte Grüße
Vom Lebensfaden ab – dir schenk ich diese.

Die Sonne heftet im Kristall der Kiese
Noch scheidend ihren goldenen Augenblick.

Gott weint ..... ergraut kommt seine kleine Welt zurück,
Die Er in Seiner Schöpfung schnitt aus himmlischem Türkise.

Es lehren Flügelmenschen, die des Wegs ein Stück
Mich, meines Atems wegen, stärken und begießen –:
Und wieder jenseits in die Lüfte fließen:
Daß ich für – unerfüllte Gottesweisung – büße.

Gebet

Oh Gott, ich bin voll Traurigkeit .....
Nimm mein Herz in deine Hände –
Bis der Abend geht zu Ende
In steter Wiederkehr der Zeit.

Oh Gott, ich bin so müd, oh, Gott,
Der Wolkenmann und seine Frau
Sie spielen mit mir himmelblau
Im Sommer immer, lieber Gott.

Und glaube unserm Monde, Gott,
Denn er umhüllte mich mit Schein,
Als wär ich hilflos noch und klein,
– Ein Flämmchen Seele.

Oh, Gott und ist sie auch voll Fehle –
Nimm sie still in deine Hände .....
Damit sie leuchtend in dir ende.

Ich weiß

Ich weiß, daß ich bald sterben muß
Es leuchten doch alle Bäume
Nach langersehntem Juliuß –

Fahl werden meine Träume –
Nie dichtete ich einen trüberen Schluß
In den Büchern meiner Reime.

Eine Blume brichst du mir zum Gruß –
Ich liebte sie schon im Keime.
Doch ich weiß, daß ich bald sterben muß.

Mein Odem schwebt über Gottes Fluß –
Ich setze leise meinen Fuß
Auf den Pfad zum ewigen Heime.

Einleitung

Karl Jaspers

Im Mittelpunkt des Denkens von Karl Jaspers steht der Begriff »Existenz«. Gemeint ist damit nicht Dasein, wie es allem Seienden in der natürlichen Welt zukommt: Existenz bezieht sich ausschließlich auf den einzelnen Menschen, der in der nur ihm gegebenen Freiheit sein »Selbst« verwirklicht, indem er die Welt transzendiert. In seinem Dasein ist der Mensch immer nur »mögliche Existenz«, das heißt, er hat die »Wahl zur Selbstschöpfung«, kann sein eigentliches Sein gewinnen oder verfehlen. Aus dieser Möglichkeit »lebe ich« und »in ihrer Verwirklichung bin ich ich selbst.« Im Dasein verhalte ich mich – auf verschiedenen Bewußtseinsebenen – zur Welt. Als Existenz verhalte ich mich zur Transzendenz, das heißt zum Sein, »das niemals Welt wird, ... aber in der Welt gleichsam spricht«. Existenz erwacht im Ungenügen am nur Welthaften, im »Sprung« über dieses hinaus. Der Weg zum Selbstsein ist kein kontinuierlicher Prozeß, er besteht aus dem immer neu zu leistenden »Aufschwung« in »Grenzsituationen«, die »mit dem Menschsein als solchem verknüpft, mit dem endlichen Dasein unvermeidlich gegeben sind«: Schuld, Leiden, Kampf und Tod. In diesen letzten Situationen erscheint das Dasein in seiner vollen Fragwürdigkeit, sie sind »wie eine Wand, an die wir stoßen«, vor der auch der stärkste Wille nichts vermag. Die Erkenntnis der eigenen Nichtigkeit und die Erfahrung, daß nichts von dem, was Welt ist, trägt, führt in »die Wirklichkeit des restlosen Scheiterns«, das sich jedoch als »fruchtbares Scheitern« (Weischedel) erweisen kann, wenn es angenommen und ausgehalten wird. Aus der Situation nihilistischer Verzweiflung und Angst, die nach Jaspers »dem redlichen Menschen unumgänglich ist«, führt nur ein »Sprung« zum Selbstsein, der »Sprung zu mir als Freiheit«. Gelingt er, öffnet sich die Grenzsituation zur Transzendenz. »Der Sprung aus der Angst zur *Ruhe* ist der ungeheuerste, den der Mensch tun kann.« Er gelingt jedoch nicht aus eigener Vollmacht; das Gelingen hat »seinen Grund über die Existenz des Selbstseins hinaus«: Existenz wird aus der Transzendenz geschenkt. Es ist der Glaube, der den Springenden »unbestimmbar an das Sein der Transzendenz« bindet. Im Licht einer rational nicht faßbaren Erfahrung wird er sich in seinem Selbstsein geschenkt und zugleich erfüllt mit der Gewißheit von Sein, das Jaspers selten auch »die Eine Gottheit« nennt. In philosophischer Sprache sind für ihn Existenz und Transzendenz, was in der mythischen Sprache Seele und Gott ist. Eine angemessene Aussage kann es nicht geben, deshalb gilt: »Daß Gott ist, ist genug.«

Die äußerste Grenzsituation des Daseins, die es zu bestehen gilt, ist der Tod. Der Spannung von Dasein und Existenz entsprechend, muß ohne jede Täuschung begriffen werden, daß Dasein schlechthin zeitlich, endlich und sterblich ist. Existenz aber »weiß keinen Tod«. Wie alles in der Welt Seiende ist auch der Mensch als Erscheinung »restlos sterblich«. Jaspers geht soweit zu sagen, daß nach unserm objektiven Wissen das zeitliche Ende des Menschen das Ende schlechthin bedeutet: »Empirisch ist das Leben der Seele gebunden an leibliche Organe.« Nicht die Unsterblichkeit, nur die Sterblichkeit des Menschen läßt sich beweisen. Andererseits behauptet Jaspers nicht, daß Existenz im Tod als ihrem letzten Augenblick verschwinde, weil sie aufhört, Dasein zu sein und also »mit dem Tode nichts würde«. Zwar bleibt der zeitliche Tod gewaltsam, doch steht Existenz trotzdem zu ihm »als zu der notwendigen Grenze ihrer möglichen Vollendung«. Der »philosophische Glaube« an die in der Existenz gegenwärtige Transzendenz führt zur Vergewisserung ihres ewigen Seins. Der Tod ist dann nicht mehr objektives Faktum, sondern letzte Grenzsituation des möglichen Aufschwungs. Ist der Mensch im Dasein seines freien Selbstseins gewiß geworden, dann ergreift er den Tod als das notwendige Verschwinden der immer auch unwahren Erscheinung von Existenz im Dasein. Zwar kann sich Selbstsein »nur in der Zeit als Erscheinung wissen«, ist sich aber darin eines überzeitlichen Ursprungs gewiß, »den es nicht weiß«. Entscheidend ist, daß ich auf meinen Tod »zugehen kann als zu meinem Grunde und daß in ihm Vollendung, aber unbegreiflicher Art, sei. Tod war weniger als Leben und forderte Tapferkeit. Tod ist mehr als Leben und gibt Geborgenheit.« Jaspers sieht die ganze Widersprüchlichkeit des Menschen, der angesichts des Todes zu verzweifeln droht und sich doch seines »eigentlichen Seins« bewußt wird, der nicht begreift und doch vertraut, der das Nichts vor sich sieht und dennoch eines Seins gewiß ist.

Ungern gebraucht Jaspers den Begriff »Unsterblichkeit«. Die damit verbundene Vorstellung sieht er vom Wunsch der bloßen Weiterführung des zeitlichen Lebens jenseits der Todesgrenze bestimmt, nicht aber von der an die Transzendenz rührenden Existenz. Unsterblichkeit als »metaphysische Gewißheit« ist für ihn »nicht in der Zukunft als ein anderes Sein, sondern als schon in der Ewigkeit gegenwärtiges Sein. Sie besteht nicht, sondern ich trete in sie als Existierender. Das Selbstsein, das den Aufschwung gewinnt, vergewissert sich durch ihn der Unsterblichkeit, nicht durch Einsicht. Unsterblichkeit ist auf keine Art zu beweisen.«

Die eigentliche Todesangst ist deshalb die Angst vor dem »Abfall«, dem Zurückfallen aus dem Aufstieg, der im Dasein notwendig immer wieder erfolgt. Dieser Angst entsprechend, ist der eigentliche Tod das Versagen vor der möglichen Verwirklichung von Existenz. Im Gegensatz zu der Angst vor dem »vitalen Nichtdasein«, die nur Leben als Erscheinung verlängern will, wird die Angst vor dem »existentiellen Nichtsein« in dem Augenblick vernichtet, in dem der Mensch sich seinem Tod als Faktum stellt und ihn als die mögliche Erhellung seiner Existenz bejaht. Für Jaspers gibt es keinen »allgemeinen« Tod. Der Tod »ist entweder der bestimmte *Tod des Nächsten* oder *mein Tod*.« Der Tod des Nächsten als des »geliebtesten Menschen«, mit dem die engste Kommunikation besteht, ist der tiefste Einschnitt im Leben jedes Einzelnen und kann weder durch Einsicht noch Trost überwunden werden. War die Kommunikation so tief, daß ihr äußerer Abschluß im Sterben noch »zu ihrer Erscheinung wird«, dann muß ihr Sein »als ewige Wirklichkeit bewahrt« bleiben. Wenn also der Tod des geliebtesten Andern für den Zurückbleibenden tiefste existentielle Erschütterung ist, so muß durch ihn »Existenz in der Transzendenz ... heimisch geworden« sein. Zerstört wurde nur eine »Erscheinung, nicht das Sein selbst«. Auch der eigene Tod kann fortan nicht mehr als leerer Abgrund erscheinen, in dem ich zu versinken drohe. Er ist zur totalen Grenzsituation geworden, in der es für mich so ist, »als ob ich mich in ihm, nicht mehr verlassen, *der* Existenz verbinde, die mit mir in nächster Kommunikation stand«. Jaspers betont hier ausdrücklich, daß der Tod solch totalen Charakter nur hat, wenn der Nächste der Eine und Einzige für mich war und bleibt. Dann nur ist auch die Einsamkeit des Zurückbleibenden »für immer aufgehoben«, denn der Verstorbene ist für ihn »existentielle Gegenwart«. Der eigene Tod dagegen ist nicht wie der des Nächsten als Vorgang erfahrbar. Ich erleide ihn, aber erfahre ihn nie. Sterbend erlebe ich nur noch »mein absolutes Nichtwissen im Fortfall jeder Rückkehr, da ich mich aus dem Nichts nicht mehr in ... einer lebendigen Gestalt meiner selbst zurückhalte«.

II. Erfahrungen und Denkwege im zwanzigsten Jahrhundert

Die Möglichkeit des existentiellen Aufschwungs im Dasein ist es, die eine »unzerstörbare Hoffnung« auf ewiges Sein begründet erscheinen läßt. Deshalb nennt Jaspers das existentielle Bewußtsein ein absolutes Bewußtsein, über das zu schweigen angemessener wäre als zu reden. Wer vor dem eigenen Tod Existenz erfahren hat, weiß und versteht nicht, aber glaubt und vertraut, daß im Tod Vollendung, wenn auch unbegreiflicher Art sei. Für ihn ist »das Sein nicht jenseits des Todes in der Zeit, sondern in der gegenwärtigen Daseinstiefe als Ewigkeit«.

Karl Jaspers
1883–1969

Der transzendierende Aufschwung in der Grenzsituation des Todes. Dasein als Möglichkeit von Existenz. Die Erfahrung von Sein beim Tod des Nächsten

Selbstsein in der Welt und vor der Transzendenz

Wie ich nicht *da* bin ohne Welt, so bin ich nicht ich *selbst* ohne *Transzendenz*. Wohl werde ich mir durch eigene Entscheidung selbst Grund, ich bringe mich im vernünftigen Erkennen und autonomen Handeln hervor. Aber der Ursprung meines Selbstseins wird mein durch diese Vernunft erleuchtetes Sein in der Erscheinung nur so, daß ich selbst mir zugleich darin gegeben bin: mir gegeben als der empirische Stoff meines soseienden Daseins, mit dem ich mich aufzubauen habe, werde ich in dem Ursprung, in dem ich mir frei entgegenkomme, geschenkt. Ich stehe vor der Transzendenz, die nicht als Dasein in der Welt mir begegnet unter den Erscheinungen der Dinge, die aber mich anspricht als Möglichkeit aus allem Daseienden und am entschiedensten aus meinem Selbstsein. Die Tiefe meiner selbst hat ihr Maß in der Transzendenz, vor der ich stehe.

Die Frage, wer ich sei, wird zu der Frage: *bin ich überhaupt?* Mit ihr ist nicht mehr gemeint die Frage, ob ich im Augenblick, wo ich die Frage stelle, empirisch da sei. Vielmehr ist es das Fragen nach dem eigentlichen Sein, das in mythischer Sprache die Frage nach der Unsterblichkeit ist. Daß der Leib, das Bewußtsein, das Gedächtnis, irgendeine Erscheinung meines Daseins als in Zeit und Raum endlos und unzerstörbar fortbestehend unsterblich sei, wird im Ernst niemand behaupten wollen; das eigentliche Selbst aber kann sich seiner Unsterblichkeit bewußt sein in dem Sinne, daß Sein und Unsterblichkeit dasselbe seien. Ein Selbst hat dies Bewußtsein durch kein Wissen, in keiner zureichenden Vorstellung oder objektiven Garantie, sondern in dem Maße, als es eigentlich selbst angesichts seiner Transzendenz im Entscheiden und Wirken auf sich in der Welt ist. Es ist sich bewußt, von einer Transzendenz abhängig zu sein, die das Äußerste, was möglich scheint: ein freies Selbstsein, das selbst sich Ursprung wird, gewollt hat als ein Sein, das in der Vergänglichkeit des zeitlichen Daseins sich zur Erscheinung kommt. Das Selbst ist sich daher seiner ohne Grund gewiß nur in bezug auf Transzendenz, ohne die es in den Abgrund des Nichts gleitet. Sehe ich mich in den Erscheinungen des Daseins, so sehe ich mich nie als eigentlich selbst; alles endlich Erscheinende bekommt erst durch mein Transzendieren ein Gewicht, das es als bloßes Dasein nicht haben könnte. – Ich sehe Transzendenz und werde meines Seins gewiß, selbst wenn sie nicht zu mir spricht und ich im Trotz gegen sie stehe. Sehe ich sie nicht mehr, so fühle ich mich selbst versinken. –

Antinomien des Selbstseins

Tod

1. *Wissen vom Tod und Grenzsituation.* – Der Tod als objektives Faktum des Daseins ist noch nicht Grenzsituation. Für das Tier, das nichts vom Tode weiß, ist sie nicht möglich. Der Mensch, der weiß, daß er sterben wird, hat dieses Wissen als Erwartung für einen unbestimmten Zeitpunkt; aber solange der Tod für ihn keine andere Rolle spielt als nur durch die Sorge, ihn zu meiden, solange ist auch für den Menschen der Tod nicht Grenzsituation.

Als *nur Lebender* verfolge ich Zwecke, erstrebe ich Dauer und Bestand für alles, das mir wert ist. Ich leide an der Vernichtung realisierten Gutes, am Untergang geliebter Wesen; ich muß das Ende erfahren; aber ich lebe, indem ich seine Unausweichlichkeit und das Ende von allem vergesse.

Bin ich dagegen *existierend* im geschichtlichen Bewußtsein meines Daseins als Erscheinung in der Zeit gewiß: daß es Erscheinung, aber Erscheinung darin möglicher Existenz ist, so geht die Erfahrung des Endes aller Dinge auf diese erscheinende Seite der Existenz. Das Leiden am Ende wird Vergewisserung der Existenz.

In objektiver Betrachtung kann ich die Notwendigkeit von Tod und Vergänglichkeit nicht zwingend begreifen. Für Existenz aber ist dieses Verschwinden in der Erscheinung zu ihr gehörig. Wäre nicht das Verschwinden, so wäre ich als Sein die endlose Dauer und existierte nicht. Wohl muß ich als Existierender in der Erscheinung Verwirklichung und Entscheidung in der Zeit absolut wichtig finden, aber das Verschwinden darf ich darin weder passiv beobachten noch absichtlich herbeiführen, sondern muß es in innerer Aneignung ergreifen. Weder Verlangen nach dem Tode, noch Angst vor dem Tode, sondern das Verschwinden der Erscheinung als Gegenwart der Existenz wird zur Wahrheit. Ich verliere Existenz, wenn ich Dasein, als ob es das Sein an sich wäre, absolut nehme und mich so in ihm verfange, daß ich nur Dasein bin im Wechsel von Vergeßlichkeit und Angst. Ich gleite umgekehrt ab, wenn ich die Daseinserscheinung so gleichgültig finde, daß ich sie verachte und im Verschwinden mich nichts angehen lasse. Als mögliche Existenz bin ich wirklich nur, wenn ich daseiend erscheine, in der Erscheinung aber mehr als Erscheinung. Kann ich daher das Leiden am Ende als Dasein zwar nicht aufheben, so doch in der Existenzgewißheit zugleich überwinden, d.h. seiner Herr bleiben. Der Tod ist für Existenz die Notwendigkeit ihres Daseins durch Verschwinden ihrer immer zugleich unwahren Erscheinung.

Das so Gesagte ist nicht allgemein zu begreifen; es ist nicht so; es gibt den Tod nicht als allgemeinen in der Grenzsituation, sondern allgemein ist er nur als objektives Faktum. Der Tod wird in der Grenzsituation zum geschichtlichen; er ist entweder der bestimmte *Tod des Nächsten* oder *mein Tod*. Er wird nicht durch eine allgemeine Einsicht überwunden, durch keinen objektiven Trost, der meine Vergeßlichkeit durch scheinbare Gründe schützt, sondern nur in der Offenbarkeit eines sich gewiß werdenden Existierens.

2. *Tod des Nächsten.* – Der Tod des Nächsten, des geliebtesten Menschen, mit dem ich in Kommunikation stehe, ist im erscheinenden Leben der tiefste Schnitt. Ich bin allein geblieben, als ich, im letzten Augenblick den Sterbenden allein lassend, ihm nicht folgen konnte. Nichts ist rückgängig zu machen; für alle Zeit ist es das Ende. Der Sterbende läßt sich nicht mehr ansprechen; jeder stirbt allein; die Einsamkeit vor dem Tode scheint vollkommen, für den Sterbenden wie für den Bleibenden. Die Erscheinung des Zusammenseins, solange Bewußtsein ist, dieser Schmerz des Trennens, ist der letzte hilflose Ausdruck der Kommunikation.

Aber diese Kommunikation kann so tief gegründet sein, daß der Abschluß im Sterben selbst noch zu ihrer Erscheinung wird und Kommunikation ihr Sein als ewige Wirklichkeit bewahrt. Dann ist Existenz in ihrer Erscheinung verwandelt; ihr Dasein ist durch einen *Sprung* unwiderruflich vorangeschritten. Bloßes Dasein kann vergessen, kann sich trösten, dieser Sprung aber ist wie die Geburt eines neuen Lebens; der Tod ist in das Leben aufgenommen. Das Leben erweist die Wahrheit der Kommunikation, die den Tod überdauert, indem es sich verwirklicht, wie es durch Kommunikation wurde und nun sein muß. Der eigene Tod hat aufgehört nur der leere Abgrund zu sein. Es ist, als ob ich mich in ihm, nicht mehr verlassen, der Existenz verbinde, die mir in nächster Kommunikation stand.

Radikal geschieden ist die *absolute* Einsamkeit in Kommunikationslosigkeit von der Einsamkeit durch den *Tod des Nächsten*. Jene ist der stumme Mangel als ein Bewußtsein, in dem ich mich selbst nicht weiß. Durch jede Kommunikation dagegen, die sich einmal verwirklichte, ist die absolute Einsamkeit für immer aufgehoben; der wahrhaft Geliebte bleibt existenzielle Gegenwart. Die vernichtende Sehnsucht des einsam Zurückbleibenden, das leibhafte Nichtertragenkönnen der Trennung sind in der Erscheinung doch verbunden mit einer Geborgenheit, während die Verzweiflung des ursprünglich Einsamen zwar keinen Verlust zu beklagen vermag, aber ungeborgen ist in der Sehnsucht zum ungekannten Sein. Der wirkliche Verlust dessen, was war, zwar ohne Trost für mich als sinnlich daseienden Menschen, wird durch die mir mögliche Treue Wirklichkeit des Seins.

Wenn der Tod des Anderen existentielle Erschütterung und nicht bloß ein objektiver mit partikularen Gemütsbewegungen und Interessen begleiteter Vorgang ist, so ist Existenz in der Transzendenz durch ihn heimisch geworden: was zerstört wird durch den Tod, ist Erscheinung, nicht das Sein selbst.

Es ist die tiefere Heiterkeit möglich, die auf dem Grunde unauslöschlichen Schmerzes ruht.

3. *Mein Tod.* – Der Tod des Nächsten hat totalen Charakter und wird damit Grenzsituation, wenn der Nächste der eine und einzige für mich ist. Selbst dann bleibt die entscheidende Grenzsituation doch mein Tod als meiner, als dieser einzige, gar nicht objektive, nicht im Allgemeinen gewußte.

Den Tod als Vorgang gibt es nur als den des Anderen. Mein Tod ist *unerfahrbar* für mich, ich kann nur in Beziehung auf ihn erfahren. Körperschmerzen, Todesangst, die Situation scheinbar unvermeidlichen Todes kann ich erleben und die Gefahr überstehen: Die Unerfahrbarkeit des Todes ist unaufhebbar; sterbend erleide ich den Tod, aber ich erfahre ihn nie. Ich gehe entweder dem Tode entgegen in Beziehungen meiner als eines Lebendigen zu ihm oder erleide Vorstufen eines Prozesses, der zum Tode führen kann oder muß. Ich kann auch sterben ohne alle diese Erfahrungen. Sie sind als solche noch nicht Ausdruck der Grenzsituation.

Im Dasein erfahre ich, getroffen durch Beschränktheit, Enge und Zerstörung, doch die Möglichkeit, wie ich mir aus dem Abgrund wieder entgegenkomme; im Versagen kann ich mir als wiederentstehende Gewißheit selbst geschenkt werden und weiß nicht, wie es zugeht. Doch *sterbend* erleide ich mein *absolutes Nichtwissen* im Fortfall jeder Rückkehr: da ich mich aus dem Nichts nicht mehr in der Seinsbefriedigung einer lebendigen Gestalt meiner selbst *zurückerhalte*, stehe ich vor ihm ohnmächtig als dem mich erstarren machenden Punkt meines Daseins. »Der Rest ist Schweigen.« Aber dies Schweigen im Nichtwissen ist noch als ein Nichtwissen*wollen* dessen, was ich nicht zu wissen *vermag*, die *Frage*, auf die statt einer Antwort, vermöge der ich in Tod und Leben wüßte was ich bin, vielmehr der *Anspruch* an mich geht, mein Leben angesichts des Todes zu führen und zu prüfen.

So erzwingt die Gegenwart der Grenzsituation des Todes für Existenz die Doppeltheit aller Daseinserfahrung im Handeln: was *angesichts des Todes wesentlich* bleibt, ist existierend getan; was *hinfällig* wird, ist bloß Dasein. Es ist wie Versinken der Existenz, wenn ich angesichts des Todes nichts mehr wichtig finden kann, sondern nihilistisch verzweifle; der Tod ist nicht mehr Grenzsituation, wenn er die objektive Vernichtung als das übermächtige Unglück ist. Existenz schläft gleichsam angesichts des Todes, weil er nicht zum Erwecken ihrer möglichen Tiefe, sondern zum Sinnlosmachen von allem dient.

Ich verliere mich in der bloßen Erscheinung, wenn ich am Besonderen als endlosem Bestand, als wäre es absolut, hafte, an der Dauer als solcher; wenn ich durch Angst und Sorge in bezug auf endliche Zwecke beherrscht werde, statt daß sie nur das notwendige Daseinsmedium sind, in dem ich mich aufschwinge; wenn ich durch Lebensgier, Eifersucht, Geltungswillen, Stolz mich im Dasein gefangennehmen lasse, ohne in ihnen, denen ich als sinnliches Wesen augenblicksweise erliege, zu mir zurückzufinden. Zwar wird alles, was getan wird, in der Welt als Dasein getan und ist in der Endlichkeit seines Vergehens unwichtig. Wird jedoch ein Handeln als Erscheinung der Existenz wesentlich, so kann das objektiv Harmloseste dieses Gewicht haben. Dann wird der Tod Spiegel der Existenz, weil jede Erscheinung verschwindend sein muß, wenn Existenz Gehalt des Daseins ist. Der Tod wird daher in die Existenz aufgenommen, doch nicht schon als philosophische Spekulation und sprachlich mitgeteiltes Wissen von ihm, sondern als Bewährung ihrer selbst und als Relativierung bloßen Daseins.

Dem in der Grenzsituation Existierenden ist der Tod nicht das Nahe und nicht das Fremde, nicht Feind und nicht Freund. Er ist beides in der Bewegung durch die sich widersprechenden Gestalten. Der Tod bleibt nicht Bewährung des Gehaltes der Existenz, wenn diese eine eindeutig gradlinige Haltung zu ihm gewinnt: nicht in der harten Ataraxie[1], die sich der Grenzsituation entzieht durch die Starre eines nicht mehr betroffenen punktuellen Selbstseins; auch nicht in der Weltverneinung, die sich täuscht und tröstet mit den Phantasmen eines anderen jenseitigen Lebens.

Für den *unbeschränkten Lebenswillen,* der die Welt und sich selbst positivistisch sieht, das Dauern als Maßstab des Seins absolut nimmt, ist die Unausweichlichkeit des Todes Grund ratloser Verzweiflung. Die *Vergeßlichkeit* in dem Bewußtsein der zeitlichen Unbestimmtheit seines Eintritts läßt ihn darüber hinweggleiten.

Kann der bedingungslose Lebenswille sich der Grenzsituation durch Vergessen nicht entziehen, so *formt er den Sinn des Todes als Grenze um.* Er möchte sich etwa einreden, die Angst vor dem Tode beruhe auf einem bloßen Irrtum, der durch richtiges Denken aufgehoben werden könne. Sie beruhe auf Vorstellungen von einem qualvollen Sein nach dem Tode, das es nicht gebe, oder auf der Angst vor dem Vorgang des Todes, der als solcher ganz unmerklich sei, da ja aller Schmerz dem Lebenden zukomme, und es keinen Schmerz gebe, aus dem nicht Rückkehr zum Leben möglich gewesen sei. Es komme darauf an, sich klarzumachen: wenn ich bin, ist mein Tod nicht, und wenn mein Tod ist, bin ich nicht; darum geht mein Tod mich gar nichts an. Jeder dieser Gedanken ist richtig und bekämpft in der Tat unbegründete die vitale Angst fördernde Vorstellungen; keiner aber vermag das Schaudern auch vor dem Gedanken des Nichtseins aufzuheben. Sie scheinen zwar dem Tode ins Auge zu blicken, bewirken aber nur eine um so tiefere Vergeßlichkeit im Wesentlichen. Es wird beiseitegeschoben, daß ich noch zu Ende zu bringen habe, daß ich nicht fertig bin, daß ich noch wiedergutzumachen habe, vor allem aber, daß sich mir

---

1 Gleichmut

immer wieder ein Bewußtsein des Seins als bloßen Daseins aufdrängt, das durch die Vorstellung des absoluten Endes sinnlos wird, daß also als bloße Vergänglichkeit alles gleichgültig ist. Und drängt sich dieses vor, so wird nochmals durch Sinnverschiebung ein Vergessen ermöglicht in der Vorstellung der *sinnlichen, zeitlichen Unsterblichkeit:* ich gewinne eine andere Daseinsform, in der ich fortführe, was begonnen war, meine Seele wandert durch diese Daseinsformen hindurch, von denen die gegenwärtige nur eine ist. Ich lasse mir Beweise für die Unsterblichkeit geben und begnüge mich gar mit ihrer Wahrscheinlichkeit. Jedoch sind nicht nur alle Unsterblichkeitsbeweise fehlerhaft und hoffnungslos, ist eine Wahrscheinlichkeit in dieser absolut wichtigen Angelegenheit sinnwidrig, sondern es läßt sich gerade die Sterblichkeit beweisen. Empirisch ist das Leben unserer Seele gebunden an leibliche Organe; die Erfahrung des traumlosen Schlafes zeigt in negativer rückblickender Erfahrung das Nichtdasein; die Erfahrung der Abhängigkeit der Erinnerung vom Gehirn bei Erkrankungen zeigt sogar die Möglichkeit eines leiblichen Lebens bei sterbender Seele. Was uns das Dasein ist, ist durch Sinnenwelt, Erinnerung, durch Wollen und Bewußtsein bestimmt. Wenn immerhin der denkende Mensch, der sich so oft im Irrtum ertappt hat, wo er vorher zweifellos zu wissen meinte, seine Skepsis gegen sich selbst, auch im Falle dieser Gewißheit seiner Sterblichkeit nicht aufgibt, so sagt er in kritischer Tapferkeit: es ist sehr unwahrscheinlich, daß es eine Unsterblichkeit gibt, womit er die Unsterblichkeit als zeitliche Dauer in einer irgendwie sinnlichen Daseinsform in Kontinuität der Erinnerung mit unserem gegenwärtigen Leben meint.

Tapferkeit ist in der Grenzsituation die Haltung zum Tode als unbestimmte Möglichkeit des Selbstseins. Die Tapferkeit angesichts des Risikos, die Vorstellungen von Hölle und Fegefeuer und von der Macht kirchlicher Gnadenmittel für unwahr zu halten, ist zwar nur dort nötig, wo der Mensch sie von früh auf als Wirklichkeit in seine Lebenssubstanz aufgenommen hatte, während sie sonst nur in Zuständen völliger Haltlosigkeit wieder mächtig werden könnten, wenn er auf das Niveau sinkt, auf dem in bezug auf Transzendenz angstvoll nach dem »für alle Fälle« gehandelt werden kann. — Tapferkeit angesichts des Todes als des Endes von allem, was mir wirklich als sichtbar und erinnerbar ist, wird auf ein Minimum reduziert, wenn durch sinnliche Jenseitsvorstellungen der Tod als Grenze aufgehoben und zu einem bloßen Übergang zwischen den Daseinsformen gemacht wird. Er hat den Schrekken des Nichtseins verloren. Es hört das wahrhafte Sterben auf. Die Süße des Daseins, die verschwinden zu sehen dem natürlichen Lebenswillen so furchtbar ist, wird in anderer Gestalt wieder sichtbar, die Hoffnung durch Garantien autoritativer Art fast zu einem Wissen. Der Tod ist überwunden um den Preis des Verlustes der Grenzsituation. Dagegen ist Tapferkeit, wahrhaft zu sterben ohne Selbsttäuschungen.

4. *Die zweifache Angst.* — Die Angst im Schaudern *vor dem Nichtsein* ist unaufhebbar für den Daseinswillen und bleibt das Letzte, wenn das Dasein schlechthin alles ist, nicht nur in dem bestimmten Sinne der erscheinenden Wirklichkeit als des Lebens in der Welt mit Erinnerung und Bewußtsein. Gegen die Verdeckung dieser Angst durch Vorstellungen von einer sinnlichen Unsterblichkeit ist radikal das Nichts zu erfassen, das im Tode bleibt, sofern man an sinnliches Dasein denkt. Nur aus diesem Nichts kann mir die Gewißheit der wahren Existenz werden, die in der Zeit erscheint, aber nicht zeitlich ist. Diese Existenz kennt eine andere Verzweiflung des Nichtseins, die sie trotz ihres vitalen Daseins im Kontrast zu seiner gleichzeitigen Frische und Fülle überkommen kann. Die *Angst existentiellen Nichtseins* ist von so anderer Qualität als die Angst vor dem vitalen Nichtsein, daß trotz gleicher Worte, Nichtsein und Tod, nur die eine Angst wahrhaft herrschen kann. Die die existentielle Angst erfüllende Gewißheit allein kann die Daseinsangst relativieren. Aus der Seinsgewißheit der Existenz ist es möglich, die Lebensgier zu beherrschen und die Ruhe vor dem Tode als Gelassenheit im Wissen des Endes zu finden. Der existentielle Tod aber, wenn kein Glaube einer Seinsgewißheit sich durch Kommunikation in geschichtlichem Bewußtsein verwirklicht hat, macht erst die Aussicht auf den biologischen Tod zu völliger Verzweiflung: es scheint nur noch ein Leben in Vergeßlichkeit und Verdeckungen und das leere Nichtwissen möglich. Wird auf diese Weise das empirische Dasein absolut, die existentielle Angst beiseitegeschoben, so muß gegen ein mögliches Gewissen der Existenz gehandelt werden, um zu leben um jeden Preis. Lebensgier relativiert die existentielle Angst, vernichtet Existenz und bringt die ratlose Angst vor dem Tod hervor.

Die existentielle Seinsgewißheit, selbst in der Schwebe erfüllten Nichtwissens, kann kein Trost werden für den Lebenswillen, der, solange Dasein ist, am Dasein hängt. Nicht durch ein Wissen kann diese Angst vernichtet, sondern nur *in augenblicklicher Gegenwart existentieller Wirklichkeit* aufgehoben werden: im Todesmut des heroischen Menschen, der aus Freiheit sich einsetzt; im Wagnis des Lebens, wo es in hellem Bewußtsein einem Menschen beschieden ist, zu wissen und zu wollen, daß er sich mit einer Sache identifiziere, und daß er sich, seines Seins gewiß, sagen kann: hier stehe ich und falle; überall wo existentielle Wirklichkeit dem Tode entgegenblickt in dem Bewußtsein eines Seins, das sich in der Zeit erscheint und von sich nur in der Zeit als Erscheinung wissen kann, sich aber darin eines Ursprungs gewiß ist, den es nicht weiß.

Weil jedoch der Gipfel nicht der Alltag ist, bleibt in existentieller Wahrhaftigkeit stets wieder *die Doppeltheit* der Todesangst und Lebenslust einerseits, der stets neu sich erwerbenden Seinsgewißheit andererseits. *Gefaßtsein* auf den Tod ist die ruhige Haltung, in der noch beide Momente sprechen. In ihr wird das Leben überwunden, ohne es zu verachten; der Schmerz des Todes muß immer wieder erfahren, die existentielle Gewißheit kann immer neu erworben werden. Das Leben wird tiefer, die Existenz sich gewisser angesichts des Todes; aber das Leben bleibt in Gefahr, angstvoll sich selbst zu verlieren in der Leere, in der Existenz sich verdunkelt; wer tapfer war, gibt sich aus der Erinnerung seiner selbst den entschiedensten Ruck, aber er erfährt die Grenze seiner Freiheit.

Die Tapferkeit ist nicht möglich als stoische Ruhe in stabiler Dauer, denn in ihr würde Existenz leer. Das zweideutige Dasein, in dem die eigentliche Wahrheit nicht als Bestand ist, fordert, die Gefaßtheit stets aus dem Schmerze zu erwerben. Wer nicht die Verzweiflung im Verlust des geliebtesten Menschen in irgendeinem Sinne festhält, verliert seine Existenz ebenso wie der, der in der Verzweiflung versinkt, wer das Schaudern vor dem Nichtsein vergißt ebenso wie der, der in der Angst dieses Schauderns vergeht. Nur aus der Verzweiflung wird die Seinsgewißheit geschenkt. Unser Seinsbewußtsein hat den Charakter, daß nur ist, wer dem Tod ins Angesicht sah. Eigentlich er selbst ist, wer als Erscheinung sich wagte.

5. *Der zweifache Tod.* — Die Doppeltheit von Daseinsangst und Existenzangst läßt den Schrecken des Todes in zweifacher Gestalt erscheinen, als *Dasein, das nicht eigentlich ist,* und *als radikales Nichtsein.*

Das *Dasein, das in Nichtsein der Existenz doch ist,* wird der Schrecken eines endlosen Lebens ohne Möglichkeit, ohne Wirkung und Mitteilung. Ich bin gestorben und muß ewig so leben; ich lebe nicht und leide als mögliche Existenz die Qual des Nichtsterbenkönnens. Die Ruhe des radikalen Nichtseins würde die Erlösung vor diesem Schrecken des dauernden Todes sein.

Wird so im Dasein dieses Nichtsein der lockende Tod, auf den hin ich lebe, so habe ich mich allem entzogen, kann keinen Menschen mehr mich angehen lassen, habe mir in meinem Inneren gleichsam schon das Leben genommen.

Das *Nichtsein, das restlos nicht ist,* wird zum Schrecken für Existenz in dem Maße, als sie im Dasein Möglichkeit verraten hat. Verwirklichte Möglichkeit aber erfüllt das Leben, das alternd dahin kommen kann, daß es lebenssatt sein darf. Ohne weitere Zukunft hat es Ruhe als Sein im Dasein. Ohne Dasein nach dem Tode noch als Frage oder daseiendes Nichtsein, noch als Schrecken zu kennen. Der Schrecken ist in dem Maße als ich nicht gelebt, d. h. nicht entschieden habe und darum kein Sein des Selbst gewann; Ruhe in dem Maße, als ich Möglichkeit verwirklichte. Je entschiedener vollendet wurde, zwar für kein Wissen in der Welt, aber in der Gewißheit des Selbstseins, je mehr die Möglichkeit sich verzehrt hat nicht zugunsten des Versäumens, sondern der Wirklichkeit, desto näher kommt die Existenz der Haltung, als Dasein gern zu sterben, hin zu ihren Toten.

Wird aber das drohende Nichtsein, statt auf Erfüllung von Existenz im Dasein zurückzuwerfen, in Umkehrung zu der Aufforderung, noch schnell so viel als möglich zu genießen, so ist dies nur ein Zurückwerfen auf das bloße Dasein, nach dem Satz: lasset uns essen und trinken, denn morgen sind wir tot. Diese Haltung bleibt in der Endlosigkeit sich nur erschöpfenden und wiederholenden Daseinsgenusses ohne Lösung. Es kommt nicht darauf an, daß hoffnungsloses Dasein in die Länge gezogen und nur als Dasein wiederholt wird, sondern daß es erfüllt wird durch Entscheidung in der Selbstidentifizierung mit geschichtlicher Wirklichkeit. Wiederholung ist nur in Gestalt der Treue nicht Endlosigkeit, sondern Erfüllung.

6. *Geborgenheit im Tode.* – Der Tod wird Tiefe des Seins nicht schon als Ruhe, sondern als *Vollendung.* In objektiven Gedanken ist zwar die Notwendigkeit des Todes als zugehörig zum Leben nicht einsehbar, aber dies Bewußtsein der Zugehörigkeit ist doch unauslöschlich. Im Leben ist uns alles Erreichte wie tot. Nichts Vollendetes kann leben. Sofern wir zur Vollendung streben, streben wir als zum Fertigen zum Toten. Daher ist uns im Leben das Vollendete partikular, Stufe und Ausgangspunkt. Was vorher Ziel schien, wird Mittel des Lebens. Das Leben bleibt übergreifend. Es selbst zur Vollendung zu bringen, ist ein uns widersinniger Gedanke. Als Schauspiel für andere kann ein Leben den Charakter eines vollendeten haben, als wirkliches hat es ihn nicht.

Im Leben bleibt Spannung und Ziel, Inadäquatheit und Unvollendung. Sofern nun das aktivste Leben auf seine eigene Vollendung geht, geht es auf seinen eigenen Tod. Der wirkliche Tod zwar ist gewaltsam, er unterbricht; er ist nicht Vollendung, sondern Ende. Aber zum Tode steht Existenz trotzdem als zu der notwendigen Grenze ihrer möglichen Vollendung.

Doch genügt dieser Gedanke nicht, um zu erhellen, daß das eigentlichste Leben auf den Tod gerichtet, das matte Leben Angst vor dem Tode ist. Der Liebestod in der Ekstase der Jugend scheint als fragloser und naiver Heroismus auf der Stufe des Unbewußten vorwegnehmen zu können, was auf der Stufe von Bewußtheit und Verantwortung als der aktive Heroismus des Einstehens härter und heller erscheint. Aber im Liebestod ist etwas vorweggenommen, was in diesem aktiven Heroismus des Wagens gar nicht mehr mitspricht: die Tiefe des Todes als das eigene Sein, die Möglichkeit, daß höchstes Leben den Tod will, statt ihn zu fürchten. In einer Entschleierung der Erscheinung öffnet sich wie eine Wahrheit der Tod nicht als Grenze, sondern als Vollendung. Er ist das Vollkommene, in dem versinkt, was als Sein im Dasein schien. Aber solche Sätze sind fragwürdig, ihr Mißverständnis notwendig. Nicht das unmutige Nichtmögen des Lebensleids, nicht der Haß seiner selbst, nicht das schwelgerische Verwirren von Wollust, Qual und Tod, nicht das müde Ruhebedürfnis sind gemeint. Tod kann Tiefe nur haben, wenn keine Flucht zu ihm strebt; er kann nicht aus Unmittelbarkeit und nicht äußerlich gewollt werden. Die Tiefe bedeutet, daß sein Fremdheitscharakter fällt, daß ich auf ihn zugehen kann als zu meinem Grunde, und daß in ihm Vollendung, aber unbegreiflicher Art, sei. Tod war weniger als Leben und forderte Tapferkeit. Tod ist mehr als Leben und gibt Geborgenheit.

7. *Wandel des Todes mit der Existenz.* – Es gibt nicht eine beharrende, als richtig auszusagende Stellung zum Tode. Vielmehr wandelt sich meine Haltung zum Tode in Sprüngen neuen Erwerbens durch das Leben, so daß ich sagen kann: *der Tod wandelt sich mit mir.* Darum ist es kein Widerspruch des Menschen mit sich selbst, wenn er mit allen Fasern seines Wesens am Leben hängt, jede Wirklichkeit des Daseins dem schattenhaften Nichtsein vorzieht, und wenn er das Leben, es noch in seiner Widersprüchlichkeit und Narrheit liebend, verachtet; wenn er am Tode zu verzweifeln scheint und sich angesichts des Todes seines eigentlichen Seins bewußt wird; wenn er nicht begreift und doch vertraut; wenn er das Nichts sieht und doch eines Seins gewiß ist;

wenn er den Tod als Freund und Feind erblickt, ihn meidet und ihn ersehnt. Der Tod ist nur als ein Faktum eine immer gleiche Tatsache, in der Grenzsituation hört er nicht auf zu sein, aber er ist in seiner Gestalt wandelbar, ist so, wie ich jeweils als Existenz bin. Er ist nicht endgültig, was er ist, sondern aufgenommen in die Geschichtlichkeit meiner sich erscheinenden Existenz.

Einzelne Grenzsituationen

Unsterblichkeit. – Abfall geschieht mit dem dunklen Bewußtsein, in das Nichts zu gleiten; Aufschwung geht einher mit dem Innewerden des Seins.

Unsterblichkeit, keineswegs das notwendige Ergebnis des zeitlichen Lebens, ist als metaphysische Gewißheit nicht in der Zukunft als ein anderes Sein, sondern als schon in der Ewigkeit gegenwärtiges Sein. Sie besteht nicht, sondern ich trete in sie als Existierender. Das Selbstsein, das den Aufschwung gewinnt, vergewissert sich durch ihn der Unsterblichkeit, nicht durch Einsicht. Unsterblichkeit ist auf keine Art zu beweisen. Denn alle allgemeinen Reflexionen vermögen sie nur zu widerlegen.

Wenn Existenz in der Grenzsituation ihre Tapferkeit erringt und die Grenze in eine Tiefe verwandelt, tritt ihr an Stelle des Glaubens an ein Fortleben nach dem Tode das Unsterblichkeitsbewußtsein im Aufschwung. Der sinnlich-vitale Trieb will immer nur weiterleben, aber grade er ist hoffnungslos sterblich. Dauer in der Zeit ist ihm der Sinn seiner Unsterblichkeit. Aber Unsterblichkeit ist nicht für ihn, sondern für mögliche Existenz, deren Seinsgewißheit nicht mehr das Bewußtsein der endlosen Dauer in der Zeit ist.

Wenn aber diese Seinsgewißheit sich in Vollendungen erhellt, die identisch mit sinnlich-zeitlichen Unsterblichkeitsvorstellungen sind, so ist wohl die Fixierung solcher Vorstellungen nahe, die entsprungen sind aus dem Unglauben bloßen Daseins. Ihre Wahrheit können solche Vorstellungen in der Schwebe symbolischer Vertretung haben, deren Sinn mächtig und wirklich, deren Erscheinung aber verschwindend und nichtig ist. So etwa die Vorstellung eines ewigen liebenden Sichschauens der Seelen in vollendeter Klarheit, eines Fortlebens der Tätigkeit ins Grenzenlose zu neuen Gestalten, einer Verbindung der Todesvorstellung mit dem Wiedererstehen.

Während es im philosophischen Denken unmöglich ist, dieser Symbolik eine Konzession im Sinne der Wirklichkeit der Fortdauer in der

Zeit zu machen, wird es sinnvoll bleiben, sie anzuerkennen, solange durch sie nicht sinnliche Lebensgier ihre Beruhigung, sondern existentieller Gehalt seine Vergewisserung findet. Erst wenn Frage und Zweifel eingetreten sind, hat der philosophische Gedanke sein unerbittliches Recht. Dann ist das Sein nicht jenseits des Todes in der Zeit, sondern in der gegenwärtigen Daseinstiefe als Ewigkeit.

Wenn Unsterblichkeit der metaphysische Ausdruck für den Aufschwung der Existenz ist, während Abfall den eigentlichen Tod bedeutet, so heißt das: wenn Existenz nicht nichtig ist, so kann sie nicht nur Dasein sein.

Ich kann zwar als Dasein von meinem Dasein nicht absehen; es graut mir vor dem Tode als dem Nichts; wenn ich aber als Existenz im Aufschwung des Seins gewiß bin, kann ich vom Dasein absehen, ohne vor dem Nichts zu erstarren. Daher konnte der Mensch im Enthusiasmus hoher Augenblicke in den Tod gehen, trotz gewissen Wissens der Sterblichkeit seines sinnlichen raum-zeitlichen Daseins. Jugend ist, durch den Aufschwung ihrer Existenz, die noch nicht in die schuldhafte Verstrickung von Sorgen der Endlichkeit geraten war, oft leichter gestorben als das Alter. Der Schmerz der sinnlichen Trennung konnte für den Überlebenden im Scheinen der unsterblichen Seele wohl für einen Augenblick überwindbar sein zu einer Ruhe, welche doch die unendliche Sehnsucht zur Gegenwart des Verlorenen nicht aufhob, weil Dasein auch im transzendenten Schein der Erinnerung nie ganz sein kann.

Rede ich aber von Unsterblichkeit – schweige ich nicht lieber –, so muß ich objektivieren und kann das nur in der Zeit, als ob ich in ihr fortdauerte, obwohl ich als Dasein sterben muß. Lasse ich dann diese Objektivierung im Symbol verschwinden, so hört die Wirklichkeit der Unsterblichkeit nicht auf, wenn sie auch als Dasein zerfällt.

Denn ich kann nicht behaupten, daß Existenz im Tode als ihrem letzten Augenblick verschwinde, weil sie aufhört, Dasein zu sein. Daher kann ich Ewigkeit weder objektivieren noch leugnen. Sage ich, ich könne nur Dasein sein, so sage ich also weder, daß noch etwas Anderes wäre, das doch wieder nur als daseiend denkbar ist, noch sage ich, daß ich mit dem Tode nichts würde. Ist zwar die Gegenständlichkeit des metaphysischen Unsterblichkeitsgedankens in der Vorstellung immer als Dasein in der Zeit, so verschwindet doch diese Chiffre im Unsterblichkeitsbewußtsein zur Gewißheit des Wirklichen, das gegenwärtig ist.

Ist der Schmerz des Todes unaufhebbar, für den Sterbenden und den Bleibenden, so ist er nur zu überstrahlen durch Wirklichkeit im existentiellen Aufschwung: im Wagnis des Handelns, im Heroismus des Einsatzes, im hochgemuten Schwanengesang des Abschieds – und in der schlichten Treue.

Aus dem Aufschwung spricht – wenn dem Wissen alles versinkt – die Forderung: und wenn alles mit dem Tode zu Ende ist, ertrage diese Grenze und ergreife in deiner Liebe, daß das Nichtmehrsein von allem im absoluten Grund deiner Transzendenz aufgehoben sei! – Am Ende birgt das Schweigen in seiner Härte die Wahrheit des Unsterblichkeitsbewußtseins.

Existentielle Bezüge zur Transzendenz. Abfall und Aufstieg

Einleitung

Marie Luise Kaschnitz

Dem schwermütigen Werk von Marie Luise Kaschnitz, den unbestechlichen Zeitdiagnosen und Selbstanalysen, den religiösen Orientierungsversuchen, liegt eine Idee vom Menschen zugrunde, die das von außen und innen andringende Dunkel immer wieder wie ein Funke erhellt. Fast nebenbei wird menschliche Existenz sichtbar, wie sie sein könnte, ja sein müßte: In den Figuren der Seilspringer, Tänzer und Eisläufer, deren wesenseigene Bewegung die vertikale ist, das tief konzentrierte Sichablösen vom Boden, das Gleiten und Schweben, das in den Sprung, ja für einen Moment ins Fliegen übergehen kann – der Sieg über das Gesetz der Schwerkraft also und der Gewinn einer neuen höchsten Lebendigkeit.[1] Bereits im Frühwerk ist das geglückte Verlassen der Horizontalen nicht nur Ausdruck harmonischer Schönheit, vielmehr geradezu lebensrettend.

Das beim Schlittschuhlauf im Eis einbrechende »dicke Kind« (ein Selbstportrait der gleichnamigen Erzählung) arbeitet sich in zähem Kampf an einem senkrechten Pfahl heraus und gleitet dann aufgerichtet und leicht ans Ufer. Die Aufzeichnungen »Wohin denn ich?« enthalten die Notiz über eine Fünfjährige, die auf der Flucht in jeder Situation, auch »vor den Gewehrläufen zorniger Soldaten«, sich damit vergnügt, mit ihrem Springseil vorwärts, rückwärts und seitwärts zu springen, vom »ewig schwirrenden Bogen wie von einer Muschel« geschützt. Dieser Schutz besteht eigentlich nur aus Luft und Bewegung, will man nicht auch die gekreuzten Hände des Kindes und das mit seinen Sprüngen gezeichnete Kreuz in diesem Sinn deuten. Als »an die Luft gelehnt« versteht sich Marie Luise Kaschnitz selbst in einer späten Todesvision. Die damit ausgedrückte Zerbrechlichkeit ist zugleich innere Offenheit, Bereitschaft zu Verwandlungen, kennzeichnet aber auch grundsätzlich ihre Haltung. »Wer keine Wand im Rücken hat

---

[1] Vgl. die dem Folgenden zugrunde liegende aufschlußreiche Arbeit von Elsbeth Pulver: »... Eine Tänzerin aus dem Geschlechte Jubals, wie der hochmütige Kain.« Zum Motiv des Tanzens und Springens im Werk von M. L. K.; in: M. L. K., Frankfurt 1984, Suhrkamp stm 2047, S. 48 ff.

und sich doch anlehnen kann, ist frei ... da ist offenbar der Mut vorhanden, dem Ungesicherten zu vertrauen als dem einzig Vertrauenswürdigen.«[1]

Das Motiv der kleinen Seilspringerin taucht variiert wieder auf im Zusammenhang mit dem Eingeständnis, im neuen Jahr mit der Wahrheitssuche »auf der Stelle« getreten zu sein. Unvermittelt beginnt die Ich-Erzählerin über ein unsichtbares Seil zu springen, in einer rauschhaften Bewegung, wie auf einer »Himmelsleiter« auf und ab sich stoßend, durch alle Stockwerke hindurch bis in den Keller und wieder hinauf aufs Dach. Dabei wird die alte Grundfrage nach dem Sinn linearen Denkens auf den Kopf gestellt: »Warum soll man immer vorwärtskommen, wohin überhaupt ...« Zwei Dimensionen – »hinunter und hinauf« – genügen, denn es sind »die endgültigen für jeden, der sich nicht damit begnügt, mit seiner Materie die Friedhofsblumen zu speisen«. Im selben lakonischen Ton folgt das entscheidende Bekenntnis: »Ich gab mich nicht damit zufrieden, ich wollte auferstehen, also übte ich mich im Tanz.« Das traumhafte Springen endet auf dem Dach, bleibt also realitätsbezogen. Gleichwohl gelingt für Augenblicke die »Auferstehung«, der Sieg über die Erdenschwere in den Dingen wie im eigenen Ich, das »innere Lächeln«, das als »Gegenwart Gottes« erlebt wird. In der Legende von der ungeschickten kleinen Klosterschülerin, die im Dunkel der leeren Kirche selbstvergessen vor der Madonna hin und her gleitet, ist der Tanz ausdrücklich eine Form des Gebets, Bewegung zum Ruhm Gottes.

Nach dem Verlust ihres Mannes, als »das ABC des Lebens« neu gelernt werden mußte, schrieb Marie Luise Kaschnitz das Gedicht »Auferstehung«. Es steht in der Lyrik-Sammlung »Dein Schweigen – Meine Stimme«, in unmittelbarer Nähe der ergreifenden Totenklage des »Requiem«. Der christliche Begriff, ganz unpathetisch aus dem Stammwort »aufstehen« abgeleitet, meint auch hier ein Ereignis »mitten am Tage«. »Die Weckuhren hören nicht auf zu ticken«, wir sind also »nicht aus der Zeit entlassen« – so die Autorin selbst über ihr Gedicht – wohl aber ihr »enthoben«. Die mit der Schlußstrophe »Und dennoch leicht« einsetzende »schwebende Satzkonstruktion« ist für sie Ausdruck einer »jener Augenblicke völlig grundloser Harmonie«, in dem die Attribute der Zeit sich in ihr Gegenteil verkehren, das Schwere leicht wird, das Verwundbare unverwundbar, das Ungeord-

---

[1] E. Pulver, a. a. O. S. 50

nete geheimnisvoll geordnet, das Dunkel schwindend in einem »Haus aus Licht« – eine »Auferstehung im transzendentalen Sinn«, die endgültige ahnen lassend. Ein Vergleich mit Karl Jaspers liegt nahe, der das innere Mitgehen mit einem geliebten Menschen in seinen Tod als Möglichkeit versteht, vor dem eigenen unerfahrbaren Tod Gewißheit über die Fortdauer der Existenz zu erhalten. Marie Luise Kaschnitz hat, ungeachtet der nie überwundenen Trauer, nicht nur die unverlierbare Nähe des von ihr Gegangenen erfahren, auch die »grenzenlose Ausweitung« der verloren geglaubten Kommunikation. Das bedeutet, daß sie nun zwar »überall und nirgends« zu Hause ist, die vertikale Lebensbewegung aber wesentlicher wird. Die Erfahrung bewirkt, daß nun »nichts als die Wahrheit, die ganze Wahrheit« ins Licht des Bewußtseins gezogen werden soll. Damit führt auch der Traum vom »Zustand des Gleitens und Schwebens« – auch im Entwurf eines »Balletts der Buchstaben« sichtbar, dem Wunsch nach einem vom Atem des Tanzes bewegten leichten Schreiben – zu neuen Steigerungen. Tanzschritt und Eislauf können in den Sprung und aus ihm in den Flug übergehen. Von »Nijinskij-Sprüngen über hohe Rosenbüsche« ist die Rede, vom stellvertretend für alle Menschen geleisteten Weitsprung eines Athlethen, von Zirkus-Akrobaten, »nüchternen Springern«, die, ohne Netz arbeitend, fliegend sich umklammern. Gemeint ist stets das aus höchster angestrengter Konzentration unternommene Wagnis eines Aufschwungs, der den schützenden Kreis der Grundfigur durchbricht und ins Freie führt. Gegen die Schwerkraft, die Starre und damit auch gegen den Tod gerichtet, ist der Sprung reiner Ausdruck der Sehnsucht »Hinauf«. Für den Bruchteil eines Augenblicks leuchtet die Schönheit schwereloser unsterblichen Seins auf, wird der Sprung zum Fliegen. Der wirbelnde Schwung trägt den Eisläufer in die Luft, er wird »Leicht wie ein Gedanke / Und fliegt / Und fliegt«. Auch dieses Motiv führt in die Nähe von Jaspers, der den transzendierenden Sprung des Denkens als Erfahrung der eigentlichen »Existenz« beschreibt. Für Marie Luise Kaschnitz setzt der Mensch als geistiges Wesen das alte »Erde zu Erde, Staub zu Staub« außer Kraft. Noch vor der »Untergangssonne« ist er vielmehr ein »Fliegender«, der Luft zugehörig, nicht der Erde: »Wer sagt / Daß wir aus Erde gemacht sind / Wir Fliegende...« Die gesamte Bewegung vom Seilspringen über Tanzschritt und schwebenden Eislauf zum Sprung und aus ihm zum Fliegen, erscheint letztlich als Bewegung des Menschen zu sich selbst, meist scheiternd an den Erfahrungen der Horizontalen, immer wieder von neuem unternommen und gipfelnd im vorausgedachten »Freudensprung« des Todes: »Hinab hinauf / Leicht wie der Geist einer Rose«.

Daß diesem Gipfel wieder Abstürze folgen, versteht sich von selbst. Das von der Geschichte des Menschen belastete skeptische Ich und das gegen diese Geschichte hoffende Ich sind zweierlei. Die Frage nach den letzten Dingen blieb unbeantwortet, »wenn ich nicht gerade in der Gnade war«, schreibt Marie Luise Kaschnitz. Außerhalb ihrer herrschen Zweifel und nicht selten, wenn auch mit Disziplin ertragen, Verzweiflung – (»Vielleicht sind wir doch nicht / ... Gottes Kinder / Vielleicht ist da / ... keine Himmelsleiter«) – Verzweiflung auch darüber, die Verzweiflung nicht geleugnet zu haben, »Euch nicht den Rücken gestärkt / Mit ewiger Seligkeit«. Es ist der Kampf dessen, der nicht mehr glauben kann, dennoch in sich den hartnäckigen Rest alten Glaubens wahrnimmt und daraus Verantwortung ableitet. Das Bewußtsein, vor ihr zu versagen (»Nicht gesagt«), hält dem anderen die Waage, weder mit Lob noch mit Leugnen an die hier berührte Dimension zu reichen (»Aber wer bin ich daß«). Das Eingeständnis, nicht zu den »Mutigen« zu gehören, die wissen, »Daß sie nicht auferstehen / ... / Daß sie nichts mehr erinnern / Niemandem wiederbegegnen«, hat jedoch noch einen anderen Grund. An dieser Konsequenz des Unglaubens entzündet sich der Widerstand der Liebenden, die – bauend auf das Wiederfinden des Geliebten – an der wenn auch unbegründbaren Verheißung ewigen Lebens festhält. Die letzten Verse eines der letzten Gedichte lauten: »Ich ausgesegnet vor dem Tod, entlassen / Und wartend auf den Einbruch immer / Meiner unsagbaren grundlosen Freude.«

Marie Luise Kaschnitz
1901–1974

Lauf-Tanz-Sprung-Flug: Einübung ins Auferstehen

Der Tod, das Totsein ist ein Ort, den wir nach Lust und Laune ausstaffieren mit Düften und Klängen, wiegender Bewegung, Liebeserinnerungen und Traumlandschaften, was nicht hindert, daß er uns gelegentlich auch ganz anders, als Folterkammer, vor Augen steht. Das Garnichtsempfinden ist unausdenkbar, der oft zum Vergleich herangezogene Schlaf ist glühendes Leben, wie die wissenschaftlichen Beobachtungen der Hirntätigkeit Schlafender beweisen. Die Schatten der griechischen Unterwelt hatten keinen sehnlicheren Wunsch als den, sich am warmen Blut der Lebenden sattzutrinken, und nur die östlichen Religionen kennen das Nichtsein als einen Ort der Ruhe, der Befreiung und des Glücks. Das christliche Jenseits ist viel problematischer, allein durch die Vorstellung vom Jüngsten Gericht, vom Höllensturz der Verdammten, dramatische Geschehnisse, die gerade den Frommen mit Furcht und Schaudern erfüllen. Schutzmantel und Gottes Schoß sind als Kindheitserbe für mich noch beruhigend, jedenfalls gemessen an dem Gedanken, der mich neuerdings heimsucht, dem Gedanken nämlich, es könne das Jenseits so etwas wie ein ewiger Indochinakrieg sein, ein nicht endendes schauriges Leiden, an dem wir, nicht mehr geschützt durch den irdischen Selbsterhaltungstrieb, in Ewigkeit teilzunehmen hätten. Umherirren, Hunger und Bombenhagel, und womit hätten wir auch den Seelenfrieden verdient? Das Wort PAX, das auf den alten Grabsteinen steht, gewinnt eine neue Bedeutung, Frieden, nicht vor dem eigenen schlechten Gewissen, sondern vor dem Gewissen einer Menschheit, die sich unaufhörlich selbst zerfleischt.

Orte

Von dem, was nachher kommt, habe ich im Laufe der Jahre ganz verschiedene Vorstellungen gehabt, zumeist angenehme, eher Himmel als Hölle, Schlaf und beglückende Träume, und traurig nur insofern, als es galt, die Erde zu verlassen, diese ganz bestimmten Menschen, Landschaften und Dinge, an denen ich hänge und für die Schlaf und Träume kein Ersatz sein können. Sätze wie »Gott ist die Liebe« oder »Näher mein Gott zu dir« fielen mir oft ein und verursachten ein Gefühl von Sicherheit, Kindergottesdienstsicherheit, Pastor Krummacher, über den wir uns als Kinder lustig gemacht haben, und das Lied »Wo findet die Seele die Heimat, die Ruh«. Was alles gut zusammenging mit der Überzeugung, daß während der Lebenszeit an uns schon alles geschieht, die ewige Verzeihung, das ewige Jüngste Gericht. Aber keine Angst vor zwickenden Teufeln, die bereits abgestorben sind, während Gott, täglich totgesagt, lebt und seine Liebesmacht, in die am Ende alle eingehen werden.

Orte

In der Finsternis des Erdinnern war von jeher das Reich der Toten, wie handgreiflich die Christen vergangener Zeiten sich eine Auferstehung aus diesen unterirdischen Bezirken vorstellten, erfuhr ich in jenem Winter, wie ich ja alles früher schon Erlebte noch einmal erfahren mußte. Es war bei einer Aufführung der h-moll-Messe, wo der Auferstehungsteil des Credo das Aufbrechen gewaltiger finsterer Massen ausdrückt, resurrexit, und die Erde birst, etwas, jemand wird zum Himmel geschleudert, die Steine fliegen einem um den Kopf. Da war der Gegensatz zwischen Grabesdunkel und blendendem Licht wieder deutlich gemacht, auch das Winterdunkel hatte seine Schrecken, wer kehrt denn wirklich wieder, wem ist die Auferstehung gewiß?

Wohin denn ich?

Es war nicht zu leugnen, daß ich auf meiner Suche nach Wahrheit in den ersten Monaten des neuen Jahres wenig vorwärtskam, vielmehr oft auf der Stelle trat, rechter Fuß, linker Fuß, über ein unsichtbares Seil hüpfen, das kann am Ende auch zu einer Art von Tanz werden, einem berauschenden Tanz. Man kann sich dabei in die Erde hineintreten, mehr und mehr schwarze Erde, Wurzeln, kleine Rinnsale, oder auch sich über die Erde erheben, seht doch, schon berühren meine Füße den Boden nicht mehr. Die Welt um mich herum mochte stillstehen, aber was stand denn still, zumindest drehte sich mein Stern, meine Standfläche, von der Sonne weg und wieder zu ihr hin, da wurde es ganz ohne mein Zutun Mittag, Nachmittag, Abend, Nacht. Drei Stockwerke hatte ich schon durchgetreten, Wohnstube X, Wohnstube Y,

Arztwartezimmer, nun war ich im Keller, aber zugleich auch auf dem Dache, zwischen Schornsteinen und Fernsehantennen, und hatte einen hübschen Blick über die nackten Bäume der Anlagen auf bescheidene blaue Gebirge. Warum soll man immer vorwärtskommen, wohin überhaupt, und Dinge erforschen und Menschen erforschen, hinunter, hinauf, zwei Dimensionen genügen, es sind übrigens auch die endgültigen für jeden, der sich nicht damit begnügt, mit seiner Materie die Friedhofsblumen zu speisen. Ich gab mich damit nicht zufrieden, ich wollte auferstehen, also übte ich mich im Tanz, wobei es mir auch manchmal gelang, auf dem Kopf zu stehen, jedenfalls immer leichter zu werden, was zur Folge hatte, daß auch die Dinge leichter zu werden und zu tanzen begannen. Ich habe solche Zeiten, Tanzzeiten, schon früher gehabt, was ganz wörtlich zu verstehen ist, Tanzbewegungen nach Radiomusik vor dem Schlafengehen, auch oder gerade in den bedrohlichsten Lagen, aber auch unwörtlich als einen Zustand des Gleitens und Schwebens, auch des inneren Lächelns, das weit entfernt von einer verbissenen Gottsuche mich doch am nächsten zu dem hingeführt hat, was den Gläubigen als Gegenwart Gottes erscheint. Aus diesem Grunde wahrscheinlich war die mir liebste Legende immer die Geschichte des Kindes, das in der Nonnenschule wenig taugte, die Kerze bei der Prozession schief hielt, weiße Schneeballen und schwarze Disteln in die Altarvasen steckte, sich auch davor graute, die nackten bleichen Gipsfüße des Gekreuzigten zu küssen. Das aber einmal, in der dunklen Kirche alleingelassen, vor dem Bild der Madonna den schönsten Tanz ausführte, barfüßig, anmutig wie ein Engel und selig, nun doch auch etwas beizutragen zu der Gloria Dei, die die Sonne am Nachmittag im Strahlenfenster aufleuchten ließ. Leicht und doch nicht töricht zu schreiben, hatte ich von jeher im Sinn gehabt, das hätte dem Tanz der Nonnenschülerin entsprochen, aber da versagte die Hand, versagte auch die Sprache, so als seien ihre Worte schon mit menschlicher Schwermut und mit einem langen Schicksal (Unruhe, Heimatlosigkeit, Gemartertwerden) durchtränkt und es könnten nur Töne und Farben noch aus dem Urgrund aufsteigen und sich zu heiter schwebenden Gebilden zusammenfinden. Mir jedenfalls gelang das Leichte nur nebenbei, nur die Tanzschritte im dunkeln Zimmer, das süße Auf-der-Stelle-Treten der Gedanken, und ein unsichtbares von mir geschwungenes Seil glitt über meinen Kopf und unter meinen Füßen hin.

Wohin denn ich?

II. Erfahrungen und Denkwege im zwanzigsten Jahrhundert

Auferstehung

Manchmal stehen wir auf
Stehen wir zur Auferstehung auf
Mitten am Tage
Mit unserem lebendigen Haar
Mit unserer atmenden Haut.

Nur das Gewohnte ist um uns.
Keine Fata Morgana von Palmen
Mit weidenden Löwen
Und sanften Wölfen.

Die Weckuhren hören nicht auf zu ticken
Ihre Leuchtzeiger löschen nicht aus.

Und dennoch leicht
Und dennoch unverwundbar
Geordnet in geheimnisvolle Ordnung
Vorweggenommen in ein Haus aus Licht.

Nicht mutig

Die Mutigen wissen
Daß sie nicht auferstehen
Daß kein Fleisch um sie wächst
Am jüngsten Morgen
Daß sie nichts mehr erinnern
Niemandem wiederbegegnen
Daß nichts ihrer wartet
Keine Seligkeit
Keine Folter
Ich
Bin nicht mutig.

Marie Luise Kaschnitz

Das Licht

Man hat ihn gefilmt
Wie er sein Bündel ins Boot warf
Und sich abstieß vom Felsen
Der alte Leuchtturmwächter
Der sein Feuer verließ.

Er ruderte, schaute zurück
Das Licht kam noch immer
Strich noch immer verläßlich
Über das Meer und die Küste
Kam ohne sein Zutun
Kam kam von weither
Kam.

Vielleicht

Vielleicht sind wir doch nicht
Sind wir nicht Gottes Kinder

Vielleicht ist da keine
Ist keine Himmelsleiter

Vielleicht sitzt keiner am Ende
Über uns zu Gericht.

Eines ist sicher:
Wir fallen, zerfallen
Unsere Hände fallen ab
Unsere Wangen
Die Augen zuerst

Eines Tages wird nichts mehr dasein
Von dieser so und so
Gearteten Person

Nur ein Schmerz in der Magengrube
Eines der sie geliebt.

II. Erfahrungen und Denkwege im zwanzigsten Jahrhundert

Nicht gesagt

Nicht gesagt
Was von der Sonne zu sagen gewesen wäre
Und vom Blitz nicht das einzig richtige
Geschweige denn von der Liebe.

Versuche. Gesuche. Mißlungen
Ungenaue Beschreibung

Weggelassen das Morgenrot
Nicht gesprochen vom Sämann
Und nur am Rande vermerkt
Den Hahnenfuß und das Veilchen.

Euch nicht den Rücken gestärkt
Mit ewiger Seligkeit
Den Verfall nicht geleugnet
Und nicht die Verzweiflung

Den Teufel nicht an die Wand
Weil ich nicht an ihn glaube
Gott nicht gelobt
Aber wer bin ich daß

Ein Leben nach dem Tode

Glauben Sie fragte man mich
An ein Leben nach dem Tode
Und ich antwortete: ja
Aber dann wußte ich
Keine Auskunft zu geben
Wie das aussehen sollte
Wie ich selber
Aussehen sollte
Dort

Ich wußte nur eines
Keine Hierarchie
Von Heiligen auf goldnen Stühlen sitzend

Marie Luise Kaschnitz

Kein Niedersturz
Verdammter Seelen
Nur

Nur Liebe frei gewordne
Niemals aufgezehrte
Mich überflutend

Kein Schutzmantel starr aus Gold
Mit Edelsteinen besetzt
Ein spinnwebenleichtes Gewand
Ein Hauch
Mir um die Schultern
Liebkosung schöne Bewegung
Wie einst von tyrrhenischen Wellen
Wie von Worten die hin und her
Wortfetzen
Komm du komm

Schmerzweb mit Tränen besetzt
Berg-und-Tal-Fahrt
Und deine Hand
Wieder in meiner

So lagen wir lasest du vor
Schlief ich ein
Wachte auf
Schlief ein
Wache auf
Deine Stimme empfängt mich
Entläßt mich und immer
So fort

Mehr also fragen die Frager
Erwarten Sie nicht nach dem Tode?
Und ich antworte
Weniger nicht.

Nicht aus Erde

Erde in meiner Hand
So und so anzufühlen
Lehmige seifige krumige
Steinhart gefrorene
Erde voll Wurmzeug
Bleichem Geschlinge
Blindem Sichtasten
Voll Wasser, das einsickert
Schwarzwasser lautlos
Wer sagt
Daß wir aus Erde gemacht sind
Wir zugehörig der Luft
Den irrenden Samenfäden
Den Mückenschwärmen auf nieder
Vor der Untergangssonne
Den Vögeln die aufsteigen zuhauf
Den Düsenmaschinen
Die durch die Schallmauer brechen
Den lautlosen Faltern
Wer sagt
Daß wir aus Erde gemacht sind
Wir Fliegende ...

Diese drei Tage

Diese drei Tage
Vom Tod bis zum Grabe
Wie frei werd ich sein
Hierhin und dorthin schweifen
Zu den alten Orten der Freude

Auch zu euch
Ja auch zu euch
Merkt auf
Wenn die Vorhänge wehn
Ohne Windstoß

Marie Luise Kaschnitz

Wenn der Verkehrslärm abstirbt
Mitten am Tage
Horcht

Mit einer Stimme die nicht meine ist
Nicht diese gewohnte
Buchstabiere ich euch
Ein neues Alphabet

In den spiegelnden Scheiben
Lasse ich euch erscheinen
Vexierbilder
Alte Rätsel
Wo ist der Kapitän?
Wo sind die Toten?
Dieser Frage
Hingen wir lange nach

Zur Beerdigung meiner
Wünsche ich mir das Tedeum
Tedeum laudamus
Den Freudengesang

Unpassender-
Passenderweise

Denn ein Totenbett
Ist ein Totenbett mehr nicht
Einen Freudensprung
Will ich tun am Ende
Hinab hinauf
Leicht wie der Geist der Rose

Behaltet im Ohr
Die Brandung
Irgendeine
Mediterrane
Die Felsenufer
Jauchzend und donnernd
Hinab
Hinauf.

Rose Ausländer, Mascha Kaléko, Gertrud Kolmar,
Paul Celan, Nelly Sachs

Jüdische Dichtung im Nationalsozialismus

Einleitung

Die jüdische Dichtung unserer Zeit ist in ihrem Kern Totengedächtnis. Sie widerlegt den vielzitierten, von ihm selbst später widerrufenen Satz Adornos, daß nach Auschwitz niemand mehr Gedichte schreiben könne. Die Verse von Paul Celan, Rose Ausländer, Nelly Sachs führen bewegend vor Augen, wie aus dem Verstummen der Übriggebliebenen die »innengeborene« Sprache bricht, an einem »Königreich der Luft« bauend, als letzter unsichtbarer Zuflucht und dem einzigen Ort des Gedenkens. Das wiedergefundene Wort täuscht jedoch an keiner Stelle darüber hinweg, daß es von der »Blutgrenze« kommt, nicht dem natürlichen, sondern dem »Golem Tod«, der von Mitmenschen industriell betriebenen Vernichtung eines Volkes. Obwohl sich die Einzelschicksale der Geretteten im äußeren Ablauf unterscheiden, gemeinsam ist allen das Schicksal eines wurzellosen, keinem Punkt der Erde mehr zugehörenden Daseins. Absolute Heimatlosigkeit ist paradoxerweise zur Heimat geworden. Die Treue zu ihr ist Treue zu den Toten und verhindert jedes Heimischwerden. Die Erinnerung schweigt so wenig wie das Fragen nach dem Sinn des Geschehen, für das es keine Antwort geben kann. Aber es ist gerade diese tödliche Antwortlosigkeit, die den Fragenden gleichsam in die Gegenrichtung weist, in die Erfahrung einer Wirklichkeit jenseits der Schrecken in Raum und Zeit, jenseits der Todesgrenze. Aus ihr gewinnt diese Dichtung den inneren Atem, auch wenn er immer wieder zu ersticken droht. Gegen alle Wahrscheinlichkeit, je an ein Ziel zu kommen, folgt sie dem »Lichtsinn« der Seele, wie Celan sagt, der »Leuchtspur« des Ewigen, dem »Urlicht über dem Haupte«, mit Worten von Nelly Sachs. Das Leiden wird zum »Versteck fürs Licht«, die »Weltenwunde« zum Asyl auf der Flucht, zum Ort der Verwandlung. Denn der Untergang enthält das Geheimnis der Auferstehung – das ist der dialektisch mystische Erlebnisgrund aller dieser Gedichte: »Wir / vergänglich und ewig / aus dem Nichts / gewachsen / Bäume mit / Wurzeln aus Sternen / ... / Wir / Geist aus dem / Allgeist.«

Wie bei allen mit der Frömmigkeit der Chassidim vertrauten Dichtern ist auch in diesen Versen *Rose Ausländers* das Nichts mystische Umschreibung des göttlichen Grundes. Ihre Gedichte brauchen keine Erklärung. Die ungeheure persönliche Erfahrung führt zu Fragen und Erkenntnissen, die jeden angehen. Das jüdische Schicksal wird transparent für das Schicksal des Menschen schlechthin. Ihre schwermütig leise Stimme unterscheidet sich im Ausdruck, nicht im innersten religiösen Anliegen, von den nur scheinbar leichten Versen *Mascha Kalékos*, die »das Gefühl einer gleichsam Ertrinkenden« (Krolow) melancholisch spöttisch überspielen. Nahezu alle hier aufgenommenen Gedichte stammen aus ihren letzten einsamen Lebensjahren in Jerusalem. *Gertrud Kolmar*, in der persönlichen Problematik wie der leidenschaftlichen Sprache der Droste verwandt, schrieb schon in der Jugend Verse, in denen ihr Schicksal vorausgeahnt erscheint: »Not steht an dem Wege, den ich schreiten will, / Tod steht an dem Wege, den ich schreiten will, / Kummer und Klage, graue Plage: / Ich weiß es – und schreit ihn doch!« Als 1941 der alte Vater ihretwegen noch emigrieren wollte und sie als einziges der Geschwister, im vollen Bewußtsein des Kommenden, bei ihm blieb, schrieb sie: »Diese Wanderung wäre lediglich eine durch äußere Umstände erzwungene; ich will vor dem nicht fliehen, was ich innerlich soll. Ich habe bisher nie so wie heute gewußt, wie stark ich bin, und dieses Wissen erfreut mich ...«

Gertrud Kolmar ging in den Tod, die anderen ins Exil. Dem Sichlösen aus den Beziehungen der Welt entspricht in fast allen Gedichten ein gleichzeitiges Hineinwachsen in die Sphäre der Toten, die allein noch Heimat verspricht. In ihrem Licht kehren sich die Verhältnisse um. Die Lebenden erscheinen vorläufig, schattenhaft und suchen die Toten als die wahrhaft Lebenden mit ihrer Klage, Liebe und Sehnsucht zu erreichen.

Auch die Toten im Werk *Paul Celans* sind die Toten von Auschwitz. Die »Todesfuge« hat den Ruhm des jungen Dichters begründet. Nicht nur die daktylische Melodie der Verse, auch die zur Perversion des Grauens sich steigernden Kontraste der fugenhaft verschränkten Metaphern (»schwarze Milch«, »goldenes« Haar – »aschenes« Haar, »Grab in den Lüften«, zum Tanz aufspielende Geigen beim Schaufeln der Gräber) schaffen einen modernen Totentanz, der nicht, wie das mittelalterliche Memento Mori, ein Naturgesetz – wenn auch vor dem Hintergrund des Jüngsten Gerichts – bewußt macht, sondern eine widernatürliche historische Wirklichkeit, für die in Celans späterer Dichtung durchgehend die Metapher des Steins steht! »Stein, wo du hinsiehst, Stein ...«

Zu den frühen Gedichten gehören auch solche an die ermordete Mutter, bewegende Verse, die auch das Sprachproblem der jüdischen Dichter berühren. – Das spätere Werk Celans soll gesondert betrachtet werden, da es in einem umfassenden Sinn exemplarisch für die Religiosität des modernen Dichters, seine Erfahrung einer »leeren Transzendenz« ist.

Nelly Sachs

Das Werk von Nelly Sachs ist Totenklage einer Überlebenden, Rettung gegen das Vergessen. Tod und Auferstehung ist das Thema dieser Dichtung, dem größten Zeugnis des jüdischen Martyriums in deutscher Sprache. Der Tod Israels bleibt die thematische Mitte dieser Lyrik in allen ihren Phasen, von der ekstatischen Metaphernsprache des Anfangs bis zur »Sprache des Schweigens« im strengen Spätstil. Die Henker-Opfer-Situation ist ihr Kern, auch wenn er fortschreitend sich erweitert in eine zugleich menschliche und kosmische Dimension und das Leiden des jüdischen Volkes stellvertretend wird für das universale Leiden der Kreatur in ihrer irdischen Unvollkommenheit.

Dem »Urzeitspiel« von Jäger und Gejagten sieben Jahre lang ausgesetzt, konnte sich Nelly Sachs erst 1940, kurz vor ihrer Deportation in ein Todeslager, mit ihrer Mutter ins Exil retten. Von diesem Augenblick an sah sie ihre Lebensaufgabe darin, die Toten ihres Volkes dem Tod des Vergessens zu entreißen. Durch die Nachrichten von der Ermordung ihrer Familie und Freunde selbst »an den Rand des Todes und der Verdunkelung« gebracht, fühlte sie sich lange Zeit außerstande dazu. Erst langsam gelang das Schreiben wieder und wurde lebensrettend! »Hätte ich nicht schreiben können, so hätte ich nicht überlebt.« Wie für Kafka, war Schreiben für sie fortan eine »Form des Gebetes«, der inständigen Suche nach einem Sinn, Ausdruck nie ganz überwundener Zweifel. Aus dem Verstummen brach ihre große Klage hervor, mehr an Gott als an Menschen gerichtet, und – notgedrungen in der Sprache der Henker. Sie wurde nicht zur Anklage, auch nicht zu einem realistischen Aufzeigen des jüdischen Leidensweges, der sich aller Literatur entzieht. Dennoch ist ihre Dichtung in einer ganz bestimmten Weise konkret. Die Schuhe, über die sie nachdenkt, sind die mit perverser Pedanterie gesammelten Schuhe der für die Gaskammer Bestimmten, Israel ist das tote Volk, der »Rauch« – der Rauch aus den Krematorien, die Klage um den gemordeten Jugendgeliebten wird zur Meditation über den Mörder.[1] Ohne an Veröffentlichung zu denken, nur den Tod als ihren »Lehrmeister« anerkennend, schrieb sie ihre Lyrik, als einzige Möglichkeit, das Schicksal ihres Volkes mitzuerleiden.

Im Sprachraum des Gedichts wird dieses Leiden erfahren als »Märtyrersterben der Buchstaben« (Sachs), als »Verstummen und Versteinern der Worte« (Celan). Der Sprachraum ist aber auch Ort der mystischen Verwandlung des Todes. Im »Erschweigen« der Worte (Celan), im »Hindurchsterben« durch die Wortnacht, befreit sich der erstickte »Atem der inneren Rede«, kehren die Buchstaben heim »aus der lodernden Wüste« (Sachs). »Atemwende« nennt Celan die beginnende Wiedergeburt des Wortes, »geistige Himmelfahrt aus schneidendem Schmerz« ist sie für Nelly Sachs. Wie der Leib Israels aus den Vernichtungsöfen als »Auferstehungsstaub« sich erhebt zur »Fahrt ins Staublose«, so die geschändete und zerstörte Sprache aus der »Urne des Mundes« in die »Sternmusik« des göttlichen Schöpfungswortes. Das ist ganz wörtlich zu verstehen. Denn im Sinn der Nelly Sachs vertrauten kabbalistischen Sprachmystik ist jedes Wort Name des verborgenen unendlichen Gottes. Die Welt bildet sich durch das Wort im immer restloseren Auswirken seines Namens. Die Sphäre der »Sefirot«, der stufenweisen Emanationen Gottes – sein »inneres Antlitz« – wird als »eine geheime Urwelt der Sprache« aufgefaßt. Das Unbenannte hat kein Dasein.[2] Deshalb ist das Wiederfinden des Wortes gleichbedeutend mit dem Wiederfinden des göttlichen Namens und seiner todüberwindenden schöpferischen Macht. Dennoch bleibt, wie die zahllosen Gedankenstriche, die jähen Gedichtabschlüsse zeigen, Unsagbares genug und, für die Dichterin, häufig gerade das Wesentliche. Fast verstummend, am Rande der Sprachlosigkeit, wird es berührt.

Nelly Sachs hat die Metaphernsprache ihrer Lyrik als »Sprache der Sehnsucht« verstanden. Fast kindhaft griff sie damit ein altes Königswort der Romantik auf, das längst seinen Sinn verloren hatte und in der modernen Literatur gemieden wird. Sie las, fern von zeitgenössischen

---

1 Bengt Holmqvist: Die Sprache der Sehnsucht. In: Das Buch N.S., Frankfurt 1968, S. 40
2 Dazu ausführlich E. Bahr: N.S., München 1980, S. 95

Tendenzen und ganz im Bannkreis von Romantik und Mystik, Novalis, Jakob Böhme, Meister Eckhart und Hölderlin, die Bibel und das chassidische Schrifttum. Letzterem begegnete sie zuerst in Form der Nacherzählungen Martin Bubers; später im Exil der originalen chassidischen Mystik des 18. Jahrhunderts, die sie in ihrer verzweifelten Lage als tiefes Glück empfand, ebenso wie – nach dem Tod der Mutter – das »Buch Sohar« (»Die Geheimnisse der Schöpfung«) aus der spanischen Kabbala des 13. Jahrhunderts, übersetzt von Gershom Scholem. Sie las unsystematisch, nahm auf an Bildern und Vorstellungen, was sie brauchte, und ging unbeirrt ihren Weg. Ihre neue Sprache der Sehnsucht wächst einzig aus der inneren Todeserfahrung. Sehnsucht ist auch für sie nicht nur Kraft der Erinnerung, sondern, wie zuletzt bei Jean Paul, »Samen für eine neue Welt«, der sich, reif geworden, über das Sichtbare hinaus »erhebt wie der engelhaft fliegende Samen / Der Löwenzahnblüte«. Als »aller Gräber Frühlingsknospe« bindet sie das Ende wieder an den Anfang. Sie hebt die Klage nicht auf, aber treibt sie »ins Geburtenbett der Tränen«, in dem sie wächst nach der »Richtung Ewigkeit«: »Nur in die Sehnsucht / das wachsende Element / lege ich meine Träne.« Sehnsucht ist, wie die Liebe, explosiver Sprengstoff, der die Grenzen des Sichtbaren aufbricht, »Heimwehleiter / die den Tod übersteigt«, und damit tiefste Gewähr für die Neugeburt, die Rückkehr in den Ursprung. Wie in der gnostischen, neuplatonischen und chassidischen Mystik ist Sehnsucht für Nelly Sachs auch kosmisches Prinzip, innere Grundbewegung der Schöpfung aus dem Exil in ihr ewiges Zentrum: »Wohin, o wohin / du Weltall der Sehnsucht / das in der Raupe schon dunkel verzaubert / die Flügel spannt / mit den Flossen der Fische / immer den Anfang beschreibt / ... / während die Seele zusammengefaltet wartet / auf ihre Neugeburt / unter dem Eis der Todesmaske.«

Unerschöpflich sind die Bilder der Sehnsucht in dieser Lyrik. Als die eigentliche Gegenmacht der Seele gegen die »Meere des Todes« dringt sie in das Land vor und jenseits der jüdischen Geschichte – in die Frühe der Herkunft Israels an der »Mauer des Paradieses« und die verheißene Erlösung am Zeitenende. Zwischen dem Anfang und dem Ziel steht die gnadenlose Gegenwart: »Wie weit dein Weg von der Segnung / den Äon der Tränen entlang / bis zur Wegbiegung / da du in Asche gefallen, / ... / Wo alle helfenden Engel / mit blutenden Schwingen / zerrissen im Stacheldraht / der Zeit hingen!« Das Gedicht beginnt und endet mit der niemals zur Ruhe kommenden Frage:

»Warum die schwarze Antwort des Hasses / auf dein Dasein / Israel?« Die Dichterin, die sich auch noch im Exil und später, geehrt im Nachkriegsdeutschland, auf der Flucht fühlte, klagt nicht nur um die Toten, auch um die Überlebenden in der Nachtzeit der Welt. Jene reichen schon »einen Stern weiter«, in den verborgenen Gott hinein, diese blieben zurück, »ächzend im Treibeis / von Tod und Auferstehung«. Nicht Mord, der Golem Tod, ist ihr Schicksal, aber der Tod der Gottesferne. Diesen äußersten Grad von Finsternis gilt es für die Dichterin auszuhalten – erst dann beginnt die »Dimension der Auferstehungen«. Die Ungeduld, ans Ende zu kommen, die immer nahe Versuchung, den Weg der Günderode zu gehen, alle Geländer loszulassen und »in der Verheißung Falltuch« zu stürzen, führt nicht ans Ziel. Denn es muß Geduld geübt, das Sterben gelernt werden: »Keine Ankunft ohne Tod.«

Dieses Lernen ist ein »Verlernen der Welt«, wie es ein Spätgedicht in letzter Einfachheit vor Augen führt: »Bett Stuhl und Tisch / schlichen auf Zehenspitzen aus dem Zimmer / ... Alles ist ausgewandert ... / mein ganzer Besitz enteignet –.« »Annihilation des Jetzigen« und »Entwerden« nannten Novalis und die Mystiker diesen Prozeß. Für Nelly Sachs setzt er die Erkenntnis der »Brücken-Bausteine von Hier nach Dort« voraus, die Lösung der Aufgabe, die auch den Sterbenden mitgegeben ist. Die Gedichtfolge »Im Geheimnis« beschreibt der sterbenden Mutter diesen nächtlich einsamen Weg »unter die Katakomben der Zeit«, »in die dunkle Innerlichkeit hinab«, der – ganz im Sinn des romantischen Wegs nach innen – zur Geburt in einem jenseitigen Licht, zur Freiheit führt. Dem innern Leib ist das Fliegen längst vertraut. Der »Schulternschmerz der Flügel« in der irdischen »Zeit der Verpuppung« erinnert ihn, daß er die »Sternenstraßen« kennt. Diese wiederum an Jean Paul erinnernden Vorstellungen und Bilder schließen nicht aus, daß die Dimension der Auferstehung ein »glühendes Rätsel« bleibt, ganz »mit Tod getränkt«. Wie für viele jüdische Dichter steht sie auch für Nelly Sachs in engem Zusammenhang mit Christus, dem größten Boten aus der mystischen Welt. Unter seinem Zeichen Ichthys/Fisch ist er als »König des Schmerzes« und der Verwandlung immer gegenwärtig: »Aber erst das blutig gegeißelte Wort / bricht in die Auferstehungen ein / die Seele am Flügel –.« Nicht zufällig steht das entscheidende Wort im Plural. Auferstehung ist für Nelly Sachs Synonym für unendliche Verwandlungen des Menschen auf Gott zu, die Umkehrung seines Weges in die Welt, die Geburt des Staubes in

Licht und, wie für Benn und Kafka, in Musik. Sie schließt auch die Vorstellung von Seelenwanderung durch nichtmenschliche Existenzformen ein, denn jedes Stück Materie enthält nach jüdisch mystischer Lehre den göttlichen Funken, der sich nach Rückkehr und Erlösung sehnt.

Das Spätwerk der Dichterin zeigt zunehmend ihre mystische Grundsituation! »Reich bin ich wie das Meer / aus Vergangenheit und Zukunft / und ganz aus Sterbestoff / singe ich euer Lied –.« Je einfacher die Worte, desto mehr sagen sie jetzt aus. Die Sprache stößt an die Grenze des Schweigens und umkreist wie selbstverständlich die unsagbare Mitte im Sinn des Eckhart-Wortes: »Daz Einez, daz ich da meine, daz ist wortelos.«[1] Der Übergang von der empirischen Realität in einen jenseitigen Bereich wird immer müheloser vollzogen. Das Gedicht »Diese Nacht / ging ich eine dunkle Nebenstraße ...« (s. Text) enthält alle Elemente dieses Übergangs: den abgeschiedenen, gefahrdrohenden Ort, die Zeit zwischen Abend und Morgen, den in seinen Körper zurücktretenden Schatten. Der lebende Mensch trägt ein »Schattengewand«; fällt es von ihm ab, entsteht ein Zustand der Unkörperlichkeit, der dem Tod gleicht. Die »Farbe Nichts«, aus der Mystik stammendes Zeichen des Außerweltlichen, kann für den Mystiker »mit der letzten erahnten Wahrheit identisch sein«.[2] Hier führt die Erfahrung nicht zur unio mystica mit dem Göttlichen, wohl aber in den Bereich, der in den Geheimnissen des Todes sich öffnet: »Die Farbe Nichts sprach mich an: / *Du bist jenseits!*«

Die alternde Dichterin vermochte die »herbe Qualität« der Welt immer ausschließlicher »wegzufühlen«. Von früh an mit Jakob Böhmes Erlebnis des dunklen, aber in der Sonne aufblitzenden Gefäßes vertraut und fähig, noch die metallene Gürtelschnalle des Henkers als Spiegel eines Stückchens Himmel zu denken, wußte sie, daß das Licht die Finsternis braucht, um zu leuchten. Zwar blieb das Gleichgewicht von Gut und Böse lebenslang für sie gestört, dennoch wurde sie nach den Worten des schwedischen Freundes Holmqvist langsam vom erlebten Bösen frei. Doch bis zuletzt verstand sie sich als Suchende, im Bewußtsein des unendlichen Zieles: »Wie langsam leuchten wir in Klarheit auf –.«

1 Vgl. B. Holmqvist, a.a.O., S. 69
2 Ehrhard Bahr: a.a.O., S. 116 f.; 158

> »Und das Sinken geschieht um des Steigens willen«
> Buch Sohar

Rose Ausländer
1901–1988

Wir Fragenden

Wir junges Leben
du alter Tod
fliegen aufeinander zu
werbend

Wir wissen
daß die Luft
nichts weiß
die unseren Atem füllt

Wir auf der Traumwaage
aufab Reitenden

Wir Fragenden
antwortlos

Im Maifeuer

Noch trag ich
die sterbliche Hülle
noch ist mein Atem vertraut
mit dem Atem der Erde

Im Maifeuer
werd ich geläutert
Gespenstern weis ich die Tür
doch manche sind stärker
und rühren erschreckend mich an
ich höre ihr Todesherz pochen

In dir

Über dir
Sonne Mond und Sterne

Hinter ihnen
unendliche Welten

Hinter dem Himmel
unendliche Himmel

Über dir
was deine Augen sehen

In dir
alles Sichtbare
und
das unendlich Unsichtbare

Heimat III

Heimatlosigkeit
dir fremde Heimat
bleibe ich treu

Stimmen
kommen geschrieben
umarmen die Erde
halten den Himmel
schenken mir
Frühling und Schnee

Aus meiner Heimatlosigkeit
komme ich
mit meinen Worten
zu dir
fremder Freund
streue Glanzlichter
über das Dunkel
unsre gemeinsame Heimat

Rose Ausländer

Fortsetzung

Die wir uns
fortsetzen
durch Liebe

Wir geben uns hin
dem Tod
und nehmen uns
das Leben

vom Baum
der
Erkenntnis

Wir

Wo bist du
Vater Adam

Wir
vergänglich und ewig
aus dem Nichts
gewachsen
Bäume mit
Wurzeln aus Sternen

Geschlecht an Geschlecht
vom Evahauch
eine Wassergemeinschaft
luftliebkost

Wir
Geist aus dem
Allgeist

Sag ja

In uns
fließt das Blut
unsrer Zeit

Wir kaufen
die Wahrheit
mit Silberlingen

Sag ja
auch der Tod
ist dein Bruder

In einer Sekunde
nimmt dich
die Ewigkeit
mit in ihr Reich

Mascha Kaléko
1907–1975

Auto(r)biografisches

Ich war ein kluges Embryo,
Ich wollte nicht auf die Welt.

Nach zehn Monaten erst und
Vollen zehn Tagen
Erbarmte ich mich der jammernden Mutter
Und suchte den Weg ins Unfreie.

Nicht weniger als hundertachtzig Stunden
– So hat's die Großmutter seufzend berichtet –
Stand unser Haus im Zeichen des Todes.

Ich habe mich später manchmal gefragt,
Wie Freud aus Wien das wohl beurteilt hätte
Oder Professor Jung an der Limmat.

Genug, an einem Junimorgen,
Im Monat der Rosen, im Zeichen der »Zwillinge«,
Bei Glockengeläut um fünf Uhr früh
Gab ich zögernd den Widerstand auf
Und verließ mein provisorisches Domizil.

Ein Fremdling bin ich damals schon gewesen,
Ein Vaterkind, der Ferne zugetan,
Den Zugvögeln und den Sternen.

Auf einem Kinderbildnis
Reiße ich mich wild mit weitgereckten Schwingen
Aus den Armen der Amme.

Früh schon gefiel mir das Anderswo.
Mit knapp fünf Jahren lief ich endlich fort.
Man hat mich aber immer eingefangen.
Leider.

Nein, es hat mir gleich nicht gefallen
Hier unten.

Geistliches Lied

Des Menschen Leib fühlt sich daheim auf Erden;
Denn alles Irdische ist ihm verwandt.
Sein Geist jedoch muß hier zum Fremdling werden,
Der Himmel ist sein wahres Heimatland.

Fünf Tore rufen ihn zur Erde heiter,
Und hinter jedem Tore gähnt das Grab.
Zum Himmel führt nur eine schmale Leiter,
Doch Gottes Engel gehn dort auf und ab.

Es jagt der Leib vergebens nach der Krone
Und sammelt Schätze an im Haus der Zeit.
Der Geist, gleich dem verbannten Königssohne,
Sehnt sich zurück ins Reich der Ewigkeit.

New York, November 1954

Die frühen Jahre

Ausgesetzt
In einer Barke von Nacht
Trieb ich
Und trieb an ein Ufer.
An Wolken lehnte ich gegen den Regen.
An Sandhügel gegen den wütenden Wind.
Auf nichts war Verlaß.
Nur auf Wunder.
Ich aß die grünenden Früchte der Sehnsucht,
Trank von dem Wasser das dürsten macht.
Ein Fremdling, stumm vor unerschlossenen Zonen,
Fror ich mich durch die finsteren Jahre.
Zur Heimat erkor ich mir die Liebe.

Mascha Kaléko

Leben vor dem Tode

Was nachher kommt, wie sollen wir das wissen?
Doch wenn es stimmt, was mir schon oft geträumt,
dann werd ich leider wiederkommen müssen,
um nachzuholen, was ich hier versäumt.

Nie störte mich die Kürze dieses Lebens.
Mir reicht, was mir geschah, was ich ertrug.
Nochmal von vorn das Ganze? Nein, vergebens.
Herr, laß mir meine Ruh. Ich hab genug.

Epitaph auf die Verfasserin

Hier liegt M. K., umrauscht von einer Linde.
Ihr »letzter Wunsch«: Daß jeglicher was finde.
– Der Wandrer: Schatten, und der Erdwurm: Futter.
Ihr Lebenslauf: Kind, Weib, Geliebte, Mutter.
Poet dazu. In Mußestunden: Denker.
An Leib gesund. An Seele sichtlich kränker.
Als sie verschied, verhältnismäßig jung,
Glaubte sie fest an Seelenwanderung.
– Das erste Dasein ist die Skizze nur.
Nun kommt die Reinschrift und die Korrektur. –
Sie hatte wenig, aber treue Feinde.
Das gleiche, wörtlich, gilt für ihre Freunde.
– Das letzte Wort behaltend, bis ans Ende,
Schrieb sie die Grabschrift selber. Das spricht Bände.

Gertrud Kolmar
1894–1943

Einmal

Einmal wandelt Läuten durch mich hin,
Seelensingen – eine Glocke tönt,
Glocke, der ich reines Echo bin,
Nicht mehr Fleisch, das sündig jauchzt und stöhnt.

Bin ein Sprößling dann des grünen Baums,
Sinnbild ew'gen Werdens, ewger Rast,
Und mein Leib, der Rest des Menschentraums,
Steht und wartet, daß er Wurzel faßt.

Einmal bist du Trug, mein Leib, mein Stamm,
Der du heute noch mir Wahrheit heißt,
Einmal bist du tot, bist Erde, Schlamm,
Doch ich leb, ein Nichts, ein Alles: Geist.

Bald!

Denn schon hör ich, wenn den bittren Tag versüßt
Irgendwo mir eine Vogelkehle,
Liebe, ferne Stimme, die mich lautlos grüßt:
»Schwesterseele!«

Gottes-Dienst

Wer in diesen Tempel tritt,
Gleichsam läßt die Erdenschranken,
Bringt als Opfergabe mit
Einen reinen Gottgedanken.
Gottgedanke – Rosenblatt,
Dufthauch, den mein Sehnen trinket,
Der sich müd gegaukelt hat,
Sacht ins Herz mir niedersinket.

Gertrud Kolmar

Orgelstimme. Klangkristall
Rauscht im Strom aus Goldpokalen,
Trägt die Seele froh ins All,
Wäscht sie blank von Staubesmalen.
Taublank darf sie, wahrheitsklar,
Freudvoll sich dem Höchsten neigen;
Ohne irdisch Schwingenpaar
Steigt sie auf in ew'ges Schweigen.

Jauchze, inneres Gebet!
Jauchze ohne Lippenstimme!
Da mein Körpersein vergeht,
Geist, in geist'gem Sein ich schwimme.
Da ich kinderheilig bin,
Mensch, der nie als Mensch gelebet,
Eins mit jedem lautren Sinn,
Der ins Wesenlose schwebet.

Fliegt empor! Die Truhe bricht,
Unsres Lebens Todestruhe:
Freiheit! Wahrheit! Liebe! Licht!
Und kein Rausch – nur Ruhe, Ruhe –––
Aus des Sterbens fernem Land
Hat mein Denken nichts begleitet.
Nichts. Nur eine Menschenhand,
Jene, die mich hergeleitet. –

Paul Celan (I)
1920–1970[1]

Todesfuge

Schwarze Milch der Frühe wir trinken sie abends
wir trinken sie mittags und morgens wir trinken sie nachts
wir trinken und trinken
wir schaufeln ein Grab in den Lüften da liegt man nicht eng
Ein Mann wohnt im Haus der spielt mit den Schlangen der schreibt
der schreibt wenn es dunkelt nach Deutschland dein goldenes Haar
Margarete
er schreibt es und tritt vor das Haus und es blitzen die Sterne er pfeift
seine Rüden herbei
er pfeift seine Juden hervor läßt schaufeln ein Grab in der Erde
er befiehlt uns spielt auf nun zum Tanz

Schwarze Milch der Frühe wir trinken dich nachts
wir trinken dich morgens und mittags wir trinken dich abends
wir trinken und trinken
Ein Mann wohnt im Haus der spielt mit den Schlangen der schreibt
der schreibt wenn es dunkelt nach Deutschland dein goldenes Haar
Margarete
Dein aschenes Haar Sulamith wir schaufeln ein Grab in den Lüften da
liegt man nicht eng

Er ruft stecht tiefer ins Erdreich ihr einen ihr andern singet und spielt
er greift nach dem Eisen im Gurt er schwingts seine Augen sind blau
stecht tiefer die Spaten ihr einen ihr andern spielt weiter zum Tanz auf
Schwarze Milch der Frühe wir trinken dich nachts
wir trinken dich mittags und morgens wir trinken dich abends
wir trinken und trinken
ein Mann wohnt im Haus dein goldenes Haar Margarete
dein aschenes Haar Sulamith er spielt mit den Schlangen

---

[1] Biographie und Quellenverweise siehe Kapitel Celan (II)

Er ruft spielt süßer den Tod der Tod ist ein Meister aus Deutschland
er ruft streicht dunkler die Geigen dann steigt ihr als Rauch in die Luft
dann habt ihr ein Grab in den Wolken da liegt man nicht eng

Schwarze Milch der Frühe wir trinken dich nachts
wir trinken dich mittags der Tod ist ein Meister aus Deutschland
wir trinken dich abends und morgens wir trinken und trinken
der Tod ist ein Meister aus Deutschland sein Auge ist blau
er trifft dich mit bleierner Kugel er trifft dich genau
ein Mann wohnt im Haus dein goldenes Haar Margarete
er hetzt seine Rüden auf uns er schenkt uns ein Grab in der Luft
er spielt mit den Schlangen und träumet der Tod ist ein Meister aus
Deutschland

dein goldenes Haar Margarete
dein aschenes Haar Sulamith

Nähe der Gräber

Kennt noch das Wasser des südlichen Bug,
Mutter, die Welle, die Wunden dir schlug?

Weiß noch das Feld mit den Mühlen inmitten,
wie leise dein Herz deine Engel gelitten?

Kann keine der Espen mehr, keine der Weiden,
den Kummer dir nehmen, den Trost dir bereiten?

Und steigt nicht der Gott mit dem knospenden Stab
den Hügel hinan und den Hügel hinab?

Und duldest du, Mutter, wie einst, ach, daheim,
den leisen, den deutschen, den schmerzlichen Reim?

Nelly Sachs
1891–1970

Und wenn diese meine Haut zerschlagen sein wird,
so werde ich ohne mein Fleisch Gott schauen
Hiob

O DIE SCHORNSTEINE
Auf den sinnreich erdachten Wohnungen des Todes,
Als Israels Leib zog aufgelöst in Rauch
Durch die Luft –
Als Essenkehrer ihn ein Stern empfing
Der schwarz wurde
Oder war es ein Sonnenstrahl?

O die Schornsteine!
Freiheitswege für Jeremias und Hiobs Staub –
Wer erdachte euch und baute Stein auf Stein
Den Weg für Flüchtlinge aus Rauch?

O die Wohnungen des Todes,
Einladend hergerichtet
Für den Wirt des Hauses, der sonst Gast war –
O ihr Finger,
Die Eingangsschwelle legend
Wie ein Messer zwischen Leben und Tod –

O ihr Schornsteine,
O ihr Finger,
Und Israels Leib im Rauch durch die Luft!

IM MORGENGRAUEN
Wenn ein Vogel das Erwachen übt –
Beginnt die Sehnsuchtsstunde allen Staubes
Den der Tod verließ.

O Stunde der Geburten,
Kreißend in Qualen, darin sich die erste Rippe
Eines neuen Menschen bildet.

Nelly Sachs

Geliebter, die Sehnsucht deines Staubes
Zieht brausend durch mein Herz.

MEINE LIEBE floß in dein Martyrium
durchbrach den Tod
Wir leben in der Auferstehung –

HINTER DEN LIPPEN
Unsagbares wartet
reißt an den Nabelsträngen
der Worte

Märtyrersterben der Buchstaben
in der Urne des Mundes
geistige Himmelfahrt
aus schneidendem Schmerz –

Aber der Atem der inneren Rede
durch die Klagemauer der Luft
haucht geheimnisentbundene Beichte
sinkt ins Asyl
der Weltenwunde
noch im Untergang
Gott abgelauscht –

ZWISCHEN
deinen Augenbrauen
steht deine Herkunft
eine Chiffre
aus der Vergessenheit des Sandes.

Du hast das Meerzeichen
hingebogen
verrenkt
im Schraubstock der Sehnsucht.

Du säst dich mit allen Sekundenkörnern
in das Unerhörte.

Die Auferstehungen
deiner unsichtbaren Frühlinge
sind in Tränen gebadet.

Der Himmel übt an dir
Zerbrechen.

Du bist in der Gnade.

WENN ICH nur wüßte,
Worauf dein letzter Blick ruhte.
War es ein Stein, der schon viele letzte Blicke
Getrunken hatte, bis sie in Blindheit
Auf den Blinden fielen?

Oder war es Erde,
Genug, um einen Schuh zu füllen,
Und schon schwarz geworden
Von soviel Abschied
Und von soviel Tod bereiten?

Oder war es dein letzter Weg,
Der dir das Lebewohl von allen Wegen brachte
Die du gegangen warst?

Eine Wasserlache, ein Stück spiegelndes Metall,
Vielleicht die Gürtelschnalle deines Feindes,
Oder irgend ein anderer, kleiner Wahrsager
Des Himmels?

Oder sandte dir diese Erde,
Die keinen ungeliebt von hinnen gehen läßt
Ein Vogelzeichen durch die Luft,
Erinnernd deine Seele, daß sie zuckte
In ihrem qualverbrannten Leib?

RUFST DU nun den einen Namen verzweifelt
aus dem Dunkel –

Warte einen Augenblick noch –
und du wandelst auf dem Meer
Das Element durchdringt schon deine Poren
du wirst mit ihm gesenkt und gehoben

und bald im Sand wiedergefunden
und bei den Sternen anfliegender erwarteter Gast
und im Feuer des Wiedersehens verzehrt
                              still – still –

Wohin o wohin
du Weltall der Sehnsucht
das in der Raupe schon dunkel verzaubert
die Flügel spannt,
mit den Flossen der Fische
immer den Anfang beschreibt
in Wassertiefen, die
ein einziges Herz
ausmessen kann mit dem Senkblei
der Trauer.
Wohin o wohin
du Weltall der Sehnsucht
mit der Träume verlorenen Erdreichen
und der gesprengten Blutbahn des Leibes;
während die Seele zusammengefaltet wartet
auf ihre Neugeburt
unter dem Eis der Todesmaske.

Vielleicht aber braucht Gott die Sehnsucht, wo sollte sonst
                              sie auch bleiben,
Sie, die mit Küssen und Tränen und Seufzern füllt die
                              geheimnisvollen Räume der Luft –
Vielleicht ist sie das unsichtbare Erdreich, daraus die glühenden
                              Wurzeln der Sterne treiben –
Und die Strahlenstimme über die Felder der Trennung, die zum
                              Wiedersehn ruft?
O mein Geliebter, vielleicht hat unsere Liebe in den Himmel
                              der Sehnsucht schon Welten geboren –
Wie unser Atemzug, ein – und aus, baut eine Wiege für Leben
                              und Tod?
Sandkörner wir beide, dunkel vor Abschied, und in das goldene
                              Geheimnis der Geburten verloren,
Und vielleicht schon von kommenden Sternen, Monden und
                              Sonnen umloht.

O DU WEINENDES HERZ der Welt!
Zwiespältig Samenkorn
aus Leben und Tod.
Von dir wollte Gott gefunden werden
Keimblatt der Liebe.

Bist du verborgen in einer Waise,
die am Geländer des Lebens
schwer sich stützend weitergeht?
Wohnst du bei ihr, dort
wo der Stern sein sicherstes Versteck hat?

O du weinendes Herz der Welt!
Auch du wirst auffahren
wenn die Zeit erfüllt ist.
Denn nicht häuslich darf die Sehnsucht bleiben
die brückenbauende
von Stern zu Stern!

WENN DER TAG leer wird
in der Dämmerung,
wenn die bilderlose Zeit beginnt,
die einsamen Stimmen sich verbinden –
die Tiere nichts als Jagende sind
oder gejagt –
die Blumen nur noch Duft –
wenn alles namenlos wird wie am Anfang –
gehst du unter die Katakomben der Zeit,
die sich auftun denen, die nahe am Ende sind –
dort wo die Herzkeime wachsen –
in die dunkle Innerlichkeit hinab
sinkst du –
schon am Tode vorbei
der nur ein windiger Durchgang ist –
und schlägst frierend vom Ausgang
deine Augen auf
in denen schon ein neuer Stern
seinen Abglanz gelassen hat –

Nelly Sachs

DU
in der Nacht
mit dem Verlernen der Welt Beschäftigte
von weit weit her
dein Finger die Eisgrotte bemalte
mit der singenden Landkarte eines verborgenen Meeres
das sammelte in der Muschel deines Ohres die Noten
Brücken-Bausteine
von Hier nach Dort
diese haargenaue Aufgabe
deren Lösung
den Sterbenden mitgegeben wird.

WUNDER der Begegnungen
zweier Geister in der Unterhaltung
über die Leiber hinweg
die trauern wie Waisen
bis in die Zehenspitzen hinein
vor Verlassenheit.

Waschen und Kleiden
sind Gebetanfänge des großen Sterberituals
im zugigen Durchgang der Ahnungen
die Nacht mit dem Fallobst der Träume
und dem Speicher des Vergessens noch blitzen läßt
aus dem gelobten Lande der äußersten Vision.

Aber wenn auch Heimweh auszog
und der Leib auf dem Laken liegt
– zusammengerollte Fahne der die Freiheit entstieg –
so ist noch nicht der Grad der Finsternis
erreicht wo die Dimension der Auferstehungen beginnt
und die Musik der Sterne abgebrochen wird
von einem Schweigen
das sich im Leben einmal Tod genannt.

SCHON
mit der Mähne des Haares
Fernen entzündend
schon
mit den ausgesetzten
den Fingerspitzen
den Zehen
im Offenen pirschenden
das Weite suchend –

Der Ozeane Salzruf
an der Uferlinie des Leibes

Gräber
verstoßen in Vergessenheit
wenn auch Heilkraut für Atemwunden –

An unseren Hautgrenzen
tastend die Toten
im Schauer der Geburten
Auferstehung feiernd

Wortlos gerufen
schifft sich Göttliches ein –

SCHON IN DEIN JENSEITS wuchs
die Figur deines Wesens hinaus
lange ersehnt aus den Fernen
dort wo Lächeln und Weinen
Findlinge werden im Unsichtbaren
die Bilder des Sehens höher verschenkt –

Du aber die Tasten niederdrücktest
in ihre Gräber aus Musik
und Tanz die verlorene Sternschnuppe
einen Flügel erfand für dein Leiden

die beiden Linien von Anfang und Ende
singend sich näherten im Raum –
So tief bin ich hinabgefahren
über meine Geburt hinaus
bis ich den früheren Tod traf

der mich wieder verstieß
in diese singende Pyramide
um auszumessen das entzündete
Schweigereich
und ich sehne mich weiß nach dir
Tod – sei mir kein Stiefvater mehr –

DIESE NACHT
ging ich eine dunkle Nebenstraße
um die Ecke
Da legte sich mein Schatten
in meinen Arm
Dieses ermüdete Kleidungsstück
wollte getragen werden
und die Farbe Nichts sprach mich an:
Du bist jenseits!

JEDEN TAG
einen Schritt näher tun
in das dunkle Wunder
der Unsichtbarkeit
am Abend in die Nacht gelangen
am Morgen in den Tag
Die Stille ertasten mit dem Wort
unwissend
und nur mit Tränen
als einzige Habe
den Ausgang suchend
der mit dem Leben weiterwandert
bis ein Horizont Tod heißt

ICH BIN MEINEM HEIMATRECHT AUF DER SPUR
dieser Geographie nächtlicher Länder
wo die zur Liebe geöffneten Arme
gekreuzigt an den Breitengraden hängen
bodenlos in Erwartung –

Einleitung

Paul Celan (II)

Der Kern auch der Lyrik Paul Celans ist die Erfahrung des jüdischen Martyriums unter nationalsozialistischer Herrschaft, sind »die Tode und alles aus ihnen Geborene«. Vor allem in seinen Anfängen versteht er sich als Sohn einer gemordeten Mutter: »Du bleibst, du bleibst, du bleibst / einer Toten Kind, / geweiht dem Nein meiner Sehnsucht, / vermählt einer Schrunde der Zeit, / vor die mich das Mutterwort führte.« Mit dem allmählich gewonnenen Abstand weitet sich das Persönliche in die Dimension des Zeitgeschichtlichen, in das Leiden am Schicksal des eigenen Volkes, das mit der Vernichtung einer ganzen Generation von seiner geistigen und religiösen Überlieferung abgeschnitten wurde: »Wurzel. / Wurzel Abrahams. / Wurzel Jesse. Niemandes / Wurzel – o / unser.« In dieser Perspektive gewinnt das biographische und historische Verhängnis überzeitliche Ausmaße und wird zugleich exemplarisch für menschliche Existenz überhaupt. Zwar bleibt Israels Schicksal unvergessen und immer gegenwärtig, doch in seinem Sterben, seinem Fragen nach dem Sinn, seinem Ringen um Gott, redet die Stimme des Menschen aller Zeiten: »Mit Namen, getränkt / von jedem Exil. / ... / ... getaucht / in alle / Kelche, die vollstehn mit deinem / Königsblut, Mensch, – in alle / Kelche der großen / Ghetto-Rose, aus der / du uns ansiehst, unsterblich von soviel / auf Morgenwegen gestorbenen Toden.«

Für den Dichter Celan ist Schreiben der Versuch, sich zu orientieren, »Wirklichkeit« zu gewinnen, weil das Erfahrene nicht als wirklich akzeptiert werden kann. Indem er »mit seinem Dasein zur Sprache geht«, begibt er sich auf den Weg zu einer »Art Heimkehr«. Denn einzig die Sprache blieb unverloren. Nach »furchtbarem Verstummen« trat sie wieder zutage, »angereichert von all dem«. Das Wiederfinden der Worte erinnert an einen Satz Hofmannsthals, der die Sprachnot des modernen Dichters artikuliert: »Die Sprache ist ein Totenreich, unauslotbar tief, darum empfangen wir aus ihr das höchste Leben.« Aus dem »Märtyrersterben der Buchstaben« (Nelly Sachs) entsteht bei Celan ein auf die Paradoxie unterschiedlicher Wirklichkeitserfahrungen gegründetes Sprechen, das, wie er sagt, unterwegs ist ins Leere,

Offene, Freie. Sein Gedicht ist angelegt auf Dialog, wartet auf Begegnung und ist – oft verzweifeltes – Gespräch mit einem häufig nicht erkennbaren Partner. Das Du, an das es sich wendet, ist selten auszumachen. Wer es aber auch sein mag – die Wesensgestalt der Mutter, das Volk Israel, das von sich selbst Abstand nehmende Ich, irgendein naher Mensch, oder »der Allernächste und Allerfernste: Gott«[1] – von ihm gilt: »Du – ganz, ganz wirklich. Ich – ganz Wahn.« Das Gedicht ist der Versuch, eine Verbindung herzustellen zwischen Wahn und Wirklichkeit, zwischen dem Ich und dem, was Celan das »*ganz Andere*« nennt. Es öffnet einen esoterischen Raum des möglichen Dialogs mit einem »nicht allzufernen, vielleicht ganz nahen« Du, das in jedem Ding, jedem Menschen begegnen kann. Die Konzentration des Ich auf das in Raum und Zeit Erscheinende dient dem transzendierenden Fragen nach seinem Woher und Wohin – in diesem Sinn zitiert Celan das Wort von Malebranche: »Aufmerksamkeit ist das natürliche Gebet der Seele.«[2] Celans Gedicht will weniger mitteilen als selbst etwas erfahren. Sein Sprechen kommt nicht nur aus genauem Hinsehen, auch aus einem Hören, dem Hineinhören – so darf man hier wohl sagen – in die Lautlosigkeit des Numinosen, das Rudolf Otto als das »Ganz Andere« bestimmt hat. Nicht vom Sprechen, vom Schweigen wird alles erwartet, vom dem Schweigen abgewonnenen, »erschwiegenen« Wort. Die Hoffnung, daß die Wirklichkeit des ganz Anderen zutage treten, ja daß es gelingen könnte, in eines »ganz Anderen Sache« zu sprechen, ist der tiefste Grund dieses Sprechens überhaupt. Würde sie erfüllt, entstünde das absolute Gedicht, das es jedoch für Celan (im Unterschied zu Gottfried Benn) nicht gibt, nicht geben kann, wie er sagt. Doch mit jedem Gedicht gibt es »diesen unerhörten Anspruch«. Unter den modernen Dichtern wohl nur noch Kafka vergleichbar, wirft Celan seine Existenz rückhaltlos in diese dichterische »Expedition nach der Wahrheit«. »Es sind / noch Lieder zu singen jenseits / der Menschen«, lauten Verse der »Atemwende«.

Das »ganz Andere« umschließt auch die Sphäre des Todes. Celan gibt ihr alle entscheidenden Attribute des Lebens: »Vielleicht, daß ein Henker noch kommt / und uns wieder ein Herz schlägt.« – »Wir waren tot und konnten atmen.« – »Beim Tode! Lebendig! / Wahr spricht, wer

---

1 Hans-Georg Gadamer: Wer bin ich und wer bist Du? In: Über P.C. hg. Dietlind Meinecke, Frankfurt 1970, S. 260
2 nach dem Kafka-Essay Walter Benjamins

Schatten spricht.« Das gesamte Werk steht im Zeichen dieser Paradoxie, einer Art kopernikanischer Wende: »Wer auf dem Kopf steht, hat den Himmel als Abgrund unter sich.« Im selben Zusammenhang ist das zentrale Augenmotiv zu verstehen. Das Auge, wesentliches Organ des Wahr-nehmens, darf nicht »Bilderknecht« sein. Es muß vielmehr, dem jüdischen Bilderverbot entsprechend, »zur Blindheit überredet«, »weltblind« werden, um sehen zu können. Das heißt, es wird ein Zustand hergestellt, der dem Sterben gleicht: »Wer / sagt, daß uns alles erstarb, / da uns das Auge brach? / Alles erwachte, alles hob an.« Die unmittelbar an Novalis erinnernde mystisch dialektische Verwandlung von Tag und Nacht, Tod und Leben wird geleitet vom »Lichtsinn« der Seele, der als »Richtungssinn« des Gedichts auf eine esoterische Wirklichkeit zugeht. Diese Wirklichkeit ist nur irreal, insofern sie dem »hundertzüngigen«, auf Tropen und Bilder gegründeten menschlichen Reden unzugänglich ist. Das Gedicht, notgedrungen auf menschliche Rede verwiesen und dennoch unter dem Auftrag, »in die Nähe der Utopie« zu gelangen, wird so zum Ort, »wo alle Tropen und Metaphern ad absurdum geführt werden wollen«. Damit aber höbe es sich selbst auf. Es kann also nichts sein als die »Unendlichsprechung von lauter Sterblichkeit und Umsonst«. Das reine, das absolute Gedicht, das dem Schweigen des ganz Anderen entspräche, wäre stumm, das babylonische »Gerede« vernichtet, »weggebeizt vom Strahlenwind deiner Sprache«. Der Atem Gottes, das pfingstliche Brausen des Pneuma, wäre die endgültige »Atemwende«: »*Ein Dröhnen*: es ist die Wahrheit selbst / unter die Menschen getreten, / mitten ins Metapherngestöber.«

Die Hoffnung dieser Verse bleibt Utopie, denn es ist die falsche Zeit. Die Erde ist »Sterbegeklüft«, wüstes Land, »überflogen von Sternen, die Menschenwerk sind« (Bremer Rede). Das »Ewigkeitszeichen« der Netzhaut ist verholzt. Gibt es bei solchen Erfahrungen noch einen Ort für den Dichter und – falls er eine hat – für seine Botschaft? Das Gedicht *Sprich auch du* nennt diesen Ort geschrumpft und den Dichter, das hier angesprochene Du, dünner, feiner, unkenntlicher werdend: einen »Faden«. Die groteske Vorstellung hat etwas Traumhaftes.[1] Der Faden steigt, tastet sich empor, auf ein Gegenüber zu – den bis zur viertletzten Zeile verschwiegenen »Stern«. Zuletzt verschwindet er aus dem Gedicht. Er ist aufgegangen in seiner Funktion, eine Beziehung

---

1 Vgl. B. Allemann: P.C., Ausgewählte Gedichte, Frankfurt 1968, S. 151 ff.

herzustellen zwischen dem Oben und Unten, dem »Stern« und der »Dünung wandernder Worte«. Das Herabkommen des Sterns wäre jedoch nicht möglich ohne den Sinn, den der Sprechende dem Gedicht gibt, das heißt für Celan, ohne den »Schatten«. Der Schatten berührt, wie das »ganz Andere«, die Sphäre des Todes, die eine Sphäre der Wahrheit und damit des Lebens ist: »Beim Tode! Lebendig! / Wahr spricht, wer Schatten spricht.« Weil der Dichter die Schatten ans Gedicht weggibt als nährende, sinngebende Substanz, wird er zum »Schattenentblößten«, der nun noch entschiedener auf die ganz andere Wirklichkeit des »Sterns« zugeht. Daß an dieser Wirklichkeit die letzte Hoffnung hängt, sagen die schlichten Verse aus »Engführung«: »Also / stehen noch Tempel. Ein / Stern / hat wohl noch Licht. / Nichts, / nichts ist verloren. // Ho / sianna.«

Verglichen mit der Utopie des absoluten, des stummen Gedichts, ist allerdings das moderne und damit auch das eigene Gedicht nur eine Art Negativabdruck und seine Funktion »quasistellar«, wie Celan andernorts sagt. Dennoch suggeriert seine Lyrik immer wieder das Bild des »Fadens«, einer hauchdünnen, gefährdeten, aus der jeweiligen inneren Situation überraschend sich herstellenden Beziehung zwischen dem Oben und Unten, zwischen »Stern« und Wort. Das Gedicht »*Dein Hinübersein*« bestimmt diese zu überbrückende Distanz philosophisch-theologisch. Es ist die Rede vom »zweihäusigen« Gott, dem jenseits der Welt Seienden und in die Vielheit der Welt Zerstreuten. »Dorthin / führt uns der Blick, / mit dieser / Hälfte / haben wir Umgang«, lautet der lakonische Schluß. Daß die Getrenntheit beider Bereiche keine absolute ist und die »beiden Türen der Welt« (Geburt und Tod) offen stehen, deutet schon der erste Vers an: »Dein Hinübersein heute Nacht, / mit Worten holt ich dich wieder.« Bewußter ist die transzendierende Bewegung des Novalis verwandten Gedichts: »Mit allen Gedanken ging ich / hinaus aus der Welt.« In beiden Gedichten bedeutet das Hinausgehen aus der Welt ein Hingehen zu den Toten. Hier heißen sie die »Gemähten«, an die Gemordeten erinnernd, wie auch an die alte Vorstellung vom Schnitter Tod und seiner Ernte. Die Toten verbinden das Hier mit dem Dort. Denn in ihnen wächst Gott sich zu, stellt er die mit der Schöpfung aufgegebene Einheit mit sich selbst wieder her. Von der ersten Strophe an steht das Gedicht im Zeichen einer Erwartung, die auch der scheinbar resignative Schluß nicht aufhebt, der Erwartung eines noch nicht sagbaren Kommenden: »Alles ist wahr und ein Warten / auf Wahres.«

Von hier aus leuchtet ein, daß Celans Lyrik als ein Unterwegssein von der Weltzeit zur messianischen Zeit verstanden wird, im »Exodus zwischen Ägypten und Kanaan, (das auch Mose nicht betrat), in der Wüste, die gewissermaßen ein Nichts ist.«[1] Die Herkunft »jenseits der Menschen« bestimmt auch das Ziel dieses Weges: Dasein »im Angesicht«. Deshalb sind die Umkehrungen und Negationen im Werk Celans, vor allem in seiner gelöstesten Phase, der »Niemandsrose«, nicht Absagen an eine Messiashoffnung, sondern ihr unmittelbarer Ausdruck. Das gilt auch schon für das Gedicht *Tenebrae* aus »Sprachgitter«, das die Celan-Forschung als Widerruf der Anfangsverse von Hölderlins Patmos-Gedicht versteht: »Nah ist / Und schwer zu fassen der Gott.« Die entsprechenden Verse Celans lauten: »Nah sind wir, Herr, / nahe und greifbar.« Es ist aber eine Frage, ob beide Aussagen nicht doch dasselbe meinen, auch wenn die jüngere von einem langen inzwischen zurückgelegten Weg zeugt und einen entgegengesetzten Ausgangspunkt hat. Das Paradox der Hölderlin-Verse erscheint bei Celan in doppelter Umkehrung: Nicht von der Nähe Gottes zum Menschen ist die Rede, sondern von der Nähe des Menschen zu Gott; nicht von der Not, Gott trotz dieser Nähe zu fassen, sondern von der Greifbarkeit des sich in der äußersten Nähe zu Gott befindenden Menschen. Das dreimal an entscheidender Stelle wiederholte »Nah sind wir, Herr«, »Wir sind nah«, bestimmt das Verhältnis der Sprechenden (in deren »Wir« das Ich aufgegangen ist) zu dem angesprochenen Du des »Herrn«, der deshalb kein »verlorener Gott« sein kann, nur ein sehr ferner, kaum noch hörbarer. Tenebrae bedeutet Dunkel, Nacht, auch Todesnacht. Der Gedicht-Titel weist auf das officium tenebrae der Karwoche, das mit den Worten beginnt: »tenebrae factae sunt«. Es ist ein Todesgeschehen, durch das die Nähe zum »Herrn« erreicht wird. Zeitlich gesehen, beginnt es genau in der Gedicht-Mitte als etwas Vergangenes – »Windschief gingen wir hin ...« – und baut sich dann aus Vor- und Rückblenden auf, umschlossen von der daraus entstandenen und nun die Gegenwart beherrschenden inneren Realität dieser Nähe. Die Anrede an den »Herrn«, die, elfmal wiederholt, immer dringender, beschwörender wird, läßt von Anfang an keinen Zweifel, wer gemeint ist. Jede Phase des Geschehen ist auf Christi Opfertod bezogen. Die hier auf dem Weg zur Tränke »gegriffen« wurden und, »in-

---

[1] Wilhelm Höck: Von welchem Gott ist die Rede? In: Über Paul Celan. Herausgegeben von Dietlind Meinecke, Frankfurt 1970, S. 270 f.

einander verkrallt«, den Tod erlitten, vergleichen ihren gemarterten Leib Seinem Leib. Das Abendmahl erinnernd, trinken sie das Blut, in dem sein Bild ist, und auch ihr Sterben erscheint bezogen auf den Gekreuzigten: »Augen und Mund stehn so offen und leer, Herr.« Der Augenblick des Todes bringt sie Ihm »greifbar« nahe. Einen Hoffnungsschimmer auf Erlösung von der irdischen Not enthält die kürzeste Strophe. Von Christi Blut wird gesagt: »Es glänzte.« Rettung ist von jeher mit Glanz, mit Licht verbunden, darauf weisen auch die späten Titelfolgen »Fadensonnen« und »Lichtzwang«. Um dieser möglichen Rettung willen wiederholt die letzte Strophe noch einmal die Aufforderung der dritten: »Bete Herr, / bete zu uns, / wir sind nah.« Das klingt fast blasphemisch. Die Umkehrung des natürlichen Verhältnisses, in dem der Mensch zu Gott und nicht Gott zum Menschen betet, kann aber hier nur bedeuten, daß Gott beschworen wird, sich zuzuwenden, zu sprechen und die vom Tod Gegriffenen und somit »greifbar« Gewordenen nun von sich aus zu ergreifen.

Selbst diese vage Hoffnung scheint in dem Gedicht *Psalm* aufgegeben. Celan übernimmt hier gleichsam die Rolle des Psalmisten, der dem Gott Israels die Leiden seines Volkes sub specie aeternitatis vorträgt.[1] Wie in ›Tenebrae‹ ist die Ich-Du-Polarität erhöht zum Dialog mit dem Herrn. Das entspricht nach Martin Buber dem ursprünglichen Verhältnis des Psalmisten zu seinem Gott. Hier jedoch redet er im Chor der Toten, übernimmt ihre imaginäre Perspektive, die sich – wie in allen Gedichten Celans – mit der der Lebenden deckt. Die Toten führen Klage um das verlorene irdische Leben, um das Nichts, das sie waren, sind und bleiben werden, und im Bild der Niemandsrose begreifen. An dem Punkt, da die Klage, dem biblischen Psalm entsprechend, umschlägt in den Lobpreis göttlicher Allmacht, enthüllt sich das Du als der nicht mehr identifizierbare namenlose Niemand: »Gelobt seist du, Niemand. / Dir zuliebe wollen / wir blühn.« Hier wird das paradoxe Sprechen Celans unmittelbar deutlich. Der Lobpreis scheint ironisch, nahe der Lästerung, dennoch ist er wörtlich zu nehmen. Das Nicht-Sein der Redenden entspricht dem göttlichen Niemand in der Weise der doppelten Negation, die sich wieder aufhebt. Um seinetwillen wollen sie blühen, ihm »entgegen«, – zugewandt (»mit dem Griffel seelenhell«) einem leeren oder auch – nach dem alten mystischen Ver-

---

[1] Peter Paul Schwarz: Totengedächtnis und dialogische Polarität in der Lyrik Paul Celans. Beihefte zu »Wirkendes Wort«, Düsseldorf 1966, S. 47 ff.

ständnis von »Wüste« – einem unendlichen Himmel (»dem Staubfaden himmelswüst«). Das scheinbar sinnlose Blühen beschwört einen Zustand fast ekstatischer Erwartung. Die zuletzt auf die Passion Christi verweisende Rosen-Metapher stellt einen Zusammenhang zwischen göttlichem und menschlichem Leiden her. Damit gewinnt der Niemand, die Negation des alttestamentarischen Gottes (»Niemand knetet uns wieder aus Erde und Lehm«), zuletzt einen leisen, aber bestimmten Umriß.

Nicht auszuschließen ist auch, daß »Nichts« und »Niemand« die Unendlichkeit eines Gottes andeuten könnten, dessen Name ein frommer Jude nicht ausspricht, sondern möglichst umschreibt, der auch in der jüdischen Mystik nur umschreibend, mit dem Begriff des Nichts, ausgedrückt wird. Für Celan ist Gott, seiner zwiespältigen Erfahrung von Wirklichkeit entsprechend, sowohl *einer* als *keiner*, *Du* und *Niemand*, *König* und *Nichts*. Dem begegnen von seiten des Menschen Gebet und Lästerung. Daß die Antinomie unauflösbar bleibt, ist begründet in der schon erwähnten Auffassung von der Zerspaltenheit Gottes in einen diesseitigen und einen jenseitigen Teil: »Zweihäusig, Ewiger, bist du, un-/bewohnbar. Darum / baun wir und bauen. Darum / steht sie, diese erbärmliche Bettstatt, – im Regen, / da steht sie.« Die Hoffnung, das ausgesetzte Dasein könne geborgen, Gott »bewohnbar« werden, erfüllt sich nicht: »Er kommt nicht, er legt uns nicht trocken.«

»Wir / wissen ja nicht, / was / gilt«, lautet der Schluß des Gesprächs mit Nelly Sachs im Gedicht *Zürich. Zum Storchen*. Auch hier wird gegen den Gott der Väter die Hoffnung des Herzens auf den Gekreuzigten gesetzt, »auf / sein höchstes, umröcheltes, sein / haderndes Wort«, das Wort äußerster Gottverlassenheit. Celan bleibt dem zugewandt, der den Tod, die Grunderfahrung seiner Zeit, miterleidet. So erscheint im Gedicht *Mandorla* das Nichts in einem eher christlichen als jüdischen Zeichen. Ausdrücklich wird das jüdische Anliegen zum allgemein menschlichen erklärt (»Judenlocke« – »Menschenlocke«). Es ist das Gedicht einer inneren Schau, deren Gegenstand das Nichts genannt wird, die jedoch nur scheinbar ins Leere geht. In der Mandorla »steht« das Nichts. In der Tiefe des Nichts »steht« der König. Das dreimal wiederholte »steht« bürgt für eine Präsenz, der die Bewegung des schauenden Auges genau entspricht. Der Mandel, dem Nichts, dem König, steht es »entgegen«. Dieses Entgegen-Stehen ist mehr als Erwartung, mehr als ein distanziertes Gegenüber. Das »weltblinde« Auge sieht ein immer-währendes, zeitlos Gegenwärtiges, das wiederum nur paradox zu umschreiben ist: den König im Nichts, die königsblaue Leere.

Im selben Sinn spricht das Gedicht *Einmal, da hörte ich ihn* vom Hören. Das mit geistigen Organen Wahrgenommene ist auf eine Weise »wirklich«, wie die Toten wirklich sind. »Einmal, da hörte ich ihn, / da wusch er die Welt, / ungesehn, nachtlang, / wirklich.« Vom zweiten Vers an ist deutlich, wer gemeint ist. »Nachtlang« deutet auf die Finsternis des Grabes Christi, dessen Tod die Welt vorösterlich reinigt, wäscht. Das Waschen ist auch ein Taufen, das – nach Paulus – in den Tod Christi erfolgt. Licht und Rettung gehen aus dieser Taufe hervor. Denn sie bewirkt, daß »Eins und Unendlich« zusammenfallen. Eins als die Zahl des Ureinen, der vor der Schöpfung ist, Unendlich als Gesamtheit des Bestehenden, deren hebräisches Zeichen das Kreuz ist. Die Paradoxie des an seine Schöpfung geschlagenen gekreuzigten Gottes ist das zu enträtselnde Geheimnis: »Die mir hinterlaßne / balkengekreuzte / Eins: // an ihr soll ich rätseln.« Das »ichten«, wohl aus Heideggers Wortbildung »nichten« entstanden, meint Wirken nach der Aufhebung der Geschiedenheit von Schöpfer und Schöpfung und damit auch das Überwinden des Todes. Es könnte ein Synonym sein für »auferstehen«.

Das letzte Gedicht von »Lichtzwang« – *Wirk nicht voraus* – ruft den auferstandenen Gott an als den Messias, den in Christus wiederkehrenden Adam, von dem schon die »Vor-schrift«, hier in der Bedeutung von Thora, Gesetz – spricht. Christus ist, ehe Mose war, und deshalb »unüberholbar«. Wie in »Tenebrae« ist er das angeredete Du. Seine Ankunft, für die Zukunft verheißen, wird für das Jetzt erfleht, das vom Nichts – hier dem Noch-Nicht – beherrscht, von Gebet erfüllt ist: »Wirk nicht voraus / ... / steh / herein ...« Um dieser Ankunft willen ist das Ich bereit, alle Ruhe – die Ruhe des Sabbath, des Karsamstags – aufzugeben. Denn sie wäre das Ende des Exodus, wäre Dasein »im Angesicht«, das im Sinn der jüdischen Mystik nicht nur jenseits des Todes, sondern schon hier, immer sein muß, oder es ist nie. Wer einen der in die Welt eingegangenen Funken des göttlichen Urlichts durch gerechtes Tun wahrnimmt, erlöst ihn und wird erlöst oder, wie das vorletzte Gedicht von »Lichtzwang« sagt, »erluchtet«.

Von diesem Gedicht *Du sei wie Du*, in dem zunächst befremdend neuhochdeutsche, mittelhochdeutsche und hebräische Sprachelemente vermischt sind, hat Celan gesagt, daß es durch Eckharts Predigt

»Surge, illuminare« ausgelöst worden sei.[1] Es beschreibt, bis ins Sprachliche sichtbar, einen langen, widersprüchlichen Weg, dessen Ausgangspunkt in der Gegenwart liegt, der zurück in die Vergangenheit führt. Die gegenwärtige Situation ist bezeichnet durch den »Turm«, die Gefangenschaft in der Fremde, in der Halt nur die aus dem Dunkel herausweisende Sprache (»Finster-Lisene«, Leiste) ist. Eckhart geht in seiner Predigt von den Anfangsworten in Jesaja 60 aus: »Mache dich auf, werde licht; denn dein Licht kommt, und die Herrlichkeit des Herrn strahlt auf über dir.« Celan übernimmt nicht nur wörtlich den Text Eckharts (»stant up, Jherosalem ...«), er geht zurück bis zum hebräischen Wortlaut: »kumi / ori« – »steh auf, werde licht«. Bei Eckhart fand er die ihm vertrauten Gedanken vom »Allerobersten«, das in das »Niederste« fließt, vom »Enthöhen« Gottes durch Verinnigen, vom göttlichen »Innen«-Sein in der Seele, auf daß sie »erhöht« würde.[2] Von einem »innen« werdenden Du, einem »ganz Anderen«, weil den Tod nicht kennenden, sprechen schon Verse eines Gedichts der »Niemandsrose«: »Es gab sich dir in die Hand: / ein Du, todlos, / an dem alles Ich zu sich kam ...« Das Gedicht aus »Lichtzwang« deutet die immer offene Möglichkeit an, daß das Ich zu sich kommt im Du des Zeichens Jerusalem, wie Jerusalem zu sich kommt im höchsten Du des verinnigten Gottes. Das Band, das mit diesem Ursprung verbindet, ist zerschnitten, aber es wird neu geknüpft in der »Gehugnis«, dem Gedächtnis, von Eckhart »eyne heymeliche verborgen konst« genannt. Das schöne mittelhochdeutsche Wort steht als einziges in einem neuhochdeutschen Vers, ist also entscheidend. Es meint ein geheimes, verborgenes Wissen. Das im Gedächtnis Bewahrte und Gewußte ist der Grund für die Forderung »steh auf, werde licht« und »Du sei wie Du, immer«. Könnte sie erfüllt werden, wäre Licht und Rettung, wäre – wie Celan sagt – die Zeit, da »der Stein sich zu blühen bequemt«.

---

[1] Werner Weber: Zum Gedicht »Du sei wie Du«. In: Über P.C. a.a.O., S. 277ff.
[2] Übersetzung u. Ergänzungen v. Joseph Quint. Siehe auch Bd. I, Meister Eckhart.

Paul Celan (II)
1920–1970

Die leere Transzendenz. »Warten auf Wahres«

Sprich auch du

Sprich auch du,
sprich als letzter,
sag deinen Spruch.

Sprich —
Doch scheide das Nein nicht vom Ja.
Gib deinem Spruch auch den Sinn:
gib ihm den Schatten.

Gib ihm Schatten genug,
gib ihm so viel,
als du um dich verteilt weißt zwischen
Mittnacht und Mittag und Mittnacht.

Blicke umher:
sieh, wie's lebendig wird rings —
Beim Tode! Lebendig!
Wahr spricht, wer Schatten spricht.

Nun aber schrumpft der Ort, wo du stehst:
Wohin jetzt, Schattenentblößter, wohin?
Steige. Taste empor.
Dünner wirst du, unkenntlicher, feiner!
Feiner: ein Faden,
an dem er herabwill, der Stern:
um unten zu schwimmen, unten,
wo er sich schimmern sieht: in der Dünung
wandernder Worte.

Grabschrift für François

Die beiden Türen der Welt
stehen offen:
geöffnet von dir
in der Zwienacht.
Wir hören sie schlagen und schlagen
und tragen das ungewisse,
und tragen das Grün in dein Immer.

Oktober 1953

Tenebrae

Nah sind wir, Herr,
nahe und greifbar.

Gegriffen schon, Herr,
ineinander verkrallt, als wär
der Leib eines jeden von uns
dein Leib, Herr.

Bete, Herr,
bete zu uns,
wir sind nah.

Windschief gingen wir hin,
gingen wir hin, uns zu bücken
nach Mulde und Maar.

Zur Tränke gingen wir, Herr.

Es war Blut, es war,
was du vergossen, Herr.

Es glänzte.

Es warf uns dein Bild in die Augen, Herr.
Augen und Mund stehn so offen und leer, Herr.
Wir haben getrunken, Herr.
Das Blut und das Bild, das im Blut war, Herr.

Bete, Herr.
Wir sind nah.

Paul Celan (II)

Eis, Eden

Es ist ein Land Verloren,
da wächst ein Mond im Ried,
und das mit uns erfroren,
es glüht umher und sieht.

Es sieht, denn es hat Augen,
die helle Erden sind.
Die Nacht, die Nacht, die Laugen.
Es sieht, das Augenkind.

Es sieht, es sieht, wir sehen,
ich sehe dich, du siehst.
Das Eis wird auferstehen,
eh sich die Stunde schließt.

D<small>EIN</small>
H<small>INÜBERSEIN</small> heute Nacht.
Mit Worten holt ich dich wieder, da bist du,
alles ist wahr und ein Warten
auf Wahres.

Es klettert die Bohne vor
unserm Fenster: denk
wer neben uns aufwächst und
ihr zusieht.

Gott, das lasen wir, ist
ein Teil und ein zweiter, zerstreuter:
im Tod
all der Gemähten
wächst er sich zu.

Dorthin
führt uns der Blick,
mit dieser
Hälfte
haben wir Umgang.

II. Erfahrungen und Denkwege im zwanzigsten Jahrhundert

Zürich, zum Storchen

Für Nelly Sachs

Vom Zuviel war die Rede, vom
Zuwenig. Von Du
und Aber-Du, von
der Trübung durch Helles, von
Jüdischem, von
deinem Gott.

Da-
von.
Am Tag einer Himmelfahrt, das
Münster stand drüben, es kam
mit einigem Gold übers Wasser.

Von deinem Gott war die Rede, ich sprach
gegen ihn, ich
ließ das Herz, das ich hatte,
hoffen:
auf
sein höchstes, umröcheltes, sein
haderndes Wort –

Dein Aug sah mir zu, sah hinweg,
dein Mund
sprach sich dem Aug zu, ich hörte:

Wir
wissen ja nicht, weißt du,
wir
wissen ja nicht,
was gilt.

Paul Celan (II)

Psalm

Niemand knetet uns wieder aus Erde und Lehm,
niemand bespricht unsern Staub.
Niemand.

Gelobt seist du, Niemand.
Dir zulieb wollen
wir blühn.
Dir
entgegen.

Ein Nichts
waren wir, sind wir, werden
wir bleiben, blühend:
die Nichts-, die
Niemandsrose.

Mit
dem Griffel seelenhell,
dem Staubfaden himmelswüst,
der Krone rot
vom Purpurwort, das wir sangen
über, o über
dem Dorn.

Mandorla

In der Mandel – was steht in der Mandel?
Das Nichts.
Es steht das Nichts in der Mandel.
Da steht es und steht.

Im Nichts – wer steht da? Der König.
Da steht der König, der König.
Da steht er und steht.

    Judenlocke, wirst nicht grau.

Und dein Aug – wohin steht dein Auge?

Dein Aug steht der Mandel entgegen.
Dein Aug, dem Nichts stehts entgegen.
Es steht zum König.
So steht es und steht.

    Menschenlocke, wirst nicht grau.
    Leere Mandel, königsblau.

EIN DRÖHNEN: es ist
die Wahrheit selbst
unter die Menschen
getreten,
mitten ins
Metapherngestöber.

EINMAL,
da hörte ich ihn,
da wusch er die Welt,
ungesehn, nachtlang,
wirklich.

Eins und Unendlich,
vernichtet,
ichten.

Licht war. Rettung.

DU SEI WIE DU, immer.

*Stant up Jherosalem inde
erheyff dich*

Auch wer das Band zerschnitt zu dir hin,

*inde wirt
erluchtet*

knüpfte es neu, in der Gehugnis,

Schlammbrocken schluckt ich, im Turm,

Sprache, Finster-Lisene,

*kumi
ori.*

Paul Celan (II)

WIRK NICHT VORAUS,
sende nicht aus,
steh
herein:

durchgründet vom Nichts,
ledig allen
Gebets,
feinfügig, nach
der Vor-Schrift,
unüberholbar,

nehm ich dich auf,
statt aller
Ruhe.

Einleitung

Ernst Meister

In einem am 4. Dezember 1978, ein halbes Jahr vor seinem Tod, geführten Gespräch anläßlich seines letzten Gedichtbandes »Wandloser Raum«, hat Ernst Meister gesagt: »Es ist eine Veranlagung bei mir, oder es ist ein Zustand bei mir eingetreten, der will, daß ich die Tatsache des Todes als skandalierend begreifen muß. Denn man sehe sich das an: Die Evolution hat es vermocht, das Bewußtsein hervorzubringen, was immerhin eine außerordentliche, eine gewaltige Errungenschaft darstellt ... Und dann ist ihm aber verhängt, daß es, vollgepfropft möglicherweise mit Erkenntnis, verschwinden muß. Es wird getilgt ... Das ist für mich die Basis für alles Begreifen: Ich muß die Dinge jetzt verstehen von ihrer Vernichtbarkeit her.« Befragt, ob seine »Botschaft« denn nun Resignation, Hoffnungslosigkeit sei, antwortet Meister: »Ich fühle mich nun aus Gründen der Redlichkeit verpflichtet, mir da nicht etwas vorzumachen, sondern auszugehen von dem, was unter meinen Füßen ist, und mir jedenfalls nicht die Überzeugung nehmen zu lassen, daß des Menschen Schicksal das Abenteuerlichste, das metaphysisch Unausführbarste ist, das heißt: eigentlich überhaupt gar nicht vollziehbar. Denn hat jemand jetzt das Geschenk des Bewußtseins erhalten, ist er also quasi eine Weile so etwas wie ein Halbgott, dann kommt der Moment, da wird er aber auch für alle Zeit, für alle Ewigkeit ausgelöscht, da gibt es nie und nie wieder einen Augenblick, ein Aufsehen, einen Schein der Augen, gar nichts! Und da irgendeinen Klebstoff anzusetzen, das ist mir nicht möglich. Ich bleibe also dabei, daß das Menschendasein ein unwahrscheinlich riskantes, aber dann eben doch letzten Endes durch Sprache auszudrückendes Abenteuer ist.«[1]

Ernst Meister steht mit solchen Gedanken nicht allein. Er selbst versteht sich in der Tradition von Montaigne, Pascal, Kierkegaard und Nietzsche. Aber es ist eine Frage, ob seine Gedichte nicht mehr aussagen als seine Theorie. In jedem Fall beschreiben sie den nie aufgegebe-

---

1 Jürgen P. Wallmann: »Dichten ist identisch mit Denken«. Ein Gespräch mit Ernst Meister. In: E. M. Hommage, Münster 1985, S. 3f.

nen Versuch eines Transzendierens über die selbst gesetzte Grenze. Dabei tauchen Bilder auf, die im strengen Sinn gar nicht Bild sind, eher Ausdruck dieser unablässigen Wahrheitssuche, indem sie genaueste sinnliche Anschauung mit höchster Abstraktion vereinen – Wortbilder wie »Zeitspalt« für den von »hohlen Himmeln« bedrängten Ort des Menschen – »Zufallskreisel« für diesen Ort, die Erde – »Bruch« für den Abgrund zwischen Zeitlichem und Ewigem – »wandloser Raum« für das leere All, in dem sich Anfang und Ende des Menschen verlieren. Die Liebe (»einzige Gewalt«) zum Sein in allen Gestalten ist die *eine* Gegenmacht zur Schwermut: »Hier, / gekrümmt / zwischen zwei Nichtsen, / sage ich Liebe.« Die *andere* ist die Forderung an sich selbst: »*Sage vom Ganzen* den Satz.« Das ist das Entscheidende. Das Ganze oder »Totum«, wie Meister auch sagt, ist letztlich »Das Himmlische: / die Innigkeit, / das Gran / im Ungeheueren, / von dem der Zahl / und Unzahl Meister / Wissen haben.« Der Nicht-Wissende geht seinen Weg voraussetzungsloser Betrachtung der konkreten sinnlichen Erscheinung, und er geht ihn um so unerbittlicher gegen sich selbst, je näher er den Tod auf sich zukommen fühlt. Mehr denn je geht es in den bewegenden Meditationen der Spätlyrik um »innere Bereinigung«, um »Gewinn von Klarheit, sonst gar nichts«. Denn »es macht die Todesrechnung / den Zwang, / das Rechte zu finden.« Deshalb antizipiert das Denken den Tod sozusagen »bei lebendigem Leib« bis in die physische Auflösung hinein, getrieben vom natürlichen Verlangen nach Dauer: »Wir ja, wir Bedürftigen, / wollen hören / das Lebendige der Toten.« Als das eigentlich Anstößige, schlechterdings Unverständliche erscheint die mögliche Vernichtung dessen, was den Menschen zum Menschen macht, die Vernichtung des Bewußtseins. Das Denken »krümmt« sich – und ist doch seinem Wesen nach dazu genötigt – zu verstehen, was das heißt: Nicht-dasein. Wie kann Bewußtsein sich in seinen Gegensatz denken, also sterben lernen? Der Tod ist »der unerlebbare Punkt«. Er kann nicht nur nicht gedacht werden, er macht auch das Gedachte, also auch den Gedanken der Unsterblichkeit, zunichte. »Unsterblichkeit ist / das Nächstgewünschte. / Jetzt aber / genüchtert geh / ins streng bedeckende / Grab / mit den Gedanken.« So lautet ein Gedicht von 1976 aus dem Nachlaß. Die ernüchternde Antwort auf alle Fragen heißt: »Der Tod, anders als groß, das / Heimweh zertritt er.« Denn im Tod verschweigt sich das Nichts als die wahre Wirklichkeit: »Der Niemand steht am End.«

Nichts und Niemand sind hier wohl kaum Umschreibungen des angemessen nicht auszudrückenden Absoluten, das nur als Nichts von Allem oder als von Allem Unterschiedenes gedacht werden kann. Beide Begriffe sind wörtlich gemeint, auch wenn sie als Negation von Etwas auf dieses bezogen bleiben. So sagt Meister über seine Spätlyrik, deren eigentliches Thema das Nichts ist: »Meine Gedanken waren auf das, was man Ewigkeit nennt, ausgerichtet.« So ist früher die Rede vom gegenwärtigen »Schatten des Schöpfers«, während doch gilt: »Da ist kein Schöpfer, / da ist kein Zeuge.« Der Schöpfungsmythos ist für ihn, der sich lange mit Bibel und Christentum auseinandergesetzt hat, so wenig akzeptabel wie die Auferstehungslehre. Der Niemand steht nicht nur am Ende, auch am Anfang des Daseins. Erkennbar ist allein die aus sich selbst seiende schöne Natur, die »unheilige« Mutter, wie sie im Kontrast zum ehemals geglaubten »heiligen« Ursprung genannt wird. Wäre der Mensch Kind der Erde, wäre das stille Sein von Stein und Pflanze, Tier und Gestirn auch sein eigenes, sie müßte ihm heimatlich sein. Doch »entsetzlich / aufgespalten scheint / der Anfang der Anfänge selbst«. Die Natur ist bewußtlos, unwissend ihrer selbst. Vom Menschen dagegen gilt: »Geboren / bin ich, / ins Wissen geworfen.« Einerseits Ergebnis einer Evolution von »Jahrtrillionen«, ist ihm sein Dasein in sich selbst verrätselt: das Woher und Wohin des Bewußtseins liegt im Dunkel. Bereits dieses Nichtwissen beweist Bewußtsein. »Da ich nicht weiß, / was ich bin / von zu Haus, / muß ich / Gedanke sein«, lautet die bezeichnende Abwandlung des Cartesianischen »Cogito, ergo sum«. Um so fragwürdiger ist angesichts der möglichen Vernichtung im Tod der Sinn von Bewußtsein und damit der Sinn individueller menschlicher Existenz: »Wozu ›ich‹?« Diese Frage verschärft Hölderlins »Wohin denn ich?« ebenso wie noch Gottfried Benns Erfahrung des »verlorenen Ich«. Ernst Meister sieht das Ich als »ein untergehendes Ich, gebunden an eine sterbliche Person«.[1] Die Konsequenz seines Denkens, das sich in allen seinen Bewegungen dem Nichts gegenüber sieht, führt immer wieder zurück zum »unsäglich Tatsächlichen« der »bündigen« Natur, die mit »Gleichmut« über dem Weltabgrund Leben aus sich zeugt und Leben in sich hereinnimmt, Geburtenschoß und Schädelstätte in einem. Sie ist verläßlich, weil gestalthaft begrenzt und er-

---

[1] Matthias Bärmann: Am Ende der Metaphysik: Erkenntnis und Gespräch. In: Text und Kritik. Ernst Meister. Nr. 96, München 1987, S. 41.

kennbar. Deshalb hat sie den Anschein von Heimat, bietet einen wenn auch zerbrechlichen Halt: »Hier, von den hohlen Himmeln bedrängt, / an Halmen des Erdreichs mich haltend.«

Aber die Natur ist nicht das Ganze, das »Totum«, um das es geht. Der Mensch *ist* nur im »Zeitspalt«, zwischen Ewigkeit und Ewigkeit – »zwei Nichtsen« – umschlossen von unendlicher gestalt- und eigenschaftsloser Leere, die schaudern macht im »Ewigkeitsschrecken«. Schon der Zwanzigjährige stellte seinen ersten Gedichtband unter den Satz von Jean Paul: »In der Tat ist das Leere unerschöpflich, nicht das Volle ...« und schrieb dann die Verse: »Im Nichts hausen die Fragen. / Im Nichts sind die Pupillen groß – / Wenn Nichts wäre, / o wir schliefen jetzt nicht.« Die poetischen Zeichen für die Leere des Nichts sind zum Teil die der Mystik: Wüste, Schlucht, Ungrund, Abergrund – zuletzt aber die paradoxe Formel »wandloser Raum«. Galt Nietzsches Vision der offenen Horizonte noch dem neuen Menschen, so erklärt Ernst Meister: »Wandloser Raum: der uns und alles umgebende, der alle Horizonte aufzehrende unendliche Raum, bergend nicht Mensch, nicht Gott.« Gleichwohl läßt diese leere Unendlichkeit Sein zu als »Lichtung« (wie es mit Heidegger heißt) im Zeitspalt, ja bewahrt es in einer bestimmten Weise in sich: »Was ist, ist / und ist aufgehoben / im wandlosen Gefäß / des Raums.« Aber auch dieses Aufgehobensein ist nicht dialektisch teleologisch gedacht im Sinn einer zu gewinnenden höheren Einheit. Es meint das bewußtlose Sein des Alls, in dem »Geist zu sein / oder Staub« dasselbe bedeutet: »Gerettet sind wir / durch nichts, / und nichts / bleibt für uns.«

Vorläufige Rettung aus diesen »Verzweiflungen« ist – neben der vollen Zuwendung zur Natur und zum dem gleichen Schicksal unterworfenen Mitmenschen – die Arbeit an der Sprache. Die letzte Konsequenz wäre das Schweigen, aber noch gibt es das Glück des Sagens, das darin besteht, »einen Funken aus dem ganz und gar Endlichen schlagen zu können«. Denn das Endliche ist des Menschen »unendliches Eigentum«. Das gilt auch für die Wirklichkeit des Todes, die immer wieder in Anspielung auf den Schöpfungsmythos beschrieben wird: »Wenn wir / entblößt sind / bis auf den / Lehm, dann / ist die Rede / richtig vom Sangbaren.« Wenn das Leibliche eingeht in den Naturkreislauf, wird der Mensch »gleichsinnig« mit Erde und Himmel, »die sich nicht wissen«, und der durch Bewußtsein und Sprache offenkundige Bruch zwischen Mensch und Natur aufgehoben. In diesem Sinn stellt der Tod – jenseits von Bewußtsein und Ich, jenseits von

Erlösung und Unsterblichkeit – eine »Totalität« her, die im Unendlich-Endlichen »Sein« bedeutet.¹

Am Ende seines sich selbst auferlegten Weges, den Menschen von seiner Vernichtbarkeit her zu verstehen, denkt Ernst Meister nicht mehr gegen den Tod, sondern mit ihm: »Klarheit / entsteht, was sonst, / die Seele erleichternd, // Nähe des Ursprungs.« Das »Ganze« erscheint jetzt als das »Wahre«, in das der Mensch im Tod eintauchen wird. Nach wie vor ist damit der Gedanke an das Verlöschen des Bewußtseins verbunden, das alles enthält, was das Dasein teuer gemacht hat. Dieser Schmerz bleibt. Aber die letzten Verse, zwei Tage vor dem Tod entstanden, kommen wie aus einem Einverständnis: Das stille Sein der Natur ist allgegenwärtig und weist doch über sich hinaus in einem Bild von unsäglicher Transparenz: Die Blumen, die der Sterbende anredet, »stehn / im Sonnenlicht gegen / das lösliche Gewölbe«.

---

[1] Vgl. dazu Christian Soboth: Die Un-Natur der Natur. In: Text und Kritik, a.a.O., S. 82 f.

Ernst Meister
1911–1979

Das Denken des Nichts

Denk, in den
Jahrtrillionen
darfst du
kein Heimweh mehr haben
nach Mensch und Erde.

Dies, daß du
ein Kind warst
des Alls,
ist dahin,
und wo

ist die Unheilige,
die Mutter mit Sinnen
allsamt geblieben
und wo
das Gestirn, das uns schien?

Mir schwindelt.

Ich wünscht auch,
eh geendet, ich säh
einen Traum.

Fallen

Fallen.
Die Himmel halten nicht.
Kein Engel hält.

Fallen.
Nicht Flügel breiten sich
jenseits der Welt.

Fallen,
wo fremd das Liebe weicht.
Ich fürchte mich sehr.

Fallen,
durch das vielmehr
Ende dem Anfang gleicht.

Fallen.

Das Himmlische:
die Innigkeit,
das Gran
im Ungeheueren,
von dem der Zahl
und Unzahl Meister
Wissen haben.

Entstandenheit,
die sag mir;
woher
des Herzens Herz,
das sag mir ...

Dies sag mir
an der Endlichkeit
zuckendem Rand.

Aber wir sind doch
Kinder der Erde –
wissen wir's nicht?

Zugehörig dem Ursprung,
dürften uns
dessen Bestimmungen

fremd nicht sein.
Doch entsetzlich
aufgespalten scheint

der Anfang der Anfänge selbst.

Ernst Meister

Da ich nicht weiß,
was ich bin
von zu Haus,
muß ich
Gedanke sein.

Von niemand
gestoßen,
verrätselt sich
Sein
in sich selbst.

Lang oder kurz ist die Zeit,
und das Wahre,
das sich ereignen wird,
heißt Sterben.

Danach bist du
gleichsinnig mit
der Erde, dem Himmel,
die sich nicht wissen.
(Aber wer bist du noch?)

Was eigentlich hieß denn das:
geboren, Zeit zu gebären
im Unterfangen des Bewußtseins –
wozu »ich«?

Es ist der Tod
nicht Bruder des Gedankens.

Anders als groß, das
Heimweh zertritt er.

Du, Erde, ein wie
unsäglich Tatsächliches.

II. Erfahrungen und Denkwege im zwanzigsten Jahrhundert

Es kommt
unheilig längste Zeit,
wo das Geweb, das wahrgewobene,

sich in Erde ändert
und nichts mehr vorkommt
Augen oder Zunge.

Unzählige sind schon,
Kundige der Kunst,
ermattet in der Erde Riß.

Wenn sich das Korn,
das Erde heißt,
zerschliffen hat,

wer zeigt wem vor
ein letztes Bild?
Der Niemand steht am End.

Im Zeitspalt
ein Gedanke gewesen,
bis der Ewigkeitsschrecken
ihn umwarf.

Was folgt,
ist nicht Schlaf,
sondern Skelett.

Das wissen
die Verständigen aber.

Es will sich
im Toten
das Nichts verschweigen.
So ist es
ganz wirklich.

Ernst Meister

(zu Valéry)

Weder Tag noch Nacht,
weder Stein noch Stern ...

Das Äußerste und
das Schwerste ist,

Nicht-da-sein
denken zu müssen.

Wie soll ein Bewußtsein
zu sterben lernen,

sich schicken in seinen
Gegensatz?

Das dir zugesagte
Nichtsein wischt
alles Gedachte
weg.

Das Denken krümmt sich
im Wissen darum
und ist doch genötigt,
Welt zu verstehn.

Da ist kein Schöpfer,
da ist kein Zeuge,
da ist sie selbst
aus sich selbst,
Natur, sie allein –
und ich
wäre einsam
in ihr?

Warum erschrecke ich
über Seiendes,
obwohl ich
zu ihm gehöre?

Was ist es
mit dem Unterschied
dessen, das lebt
und das stirbt?

(zu Montaigne)

Wie es einer
gedacht hat,
Sterben:

Sich drehn
von der Seite der
Erfahrung auf die

der Leere, un-
geängstet, ein
Wechseln der Wange,

nichts weiter.

Was Erde sei,
erfahre ich nicht,
wenn ich selbst
Erde bin.

Es ist also Leben
alles, es ist
der Erkenntnis Ton
in den Sphären.

Hier,
gekrümmt
zwischen zwei Nichtsen,
sage ich Liebe.
Hier, auf dem
Zufallskreisel
sage ich Liebe.

Ernst Meister

Hier, von den hohlen
Himmeln bedrängt,
an Halmen
des Erdreichs mich haltend,
hier, aus dem
Seufzer geboren,
von Abhang
und Abhang gezeugt,
sage ich Liebe.

Geist zu sein
oder Staub, es ist
dasselbe im All.

Nichts ist, um
an den Rand zu reichen
der Leere.

Überhaupt
gibt es ihn nicht.
Was ist, ist

und ist aufgehoben
im wandlosen Gefäß
des Raums.

Die Gestalt, die
Dasein heißt,
hat zum Vater
der Abgründe Abgrund.

Und die Mutter,
sehr glänzend,
heißt Weh,
diesseits und jenseits.

Gerettet sind wir
durch nichts,
und nichts
bleibt für uns.

Tagelöhner
dieser Verzweiflungen –
Hast du
die Erde gewollt?

Du warst diese Erde
im Mutterleib schon.
Nichts als dich einzuholen,
ist dir bestimmt.

Der Erkennende
ist der Gräber,
die Erkenntnis das

Grab. Der
Gipfel der Ohnmacht
ist unten.

Vor meinen Augen
breitet sich
HADES. O

Name. Endlich,
wenn du dich auflöst
in Todesschweiß,

wird alles
getaucht ins
Wahre.

Spät in der Zeit
wirst du sagen,
du seist

ein Mensch gewesen.

Du sagst es nicht,
kannst es nicht sagen –
du sagst es jetzt.

Ernst Meister

Was, vor allem,
weiß ich schon bald
von Namen noch:

Haus ... Baum ...
Blume ... Ach,
denke nicht,

daß deinen Staub
Nichtigsein
quäle.

O Blumen!
Hier auf dem Balkon
seh ich euch stehn
im Sonnenlicht gegen
das lösliche Gewölbe.

Ihr andern auch
seid gegenwärtig.
(13.6.1979)

Einleitung

Carl Gustav Jung – Ernst Bloch – Karl Rahner
Carl Friedrich von Weizsäcker

Die folgenden Texte dokumentieren, daß die Frage nach der Unsterblichkeit des Menschen auch im sogenannten nach-metaphysischen Zeitalter nicht verstummt ist. Sie unterscheiden sich voneinander durch völlig konträre Denkansätze, nicht aber im innersten Anliegen. Alle vier Autoren greifen zudem auf die philosophisch-theologische Tradition zurück; vor allem Meister Eckhart wird genannt. Das besonders bei Bloch deutliche Argumentieren mit »klassischen« Begriffen der Vergangenheit erinnert an einen Satz Carl Friedrich von Weizsäckers, wonach die im Denken seit Platon vollzogenen Schritte von der Einheit zur Vielheit »eine Selbstkorrektur in umgekehrter Reihenfolge« verlangen. Da »der harte Kern des heutigen Bewußtseins« die Naturwissenschaft ist, müßte es zum Beispiel auch darum gehen, die Herausforderung des Darwinismus »zu einer noch nicht geleisteten Philosophie der Zeit« anzunehmen. Weizsäcker selbst sucht, gerade als Physiker das schon immer Gedachte neu zu denken, schrittweise zu fragen nach dem »Subjekt in der Physik« – dem Einen im Vielen. Daß damit auch die »Erfahrungsschwelle« berührt ist, die der Tod darstellt, versteht sich von selbst.

Der Tiefenpsychologe *Carl Gustav Jung* erklärt die Fortdauer der Seele ausdrücklich als wissenschaftlich unbeweisbar, ist aber von ihr überzeugt aufgrund persönlicher Erfahrungen, die seinen Beobachtungen des Unbewußten – für ihn eine wesenhaft religiöse Dimension – entsprechen.

Für den Philosophen *Ernst Bloch* ist Unsterblichkeit die über das Jetzt unendlich hinausgehende diesseitige Zukunft der Menschheit, die Verwirklichung des Traums von sozialer Gerechtigkeit und Freiheit. Der Himmel soll herunterkommen auf die Erde: »Zukunft ist die Wahrheit dessen, was man früher Transzendenz nannte.« Als die »härteste Gegen-Utopie« erscheint der Tod – hypothetisch aber auch als »Ausgebärungsraum« des menschlichen Kerns, der, träte er hervor, den Tod vernichten würde. Bewußt greift Bloch zu Begriffen und Bildern der Bibel, der Metaphysik und Dichtung. Obwohl er sie umdenkt in die horizontale Unendlichkeit seiner Utopie, bleibt die ihnen eigene ursprüngliche Dynamik wirksam. Die tiefe Bedeutung etwa des »nunc stans« der Mystiker läßt sich nicht einfach umfunktionieren. Es entsteht eine dialektische Spannung, die jedoch in jeder Phase dieses leidenschaftlichen Denkens ausgehalten wird und eine wenn auch ungewollte letzte Offenheit gegenüber der in Frage gestellten Transzendenz verrät. Das zitierte »Hegemonikón« des Individuums (der leitende Seelenteil, Eckharts »Seelenfünklein«) erscheint so wenig auflösbar wie die von Kälte- und Wärmetod bedrohte Ordnung des Alls. Grundsätzlich gilt, auch wenn das »in aeternum« verschwiegen wird, das immer wieder beschworene »Non omnis confundar«.

Für den Theologen *Karl Rahner* umfaßt die Gewißheit, die der Glaube gibt, die für ihn selbstverständlich immer auch eine angefochtene Gewißheit ist, auch das unsterbliche Wesen des Menschen. Der Tod ist die große Zäsur, »der Augenblick der Entscheidung schlechthin«. Denn in ihm wird »unsere Zeit und unser Leben Ewigkeit. So oder so.« Weil er meist kommt wie der Dieb in der Nacht, müßten Gedanken und Taten schon immer auf diesen Augenblick gerichtet sein, müßte das Leben »bewußt und in der Freiheit des Geistes« auf ihn zugehen[1], auch wenn das in der ungeheuren Leere des Todes erwartete sich verbergende »ewige Leben« konkret nicht vorstellbar ist. Alles Reden darüber kann, wie jede religiöse Aussage, nur im Bewußtsein der Unzulänglichkeit der menschlichen Sprache geschehen, die, auch in der höchsten Steigerung des Ausdrucks, ihrem Gegenstand unangemessen bleibt und nur negativ umschreibend und mit Hilfe von Analogien sich ihm nähern kann. Hier steht Karl Rahner ganz in der mystischen Tradition. Die Theologie hat für ihn »die quälende Aufgabe«, alle mit menschlicher Rede verbundenen Verharmlosungen auszuschließen.

Gleichwohl ist dieses Reden gerechtfertigt, wenn es aus der Überzeugung von der Wirklichkeit des göttlichen Geistes kommt. So wird die im zeithaften Leben herrschende substantielle Verbindung von Seele und Leib Anlaß, nach einer möglichen zukünftigen »Weltlichkeit« der Geistseele zu fragen. Der Fortfall des Leiblichen im Tod macht ihr »All-kosmisch-werden« und Kommunizieren als reine Lebensentelechie denkbar. Eine solche Nähe zur Materie, das Einwirken auf sie, schlösse ihre weitere Entwicklung nicht aus, die Rahner im

---

[1] Von der Not und dem Segen des Gebetes. Herder Freiburg, 12. Aufl. 1985, S. 125f.

Sinn ältester philosophisch-theologischer Tradition (wobei der Akzent auf der Theologie liegt) als unendliche Bewegung auf den unendlichen Gott zu versteht, als Eingehen in die Fülle seiner unbegreiflichen Wirklichkeit.

Es macht die innere Freiheit und Offenheit dieses undogmatischen liberalen Theologen aus, daß er seine Hoffnung auf diese »absolute Zukunft« eine zitternde Hoffnung nennt, bedroht von den Erfahrungen des Zeitlichen und dennoch, wie er sagt, eisern festgehalten bis in die Nacht des Todes: »Es gibt ein ewiges Licht, das mir leuchten wird.«[1]

Der Physiker und Philosoph *Carl Friedrich von Weizsäcker* hielt seinen Vortrag »Der Tod« in den Salzburger Hochschulwochen 1975, die unter dem Thema »Grenzerfahrung Tod« standen. Aus umfassender Kenntnis der Weltreligionen, philosophischen Systeme und Naturwissenschaften wird die alte Frage nach Tod und Unsterblichkeit vom Standort insbesondere der Evolutionstheorie aus neu gestellt. Es liegt in der Konsequenz dieses selbstkritischen, weil die menschliche Subjektivität hinterfragenden Denkens, daß es die Tatbestände bis zu dem Punkt klärt und »filtert«, wo es an die Erfahrungsschwelle stößt, also in eine letzte Offenheit führt.

Die Erkenntnis der natürlichen Wirklichkeit, ihrer Strukturen und Gesetze, schreitet unaufhaltsam fort. Aber sie dringt nicht weiter als bis an die Schwelle der Erfahrung, die der Tod ist. Was im Tode geschieht, entzieht sich den Begriffen des Denkens. Nur – hier nimmt Weizsäcker älteste mystische Tradition auf – nur meditative Konzentration auf dasjenige, was auch menschliche Vernunft erst ermöglicht, kann sich dem »Grund des Wirklichen« annähern. Auftun wird er sich im Erfahren des Todes selbst.

---

1 Erinnerungen. Herder Freiburg 1984, S.125

Carl Gustav Jung
1875–1961

Unsterblichkeit – eine Erfahrung des Unbewußten

Über das Leben nach dem Tode

Was ich Ihnen über das Jenseits und über ein Leben nach dem Tode erzähle, sind alles Erinnerungen. Es sind Bilder und Gedanken, in denen ich gelebt habe, und die mich umgetrieben haben. In gewisser Hinsicht gehören sie auch zum Fundament meiner Werke; denn diese sind im Grunde genommen nichts anderes als immer erneute Versuche, eine Antwort auf die Frage nach dem Zusammenspiel von »Diesseits« und »Jenseits« zu geben. Ich habe aber nie expressis verbis über ein Leben nach dem Tode geschrieben; denn dann hätte ich meine Gedanken belegen müssen, und das kann man nicht. Nun, jetzt spreche ich sie eben aus. (...) Ich weiß nichts darüber, ob sie wahr oder falsch sind, aber ich weiß, daß sie vorhanden sind und daß sie geäußert werden können, falls ich sie nicht aus irgendwelchem Vorurteil unterdrücke. Voreingenommenheit behindert und beschädigt aber die volle Erscheinung des psychischen Lebens, das ich viel zu wenig erkenne, um es durch ein Besserwissen korrigieren zu können. Neuerdings hat die kritische Vernunft neben vielen anderen mythischen Vorstellungen auch die Idee des postmortalen Lebens anscheinend zum Verschwinden gebracht. Dies war nur darum möglich, weil die Menschen heutzutage meist ausschließlich mit ihrem Bewußtsein identifiziert sind und sich einbilden, nur das zu sein, was sie selber von sich wissen. Jedermann, der auch nur eine Ahnung von Psychologie hat, kann sich leicht Rechenschaft darüber geben, wie beschränkt dieses Wissen ist. Rationalismus und Doktrinarismus sind unsere Zeitkrankheit; sie geben vor, alles zu wissen. Man wird aber noch vieles entdecken, was wir heute von unserem beschränkten Standpunkt aus als unmöglich bezeichnen. Unsere Begriffe von Raum und Zeit haben eine nur annähernde Geltung und lassen daher ein weites Feld relativer und absoluter Abweichungen offen. (...)

Meist sträuben wir uns, die Hinweise des Unbewußten ernst zu nehmen, weil wir von der Unbeantwortbarkeit der Frage überzeugt sind. Dieser verständlichen Skepsis halte ich folgende Überlegungen entgegen: Wenn wir etwas nicht wissen können, müssen wir es als ein intellektuelles Problem aufgeben. Ich weiß nicht, aus welchem Grund das Weltall entstanden ist, und werde es nie wissen. So muß ich diese Frage als wissenschaftliches oder intellektuelles Problem fallen lassen. Aber wenn sich mir darüber eine Idee darbietet – z. B. aus Träumen oder mythischen Überlieferungen – so will ich sie mir anmerken. Ich muß sogar wagen, mir daraus eine Auffassung zu bilden, auch wenn sie auf immer eine Hypothese bleibt, und ich weiß, daß sie nicht bewiesen werden kann.

Der Mensch muß sich darüber ausweisen können, daß er sein möglichstes getan hat, sich eine Auffassung über das Leben nach dem Tode zu bilden, oder sich ein Bild zu machen – und sei es mit dem Eingeständnis seiner Ohnmacht. Wer das nicht tut, hat etwas verloren. Denn was als Fragendes an ihn herantritt, ist uraltes Erbgut der Menschheit, ein Archetypus, reich an geheimem Leben, das sich dem unsrigen hinzufügen möchte, um es ganz zu machen. Die Vernunft steckt uns viel zu enge Grenzen und fordert uns auf, nur das Bekannte – und auch dies mit Einschränkungen – in bekanntem Rahmen zu leben, so als ob man die wirkliche Ausdehnung des Lebens kennte! Tatsächlich leben wir Tag für Tag weit über die Grenzen unseres Bewußtseins hinaus; ohne unser Wissen lebt das Unbewußte mit. Je mehr die kritische Vernunft vorwaltet, desto ärmer wird das Leben; aber je mehr Unbewußtes, je mehr Mythus wir bewußt zu machen vermögen, desto mehr Leben integrieren wir. Die überschätzte Vernunft hat das mit dem absoluten Staat gemein: unter ihrer Herrschaft verelendet der Einzelne.

Das Unbewußte gibt uns eine Chance, indem es uns etwas mitteilt oder bildhafte Andeutungen macht. Es ist imstande, uns gelegentlich Dinge mitzuteilen, die wir aller Logik nach nicht wissen können. Denken Sie an synchronistische Phänomene, an Wahrträume und Vorahnungen! (...)

Nach hergebrachter Meinung sind es die Toten, welche das große Wissen haben. Man ist der Ansicht, sie wüßten viel mehr als wir, weil ja die christliche Lehre annimmt, daß wir »drüben« »von Angesicht zu Angesicht schauen« würden. Scheinbar »wissen« die Seelen der Verstorbenen aber nur das, was sie im Augenblick ihres Todes wußten und nichts darüber hinaus. Daher ihr Bemühen, ins Leben einzudringen, um teilzunehmen am Wissen der Menschen. Oft habe ich das Gefühl, als stünden sie direkt hinter uns und warteten darauf, zu vernehmen, welche Antwort wir ihnen und welche wir dem Schicksal geben. Es scheint mir, als ob ihnen alles darauf ankäme, von den Lebenden, d. h. von denen, die sie überleben und in einer sich weiter verändernden Welt existieren, Antworten auf ihre Fragen zu erhalten. Die Toten fragen, wie wenn das Allwissen oder Allgewußtsein nicht ihnen zur Verfügung stünde, sondern nur in die körperverhaftete Seele des Lebenden einfließen könnte. Der Geist des Lebenden scheint daher wenigstens in einem Punkte gegenüber dem der Toten im Vorteil zu sein, nämlich in der Fähigkeit, klare und entscheidende Erkenntnisse zu erlangen. Die dreidimensionale Welt in Zeit und Raum erscheint mir wie ein Koordinatensystem: es wird in Ordinate und Abszisse auseinandergelegt, was »dort«, in der Raum-Zeitlosigkeit, vielleicht als ein Urbild mit vielen Aspekten, vielleicht als eine diffuse »Erkenntniswolke« um einen Archetypus herum, erscheinen mag. Es bedarf aber eines Koordinatensystems, um Unterscheidung von distinkten Inhalten zu ermöglichen. Eine derartige Operation erscheint uns undenkbar im Zustand eines diffusen Allwissens oder eines subjektlosen Bewußtseins ohne zeiträumliche Bestimmung. Erkenntnis setzt, wie Zeugung, einen Gegensatz voraus, ein Hier und Dort, ein Oben und Unten, ein Vorher und Nachher.

Wenn es ein bewußtes Dasein nach dem Tode geben sollte, so ginge es, wie mir scheint, in der Richtung weiter wie das Bewußtsein der Menschheit, das jeweils eine obere, aber verschiebbare Grenze hat. Es gibt viele Menschen, die im Augenblick ihres Todes nicht nur hinter ihren eigenen Möglichkeiten zurückgeblieben sind, sondern vor allem auch weit hinter dem, was schon zu ihren Lebzeiten von anderen Menschen bewußt gemacht worden war. Daher ihr Anspruch, im Tode den Anteil an Bewußtsein zu erlangen, den sie im Leben nicht erworben haben. (...)

Vorstellungen dieser Art sind natürlich inkorrekt und geben ein ungenügendes Bild, wie ein in die Fläche projizierter Körper oder wie, umgekehrt, die Konstruktion eines vierdimensionalen Gebildes aus einem Körper. Sie bedienen sich der Bestimmungen einer dreidimensionalen Welt, um sich zu veranschaulichen. Wie die Mathematik es sich nicht verdrießen läßt, einen Ausdruck für Verhältnisse zu schaffen, die alle Empirie übersteigen, so gehört es auch zum Wesen einer disziplinierten Phantasie, Bilder des Unanschaulichen nach logischen Prinzipien und auf Grund empirischer Daten, z.B. der Traumaussagen, zu entwerfen. Die dabei verwendete Methode ist die der »notwendigen Aussage«, wie ich sie genannt habe. Sie stellt das Prinzip der Amplifikation in der Traumdeutung dar, kann aber am leichtesten durch die Aussagen der einfachen ganzen Zahlen demonstriert werden.

Die Eins ist als erstes Zählwort eine Einheit. Sie ist aber auch »die Einheit«, das Eine, das All-Eine, Einzige und Zweitlose – kein Zählwort, sondern eine philosophische Idee, oder ein Archetypus und Gottesattribut, die Monas. Es ist schon richtig, daß der menschliche Verstand diese Aussagen macht, aber er ist bestimmt und gebunden durch die Vorstellung der Eins und ihrer Implikationen. Es sind, mit anderen Worten, keine willkürlichen Aussagen, sondern sie sind durch das Wesen der Eins determiniert und darum notwendig. (...)

Die unendliche Zahlenreihe entspricht der unendlichen Zahl individueller Geschöpfe. Sie besteht ebenfalls aus Individuen, und schon die Eigenschaften ihrer zehn Anfangsglieder stellen – wenn überhaupt etwas – eine abstrakte Kosmogonie aus der Monas dar.

Ich möchte deshalb auch anderen als den mathematischen (von Natur her vorhandenen) Aussagen unseres Verstandes die Möglichkeit zubilligen, über sich selbst hinaus auf Realitäten unanschaulicher Art hinzuweisen. Ich denke bei solchen Aussagen z.B. an Phantasiebildungen, die sich des consensus omnium erfreuen oder die durch große Häufigkeit ihres Auftretens ausgezeichnet sind, und an die archetypischen Motive. Es gibt mathematische Gleichungen, von denen man nicht weiß, welchen physischen Wirklichkeiten sie entsprechen; ebenso gibt es mythische Wirklichkeiten, und wir wissen zunächst nicht, auf welche psychischen Wirklichkeiten sie sich beziehen.

Der Grad von Bewußtheit, der irgendwo schon erreicht ist, bildet, wie mir scheinen will, die obere Grenze dessen, was auch die Toten an Erkenntnis erreichen können. Darum ist wohl das irdische Leben von so großer Bedeutung und das, was ein Mensch beim Sterben »hinüberbringt«, so wichtig. Nur hier, im irdischen Leben, wo die Gegensätze zusammenstoßen, kann das allgemeine Bewußtsein erhöht werden. Das scheint die metaphysische Aufgabe des Menschen zu sein, die er aber ohne »mythologein« nur teilweise erfüllen kann. Der Mythus ist die unvermeidliche und unerläßliche Zwischenstufe zwischen dem Unbewußten und der bewußten Erkenntnis. Es steht fest, daß das Unbewußte mehr weiß als das Bewußtsein, aber es ist ein Wissen besonderer Art, ein Wissen in der Ewigkeit, meist ohne

Beziehung auf das Hier und Jetzt, ohne Rücksicht auf unsere Verstandessprache. (...)

Wenn es auch nicht möglich ist, einen gültigen Beweis für ein Weiterleben der Seele nach dem Tode zu erbringen, so gibt es doch Erlebnisse, die einem zu denken geben. Ich fasse sie als Hinweise auf, ohne mir die Kühnheit herauszunehmen, ihnen die Bedeutung von Erkenntnissen zuzuerteilen. (...)

Da das Unbewußte infolge seiner Zeit-Raum-Relativität bessere Informationsquellen hat als das Bewußtsein, welches nur über die Sinneswahrnehmungen verfügt, sind wir in bezug auf unseren Mythus vom Leben nach dem Tode auf die spärlichen Andeutungen des Traumes und ähnlicher Spontanmanifestationen des Unbewußten angewiesen. Man kann diesen Hinweisen, wie schon gesagt, natürlich nicht den Wert von Erkenntnissen oder gar Beweisen beimessen. Sie können aber als passende Unterlagen zu mythischen Amplifikationen dienen; sie schaffen dem forschenden Verstand jenen Umkreis an Möglichkeiten, die zu seiner Lebendigkeit unerläßlich sind. Fehlt die Zwischenwelt der mythischen Phantasie, so ist der Geist von Erstarrung im Doktrinarismus bedroht. Umgekehrt bedeutet aber die Berücksichtigung der mythischen Ansätze auch eine Gefahr für schwache und suggestible Geister, Ahnungen für Erkenntnisse zu halten und Phantasmata zu hypostasieren.

Einen weitverbreiteten Jenseitsmythus formen die Ideen und Vorstellungen über die Reinkarnation.

In einem Lande, dessen geistige Kultur sehr differenziert und viel älter ist als die unsrige, nämlich in Indien, gilt der Gedanke der Reinkarnation als ebenso selbstverständlich wie bei uns derjenige, daß Gott die Welt erschaffen habe, oder daß es einen spiritus rector gebe. Die gebildeten Inder wissen, daß wir nicht so denken wie sie, aber das kümmert sie nicht. Der geistigen Eigentümlichkeit östlichen Wesens entsprechend wird die Folge von Geburt und Tod als ein endloses Geschehen, als ein ewiges Rad, gedacht, das ohne Ziel weiterrollt. Man lebt und erkennt und stirbt und fängt wieder von vorne an. Nur bei Buddha tritt die Idee eines Zieles hervor, nämlich die Überwindung des irdischen Seins.

Das mythische Bedürfnis des westlichen Menschen verlangt ein evolutionäres Weltbild mit *Anfang* und *Ziel*. Es verwirft ein solches mit Anfang und bloßem *Ende* ebenso wie die Anschauung eines statischen, in sich geschlossenen ewigen Kreislaufs. Der östliche Mensch dagegen scheint letztere Idee tolerieren zu können. Es gibt offenbar keinen allgemeinen Consensus in bezug auf das Wesen der Welt, ebensowenig wie die Astronomen in dieser Frage bis jetzt sich einigen konnten. Dem westlichen Menschen ist die Sinnlosigkeit einer bloß statischen Welt unerträglich, er muß ihren Sinn voraussetzen. Der östliche Mensch braucht diese Voraussetzung nicht, sondern er verkörpert sie. Während jener den Sinn der Welt vollenden will, strebt dieser nach der Erfüllung des Sinns im Menschen und streift die Welt und das Dasein von sich ab (Buddha).

Ich würde beiden recht geben. Der westliche Mensch scheint eben vorherrschend extravertiert, der östliche vorherrschend introvertiert zu sein. Ersterer projiziert den Sinn und vermutet ihn in den Objekten; letzterer fühlt ihn in sich. Der Sinn aber ist außen wie innen.

Nicht zu trennen von der Idee der Wiedergeburt ist diejenige des Karma. Die entscheidende Frage ist, ob das Karma eines Menschen persönlich sei oder nicht. Stellt die Schicksalsbestimmung, mit der ein Mensch sein Leben antritt, das Resultat von Handlungen und Leistungen vergangener Leben dar, so besteht eine persönliche Kontinuität. Im anderen Fall wird ein Karma von einer Geburt gewissermaßen erfaßt, so daß es sich wieder verkörpert, ohne daß eine persönliche Kontinuität bestünde.

Zweimal wurde Buddha von seinen Schülern gefragt, ob das Karma des Menschen persönlich oder unpersönlich sei. Beide Male hat er die Frage abgebogen und ist nicht darauf eingegangen; sie trage nicht dazu bei, sich von der Illusion des Seins zu befreien. Buddha hielt es für nützlicher, daß seine Schüler über die Nidâna-Kette meditierten, nämlich über Geburt, Leben, Alter und Tod, über Ursache und Wirkung der leidensvollen Ereignisse.

Ich weiß keine Antwort auf die Frage, ob das Karma, welches ich lebe, das Resultat meiner vergangenen Leben, oder ob es nicht vielmehr die Errungenschaft meiner Ahnen sei, deren Erbe in mir zusammenkommt. Bin ich eine Kombination von Ahnenleben und verkörpere deren Leben wieder? Habe ich als bestimmte Persönlichkeit früher schon einmal gelebt und bin in jenem Leben soweit gekommen, daß ich nun eine Lösung versuchen kann? Ich weiß es nicht. Buddha hat es offen gelassen, und ich möchte annehmen, er habe es nicht mit Sicherheit gewußt.

Ich könnte mir gut vorstellen, daß ich in früheren Jahrhunderten gelebt habe und dort an Fragen gestoßen bin, die ich noch nicht beantworten konnte; daß ich wiedergeboren werden mußte, weil ich die mir gestellte Aufgabe nicht erfüllt hatte. Wenn ich sterbe, werden – so stelle ich es mir vor – meine Taten nachfolgen. Ich werde das mitbringen, was ich getan habe. Mittlerweile aber handelt es sich darum, daß ich im Ende meines Lebens nicht mit leeren Händen dastehe. Dies scheint auch Buddha gedacht zu haben, als er seine Jünger von unnützen Spekulationen abzuhalten versuchte.

Es ist der Sinn meiner Existenz, daß das Leben eine Frage an mich hat. Oder umgekehrt: ich selber bin eine Frage, die an die Welt gerichtet ist, und ich muß meine Antwort beibringen, sonst bin ich bloß auf die Antwort der Welt angewiesen. Das ist die überpersönliche Lebensaufgabe, die ich nur mit Mühe realisiere. (…)

Was ich als Resultat meiner Ahnenleben oder als in persönlichen Vorleben erworbenes Karma empfinde, könnte vielleicht ebensogut ein unpersönlicher Archetypus sein, der heute alle Welt in Atem hält und mich besonders ergriffen hat, wie z. B. die saekulare Entwicklung der göttlichen Trias und ihre Konfrontation mit dem weiblichen Prinzip, oder die noch immer fällige Antwort auf die gnostische Frage nach dem Ursprung des Bösen, mit anderen Worten, die Unvollständigkeit des christlichen Gottesbildes.

Ich denke auch an die Möglichkeit, daß durch eine individuelle Leistung eine Frage in der Welt entsteht, deren Beantwortung gefordert wird. Zum Beispiel könnten meine Fragestellung und meine Antwort unbefriedigend sein. Unter diesen Umständen müßte jemand, der mein Karma hat – also vielleicht ich selber – wiedergeboren werden, um eine vollständigere Antwort zu geben. Darum könnte ich mir vorstellen, daß ich solange nicht wiedergeboren werde, als die Welt keine Antwort nötig hat, und daß ich Anwartschaft hätte auf etliche hundert Jahre der Ruhe, bis man wieder jemanden braucht, der sich für dergleichen Dinge interessiert, und ich daher erneut mit Gewinn an die Aufgabe gehen könnte. Ich habe die Idee, man könnte jetzt einige Ruhe eintreten lassen, bis das bisherige Pensum aufgearbeitet ist.

Die Frage des Karma ist mir dunkel, wie auch das Problem der persönlichen Wiedergeburt oder der Seelenwanderung. »Libera et vacua mente« vernehme ich mit Achtung das indische Bekenntnis zur Wiedergeburt und halte Umschau in meiner Erfahrungswelt, ob sich nicht irgendwo und irgendwie etwas ereignet, das billigerweise in die Richtung der Reinkarnation weisen könnte. Ich sehe natürlich ab von den bei uns relativ zahlreichen Zeugnissen des Glaubens an Reinkarnation. Ein Glaube beweist mir nämlich nur das Phänomen des Glaubens, aber keineswegs den geglaubten Inhalt. Dieser muß sich mir an und für sich empirisch offenbaren, um akzeptiert zu werden. Bis vor wenigen Jahren habe ich trotz hierauf gerichteter Aufmerksamkeit nichts in dieser Hinsicht Überzeugendes zu entdecken vermocht. Vor kurzem aber habe ich bei mir selber eine Reihe von Träumen beobachtet, welche nach allem Dafürhalten den Reinkarnationsvorgang bei einer mir bekannten verstorbenen Persönlichkeit beschreiben. Gewisse Aspekte ließen sich sogar mit einer nicht ganz abzuweisenden Wahrscheinlichkeit bis in die empirische Wirklichkeit verfolgen. Etwas Ähnliches habe ich aber nie wieder beobachtet oder vernommen, so daß ich keine Vergleichsmöglichkeiten habe. Da somit meine Beobachtung subjektiv und einmalig ist, möchte ich nur ihr Vorhandensein mitteilen, nicht aber ihre Inhalte. Ich muß aber gestehen, daß ich nach dieser Erfahrung das Problem der Reinkarnation mit etwas anderen Augen betrachte, ohne allerdings in der Lage zu sein, eine bestimmte Meinung vertreten zu können.

Wenn wir annehmen, daß es »dort« weitergeht, so können wir uns keine andere Existenz denken als eine psychische; denn das Leben der Psyche bedarf keines Raumes und keiner Zeit. Die psychische Existenz, vor allem die inneren Bilder, mit denen wir uns jetzt schon beschäftigen, liefern den Stoff für alle mythischen Spekulationen über eine Existenz im Jenseits, und diese stelle ich mir als ein Fortschreiten in der Bilderwelt vor. So könnte die Psyche jene Existenz sein, in der sich das »Jenseits« oder das »Totenland« befindet. Das Unbewußte und das »Totenland« sind in dieser Hinsicht Synonyma.

Vom psychologischen Gesichtspunkt aus erscheint das »Leben im Jenseits« als eine konsequente Fortsetzung des psychischen Lebens im Alter. (...) Im Alter fängt man an, die Erinnerungen vor seinem inneren Auge abrollen zu lassen und sich in den inneren und äußeren Bildern der Vergangenheit denkend zu erkennen. Das ist wie eine Vorstufe oder eine Vorbereitung zu einer Existenz im Jenseits, so wie nach Auffassung Platons die Philosophie eine Vorbereitung auf den Tod darstellt. (...)

Im allgemeinen sind die Vorstellungen, welche die Menschen sich über das Jenseits machen, von ihrem Wunschdenken und ihren Vorurteilen mitbestimmt. Meist werden darum mit dem Jenseits nur lichte Vorstellungen verbunden. Aber das leuchtet mir nicht ein. Ich kann mir kaum vorstellen, daß wir nach dem Tode auf einer lieblichen Blumenwiese landen. Wenn im Jenseits alles licht und gut wäre, müßte doch auch eine freundliche Kommunikation zwischen uns und lauter seligen Geistern bestehen, und aus dem Vorgeburtszustand könnten uns schöne und gute Konsequenzen zufließen. Davon ist aber keine Rede. Warum diese unüberwindliche Trennung der Abgeschiedenen von den Menschen? Mindestens die Hälfte der Berichte über Begegnungen mit den Totengeistern handelt von angstvollen Erlebnissen mit dunkeln Geistern, und es ist die Regel, daß das Totenland eisiges Schweigen beobachtet, unbekümmert um den Schmerz der Vereinsamten.

Wenn ich dem folge, was es unwillkürlich in mir denkt, so erscheint mir die Welt in viel zu hohem Maße einheitlich, als daß es ein »Jenseits« geben könnte, in welchem die Gegensatznatur völlig fehlt. Auch dort ist »Natur«, die auf ihre Weise Gottes ist. Die Welt, in die wir nach dem Tode kommen, wird großartig sein und furchtbar, so wie die Gottheit und die uns bekannte Natur. Auch daß das Leiden gänzlich aufhörte, kann ich mir nicht vorstellen. (...) Wäre keine Unvollkommenheit, kein primordialer Defekt im Schöpfungsgrund vorhanden, warum dann ein Schöpferdrang, eine Sehnsucht nach dem zu Erfüllenden? Warum liegt es den Göttern an Mensch und Schöpfung? An der Fortsetzung der Nidânakette ins Endlose? Wo doch ein Buddha der leidvollen Illusion des Daseins sein »quod non« entgegenhielt und der christliche Mensch auf ein baldiges Weltende hofft?

Ich halte es für wahrscheinlich, daß es auch im Jenseits irgendwelche Beschränkungen gibt, daß die Totenseelen aber nur allmählich herausfinden, wo die Grenzen des befreiten Zustandes liegen. Irgendwo ist »dort« ein weltbedingendes Muß, das dem Jenseitszustand ein Ende bereiten will. Dieses schöpferische Muß wird – so denke ich mir – darüber entscheiden, welche Seelen wieder in die Geburt eintauchen werden. Ich könnte mir vorstellen, daß gewisse Seelen den Zustand der dreidimensionalen Existenz als seliger empfinden als den der »ewigen«. Doch hängt das vielleicht davon ab, wieviel sie an Vollständigkeit oder Unvollständigkeit ihrer menschlichen Existenz mit hinübergenommen haben.

Es ist möglich, daß eine Fortsetzung des dreidimensionalen Lebens keinen Sinn mehr hätte, wenn die Seele erst einmal gewisse Stufen der Einsicht erreicht hat; daß sie dann nicht mehr zurückkehren müßte und erhöhte Einsicht den Wunsch nach Wiederverkörperung verhinderte. Dann würde die Seele der dreidimensionalen Welt entschwinden und in einen Zustand gelangen, den die Buddhisten als Nirvana bezeichnen. Wenn aber noch ein Karma übrig bleibt, das erledigt werden muß, so fällt die Seele wieder in die Wünsche zurück und begibt sich erneut in das Leben vielleicht sogar aus Einsicht, daß noch etwas zu vollenden sei. (...)

Wir sind keineswegs in der Lage, beweisen zu können, daß etwas von uns ewig erhalten bleibt. Wir können höchstens sagen, es bestehe eine gewisse Wahrscheinlichkeit, daß etwas von unserer Psyche über den physischen Tod hinaus weiter existiere. Ob nun das, was weiter existiert, in sich selber bewußt ist, wissen wir ebensowenig. Besteht das Bedürfnis, sich über diese Frage eine Meinung zu bilden, so könnte man vielleicht die Erfahrungen in Betracht ziehen, die mit psychischen Spaltungsphänomenen gemacht wurden. In den meisten Fällen nämlich, wo sich ein abgespaltener Komplex manifestiert, geschieht dies in Form einer Persönlichkeit, so als ob der Komplex ein Bewußtsein seiner selbst hätte. Darum sind z. B. die Stimmen der Geisteskranken personifiziert. Das Phänomen der personifizierten Komplexe habe ich schon in meiner Dissertation behandelt. Man könnte sie, wenn man will, zugunsten einer Kontinuität des Bewußtseins anführen. Für eine solche Annahme sprechen auch die überraschenden Beobachtungen, die bei tiefen Ohnmachten nach akuten Gehirnverletzungen und bei schweren Kollapszuständen gemacht werden. In beiden Fällen können auch bei schwerster Bewußtlosigkeit Wahrnehmungen der Außenwelt sowie intensive Traumerlebnisse stattfinden. Da die Großhirnrinde, der Sitz des Bewußtseins, während der Ohnmacht ausgeschaltet ist, sind solche Erlebnisse heute noch unerklärt. Sie können für eine zumindest subjektive Erhaltung der Bewußtseinsfähigkeit – auch im Zustande anscheinender Bewußtlosigkeit – sprechen. (...)

Über das Problem der Beziehung von Selbst und Ich hatte ich schon einmal geträumt. In jenem früheren Traum befand ich mich auf der Wanderschaft. Auf einer kleinen Straße ging ich durch eine hügelige Landschaft, die Sonne schien, und ich hatte einen weiten Ausblick ringsum. Da kam ich an eine kleine Wegkapelle. Die Tür war angelehnt, und ich ging hinein. Zu meinem Erstaunen befand sich auf dem Altar kein Muttergottesbild und auch kein Crucifix, sondern nur ein Arrangement aus herrlichen Blumen. Dann aber sah ich, daß vor dem Altar, auf dem Boden, mir zugewandt, ein Yogin saß – im Lotus-Sitz und in tiefer Versenkung. Als ich ihn näher anschaute, erkannte ich, daß er mein Gesicht hatte. Ich erschrak zutiefst und erwachte an dem

Gedanken: Ach so, das ist der, der mich meditiert. Er hat einen Traum, und das bin ich. Ich wußte, daß wenn er erwacht, ich nicht mehr sein werde.

Diesen Traum hatte ich nach meiner Krankheit 1944. Er stellt ein Gleichnis dar: mein Selbst begibt sich in die Versenkung, sozusagen wie ein Yogin, und meditiert meine irdische Gestalt. Man könnte auch sagen: es nimmt menschliche Gestalt an, um in die dreidimensionale Existenz zu kommen, wie wenn sich jemand in einen Taucheranzug kleidet, um ins Meer zu tauchen. Das Selbst begibt sich der jenseitigen Existenz in einer religiösen Einstellung, worauf auch die Kapelle im Traumbild weist. In der irdischen Gestalt kann es die Erfahrungen der dreidimensionalen Welt machen und sich durch größere Bewußtheit um ein weiteres Stück verwirklichen.

Die Gestalt des Yogin würde gewissermaßen meine unbewußte pränatale Ganzheit darstellen und der ferne Osten, wie das in Träumen häufig der Fall ist, einen uns fremden, dem Bewußtsein entgegengesetzten psychischen Zustand. Wie die Laterna magica, »projiziert« auch die Meditation des Yogin meine empirische Wirklichkeit. In der Regel werden wir aber dieses Kausalzusammenhanges in umgekehrter Richtung gewahr: wir entdecken in den Produkten des Unbewußten Mandalasymbole, d.h. Kreis- und Quaternitätsfiguren, welche Ganzheit ausdrücken; und wenn wir Ganzheit ausdrücken, so verwenden wir ebensolche Figuren. Unsere Basis ist das Ichbewußtsein, ein im Ichpunkt zentriertes Lichtfeld, das unsere Welt darstellt. Von hier aus schauen wir eine rätselvolle Dunkelwelt an und wissen nicht, wie weit ihre schattenhaften Spuren von unserem Bewußtsein verursacht werden, oder wie weit sie eigene Realität besitzen. Eine oberflächliche Betrachtung gibt sich mit der Annahme des verursachenden Bewußtseins zufrieden. Genauere Beobachtung aber zeigt, daß in der Regel die Bilder des Unbewußten nicht vom Bewußtsein gemacht werden, sondern ihre eigene Realität und Spontaneität besitzen. Trotzdem betrachten wir sie bloß als eine Art Randphänomene. (...)

Die unbewußte Ganzheit erscheint mir daher als der eigentliche spiritus rector alles biologischen und psychischen Geschehens. Sie strebt nach totaler Verwirklichung, also totaler Bewußtwerdung im Fall des Menschen. Bewußtwerdung ist Kultur im weitesten Sinne und Selbsterkenntnis daher Essenz und Herz dieses Vorgangs. Der Osten mißt dem Selbst unzweifelhaft »göttliche« Bedeutung bei, und nach alter christlicher Anschauung ist Selbsterkenntnis der Weg zur cognitio Dei.

Die entscheidende Frage für den Menschen ist: Bist du auf Unendliches bezogen oder nicht? Das ist das Kriterium seines Lebens. Nur wenn ich weiß, daß das Grenzenlose das Wesentliche ist, verlege ich mein Interesse nicht auf Futilitäten und auf Dinge, die nicht von entscheidender Bedeutung sind. (...) Wenn man versteht und fühlt, daß man schon in diesem Leben an das Grenzenlose angeschlossen ist, ändern sich Wünsche und Einstellung. Letzten Endes gilt man nur wegen des Wesentlichen, und wenn man das nicht hat, ist das Leben vertan. Auch in der Beziehung zum anderen Menschen ist es entscheidend, ob sich das Grenzenlose in ihr ausdrückt oder nicht.

Das Gefühl für das Grenzenlose erreiche ich aber nur, wenn ich auf das Äußerste begrenzt bin. Die größte Begrenzung des Menschen ist das Selbst; es manifestiert sich im Erlebnis »ich bin *nur* das!« Nur das Bewußtsein meiner engsten Begrenzung im Selbst ist angeschlossen an die Unbegrenztheit des Unbewußten. In dieser Bewußtheit erfahre ich mich zugleich als begrenzt und ewig, als das Eine und das Andere. Indem ich mich einzigartig weiß in meiner persönlichen Kombination, d.h. letztlich begrenzt, habe ich die Möglichkeit, auch des Grenzenlosen bewußt zu werden. Aber nur dann.

In einer Epoche, die ausschließlich auf Erweiterung des Lebensraumes sowie Vermehrung des rationalen Wissens à tout prix gerichtet ist, ist es höchste Forderung, sich seiner Einzigartigkeit und Begrenzung bewußt zu sein. Einzigartigkeit und Begrenztheit sind Synonyme. Ohne sie gibt es keine Wahrnehmung des Unbegrenzten – und daher auch keine Bewußtwerdung – sondern bloß eine wahnartige Identität mit demselben, welche sich im Rausch der großen Zahlen und der politischen Machtfülle äußert.

Unsere Zeit hat alle Betonung auf den diesseitigen Menschen verschoben und damit eine Dämonisierung des Menschen und seiner Welt herbeigeführt. Die Erscheinung der Diktatoren und all des Elends, das sie gebracht haben, geht darauf zurück, daß dem Menschen durch die Kurzsichtigkeit der Allzuklugen die Jenseitigkeit geraubt wurde. Wie diese ist auch er der Unbewußtheit zum Opfer gefallen. Die Aufgabe des Menschen nämlich wäre ganz im Gegenteil, sich dessen, was vom Unbewußten her andrängt, bewußt zu werden, anstatt darüber unbewußt oder damit identisch zu bleiben. In beiden Fällen würde er seiner Bestimmung, Bewußtsein zu schaffen, untreu. Soweit wir zu erkennen vermögen, ist es der einzige Sinn der menschlichen Existenz, ein Licht anzuzünden in der Finsternis des bloßen Seins. Es ist sogar anzunehmen, daß, wie das Unbewußte auf uns wirkt, so auch die Vermehrung unseres Bewußtseins auf das Unbewußte.

Erinnerungen, Träume, Gedanken ...

Aus Briefen

Es ist selbstverständlich ausgeschlossen, daß wir jemals einen Beweis für die Unsterblichkeit der Seele aufbringen könnten. Es scheint mir hingegen möglich zu sein, wenigstens gewisse eigentümliche Tatsachen in bezug auf das Wesen der Seele festzustellen, welche die von der religiösen Überzeugung bejahte Tatsache der Unsterblichkeit wenigstens nicht ausschließen. Was man gemeinhin unter »Psyche« versteht, ist sicher eine vorübergehende Erscheinung, insofern damit die gewöhnlichen Bewußtheitstatsachen gemeint sein sollen. Im weiteren Bereich der Psyche hingegen, nämlich in dem, was man als Unbewußtes bezeichnet, gibt es Dinge, welche die unerläßlichen Kategorien unserer Bewußtheitswelt, nämlich Zeit und Raum, in Frage stellen. Es ist die zeitliche und räumliche Telepathie, deren Vorhandensein nur noch von positiven Ignoranten geleugnet wird. Es ist klar, daß unzeitliche und unräumliche Wahrnehmungen nur vermöge einer ähnlichen Beschaffenheit der wahrnehmenden Seele geleistet werden können. Es muß ihr daher Unzeitlichkeit und Unräumlichkeit irgendwie anhaften, womit (...) der Zweifel an der ausschließlichen Zeitlichkeit der Seele erlaubt ist oder, wenn Sie dies vorziehen sollten, der Zweifel an Zeit und Raum. Jede vorübergehende Erscheinung bedarf der Beschränktheit in Zeit und Raum, sind aber Zeit und Raum zweifelhaft, so ist auch die eigentümliche Beschränktheit der Erscheinungen fragwürdig. Es ist ohne weiteres klar, daß Unzeitlichkeit und Unräumlichkeit mit den Mitteln unserer Intelligenz niemals erfaßt werden können, infolgedessen wir uns mit dieser Grenzvorstellung zu begnügen haben. Immerhin wissen wir damit aber, daß eine Tür zu einer ganz anderen Ordnung der Dinge existiert, als sie uns in unserer empirischen Bewußtseinswelt entgegentritt. Das ist wohl alles, was von seiten der Wissenschaft zu dieser Frage beigetragen werden kann. Darüber hinaus existiert noch die subjektive psychologische Erfahrung, welche für den einzelnen im höchsten Maße überzeugend sein kann, auch wenn sie von einem weiteren Publikum nicht geteilt werden sollte.

An Pfarrer Dr. Atz, 17. II. 1933

Alles in allem war mir meine Krankheit eine überaus wertvolle Erfahrung; sie gab mir die kostbare Gelegenheit, einen Blick hinter den Schleier zu tun. Nur das ist schwierig: sich vom Körper zu lösen, nackt zu werden und leer von Welt und Ich-Willen. Wenn man den rasenden Lebenswillen aufgeben kann und wenn es einem vorkommt, als fiele man in bodenlosen Nebel, dann beginnt das *wahre* Leben mit allem, wozu man gemeint war und was man nie erreichte. Das ist etwas unaussprechlich Großes. Ich war frei, vollständig frei und ganz, wie ich mich nie zuvor gefühlt hatte. Ich war 1500 Kilometer von der Erde entfernt und sah sie als eine ungeheuer große Kugel, die in unsagbar schönem blauem Licht erstrahlte. Ich befand mich an einem Punkt genau über der Südspitze Indiens, die in bläulich-silbernem Licht leuchtete und Ceylon lag wie ein schimmernder Opal im tiefen blauen Meer. Ich war im Universum, und dort befand sich ein großer, einsamer Fels, in den ein Tempel eingebaut war. Ich sah seinen Eingang, erleuchtet von tausend kleinen, mit Kokosöl gespeisten Flämmchen, und wußte, daß ich den Tempel betreten mußte und dann alles Wissen erlangen würde. Doch in diesem Augenblick erschien ein Bote von meiner Welt (bis dahin eine ganz unbedeutende Ecke des Universums) und sagte, ich dürfte sie nicht verlassen – und in dem Augenblick brach die ganze Vision zusammen. Aber von da an schlief ich während drei Wochen [am Tag] und erwachte jede Nacht im Universum und erlebte die ganze Vision. Nicht ich war mit irgend jemandem oder irgend etwas vereinigt – *es* war vereinigt, *es* war der Hierosgamos, das mystische Lamm. Es war ein stummes, unsichtbares Fest, und ein unvergleichliches, unbeschreibliches Gefühl ewiger Seligkeit durchdrang es; nie hätte ich geglaubt, daß ein solches Gefühl im Bereich menschlicher Erfahrung läge. Von außen gesehen und solange wir außerhalb des Todes stehen, ist er von größter Grausamkeit. Aber sobald man darinsteht, erlebt man ein so starkes Gefühl von Ganzheit und Frieden und Erfüllung, daß man nicht mehr zurückkehren möchte. In der Tat litt ich während des ersten Monats nach meiner ersten Vision unter dunklen Depressionen, weil ich spürte, daß ich mich erholte. Das war wie sterben. Ich wollte nicht leben und in dieses fragmentarische, beschränkte, enge, beinahe mechanische Leben zurückkehren, wo man den Gesetzen der Schwere und der Anziehung unterworfen und in einem dreidimensionalen System gefangen ist und, zusammen mit anderen Körpern, im reißenden Strom der Zeit fortgewirbelt wird. Dort war Fülle, die Erfüllung bedeutet, *ewige* Bewegung (nicht Bewegung in der Zeit). (...)

Während meiner Krankheit war etwas da, das mich trug. Meine Füße standen nicht auf Luft, und ich hatte den Beweis, sicheren Grund erreicht zu haben. Ganz gleich was man tut, wenn es aufrichtig geschieht, wird es schließlich Brücke zur eigenen Ganzheit, ein gutes Schiff, das einen durch die Dunkelheit der zweiten Geburt trägt, welche nach außen hin als Tod erscheint. Mein Leben wird nicht mehr lange dauern. Ich bin gezeichnet. Aber glücklicherweise ist das Leben provisorisch geworden. Es wurde zu einem vorübergehenden Präjudiz, zu einer Arbeitshypothese für den gegenwärtigen Augenblick, ist aber nicht die Existenz selber.

Haben Sie Geduld und betrachten Sie es als eine neue, schwierige Aufgabe, diesmal die letzte.

An Kristine Mann, 1.II.1945, Psychiatrin, Analytische Psychologin. Sie war an Krebs erkrankt und starb wenige Zeit nach Erhalt des Briefes.

Ich danke Ihnen für Ihren guten Brief. Es ist ein großer Trost, sich in die Gebete der Mitmenschen eingeschlossen zu wissen. Der aspectus mortis ist eine gewaltig einsame Sache, wenn man in Gottes Gegenwart aller Dinge beraubt wird. Die eigene Ganzheit wird gnadenlos erprobt. Die vielen Narkotika waren zwar notwendig, aber sie machten mich zu einem vollständigen Wrack. Aus dieser schlimmen Situation mußte ich mich herausarbeiten und bin nun wieder geheilt. Gestern hatte ich einen wunderbaren Traum: hoch oben am Himmel ein bläulicher, diamantähnlicher Stern, der sich in einem runden, ruhigen Teich spiegelte – Himmel oben, Himmel unten –. Die imago Dei in der Dunkelheit der Erde, das bin ich. Der Traum brachte großen Trost. Ich bin nicht mehr ein schwarzes und endloses Meer von Elend und Leiden, sondern ein Teil davon in einem göttlichen Gefäß.

An Father Victor White, 18.XII.1946

Beneidenswert ist das Los derer, welche die Schwelle überschritten haben, und mein Mitgefühl ist mit denen, die in der Dunkelheit der Welt, in befangenem Horizont und in der Blindheit des Nichtwissens dem Fluß ihrer Tage, des Daseins Aufgabe erfüllend, folgen müssen, um ihre Lebenssphäre, die einst lebenserfüllte urkräftige Gegenwart war, Stück um Stück abbröckelnd, in den Abgrund der Vergangenheit stürzen zu sehen. Dieser Anblick des Alters wäre wohl unerträglich, wenn wir nicht wüßten, daß unsere Seele in eine Region reicht, die weder der Veränderung in der Zeit noch der Beschränkung durch den Ort verhaftet ist. In jener Seinsform ist unsere Geburt ein Tod und unser Tod eine Geburt. Im Gleichgewicht hängen die Waagschalen des Ganzen.

An Hanna Oeri, 23. XII. 1950

Ich bin froh, daß Sie sich der Schwierigkeit Ihrer Bitte bewußt sind. Wie kann man von irgend jemandem die Kompetenz zu einem solchen Rat erwarten? Ich fühle mich in höchstem Maße inkompetent – und kann doch die Berechtigung Ihres Wunsches nicht bestreiten und habe nicht das Herz, ihn zurückzuweisen. Wäre ich an Ihrer Stelle, ich wüßte nicht, was mir zustoßen könnte, doch bin ich ziemlich sicher, daß ich zum voraus keinen Suizid planen würde. Eher hielte ich am Leben fest, solange ich imstande wäre, mein Schicksal zu ertragen, oder bis reine Verzweiflung meine Hand führte. Der Grund für diese »unvernünftige« Einstellung läge für mich in einer großen Unsicherheit über das, was nach dem Tod geschieht. Ich habe gute Gründe anzunehmen, daß die Dinge mit dem Tod nicht zu Ende sind. Es scheint, als sei das Leben ein Zwischenspiel in einer langen Geschichte. Sie bestand schon, bevor ich war, und wird höchstwahrscheinlich weitergehen, wenn das bewußte Intervall in einer dreidimensionalen Existenz zu Ende ist. Aus diesem Grunde würde ich solange als menschenmöglich durchhalten, würde versuchen, alle vorgefaßten Meinungen fallenzulassen, und die mir zukommenden Winke über post mortem-Ereignisse ernsthaft bedenken.

Aus diesem Grund kann ich Ihnen nicht raten, aus sogenannt vernünftigen Überlegungen heraus Selbstmord zu begehen. Es ist Mord, und eine Leiche bleibt zurück, ganz gleich, wer wen tötete. Mit Recht bestraft das englische Common Law den, der die Tat beging. Vergewissern Sie sich zuerst, ob es wirklich Gottes Wille sei, daß Sie sich umbringen, oder nur der Wille Ihrer Vernunft. Letzterer zählt entschieden nicht genug. Ist es ein Akt reiner Verzweiflung, wird er nicht gegen Sie sprechen, doch ein willentlich geplanter Akt mag schwer gegen Sie ins Gewicht fallen. Das ist meine inkompetente Meinung. Ich lernte Vorsicht gegenüber dem »Perversen«. Ich unterschätze nicht Ihre wahrhaft schreckliche Qual.

An eine alte, schwer kranke, nicht genannte Adressatin. England 19. XI. 1955

Carl Gustav Jung

Seele und Tod

Von der Lebensmitte an bleibt nur der lebendig, der mit dem Leben sterben will. Denn das, was in der geheimen Stunde des Lebensmittags geschieht, ist die Umkehr der Parabel, *die Geburt des Todes*. Das Leben der zweiten Lebenshälfte heißt nicht Aufstieg, Entfaltung, Vermehrung, Lebensüberschwang, sondern Tod, denn sein Ziel ist das Ende. Seine-Lebenshöhe-nicht-Wollen ist dasselbe wie Sein-Ende-nicht-Wollen. Beides ist: Nicht-leben-Wollen. Nicht-leben-Wollen ist gleichbedeutend mit Nicht-sterben-Wollen. Werden und Vergehen ist dieselbe Kurve. (…)

Wie die Flugbahn des Geschosses im Ziel, so endet das Leben im Tod, der mithin das Ziel des ganzen Lebens ist. Selbst dessen Aufstieg und sein Höhepunkt sind nur Stufen und Mittel zum Zwecke, das Ziel, nämlich den Tod, zu erreichen. Diese paradoxe Formel ist nichts als der logische Schluß aus der Tatsache der Zielstrebigkeit und Zweckbestimmtheit des Lebens. Ich glaube nicht, daß ich mich damit einer syllogistischen Spielerei schuldig mache. Dem Aufstieg des Lebens billigen wir Ziel und Sinn zu, warum nicht dem Abstieg? Die Geburt des Menschen ist bedeutungsschwanger, warum nicht der Tod? Der junge Mensch wird zwanzig und mehr Jahre auf die völlige Entfaltung seiner Einzelexistenz vorbereitet, warum soll er sich nicht zwanzig und mehr Jahre auf sein Ende vorbereiten? Allerdings – mit dem Höhepunkt hat man es sichtlich erreicht, man ist's und man hat's. Was ist aber mit dem Tod erreicht?

Es ist mir unsympathisch, in dem Moment, wo man etwas erwarten dürfte, plötzlich einen Glauben aus der Tasche zu ziehen und meinen Leser aufzufordern, ausgerechnet das zu tun, was er nie konnte, nämlich etwas glauben. Ich muß gestehen, ich konnte es auch nie. Darum werde ich jetzt gewiß nicht behaupten, man müsse eben glauben, daß der Tod eine zweite Geburt sei und in eine Fortdauer über das Grab hinaus überleite. Ich darf aber wenigstens erwähnen, daß der consensus gentium ausgesprochene Auffassungen vom Tode hat, welche sich in allen großen Religionen der Erde unmißverständlich ausgedrückt haben. Ja, man kann sogar behaupten, daß die Mehrzahl dieser Religionen komplizierte Systeme der Vorbereitung des Todes sind, und zwar in einem solchen Maße, daß das Leben tatsächlich im Sinne meiner obigen paradoxen Formel nichts bedeutet als eine Vorbereitung auf das letzthinige Ziel, den Tod. Für die beiden größten lebenden Religionen, das Christentum und den Buddhismus, vollendet sich der Sinn des Daseins in seinem Ende. (...)

Es scheint also der allgemeinen Seele der Menschheit mehr zu entsprechen, wenn wir den Tod als die Sinnerfüllung des Lebens und als sein eigentlichstes Ziel betrachten anstatt als ein bloß sinnloses Aufhören. Wer also einer aufklärerischen Meinung in dieser Hinsicht huldigt, hat sich psychologisch isoliert und steht im Gegensatz zu seinem eigenen allgemeinmenschlichen Wesen.

Dieser letztere Satz enthält die Grundwahrheit aller Neurosen, denn das Wesen der nervösen Störungen besteht in letzter Linie in einer Instinktentfremdung, in einer Abspaltung des Bewußtseins von gewissen seelischen Grundtatsachen. Aufklärerische Meinungen geraten daher unversehens in die unmittelbare Nachbarschaft neurotischer Symptome. Sie sind in der Tat, wie diese, *verbogenes Denken*, das an Stelle des psychologisch richtigen Denkens steht. Letzteres bleibt nämlich immer mit dem Herzen, der Tiefe der Seele, dem Stamme verbunden. Denn – Aufklärung oder nicht, Bewußtsein oder nicht – die Natur bereitet sich auf den Tod vor. Könnten wir die Gedanken eines jungen Menschen direkt beobachten und registrieren, wenn er Zeit und Muße zum Träumen hat, so würden wir neben einigen Erinnerungsbildern wohl in der Hauptsache Phantasien, die sich mit der Zukunft beschäftigen, feststellen können. Tatsächlich besteht weitaus der größte Teil der Phantasien aus Antizipationen. Die Phantasien sind daher größtenteils vorbereitende Handlungen oder gar psychische Einübungen auf gewisse zukünftige Wirklichkeiten. Könnten wir dasselbe Experiment mit einem alternden Menschen anstellen – selbstverständlich, ohne daß er es merkt –, so fänden wir natürlich wegen des Zurückschauens eine größere Anzahl von Erinnerungsbildern als beim jungen Manne, daneben aber eine überraschend große Anzahl von Antizipationen der Zukunft, einschließlich des Todes. Mit zunehmenden Jahren häufen sich sogar die Todesgedanken in erstaunlichem Maße. Der alternde Mensch bereitet sich nolens volens auf den Tod vor. Darum meine ich, daß die Natur schon selber für die Vorbereitung aufs Ende sorgt. Dabei ist es objektiv gleichgültig, was das individuelle Bewußtsein darüber denkt. Subjektiv aber bedeutet es einen gewaltigen Unterschied, ob das Bewußtsein Schritt hält mit der Seele oder sich an Meinungen festhakt, welche das Herz nicht kennt. Denn es ist ebenso neurotisch, sich nicht auf den Tod als ein Ziel einzustellen, wie in der Jugend die Phantasien zu verdrängen, welche sich mit der Zukunft beschäftigen.

Ich habe in meiner ziemlich langen psychologischen Erfahrung eine Reihe von Beobachtungen bei Personen gemacht, deren unbewußte Seelentätigkeit ich bis in die unmittelbare Nähe des Todes verfolgen konnte. (…) Im ganzen war ich erstaunt, zu sehen, wie wenig Aufhebens die unbewußte Seele vom Tode macht. Demnach müßte der Tod etwas verhältnismäßig Belangloses sein, oder unsere Seele kümmert sich nicht darum, was dem Individuum zufälligerweise zustößt. Um so mehr aber scheint sich das Unbewußte dafür zu interessieren, *wie* man stirbt, nämlich, ob die Einstellung des Bewußtseins zum Sterben paßt oder nicht. (…)

Wie diese Erfahrungen letztlich gedeutet werden müßten, ist ein Problem, das die Kompetenzen einer Erfahrungswissenschaft sowohl wie unsere intellektuellen Möglichkeiten überschreitet, denn zu einer Schlußfolgerung gehört notwendigerweise noch die Erfahrung des Todes. Dieses Ereignis versetzt aber den Beobachter unglücklicherweise in eine Lage, welche ihm die objektive Mitteilung seiner Erfahrung und der Schlüsse, die sich daraus ergeben, verunmöglicht.

Das Bewußtsein bewegt sich in engen Schranken, eingespannt in eine kurze Zeitstrecke zwischen Anfang und Ende, die erst noch etwa um ein Drittel durch periodischen Schlaf verkürzt wird. Das Leben des Körpers dauert etwas länger, es fängt stets früher an und hört sehr oft später auf als das Bewußtsein. Anfang und Ende sind die unvermeidlichen Aspekte aller Vorgänge. Jedoch bei näherem Zusehen fällt es ungeheuer schwer, anzugeben, wo etwas anfängt und wo etwas aufhört, denn die Ereignisse und Vorgänge, die Anfänge und Beendigungen bilden genau genommen ein nirgends teilbares Kontinuum. Wir teilen Vorgänge ab zum Zweck der Unterscheidung und des Erkennens, im Grunde dabei wissend, daß jede Trennung arbiträr und konventionell ist. In das Kontinuum des Weltvorganges greifen wir damit nicht ein, denn »Anfang« und »Ende« sind in allererster Linie Notwendigkeiten unseres bewußten Erkenntnisprozesses. Wohl können wir mit hinlänglicher Sicherheit feststellen, daß ein individuelles Bewußtsein in bezug auf uns selber zum Ende gekommen ist. Ob aber damit auch die Kontinuität des psychischen Vorganges unterbrochen ist, bleibt zweifelhaft, denn die Gehirnverhaftung der Psyche ist heutzutage mit weit geringerer Sicherheit zu behaupten als noch vor fünfzig Jahren. Vorerst muß die Psychologie noch gewisse parapsychologische Tatsachen verdauen, womit sie aber noch nicht einmal angefangen hat.

Es scheinen nämlich der uns unbewußten Psyche Eigenschaften zuzukommen, welche ein ganz merkwürdiges Licht auf deren Verhältnis zu Raum und Zeit werfen. Ich meine damit die räumlichen und zeitlichen telepathischen Phänomene, die bekanntlich viel leichter zu ignorieren als zu erklären sind. Die Wissenschaft hat sich's bis jetzt, bis auf wenige rühmliche Ausnahmen, in dieser Hinsicht sehr bequem gemacht. Ich muß aber gestehen, daß mir die sogenannten telepathischen Fähigkeiten der Psyche erhebliches Kopfzerbrechen verursacht haben, denn mit dem Schlagwort »Telepathie« ist noch längstens nichts erklärt. Die raumzeitliche Bewußtseinsbeschränkung ist eine dermaßen überwältigende Tatsache, daß jede Durchbrechung dieser fundamentalen Wahrheit eigentlich ein Ereignis von höchster theoretischer Bedeutung ist, denn es wäre damit erwiesen, daß die Raumzeitbeschränkung eine aufhebbare Bestimmung ist. Die aufhebende Bedingung wäre die Psyche, welcher also die Raumzeitlichkeit höchstens als relative, das heißt bedingte Eigenschaft anhaften würde. Gegebenenfalls aber könnte sie die Schranke der Raumzeitlichkeit auch durchbrechen, und zwar notwendigerweise vermöge einer ihr wesentlichen Eigenschaft relativer Raum- und Zeitlosigkeit. Diese, wie es mir scheint, sehr naheliegende Möglichkeit ist von so unabsehbarer Tragweite, daß sie den forschenden Geist zu größter Anstrengung anspornen sollte.

Die Dynamik des Unbewußten

Ernst Bloch
1885–1977

Unsterblichkeit – Utopie einer unendlichen diesseitigen Zukunft

Verschwinden des letalen Nichts im sozialistischen Bewußtsein

Alle nehmen frühere Blumen ins Grab, darunter vertrocknete oder unkenntlich gewordene. Nur eine Art Menschen kommt auf dem Weg zum Tod fast ohne überkommenen Trost aus: der rote Held. Indem er bis zu seiner Ermordung die Sache bekennt, für die er gelebt hat, geht er klar, kalt, bewußt in das Nichts, an das er als Freigeist zu glauben gelehrt worden ist. Sein Opfertod ist deshalb auch von dem der früheren Blutzeugen verschieden; denn diese starben, fast ausnahmslos, mit einem Gebet auf den Lippen und glaubten sich den Himmel erworben zu haben. Der geistliche Rausch ließ nicht nur die Todesangst weit hinter sich, er verlieh sogar in mehreren Fällen (Gesang der Täufer auf dem Scheiterhaufen) Unempfindlichkeit gegen den Schmerz. Der kommunistische Held dagegen, unter dem Zaren, unter Hitler und noch darüber hinaus, opfert sich ohne Hoffnung auf Auferstehung. Sein Karfreitag ist durch keinen Ostersonntag gemildert, gar aufgehoben, an dem er persönlich wieder zum Leben erweckt wird. Der Himmel, dem die Märtyrer, in Flamme und Rauch, ihre Arme entgegenstreckten, ist keinem roten Materialisten da; dennoch stirbt dieser, als Bekenner, überlegen wie nur je ein Urchrist oder Täufer. Auf diesen Helden trifft Büchners völlig diesseitiges Wort vom Menschen zu: »Wir sind wie die Herbstzeitlose, welche erst nach dem Winter Samen trägt.« (...) Die revolutionären Materialisten hielten sich vor dem Galgen des Klassenfeinds aufrecht, als stärkste Idealisten sozusagen, obwohl ihnen persönlich nichts anderes blieb als das Grab, als die Idee, als die Gewißheit, bei der Verwirklichung dieser Idee nicht anwesend zu sein. (...) Sie glaubten höchstens in der Erinnerung der Mit- und Nachwelt eine Berge zu finden, eingeschreint im Herzen der Arbeiterklasse, doch scharf entgegen aller Hoffnung einer himmlischen Metaphysik und eines Jüngsten Gerichts, worin die Gerechten den Lohn empfangen, der ihnen auf der Erde verweigert wurde. Kurz, geglaubte Mechanik im Universum ließ den roten Helden, wenn er als Leiche gänzlich zur toten Mechanik überging, ohne Spaß, auch ohne Pantheismus in Staub vergehen; – dennoch aber stirbt dieser Materialist, als wäre die ganze Ewigkeit sein.[1] Das macht: er hatte vorher schon aufgehört, sein Ich so wichtig zu nehmen, er hatte Klassenbewußtsein. So sehr ist das Personenbewußtsein in Klassenbewußtsein aufgenommen, daß es der Person nicht einmal entscheidend bleibt, ob sie auf dem Weg zum Sieg, am Tag des Siegs erinnert ist oder nicht. Keine Idee im Sinn abstrakten Glaubens, sondern konkrete Gemeinsamkeit des Klassenbewußtseins, die *kommunistische Sache selber* hält hier also aufrecht, ohne Delirium, aber mit Stärke. Und diese Gewißheit des Klassenbewußtseins, individuelle Fortdauer in sich aufhebend, ist in der Tat ein Novum gegen den Tod. (...) Doch freilich wieder bedeutet das Originale nicht, daß es, wenn es keine Anleihen braucht, nicht auch ein *Erbe* antreten könnte und antritt. Eines mit der Kraft, älteren Wunschbildern mythologisch projizierter Art einen Teil unmythologischen, diesseitigen Sinns abzugewinnen. (...) Verschwinden des Nichts im sozialistischen Bewußtsein ist Füllung dieses Nichts mit neuen humanen Inhalten. Indem diese aber die lebensleere, menschleere Mechanik des Hintergrunds vertreiben, mindestens verdecken, stehen sie nicht ohne Zusammenhang mit älteren human-teleologischen Reihen. Wenn auch auf frischste Weise; dergestalt, daß die Assoziation, die Menschliches über den Tod hinaus erhaltend aufnimmt, hier gänzlich produziert und nirgends mythologisch gegeben ist. Sie ist statt dessen objektiv-utopisch gegeben, nämlich im Kampf gegen die Bestie der Unterdrückung, im Dienst der unnachlaßlichen Freiheitstendenz, die ihre Kämpfer allemal über sich hebt, in ihr und aller Unterdrückten Bestes hebt. (...) So empfängt und hält das Untötbare des revolutionär-solidarischen Bewußtseins, einer Geborgenheit ohne alle Mythologie, mit aller Einsicht und Tendenz. Dieses Bewußtsein bedeutet – auf seinen Träger bezogen – das Unsterbliche in der Person als das Unsterbliche ihrer besten Intentionen und Inhalte: wonach sich dieses Beste durch die faschistische Exekution sowenig vernichtet fühlt wie vorher durch das faschistische Blutgericht widerlegt. Hier wird das revolutionäre Befreiungswerk seinen Standhaften der selber stand-

---

1 Zitat Lessing (s. Bd. I)

hafte, dauernde Bestand der Seele. Er ist ihnen die Seele der vorauferscheinenden künftigen Menschheit, zu der sie mit Treue in den Tod bereits geworden sind.

Wobei die künftigen Menschen, denen der Held sich dergestalt opfert, wieder viel einfacher zu sterben haben. Ihr Leben ist nicht mehr gewalttätig abgekürzt, die Lebensangst selber, soweit die herrschende Klasse sie bereitete, nicht zuletzt und ganz umfassend durch Krieg, ist dahin. Jedoch wie immer auch hinausgeschoben, es bleibt der naturhafte Tod, als der durch keine gesellschaftliche Befreiung berührbare. Die Vermittlung mit dem *Naturhaften* daran ist nun gerade für die befreite, solidarisch gewordene Menschheit ein spezifisch welthaftes, weltanschauliches Problem. Desto mehr, als nach abgeschaffter Armut und Lebenssorge sich die Todessorge besonders hart erhebt, gleichsam ohne das Unterholz übriger, banaler Depressionen. Die Vermittlung mit dem Subjekt der Gesellschaft ist in der klassenlosen gelungen, jedoch das hypothetische Subjekt der Natur, woraus der Tod kommt, liegt auf einem anderen Feld, auf einem weiteren als dem des geglückten sozialen Einklangs. (...) Das überletale Feuer der sozialen Revolution hat in ihrem Produkt, der klassenlosen Gesellschaft, keine Nahrung mehr, sicher nicht mehr die gleiche. Sie zu eruieren, dazu müssen erst die finalen Horizontprobleme unseres Daseins deutlicher werden, vielmehr deutlicher gerichtet, gestellt und beeinflußt werden, als dies innerhalb eines mechanistisch bleibenden Naturbegriffs möglich ist. (...) Mit anderen Worten: »Geschichte« muß in der Physik eines noch offenen Totum aufs neue fundiert werden, und diese uns nicht mehr disparate Kosmologie liegt allen kommunistischen Problemen in der Verlängerungslinie – existentiell erkennbar am Tod. *Kommunistische Kosmologie ist hier wie überall das Problemgebiet einer dialektischen Vermittlung des Menschen und seiner Arbeit mit dem möglichen Subjekt der Natur.* Dergleichen ist nicht mehr als ein Problem und, in Ansehung der praktischen Vernunft, ein Postulat, doch als so beschaffen ist die Ausdehnung des Reichs der Freiheit auf das Todesschicksal legitim. (...) Niemand weiß, was in der Welt außerhalb des menschlichen Arbeitsradius, also im noch unvermittelten Natursein, steckt; welches Subjekt hier den Umsatz lenkt, ob es überhaupt ein solches Subjekt ausgemacht gibt oder bereits so gibt; ob es als angetroffenes, ausgemachtes, herausgeschafftes in Vermittlung mit dem Menschen als Subjekt der Geschichte gebracht werden kann. Das alles hängt von der Entwicklung und den Aussichten der menschlichen Machtergreifung ab, das heißt aufs genaueste: von der Entwicklung und den erscheinenden Horizonten des Kommunismus. Theorie-Praxis, wenn sie die soziale Utopie berichtigt und auf die Füße gestellt hat, hat eines ihrer letzten Probleme im Kraut gegen den Tod. So daß auch an der Intention der Todes- und Final-Utopie der möglich reale Sinn untersucht und, sollte er bestehen, mit dem realen Korrelat in der Welt vermittelt wird, das diese Intention nicht ganz heimatlos macht. Ihr gilt der Satz: Non omnis confundar / Nicht ganz werde ich in Unordnung geraten, nämlich in dem, was der Menschen bester Teil ist. Und des Menschen bester Teil, dieses sein gefundenes Wesen, ist zugleich die letzte und beste geschichtliche Frucht. Eine Natur, die nicht nur mit der Erde als totem Mond am Ende oder auch in stereotypen Sternvernichtungen, Sternentstehungen abläuft und so, bei allem mechanistischem Wechsel, auf der Stelle tritt, kann diese Frucht – nach keineswegs erledigter Hoffnung – in sich einschreinen, ja sie kann diese Frucht selber werden und muß sie nicht vernichten.

Forschende Reise in den Tod

Kommt man um die letzte Angst herum, indem sie überhaupt keine ist? In der Tat lebt zuweilen, wenn ein gesunder Mensch ans Ende sieht, noch ein ganz anderes Gefühl auf. Die Angst wird durch ein seltsames Gefühl der Neugier verändert, durch die Lust zu wissen, was es mit dem Sterben auf sich habe. (...) Die Neugier kann sich bis zu einer Art Forschungs- und Erkenntniswunsch verbessern, sie ist auf den Akt des Sterbens wie auf den einer Enthüllung gespannt. Dieser Forschungstrieb setzt freilich ein Ich voraus, das während des Sterbens, ja nach ihm erhalten bleibt, um den Tod beobachten zu können. (...) Die Erwartung intendiert dann den Tod als eine Art Reise, sowohl in das eigene Subjekt wie in das übermächtige Daseinsgeheimnis.

Der Augenblick als Nicht-Da-Sein; Exterritorialität zum Tod

Ein zweiter fahrender Trieb sucht weit tiefer, geht daher noch schwerer zugrunde. Er befindet sich, wie nicht anders erwartbar, *mitten* im Augenblick, an dem Punkt, wo ein Mensch an seinen Kern herantreten mag. Dies uns Nächste unseres Seins ist zugleich der setzende Grund, das nackte Daß unseres Seins. Wegen seiner unüberbietbaren, völlig unmittelbaren Nähe ist der gerade gelebte Augenblick oder das Jetzt, das dieses Daß ist, ebenso noch völlig unsichtig, dunkel, nirgends gestellt und objektiviert. (...) Hat nun der Tod, dieses ebenso bevorstehende wie in extreme Vergangenheit reißende und darin ausgemachte, wie in völlig unerfahrene Andersheit bringende und darin immerhin unausgemachte Ereignis, zum Dunkel des gelebten Augenblicks einen Bezug? Er ist nach seiner *einen, ausgemachten Seite* Verwandlung in extreme Vergangenheit, aber er unterliegt keinen Erinnerungskategorien, auch dann keinen, wenn er mit dem Zustand vor der Geburt als identisch erklärt wird. Der Tod nach seiner *anderen, durchaus problemreich bleibenden Seite* (als Definitivum in einer Welt, worin es mehr Fragmente als Definitiva gibt) sträubte sich jedoch nie, trotz wie wegen der härtesten Gegen-Utopie, die er in realitate darstellt, einer Menge Schwärmereien und Ahnungen Platz zu geben. Er sträubt sich, wegen der fehlenden Kontinuität mit dem bisherigen Leben, den Kategorien wissenschaftlich-konkreter Utopie Platz zu geben; doch eben Zukunftsraum, Ausgebärungsraum unseres Kerns hat er hypothetisch die Fülle. In diesem ganzen Gebiet sind vorerst nur Fragestellungen möglich, äußerstenfalls ist eine Vermutung möglich, daß der Tod im Dunkel des gelebten Augenblicks eine philosophische Wurzel hat, ja daß beide die *gleiche* Wurzel haben. Das unobjektivierte Daß, das Daß-Sein, aber noch nicht Da-Sein des Existenzgrunds ist zweifellos in der Zukunftsreihe der Treiber des *Werdens*, also der versuchten Herausobjektivierung des Daß-Seins zum vermittelten Da-Sein; insofern aber ist der in den Prozeß eingehende Existenzgrund als Werdegrund auch der Grund der *Vergänglichkeit*. Und zwar so lange und so weit, als der Augenblick sich nicht haltbar objektiviert, als sich das Daß des Existierens nicht selbst realisiert hat. Weil aber *der zentrale Augenblick unseres Existierens* sich überhaupt noch nicht in den Prozeß seiner Objektivierung und, schließlich, Realisierung begeben hat, deshalb kann *er selber freilich nicht der Vergänglichkeit unterliegen*. Ganz unabhängig von der weitergehenden, vorerst unentscheidbaren Frage, ob Dunkel des gelebten Augenblicks und Tod die gleiche Wurzel haben, nämlich noch involviertes Daß-Sein ohne Da-Sein; unabhängig davon hat zweifellos die prozessuale Ausbreitung dieses Dunkels als Vergänglichkeit denselben Inhalt. Kronos verschlingt seine Geburten, denn die echte ist noch nicht heraus, das »Verweile doch, du bist so schön« noch nicht erschienen. Doch eben auch: der nicht in den Prozeß getretene

Kern unserer Existenz trifft den Prozeß mit seinen Vergänglichkeiten nicht an, wird folglich auch von ihnen selber nicht angetroffen. Ein in sich unmittelbar Verschlossenes, ein Sein, das nicht im Da-Sein steht, kann den Tod als andere Art dieser Involutio zum Nachbar haben, aber den Tod als Vernichtung eines Da-Seins nicht zum Schicksal. Und würde sich der noch verschlossene Kern unserer Existenz aus seiner Unmittelbarkeit öffnen, würde er gleichfalls in den Prozeß oder die Evolutio eintreten, so würde er eben in keinen – Prozeß mehr eintreten, einzutreten haben. Denn die Sache selbst wäre dann heraus, die tiefste noch nicht bewußte, noch nicht gelungene Sache; so gäbe es keinen Anlaß zum Prozeß mehr, mithin auch keine – mit dem bloßen Werden stets verflochtene – Vergänglichkeit.

Damit vereint sich ein anderes Licht, das unscheinbarste und stärkste aller bekannten. Es beleuchtet zwar das Dunkel des gelebten Augenblicks nicht, doch es bezieht sich darauf hinreichend genau. Erlebnisse (noch nicht mehr als diese) finden sich vor, worin ein in allen öffentlichen Zusammenhängen fast Nebensächliches plötzlich beeindruckt, als wäre darin ein erster Blick des Daß. (...) Es zeigt sich ein Ort des in sich selbst einschlagenden Existierens, ein Ort der nüchternen, gleichsam alltäglichen Mystik, das heißt jener, die kein »höchstes Objekt« braucht, um ins Ende zu sehen, sondern im Gegenteil ein nächstes, ein besonders nahes. Das Nächste eben ist sich der Kern des Existierens selbst, als Keim des Noch-Nicht-Gelungenen; dieser füllt den menschlichen Augenblick, den unbekannten, sich zuweilen nur annähernden Augenblick des Menschen. Das »Verweile doch, du bist so schön« zeigt unter den mancherlei so leisen wie gewichtigen Leuchtzeichen, worunter es siegen könnte, nun auch sein ernstestes: Index des Non omnis confundar zu sein. Gerade auf Grund der Fähigkeit zum positiven Staunen und dessen, was es in der objektiven Tiefe, im schmalst-zentralen Latenzlicht ihrer wiedergibt, lebt in jeder Phänomenologie des Non omnis confundar eine rätselhafte, aktuell oft gar nicht gedeckte Freude; sie entspringt großer Gesundheit, von unten an bis oben hinauf, und gibt dem Bewußtsein einer utopischen Glorie im Menschen Raum. Und die positive Gestalt der absoluten Frage ist dergleichen allemal eine Glücksgestalt, keine brausende, durchaus nicht, sondern eben eine unscheinbare, flüchtige, noch unbenennbare; sie schließt sich trotzdem an diese Glorie an, als Schlichtheit ihrer Tiefe. Genau nun diese Freude und diese Staunensgestalt wollen dem Tod mit sonderbarer Gewißheit entgegensehen: *nicht nur als einer Reise äußerster Ordnung, sondern als einer Befreiung gerade des – Lebensüberschwangs.*[1] Pathos des in der absoluten Frage angenäherten Augenblicks spürt in dessen Dunkel bereits einen neuen Tag und ein neues Ufer, zu dem er lockt: kein transzendentes Ufer, sondern das immanenteste selbst. Der Tod, welcher als individueller wie als ferne Möglichkeit kosmischer Entropie dem zukunftsgerichteten Denken als absolute Zwecknegation begegnet, der gleiche Tod geht nun, mit seinem möglichen Zukunftsinhalt, in die Endzuständlichkeit, Kernzuständlichkeit ein, welche von noch ungedeckter Freude und den Latenzlichtern des Eigentlichen beleuchtet wird. Der Tod wird daran nicht mehr Verneinung der Utopie und ihrer Zweckreihen, sondern umgekehrt Verneinung dessen, was in der Welt nicht zur Utopie gehört; er schlägt es weg, so wie er sich selber vor dem Non omnis confundar der Hauptsache wegschlägt: im Todesinhalt selber ist dann kein Tod mehr, sondern Freilegung von gewonnenem Lebensinhalt, Kern-Inhalt. Das ist eine erstaunliche Wendung, eine, welche der Zukunft gerade ihre finsterste Position phänomenologisch umgeht, obzwar – wie überflüssig zu betonen – noch keineswegs real besetzt. Aber nicht nur ein Vorgefühl unserer Fähigkeiten, sondern der fundierte Schein einer Erfüllung hat hier Platz. Der Platz ist bezeichnet durch das schlechthin paradoxe Dur im Trauermarsch, und sein Licht ist das Lux luceat eis, als Wunschkonjunktiv einer Gewißheit mitten im Requiem. Gerade deshalb aber, gerade wegen dieser existentiellen oder Musikkorrelats ist der Schein hier mehr als Vor-Schein, blüht er nicht am Horizont, sondern in einer wie immer noch unvermittelten Unmittelbarkeit zentraler Art. Deshalb schlagen auch, in so zahllosen Berichten, Bewußtsein des Vortods (gewiß nie des unberichtbaren Todesaugenblicks selbst) und Bewußtsein einer Verwesentlichung zusammen. Bei Tolstoi sind es fast ausschließlich die großen Augenblicke des phänomenologisch erscheinenden Sinns und des Alles, des Alles wird gut, das er zu enthalten angibt. Hierher gehört immer wieder das Erlebnis des schwerverwundeten Andrej Bolkonskij auf dem Schlachtfeld von Austerlitz; sogar das Einheitserlebnis von Karenin und Wronskij am Sterbebett Annas gehört hierher, obwohl es eines von außen ist, ein bloßer Wunsch, so sterben zu können. Oben, bei der Beziehung des Tods zum Dunkel des gelebten Augenblicks, war gesagt worden, daß das Dunkel und sein Kern den Tod (als Involutio) wohl zum Nachbar haben können,

---

[1] Vgl. dazu Max Picard und Max Scheler.

aber den Tod (als Vergänglichkeit) nicht zum Schicksal. Eben also der Kern des Existierens hat sich noch nicht in den Prozeß begeben, wird infolgedessen auch von den Vergänglichkeiten des Prozesses nicht betroffen; er hat dem Tod gegenüber den Schutzkreis des Noch-Nicht-Lebendigen um sich. Wäre der Kern selber aber in den Prozeß eingetreten, wäre diese seine Selbst-Objektivierung, schließlich Selbst-Intensivierung und folglich Selbst-Realisierung keine des Prozesses mehr: mit diesem herausgestellten Augenblick wäre das Reich des fressenden Kronos völlig zu Ende. Nirgends ist das Wunschwesen zum Eigentlichen, das nicht Rost und Motten fressen, leidenschaftlicher erschienen als an seinem empirisch härtesten Gegenschlag, dem Tod, und nirgends freilich hat es zugleich so transzendente Gegenbewegungen hervorgerufen, Verschlingungen der Utopie mit Religion. Konnte Utopie in Religion landen, erschien das mit Gott Bezeichnete als höchstes Leben, als Objekt des höchsten Wunschs? Zweifellos, soweit abstrakte, gar mythische Utopie trieb und getrieben worden ist; sie lebt vom Himmel. Die großen Menschheits-Religionen waren dem Willen zur besseren Welt oft seine mißbrauchende Vertröstung, lange aber auch sein geschmücktester Raum, ja sein ganzes Gebäude. In der nicht mehr abstrakten, in der konkret-vermittelten Utopie hat sich jedoch, wie am Todesbild zuletzt sichtbar, die Transzendenz behoben: eine Andacht zur Menschenbefreiung und der ihres neuen Daseinsraums ist da; außer diesem ist keine da. Statt des Blicks nach oben entspringt einer hinein in den Ursprung, vorwärts in den Prozeß und in die Identifizierung der Menschen als Ursprung zum guten Ende. Der Tod gehört dann zu diesem Prozeß, aber nicht zu den Subjekten, aus denen der Prozeß erst kommt und auf deren Identifizierung er gerichtet ist. Item erstens: Der Kern des Existierens ist, als noch ungeworden, allemal *exterritorial* zum Werden und Vergehen, von welch beiden unser Kern eben noch gar nicht erfaßt ist. Item zweitens: Der Kern des Existierens, wäre er geworden und darin zugleich, als herausgebracht, gutgeworden, so wäre er in dieser *Gelungenheit* erst recht *Exterritorialität* zum Tod; denn dieser selbst wäre mit der prozeßhaften Unzulänglichkeit, wozu er gehört, abseitig und abgestorben. Die Utopie des Non omnis confundar liefert und gibt der Negation Tod jede Schale zum Knacken, aber sie gibt ihm nur die Macht, die Schalen um den Subjekt-Inhalt aufzuknacken, der, wenn er nennenswert heraus, gar wenn er gelöst und bestimmt wäre, keine Erscheinungs-Schale mehr wäre. Wo immer Existieren seinem Kern nahekommt, beginnt Dauer, keine erstarrte, sondern eine, die Novum ohne Vergänglichkeit, ohne Korrumpierbarkeit enthält. Erst wenn der Prozeß des sich herausobjektivierten, zu seinem Eigentlichen sich materiell entwickelnden Agens zu einem absoluten Umsonst gekommen wäre, würde der Tod den Kern der Natur treffen, der Menschen im Herzen ist. Er hätte dann erst die Macht darüber, die er über den Lebensüberschwang im Menschen, als das noch Ungetane, nicht hat. Derart erfüllt sich Epikurs altes Wort, daß, wo der Mensch ist, der Tod nicht ist, und wo der Tod ist, der Mensch nicht ist. Ja der Satz von der währenden Nichtbegegnung beider erfüllt sich in einem viel tieferen Sinn, eben in Ansehung des noch ungeborenen, also auch der Gruft unzulänglichen *Grundimpetus*, der in den Menschen, wenn auch verschieden stark, konzentriert ist. Kindheit und Zukunft werden in ihm nicht weniger, noch jenes überzählige und ungemessene Dasein, das sein Resultat nicht dahin hat. Non omnis confundar, noch unsichtbar, betrifft in diesem glühenddunklen Kern letzthin aber vor allem das *potentiell Adlerhafte der menschlichen Materie*; diesem Empor zum Alles ist noch am wenigsten, solange die Welt geht, das Nichts gekommen. Ist nicht die ganze Ewigkeit mein? fragte Lessing; mindestens gilt dieser seelenwanderische Anspruch für das intensive Mein des Menschen in der Welt, das noch nicht sichtbar geworden ist.

Das Prinzip Hoffnung

Mechanik und Entropie: Non omnis confundar

(Leipzig 1956)

Das Altern vergißt nicht nur, es sammelt. Zeigt auch oft, wirklich erwachsen, was an einem Menschen wirklich dran ist. Derart wird manchem sogar zumute, als könne ihn selbst das Sterben nicht von dem trennen, was er in sich findet. Es ist das ein subjektives Gefühl, das einer hat oder nicht hat, das aber dann, wenn vorhanden, recht ruhig ist. Diese Ruhe beweist noch nichts, macht aber das Selbst im Leibe, das durch Unfälle sich nicht niederschlagen läßt, das den Kopf oben behält, sofort fühlbar. Die Stoiker nannten dies merkwürdige Haltende, Hochhaltende in der Seele das Hegemonikon,[1] zugleich als dasjenige, was am wenigsten verstörbar ist. Von religiösen Voraussetzun-

[1] Der zentrale leitende Teil der Seele.

gen ist dies Selbstgefühl völlig unabhängig, nicht minder der Tendenz zur Haltung nach, vom Auf und Ab des leiblichen Lebens. Tatsächlich ist dies Markhafte, wenn es im Menschen ausreichend vorhanden ist, jenes Energisch-Zentrale, das ohne alle Anleihen bei Glaubensformen den Satz formulieren oder unterschreiben läßt: Non omnis confundar. Nicht ganz werde ich aufgelöst werden. Dem entspricht bereits die Kraft, Krankheiten zu bestehen, ja sie überhaupt nicht an eine ihnen fremde »Konstitution« herankommen zu lassen. Es ist eine alte ärztliche Erfahrung, daß Hypochonder den Eingriff schwer überstehen, den sie befürchtet haben: Paracelsus, das Hegemonikon der Stoiker magnetisierend, sprach dieser Art von einem stärkeren oder schwächeren Gesundheits- und Lebensgeist, von jenem »Archeus« im Menschen, der die Arznei unterstützt. Sofern er physisch wirkt, ist der Archeus,[1] bei Paracelsus, der Alchimist des Leibes, der die Nahrungsstoffe in ihr Gutes und ihr Böses, in ihre Essenz und ihr Gift zerlegt; sofern er aber im Kopf wirkt, ist er der »Signator« der Konstitution, der Schwäche oder Stärke, eben der Gesundheit, die mehr ist und substantiell ein Anderes ist als Abwesenheit von Krankheit. Merkliches Hegemonikon weist aber erst recht außertherapeutisch auf ein schwer Zerstörbares in der Menschennatur hin; wobei nicht zuletzt ein gehaltvoll verbrachtes Leben den Zusammenhalt des Menschen stärkt und bindet. Und was mythologisch Lebensgeist oder, auf höherer Stufe, Menschengeist genannt worden ist, diese, wie Engels sagt, »feinste Blüte der organischen Materie«, kann im Alter desto gediegener, gleichsam desto geretteter erscheinen, je sichtbarer die rein organische Blüte nachläßt. Je mehr ein gehaltvoll vollbrachtes Leben dem Alter seinen stufenweisen Herausschritt aus den Erscheinungen positiv ermöglicht, das ist, nicht als Verhärtung und Veröden, sondern als Kraft einer Dauer und zu Dauerndem hin. »Jede Entelechie«, so lautet hierzu die phänomenologische Bestandsaufnahme des überall recht diesseitigen Goethe, mit stellvertretendem Akzent, »ist nämlich ein Stück Ewigkeit. Und die paar Jahre, die sie mit dem irdischen Körper verbunden ist, machen sie nicht alt. Ist diese Entelechie geringer Art, so wird sie während ihrer körperlichen Verdüsterung wenig Herrschaft ausüben, vielmehr wird der Körper vorherrschen, und wie er altert, wird sie ihn nicht halten und hindern. Ist aber die Entelechie mächtiger Art, wie es bei allen

---

[1] Bei Paracelsus eine astrales Element, das als magnetische bzw. seelenhafte Kraft wirkt – in der mineralischen Welt als »A. terrestris«, in den pflanzlichen Organismen als »A. vegetalis« u. in den tierischen als »A. animalis«.

genialen (das heißt sich bekundenden) Naturen der Fall ist, so wird sie bei ihrer belebenden Durchdringung des Körpers nicht allein auf dessen Organisation kräftigend und veredelnd einwirken, sondern sie wird auch, bei ihrer geistigen Übermacht, ihr Vorrecht einer ewigen Jugend fortwährend geltend zu machen suchen.« Was der Mensch derart in sich findet, ist das Vermögen der *Freiheit*, auch im Sterben den Kopf hochzuhalten. Mit der Hoffnung ihres Non omnis confundar, selbst in den äußersten Unfall, den Tod, nicht ganz einzutauchen und schon bereits nicht in das Sterben, das über die Hälfte noch zum Leben gehört. Unter den vielen Namen der Freiheit war so auch das Hegemonikon der Stoiker, als Halt nicht nur gegen die jeweiligen perturbationes animae, die Affekte, sondern auch gegen die perturbatio insgesamt, den kompletten Tod. Freiheit dieses Sinns wird so Todüberwindung, in der Stoa, ob auch überwiegend nur im Bild eines ewigen Schlafs. Und nun, freilich mit Transzendenz vermischt, im Christentum: Freiheit ersäuft den Tod, sagt Luther, nämlich die Freiheit der Kinder Gottes. Es ist aber diese Freiheit auf Unvergängliches bezogen, sie steht gegen das Nichts, also gegen das Korruptible in der Zeit, gegen Kronos, der seine eigenen Kinder frißt; ihr höchster Triumph ist darum allemal als Triumph gegen den Tod gedacht. Das Leitbild eines situationslosen Seins, das Freiheits- wie Ordnungspathos in den Sozialutopien regiert, steht in Ansehung des Todes als Leitbild der Unvergänglichkeit da. Dadurch ist zugleich die Freiheit noch ganz anders der Ordnung verbindbar als in Sozialutopien: Freiheit des Non omnis confundar bedeutet ohne weiteres das Non-Confundible oder Geordnetheit in der Zuordnung zur Situationslosigkeit eines unvergänglichen, also entschiedenen Seins. Und Freiheit als einziger Inhalt der Ordnung ist am Ort des Hegemonikon erst recht ergriffene Intensität oder Selbstbegegnung: es ist das *Problem des Augenblicks*, das so am ernstesten Ort wiederkehrt und hilft, gegen den Tod. Denn der im Non omnis confundar zu einer Identität hindrängende Mensch rührt ebendeshalb an das seiner selbst mächtige Jetzt und Hier, ans Verweile doch, in dem die Unvergänglichkeit reift. Der Augenblick, an sich das magerste Geschenk der Zeit, wird dann, wenn er aus seinem Dunkel herauszutreten beginnt, aus dem Inkognito seines Kerns, die Abdankung der Zeit: diese hat ihm nichts mehr zu sagen. Das subjektive Gefühl des Non omnis confundar wird am Freiheits-Inhalt solcher Selbstbegegnung ein substanzielles, das heißt eines, das in den Kern eindringt. Dadurch hört es schließlich auf, ein bloßes Gefühl zu sein, es wird zum Akt einer Betroffenheit, worin sich des Menschen bester Teil präsent macht. Und dieser beste Teil beginnt schließlich aufzuhören, bloß Mark oder Substanz einer individuellen Person zu sein. Er umgreift – sehr weit vorgeschoben, eschatologisch – das Existenzhafte schlechthin, das Problem eines werthaften Dauerkerns in und nach den überall noch hinfälligen Erscheinungen der Welt.

Damit ist das Sterben und was dagegen dauern mag, in ein sehr weites Feld gebracht. Wenn auch in eines, das noch durchaus zur menschlichen Sorge gehört, nämlich zu der, seine Früchte nicht vergehen zu sehen. Ist jenes Dauernde im Menschen, das dem leiblichen Tod entgehen mag, außerhalb des welthaften Tods? Gibt es einen möglichen Bezug zu den Vorgängen, die nicht nur im Leib, sondern, mit ganz anders vordrängendem Nichts, im Kern des *Weltseins* wirken? Ist doch dieser Kern zu dem Menschen noch weit unvermittelter als der menschliche und in sich selbst noch weit ungefaßter; also enthält er das Nichts ebenso als möglichen Effekt wie das Alles. Die Zeit der Erwägung ist für solche Fragen immer da, die Zeit wirklicher Vermittlung freilich kann erst beginnen, wenn die Selbstvermittlung des geschichtlichen Menschen begonnen hat. Das hindert nicht, daß das Non omnis confundar im kosmischen Feld es ebenso schwer hat wie im menschlichen Leib. Zweifach ist die Schauplatz-Zerstörung, die im Weltleib geschieht, derart, daß die Spuren unserer Erdentage sehr wohl imstande sind, in Äonen unterzugehen: die der zerstrahlten Materie und die des Kältetods, der Entropie. Das erste Phänomen, im negativen Nichts-Resultat als Asche ohnehin mit dem total entspannten Kältetod zuletzt identisch, war lange gefürchtet, bevor es künstlich hervorgerufen wurde und in seiner Premiere, als Atombombe, sich als gefährlichste Hure des Imperialismus erwies. Es füllte die apokalyptische Feuerangst, so noch in der qualitativen Naturphilosophie, bei Baader[1]: »Es gibt eine furchtbare Macht, welche überall in der äußeren Natur wie ein schlummernder oder vielmehr lauernder Löwe zu ruhen scheint (ignis ubique latet) und dessen, als gleichsam des Weltgerichtsfeuers, leichte Aufschreckbarkeit den Menschen wie das Vieh mit geheimem Entsetzen und Grauen erfüllt, indem es dieselben in den tiefsten Grundfesten ihrer körperlichen Existenz erbeben macht, das ist aufzulösen und aufzuheben droht« (Fermenta cognitionis § 48). Gewiß, das Feuer gehört zur qualitativen Physik, und an deren

---

1 Franz v. Baader, vgl. Bd. II

Stelle ist, vorerst, die qualitätslose, quantitative getreten. Nicht anders ist es mit dem Licht bestellt, als der hellsten Seite der Apokalyptik: bestimmte Wellenlängen elektromagnetischer Schwingung haben mit der erhofften lux aeterna hinter dem Feuer nichts gemein. Aber schließlich hat die quantitative Auffassung nicht einzig und allein Anspruch auf wahre Naturerkenntnis, es gibt Sektoren des Natur-Kreises, in denen die qualitätsfremde Auffassung nicht gilt oder nicht bis ans Ende gilt; so daß hier die qualitative Naturauffassung der älteren Zeit tiefer gesehen oder wenigstens umfänglicher geahnt haben mag. Und jetzt schon wird, wenn nicht die Qualität des Feuers, so die der Zerstörung berührt: eben in der *Zerstrahlung* der Materie und in ihrem Gegenteil, dem bedeutsam langsameren, doch universaleren Knalleffekt der Entspannung, Entropie; entgegengesetzt sind hierbei nur die physischen Akte, die Resultate sind sich als gleichmäßige differenzlose Verteilung von Materie verwandt. Beim Atomzerfall entsteht die ungeheure Explosionskraft (Arbeitskraft) dadurch, daß Atommasse verschwindet und als Energie wiedererscheint; beim Vorgang der Entropie hört umgekehrt, im Verlauf der Wärmeabgabe, jede Arbeitsenergie, also jede Bewegung allmählich auf. Der Entropiesatz als zweiter Hauptsatz der Wärmelehre ergibt sich daraus, daß Wärme bei unbeeinflußten Naturvorgängen nur in Arbeit verwandelt wird, wenn sie von Stellen höherer Temperatur zu solchen einer tieferen übergeht. Hierbei kann, gemäß dem Gesetz der Erhaltung der Energie, nur ein Teil der zugeführten Wärme als solche in den kälteren Körper übergehen, während der andere Teil, indem er eine ihm äquivalente Arbeitsmenge erzeugt, verschwindet; der solcherart reduzierte Wärmeinhalt ist die Entropie. Indem derart alle Intensitätsunterschiede, mit ihnen alle Spannungen abnehmen, tritt zuletzt an jedem Punkt des Weltalls eine Wärmemenge auf, die infolge des Fehlens noch tieferer Temperaturen nicht mehr in andere Energieformen umgewandelt wird, also keine Arbeit mehr leisten kann. Vollständiger Stillstand der Naturprozesse träte ein in diesem völligen Welttod, selbstverständlich auch Stillstand der historisch-menschlichen Prozesse infolge der nun zerbrochenen riesigen Welthalle, der kosmischen Umfassung für menschliche, mikrokosmische Energie und gar für zielhaft möglichen Endsinn ihrer. Nicht die mindeste Melodie bleibt dann im abgelaufenen Uhrwerk. Nichts Überbleibendes, gar Rettendes hat sich aus der menschlichen Geschichte herausproduziert, schwebt mehr über dem ungeheuren Umsonst. Das ist das Weltende oder die kalte Apokalypse innerhalb der jetzigen Physik; gegen die Entropie kämen dann auch die neu entspringenden Energiequellen des Materiezerfalls nicht auf, denn sie könnten die schließliche Nivellierung nur verzögern, aber nicht verhindern. Sie unterlägen als Spannungen ja selbst dem Entropiegesetz: das Ende oder energetische Nichts ist dasselbe, ob Uran zerfallen ist oder ob glühende Kohle zu Asche verbrennt, beide Entspannungen sind nicht mehr zu ihrem Ausgangspunkt umkehrbar. Und doch: das letzte Naturwort ist mit dieser so mechanischen wie negativen Apokalyptik schwerlich gesprochen. Selbst innerhalb des quantitativen Weltbilds nicht; denn das Entropiegesetz hat in seiner strengen Fassung gar nicht den Ehrgeiz, sich auf die ganze Welt und ihr Geschick zu beziehen. Statt auf *universalen* Kältetod bezieht es sich nur auf einen wohlbegrenzten Gegenstand physikalischer Erfahrung. Wonach die strenge Fassung auch die einschränkende ist: Nur jeweils in einem lokalen System verlaufen alle mit dessen *eigenen Mitteln* geschehenden Vorgänge so, daß die absolute Höhe des höchsten, vor dem Geschehen vorhandenen Intensitätswerts nach stattgefundenem Geschehen nicht wieder *irgendwo im System* erreicht wird. Vollends begrenzt wird das Entropiegesetz, wenn das quantitative Weltbild nicht als das abschließende erscheint: wenn qualitative Kategorien der Natur nicht lediglich als anthropomorphe und mythologische betrachtet werden. Solche Kategorien mit dem Umschlag von Quantität zur Qualität bewegen sich durchaus auf der Stufe der nicht mehr nur quantifizierenden Naturwissenschaft, der Natur-Dialektik. Und sie sprengen erst recht das quantitativ geschlossene System, sobald Natur in ihrem »System« nicht für sich allein gelassen wird. Sobald eben das Problem der Vermittlung sich konkretisiert, indem das mögliche Subjekt der Naturdialektik (die natura naturans) mit dem menschlichen Geschichtssubjekt konstitutiv vermittelt wird, statt daß der Mensch in der Natur wie in Feindesland steht und sie nur technisch abstrakt beherrscht. Dann entstünde – mindestens in noch unvereitelter Latenz offen – in den von Menschen nicht mehr so unabhängigen oder zu ihnen disparaten Naturvorgängen ein anderer Bezug als der bisherige Nichts-Bezug völliger Sinnfremdheit. Dann bleibt allerdings der Kältetod oder das absolute Umsonst nicht mehr das Ende, das geschlossen unvermeidliche. Dann wird die Utopie gerade eschatologisch nicht ganz heimatlos, da sich Non omnis confundar auch noch über die finale Energie-Entwertung hebt, die ebenso eine Entwertung aller menschlichen Äonen ist. Dann findet Entropie ein in der Natur angezündetes Novum, es begegnet ihr, um einen Begriff Nernsts[1] anzuwenden, einen physikalisch unhaltbaren, aber metaphysisch noch nicht sinnlos gewordenen, es begegnet ihr »Ektropie«, als human-kosmische Neu-Schöpfung. Als Zuschuß einer bisher so unvollkommen ausgeprägten, sich selber noch latenten Entelechie; es ist die mögliche des Reichs und Reichs-Inhalts. Die ältere qualitative Naturphilosophie hatte sich diese Erwägbarkeit nicht a limine verrammt, ja selbst Mythen einen Raum gegeben, der nicht notwendig nur ein mythischer ist oder bleiben muß. Solche Mythen sind die der Seelenwanderung und die der Apokalypse gewesen; beide sind anthropomorph, aber Anthropomorphismus enthält immerhin die Intention einer Vermittlung, wenn auch einer phantastischen. Der Mythos Seelenwanderung wagte immerhin eine mehrmalige, bis ans Ende der Zeiten reichende Existenz zu behaupten, wodurch das Individuum in wiederholter Lebensgeschichte das Seine tun kann und beim Ausgang des gesamten Prozesses anwesend ist. Der Mythos Apokalypse intendierte einen neuen Himmel, eine neue Erde am Ort der vergangenen alten, am Ort der durch Katastrophe weggehobenen bisherigen Natur. Beide Mythen stellen das Problem, utopisch den Weltlauf als eine Einrichtung zu verstehen, worin die Frucht menschlicher Taten geerntet werden kann, worin ein künftiger Finalsinn enthalten ist. Sofern Seelenwanderung und Apokalypse eine anthropomorphe Welt als gegeben voraussetzten, sind sie bloße Mythen; sofern sie aber einen uns adäquater vermittelten Weltlauf phantastisch intendierten, sind und bleiben sie – Mythen der Utopie. Daß insbesondere der Mythos der Apokalypse trotz seiner ausgeprägten Schwärmerei nicht darin stecken zu bleiben braucht, hierzu eine Stelle Kants aus seiner »Idee zu einer allgemeinen Geschichte in weltbürgerlicher Absicht« 1794: »Man sieht: die Philosophie könne auch ihren Chiliasmus haben; aber einen solchen, zu dessen Herbeiführung ihre Idee, obgleich nur sehr von weitem, selbst beförderlich werden kann, der also nichts weniger als schwärmerisch ist.« Und wie stark Aufbegehren in der Apokalypse enthalten ist, das wurde schon früher bemerkt. Mit höchst gegenrevolutionärem Grund nannte sie der antiprogressive, reaktionäre Luther ja »aller Rottenmeister Gaukelsack«. Derartige Mythen auszukernen, ihre reflexiv phantastische Erscheinung auf eine phantastisch konstitutive hin zu untersuchen: dies fällt ins Problemgebiet des religiösen Erbes, in Ansehung des Todes. Keineswegs ist ent-

---

[1] Physiker und Chemiker (1864–1941), 1920 Nobel-Preis.

schieden, daß die Erde eine Sackgasse ist, alles Leben Stückwerk und jede Tat eine geborene Ruine. Die Alternative des Umsonst oder des Alles erfüllt immer noch das kosmische Umfassungsfeld eines Non omnis confundar; solange das Erste, der Tod, nicht vergangen, aber auch das Letzte, das Reich der Freiheit, noch nicht vereitelt ist.

Tendenz-Latenz-Utopie

Über Tod, Unsterblichkeit, Fortdauer

(Ein Gespräch mit Siegfried Unseld, 6.8.1969)

Unseld: Von den drei berühmten kantischen Fragen scheint mir die dritte, »Was dürfen wir hoffen?« die bedeutendste. Wenn man die Kantschen Gedanken zum Thema Unsterblichkeit zusammenfaßt, so stößt man bei ihm auf eine Art Ablehnung des Unsterblichkeitsbeweises. Gleichzeitig aber ist die Unsterblichkeit vorhanden als Postulat. Und hier gibt es die berühmte Stelle aus den »Träumen eines Geistersehers«: »Es hat wohl niemals eine rechtschaffene Seele gelebt, welche den Gedanken hätte ertragen können, daß nach dem Tode alles zu Ende sei, und deren edle Gesinnung sich nicht zur Hoffnung der Zukunft erhoben hätte.« Hier haben wir also zwei Stichworte für unsere Überlegung: Ist nach dem Tode alles zu Ende, oder dürfen wir Hoffnung auf Zukunft haben. (...)
Bloch: Die Fragestellung von Kant, der ein starker Finaldenker war, ist eben genau die gründliche logische Frage: wozu das alles? Gibt es denn überhaupt ein Wozu, wenn der Tod uns die Lampe auslöscht? Aber *wem* löscht er aus? Und die Unsterblichkeitsfrage mit Antwort Geist, meinetwegen auch Körper oder mit Unsterblichkeit im Werk, oder die marxistische Rede, die eine Redensart geworden ist: »eingeschreint im Herzen der Arbeiterklasse« (...) in alldem macht sich Abmattung der ursprünglichsten Frage breit. Die ursprünglichste Frage aber – und hier kommt das Wort »existentiell« wirklich nach Hause – ist diese: was geschieht denn mit *meinem* Streben, mit *meiner* Intensität, mit *meinen* Erfahrungen? Nicht im Sinne des Individualismus, aber der Erlebbarkeit. Wer erlebt denn die Unsterblichkeit in Fortdauer des Werks oder der Arbeiterbewegung oder jeder anderen großen, jemals gewesenen Bewegung, die Volksmassen oder ganze Zeiten ergriffen hat. Wer erlebt solche Fortdauer, meine Kinder oder Kindes-

kinder? »Die Kinder sollen es besser haben als wir«, das sind doch eben lauter Abmattungen. Wir selbst, nicht ich als Individuum, das wäre noch besonders privatkapitalistisch geheizt, nein, wir selbst, wir sollen weiterleben und wollen bei dem, was kommt, noch dabei sein. Das ist ein wichtiges Motiv. Das ganze Haus der Menschheit muß erleuchtet stehen, mit allen seinen Fenstern, da geht's nicht nur um die Herrschaften, die zufällig im ungeheuren Jahr des eschatologischen Glücks auf der Erde anwesend sind. Was wäre das für eine Unverschämtheit gegen uns, und wie sehr würden wir dabei benachteiligt und alle, die mit uns das Pech haben, eine Generation zu früh geboren zu sein. Warum sollten wir vom Glück des Eschaton und des Dabeiseins ausgeschlossen werden? Wir finden hier noch keine wissenschaftlichen Motive, aber stark emotionale, menschliche. Doch die Wissenschaftlichkeit der Antwort ist damit noch nicht von vornherein ausgeschlossen, weil unser Interesse derart stark an solchen Fragen hängt oder vielleicht wieder stärker als heute daran hängen wird. (...)
Unseld: Es heißt in den Gesprächen mit Eckermann: (...) »Die Überzeugung unserer Fortdauer entspringt mir aus dem Begriff der Tätigkeit; denn wenn ich bis an mein Ende rastlos wirke, so ist die Natur verpflichtet, mir eine andere Form des Daseins anzuweisen, wenn die jetzige meinen Geist nicht ferner auszuhalten vermag.« (...)
Bloch: Das Jenseits wird bei Goethe sympathischerweise ausgeklammert. Er spricht von der Natur als einer Wirkungsstätte, wobei er Planeten implizite auch mitgedacht haben mag oder einen uns unbekannten Ort innerhalb der natura naturans, natura naturata seiner spinozistisch, brunohaft aufgefaßten Natur. Also das Jenseits ist weg, und es ist *meine* Wirksamkeit ohne Ausbruch aus dem Diesseits, mit der ich hier mich umgesehen habe – nach drüben ist die Aussicht uns verrannt, man sehe hier sich um. Und der Satz, gerade der Satz, daß die Spur von meinen Erdentagen nicht in Äonen untergeht, meint doch: in der Nachwirkung, nicht in meiner noch von mir erfahrbaren Wirkung, vielmehr in der von mir unabhängigen Nachwirkung meines Lebens, das heißt in der Veränderung, die ich in die Welt gebracht habe, und in dem Werk, das ich mit Hinblick auf weiter um sich greifende Veränderbarkeit ausgestreut habe. Da ist Individuelles an sich noch nicht enthalten. Es heißt, die Spur von meinen Erdentagen, ein Ich Goethes ist darin nicht enthalten. Reicht uns das aber aus? Geht Goethe weiter, reicht er in das Swedenborgsche hinein, das ihm durchaus nicht fremd war? Der Himmel im 2. Teil des »Faust« ist in etwa nach dem Muster

Swedenborgs gebaut, mit poetischer Lizenz. Aber all das sind aufgeklärte, liberale Abschlagszahlungen, Säkularisierungen des alten, soliden Fortdauerglaubens meiner selbst, nicht meines Ichs, sondern meines inhaltlichen Selbst, was einen Unterschied macht. (...) Kant ist, wie sich von selbst versteht, hier sozusagen fachmännisch tiefer gegangen, indem er Fortdauer nach dem Tod als eine große Utopie darstellt – man kann das Wort Hoffnung mit dem Fremdwort Utopie durchaus ersetzen und übersetzen –, eine Utopie, für die es keinen naturwissenschaftlichen, im Newtonschen Sinn zugänglichen, auch nur möglichen Beweis oder auch nur Erweis gibt. Aber, nun tritt das Gewissen auf. (...) Moralisch bestehen Postulate: Gott, Freiheit und Unsterblichkeit sind die drei Postulate in der praktischen Vernunft, die in der vorhandenen Welt, in der wir alle nach wie vor noch leben, in einer naturwissenschaftlich begrenzten Welt, in der es keine transzendenten Einflüsse gibt, nicht erkannt werden können. Sie können wohl aber gedacht werden und haben ihre Prägnanz, ihre Wichtigkeit als Postulate, als Utopien. Wenn dies Postulatwesen in das Gebiet einer fundierbaren Utopie hereinkommt, dann ist der Gedanke ein anderer, als er bei Goethe war oder als er gar im Katechismus war, wo er einfach wie ein Stück Naturwissenschaft behandelt wird, als Fortdauer der Seele. Er wird gleich der ganzen Religion, soweit sie Tiefe hat, eine große Utopie, die aus uns Menschen nicht zu vertreiben ist. Nicht in dem Sinne, wie Kant ihn ja auch wieder abgemattet hat, im Sinne eines Als-Ob, daß man so leben müsse, als ob es eine Unsterblichkeit gebe. Derart wird ja Kants großartiger Postulatszug am Ende der »Kritik der praktischen Vernunft« neuerlich schwach gemacht. Aber der Platz, den wir einmal in einem fiktiven, das heißt utopisch einbezogenen, nicht existierenden Jenseits einnehmen könnten, hängt doch vermutlich sehr davon ab, wie wir hier unseren Platz auf der Erde ausgefüllt haben.
Unseld: Wenn deine Folgerung zutrifft, (...) dann wird Fortdauer doch definiert aus Goethes Begriff der rastlosen, jedoch sinnvollen Tätigkeit heraus?
Bloch: Doch es müßte die Kategorie oder die Sphäre des Utopischen, des konkret Utopischen mit allen Zeichen hinzugedacht sein, die auf Derartiges hindeuten, die es aber nicht garantieren und beweisen. Was noch nicht ist, läßt sich überhaupt noch gar nicht beweisen und vor Augen bringen. Doch die Richtung darauf bleibt immerhin – dies muß gefaßt werden mit dem eigentümlichen, durchaus wissenschaftlichen Realitätsgrad des Möglichen, des »grand peut-être«. (...) Ich gehe also

das große Vielleicht zu sehen, waren die letzten Worte des sterbenden Rabelais. Es ist nämlich darüber nichts ausgemacht. Kant sagt in einem Brief an Fräulein v. Knobloch: Alles, was wir erfahren haben über die Erscheinung von Verstorbenen, damit der deutlichste Erweis, daß es ein Jenseits gäbe, ist auf ein Hörensagen gegründet, es hält in einem strengen Sinn nicht stand; gäbe es eine einzige Erfahrung, eine einzige statt der hunderttausend, die umlaufen, die absolut hieb- und stichfest ist, dann wäre die Sphäre garantiert, in der solches sich zutragen kann. Diese Sphäre ist allerdings eben bisher nicht garantiert. Nun aber kommt das Merkwürdige. Wir können nicht sagen – daher »le grand peut-être« –, wir können absolut nicht sagen, daß es die Sphäre nicht gibt, bloß weil wir keine Kenntnis davon haben. Wir können nur sagen, non liquet, das Material reicht nicht aus, um zu sagen, es gibt sie. Das Material reicht aber ebensowenig aus, mit Stringenz zu sagen, es gibt sie nicht. Denn wir haben keine Erfahrungen über diese Sache. Hier liegt also ein offener Raum vor, in den nun andere Kategorien oder andere Methoden als die naturwissenschaftlichen Wissens hineinreichen. Schelling hat vom Gewissen gesprochen, es ist im großen Stil von Kant Hoffnung gesagt worden, die doch nicht von ungefähr kommt. Merkwürdig, wie wenig das Verlangen danach ausstirbt, so daß doch kein Mensch, selbst der ausgekochteste und platteste Vulgär-Materialist nicht, etwas dagegen hätte, wenn es das gäbe, also etwa bei den künftigen Umwälzungen der Menschheit als ein unsichtbarer Zeuge dabei zu sein oder im Lessingschen Sinn in der »Erziehung des Menschengeschlechts« mit Seelenwanderung wiederzukehren. Wie sieht es denn unter Menschen aus im Jahre 3000? Ich hätte dann nicht umsonst gelebt, und ich könnte sogar weiter mitwirken in einer neuen Inkarnation. Wenn es solches als wirklich Durchgehendes gäbe, und nicht nur als Metempsychose im bedeutenden Mythos durch die meisten Religionen hindurch, dann wäre das doch außerordentlich beruhigend.

Unseld: Das wäre es sicherlich. Aber es fällt mir doch auf, daß der Angriff auf die Idee der Unsterblichkeit sozusagen traditionell von der aufklärerischen, kritischen Position kam. Feuerbach war der erste, der in seinen Gedanken über Tod und Unsterblichkeit eine Art personelle Fortexistenz als kompletten Wunschgedanken eines sublimierten Egoismus abgelehnt hat.

Bloch: Der Wunschgedanke ist nicht schlecht, aber der sublimierte Egoismus ist schlecht. Das habe ich ja schon angedeutet und habe gesagt: nicht »ich«, sondern »wir«. Daß ich weiterlebe, ist ja wirklich nicht so ungeheuer wichtig, so wichtig nehme ich mich gar nicht. Aber was mit mir zusammenhängt, ist wichtig, meine Wirksamkeit, in der ich doch vorhanden bin – und nicht als mein genießendes Ich, das auch noch bei Tisch mitessen will, wenn er abgetragen wird für mich. (...) Über die Ideologie hinaus könnte Seelenwanderung die kanonische Nutznießung unserer möglichen Wiederkehr auf reicherer Stufe bedeuten, also Wiederkehr mit Fortbildung, nicht nur, wie Nietzsche sagt, Wiederkehr des Gleichen. (...) Kant gehört nun auch zur Aufklärung, aber er läßt doch den Wunsch, die Hoffnung, wenigstens den Traum davon zu. Und der große Skeptiker Montaigne hat seine Skepsis sowohl auf den Dogmatismus angewandt, daß es Unsterblichkeit gibt, doch er hat sie genauso angewandt auf das Gegenteil, daß es sie nicht gibt, »le grand peut-être«. Dies bleibt offen. Hierin sind wir ja völlig einig mit den Aufklärern und auch mit Epikur. Eine Pfaffenapologie oder eine Pfaffenideologie darf aus unseren Überlegungen nicht entspringen. Das verneint aber noch nicht die Intention auf Unsterblichkeit, die unausrottbar ist. (...)

Unseld: (...) Vielleicht ist sie negativ bestimmt durch Angst. Unsere Welt nötigt uns zur Angst, Angst vor der Gefahr, Angst vor dem Krieg, Angst vor dem Sterben, Angst vor dem Nichts. Positiv bestimmt durch Sehnsucht, durch Hoffnung. (...)

Bloch: Die Angst haben wir nicht mehr, die die mittelalterlichen Menschen hatten. Es gab ja damals einen ersten und einen zweiten Tod in der mittelalterlichen Theologie. Der erste Tod ist der leibliche und hängt zum größten Teil mit Sterben zusammen. Es ist auch nicht die Angst vor dem Tod, sondern es ist die Angst vor dem Sterben; was zwei Dinge sind, wobei das Sterben noch zum Leben gehört. Der zweite Tod ist die Hölle. Und das hat die Angst im Mittelalter unterschieden von der Angst, die die Spätantike vor Sterben und Tod hatte. Beide Ängste sind überhaupt nicht mehr lebendig, sondern wir haben sehr viel mehr die primitive biologische Angst, die auch höhere Tiere wahrscheinlich haben. Die Angst selbst aber ist auch beim Menschen sehr verschieden, es gibt doch solche, die gar keine Angst haben, und wieso gibt's denn Selbstmörder? Denen gerade das Leben der Grund für Angst und Unerträglichkeit ist, aus dem sie in den Tod fliehen. (...) Das Problem, daß es Selbstmörder gibt, ist doch auch merkwürdig und ganz verständlich zum großen Teil als der letzte Ausweg, der mit Glück sogar begangen werden kann, also enthält er ein Element von Freiheit:

ich kann doch den ganzen Laden kündigen, ich kann den ganzen Laden hinschmeißen, diese Kraft habe ich doch, das zu machen, Herr meines Lebens und meines Todes zu sein, das ist etwas, was sehr merkwürdig ist und zu allen Zeiten wahrscheinlich gleichartig war. Aber das ist ein eingekapseltes Nebenproblem, eine Verkapselung, die philosophisch gefallen müßte. Das andere Problem ist aber: haben denn wirklich alle Menschen Angst vor dem Sterben, bringt es nicht auch ein überschießendes Gefühl mit sich, wie z. B. im Goetheschen Fragment von Mahomet, worin dieser ausruft: »Herr, schaffe mir Raum in meiner engen Brust.«

Der Tod ist dann also wie ein Flügelschlag, das Ei springt, und das Küken – schon ein großer flatternder Vogel – bricht aus dem zusammenbrechenden Ei, dem Corpus, aus und geht hoch, auch ein Goethisches Gefühl, mit dem Satz berührt, die Natur sei verpflichtet, mir eine Wirkungsstätte anzuweisen. (...) Die Schaffenskraft selbst sucht schließlich eine andere Wirkungsstätte und hat das Gefühl: in dem Tod zeigt sich ein Ausweg merkwürdiger Art, in dem »grand peut-être« als einer unabweisbaren Hoffnung, die durch nichts garantiert, die alles andere als Zuversicht ist, aber doch auch keine Verzweiflung. (...)
Unseld: Also fest steht, es gibt die Intention, sie ist vorhanden, aber es fehlt der Beweis für sie.
Bloch: Nicht für die Intention. Die Intention ist einwandfrei vorhanden, ist so empirisch da wie diese Pfeife – in einer anderen Gegend ist sie da. Ihre Inhalte sind derart auch da. Utopisches ist nicht nichts, und Inhalte schweben vor. Es gibt einen Plan, etwas zu machen, die Verwirklichung dieses Plans ist dann selbst Zukunft, ist durchaus nicht vergangen, ist nicht Gegenwart, wirkt aber auf alles Gegenwärtige und wirkt sogar auf Vergangenes ein. Die Toten kehren wieder. Es gibt Zukunft in der Vergangenheit und Vergangenheit in der Zukunft, und der Ort ist nun nicht ein statisches Jenseits im Raum da oben oder da unten usw., sondern der Ort ist rein zeithaft. Zukunft ist die Wahrheit dessen, was man früher Transzendenz nannte, und ist nicht ausgemacht, sondern hängt fast ausschließlich von uns ab, wie sie wird. Die guten Möglichkeiten realisieren, die schlechten verhindern, soweit es geht. Also die eigentliche Kategorie ist dann nicht Wirklichkeit, Vorhandenheit, sondern fundierte Möglichkeit. Die Bedingungen reichen nicht aus, Möglichkeit ist partiale Bedingtheit. Was überhaupt keine Bedingungen hat, ist auch nicht möglich, es ist unmöglich. Was zu schwache Bedingungen hat, um schon zu erscheinen – aber die Bedingungen

sind vorhanden –, das ist möglich. Unsere Energien, die Muskeln, mit denen man etwas angreift, der Verstand, mit dem wir uns orientieren, das Mögliche selbst orientieren, das sind die Mittel, Mögliches in Wirkliches zu verwandeln. Aber wie ich gesagt habe in einem Bild, das völlig stimmt, unsere Vorhandenheit, vorhandene Wirklichkeit ist von einem unermeßlich viel größeren Ozean von Möglichkeit umgeben, und diese Möglichkeit ist in der Zeitsphäre: Zukunft, in der Raumsphäre: Offenheit. Zukunft und Offenheit – offener Raum, die neue Welt.

Tendenz-Latenz-Utopie

Karl Rahner
1904–1984

Unsterblichkeit –
eine Glaubensgewißheit des Kommenden

Tod als Trennung von Leib und Seele

Die Beschreibung des Todes als Trennung von Leib und Seele ist von den frühesten Kirchenvätern bis z.B. in den Katechismus Gasparris mit solcher Selbstverständlichkeit gebraucht, daß wir sie, theologisch gesehen, als die klassisch gewordene theologische Beschreibung des Todes anzusehen haben. Sie sagt auch über den Tod einiges Wesentliche aus. Einmal weist sie auf eine unbestreitbare Tatsache hin: das geistige Lebensprinzip im Menschen, die Seele, nimmt im Tod – einmal ganz vag und vorsichtig gesagt – ein anderes Verhältnis an zu dem, was wir den Leib zu nennen pflegen. Die Seele hält die Gestalt des Leibes gegenüber der übrigen Welt nicht mehr als abgegrenzte, ihre eigene selbständige, innere Gesetzlichkeit verfolgende Wirklichkeit zusammen, der Leib lebt nicht mehr, und in diesem Sinne können und müssen wir sagen: die Seele trennt sich vom Leib. Und da es eine Wahrheit des Glaubens (und wohl auch der Metaphysik) ist, daß die personale geistige Seele mit der Gestaltauflösung des Leibes nicht untergeht, sondern ihr geistig-personales Leben, wenn auch in einer ganz anderen Daseinsweise, behält, so wird auch diese Tatsache durch die Beschreibung des Todes als Trennung von Leib und Seele bildhaft deutlich ausgesprochen, weil das Wort Trennung das Weiterbestehen des Getrennten mit einschließt. In dieser zweifachen Hinsicht ist zweifellos eine wesentliche Rechtfertigung dieser traditionellen Deskription des Todes gegeben.

Nichtsdestoweniger werden wir auch als Theologen sagen dürfen, daß diese Deskription eben eine Deskription, nicht eine das eigentliche Wesen des Todes treffende Definition des Todes ist und Raum läßt für sehr bedeutsam differenzierende Aussagen.

Sie ist keine metaphysischen oder theologischen Ansprüchen genügende Wesensdefinition des Todes. Denn sie schweigt sich völlig aus über die Eigenart des Todes, insofern er ein Vorkommnis gerade des Menschen, und zwar als eines Ganzen und als einer geistigen Person ist. Selbst wenn und gerade dann, wenn diese Deskription für das biologisch gesehene Ableben des Menschen oder eines Tieres für zutreffend gehalten werden könnte, würde sie die Eigenart des menschlichen Todes nicht zum Ausdruck bringen. Denn wie noch zu sagen sein wird, stirbt der *Mensch*, d.h., für ihn als Ganzes, also auch für seine »Seele«, geschieht beim Tode etwas Wesentliches: die Endgültigkeit seiner freien personalen Auszeugung, welche Endgültigkeit wohl zweifellos nicht nur als »bei« oder »nach« dem Tode eintretend zu begreifen ist, sondern als inneres Moment des Todes selber. Das aber, also das den Tod als menschlichen entscheidend charakterisierende Moment, bringt die Rede von der Trennung von Leib und Seele nicht zum Ausdruck. Es wäre nun weiterhin unerläßlich, die Frage zu beantworten: Trennt sich die Seele, oder wird sie getrennt? Anders ausgedrückt: Ist diese Trennung ein Ergebnis ihrer eigenen tieferen Dynamik auf ihre Vollendung hin oder ihr Widerfahrnis, das ihr schlechthin gegen ihre eigene Wesenstendenz zustößt? Auch dies ist in der klassischen Deskription des Todes unausgesprochen.

Und weiter: diese Deskription ist unzureichend, weil der Begriff der Trennung dunkel bleibt und Raum für sehr bedeutsame differenzierende Aussagen läßt. Wenn nämlich die Seele mit dem Leib vereinigt ist, dann hat sie offenbar eine Beziehung zu jener Ganzheit, deren Teil der Leib ist, zu jener Ganzheit, die die Einheit der materiellen Welt ist. Diese Einheit der Welt aber ist sowohl metaphysisch (d.h. von einer scholastischen Metaphysik der *materia prima* und von einer Metaphysik des sehr analogen Begriffs des materiellen »Einzelnen« her betrachtet) wie von einer spekulativen Naturphilosophie her weder eine bloß gedankliche Summe von Einzeldingen noch als bloße Einheit einer äußeren gegenseitigen Einwirkung der Einzeldinge aufeinander aufzufassen. Es ist in diesem Zusammenhang nicht möglich, diese realontologische Einheit der Welt in ihrem transempirischen Wesen kategorial näher zu bestimmen. Hat aber die Seele auf jeden Fall durch ihre substantielle Einheit mit dem Leib als dessen Wesensform einen Bezug auch zu dieser wurzelhaften Einheit der Welt, so entsteht die Frage: Bedeutet die Trennung von Leib und Seele im Tode auch die schlechthinnige Aufhebung dieses Weltbezugs, so daß die Seele schlechthin weltjenseitig, akosmisch wird, oder ist diese Aufhebung ihres die Leibgestalt gegen die Gesamtwelt abgegrenzt aufrecht- und zusammenhaltenden Leibverhältnisses erst recht gerade ein tieferes und umfassenderes Sichöffnen und Sichdurchsetzen dieses ihres allkosmischen Weltbezuges? Mit anderen Worten: Wird im Tod die Seele des Menschen schlechthin weltjenseitig, oder gerät sie gerade darum in eine größere Nähe und innerlichere Bezogenheit zu jenem schwer faßlichen, aber doch sehr realen Grund der Einheit der Welt, in dem alle Dinge der Welt zusammengebunden sind und schon vor ihrer gegenseitigen Einwirkung untereinander kommunizieren, weil sie ihre leibliche Einzelgestalt nicht mehr festhält? Diese Frage ist wohl in der Theologie und in einer christlichen metaphysischen Anthropologie ungewöhnlich. Denn fast selbstverständlich wird die Trennung von Leib und Seele als ein A-kosmisch-Werden der Geistseele aufgefaßt, weil man instinktiv – oder sagen wir besser: neuplatonisch – das nach der Glaubenslehre tatsächlich im Tod geschehende Kommen der Seele vor Gott als konträren Begriff zu einer Weltlichkeit der Geistseele auffaßt, als ob die Unbezüglichkeit zur Materie und die Nähe zu Gott im selben Verhältnis wachsen müßten. Ist einmal aber die metaphysische und religiöse Problematik dieser stillschweigenden Voraussetzung erkannt und entwindet man sich so der 2000jährigen Gewöhnung an dieses neuplatonische Aufstiegsdenkschema, dann wird die Denkbarkeit der zweiten genannten Möglichkeit des Wortes Tod als Trennung von Leib und Seele näherrücken. Und man wird geneigt sein und es auch für theologisch unbedenklich halten, sich für diese zweite Möglichkeit zu entscheiden.

Die Gründe dafür sind sowohl ontologischer (naturphilosophischer) wie auch theologischer Art. Sie können hier nur ganz kurz angedeutet werden. Schon die altscholastische Lehre über das Verhältnis von Leib und Seele faßt die Information des Leibes nicht auf als einen von der Seele selbst verschiedenen Akt akzidenteller Art, nicht als eine Tätigkeit der Seele, sondern als einen substantiellen »Akt« der Seele, als die Wirklichkeit der Seele selbst, insofern ihr eigenes substantielles Sein der materiellen Wirklichkeit eingestiftet ist, also als einen »Akt«, der von ihr nicht real verschieden ist. Dieser Akt könnte also schlechthin nur aufhören mit dem Aufhören der Seele selbst. Dementsprechend lehrte auch die alte, streng thomistische Metaphysik der Geistseele eine auch nach dem Tode bleibende transzendentale (d.h. unmittelbar schon mit dem Wesen der Seele gegebene) Bezogenheit der menschlichen Geistseele auf die Materie. Man braucht eigentlich diese Lehre nur wirklich ernst zu nehmen und Materie in einem ontologisch exakteren Sinn zu nehmen, der nicht zu eindeutig an der konkreten Leibgestalt orientiert ist, dann ist die hier empfohlene Auffassung auch in dieser im strengen Thomismus traditionellen Lehre gegeben. Wenn wir weiter die heute sich anbahnende Auffassung der Lebensentelechien und ihres Verhältnisses zur Materie betrachten, eines Verhältnisses, das in den letzten meta-empirischen Grund des Materiellen hinunterreicht und die Entelechien der untermenschlichen Lebewesen nicht nur ein nachträgliches Ordnungsprinzip einer schon fertigen anorganischen Materie und ihrer chemischen und maschinellen Zusammenordnung sein läßt, wenn wir ferner den (wenigstens teilweise) überindividuellen Charakter der untermenschlichen Entelechien betrachten, dann sind wir wohl nicht mehr imstande, den Tod im Untermenschlich-Lebendigen als ein einfaches Aufhören einer Entelechie zu betrachten (wie es die bisherige scholastische Naturphilosophie tat), sondern können den Tod im untermenschlichen Lebensbereich nur als ein Aufgeben des entelechialen Einflusses an einer bestimmten Raum-Zeit-Stelle der Welt bei fortdauerndem Eingestiftetbleiben dieser entelechialen Potenzen in der Welt betrachten. Dann aber wird man etwas Analoges auch vermuten dürfen hinsichtlich des Verhältnisses der menschlichen Geistseele zur Welt, trotz ihres wesentlich individuelleren Wesens im Vergleich zu den Entelechien des untermenschlichen Lebens, da die Geistseele wirklich auch Lebensentelechie ist, wenn ihr Sinn auch nicht darin restlos aufgeht. Sie wird also im Tode nicht akosmisch, sondern allkosmisch werden, wenn wir einmal so sagen dürfen. Die Frage, ob nicht auch einzelne parapsychologische Erscheinungen unter den gemeinten Voraussetzungen leichter zu deuten wären, sei nur eben gestellt. Natürlich kann dieser gesamtkosmische Weltbezug des menschlichen Geistes, den er immer hat und auf den hin er sich im Tode öffnet, nicht so aufgefaßt werden, als ob durch ihn die Gesamtwelt »Leib« je dieser Seele würde, wie ihr eigener Leib eben ihr Leib war, als ob eine substantielle Information der Welt in ihrer raumzeitlichen Eingefaltetheit durch die Seele eintrete, wie eine solche Information der metaphysisch-scholastische Begriff für das Verhältnis der Seele zum Leib ist. Natürlich handelt es sich auch nicht um eine »Allgegenwart« der Seele im Gesamtkosmos, schon deshalb nicht, weil ja die Seele ihre bestimmte Raum-Zeit-Stelle *innerhalb* dieser Welt und des gegenseitigen Einzelbezuges der Einzeldinge als solcher untereinander aufgibt und *darum* in dieser Dimension nicht plötzlich »überall« gedacht werden kann. Aber wenn man bedenkt, daß schon zu Lebzeiten der geistbeseelte Leib zur Welt hin ein offenes System ist, daß es naturphilosophisch nicht so einfach ist, den Leib des Menschen gerade an seiner Haut aufhören zu lassen, wenn man bedenkt, daß die Geistseele durch ihre Leiblichkeit sich schon immer grundsätzlich der Gesamtwelt geöffnet hat, daß sie also nie verschlossene, fensterlose Monade ist, sondern schon immer mit dem Ganzen der Welt kommuniziert, dann wird man einen solchen allkosmischen Weltbezug des Geistes nicht von vornherein als undenkbar ablehnen können, so schwer dessen ontologische Bestimmung innerhalb unseres überkommenen ontologischen Begriffsapparates auch sein mag und sowenig unsere bildhaften Denkschemata einer solchen Sache gegenüber schon eintrainiert sind. Ein solcher Weltbezug könnte dann auch, ohne daß er zu einem Verhältnis wie dem zwischen Seele und eigenem Leib übersteigert wird, wohl bedeuten, daß die so im Tode durch Aufgabe ihrer abgegrenzten Leibgestalt sich dem All öffnende Seele irgendwie das Ganze der Welt, und zwar gerade auch als des Grundes des personalen Lebens der anderen als leib-geistiger Wesen, mitbestimmt. Nicht nur – wie dies ja unmittelbar eigentlich zu den Daten der Glaubenslehre gehört – dadurch, daß für Gott die sittliche Qualität des einzelnen (vollendeten) Menschen für das Verhalten Gottes zur Welt und allen anderen einzelnen mitbestimmend ist, sondern auch so, daß eine unmittelbare, innerweltlich sich vollziehende Auswirkung von Einzelperson, die im Tod allkosmisch wird, durch ihren real-ontologischen und offen werdenden Weltbezug auf die Welt als Ganzes eintritt.

Die theologischen Gründe für die hier vorgeschlagene Deutung des Todes als Trennung von Leib und Seele müssen hier noch kürzer angedeutet werden. Zunächst einmal würde in einer bibeltheologisch und metaphysisch vertieften Lehre von den Engeln es sich wohl nahelegen, daß auch den Engeln im voraus zu ihrer existentiell-geistigen Entscheidung und Selbstbestimmung und im voraus zu Einzeleinwirkungen von effizienter Ursächlichkeit auf einzelne Dinge der Welt ein zu ihrem Wesen und zum konkreten Wesen der Welt gehöriger Bezug auf das Ganze der Welt (wenn auch in verschiedener Richtung) dauernd gehört. Sie wirken nicht nur ab und zu (gleichsam aus einem bloß sporadisch erfolgenden eigenen Entschluß heraus) auf die Welt ein, sondern sie gehören dauernd und bleibend (trotz, nein eher wegen ihrer Unleiblichkeit) zur Welt auf Grund der eigenen Wesensstruktur. Sie sind wirklich Prinzipien (ἀρχαί, κύριοι, κυριότητες, ἐξουσίαι, στοιχεῖα τοῦ κόσμου, κοσμοκράτορες, δυνάμεις: Kol 1,16; 2,10; 2,15; 1 Petr 3,22; Eph 1,22; 3,10; 6,12; Jud 6; 1 Kor 8,5; 2 Petr 2,10; Gal 4,3 9; Kol 2,8 20; Apok 14,10) der Welt, Urgründe der Welt (gerade dort und so, wo und wie es »natürlich«, mit »rechten Dingen« in der Welt zugeht), und aus diesem ihrem wesenhaften Weltbezug heraus wirken sie. Wenn es aber somit – theologisch gesehen – einen solchen allkosmischen naturalen Weltbezug geistig-personaler Wesen gibt, dann ist es nicht von vornherein als eine sonst nicht vorkommende Vorstellung abzulehnen, daß das geistigpersonale Prinzip im Menschen eine solche real-ontologische Bezogenheit zur Welt besitzt, die im Tode nicht aufgehoben, sondern erst recht in einen offenen und das Ganze der Welt umfassenden, nicht mehr durch die einzelne Leibgestalt vermittelten Bezug hinein sich vollendet. Die Lehre vom Fegfeuer, d. h. die Lehre von einer noch nach dem Tode, wenn auch in der Richtung der endgültigen diesseitigen Entscheidung erfolgenden Ausreifung des Menschen durch zeitliche Sündenstrafen, d. h. durch das Ausleiden des Rückstoßes der Welt auf die nicht ganz richtige sittliche Haltung des Menschen, diese Lehre vom Fegfeuer (in ihrer eben angedeuteten, hier nicht weiter begründbaren Interpretation) läßt sich viel leichter verstehen und deuten, wenn man voraussetzt, daß das Leibfreiwerden der Seele im Tod nicht ein schlechthinniges Entnommensein der Seele aus der Welt bedeutet, sondern daß die Seele auch nach der und durch die Aufgabe ihrer Leibgestalt in ihrer sittlich frei getätigten Selbstbestimmung unverhüllter und schärfer ihre Harmonie und Disharmonie mit der objektiven rechten Struktur der Welt erfährt und umgekehrt diese mitbestimmt. Dabei ist noch folgendes zu bedenken: Nach kirchlicher Lehre bedeutet Fegfeuer die post-mortale Straffolge der läßlichen Sünden. Für eine thomistische Metaphysik des Menschen sind aber solche Sünden nur in einem materiellen Wesen möglich, d. h. in einem Wesen, das auf Grund seiner Materialität, die sich bis zu einem gewissen Grad der personalen Selbstbestimmung immer versagt, auch zu Akten fähig ist, die keine totale Verfügung der Person über ihre Gesamtexistenz bedeuten. Wenn läßliche Sünde (natürlich nur in ihrer Möglichkeit) Folge der Leiblichkeit ist, ist es dann nicht naheliegend, daß das Ausleiden der Folgen der läßlichen Sünden als Bedingung ihrer Möglichkeit ebenfalls eine, wenn auch nach dem Tod wesentlich andersgeartete »Leiblichkeit« des Menschen voraussetzt? Weiter: die Auferstehung des Fleisches am Ende der Weltzeit ist ein Dogma des Glaubens. Wäre aber der Tod (der aus bald zu besprechenden Gründen nicht bloß als ein a-teleologisches »Leiden« des Menschen, nicht bloß als zerstörerisches Geschick von außen aufzufassen ist, sondern auch der Vollzug des Endes ist, auf das der Mensch positiv hinstrebt, wenn auch der konkrete Tod dieses Ende von innen in einer Weise vollzieht, daß er auch den Charakter einer Strafe haben kann und hat) als solches positiv angestrebte Ende, als Ziel nur ein gänzliches Leibfreiwerden und schlechthinniges Ausziehen aus der Welt, so wäre nicht mehr recht einzusehen, wie die Auferstehung des Leibes noch ein von der Seele selbst erstrebtes positives Moment an der Vollendung des Menschen und auch seines personalen Geistprinzips sein könnte. Umgekehrt aber könnte man aus dem Gedanken heraus, daß eine solche neue Gewinnung einer Leibgestalt in der Auferstehung natürlich nicht gedacht werden darf als Aufgabe jener durch den Tod erreichten, reinen Offenheit des Geistes auf die Welt als Ganzes, ein grundsätzliches Verständnis gewinnen für die Verklärungseigenschaften des auferstandenen Leibes, wie sie in den Offenbarungsurkunden (1 Kor 15) angedeutet werden. Denn die verklärte Leiblichkeit, von der die Offenbarung spricht, deutet doch irgendwie in die Richtung, daß der Leib nicht nur eine vollendete Plastizität für den übernatürlich vollendet begnadeten und vergöttlichten Geist des Menschen erhält, sondern auch, daß Leibgestalt einerseits und Verschlossenheit gegen andere Raumgebundenheit andererseits nicht mehr zusammenfallen, sondern die den Geist konkret erscheinen lassende Leiblichkeit trotz ihrer Konkretheit offenbleibt für das freie und ungehinderte In-Beziehung-Bleiben und -Treten mit allem. Der Verklärungsleib scheint so zu reinem *Ausdruck* der bleibenden Allweltlichkeit der verklärten Person zu werden.

Tod als Ende des Pilgerstandes

Mit dem leiblichen Tod des Menschen endet definitiv der *Pilgerstand des Menschen*, wie die Theologie zu sagen pflegt. Mit dem Tod tritt für den Menschen auch als geistig-sittliche Person eine Endgültigkeit und Vollendung ein, die seine im leiblichen Leben getätigte Entscheidung auf Gott hin oder von ihm weg zur endgültigen macht (Dz. 457 464 493 a 530f. 693 – Jo 9,4; Lk 16,26; 2 Kor 5,10). Mit dieser Glaubensaussage ist nicht jede »Weiterentwicklung« des Menschen nach seinem

Tod ausgeschlossen, noch eine starre, unlebendige Auffassung des jenseitigen Lebens des Menschen mit Gott vorausgesetzt. Schon die Lehre vom Reinigungsort und von der noch ausstehenden Auferstehung des Leibes und von der künftigen Vollendung des gesamten Kosmos beinhaltet eine »Weiterentwicklung« des Menschen auf seine Vollendung in jeder Hinsicht. Selbstverständlich kann auch darüber hinaus auch nach der Gesamtvollendung das ewige Leben des verklärten Geistes in der unmittelbaren Gemeinschaft mit dem unendlichen Gott in gewisser Weise nicht anders gedacht werden als eine unendliche Bewegung des endlichen Geistes in das Leben dieses Gottes hinein. Aber die Glaubensaussage von der definitiven Beendigung des Pilgerstandes durch den Tod bedeutet (abgesehen von der Fortdauer der personalen bewußten Existenz des Menschen), daß die sittliche Grundentscheidung, die der Mensch in der diesseitigen Zeitlichkeit seines leiblichen Lebens in Freiheit gezeitigt hat, im Tode endgültig wird. Diese Glaubenslehre bedeutet ein radikales Ernstnehmen dieses Lebens. Es ist wirklich geschichtlich, d.h. einmalig, unwiederholbar, von einer unaufhebbaren, nicht mehr rückgängig machbaren Bedeutung, es ist eingespannt zwischen einem echten Anfang und einem echten Ende, d.h., es hebt einmal an, ohne daß dieser Anfang nur das nach rückwärts wieder auflösbare Resultat einer vorausgehenden Konstellation der Wirklichkeit ist, es hebt durch Schöpfung an, und es endet so, daß der in Freiheit getätigte Zustand nicht nur wieder ein vorläufiges, prinzipiell Überholbares, ein ins Unbestimmte weiter und auch ins Gegenteil Umwandelbares wäre. Es gibt keine ewige Wiederkehr aller Dinge, sondern nur eine einmalige Geschichte; es gibt keine Seelenwanderung, für die jedes Leben nur vorläufiger, auch bis ins Letzte revidierbarer Versuch ist, der noch einmal – besser oder schlechter – unternommen werden könnte. Der Mensch teilt nicht das unaufhörliche Auf und Ab, den wenigstens scheinbar immer aufs neue wiederholbaren Kreislauf der Natur, sondern es ist gerade umgekehrt: Weil der Mensch wesentlich einmalige Geschichte ist, darum hat auch die untermenschliche Natur im Letzten eine Geschichte, einen Anfang durch Schöpfung und auch ein definitives Ende in der Verklärung der Gesamtschöpfung vor Gott. Die Weltgeschichte und die Geschichte des geistig-personalen einzelnen, die Zeit also in ihrem Wechsel und ihrer Veränderung, ist nicht dadurch eine Spiegelung des Ewigen und seiner ewigen und doch lebendigen Unendlichkeit, daß sie ewig unfertig ins Unbestimmte sich selber weiterzeugt in Augenblicken, von denen jeder gleich bedeutsam und, weil grundsätzlich revidierbar, in gleicher Weise gleichgültig ist. Die Zeit ist ein einmaliger Vorgang, der, durch die freie unzeitliche Schöpfungstat Gottes in seinem Anfang gesetzt und in seinem ganzen Verlauf von dieser Schöpfungstat abhängig bleibend, in eindeutiger, wenn auch uns, den Zeitlichen, verborgener Weise, auf einen ganz bestimmten, endgültigen und unaufhebbaren Endpunkt sich hinbewegt, in dem die Gesamtwirklichkeit je nach ihrer Art, einmal, in einer für uns näher nicht vorstellbaren Weise und in geschöpflicher Art, teilnehmen wird an der Ewigkeit Gottes, die nicht »schlechte« Ewigkeit, sondern die Fülle der Wirklichkeit in der absoluten, nicht in einem Nacheinander sich zerstückelnden Einheit und Ganzheit ist. Und in diese christliche Zeitlichkeit als echte Geschichtlichkeit, als innerlich sich vollendende, endliche Zeitlichkeit des Gesamtkosmos ist auch das diesseitige Leben des einzelnen eingegliedert. Und diese seine geschichtliche Zeitlichkeit verläuft eindeutig zwischen dem Zeitpunkt seines Entstehens und dem seines biologischen Todes. Und mit diesem Tod erreicht der Mensch grundsätzlich seine endgültige Verfassung. Der Tod ist für ihn weder das Ende seines Seins noch ein bloßer Übergang aus einer Daseinsform in eine andere, die mit der bisherigen das Wesentliche gemeinsam hatte, nämlich die unabgeschlossene Zeitlichkeit, sondern ist der Anfang der Ewigkeit, wenn und soweit man bei diesem Ewigen überhaupt noch von einem Anfang sprechen kann. Die geschaffene Gesamtwirklichkeit, die Welt, wächst in und durch die leibgeistigen Personen, deren »Leib« sie gewissermaßen ist, durch deren Tod langsam in ihre eigene Endgültigkeit hinein, sosehr dennoch auch diese ihre von innen her ausreifende Vollendung (wie die des einzelnen Menschen) in einer verhüllten dialektischen Einheit gleichzeitig Abbruch und Ende von außen ist durch einen unberechenbaren Eingriff Gottes von außen, durch sein Kommen zum Gericht, dessen Tag niemand weiß.

An diese Glaubenslehre knüpft sich beim Versuch einer genaueren Präzision eine Frage, über deren Beantwortung auch die katholischen Theologen sich nicht einig sind, obwohl für die genauere Erfassung des Wesens des Todes selbst viel davon abhängt. Die Frage ist die: Ist die Endgültigkeit der frei gezeitigten Ausprägung des personalen Seins des Menschen ein inneres Wesensmoment am Tod selbst, oder ist sie nur (wenn auch sinnvoll) von Gott selbst frei mit dem Tod verknüpft, obwohl der Tod von sich selbst her eine solche Verendgültigung des Menschen nicht notwendig mit sich bringt? Die Frage noch konkreter gestellt: Macht Gott den Tod zum Gericht, weil der Mensch im Tod und durch ihn seine Endgültigkeit selber getätigt hat, oder folgt – weil Gott es so gesetzt hat – auf den Tod das Gericht so, daß dieses vom Tod verschiedene Gericht und die in diesem Gericht durch Gott gegebene endgültige Seligkeit oder Unseligkeit erst die Endgültigkeit der personalen Haltung hervorruft, die durch den Tod als solchen noch nicht gegeben wäre?

Diese Frage ist auch darum von theologischer Bedeutung, weil sie sachlich identisch ist mit der Frage: Ist die definitive Verwerfung durch Gott im Gericht darum endgültig, weil der Mensch von sich aus im Tod die Endgültigkeit seiner Ablehnung Gottes selber gewirkt hat, oder kann und will darum der Mensch der unseligen Endgültigkeit nicht zu Gott zurückkehren, weil ihn Gott endgültig verworfen hat? Wir glauben, daß mit einer Auffassung, die schon bei Johannes Damaszenus nachweisbar ist und dann z. B. in Thomas einen gewichtigen Vertreter hat, zu sagen ist: die Endgültigkeit der personalen Lebensentscheidung ist ein inneres Moment am Tod als der geistig-personalen Tat des Menschen selbst. Und wenn wir diesen Satz aus theologischen Gründen aufstellen, auf die wir hier nicht näher eingehen können, so hat dieser Satz sein Recht und seine Begründung, selbst wenn er in seiner metaphysischen Analyse des Endes einer geistig-leiblichen Person nicht stringent nachweisbar wäre. Eines freilich setzt diese Ansicht voraus: Wenn dieser Satz: der Tod ist aus seinem eigenen Wesen heraus die personale Selbstvollendung, der »eigene Tod«, zu Recht bestehen soll, dann muß der Tod nicht bloß ein passiv hingenommenes Widerfahrnis sein (obwohl er dies offenbar auch ist), ein biologisches Vorkommnis, dem der Mensch als Person machtlos und äußerlich gegenübersteht, sondern er ist auch zu begreifen als Tat des Menschen von innen, und zwar, wohlverstanden, wirklich der Tod selbst, nicht bloß eine ihm selbst noch äußerlich bleibende Stellungnahme des Menschen zu ihm.

So wie der Mensch Geist und Materie, Freiheit und Notwendigkeit, Person und Natur ist, so muß auch sein Tod diese real-ontologische Dialektik, die mit dem innersten Wesen des Menschen gegeben ist, an sich tragen. Wenn der Tod das Ende des ganzen Menschen ist, d.h., wenn das Ganze des Menschen irgendwie zu einem Abschluß jener Zeitlichkeit kommt, die für das Leben des Menschen charakteristisch ist und eben im Tod beendet wird, dann muß dieses Ende den Menschen in seiner ganzen Wirklichkeit betreffen, also auch seine Seele.

Nicht in dem Sinne natürlich, daß sie zu sein aufhört, sondern in dem gesagten Sinn, daß sie im Tod zur Vollendung ihrer personalen Selbstauszeugung kommt, und zwar nicht bloß durch ein passives Widerfahrnis von ihrem biologischen Leben her, sondern durch ihre eigene personale Tat. Der Tod muß also beides sein: das Ende des Menschen als Geistperson ist tätige Vollendung von innen, ein aktives Sich-zur-Vollendung-Bringen, aufwachsende, das Ergebnis des Lebens bewährende Auszeugung und totales Sich-in-Besitz-Nehmen der Person, ist Sich-selbst-gewirkt-Haben und Fülle der frei getätigten personalen Wirklichkeit. Und der Tod des Menschen als Ende des biologischen Lebens ist gleichzeitig in unauflösbarer und das Ganze des Menschen betreffender Weise Abbruch von außen, Zerstörung, Parzenschnitt, Widerfahrnis, das den Menschen unberechenbar von außen trifft, so daß sein »eigener Tod« von innen durch die Tat der Person selbst gleichzeitig das Ereignis der radikalsten Entmächtigung des Menschen ist, Tat und Leiden in einem. Und es ist bei der substantiellen Einheit des Menschen, wenn diese wirklich ernst genommen wird, nicht möglich, diese beiden Seiten des einen Todes einfach auf Seele und Leib des Menschen zu verteilen und so das eigentliche Wesen des menschlichen Todes aufzulösen.

Zur Theologie des Todes

Erfahrungen eines katholischen Theologen

Rede anläßlich der Feier seines 80. Geburtstags,
wenige Wochen vor seinem Tod[1]

(...) Wenn hier nun von »Erfahrungen« geredet werden soll, so soll dazu von vornherein festgestellt sein, daß es sich zwar um theologische Aussagen handelt, die sachlich sein wollen, aber doch in ihrer Auswahl eine Subjektivität gar nicht leugnen wollen, sondern sich freimütig zu einer solchen bekennen.

Die erste Erfahrung, von der ich sprechen will, ist die Erfahrung, daß alle theologischen Aussagen, wenn auch noch einmal in verschiedenster Weise und verschiedenem Grad, analoge Aussagen sind. An

---

[1] Bei diesem Anlaß konnten die Herausgeber Karl Rahner von der vorliegenden Dokumentation berichten. Er nahm lebhaften Anteil und stimmte der Aufnahme seiner Texte gern zu.

sich ist das eine Selbstverständlichkeit für jede katholische Theologie, wird auf irgendeiner Seite jeder Theologie ausdrücklich gesagt, ist auch für einen Theologen seit Erich Przywara[1] noch selbstverständlicher geworden. Aber ich meine, dieser Satz wird faktisch doch immer wieder bei den einzelnen theologischen Aussagen vergessen, und das Erschrecken über dieses Vergessen ist die Erfahrung, von der ich reden will. Ich fange ganz simpel an. Für ein ganz primitives schulmäßiges Verständnis des Begriffes der Analogie ist ein analoger Begriff dadurch gekennzeichnet, daß eine Aussage über eine bestimmte Wirklichkeit mit Hilfe dieses Begriffes zwar legitim und unvermeidlich ist, aber in einem gewissen Sinne immer auch gleichzeitig zurückgenommen werden muß, weil die bloße Zusage dieses Begriffes auf die gemeinte Sache hin allein und ohne gleichzeitige Rücknahme, ohne diese seltsame und unheimliche Schwebe zwischen Ja und Nein, den wirklich gemeinten Gegenstand verkennen würde und letztlich irrig wäre. Aber diese geheime und unheimliche, zur Wahrheit einer analogen Aussage notwendige Zurücknahme wird meistens nicht deutlich gemacht und vergessen. (...)

Aber ich will nur noch von einer Erfahrung etwas zu sagen versuchen, (...) von der Erfahrung der Erwartung des »Kommenden«. Wenn wir als Christen das Ewige Leben bekennen, das uns zuteil werden soll, ist diese Erwartung des Kommenden zunächst keine besonders seltsame Sache. Gewöhnlich spricht man ja mit einem gewissen salbungsvollen Pathos über die Hoffnung des Ewigen Lebens und fern sei mir, so etwas zu tadeln, wenn es ehrlich gemeint ist. Aber mich selber überkommt es seltsam, wenn ich so reden höre. Mir will scheinen, daß die Vorstellungsschemen, mit denen man sich das Ewige Leben zu verdeutlichen sucht, meist wenig zur radikalen Zäsur passen, die doch mit dem Tod gegeben ist. Man denkt sich das Ewige Leben, das man schon seltsam als »jenseitig« und »nach« dem Tod weitergehend bezeichnet, zu sehr ausstaffiert mit Wirklichkeiten, die uns hier vertraut sind als Weiterleben, als Begegnung mit denen, die uns hier nahe waren, als Freunde und Friede, als Gastmahl und Jubel und all das und ähnliches als nie aufhörend und weitergehend. Ich fürchte, die radikale Unbegreiflichkeit dessen, was mit Ewigem Leben wirklich gemeint ist, wird verharmlost und was wir unmittelbare Gottesschau in diesem Ewigen Leben nennen, wird herabgestuft zu einer erfreulichen

---

1 E.P., Theologe und Philosoph, 1889–1972

Beschäftigung neben anderen, die dieses Leben erfüllen; die unsagbare Ungeheuerlichkeit, daß die absolute Gottheit selber nackt und bloß in unsere enge Kreatürlichkeit hineinstürzt, wird nicht echt wahrgenommen. Ich gestehe, daß es mir eine quälende, nicht bewältigte Aufgabe des Theologen von heute zu sein scheint, ein besseres Vorstellungsmodell für dieses Ewige Leben zu entdecken, das diese genannten Verharmlosungen von vornherein ausschließt. Aber wie? Aber wie? Wenn die Engel des Todes all den nichtigen Müll, den wir unsere Geschichte nennen, aus den Räumen unseres Geistes hinausgeschafft haben (obwohl natürlich die wahre Essenz der getanen Freiheit bleiben wird), wenn alle Sterne unsere Ideale, mit denen wir selber aus eigener Anmaßung den Himmel unserer Existenz drapiert hatten, verglüht und erloschen sind, wenn der Tod eine ungeheuerlich schweigende Leere errichtet hat, und wir diese glaubend und hoffend als unser wahres Wesen schweigend angenommen haben, wenn dann unser bisheriges, noch so langes Leben nur als eine einzige kurze Explosion unserer Freiheit erscheint, die uns wie in Zeitlupe gedehnt vorkam, eine Explosion, in der sich Frage in Antwort, Möglichkeit in Wirklichkeit, Zeit in Ewigkeit, angebotene in getane Freiheit umsetzte, und wenn sich dann in einem ungeheuren Schrecken eines unsagbaren Jubels zeigt, daß diese ungeheure schweigende Leere, die wir als Tod empfinden, in Wahrheit erfüllt ist von dem Urgeheimnis, das wir Gott nennen, von seinem reinen Licht und seiner alles nehmenden und alles schenkenden Liebe, und wenn uns dann auch noch aus diesem weiselosen Geheimnis doch das Antlitz Jesu, des Gebenedeiten erscheint und uns anblickt, und diese Konkretheit die *göttliche Überbietung* all unserer wahren Annahme der Unbegreiflichkeit des weiselosen Gottes ist, dann, dann so ungefähr möchte ich nicht eigentlich beschreiben, was kommt, aber doch stammelnd andeuten, wie einer vorläufig das Kommende erwarten kann, indem er den Untergang des Todes selber schon als Aufgabe dessen erfährt, was kommt. 80 Jahre sind eine lange Zeit. Für jeden aber ist die Lebenszeit, die ihm zugemessen ist, der kurze Augenblick, in dem wird, was sein soll.

Vor dem Geheimnis Gottes den Menschen verstehen

Carl Friedrich von Weizsäcker
geb. 1912

Die sokratische Rückfrage: Was liegt jenseits der Physik?

De morte nil nisi bene

Kann man wagen, über den Tod zu sprechen? Wird, was ich sage, angesichts meines Todes standhalten? Hält es stand angesichts des Todes meiner Nächsten? Hält es stand angesichts des uns allumgebenden Todes, den wir öfter, als wir zugeben, selbst zu verantworten haben? Aber eben darum: kann man wagen, nicht vom Tod zu sprechen? Können wir ein ernstzunehmendes Wort über das Leben sagen, wenn wir dem Tod nicht ins Auge sehen?

Der Buddha war der Sohn eines Königs. Es wird erzählt, daß ihn sein Vater im Palast und den Gärten des Palasts erziehen ließ, fern vom Anblick der Leiden. Der Prinz hatte schon eine Frau und zwei kleine Kinder, als ihm der Wunsch erfüllt wurde, die Stadt zu besuchen. Wir wissen, wie sich in altorientalischen Straßen das Elend unbeschönigt zeigt. Er sah einen Kranken. »Was ist das?« fragte er seinen Begleiter im Wagen. »Ein Kranker.« »Muß ich auch so werden?« »Ja.« Er sah einen Greis. »Was ist das?« »Ein Alter.« »Muß ich auch so werden?« »Ja.« Er sah einen Leichenzug. »Was ist das?« »Ein Toter.« »Muß ich auch so werden?« »Ja.« Er sah einen Wandermönch, dessen Gesicht die Ruhe des Wissens ausstrahlte. »Was ist das?« »Ein Mönch.« »Kann ich auch so werden?« »Ja.« Der Prinz kehrte in den Palast zurück. In derselben Nacht verließ er alle seine Güter, den Vater, die junge Frau und seine Kinder und zog in die Hauslosigkeit hinaus. Nach jahrelangem schwerem Ringen fand er zum vollständigen Erwachen. Nun lehrte er noch fünfzig Jahre zum Heil aller Menschen die Lehre vom Leiden, vom Durst und vom Erwachen.

Wir brauchen nicht in den Osten zu gehen, um so vom Tod denken zu lernen. Aus den Abschiedsgesprächen des Sokrates erfahren wir, daß Philosophieren nichts anderes ist als Sterbenlernen. In den Gleichnissen Jesu hören wir von dem reichen Bauern, der neue Scheuern für seine

Ernte bauen wollte, um zu seiner Seele zu sagen: »Liebe Seele, du hast einen großen Vorrat auf viele Jahre; habe nun Ruhe, iß, trink und habe guten Mut!« Aber Gott sprach zu ihm: »Du Narr! diese Nacht wird man deine Seele von dir fordern, und wessen wird's sein, das du bereitet hast?« (Luk 12,16–21). Jedermann ist dieser Bauer.

Wahrscheinlich ist keine Menschheit je dem Tode gegenüber so ratlos gewesen wie die heutige. Freilich war die Antwort der großen Religionen auf die Todesfrage dem täglichen Bewußtsein der Menschen zu allen Zeiten fremd. Sie wurde mythologisch gefärbt, um erträglich zu sein. Unserer Zeit ist aber auch die Sprache des Mythos fremd geworden. Das moderne Bewußtsein versteht weder die gefärbte noch die ungefärbte Antwort. Wir müssen aber mit unseren Fragen beim heutigen Bewußtsein ansetzen, wenn wir über den Tod nicht bonum, d.h. Freundliches, vielleicht sogar Wahres, sondern bene, d.h. in guter Weise, also zum mindesten wahrhaftig reden wollen. Der harte Kern des heutigen Bewußtseins ist die Naturwissenschaft. Ich will versuchen, in dreifacher Hinsicht als heutiger Wissenschaftler zu sprechen. Einmal als ausgebildeter Naturwissenschaftler; diese Wissenschaft hat auch zum Tod etwas Wichtiges zu sagen. Zweitens in Kenntnis der Geistesgeschichte, also offen für den Erfahrungsschatz aller Religionen, nicht nur meiner christlichen Heimat. Drittens in philosophischer Weise, also so, daß die Erfahrungen nicht bloß nebeneinander aufgereiht werden oder eine der anderen zuliebe preisgegeben wird, sondern im Bemühen, ihren Zusammenhang zu denken.

Ich möchte den Vortrag unter drei Leitfragen aufgliedern: Woher kommt der Tod? Was bedeutet der Tod in unserem menschlichen Leben? Wohin führt uns der Tod?

Woher kommt der Tod? Zu dieser Frage weiß die heutige Naturwissenschaft ein Stück der Antwort, das frühere Zeiten nicht gekannt haben. Thesenhaft zugespitzt: Das Ich und der Tod sind zwei zusammengehörige, sinnvolle Produkte der Entwicklung des organischen Lebens. Erlauben Sie mir, diesen Satz langsam, ja pedantisch zu erläutern. In diese Erläuterung flechte ich eine Auseinandersetzung mit älteren, philosophisch-theologischen Gedanken ein.

Der Rahmen geschichtlicher Fakten, den die Naturwissenschaft entworfen hat, ist heute allgemein bekannt. Wir Menschen stammen von Tieren ab, die Tiere von Protozoen. Wir alle, Menschen, Tiere, Pflanzen, Einzeller, bestehen physisch aus Molekülen. Aus Molekülen dürften sich die ersten Lebensformen gebildet haben, nachdem vor schätzungsweise viereinhalb Milliarden Jahren die Erde, gemeinsam mit ihrem Zentralstern, der Sonne, aus einem Gasnebel entstanden war. Die Sonne ist einer der rund hundert Milliarden Sterne im Milchstraßensystem, einem der etwa hundert Millionen solcher Systeme, die den unseren Instrumenten noch erreichbaren Raum durchschweifen. Dem uns bekannten Kosmos können wir kein höheres Alter als knapp zehn Milliarden Jahre zuschreiben. Die Anfänge verlieren sich im Hypothetischen.

Philosophisch noch wichtiger als der Rahmen ist die Struktur der Geschichte der Natur. Alle Gestalten im Weltall sind in der Zeit. Ihre gemeinsamen Merkmale sind Möglichkeit, Gewordensein, Vergänglichkeit. Wir Menschen sprechen in der begrifflichen Analyse gewisse Gestalten als möglich an: ein Stern, ein Quarzkristall sind mögliche Agglomerationen von Materie. Zu dieser formalen, naturgesetzlichen Möglichkeit muß die reale, geschichtliche Möglichkeit kommen: jetzt ist hier ein Gasnebel, aus dem sich ein Stern bilden kann, ein Schmelzfluß, in dem ein Quarzkristall wachsen kann. Die geschichtliche Möglichkeit setzt schon Gewordenes voraus: der Gasnebel, der Schmelzfluß muß schon da sein. Alles Gewordene ist vergänglich, denn sonst gäbe es die Möglichkeit des Neuen nicht: der Gasnebel löst sich zum größten Teil in Sterne auf, der Schmelzfluß erstarrt oder verläuft sich in größeren Schmelzen. Möglichkeit beruht auf dem Zusammenspiel von Gewordensein und Vergänglichkeit. Wagt man es, schon die geschichtliche Möglichkeit überhaupt als Leben, schon die Vergänglichkeit des Gewordenen überhaupt als Tod zu bezeichnen, so ist der Tod Vorbedingung des Lebens. Der Satz in Tobler-Goethes Hymnus über die Natur: »der Tod ist ihr Kunstgriff, mehr Leben zu haben«, ist schon in diesem sehr formalen Sinne anwendbar. Sein enthusiastischer Klang ist naturwissenschaftlich nicht mehr und nicht weniger gerechtfertigt als der düstere Klang des Satzes: »alles, was lebt, lebt, um zu sterben.« In einem eigentlicheren Sinne aber gibt es in der Vergänglichkeit des Anorganischen den Tod noch nicht.

Die Vergänglichkeit alles Gewordenen ist allen alten Religionen und Philosophien geläufig. Neu in der Naturwissenschaft ist die empirische Feststellung der Evolution, der einsinnig fortschreitenden Bildung immer neuer, immer differenzierter Gestalten. Evolution gibt es schon in der anorganischen Natur. Noch Newton meinte die Gestalt des Planetensystems nur als Werk einer direkt planenden Intelligenz begreifen zu können. Wir sind heute überzeugt, daß alle Gestalten der anorganischen Natur gemäß den Naturgesetzen auseinander hervorgehen und sich dabei im statistischen Mittel immer höher differenzieren. Die Meinung, das sogenannte blinde Walten der Wahrscheinlichkeit könne nur wachsende Unordnung erzeugen, ist falsch. Ich kann hier nicht die Argumente, sondern nur die Ergebnisse der begrifflichen Prüfung dieser Frage in drei Thesen zusammenfassen: 1. In einem physikalischen System, das weit genug vom statistischen Gleichgewicht entfernt ist, ist eine Zunahme der Anzahl unterscheidbarer Gestalten, also eine wachsende Differenzierung, statistisch zu erwarten. 2. Das erreichte Gleichgewicht zerstört meist die Gestalten nicht, sondern beendet nur ihre Vermehrung; der sogenannte Wärmetod hinterläßt nicht einen Brei, sondern eine Stätte von Skeletten. 3. Nur abgeschlossene Systeme erreichen das Gleichgewicht; die Welt im Ganzen ist vermutlich kein abgeschlossenes System.

Der Kern des Evolutionsphänomens ist, daß mit fortschreitender Evolution die Menge realer Möglichkeiten zunimmt. Zwar werden mit der Verwirklichung einer Möglichkeit alle ihr entgegenstehenden ausgeschlossen. Aber das neue Gewordensein eröffnet seinerseits neue Möglichkeiten, die vorher nicht real bestanden. Durch dieses Wachstum der Gestaltenfülle geschieht es, daß das Gewordene nicht ganz vergeht. Ein Dokument seines Gewesenseins bleibt im aus ihm Gewordenen übrig.

Die bedeutendste evolutive Erfindung der Natur ist das organische Leben. Dieser Satz ist in der personifizierenden Sprache formuliert, welche die Naturwissenschaftler gerade im Alltag ihrer Arbeit, scheinbar scherzhaft, ständig gebrauchen. Begrifflich behutsam muß man das organische Leben eine Möglichkeit nennen, die sich in einer Phase der Geschichte der Natur realisierte. Die Metapher einer neuen »Erfindung der Natur« soll andeuten, daß es sich nicht bloß um die Möglichkeit einer speziellen neuen Gestalt handelt, sondern um eine Möglichkeit neuer Möglichkeiten; um Gestalten, die in sich ein Prinzip der Erzeugung immer neuer Gestalten tragen. Wir haben heute keinen empirischen Grund, dabei die Wirksamkeit anderer als der normalen physikalisch-chemischen Gesetze anzunehmen. Es ist ferner die Grundthese der in der heutigen Biologie herrschenden darwinistischen Evolutionstheorie, daß, wenn organisches Leben einmal entstanden ist, seine Weiterentwicklung mit statistischer Notwendigkeit (»an Gewißheit grenzender Wahrscheinlichkeit«) nach einsehbaren Prinzipien stattfinden wird, und daß Evolution nach diesen Prinzipien uns zur Deutung der faktisch entstandenen Formen des Lebens, wenn wir nur hinreichend komplizierte Prozesse zu durchdenken vermöchten, auch ausreichen würde.

An dieser Stelle muß ich in den Strang der Darstellung den Faden der Auseinandersetzung mit klassischen philosophischen Meinungen einzuflechten beginnen. Ich gestehe, daß ich den noch heute verbreiteten Affekt gegen den Darwinismus für ein philosophisches Mißverständnis halte, an dem freilich die undifferenzierte Popularphilosophie vieler Biologen nicht unschuldig ist. Der Darwinismus ist die Herausforderung zu einer noch nicht geleisteten Philosophie der Zeit. Die klassische abendländische Philosophie stellt der Vergänglichkeit der geformten Dinge die Ewigkeit der Formen selbst gegenüber. Die Idee der Idee ist nach Platon die Idee des Guten. Von dem vergänglichen Ding her gesehen ist die Idee, an dem es teilhat, sein Gutes, seine höchste Möglichkeit. Die Ideen sind ewig, und eben darum sind die höchsten Möglichkeiten vergänglicher Dinge immer dieselben. Platon wagte es, wie ich meine vor dem Hintergrund einer mathematischen, einer sittlichen und einer mystischen Erfahrung, das Pathos der Vergänglichkeit mit dem Pathos einer präsenten Ewigkeit zu überspielen. Die Zeit ist ihm des im Einen verharrenden Ewigen ewigliches, nach der Zahl fortschreitendes Abbild; die in sich zurückkehrende Kreisbewegung ist ihm die nächste Annäherung an die Ewigkeit. Es ist die Herrlichkeit der platonisch verstandenen Welt, daß es in ihr nichts Neues gibt, denn gäbe es in ihr Neues, so wäre sie – blasphemischer Gedanke – nicht schon von jeher dem ewigen Guten so nahe wie möglich. Dies ist freilich noch die Sprechweise des Vorhofs, aber sie hat in der Geschichte des Denkens gewirkt.

Wie haben wir nun die Möglichkeit aller Möglichkeiten, das Gute, zu denken, wenn es Evolution gibt? In der Philosophie, die sich uns nahelegt, erscheint das Mögliche nunmehr mit der Zukunft verbunden. Es wäre nun abstrakt, der einzelnen, im Begriff gespiegelten Idee, Zeitlosigkeit zuzuschreiben; die realen Möglichkeiten werden erst mit dem Gewordensein ihrer Vorläufer. Der so vielfach affektbesetzte Begriff des Zufalls besagt nur, daß wir die Möglichkeit des Zukünftigen nicht als Notwendigkeit verstehen. Wir sprechen wissenschaftlich von Zufall, wenn in Situationen, die wir begrifflich als gleichartig charakterisieren, in verschiedenen Einzelfällen de facto Verschiedenes geschieht. Unsere begrifflichen Hilfsmittel gestatten dann nur, relative Häufigkeiten des Eintretens verschiedener Möglichkeiten, also Wahrscheinlichkeiten zu prognostizieren. Die physikalischen Gesetze sind nichts anderes als die allgemeinen Regeln, nach denen menschlichen Subjekten solche Prognosen möglich sind; darauf komme ich im dritten Teil des Vortrags noch einmal zurück. Wir betrachten nun, die philosophischen Fragen im Blick haltend, die biologische Evolutionslehre.

Eine Evolutionstheorie muß drei empirisch bewährte Prinzipien erklären: die Erhaltung der Individuen, die Erhaltung der Arten, die Weiterentwicklung der Arten. Das zentrale Prinzip ist das der Erhaltung der Arten. Das lateinische Wort für Art, Species, wörtlich das Aussehen, ist eine Übersetzung des griechischen Eidos und entstammt der aristotelischen Philosophie. Aristoteles ist ein heterodoxer Interpret Platons. Die platonische Idee ist für ihn das Eidos, die Gestalt *in* den Dingen – was immer die Metapher »in« hier heißen möge. Die Ewigkeit der Ideen findet sich für ihn realisiert in der nie abreißenden Gegenwart von Dingen, in denen dasselbe Eidos ist. Die physische Abstammung des Gleichen vom Gleichen (»ein Mensch zeugt einen Menschen«) ist das schönste Modell dieses Gedankens. Kein Individuum ist unsterblich, aber das Eidos in den Individuen, die Spezies, ist es. Dieser philosophische Gedanke ist zugleich hervorragende empirische Biologie. Die neuzeitliche Biologie kam im achtzehnten Jahrhundert auf den sicheren Weg der Wissenschaft, als sie die universale Geltung der physischen Abstammung aller Individuen einer Art von Individuen derselben Art, also des Prinzips des Aristoteles, etablierte. Die langsame Änderung der Arten, auf der die Evolution beruht, ist auch nach der heutigen Biologie nur eine kleine Korrektur am Prinzip der Artenkonstanz. Jede Erklärung der Evolution muß mit einer Erklärung der Artkonstanz beginnen; daher die zentrale Bedeutung der langgesuchten Entdeckung des Mechanismus der Reproduktion durch die Doppelhelix der Nukleinsäuren. Das philosophische Motiv des Aristoteles wird freilich durch die Entdeckung der Evolution aus den Angeln gehoben; auch die Spezies sind nicht ewig. Auch das Schöne muß sterben, um anderem Schönen Platz zu machen, nicht nur das Individuum, sondern auch die Gestalt.

Man muß nun sagen, daß erst die Evolution den Tod geschaffen hat, und zwar mit schrittweise steigender Schärfe. Nach heutigen Modellvorstellungen beginnt die organische Evolution mit Molekülen, die ihresgleichen produzieren. Die organische Evolution beginnt also mit der Selbstvermehrung einer Spezies. Vorkehrungen zur Erhaltung der

Individuen gibt es dabei zunächst nicht; diese Moleküle haben nur die übliche begrenzte chemische Stabilität. Aber nun entsteht die Konkurrenz der sich jeweils vermehrenden verschiedenen Arten um das in begrenzter Menge vorhandene Ausgangsmaterial, um die Nahrung. Der erste Schritt der Evolution produziert also das völlig neue Phänomen des »Kampfs ums Dasein«. Zunächst ist schnellere Vermehrung ein Vorteil oder ökonomischere Ausnützung der Nahrung. Die in solchen Vorgängen tüchtigere Spezies wird die anderen zurückdrängen. Es entsteht ein »Selektionsvorteil« für gewisse Verhaltensweisen und damit für Weiterentwicklung. Zufällige, d.h. mögliche Mutationen des Erbguts, fast immer schädlich, können doch auch einmal zu tüchtigeren neuen Arten führen, und diese setzen sich dann durch. So führt das erste Prinzip, die Selbstvermehrung der Art, zum zweiten Prinzip, der Weiterentwicklung. In dieser Entwicklung folgt nun eine Kette von »Erfindungen der Natur«, die überhaupt erst ein Prinzip der Selbsterhaltung der Individuen, also ein aktives Verhalten des Individuums zur Aufrechterhaltung seiner eigenen Existenz, entstehen lassen. Dazu gehört die höhere Erfolgstüchtigkeit solcher Individuen, die einen Stoffwechsel haben, der ihnen chemische Prozesse und damit Wachstum und Mobilität ermöglicht. Günstigstes Ausgangsmaterial für höheren organischen Chemismus ist Substanz, die selbst schon organisch ist. Dies gibt den Verzehrern anderer Organismen eine Chance, also den Tieren, die von Pflanzen leben, und den Raubtieren, die von Tieren leben. Jetzt sind Individuen durch andere Individuen bedroht, und Selbstschutz durch Härte, Gift, Waffen, Größe, Beweglichkeit bringt Vorteil. Die Evolution erzeugt also das Schema des Individuums als letztes ihrer drei Prinzipien. Aber erst Individuen, die darauf eingerichtet sind, sich selbst zu erhalten, können eigentlich sterben. Für sie ist der Tod ein Ereignis, weil sie darauf angelegt sind, sich gegen ihn zu wehren. So erzeugt die Evolution den Tod.

Darwin ist zu seiner Selektionslehre angeregt worden durch die pessimistische Ökonomie von Malthus, der lehrte, die Lebewesen, so auch die Menschen, würden sich stets so weit vermehren, bis sie ans Existenzminimum stießen. Dieser Gedanke ist ein Blick in einen Abgrund, den sich die europäische Tradition verborgen hatte. Im christlichen Aristotelismus erscheint Gott wie ein Gärtner oder Hausvater, der allen den Seinen genug zuteilt. Vom Blickpunkt des Individuums aus hat hier Buddha tiefer gesehen und ebenso die frühchristlichen Traditionen, die die Welt selbst und den Herrn dieser Welt als böse empfanden. Die Empörung über den Darwinismus verteidigte ein idealisierendes Weltbild. Der Darwinismus selbst hatte freilich ein optimistisches Fortschrittspathos, vergaß aber gern, daß die Fortentwicklung der Arten und ihres ökologischen Gleichgewichts über die Leichen der Individuen geht; man muß zu den Siegern gehören, um sich der existierenden Schönheit der Welt zu erfreuen. Nach meiner Überzeugung enthält der Realismus Darwins auch die Aufforderung zu einer tieferdringenden Philosophie und Theologie. Der Gegensatz von Finalismus und Kausalismus ist ein Scheingegensatz. Es ist zunächst gerade der Anspruch der Selektionslehre, die finalistische Beschreibung des Verhaltens der Organismen als eine Phänomenologie zu rechtfertigen, indem die Entstehungsweise zweckmäßiger Organismen erklärt wird. Diese gegenseitige Erläuterung der Wirkursache und der Endursache, diese Fundiertheit der Möglichkeit in der Gewordenheit, ist nicht unaristotelisch, nur erreicht sie einen neuen Tiefgang in der Überschreitung der Schranke der Artenkonstanz. Die Theologie eines zwecksetzenden Gottes aber erscheint mir als ein Anthropomorphismus, der mit der religiösen Lehre von Gottes Allmacht ebenso schwer zu vereinen ist wie mit der philosophischen Vorstellung von Gottes Wissen. Zwecke sind wesentlich menschliche Orientierungsmarken, deren begrifflicher Sinn voraussetzt, daß sie möglicherweise auch nicht erreicht werden. Zwecke sind Begriffe von Möglichkeiten, also anthropomorph. Wer Gott für die Zwecke direkt verantwortlich macht, muß einen Gegengott für die unendliche Fülle des Scheiterns, des Leidens, des Mißratens verantwortlich machen; er ist, denkt er konsequent, zum theologischen Dualismus gezwungen.

Der Tod ist ein Werk der Evolution, in noch schärferem Sinn als ich es bisher ausgesprochen habe. Eine »Erfindung der Natur« sind evolutionsbeschleunigende Strukturen. Von zwei etwa gleich lebenstüchtigen Arten wird diejenige einen Vorteil haben, die sich schneller weiterentwickelt. Dazu gehört das »Ausprobieren« vieler Mutanten. Höchst wahrscheinlich ist die geschlechtliche Fortpflanzung, im Unterschied zu dem so viel einfacheren Prinzip der bloßen Zellteilung, eine dieser evolutionsbeschleunigenden Strukturen. Sie mischt immer von neuem rezessive Merkmale und gibt jeder Spezies einen Schatz von Erbanlagen latent mit, die bei jeder Umweltänderung eine Chance haben, alsbald den bestangepaßten Typ zu produzieren. Um diese Fortpflanzungsweise durchzusetzen, bedurfte es freilich der stärksten Verhaltensregulative, die die Kopulation erzwingen. So verstehen wir die weltbeherrschende Gewalt der geschlechtlichen Liebe. Das Individuum aber, das kopuliert hat, hat damit den ersten Schritt getan, sich überflüssig zu machen. Es gibt Spinnenweibchen, die das noch kopulierende Männchen aufzufressen beginnen. Das tiefe Erlebnis des Zusammenhangs von Liebe und Tod ist kein ästhetischer Irrtum.

Der Tod des Individuums ist aber noch unmittelbarer evolutionsfördernd. Kurzlebigkeit der Individuen ist ein Selektionsvorteil für die Art, denn sie beschleunigt die experimentierende Generationenfolge. Das Altern der Individuen ist darum gewiß nicht zufällig ein zwangsläufiger Prozeß, eine genetisch fest eingeplante fortschreitende Krankheit. Wir verschleiern uns dieses Faktum durch naive Vorstellungen, als sei das Altern ein, vielleicht gar vermeidlicher, Verschleiß des Materials. Waum sollten virtuell unsterbliche Individuen physisch weniger möglich sein als virtuell unsterbliche Arten? Das Tempo des Alterns ist faktisch auf das Tempo der Ontogenese, der Individualentwicklung abgestimmt. Die Eintagsfliege kann nach einem Larvenstadium und einem Hochzeitstag sterben. Der Mensch lebt lange, weil seine Kinder seiner lange bedürfen.

Was bedeutet der Tod in unserem menschlichen Leben? Der Mensch ist das Lebewesen, welches weiß, daß es sterben muß. Unter dem, was Tiere wahrnehmen, ist wohl eine Mitwahrnehmung des herannahenden eigenen Todes in der Furcht oder im Erlöschen der selbsterhaltenden Triebe vorhanden, vielleicht wesentlich. Ein reflektiertes Wissen, daß er sterben muß, werden wir erst dem Menschen zusprechen. Kaum ein anderes Wissen hat dem Menschen einen so tief eindringenden Weg der Selbstwahrnehmung eröffnet wie das Wissen vom eigenen Tod.

Die Situation des Menschen gegenüber dem Wissen vom eigenen Tod ist paradox. Der manifeste Träger des menschlichen Wissens ist das Ich. Das Ich ist die Selbstwahrnehmung des Individuum *als* Individuum. Unreflektiert ist das Ich das steuernde Zentrum der selbsterhaltenden Triebe, in der Reflexion umfaßt es alle Wahrnehmungen und Wissensentscheidungen, die der Selbsterhaltung dienen und ist so das eigentlich menschliche Instrument der Selbsterhaltung, ihr erster Diener. Der Mensch ist das Tier, das Ich sagen kann. Eben das Individuum aber ist das eigentliche Opfer des Todes. Indem das Ich zum reflektierenden Wissen gelangt, gelangt es zum Wissen seines notwendigen Untergangs.

Gehen wir einen Schritt mehr ins Einzelne. Der Mensch hat die tierische Einheit von Wahrnehmen und Handeln gesprengt durch das sprachlich gestützte Vermögen der Vorstellung. Er kann das, was nicht da ist, in der Phantasie, im Wort, im Begriff, in der Reflexion gleichsam vor sich stellen. Er kann Zukunft in der Form der Möglichkeit antizipieren. Die ganze Wissenschaft, in deren Sprache ich hier rede, ist eine Entfaltung dieser menschlichen Weise, sich zur Zukunft zu verhalten; Begriffe sind Möglichkeiten. Möglichkeiten denken zu können, bedeutet auch Gefahren denken zu können und den Schutz gegen sie vorzubereiten; es bedeutet präzise Furcht und unbegrenzt akkumulierbare Macht. Gerade das Ich des neuzeitlichen Europäers – und mit dem Sieg unserer Zivilisation des modernen Menschen – erlebt die Ansammlung von Verfügungsgewalt als Wissen, Kapital, Waffen stärker als irgend ein früheres Lebewesen auf der Erde. Genau die Voraussicht, die uns alle Macht der Erde erschließt, erkennt die Schranke des eigenen Todes. Wessen wird's sein, das du gesammelt hast?

Die üblichste Form menschlichen Umgangs mit dem eigenen Tod ist die Verdrängung. Wäre es nicht so, warum bedürften wir der biblischen Erinnerung? Nun ist der psychische Mechanismus der Verdrängung an sich eine lebensnotwendige Fähigkeit. Abschirmung, Filterung von Information ist eine der wichtigsten höheren Leistungen unseres sensorischen Apparats; sie ist eine Bedingung der Begriffsbildung. Zu dem, was normalerweise verdrängt werden muß, gehört die Flut entfernter Gefahren, die kein akutes Handeln erfordern. Verdrängung ist ein Wächter seelischer Gesundheit. Aber ihre richtige Verwendung ist eine Aufgabe. Je bewußter der Mensch wird, desto unentbehrlicher ist für ihn die Kontrolle seiner eigenen Verdrängungen. Wahrheit wird für ihn eine Lebensbedingung. In diesem Sinne ist ein Friede stets der Leib einer Wahrheit. Unsere Fähigkeit zum Umgang mit der Verdrängung des Todes ist dann ein wichtiges Kriterium unserer Fähigkeit zu leben, unserer Friedensfähigkeit.

Blicken wir zunächst auf den Augenblick, in dem ich nicht mehr bloß weiß, daß man stirbt, sondern daß ich nun sterben muß. Auf jeden Menschen, sagt Jean Paul, wird im Augenblick der Geburt ein Pfeil abgeschossen; er fliegt und fliegt und erreicht ihn in der Todesminute. Wie, wenn ich das Schwirren des Pfeiles höre? Hier hat unsere Medizin ein Problem. Zur religiösen Lebensordnung gehörte es, den Menschen in seiner letzten Stunde nicht in der Unwissenheit allein zu lassen. Er empfing die Tröstungen, wenn er wußte, was der Arzt, der Priester, die Angehörigen wußten: daß er nun sterben müsse. In der heutigen Medizin hat sich die Überzeugung durchgesetzt, es sei humanes Gebot, dem Menschen das Wissen von seinem bevorstehenden Tod nicht aufzudrängen; ja, es gibt eine Praxis, es ihm auszureden. Ich habe in diesem Zusammenhang eine Erfahrung gemacht. Mein kraftvollster philosophischer Schüler, auch physisch ein Bild der Gesundheit, mußte sich wenige Wochen nach seinem Doktorexamen einer Untersuchung unterziehen. Danach kam seine Frau zu mir und fragte mich um Rat. Der Klinikchef hatte ihr die Diagnose, inoperabler Krebs, gesagt, und ihr dringend ans Herz gelegt, sie ihrem Mann zu verschweigen. Sie fuhr fort: »Ich habe meinen Mann noch nie belogen. Was soll ich tun?« Ich kannte sie und antwortete: »Das können nur Sie selbst wissen. Aber wenn Sie sich entscheiden, es Ihrem Mann zu sagen, werde ich die Verantwortung dafür gegenüber dem Klinikchef auf mich nehmen.« Sie sagte es ihm. Als ich ihn daraufhin besuchte, war er aus tiefer Unruhe in ruhige Gewißheit gewandelt. Er sagte: »Ich weiß jetzt, daß ich noch wenige Monate Zeit habe, um einige Dinge in meinem Leben zu ordnen, die ich sonst um Jahre hätte hinausschieben mögen.« Natürlich handelte es sich bei diesen Dingen im Kern um das Verhältnis zu Gott. Eine Weile ging es ihm selbst physisch besser. Ich habe ihn bis zu seinem Tod jede Woche besucht, in den Schwankungen seiner Zustände, und dieses Sterben war etwas vom Wirklichsten, was ich gesehen habe.

Mediziner, denen ich diese Geschichte erzähle, sprechen dann manchmal von Ausnahmemenschen, und sie können auf viele gegenteilige Erfahrungen verweisen. Gewiß kann man Menschen, die unsere Kultur ein Leben lang verdrängen gelehrt hat, daß Leben Sterbenlernen bedeutet, nicht im letzten Augenblick zumuten, alles Versäumte nachzuholen. Aber selbst diese Menschen nehmen etwas wahr, was sie verstehen könnten, wenn man ihnen dazu hülfe. Oft ist der Arzt der Ratlose, oder der technische und kommerzielle Apparat der Medizin hindert den Arzt, das Mögliche sich zur Gewohnheit zu machen. Viele Erfahrungen sprechen dafür, daß es eine Mitwahrnehmung des nahenden eigenen Todes gibt, auch wenn sie nicht ins reflektierte Bewußtsein aufgenommen werden kann. Sie begleitet nicht nur die Einschränkung des Bewußtseinshorizonts des Ich bei wegsinkender Lebenskraft. Im Gegenteil, sie ist der Möglichkeit nach eine gesteigerte, befreite Sensivität.

Als eine der großartigsten Formen des vorausgeworfenen Schattens des Todes möchte ich den Spätstil von Künstlern ansehen. Das Empfinden drängt sich auf, daß der Stil eines Künstlers oft Jahre, ja viele Jahre zuvor mehr von der Nähe des Todes als vom verflossenen Alter seit der Geburt geprägt wird. Die Quartette des fünfundfünfzigjährigen Beethoven sind so sehr Altersstil wie die Bilder des sechzigjährigen Rembrandt, des neunzigjährigen Tizian, wie der Prospero im »Sturm« des fünfzigjährigen Shakespeare, ja wie die letzte Musik des nicht dreißigjährigen Schubert, des fünfunddreißigjährigen Mozart. Ich weiß nicht, ob ich die formalen Merkmale des Altersstils zu bezeichnen vermag: ein Wegsinken der Pflicht und des Ehrgeizes, klassisch zu sein, die unglaubliche Dichte distanzierter Direktheit – »als ich siebzig war, konnte ich meines Herzens Regungen folgen«, sagt Konfuzius. Erlauben Sie mir, Ihnen ein bekanntes Dokument des Altersstils vorzulesen:

Selige Sehnsucht

Sagt es niemand, nur den Weisen,
Weil die Menge gleich verhöhnet:
Das Lebend'ge will ich preisen,
Das nach Flammentod sich sehnet.

In der Liebesnächte Kühlung,
Die dich zeugte, wo du zeugtest,
Überfällt dich fremde Fühlung,
Wenn die stille Kerze leuchtet.

Nicht mehr bleibest du umfangen
In der Finsternis Beschattung.
Und dich reißet neu Verlangen
Auf zu höherer Begattung.

Keine Ferne macht dich schwierig,
Kommst geflogen und gebannt,
Und sogleich, des Lichts begierig,
Bist du Schmetterling verbrannt.

Und solang du das nicht hast,
Dieses: Stirb und Werde!
Bist du nur ein trüber Gast
Auf der dunklen Erde.

Ich wage ein paar kommentierende Worte. Altersstil: Einfache, scheinbar kunstlose Verse. Ein Reim wie zeugtest-leuchtet, inhaltbefrachtet, wird nicht vermieden. Oft fast übergangslos dichte Fügung: es ist überflüssig, die Gedankenbrücke auszusprechen. Das Unauslotbare ist, ohne jede Schwere der Wortwahl, schlicht, wie mühelos hingesagt. Der Inhalt: Flamme, Liebessehnsucht, Todessehnsucht sind eine und dieselbe Sehnsucht in der Steigerung. Die Steigerung, scheinbar aus dem Wirklichen ins Jenseitige, macht das bewußt, was immer die Sehnsucht des Wirklichen war; nun zeigt sich, daß das Wirkliche das Symbol war und das Jenseitige das Wirkliche ist. Der Schmetterling verbrennt in der Kerzenflamme, die Liebenden in ihrer Liebe, aber fremde Fühlung führt zu höherer, also eigentlicher Begattung. Hier klingen die Erfahrungen der Mystiker an, für welche die Enthaltung von der irdischen Liebe nicht den Liebesverzicht, sondern die Liebesintensität, die eigentliche Empfängnis bedeutet.

Erlauben Sie mir, ehe ich weitergehe, bloß weil ich es naiv schön finde, noch ein anderes Gedicht zu zitieren, ein viel einfacheres, das einmal nicht problematisiert, von Eichendorff:

Der Soldat

Und wenn es einst dunkelt,
Der Erd bin ich satt,
Im Abendrot funkelt
Eine prächtige Stadt.

Von goldenen Türmen
singet der Chor.
Wir aber stürmen
Das himmlische Tor.

Das ist Romantik. In jeder Rolle kann der Tod angenommen werden.

Zurück zu Goethe. Sein Gedicht endet nicht mit dem Stürmen des himmlischen Tors. Es kehrt zur Erde zurück. Gerade dann, wenn du das nicht hast, dieses Stirb und Werde, gerade wenn du fraglos auf der Erde lebst, gerade dann bist du nur ein Gast auf der Erde, ein trüber Gast, der nichts sieht, der nicht durchscheinend ist, gerade dann, nur dann ist die Erde dunkel.

Ich will versuchen, dem Stirb und Werde eine nüchterne, mit dem evolutionistischen Denken vereinbare Deutung zu geben. Nüchternheit ist erforderlich. Selige Sehnsucht – das sollt ihr niemand sagen, nur den Weisen. Für fast alle von uns sind Todesangst und verfrühte Todessehnsucht zwei Gestalten desselben Affekts. Sie sind, wie Affekte so oft, unterlassene Handlungen, eigentlich Wahrnehmungen der Unfähigkeit zum Leben. Der religiösen Antwort auf das Todesproblem, wo sie ungefärbt ist, wohnt die Nüchternheit stets inne; sie ist in ihren Symbolen evident. Im Johannes-Evangelium spricht Jesus von sich, wenn er sagt: »Es sei denn, daß das Weizenkorn in die Erde falle und sterbe, so bleibt es allein. Wenn es aber stirbt, so bringt es viele Frucht.« (Joh 12, 24) Er sagt dies zu Griechen, und es gibt Ausleger, die meinen, er deute damit auf die eleusischen Mysterien. Jedenfalls, wie in fast allen seinen Gleichnissen, geht er von der bäuerlichen Erfahrung des Lebens in der Natur aus. Das Weizenkorn, als Individuum betrachtet, geht unter, um viele Weizenkörner zu erzeugen. Was bedeutet das im menschlichen Leben?

Die Entwicklung vollzieht sich meist nicht in gleichmäßigem Fortschreiten, sondern in Stufen. Ich möchte das eine Entwicklung von Plateau zu Plateau nennen. Zwischen zwei Plateaus geht der Weg meist durch eine Krise, durch das Sterben einer Gestalt. Im organischen Leben ist die Spezies ein Plateau. In der Umwelt, der sie angepaßt ist, ist sie zu harmonischem Leben fähig; sie ist in ihrer Welt im relativen Frieden. Mutationen treten zufällig auf wie immer, aber fast stets sind sie in dieser Umwelt schädlich und werden durch ihren Mißerfolg eliminiert. Aber Änderungen der anorganischen oder der organischen Umwelt, oder auch eigene, unwahrscheinliche neue »Erfindungen« bieten anderen Mutanten eine bessere Chance; durch eine Krise, die tödlich verlaufen könnte, tritt eine neue Art ins Leben, zusätzlich zur alten oder sie ersetzend. Diese Schilderung ist, wie jede Schilderung, stilisiert; es gibt stetige Übergänge, gleichsam unmerkliche Krisen. Aber das Phänomen des Plateaus ist sehr allgemein. Auch umfassende Organisationsformen, die ich eingangs »Erfindungen der Natur« genannt habe, kann man als Plateaus bezeichnen, so die Selbstreproduktion, die Zelle, die geschlechtliche Fortpflanzung, die Tiere, die Wirbeltiere, die Warmblüter, die Intelligenz.

Auch die kulturelle, soziale, politische Geschichte der Menschheit zeigt solche Plateaus. Wir bezeichnen heutzutage die Krisen zwischen ihnen oft als Revolutionen: die neolithische Revolution, die den Ackerbau schuf, die Entstehung der Stadtkulturen, der Großreiche, der Hochreligionen, der Wissenschaft, die politische Revolution der Neuzeit in ihren Reprisen, die industrielle Revolution. In der Wissenschaftsgeschichte wird neuerdings der Begriff wissenschaftlicher Revolutionen erfolgreich benutzt. Da die menschliche Kulturgeschichte in diesen ihren Einzelschritten vermutlich primär nicht Folge, sondern allenfalls Ursache jeweiliger biologischer Änderungen ist, ist die Strukturverwandtschaft der biologischen und der kulturellen Evolutionsprozesse um so auffallender. Der Grund dieser Verwandtschaft liegt meiner Ansicht nach in der Struktur der Zeit selbst; doch kann ich im heutigen Vortrag darauf nicht eingehen.

Schließlich geht auch die biographische Entwicklung des menschlichen Individuums durch Plateaus und Krisen, und die Krise wird oft wie ein Sterben gefürchtet und erfahren. Hier ist das Stirb und Werde für das Ich; die entscheidenden Reifungen erreicht es nicht ohne eine Art Tod. Auf moderne Entwicklungspsychologie will ich heute nicht eingehen. In dem Vortrag über das Schöne habe ich fünf objektive Prinzipien genannt, die solche Plateaus bezeichnen: das Nützliche, das Gerechte, das Wahre, das Schöne, das Heilige. Ich habe sie dort als Erscheinungsformen des Guten bezeichnet. Sie sind Weisen, in denen der Mensch wahrnimmt, was sein Leben möglich macht; Wahrheiten, deren Leib ein menschlicher Friede sein kann. Jedes der Prinzipien bezeichnet eine Erlebnisqualität, die von den vorangegangenen Qualitäten her kaum geahnt werden konnte, die in die vorher scheinbar schon abgeschlossene Erlebniswelt erschütternd oder sänftigend eindringt. In jedem der Übergänge vollzieht sich eine Umwertung der Werte, die das Ich zuvor gekannt hat, eine Ablösung, ein Tod der Götter.

Im Nützlichen überwindet das Ich nur die Triebhaftigkeit des Augenblicks zugunsten der Vorausplanung seiner selbsterhaltenden Zukunft. Nutzen und Macht sind akkumulierte Möglichkeiten zuhanden des Ich; sie sind Information. Und doch stirbt etwas vom Ich mit der Entdeckung des Nutzens, eine Kindlichkeit, die mehr liebenswert als glücklich war. Im Sittlich-Gerechten findet das Ich eine Möglichkeit und, ist sie entdeckt, eine Forderung, sich selbst radikal zu überschreiten. Im Wahren zeigt sich dem Menschen ein von allem menschlichen Willen, Wohl und Wehe Unabhängiges, gleichwohl dem Menschen Zugängliches; eine erlösende Ernüchterung. Das Schöne ist eine Wirklichkeit jenseits der Selbstverteidigung, eine Seligkeit. Im Herantreten an das Heilige stößt das Ich an seine unüberwindbare Grenze; ein Schritt durch das Tor, und nie ist eine Grenze gewesen. Ein Wort hier über die Todeserfahrung in der Politik. Politik ist die planvolle

Gestaltung des gesellschaftlichen Zusammenlebens der Menschen. Als solche hat sie einen notwendigen Anteil an den Prinzipien des Nützlichen und des Sittlich-Gerechten. In der Spannung zwischen diesen beiden Prinzipien, die zu versöhnen ihr Auftrag wäre, wirkt sie wie eine noch ungelöste geschichtliche Aufgabe der Menschlichkeit. Sie ist bisher überwiegend in der Form der Herrschaft – offener oder verborgener – praktiziert worden. Im Kampf um Herrschaft und Freiheit arbeitet sich eine Form der Nützlichkeit heraus, die wir Macht nennen. Macht ist ein Plateau des menschlichen Lebens. Sie ist, als Besitz, fast unbegrenzt akkumulierbar. Sie ist, als Struktur, selbststabilisierend: gegen Macht ist fast nur mit Macht etwas auszurichten. Sie ist, als Selbstschutz, gerade wegen ihrer Unbegrenzbarkeit, tragisch. Wer das Schwert aufhebt, wird durch das Schwert umkommen. Stirbt der Sieger im Bett, so haben seine Nachfolger zu zittern. Der Krieg ist die bisher unüberwundene ultima ratio der Macht. Ständig finden Kriege auf der Erde statt; der dritte Weltkrieg ist wahrscheinlich. Der Politik ist eine bestimmte Form der Lüge fast zwangsläufig zugeordnet; das Ausgeben des für eine Partei Nützlichen als das Gerechte. Genau deshalb wäre das Wahre das eigentlich heilsame Prinzip der Politik. Wer aber kann das Wahre hören? Wer ist seelisch fähig, es hören zu wollen? Die Angst, die unerträgliche Wahrnehmung der eigenen Unfähigkeit zum Frieden, ist es, welche die Macht tragisch macht, denn sie schneidet Sehen und Hören dort ab, wo es am nötigsten wäre. Auch wer schreit, hört nicht; er hört nur seinen Schrei. Wahrscheinlich muß man den kommenden Krieg bis in die Tiefe des Unbewußten durchlitten haben, um denen, die ihn unwissentlich vorbereiten, leise und unüberhörbar die kleine Wendung im Wege zeigen zu können, die den nächsten Abgrund vermeiden würde.

In der menschlichen Reifung sterben wir viele Tode. Stets ist der bestandene Tod ein Weg zu neuem Leben, der übertünchte Tod ein Gebanntsein in den Tod. Am Ende erreicht der fliegende Pfeil das leibliche Ich – mein Ich, wie wir zweideutig sagen.

Wohin führt uns der Tod? Aus bekanntem Land treten wir mit dieser letzten Frage, die sich uns gleichwohl aufdrängt, ins Unbekannte. Das Ichbewußtsein weiß die Antwort auf die Frage, was jenseits seines Endes ist, nicht. Es hat fast stets in der Geschichte religiöse Antworten auf diese Frage geglaubt. Das Ich ist nicht die ganze Wirklichkeit der Seele. Religiöse Erfahrung spiegelt Wirklichkeit, die das Ich überschreitet. Aber in der Begriffssprache des Ich läßt sie sich nicht so aussprechen, wie sie ist. Sie bleibt dem Ich ein Geheimnis. In der mythischen Form, in der sie die Weltgeschichte der Kulturen bestimmt hat, ist sie schon gefärbt; gefärbt durch Rücksicht auf das Aufnahmevermögen der Hörenden, und durch deren geschichtliche, gesellschaftliche Filterung immer unkenntlicher eingefärbt; gefärbt aber auch durch das geschichtlich bedingte Vorstellungsvermögen der religiösen Persönlichkeiten selbst. Eine Folge dieser vielfachen Färbung ist die große Vielfalt der Jenseitsvorstellungen, die uns die Religionsgeschichte kennen lehrt. Wir sollten einen Blick auf einige der wichtigsten unter ihnen werfen.

In den meisten primitiven Religionen gibt es eine jenseitige Gegenwart der Verstorbenen, zumal der Ahnen. Viele Primitive, und erst recht die frühen Hochreligionen, deren politische Kultur das Diesseits in Reichen denkt, kennen ein Reich der Toten. Es bildet sich die Vorstellung, daß die sittliche Weltordnung, deren diesseitige Durchsetzung Sache des diesseitigen Königs ist, vom jenseitigen König vollendet wird; die Rechnung von Schuld und Sühne geht erst im Jenseits auf.

Wie eine Gegenbewegung gegen alle diese Gedanken erscheint die Religion Israels, wie sie aus allen außer den jüngsten Schichten des Alten Testaments zu uns spricht und Wesenszüge des Jüdischen bis heute bestimmt. Hier ist das Leben der Menschen mit Gott oder gegen Gott diesseits, es entscheidet sich im Tageslicht. Eigentliches Leben heißt in der Sprache der Propheten hier und jetzt mit Gott leben, eigentlicher Tod heißt hier und jetzt von Gott getrennt sein. Das Ich kann sich nicht in die Hoffnung einer jenseitigen Vollendung flüchten, und es bedarf ihrer nicht. Abraham »nahm ab und starb in einem ruhigen Alter, da er alt und lebenssatt war, und ward zu seinem Volk gesammelt«. (1. Mos 25,8) Das Ich steht im Diesseits nicht allein; die Entscheidung für oder gegen Gott fällt immer von neuem im Volk. Sie ist Verwirklichung des Sittlichen als Gebot des Heiligen. Zu ihrem sittlichen Teil finden darum auch moderne engagierte Intellektuelle einen echten Zugang. Aber das Sittliche ohne das Heilige ist nicht lebensfähig; es ist die Forderung ohne ihre Ermöglichung. Die selbstverzehrende Anstrengung der bloßen Moral kann kaum umhin, wenn sie wahrhaftig bleibt, böse oder verzweifelt zu werden.

Das jüdische Tageslicht ist ein Geschenk an die Menschheit, es ist aber nicht die volle Wirklichkeit. Das spätere Judentum hat viel von den Jenseitsvorstellungen der umliegenden Völker aufgenommen. Im frühen Christentum fließen diese Vorstellungen mit der Diesseitseschatologie der Messiaserwartung zusammen. Zum kommenden Reich Christi gehört die Auferstehung des Fleisches. Diese Lehre bezeichnet, daß es nicht auf das Verlassen des Leibs, sondern auf seine Wiederherstellung ankommt. Die Naherwartung erfüllt sich nicht und die christliche Theologie nahm die ganz anders geartete philosophische Lehre von der Unsterblichkeit der Seele in sich auf. Ich glaube, daß die christliche Geschichtserwartung das vorausgeworfene Zeichen einer im wesentlichen Kern noch nicht vollzogenen Verwandlung der menschlichen Geschichte ist; aber das ist nicht unser gegenwärtiges Thema. Die Frage, wohin der individuelle Tod uns führt, bleibt auch in der christlichen Tradition in ein Geheimnis gehüllt.

Die weltweit wirksamste Vorstellung vom Jenseits des Todes ist die Lehre von der Wiederverkörperung der Seelen in immer neuen Leibern. In Indien entstanden, hat sie den größeren Teil Asiens erobert, als orphisch-pythagoräische Lehre tritt sie im alten Griechenland auf, und heute finden sich religiös suchende europäische und amerikanische Intellektuelle ihr offener als allen anderen Jenseitslehren. Nach ihr geht die jenseitige Rechnung von Schuld und Sühne im ewigen Diesseits auf. Gute Werke führen in gute Wiederverkörperungen, schlechte in schlechte; so oder so arbeiten wir in jedem Leben die Taten vergangener Leben ab. In dieser Karma-Vorstellung wirkt die sittliche Weltordnung wie ein Naturgesetz. Aber wenn so dem Gerechtigkeitsverlangen Genüge getan ist, meldet sich die Sinnfrage mit doppeltem Nachdruck. Wozu denn der ewige Durst, der die ewige Verstrickung in Taten und ihre Folgen erzeugt? Als der künftige Buddha in die Hauslosigkeit zog, ging es ihm nicht um die Leiden dieses einen Lebens, sondern um die nichtendenden Leiden der nichtendenden Leben. Aus diesem Kreislauf erwachte er. Nicht die Kette der Wiederverkörperungen, sondern das Erwachen ist der Kern buddhistischer und hinduistischer Erfahrung.

Für den kritischen Blick der Aufklärung entwertet die Vielfalt dieser Jenseitsbilder jedes von ihnen. Sie erscheinen als Projektionen der Wünsche und Ängste des Diesseits. Im Licht der griechischen Aufklärung hat die klassische griechische Philosophie, zumal Platon, die Frage gestellt, was der Wahrheitsgehalt der Bilder ist. Leben, erfahren wir von Sokrates im Phaidon, ist Sterbenlernen, denn der Tod löst die Fesseln, die uns ans zeitliche Begehren binden. Die Seele ist unsterblich, insofern sie in der Erkenntnis teilhat an dem, was seinem Wesen nach nicht der Zeit unterworfen ist, der Idee. Die affektiven Teile der Seele sind nach Platon sterblich, der vernünftige Teil ist unsterblich, denn er ist ein Teil der ewigen Vernunft. Aber fast alles, was Platon in den Dialogen über diese Dinge sagt, gehört wiederum dem Vorhof der Philosophie an. Glaubte er an die im kosmologischen Mythos dargestellte Unsterblichkeit der Einzelseelen in der Wanderung durch himmlische Umläufe und irdische Leiber? Oder wofür war sie ihm ein Gleichnis? Die Seelen im jenseitigen Ort wählen den Leib ihrer Wiederverkörperung, damit ihre Affekte und ihr Schicksal selbst. Eine tiefsinnige Lehre. Wer aber ist eigentlich das Subjekt dieser Wahl?

Die Unsterblichkeitslehre wird durch das Evolutionsdenken ebenso in ein anderes Licht gerückt wie die Ideenlehre. Die Naturwissenschaft ist heute außerstande, etwas dazu zu sagen, und zwar, wie ich meinen möchte, nicht aus prinzipieller Unmöglichkeit, aber wegen ihrer kulturgebundenen Blickbeschränkung. Sie arbeitet ausschließlich in objektiver Einstellung, d. h. sie beschreibt Objekte, wie sie menschlichen Subjekten erscheinen, aber sie reflektiert nicht auf die Subjektivität der Subjekte. Ich bin aber überzeugt, daß die Naturwissenschaft nicht konsistent gemacht werden kann, wenn sie das, was wir philosophisch Subjekt nennen, ausklammert. Hegels Satz »die Substanz ist wesentlich Subjekt« drückt genau das Anliegen aus, aber Hegels titanische Philosophie ist nicht empirisch genug. Solange der Blick nicht auf die Subjektivität der Natur gefallen ist, ist unsere Wissenschaft nicht volle Naturwissenschaft. Was würde sich diesem Blick zeigen? Der cartesische Dualismus von zwei einander entgegenstehenden Substanzen, des Bewußtseins und der Körperlichkeit, läßt sich angesichts der Physik unseres Jahrhunderts nicht halten. Materie ist für unsere Physik, was den sogenannten physikalischen Gesetzen genügt; diese Gesetze aber definieren, was Subjekte erfahren können. Die Subjekte jedoch, wir selbst, kommen in eben der Welt vor, von der sie Erfahrung machen. Als Kinder der Evolution sind wir Glieder der Natur. Es scheint, als müßten wir sagen: das Wirkliche nimmt durch die Augen der Kinder der Evolution, durch die Organe, die es hervorgebracht hat, in jeweils anderer Abschattung sich selbst wahr. Wer ist das Subjekt? In der Betrachtung der Evolution ist uns das Ich selbst wie ein Werkzeug erschienen. Muß man so reden, daß es nur *ein* Selbst gibt? Die Wissenschaft führt an die Schwelle einer Erfahrung, die sich der Meditation, aber nicht der Reflexion erschließt. Dies ist vernünftig. Das begriffliche Denken kann einsehen, daß es den Grund seiner Möglichkeit nicht begrifflich bezeichnen kann.

Deshalb endet ein akademischer Vortrag über den Tod nicht mit einer begrifflichen Aussage darüber, wohin der Tod uns führt. Das Denken ist eine Tätigkeit des Ich, die filtern, klären, und an die Schwelle der Erfahrung führen kann. Der Tod ist eine Schwelle.

Lassen Sie mich mit einem Satz schließen, den ich nicht durch Denken rechtfertigen kann: Seligkeit ist nicht jenseits des Todes; dort ist Arbeit. Seligkeit ist auf dem Grunde der Wirklichkeit, die auch den Tod geschaffen hat.

Der Tod. Vortrag 1979

Anhang

Biographien – Quellennachweise

Heinrich von Kleist
*18.10.1777 Frankfurt/Oder, †21.11.1811 Wannsee bei Potsdam/Berlin

Dramatiker und Erzähler. Früh zur Offizierslaufbahn bestimmt. 1793–95 Teilnahme am Rheinfeldzug. 1797 Beförderung zum Leutnant. Mathematische und naturwissenschaftliche Studien. 1799 Abschied vom Militärdienst und drei Semester Studium (Kameralia und Jura). Volontär am preußischen Wirtschaftsministerium Berlin. Erste dichterische Pläne. 1801 »Kant-Krise«. Reise mit der Schwester Ulrike nach Paris, dann Aufenthalt in der Schweiz. Umgang mit Zschokke (»Der zerbrochene Krug«). 1803 bei Wieland in Oßmannstedt. Selbstmordpläne. Fußreise von Bern nach Paris. Vernichtung des »Guiscard«-Manuskripts. Zusammenbruch und Rückkehr nach Deutschland. Erneut im preußischen Staatsdienst, dann endgültig ausgeschieden. Seit 1806 leidenschaftliche Teilnahme an den deutsch-österreichischen Erhebungsplänen gegen Napoleon (»Die Hermannsschlacht«). 1807 in Dresden: Vollendung der »Penthesilea«, des »Käthchen von Heilbronn« und »Michael Kohlhaas«. Mit dem Staatsrechtler Adam Müller Herausgabe der Monatsschrift »Phöbus«; wieder in Berlin, der »Berliner Abendblätter«. Beide Unternehmen mißlangen. Auch das dichterische Werk blieb ohne Echo. Am 21.11. 1811, zusammen mit der schwerkranken Henriette Vogel, Freitod.

Literatur: H. v. Kleists Werke. Hg. Erich Schmidt. Leipzig und Wien. 5 Bde. o. J.

Texte: Im Leben ... sehen. Der Zweikampf. A. a. O. 3. Bd., S. 419

Über den Zweck ... könntest. An die Braut Wilhelmine von Zenge, 15. IX. 1800 a. a. O. 5. Bd., S. 127

Und dann ... bessern. An Wilhelmine von Zenge, 13. XI. 1800 a. a. O. 5. Bd., S. 153

Ich hatte schon ... keines mehr. An Wilhelmine von Zenge, 22. III. 1801 a. a. O. 5. Bd., S. 203 f.

Der Gedanke ... ist gesunken. An die Stiefschwester Ulrike von Kleist, 23. III. 1801. a. a. O. 5. Bd., S. 207

Ach, es ist ... Sehnsucht gab? An Wilhelmine von Zenge, 21. VII. 1801 a. a. O. 5. Bd., S. 244 f.

Der Gedanke ... einen. An den Freund Rühle von Lilienstern, 31. VIII. 1806 a. a. O. 5. Bd., S. 326 f.

Das Paradies ... der Welt. Über das Marionettentheater. a. a. O. 4. Bd., S. 137; 141

Meine liebste ... Adieu! An die Kusine Marie von Kleist, 9. XI. 1811 a. a. O. 5. Bd., S. 432 f.

Deine Briefe ... Adieu noch einmal! – An Marie von Kleist, 10. XI. 1811 a. a. O. 5. Bd., S. 433 ff.

Meine liebste Marie ... Adieu. An Marie von Kleist, 12. XI. 1811 a. a. O. 5. Bd., S. 435 f.

Der Himmel ... Henriette. An Sophie Haza-Müller, 20. XI. 1811 a. a. O. 5. Bd., S. 436 f.

Ich kann nicht ... Heinrich. An Ulrike von Kleist, 21. XI. 1811 a. a. O. 5. Bd., S. 440

Ich bin ... Nun ist's gut. Penthesilea, 24. Auftritt. a. a. O. 2. Bd., S. 158; 167

Nun, o Unsterblichkeit ... unter mir. Prinz Friedrich von Homburg, V. Akt, 10. Auftritt. a. a. O. 3. Bd., S. 124

JOHANN HEINRICH DANIEL ZSCHOKKE
*22.3.1771 Magdeburg, †27.6.1848 Aarau (Schweiz)

Deutsch-schweizerischer Schriftsteller. Verfaßte realistisch volkstümliche Erzählungen und Schauspiele, historische und politische Schriften, auch in aufklärerisch erzieherischer Absicht. Als Freimaurer vertrat er in der weit verbreiteten religiösen Zeitschrift »Stunden der Andacht« (1809–16; von Papst Pius VIII. auf den Index gesetzt) einen überkonfessionellen Standpunkt. Mitherausgeber der Gelehrtenzeitschrift »Isis«. Autobiographie »Eine Selbstschau«. Studierte Philosophie, Theologie, Jura und Geschichte in Frankfurt/Oder. Dort 1792–95 Privatdozent für Philosophie. Seit 1796 in der Schweiz. Leiter einer Erziehungsanstalt in Graubünden. Beeinflußt von den pädagogischen Reformideen Pestalozzis. Als Anhänger der »Patrioten«-Partei Flucht in den Kanton Aargau. 1798–1801 Beamter der Helvetischen Republik, später Oberforst- und Bergrat, Mitglied des Großen Rates.

Texte: Ich werde sterben ... Erdenrunde. Vergangenes Seelendasein und dereinstiges. 1800. Neu herausgegeben von K. S. K. Verlag Basedow, Hamburg 1905, S. 10–31

Wäre der menschliche ... Gott schauen. Eine Selbstschau. 2. Teil: Welt- und Gottesanschauung 1801. 3. unveränderte Auflage. Verlag Sauerländer Aarau, 1843, S. 154–157; 217–228; 239–257

Ich, dessen Wesen ... in Gott. Harmonius 1801. Heinrich Zschokkes ausgewählte Schriften, 18. Teil. Verlag Sauerländer, Aarau 1825, S. 29 ff.

ARTHUR SCHOPENHAUER
*22.1.1788 Danzig, †20.9.1860 Frankfurt/M.

Philosoph. Sohn eines Großkaufmanns und der Schriftstellerin Johanna Schopenhauer. Auf Wunsch seines Vaters kaufmännische Lehre. 1805 nach des Vaters Tod Übersiedlung nach Weimar. Haus der Mutter gesellschaftlicher und geistiger Mittelpunkt (Goethe, Wieland, die beiden Schlegels u.a.). Bekanntschaft mit Schiller. Seit 1809 Philosophie- und Philologiestudium in Göttingen, seit 1811 in Berlin. Umfassende naturwissenschaftliche Studien. Seit 1825 erfolglose Vorlesungen in Berlin neben Hegel. Verließ Berlin 1831 wegen der Cholera, an der Hegel starb. Seitdem Privatgelehrter in Frankfurt.

Literatur: Arthur Schopenhauers sämtliche Werke. Hg. Rudolf Steiner. Stuttgart – Berlin 1894. 12 Bde.

Texte: Über den Tod und sein Verhältnis zur Unzerstörbarkeit unsers Wesens an sich. (I) Der Tod ... Leben genießt. Die Welt als Wille und Vorstellung. Ergänzungen zum vierten Buch. SW, Bd. 6, Kap. 41, S. 8–27

Bejahung und Verneinung des Willens. (I) Der Wille ... Willenslosigkeit. A.a.O., Viertes Buch: Der Welt als Wille. Zweite Betrachtung. SW, Bd. 3, § 54, S. 127–139; § 68, S. 247

Über den Tod und sein Verhältnis ... (II) Von der Unzerstörbarkeit ... Erloschen. A.a.O., S. 30–47; 53–55; 59–61

Bejahung und Verneinung des Willens. (II) Verneinung ... Nichts. A.a.O., § 71, S. 283–285

MAXIMILIAN CARL FRIEDRICH WILHELM GRÄVELL
*28.8.1781 Belgard/Pommern, †29.9.1860 Dresden

Jurist, Philosoph, Verfasser politischer, juristischer und philosophischer Schriften. Seit 1805 im preuß. Staatsdienst in verschiedenen Stellungen. 1813–14 Teilnahme an den Freiheitskriegen. 1818 Suspension vom Staatsdienst wegen liberaler Gesinnung. 1848 als Mitglied in die Frankfurter Nationalversammlung gewählt, der äußersten Rechten angehörend. 1849 als Nachfolger Gagerns an der Spitze des Reichsministeriums mit der Bildung eines neuen Ministeriums betraut. Legte bald sein Amt nieder.

Text: Wenn unser Leib ... Leib anziehn. M.C. Fr.W. Grävell: Der Mensch. Eine Untersuchung für gebildete Leser. Wien 1812, S. 147–153

Biographien – Quellennachweise

IGNATIUS PAUL VITAL TROXLER
*17.8.1780 Münster/Schweiz, †6.3.1866 Aarau/Schweiz

Schweizer Arzt und Philosoph. Sohn eines Schneiders. Stiftsschule und Gymnasium. Ab 1800 Medizinstudium in Jena; begeisterter Hörer Schellings. 1803 Promotion in Medizin/Chirurgie. 1806 Arztpraxis in Luzern. Streit mit Sanitätsbehörden und drohende Verhaftung; zehn Jahre in Wien schriftstellerisch tätig. 1819–21 Dozent am Gymnasium Luzern. Öffentliches Wirken für politische Liberalität. Prozesse, Verhaftung, Entlassung. 1829 Professor für Philosophie an der Universität Basel. 1831 Rektor. Im Bürgerkrieg (Baselland gegen Baselstadt) wegen revolutionärer Gesinnung erneut verhaftet und Stadtarrest; Verlust von Rektorat und Professur. Übersiedlung auf den Landsitz nach Aarau, dem Zufluchtsort vertriebener Liberaler; 1834, nach Eröffnung der Universität Bern, Professur für Philosophie (20 Jahre).

Literatur: Ignaz Paul Vital Troxler: Blicke in das Wesen des Menschen 1811, hrsg. und eingeleitet von Hans Erhard Lauer, Stuttgart 1921.

Texte: So gewiß als ... seines Wesens offenbaren. Blicke ... Kapitel III, S. 21–33

Die Kunst der Anthropologie ... Wurzel selbst. Blicke ... Kapitel IV, S. 34–36

Seele und Leib ... genannt hat. Metaphysik oder Naturlehre des menschlichen Erkennens, 1828. In: Romantische Naturphilosophie. Hrsg. Christoph Bernoulli und Hans Kern, Jena 1926, S. 280f.

IMMANUEL HERMANN FICHTE
*18.7.1796 Jena, †8.8.1879 Stutgart

Philosoph. Sohn Johann Gottlieb Fichtes. Studium der Altphilologie und Philosophie. 1818 Promotion durch Solger und Hegel (erste Doktorprüfung an der Universität Berlin). Dissertation in lateinischer Sprache »Über den Ursprung und die Quellen der neuplatonischen Philosophie.« 1819–21 Privatdozent in Berlin. Unter dem Druck des reaktionären Ministeriums als Gymnasiallehrer nach Saarbrücken, später Düsseldorf. 1836 Lehrstuhl für Philosophie und Pädagogik in Bonn. Schuf 1837 die »Zeitschrift für Philosophie und spekulative Theologie«, seit 1847 »Zeitschrift für Philosophie und philosophische Kritik«, die bis 1917 bestand. Berief 1841 den ersten deutschen Philosophenkongreß nach Gotha ein. 1842 Professur in Tübingen. Freundschaftlich verbunden mit Justinus Kerner, Ludwig Uhland, Gustav Schwab u.a. Hegel-Kritik und Begründung des spekulativen Theismus in der »Spekulativen Theologie« (1846); Herausgabe der Werke seines Vaters mit Einleitungen (1845/46). Eigene Werke: »Anthropologie« (1856, 3. Aufl. 1876); »Psychologie« (1864–73); »Der neuere Spiritualismus« (1878)

Literatur: Anthropologie. Die Lehre von der menschlichen Seele. Neubegründet auf naturwissenschaftlichem Wege (1856). Zweite, vermehrte und verbesserte Auflage, Brockhaus Leipzig 1860.
Die Seelenfortdauer und die Weltstellung des Menschen. Brockhaus Leipzig 1867.

Texte: Der Tod und die Seelenfortdauer. Nach diesen ... zu verbreiten vermag. Anthropologie. Zweites Buch. Viertes Kapitel. § 131–136, S. 307–321

Das gegenwärtige ... zu leben. Anthropologie. Drittes Buch. Viertes Kapitel. § 266–270, S. 601–610

Der ethische Unsterblichkeitsbeweis. Zufolge der ... Erdgeschichte bildet. Die Seelenfortdauer ... Zweites Buch. Viertes Kapitel. § 305 ff., S. 318–398, § 365, S. 430–432

Wenn der sterbende ... entgegentreten. Die Seelenfortdauer ... Schlußanmerkung S. 463 f.

Gustav Theodor Fechner
*19.4.1801 Großen-Särchen (Niederlausitz), †18.11.1887 Leipzig

Physiker und Naturphilosoph. 1834 Professor der Physik in Leipzig. Arbeitete über galvanische und elektrochemische Prozesse; wandte sich 1839 als ehemaliger Schüler Schellings der Naturphilosophie und Anthropologie zu; verband naturwissenschaftliche Forschung mit Philosophie und Anthropologie. Werke u. a.: »Zend-Avesta oder über die Dinge des Himmels und des Jenseits« 1851. Hauptwerke der naturwissenschaftlichen Forschung: »Über die physikalische und philosophische Atomenlehre« 1855; Elemente der Psychophysik, 2 Bde 1860; Spätwerk: Vorschule der Ästhetik, 1876.

Literatur: G. Th. Fechner: Das Büchlein vom Leben nach dem Tode, 1836. Zit. nach der Ausgabe von Wilhelm Wundt, Insel-Verlag Stuttgart 1950.

Texte: Der Mensch lebt ... und handeln. S. 11 f.

Das Kind ... versäumen ließ. S. 13–19

Die Sehnsucht ... Gott zu. S. 32–35

Das Auge ... schon wissen. S. 42–45

Der Mensch führt ... oben sein. S. 36; 50–58

Ja wie leicht ... hineinbaut. S. 58–60

Biographien – Quellennachweise

MAXIMILIAN DROSSBACH
*20.1.1810 Bamberg, †8.2.1884 Donauwörth

Philosophierender Schriftsteller. Erfinder einer Spinnmaschine. 1841–64 Direktor der mechanischen Flachsspinnerei in Mährisch-Schönberg. 1865 Gründung einer Flachsspinnerei und -weberei bei Donauwörth. Schriften u. a. »Das Wesen der Naturdinge und der Naturgesetze der individuellen Unsterblichkeit« (1855); »Die Harmonie der Ergebnisse der Naturforschung mit den Forderungen des menschlichen Gemütes oder die persönliche Unsterblichkeit als Folge der atomistischen Verfassung der Natur« (1858); »Die Genesis des Bewußtseins nach atomistischen Prinzipien« (1860).

Texte: Es kann ... Beweis. Wiedergeburt oder die Lösung der Unsterblichkeitsfrage auf empirischem Wege nach den bekannten Naturgesetzen. Olmütz 1849, S.7 (Fußnote)

Der Atomismus ... vermochte. Die Harmonie der Ergebnisse der Naturforschung mit den Forderungen des menschlichen Gemütes ... Leipzig 1858, S.374ff.

Die Eigenschaft ... Erkenntnis genossen haben. Wiedergeburt ... a.a.O. S.11; 19 (Fußnote)–35

Die psychische Kraft ... aufhöre. Die individuelle Unsterblichkeit vom monadistisch metaphysischen Standpunkte aus betrachtet. Olmütz 1853, S.56ff.

Die Samenbildung ... der materiellen Welt. Wiedergeburt ... a.a.O. S.37–43

Das Atom als Seele. Was ist ... Lebens. Die Harmonie der Ergebnisse ... a.a.O. S.115f.

GUSTAV WIDENMANN
*1812 Künzelsau (Württemberg), †1876 Ulm (?)

Arzt, Naturforscher, Philosoph und Publizist. Medizinstudium in Tübingen, daneben Philosophie. 1839 Promotion über das Thema »Über das Wesen der Natur nebst einem Blick auf die Homöopathie«. 1840–45 Arztpraxis in Ludwigsburg. Im Kreis des Philosophen und Politikers Friedrich Rohmer sowie des schwäbischen Mystikers Krebs (Kerning). 1846 Aufgabe der Praxis und Redakteur einflußreicher politischer Zeitungen in Stuttgart und Augsburg. Schriftstellerische Tätigkeit: »Religion und Natur« (1846); »Die Religion und das Recht der Welt« (1852); »Der Magnetismus des Menschen. Eine Kritik der gangbaren Lehre von den fünf Sinnen ...« (1854). 1855 in Bad Teinach erneut als Arzt tätig. Danach hatte er in Ulm eine homöopathische Praxis, in der er vornehmlich als Armenarzt wirkte. Er starb überanstrengt an Lungenentzündung.

Text: Die Einsicht ... bezeichnet. In: Gedanken über die Unsterblichkeit als Wiederholung des Erdenlebens. (1850) Erste Veröffentlichung Wien 1851. Mit Einführung von C.S. Picht: Die Darstellung der Reinkarnationsidee bei dem schwäbischen Arzt und Philosophen G.W., neu hrsg. Verlag Freies Geistesleben, Stuttgart 1961, S.14ff; S.33–42; S.46; S.50–55

ANNETTE VON DROSTE-HÜLSHOFF
*10.1.1797 Hülshoff bei Münster, †24.5.1848 Meersburg/Bodensee

Lyrikerin und Erzählerin. Aus altwestfälisch katholischem Geschlecht. Vorwiegend autodidaktische, vor allem literarische und musikalische Bildung. Umgang mit den Brüdern Grimm und anderen Spätromantikern. Häufige schwere Erkrankungen (Schilddrüse, Tuberkulose), erste Patientin des Homöopathen von Bönninghausen. Seit 1841 in Schloß Meersburg, dem Besitz ihres Schwagers von Laßberg. Die erste Gesamtausgabe ihrer Gedichte, 1844 bei Cotta, machte sie als Lyrikerin von Rang bekannt. Aus dem Nachlaß erschien 1851 »Das Geistliche Jahr«; 1878/79 gab Levin Schücking bei Cotta »Sämtliche Werke« heraus.

Literatur: Annette von Droste-Hülshoff: Sämtliche Werke. Hg. Clemens Heselhaus, München o.J.

Texte: Das Spiegelbild. (1841–1842) SW S.164f.

Am Karsamstage. Das geistliche Jahr 1820. SW S.522f.

Am Ostersonntage. Das geistliche Jahr 1820. SW S.524f.

Am siebenzehnten Sonntag nach Pfingsten. Das geistliche Jahr 1839. SW S.576ff.

Am Allerseelentage. Das geistliche Jahr 1839. SW S.594ff.

Am letzten Tage des Jahres (Silvester). Das geistliche Jahr 1839. SW S.620f.

Die ächzende Kreatur. (1846) SW S.626ff.

Letzte Worte. (1847–1848) SW S.323

LUDWIG FEUERBACH
*28.7.1804 Landshut, †13.9.1872 Rechenberg b. Nürnberg

Philosoph des sogenannten reinen Materialismus. Theologiestudium. Von Hegel ausgehend, begründete er seine spätere Religionskritik vor allem psychologisch. Im Revolutionsjahr 1848 auf Einladung der Heidelberger Studentenschaft »Vorlesungen über das Wesen der Religion.« Doch blieb ihm die akademische Laufbahn wegen seines zunehmend sich verschärfenden Atheismus verschlossen. Er lebte zurückgezogen als freier Schriftsteller. Einfluß seiner populären Philosophie auf Gottfried Keller, Nietzsche, Sigmund Freud, Karl Marx, und richtungweisend für die junghegelianische Schule.

Literatur: Ludwig Feuerbach: Sämtliche Werke, neu hrsg. von Wilhelm Bolin und Friedrich Jodl. Zweite unveränderte Auflage. Frommanns Verlag Günter Holzboog, Stuttgart-Bad Cannstatt 1960 I.Bd: Frühe Schriften. Gedanken über Tod und Unsterblichkeit, 1830. VI.Bd: Das Wesen des Christentums, 1846.

Texte: Der spekulative oder metaphysische Grund des Todes. Der gewöhnlich ... Sonnenlicht. Todesgedanken (Erste Fassung von: Gedanken über Tod und Unsterblichkeit) S.W. I, S. 22 f.; 27 ff.

Der physische Grund des Todes. So gewiß ... Materialismus. Todesgedanken. SW I, S. 30 ff.; 44 ff.; S. 56–63

Der kritische Unsterblichkeitsglaube. Der eigentliche ... hineinlegt. Die Unsterblichkeitsfrage vom Standpunkt der Anthropologie. 1846. SW I, S. 144–147

Der christliche Himmel oder die persönliche Unsterblichkeit. Die Unsterblichkeitslehre ... Religion. Das Wesen des Christentums. 1841. SW VI, S. 210–222

Über Tod und Leben: Xenien, SW I, S. 296

Über Tod und Ewigkeit: Xenien, SW I, S. 337

GOTTFRIED KELLER
*19.7.1819 Zürich, †15.7.1890 Zürich

Prosaist des poetischen Realismus, Lyriker und Maler. Sohn eines Drechslers. Armenschule, Malerlehre. Weitere Ausbildung in München. Rückkehr nach Zürich 1843: Entstehung der Lyrik. Parteinahme für David Friedrich Strauß (historische Bibelkritik). 1848–50 Studien-Stipendium für Heidelberg. Hörte Vorlesungen Hermann Hettners über Spinoza und Vorträge Ludwig Feuerbachs. 1861–75 Erster Staatsschreiber in Zürich.

Literatur: Gottfried Keller. Sämtliche Werke. Hg. Jonas Fränkel, Bern und Leipzig 1926–48, 22 Bde.

Texte: Unter Sternen. (1846) SW Bd. I, S. 11

Ich hab in kalten Wintertagen ... (1849) SW Bd. I, S. 213

Die kleine Passion. (1872) SW Bd. II,1, S. 127 f.

Biographien – Quellennachweise

Friedrich Hebbel
*18.3.1813 Wesselburen/Holstein, †13.12.1863 Wien

Dramatiker, Lyriker und Erzähler. Sohn eines Maurers. Autodidaktische Bildung, dann Geschichts- und Literaturstudium in Heidelberg und München. Ein dänisches Reisestudium ermöglichte Bildungsreisen nach Paris, Rom, Neapel. Ab 1845 in Wien. Ehe mit der Burgschauspielerin Christine Enghaus. Verbindung auch zum Weimarer Hoftheater. Kurz vor seinem Tod erhielt H. für die Trilogie »Die Nibelungen« den Schillerpreis.

Literatur: Friedrich Hebbel: Sämtliche Werke. Historisch-kritische Ausgabe. Hg. Richard Maria Werner. Berlin 1904ff.

Texte: I. Aus den Tagebüchern:

SW, Zweite Abt., Tagebücher. I. Bd.: 1835–1839, Nr. 1–1865. A. a. O. II. Bd.: 1840–1844, Nr. 1866–3277. A. a. O. III. Bd.: 1845–1854, Nr. 3278–5265. A. a. O. IV. Bd.: 1854–1863, Nr. 5266–6347. Die Klammer unter den Texten verweist auf Bandzahl und Nummer.

II. Aus den Briefen:

Es wäre mir ... (30.9. 1838) bis: ... männlich bekämpft. (11.11. 1838). SW Dritte Abt. Briefe, Erster Band: 1829–1839

Alle Pfeiler ... (17.3. 1843), A. a. O. II. Bd.: 1839–1843

In Deinem vorletzten ... (2.1. 1844). A. a. O. III. Bd.: 1844–1846

Wenn der Mensch ... (1.5. 1848). A. a. O. IV. Bd.: 1847–1852

Auch ich habe ... (27.11. 1855). A. a. O. V. Bd.: 1852–1856

Einen Ort ... (23.5. 1857). A. a. O. VI. Bd.: 1857–1860

Wenn der Geist ... (23.6. 1861). A. a. O. VII. Bd.: 1861–1863

III. Gedichte

Unsterblichkeit ... heißt. SW Erste Abt. 2. Aufl. 7. Bd., S. 38

Was dem Staube ... Band. a. a. O. 7. Bd., S. 40

Conrad Ferdinand Meyer
*11.10.1825 Zürich, †28.11.1898 Kilchberg b/Zürich

Prosaiker und Lyriker. Aus altem, reformiertem Patriziergeschlecht. Litt an schwerer Melancholie. Nach dem Tod des Vaters zunehmender Wirklichkeitsverlust: »Zimmerexistenz« bei unabsehbarer historischer und poetischer (Jean Paul, Romantiker) Lektüre. 1852 erste Krise und Behandlung in einer Nervenheilanstalt. Langsame Gesundung und Lebensplanung. Lektüre Pascals. 1856 Selbstmord der nervenkranken Mutter. In Paris und Rom erstes

Aufatmen in der Begegnung mit romanischer Kultur. Höhepunkt seines Schaffens zwischen 1870 und 1890, dann Erschöpfung. Zweiter Aufenthalt in der Heilanstalt 1892/93. Die letzten Jahre zu Hause gebrochen, aber ruhig den Tod erwartend.

Literatur: Conrad Ferdinand Meyer, Sämtliche Werke. In vier Bänden. Mit einer Einleitung von Robert Faesi. Berlin W 50, o. Jg.

Texte: Unter den Sternen: SW, Bd. 2, S. 57

Chor der Toten: SW Bd. 2, S. 220

So wäre ... gelangen. Brief an Friedrich v. Wyß 7. 8. 1889. Briefe Conrad Ferdinand Meyers, 2 Bde, Leipzig 1908, Hg. Adolf Frey, Bd. 1, S. 95

Der geisteskranke Poet. Nachlaß. In: H.G. Bressler, Gedichte aus Meyers Spätkrankheit. Aus der kant. Heil- und Pflegeanstalt Königsfelden. In: Monatsschrift für Psychiatrie und Neurologie. Basel/New York Mai/Juni 1953, Bd. 125, S. 320 ff.

Leben. Nachlaß. In: August Langmesser: C.F.M. Sein Leben, seine Werke und sein Nachlaß. Berlin 1905. 2. Aufl.

CHRISTIAN WAGNER
*5.8.1835 Warmbronn b. Stuttgart, †15.2.1918 Warmbronn

Schwäbischer Dichter und Bauer, lebenslang in dörflicher Stille wohnend. Einige späte Reisen. Karl Kraus druckte seine Gedichte zuerst in der »Fackel«. 1913 Ausgabe von Hermann Hesse bei Georg Müller München. Neuausgabe der Werke im Schweier-Verlag, Kirchheim/Teck. Würdigung in zwei Magazinen der Deutschen Schillergesellschaft Marbach: Christian Wagner aus Warmbronn. Eine Chronik. Magazin 6, 1977. Dazu: Christian Wagner und Hermann Hesse. Ein Briefwechsel 1909–1915. 1972 Gründung der Wagner-Gesellschaft (Wagner-Band Hap Grieshaber). Der Nachlaß als Dauerleihgabe des Schiller-Nationalmuseums im Christian Wagner-Haus Warmbronn.

Literatur: Christian Wagner, Gedichte. Suhrkamp Frankfurt 1980. Neue, um ein Nachwort von Peter Handke erweiterte, Ausgabe von 1913. (zit. G)

Texte: Meine Bitte. G, S. 21

Syringen. G, S. 43

Kannst du wissen? G, S. 89

Unsterblichkeit. G, S. 41

Erinnerungen hinter der Erinnerung. G, S. 57

Wiederverkörperung. G, S. 26

Tausendmale. G, S. 59

Es leiht mir ... (nicht zu ermitteln)

Zukunft des Menschen. Schaue an ... Jüngstgeborner auf. G, S. 116 ff.

ERNST HAECKEL
*16.2.1834 Potsdam/Berlin, †9.8.1919 Jena

Naturforscher. Einflußreichster Verfechter des Darwinismus. Studium der Medizin (vergleichende Anatomie) und Naturwissenschaften. Wie Helmholtz und Du Bois-Reymond, Schüler des Physiologen Johannes Müller. Zunächst Arzt in Berlin, von 1862–1909 Professor für Zoologie in Jena. Weltreisen zu Forschungszwecken (Reisebriefe). Frühe Facharbeiten über die niederen Meerestiere, dann über die Stammesgeschichte (»Phylogenie«) des Lebens überhaupt. Erweiterte Darwins Evolutionstheorie durch das »biogenetische Grundgesetz« – wonach die Entwicklung eines Lebewesens die kurze, durch Vererbung und Anpassung variierte, Wiederholung der Entwicklungsstufen seines Stammes ist – und dehnte es auf den Menschen aus (»Anthropogenie«). Die weltanschauliche Konsequenz seiner Abstammungslehre ist der gegen den Dualismus des Christentums gerichtete »Monismus«, der die Einheit von Geist und Materie, die Identität Gottes mit dem Kausalgesetz behauptet.

Literatur: Die Welträtsel. Gemeinverständliche Studien über Monistische Philosophie, von Ernst Haeckel, neu bearbeitete Taschenausgabe. Alfred Kröner Verlag Leipzig 1909.

Natürliche Schöpfungsgeschichte. Vorträge über die Deszendenzlehre. 9., umgearb. und vermehrte Auflage. Verlag Georg Reiner, Berlin 1908.

Texte: Unsterblichkeit der Seele. Wenn man ... widerspricht. Die Welträtsel, 11. Kap., S. 114, 119, 122–127

So erleidet ... monistischen Philosophie. Natürliche Schöpfungsgeschichte. 30. Vortrag: Beweise für die Wahrheit der Deszendenz-Theorie S. 792, 802 f., 806 ff.

FRIEDRICH NIETZSCHE
*15.10.1844 Röcken b/Lützen, †25.8.1900 Weimar

Philosoph, Dichter, klassischer Philologe. Von entscheidendem Einfluß auf Philosophie und Dichtung seit der Jahrhundertwende. Sohn eines protestantischen Pfarrers. Schüler von Schulpforta. Studium der Theologie und klassischen Philologie in Bonn und Leipzig. Dort erste Lektüre Schopenhauers und Beginn der Freundschaft mit Richard Wagner (Bruch 1876/78). Fünfundzwanzigjährig Professor für klassische Philologie in Basel (bis 1879). Aufenthalte in Italien und im Engadin. Lebte die letzten elf Jahre in geistiger Umnachtung in Naumburg und Weimar.

Literatur: Friedrich Nietzsche: Sämtliche Werke. Kritische Studienausgabe in 15 Bänden, Herausgeber Giorgio Colli und Mazino Montinari. Deutscher Taschenbuch-Verlag München W. de Gruyter 1969–77

Friedrich Nietzsche: Die Unschuld des Werdens. Der Nachlaß. Ausgewählt und geordnet von Alfred Baeumler. Stuttgart, Kröner Verlag 1931 (zitiert: Nachlaß)

Texte: Der tolle Mensch. – Habt ihr ... Gottes sind. Die fröhliche Wissenschaft 3. Buch, 124; SW Bd. 3, S. 480

Was es mit unserer Heiterkeit auf sich hat. – Das größte ... Meer. Die fröhliche Wissenschaft 5. Buch, 343; SW Bd. 3, S. 573 f.

Der Gedanke an den Tod. – Es macht ... machen. Die fröhliche Wissenschaft 4. Buch, 278; SW Bd. 3, S. 523

Sterbliche Seelen! – In Betreff ... voranlaufen. Morgenröte 5. Buch, 501; SW Bd. 3, S. 294

Das »Nach-dem-Tode«. – Paulus ... Epikur. Morgenröte 1. Buch, 72; SW Bd. 3, S. 71

Vom freien Tode. – Meinen Tod ... gebar. Also sprach Zarathustra I; SW Bd. 4, S. 94 f.

Aber zum Menschen ... Götter an! Also sprach Zarathustra II; SW Bd. 4, S. 92

Die Menschheit ... mehr ist. Nachlaß zu Zar. Bd. 2, S. 456, Nr. 1268, 1270

Ich lehre euch den Übermenschen. – Der Mensch ... untergehn. Also sprach Zarathustra I, Vorrede; SW Bd. 4, S. 14 f.

Alles geht ... Untergang. Der Genesende 2. Also sprach Zarathustra III; SW Bd. 4, S. 272–277

Das Leben ... Wiederkunft. Die ewige Wiederkunft. Nachlaß Bd. 2, S. 461–463, Nr. 1297–1300; 1304; 1305; 1308

Die Welt der Kräfte ... des Mittags. Nachlaß Bd. 2, S. 473, Nr. 1332

Wenn du dir ... Schwergewicht. a. a. O. S. 475, Nr. 1336

Das größte Schwergewicht. – Wie, wenn ... Besiegelung? Die fröhliche Wissenschaft, 4. Buch, 341; SW Bd. 3, S. 576

Ihr meint ... dein ewiges Leben! Nachlaß Bd. 2, S. 476 f. Nr. 1341–1345

Das Himmelreich ... nirgends da. Der Antichrist 34; SW Bd. 6, S. 207

Lerntet ihr ... Ewigkeit! Das trunkene Lied 12. Also sprach Zarathustra IV; SW Bd. 4, S. 403 f.

Ruhm und Ewigkeit 4. – Höchstes ... Ewigkeit! Dionysos-Dithyramben. SW Bd. 6, S. 404 f.

Ist alles Weinen ... danken! Von der großen Sehnsucht. Also sprach Zarathustra III; SW Bd. 4, S. 280 f.

Die Sonne sinkt. Dionysos-Dithyramben. SW Bd. 6, S. 395 ff.

GEORG SIMMEL
*1.3.1858 Berlin, †26.9.1918 Straßburg

Philosoph und Soziologe. Privatdozent in Berlin, seit 1914 Professor in Straßburg. Hauptwerke u.a. »Die Probleme der Geschichtsphilosophie« 1892; »Die Philosophie des Geldes«: 1900; »Die Religion« 1906; »Soziologie« 1908; »Goethe« 1913; »Zur Geschichte der modernen Weltanschauung« 1916; »Rembrandt« 1916.

Texte: Zur Metaphysik des Todes. Die Kultur ... ihn verlegt. In: Lebensanschauung. Vier metaphysische Kapitel. 1918.

RUDOLF STEINER
*27.2.1861 Kraljević (Kroatien), †30.3.1925 Dornach b. Basel

Begründer der Anthroposophie. Studium der Naturwissenschaften und Philosophie (Fichte). Vermittelt durch seinen Lehrer K. J. Schröer, Herausgabe von Goethes naturwissenschaftlichen Schriften in Kürschners »Deutscher Nationalliteratur« (1882) und seit 1889 in der Sophienausgabe am Goethe-Schiller-Archiv Weimar. Dort Kontakt mit Ernst Haeckel und Besuche des kranken Nietzsche in Naumburg. Mitwirkung an der Hg. der Werke Schopenhauers und Jean Pauls (Cotta). 1902 Generalsekretär der deutschen Sektion der Theosophischen Gesellschaft. 1913 Begründung der Anthroposophischen Gesellschaft in Berlin. 1920 Eröffnung des Goetheanum in Dornach/Schweiz. Wirkung der Anthroposophie auf fast alle Lebensbereiche, u.a. Begründung der anthroposophischen Medizin, der Waldorfschul-Pädagogik und Heilpädagogik.

Literatur: Rudolf Steiner, Gesamtausgabe. Rudolf Steiner Verlag, Dornach (© by Rudolf Steiner Nachlaßverwaltung, Dornach)

Texte: Die sieben Wesensglieder des Menschen. Bei der Betrachtung ... sieben Gliedern. Die Geheimwissenschaft im Umriß (1910). Verlag Freies Geistesleben Stuttgart 1948: GA 13: Wesen der Menschheit, S. 22–50

Das Geschehen nach dem Tod. Der Tod tritt ... übergehen. Die Geheimwissenschaft ... a.a.O.: Schlaf und Tod, S. 65–96

Die Tilgung »objektiver Schuld« durch Christus. Es bleibt ... in mir. In: Christus und die menschliche Seele. Fünf Vorträge Norrköping 1914, GA 155, 3. Vortrag 15.7.1914, S. 184–194

Christus – Herr des Karma. Ebenso wie ... nehmen wird. In: Von Jesus zu Christus. Ein Zyklus von zehn Vorträgen Karlsruhe 1911, GA 131, 3. Vortrag 7.10.1911, S. 77–94

Unsterblichkeit. Viele Menschen ... dich selbst. In: Christus und die menschliche Seele a. a. O. 1. Vortrag 12.7.1914, S. 154–158

CHRISTIAN MORGENSTERN
*6.5.1871 München, †31.3.1914 Meran

Lyriker, Schriftsteller, Übersetzer (Ibsen, Strindberg, Hamsun). Verfasser der tiefsinnig grotesken Palmströmlieder. Studierte zunächst Nationalökonomie, Philosophie und Kunstgeschichte. Von Nietzsche beeinflußt. Später intensive Lektüre Hegels und der deutschen Mystiker, Tolstojs und Dostojevskijs. Infolge eines Lungenleidens häufig in Heilstätten. Als Verlagslektor, Kritiker und Redakteur tätig. 1909 entscheidende Begegnung mit Rudolf Steiner und bis zu seinem Tode ihm eng verbunden.

Literatur: Christian Morgenstern: Werke und Briefe (Stuttgarter Ausgabe, Verlag Urachhaus): Band I und II (Lyrik), Band III (Humoristische Lyrik, Band V (Aphorismen), Band VI (Kritische Schriften), 1987–1992, zitiert: W.

Christian Morgenstern: Ein Leben in Briefen, herausgegeben von M. Morgenstern, Wiesbaden 1952. Zitiert: B

Texte: Wie oft ... Grunde zu. (1889) W I, S. 509

Ich möchte ... lebte. (1894) W V, S. 16, Nr. 10

Nur die Formen ... schlummern. (1894/95) W V, S. 312, Nr. 1460

Vor einem Sterbelager. (1906) W V, S. 337, Nr. 1551

Wir müssen ... meine. Birkenwerder Tagebuch (1906/07) W V, S. 335, Nr. 1547

Gedanken ... Stufe wäre? A. a. O. W V, S. 337, Nr. 1550

Für Pflanzen ... ist nicht. A. a. O. W V, S. 356, Nr. 1633

Es gibt ... werden wir. (1908) W V, S. 359, Nr. 1650

Die Lehre ... des Früheren. An Elisabeth Morgenstern, 31.3.1910; B, S. 395

So wie ... so daß ... (1909) W V, S. 362, Nr. 1667

Man versteht ... reincarnationis. (1910) W V, S. 363, Nr. 1677

Die Ruhe ... voraussieht. (1909) W V, S. 350, Nr. 1609

Wohin ... hinein! (1909) W V, S. 362, Nr. 1669

Das Sein ... »ist«! (1909) W V, S. 360, Nr. 1161

Man spricht ... Entwickelung auf. (1912) W V, S. 369, Nr. 1705

Der Mensch ... Amore. (1912/13) W V, S. 368f. Nr. 1702

Gegen die Todesstrafe. (1912) W VI, S. 358 ff., Nr. 126

Ich hatte ... findest. (1911/12) W V, S. 368, Nr. 1699

Evolution. Christian Morgenstern. Gedenkausgabe 1871–1971; Stuttgart 1971, S. 97

Wasserfall bei Nacht. (Teil I) a.a.O. S. 81

Max Scheler
*22.8.1874 München, †19.5.1928 Frankfurt/M.

Philosoph, Psychologe und Soziologe. Erneuerer der philosophischen Anthropologie. Führender Schüler Edmund Husserls, des Begründers der Phänomenologie. 1919 Professor in Köln (»Vom Ewigen im Menschen«, 1921). Loslösung vom Katholizismus (1924) und Annäherung an Gedankengänge Spinozas. (»Die Stellung des Menschen im Kosmos«, 1928). Zuletzt Professor in Frankfurt.

Texte: I. Der Tod. Wir sehen ... unvergleichlich ist.

II. Das Fortleben. Erste Bedingung ... weiß ich nicht.

Tod und Fortleben. Ges. Werke, Bd. 10: Schriften aus dem Nachlaß, Bd. I, Bern 1957 S. 1–50 (Die Arbeiten reichen bis in die Jahre 1911–1916 zurück)

Das »Sein zum Tode« (Heidegger) ... der Sterbende. Aus kleineren Manuskripten zu »Sein und Zeit« (1927), Ges. Werke, Bd. 9 (Schriften aus dem Nachlaß) © by Bouvier-Verlag GmbH Bonn – Berlin

Rainer Maria Rilke
*4.12.1875 Prag, †29.12.1926 Val Mont b. Montreux

Einflußreichster Dichter des beginnenden 20. Jahrhunderts. Jurastudium in Prag. Kunst- und Literaturstudium in München und Berlin. 1900 Rußlandreise, Begegnung mit Lew Tolstoj. 1901 Anschluß an den Worpsweder Künstlerkreis. 1905/06 Sekretär Rodins in Paris. Unter dem Einfluß Kierkegaards Überwindung der noch vordergründigen Frühdichtung. (Malte Laurids Brigge, 1904–10). Endgültiger Durchbruch in die entscheidende Schaffensepoche 1912 in Schloß Duino (Adria), die, vom Krieg 1914/18 unterbrochen, sich in wenigen Jahren in Muzot (Wallis) vollendet.

Literatur: Rainer Maria Rilke: Gesammelte Werke Bd. 1–6 Insel-Verlag Leipzig 1930 (zitiert GW)

Rainer Maria Rilke: Briefe. 2 Bde Hg. vom Rilke-Archiv in Weimar in Verbindung mit Ruth Sieber-Rilke, besorgt durch Karl Altheim. Insel-Verlag Wiesbaden 1950 (zitiert Br.)

Rainer Maria Rilke: Sämtliche Werke, Bd. 2 (Gedichte 2. Teil) hg. vom Rilke-Archiv in Verbindung mit Ruth Sieber-Rilke, besorgt durch Ernst Zinn. Insel-Verlag 1956. (zitiert SW II)

Texte: O Herr ... dreht. Das Stundenbuch. Drittes Buch: Von der Armut und vom Tode. GW II, 273

Dieses ausgezeichnete Hôtel ... nicht sein? Die Aufzeichnungen des Malte Laurids Brigge. GW V, 13

Todeserfahrung. Neue Gedichte, Erster Teil GW III, 63f.

Dieses Fortgehn ... täglich zu. An Elisabeth Freiin Schenk zu Schweinsberg 4. XI. 1909. Br I, 269f.

Es mochte wenig ... zu erwarten sei. Erlebnis I. GW IV, 280–283

Später meinte er ... nennen würde. Abschrift aus dem Taschenbuch an Lou Andreas-Salomé. Briefe aus Muzot 1921–26. Hg. von Ruth Sieber-Rilke und Carl Sieber, Leipzig 1937, S. 349 ff.

Durch alle Wesen ... Aus dem Gedicht »Es winkt zu Fühlung ...«. GW III, 452

Die Erste Elegie. GW III, 261–263

Die Achte Elegie. GW III, 293–296

Die Neunte Elegie. GW III, 297–301

Sonette an Orpheus: Nur wer die Leier – Erster Teil IX, GW III, 321 Sei allem Abschied ... Zweiter Teil XIII, GW III, 356

Seele im Raum. GW III, 402f.

Nicht sich trösten wollen ... Ewigkeit. An Gräfin Margot Sizzo-Noris-Crouy. Dreikönigstag 1923. Br II, 375–382

Wir, diese Hiesigen ... Das Ganze. An Witold Hulewicz, Briefstempel vom 13. XI. 1925; Br II, 481 f.

Ach, nicht getrennt sein ... SW II, 184

Spaziergang ... SW II, 161

Musik: Atem der ... SW II, 111

Komm du, du letzter ... SW II, 511

HUGO VON HOFMANNSTHAL
*1.2.1874 Wien, †15.7.1929 Rodaun b/Wien

Lyriker, Dramatiker, Erzähler und Essayist. Sensibelster Dichter der Wiener Neuromantik. Erneuerte u.a. das mittelalterliche Mysterienspiel (»Jedermann«, 1911) und die Tradition des österreichischen Barocktheaters (»Das Salzburger Große Welttheater«, 1922). Enge Zusammenarbeit mit Richard Strauß.

Text: Der Tor und der Tod. Gesammelte Werke in zwölf Einzelausgaben: Gedichte und lyrische Dramen. Stockholm 1946, S. 269 ff. 277 ff. 291 f.

GERHART HAUPTMANN
*15.11.1862 Ober-Salzbrunn, †6.6.1946 Agnetendorf (Schlesien)

Dramatiker (Schöpfer des naturalistischen Dramas) und Erzähler. Vielfach wechselnde Stilrichtungen seines umfangreichen Werkes: symbolische Traum- und Märchenspiele, naturmystische und religiöse Erzählungen in der Tradition schlesischer Mystik.

Texte: Wenn erst das Große ... am Ende??? Michael Kramer, IV. Akt, Schluß. Gerhart Hauptmann: Sämtliche Werke. Hg. von Hans-Egon Hass, XI Bde. Darmstadt 1966–74; Bd. I, S. 1168–1172 © by Verlag Ullstein GmbH

MAX PICARD
*5.6.1888 Schopfheim/Baden, †3.10.1965 Neggio b/Lugano

Arzt, Schriftsteller und Kulturphilosoph. Studierte Medizin, Psychologie, Kunstgeschichte. Bis 1918 als Arzt tätig. Dann als freier Schriftsteller im Tessin lebend. 1952 Hebelpreis. Werke u. a. »Der letzte Mensch« (1919, von großer Bedeutung für Rilke); »Das Menschengesicht« (1929); »Die Flucht vor Gott« (1934); »Hitler in uns selbst« (1945); »Die Welt des Schweigens« (1958).

Texte: Die Gegenwärtigkeit des toten Menschengesichts – Das Mehr. In: Das letzte Antlitz. München u. Ahrbeck-Hannover 1959, S. 5–10

Im allgemeinen ... Korridor. Fragmente. Aus dem Nachlaß. Erlenbach-Zürich 1978, S. 75

Wo die Götter atmen ... nicht ist. Fragmente a.a.O., S. 76

Dieses Mixtum ... verbindend. Fragmente a.a.O., S. 77

Der Mensch erfasst ... in unsere. Fragmente a.a.O., S. 105/106

Daß es ... Umfassen. Fragmente a.a.O., S. 124 © für die Texte aus »Fragmente« by Orell Füssli Verlag, Zürich.

FRANZ KAFKA
*3.7.1883 Prag, †3.6.1924 Kierling bei Klosterneuburg (Wien)

Erzähler von weltliterarischer Wirkung. Sohn eines jüdischen Kaufmanns aus alter böhmischer Familie. Zunächst Germanistik-, dann auf Wunsch des Vaters, Jurastudium. Abschluß mit Promotion. Umgang u. a. mit M. Buber. Europareisen. Seit 1908 als Jurist im Versicherungswesen tätig. 1911 Studium des

Judentums und der hebräischen Sprache. 1917 Ausbruch der Kehlkopftuberkulose. 1922 frühzeitig pensioniert. Als freier Schriftsteller in Berlin, zusammen mit der aus einer polnisch chassidischen Familie stammenden Dora Dymant. Von dem Freund Max Brod nach Prag zurückgeholt. Letzte Lebensmonate im Sanatorium Kierling. Kafkas Nachlaß wurde gegen seinen Willen von Brod veröffentlicht.

Literatur: Franz Kafka: Gesammelte Werke. Herausgegeben von Max Brod. 7 Bde. Frankfurt a. M. 1946 ff.

Benutzte Bände: Erzählungen 1946. Zitiert: E. Hochzeitsvorbereitungen auf dem Lande und andere Prosa aus dem Nachlaß. 1953. Zit.: Hv. Tagebücher 1910–1923. 1954. Zitiert: T.

Der Abdruck erfolgt mit freundlicher Genehmigung des S. Fischer Verlages GmbH, Frankfurt am Main

Texte: Vor dem Gesetz ... schliesse ihn. E, 158 ff.

Wir sind ... Gegenden. Hv, 73

Er ist ... zurückzuführen. Hv, 46

Wir wurden ... nicht gesagt. Hv, 101

Gott sagte ... Erkennen. Hv, 101

Seit dem Sündenfall ... Menschen. Hv, 49

Warum ... essen. Hv, 48

Wir sind von Gott ... von uns. Hv, 101

Wir sind nicht ... Schuld. Hv, 48

Baum ... Lebens. Hv, 101

Wenn das ... Glauben. Hv, 47

Die Vertreibung ... oder nicht. Hv, 46

Das Negative ... gegeben. Hv, 83

Es gibt zwei ... zurück. Hv, 72 f.

Es gibt für uns ... der zweiten. Hv, 109

Wahrheit ... Lüge sein. Hv, 48

In einer Welt ... Wahrheit. Hv, 108

Das Böse ... bildet. Hv, 49

Zerstören ... Welt. Hv, 108

Mit stärkstem ... wagt. Hv, 45

Einer ... abwärts. Hv, 87

Verstecke ... Zögern. Hv, 83

Das Zögern ... Geburt. T, 561

Biographien – Quellennachweise

Der Weg ... Standrecht. Hv, 88

Wer der Welt ... ebenbürtig ist. Hv, 46

Er hat ... dürfen. Hv, 418

Ein erstes Zeichen ... zu mir. Hv, 40

Dem Tod ... Versöhnungstag. T, 534

Wenn ... Geschehen. Hv, 105 f.

Der Tod ... auszulöschen. Hv, 104

Das Grausame ... nicht dieser. Hv, 122 f.

Es gibt ... Entwicklung. Hv, 44

Die Klage ... sein? Hv, 101

Der Dornbusch ... willst. Hv, 84

Du kannst ... könntest. Hv, 53

Habe M. ... hinab. T, 560

Alle Leiden ... Verdienstes. Hv, 52

Das Leiden ... Seligkeit ist. Hv, 108

Wieviel bedrückender ... Glaubens. Hv, 113

Das Böse ... Angst. Hv, 51; 108

Der Mensch ... Gott. Hv, 44

Theoretisch ... Menschen. Hv, 47

Glauben ... sein. Hv, 89

Es gibt ... Sein. Hv, 86

Das Wort ... Ihmgehören. Hv, 44

Der Messias ... Menschen. Hv, 88

Vor dem Betreten ... widerstehen. Hv, 104 f.

Nichts Böses ... reden. T, 555

Die Tatsache ... Gewißheit. Hv, 44

GEORG TRAKL
*3.2.1887 Straßburg, †4.11.1914 Krakau

Lyriker des Frühexpressionismus. Pharmaziestudium in Wien. Militärapotheker in Innsbruck. Zeitweilig Beamtentätigkeit. 1914 als Sanitätsoffizier an der Ostfront. Durch die Kriegserlebnisse an den Rand des Wahnsinns gebracht. Vermutlich Selbstmord im Lazarett in Krakau.

Literatur: Georg Trakl. Die Dichtungen. Otto Müller Verlag Salzburg 1938

Texte: Klage ... a.a.O. S.196

Frühling der Seele ... a.a.O. S.146

Ein Winterabend ... a.a.O. S.124

Gesang des Abgeschiedenen ... a.a.O. S.174f.

Martin Heidegger
*26.9.1889 Meßkirch/Baden, †26.5.1976 Freiburg/Br.

Einflußreichster Philosoph seiner Zeit. Studium der Theologie, dann der Philosophie, der Geistes- und Naturwissenschaften. A.o. Professor in Marburg (1922–28). Nachfolger auf dem Lehrstuhl seines Lehrers Edmund Husserl in Freiburg (1928–45).

Texte: Dasein und Zeitlichkeit. Das »Ende« ... Freiheit zum Tode.

Sein und Zeit (1927), ^{16}1986, Zweiter Abschnitt: Dasein und Zeitlichkeit, § 45, S.234, und Erstes Kapitel: Das mögliche Ganzsein des Daseins und des Sein zum Tode. § 46–§ 53, S.236–266.

Die Sterblichen... als Sein. Aus: Das Ding, in: Vorträge und Aufsätze, Pfullingen 1954, 6.Aufl. 1990, S.171

Wer (...) vom Denken ... Entbergung. Aus: Moira (Parmenides, Fragment VIII, 34–41) in: Vorträge und Aufsätze, Pfullingen 1954, 6.Aufl. 1990, S.248.

Erst aus ... Unheil. Über den Humanismus. Brief an Jean Beaufret, Paris. In: Platons Lehre von der Wahrheit, Bern 1947, 2.Aufl. 1954, S.109

Hans Carossa
*15.12.1878 Tölz, †12.9.1956 Rittsteig b/Passau

Erzähler und Lyriker. Arzt. Studierte Medizin in München, Würzburg und Leipzig. Seit 1904 als praktischer Arzt tätig. 1914/18 Infanteriearzt an der Ost- und Westfront. 1933 bereits ein namhafter Dichter, lehnte er die Berufung an die Deutsche Akademie der Dichtung ab. 1938 Rede über »Wirkungen Goethes in der Gegenwart«: Bekenntnis »zum Orden derer, denen alle Länder und Meere der Welt nicht genügen würden, wenn das Reich des Geistes und des Herzens unerobert bliebe«. 1941 notgedrungen Annahme der Wahl zum Präsidenten des Europäischen Schriftstellerverbandes. Verschiedene Dichterpreise. Mitglied der Deutschen Akademie für Sprache und Dichtung und der Bayerischen Akademie der Schönen Künste.

Literatur: Gesammelte Gedichte, Leipzig 1949 (zit. G)

Führung und Geleit, Leipzig 1933 (zit. F)

Der Tag des jungen Arztes. Leipzig 1955 (zit. T)

Aufzeichnungen aus Italien. Lizenz-Auflage. Insel-Verlag Hameln o. J. (zit. A)

Geheimnisse des reifen Lebens, Leipzig 1936 (zit. L)

Texte: Seit wann bin ich? ... umarmen. F, S. 5

Der Acker der Zeit ... Feuer. G, S. 130

Drinnen gab es ... gelöst. F, S. 118 ff.

Tönend wird ... ist. T, S. 236

Ja, wir sind ... Werde. G, S. 117

Was Einer ist ... verstummt. G, S. 117

Geheimnisse. G, S. 88

O verlerne ... Natur. G, S. 121

Maeterlinck ... verlieren könne. A, S. 92 f.

Um die Grundfigur ... aufstieg. S. 8 f.

INA SEIDEL
*15.9.1885 Halle/Saale, †2.10.1974 Ebenhausen

Bewußt protestantische Dichterin, deren episches und lyrisches Werk unberührt von Modeströmungen das geistige Erbe des Humanismus und der Romantik bewahrt. Mitglied der Preußischen und der Bayerischen Akademie der Künste. Zahllose Literaturpreise.

Texte: Die lange Übung. In: I. S., Gedichte. Festausgabe zum 70. Geburtstag der Dichterin. Stuttgart 1955, S. 269

Hansjakob sah ... dringlich. Lennacker, Stuttgart 1960, S. 649

© 1955, 1960 by Deutsche Verlags-Anstalt Stuttgart

HERMANN HESSE
*2.7.1877 Calw/Württemberg, †9.8.1962 Montagnola (b/Lugano)

Erzähler und Lyriker. Aus der Tradition des schwäbischen Pietismus zum Theologen bestimmt. Flucht aus dem Stift Maulbronn. Buchhändler- und Mechanikerlehre. Gehilfe seines Vaters (Missionsprediger). Buchhändler und Antiquar in Basel. Seit 1904 freier Schriftsteller. 1911 Indienreise. 1914–19 in der »Deutschen Gefangenenfürsorge Bern« tätig. Seit 1919 in Montagnola. Zahlreiche Ehrungen, u. a. Nobelpreis für Literatur (1946) und Friedenspreis des deutschen Buchhandels (1955).

Literatur: Hermann Hesse: Gesammelte Schriften. 7 Bde. Frankfurt, Suhrkamp 1957 (zit. S)

Texte: Stufen. S. V. Bd., S. 786

Erst seit ... ist frei. »Zum Gedächtnis« (1916, nach dem Tod des Vaters). In: Bilderbuch, Frankfurt, S. Fischer 1926, S. 302 ff.

Alle Tode. S. V. Bd., S. 656

Klage. S. V. Bd., S. 745

Ein Ziel ... Geheimnis. Siddhartha. S. III. Bd., S. 626

Uralte Buddha-Figur. Ges. Werke, 12 Bde. Frankfurt 1970. Bd. I, S. 145

Ernst Jünger
* 29. 3. 1895 Heidelberg

Schriftsteller, Essayist, Naturwissenschaftler. Sein umfangreiches umstrittenes Werk spiegelt alle geistigen Wandlungen seit dem Ersten Weltkrieg. – Jugendabenteuer in der Französischen Fremdenlegion. Im Ersten Weltkrieg Stoßtruppführer, mehrmals verwundet. Bis 1923 in der Reichswehr. Danach Studium der Zoologie und Philosophie und freier Schriftsteller. Im Zweiten Weltkrieg Offizier in Paris. Nach der Verschwörung vom 20. Juli 1944 wegen »Wehruntüchtigkeit« entlassen. 1944 Schrift »Der Friede«. (»Ein Wort an die Jugend Europas...«) Nach 1945 zeitweise Publikationsverbot. Später mehrere Ehrungen.

Literatur: Ernst Jünger, Sämtliche Werke in 18 Bdn. Klett-Cotta Stuttgart 1979

Texte: Der Tod gleicht ... Todesverachtung verrät. Das abenteuerliche Herz (1958) 2. Fass., SW Bd. 9, S. 280–282

Ob denn das Sein im Menschen ... Ordnungen. Der Waldgang (1950/51), SW Bd 7, S. 369 ff.

Es ruhen im Menschen ... Fülle statt. Gärten und Straßen (1939/40). SW Bd. 2, S. 122

Der Tod ist ... uns ist. Jahre der Okkupation (1945–48). SW Bd. 3, S. 487

Leben ist ... Individuen. Mantras (1958). SW Bd. 12, S. 520–526

Zur Monadologie. Das Vegetative ... verdankt. Sgraffiti (1960). SW Bd. 9, S. 477 f.

Dann über »Auferstehung« ... Dimension. Siebzig Verweht II (27. 4. 71). SW Bd. 5, S. 18 f.

Albrecht Haushofer
* 7. 1. 1903 München, † 22./23. 4. 1945 Berlin-Moabit

Geopolitiker, Verfasser von Lyrik und Dramen. Studium der Geschichte und Geographie. 1933 Habilitation. Dozentur an der Hochschule für Politik. Reisen in Amerika und Asien. 1940 Professur an der Auslandswissenschaftlichen

Fakultät der Universität Berlin. Durch den mit seiner Familie befreundeten Rudolf Hess zeitweilige ehrenamtliche Mitarbeit im Auswärtigen Amt: Versuche, den Kurs der deutschen Politik zu ändern. Nach dem Flug von Hess nach Schottland am 10.4.41 zwei Monate Haft und Lehrstuhl-Entzug. Im Widerstand an der Ausarbeitung einer künftigen Staatsform beteiligt. Eingeweiht in die Verschwörung vom 20. Juli. Im Dezember 1944 verhaftet und 1945 erschossen. Sein Bruder fand den Toten auf dem Trümmerfeld von Moabit, das Manuskript der »Moabiter Sonette« in der Hand.

Texte: An der Schwelle. Moabiter Sonette. In: Du hast mich heimgesucht bei Nacht. Abschiedsbriefe und Aufzeichnungen des Widerstandes 1933–1945. Hg. H. Gollwitzer, K. Kuhn, R. Schneider. München, 2. Aufl. 1960, S. 210

Qui Resurrexit, a.a.O.

© by Chr. Kaiser Verlag, München

DIETRICH BONHOEFFER
*4.2.1906 Breslau, †9.4.1945 KZ Flossenbürg

Führender Theologe der Bekennenden Kirche. Dozent an der Universität Berlin. Seit 1935 Leiter eines illegalen Prediger-Seminars. Lehnte angebotene Professur in den USA ab und arbeitete seit 1939 auch im politischen Widerstand. Wurde 1943 verhaftet und zwei Jahre später hingerichtet.

Texte: Es ist merkwürdig ... vorzubereiten. Aus dem Gefängnis Berlin-Tegel, 2.4.1944. In: Ethik. Widerstand und Ergebung. Briefe und Aufzeichnungen aus der Haft. München 1959.

Nun sagt man ... Lebens. Aus Berlin-Tegel, 27.6.1944; a.a.O.

Stationen auf dem Weg zur Freiheit. Nach dem Mißlingen des 20. Juli 1944; a.a.O.

Auf dem Wege ... Fest. Juli 1944; a.a.O.

REINHOLD SCHNEIDER
*13.5.1903 Baden-Baden, †6.4.1958 Freiburg/Br.

Autor eines umfangreichen Werkes, in dessen Zentrum das Problem der christlich-geschichtlichen Existenz in ihrem Verhältnis zur Macht, sowie die Tragik der abendländischen Geschichte steht. – Entscheidender Einfluß der Bücher von Miguel de Unamuno. Seit 1937 in Freiburg. 1940 Schreibverbot. Im Zentrum des katholischen Widerstands. Illegale Publikationen, u.a. das Buch »Macht und Gnade« (22. Tsd, 1954). Kurz vor Kriegsende des Hochverrats angeklagt. 1956 Friedenspreis des Deutschen Buchhandels. Mitglied mehrerer Akademien.

Texte: Ostern. R. Schneider: Gesammelte Werke. Frankfurt 1981. Bd. 5: Lyrik, II. Teil: Geistliche Lieder. S. 333 f.

Grablied. A. a. O., S. 338

Ich komme ... Er! Winter in Wien. Aus meinen Notizbüchern 1957/58. Freiburg 1958, S. 7

Tu ne me perdrais pas ... unter allen. A. a. O. S. 68 f.

Mit der Frage ... das Leben? A. a. O. S. 98 ff.

Es ist ... verlieren. A. a. O. S. 283

© für »Winter in Wien« by Verlag Herder, Freiburg

GOTTFRIED BENN
* 2.5.1886 Mansfeld/Westprignitz, †7.7.1956 Berlin

Expressionistischer Lyriker und Prosaist im Zeichen des von Nietzsche verkündeten Nihilismus. Von entscheidendem Einfluß auf die Literatur der Nachkriegszeit. Pfarrerssohn. Studierte zuerst protestantische Theologie und Philologie, dann Medizin. Militärarzt in beiden Weltkriegen. Facharzt für Haut- und Geschlechtskrankheiten in Berlin. Zunächst den Ideen des Nationalsozialismus offen, erkannte er 1934 seinen Irrtum. Galt ab 1936 als »entartet«. 1938 Ausschluß aus dem Ärztebund und der Reichsschrifttumskammer. Schreibverbot. 1951 Georg Büchner-Preis. Er starb an Wirbelsäulenkrebs.

Literatur: Gottfried Benn, Sämtliche Werke. Stuttgarter Ausgabe. In sieben Bänden.

In Verb. mit Ilse Benn, hrsg. von Gerhard Schuster.

Band I: Gedichte 1. Klett-Cotta, Stuttgart 1986 (= SW 1)

Band II: Gedichte 2. Klett-Cotta, Stuttgart 1986 (= SW 2)

Band IV: Prosa 2. (1933–1945). Klett-Cotta, Stuttgart 1989 (= SW 4)

Mit freundlicher Genehmigung des Verlages Klett-Cotta, Stuttgart.

Gottfried Benn, Ausgewählte Briefe. Mit einem Nachwort von Max Rychner. Wiesbaden 1957.

Gottfried Benn, Statische Gedichte, © 1948, 1983 by Arche Verlag AG, Raabe + Vitali, Zürich (= St.)

Texte: Verlorenes Ich. St.

Nur zwei Dinge. (Durch so viel Formen ...) SW I, S. 320

Ach, das Erhabene (Nur der Gezeichnete ...) St.

Ein Wort ... St.

Wer allein ist. St.

Biographien – Quellennachweise

Sprich zu dir selbst ... Verzweiflung. III SW I, S. 279

Verse (Wenn je ...) SW I, S. 184/185

Wenn dir am Ende ... SW II, S. 118

An Lotte Reiss-Jacobi, 15.V. 1951 In: G.B., Ausgewählte Briefe, mit einem Nachw. von Max Rychner. Wiesbaden 1957, S. 216f.

Dann – (Wenn ein Gesicht ...) St.

Aus Fernen, Aus Reichen (Was dann nach jener ...) SW I, S. 106

G. Barbarin, Der Tod als Freund. Einleitung. SW IV, S. 242–247

Alle die Gräber ... St.

Du mußt dir alles geben (Gib in dein Glück ...) SW I, S. 127

Ebereschen ... SW I, S. 304

Epilog 1949. SW I, S. 321

Else Lasker-Schüler
*11.2.1869 Wuppertal-Elberfeld, †22.1.1945 Jerusalem

Lyrikerin, schrieb auch Dramen und Prosa. Vorläuferin des Expressionismus. Freundschaft mit Gottfried Benn, Georg Trakl, Franz Werfel, Franz Marc u. a. 1933 Emigration in die Schweiz. 1938 Ausbürgerung aus dem Deutschen Reich. Der Kriegsausbruch 1939 verhinderte ihre Rückkehr von der dritten Palästina-Reise. 1943 erschien der letzte Gedichtband »Mein blaues Klavier« in Jerusalem. Ihr Grab auf dem Ölberg fiel einem durch die jordanische Verwaltung betriebenen Hotelbau mit Schnellstraße zum Opfer. Der Grabstein wurde 1967 auf dem noch von Schützengräben durchzogenen Friedhof gefunden und wieder aufgestellt.

Literatur: Else Lasker-Schüler, Sämtliche Gedichte. Kösel-Verlag, München 5. Aufl. 1991 (zit. G)

Texte: Dasein. (Styx 1902. Erste Fassung) G, 21

Gebet. Ich suche ... (Widmung: »Meinem teuren Halbbruder, dem blauen Reiter«, 1920) G, 167

Herbst. (Mein blaues Klavier. Jerusalem 1943) G 206. Im Nachlaß um eine zweiteilige Schlußstrophe erweiterte Fassung am Ende des Prosastücks »Ernst Toller«.

Ergraut kommt ... G, 204

Gebet. O Gott, ich bin ... G, 199

Ich weiß. G, 205

Biographien – Quellennachweise

KARL JASPERS
*1883 Oldenburg, †1969 Basel

Philosoph. Medizinstudium. Assistent an der Psychiatrischen Klinik Heidelberg. Habilitation für Psychologie. Ab 1916 Professur für Psychologie, ab 1921 für Philosophie in Heidelberg. 1937 aufgrund seiner Ehe mit einer Jüdin Amtsentzug. Wiedereinsetzung 1945. Von 1948 bis zu seinem Tod Professor für Philosophie in Basel.

Literatur: Karl Jaspers: Philosophie I–III; 4. Aufl. Springer-Verlag 1973.

Texte: Selbstsein in der Welt und vor der Transzendenz.

Wie ich nicht... versinken. II, Existenzerhellung. S. 48f.

Tod. Wissen vom Tod und Grenzsituation. Der Tod als... Existenz. A. a. O. 220–229

Unsterblichkeit. Abfall... des Unsterblichkeitsbewußtseins. Existentielle Bezüge zur Transzendenz. III Metaphysik. S. 92 ff.

© 1973 by Springer-Verlag, Berlin – Heidelberg

MARIE LUISE KASCHNITZ (VON KASCHNITZ-WEINBERG)
*31.1.1901 Karlsruhe, †10.10.1974 Rom

Autorin von Lyrik, Erzählungen, Hörspielen und autobiographischer Prosa. Zunächst Buchhändlerin. 1925 Heirat mit dem Archäologen Guido von Kaschnitz-Weinberg. 1955 Georg Büchner-Preis. 1958 Tod ihres Mannes. 1960 Poetik-Vorlesungen an der Universität Frankfurt.

Literatur: M. L. K., Gesammelte Werke in 7 Bänden, Insel-Verlag, Frankfurt 1981 ff.; (zit. GW)

Texte: Der Tod... zerfleischt. In: Orte, 1973. GW, 3. Bd., S. 530

Von dem was... werden. A. a. O., S. 545

In der Finsternis... gewiß? In: Wohin denn ich? 1963, GW 2. Bd., S. 476

Es war nicht... Füßen hin. A. a. O., S. 513 ff.

Auferstehung (1958–61), GW 5. Bd., S. 306

Nicht mutig (1962–70), a. a. O. S. 463

Das Licht (1973), a. a. O. S. 742

Vielleicht (um 1973), a. a. O. S. 742

Nicht gesagt (1965). In: M. L. K.: Überallnie. Ausgewählte Gedichte. Fischer TB, Frankfurt 1984, S. 215

Ein Leben nach dem Tode (1970–72) GW 5. Bd., S. 504f.

Nicht aus Erde (1962–70), a.a.O. S. 474

Diese drei Tage (1970–72), a.a.O., S. 516f.

ROSE AUSLÄNDER GEB. SCHERZER
*11.5.1901 Czernowitz/Bukowina (damals österreichisches Kronland,
fiel 1919 an Rumänien, 1945 an Rußland als Tschernowzy),
†2.2.1988 Düsseldorf

Lyrikerin. Teilt Herkunft und Schicksal mit Celan. 1921 Abbruch des Literatur- und Philosophiestudiums in Cz. und Emigration in die USA. Dort Redakteurin, Bankangestellte und Publizistin. 1931 Rückkehr nach Cz. Möglichkeit, noch 1939 nach New York auszuwandern, der kranken Mutter zuliebe ausgeschlagen. 1941 Einnahme der Stadt durch deutsche Truppen: »Ghetto, Elend, Todestransporte.« Schwere Zwangsarbeit und Mißhandlungen. In Kellerverstecken der Deportation in die Todeslager entgangen, wo 53000 Juden aus Cz. umkamen. 1944 »Befreiung« durch die Rote Armee. Literarischer Zirkel der Überlebenden. Begegnung mit Paul Celan. 1946 zweite Emigration nach Amerika, um Mutter und Bruder eine Existenz zu schaffen. Tod der Mutter. Zusammenbruch. Häufige Krankheiten. Zehn Jahre als Sekretärin und Übersetzerin tätig. Erst seit 1956 wieder Gedichte in deutscher Sprache. 1957 Besuche bei Celan in Paris (Schritt zur Moderne) und Nelly Sachs in Stockholm. Rückkehr nach Deutschland. Droste-Preis 1967, Gryphius Preis 1977, Roswitha-Gedenkmedaille 1980. Starb nach langer Krankheit im Nelly Sachs-Haus der jüdischen Gemeinde Düsseldorf.

Literatur: Rose Ausländer: Mutterland. Einverständnis. Gedichte. Fischer Taschenbuch, Frankfurt 1982 (zit. I)

Rose Ausländer: Einst war ich Scheherezade. Gesammelte Gedichte. Fischer Taschenbuch, Frankfurt 1988 (zit. II)

Rose Ausländer: Ich höre das Herz des Oleanders. Gedichte 1977–1979. © S. Fischer Verlag GmbH, Frankfurt am Main 1984 (zit. III)

Texte: Wir Fragenden. III, 153

Im Maifeuer. I, 116

In dir. I, 117

Heimat III–II, 85

Fortsetzung. II, 94

Wir. II, 32

Sag ja. II, 46

Mascha Kaléko
*7.6.1907 Schidlow/Galizien (heute Polen), †21.1.1975 Zürich

Schrieb »Gebrauchsdichtung«, Verse mit dem Charme einer Mischung von Melancholie und Witz, Poesie und politischer Aktualität. – Tochter jüdischer Eltern. Der Erste Weltkrieg verschlug die Familie nach Marburg. Internierung des (russischen) Vaters. Von 1918–33 wurde Berlin Heimat. Schul- und Studienjahre. Von der »Vossischen Zeitung« entdeckt, veröffentlichte sie hier und im »Berliner Tageblatt«. Gehörte zur literarischen Bohème des »Romanischen Cafés« (Tucholsky, Klabund, Else Lasker-Schüler, Ringelnatz, Erich Kästner). Wurde schlagartig berühmt durch ihr erstes Buch »Lyrisches Stenogrammheft« (1933). Rowohlt wagte die zweite Auflage und, noch 1935, das zweite Buch »Kleines Lesebuch für Große«. Beschlagnahmung noch in der Druckerei. Publikationsverbot. 1938 Emigration nach New York mit ihrem zweiten Mann, dem Komponisten und Dirigenten Chemjo Vinaver, und beider kleinem Sohn. Noch härter die »Heimkehr« nach Israel 1966 ihrem Mann zuliebe (Erforschung der chassidischen Synagogalmusik). In Jerusalem eine unbekannte Fremde, wie vor ihr Else Lasker-Schüler. Unterbrechung der Isolation durch Deutschland-Reisen und Lesungen mit großem Echo. 1968 Tod des begabten 30jährigen Sohnes in New York. 1973 Tod ihres Mannes nach langem Leiden. Vollkommene Vereinsamung. Letzter Vortrag 1974 in Berlin, auf dem Rückweg nach Jerusalem Tod in Zürich.

Literatur: Mascha Kaléko: In meinen Träumen läutet es Sturm. Gedichte und Epigramme aus dem Nachlaß. 11. Aufl. Deutscher Taschenbuch-Verlag Nördlingen 1988.

Texte: Auto(r)biographisches ... S.102

Geistliches Lied ... S.72

Die Frühen Jahre ... S.101

Leben vor dem Tode ... S.155

Epitaph auf die Verfasserin ... S.137

© by dtv, Deutscher Taschenbuch Verlag GmbH & Co. KG

Gertrud Kolmar (Gertrud Chodziesmer)
*10.12.1894 Berlin, †1943 (?)

Lyrikerin. Aus deutsch-jüdischer Familie. Der Vater ein bekannter Strafverteidiger, die Mutter künstlerisch begabt. Nach erfolgreichem Sprachlehrer-Examen Auslandsreisen, Studien in Dijon. Im Ersten Weltkrieg Dolmetscherin im russischen Gefangenenlager Döberitz. Später Erzieherin taubstummer Kinder. Jahrelange Pflege der Mutter, die 1930 starb. Verzicht auf Emigration und Betreuung des alten Vaters bis zu seiner Deportation nach Theresienstadt. Zwangsarbeit in einer Kartonagenfabrik. Im Frühjahr 1943 in ein Konzentrationslager verschleppt. Ort und Datum ihres Todes sind unbekannt.

Literatur: Gertrud Kolmar: Frühe Gedichte (1917–1922). Wort der Stummen (1933). Kösel-Verlag, München 1980 (zit. F.G).

Texte: Einmal. F.G., 73

Gottes-Dienst. F.G., 68f.

NELLY SACHS
*10.12.1891 Berlin, †12.5.1970 Stockholm/Schweden

Lyrikerin und Dramatikerin. – Tochter eines jüdischen Fabrikanten, kultiviertes Elternhaus. Erste noch traditionelle Gedichte und »Legenden und Erzählungen« (1921). 1930 Tod des Vaters. Ab 1933 »sieben Jahre unter Hitlers Schreckensherrschaft«. Begegnete bei den Veranstaltungen des jüdischen Kulturkreises Gertrud Kolmar. Nachhaltig beeindruckt von ihren Gedichten. Verhör durch die Gestapo. 1940, kurz vor dem Transport in ein Arbeitslager, Emigration mit der Mutter nach Stockholm, vermittelt durch Selma Lagerlöf und den Bruder des schwedischen Königs. Harter Anfang als Wäscherin und kommerzielle Übersetzerin moderner schwedischer Lyrik. 1943 Abtransport der Berliner Juden in die Todeslager, unter ihnen Gertrud Kolmar. Seit 1944/45 Entstehung des eigenen Werkes. Laufende Veröffentlichungen, zuerst im Aufbau-Verlag, dann bei Berman-Fischer, in Peter Huchels »Sinn und Form«, und 1961 der erste Band sämtlicher Gedichte (»Fahrt ins Staublose«) bei Suhrkamp. 1950 Tod der Mutter. 1960 Meersburger Droste-Preis u.a.m. Begegnungen mit Paul Celan. Zusammenbruch und schwere Krankheit. 1965 Friedenspreis des Deutschen Buchhandels, 1966 Nobelpreis für Literatur zusammen mit Samuel Joseph Agnon. 1967 Ehrenbürgerin der Stadt Berlin.

Literatur: Nelly Sachs, Fahrt ins Staublose. Erster Band der Gedichte. Frankfurt 1961 (vergr.)

Nelly Sachs, Fahrt ins Staublose. Gedichte. Suhrkamp Taschenbuch, 1988. (zit. I)

Suche nach Lebenden. Die Gedichte der Nelly Sachs, Zweiter Band, Frankfurt 1971. (zit. II)

Texte: O die Schornsteine ... In den Wohnungen des Todes (I); I, 8

Im Morgengrauen ... a.a.O. (II); I, 30

Meine Liebe ... Glühende Rätsel (I); II, 31

Hinter den Lippen ... Flucht und Verwandlung. I, 319

Zwischen deinen Augenbrauen ... a.a.O. I, 267

Wenn ich nur wüßte ... In den Wohnungen des Todes (II); I, 31

Rufst du nun ... Glühende Rätsel (I); II, 18

Wohin o wohin ... Sternverdunkelung (V); I, 140

Vielleicht aber braucht ... In den Wohnungen des Todes (II); I, 25

O du weinendes Herz ... Sternverdunkelung (I); I, 79

Wenn der Tag leer wird ... a.a.O. (V); I, 137

Du in der Nacht ... Fahrt ins Staublose. I, 333

Wunder der Begegnungen ... Noch feiert Tod das Leben. I, 347

Schon mit der Mähne ... Flucht und Verwandlung. I, 316

Schon in dein Jenseits ... Glühende Rätsel (II); II, 54

So tief bin ich hinabgefahren ... a.a.O. (I); II, 49

Diese Nacht ... a.a.O. (I); II, 9

Jeden Tag einen Schritt ... Teile Dich Nacht (I); II, 118

Ich bin meinem Heimatrecht ... Glühende Rätsel (IV); II, 92

PAUL CELAN (PAUL ANCZEL)
*23.11.1920 Czernowitz (Bukowina), †26.4.1970 Paris

Lyriker und Übersetzer französischer, englischer und russischer Dichtung. Kind deutsch-jüdischer Eltern. Ein Jahr Medizinstudium in Frankreich (Tours). Seit 1939 Romanistikstudium in Czernowitz. 1940 wird die nördliche Bukowina mit der Hauptstadt Cz. sowjetisch. 1941 Einnahme der Stadt durch deutsche und rumänische Truppen. Ghetto. 1942 Deportation der Eltern in ein Vernichtungslager. Flucht; Arbeitslager in Rumänien. 1943: Die Bukowina wird sowjetisch. Rückkehr nach Cz. und Wiederaufnahme des Studiums. 1945 Ausreise nach Bukarest. Übersetzer und Verlagslektor. 1947 Übersiedlung nach Wien. 1948: Der erste Lyrikband erscheint: »Der Sand aus den Urnen.« Frankreichreise, seitdem Wohnsitz in Paris. Studium der Germanistik und Sprachwissenschaft. Ab 1950 Übersetzer, freier Schriftsteller und Lektor für deutsche Sprache und Kultur an der Ecole Normale Supérieure. 1952 Lesung in der Gruppe 47. 1958 Literaturpreis der Freien Hansestadt Bremen. 1960 Georg Büchner-Preis der Deutschen Akademie für Sprache und Dichtung in Darmstadt. Ende April 1970 Freitod in der Seine. Im Juli erscheint der letzte Gedichtband »Lichtzwang«.

Literatur: Paul Celan: Gesammelte Werke in fünf Bänden. Hg. B. Allemann u. St. Reichert, Suhrkamp-Verlag Frankfurt am Main 1983 (zit. I, II, III)

Paul Celan, Die Niemandsrose. © S. Fischer Verlag GmbH, Frankfurt am Main 1963

Texte: Todesfuge. In: Mohn und Gedächtnis. Deutsche Verlags-Anstalt, Stuttgart, 2. Aufl. 1954, S. 37

Nähe der Gräber ... III, 20

Sprich auch du ... In: Von Schwelle zu Schwelle. Deutsche Verlags-Anstalt. 5. Aufl. 1968, S. 59

Grabschrift für François. A. a. O. S. 29

Tenebrae. In: Sprachgitter III. S. Fischer-Verlag Frankfurt am Main 1959, S. 25

Eis. Eden. In: Die Niemandsrose I, S. 86

Dein Hinübersein A. a. O., S. 80

Zürich. Zum Storchen. A. a. O., S. 76

Psalm. A. a. O., S. 87

Mandorla. Die Niemandsrose II; a. a. O., S. 106

Ein Dröhnen ... Atemwende IV; II, 89

Einmal ... Atemwende VI; II, 107

Du sei wie Du ... Lichtzwang VI; II, 327

Wirk nicht voraus ... a. a. O. II, 328

»Grabschrift für François« © by Deutsche Verlags-Anstalt GmbH, Stuttgart für die Gedichte »Todesfuge«, »Sprich auch du«

Ernst Meister
*3. 9. 1911 Hagen-Haspe/Westf., †15. 6. 1979 Hagen

Lyriker, trotz seines Ranges noch weitgehend unbekannt. Autor von Theaterstücken, Erzählungen und Hörspielen. Aus »bigott« pietistischem Elternhaus. Schwere innere Befreiung. Auf Wunsch des Vaters 1930/31 Theologie-Studium in Marburg. Nach einem Jahr Fachwechsel: Germanistik, Philosophie, Kunstgeschichte. (Vorlesungen Rudolf Bultmanns; Lektüre: Heidegger, Nietzsche, Kierkegaard.) Erster Gedichtband. 1933–1945 keine Veröffentlichungen. In dieser Zeit weitere Studienjahre in Berlin, Frankfurt, Heidelberg (bei Gadamer und Löwith. Dissertation über Nietzsche unvollendet.) Heirat, Vaterschaft, Krankheiten. Als Soldat in Rußland, Frankreich und Italien. Nach Kriegsende bis 1960 Angestellter in der väterlichen Fabrik. Seitdem freier Schriftsteller. Begegnungen mit Celan. Mitglied der Deutschen Akademie für Sprache und Dichtung (Darmstadt); Annette von Droste-Hülshoff-Preis (1957); Großer Kunstpreis des Landes Nordrhein-Westfalen für Literatur (1963); Petrarca-Preis, zusammen mit Sarah Kirsch (1976); im Todesjahr Georg Büchner-Preis.

Texte: Denk, in den .../ Sage vom Ganzen den Satz. Luchterhand 1972, S.108; (zit. SGS)

Fallen./Zahlen und Figuren. Limes-Verlag 1958, S.113

Das Himmlische .../Zeichen um Zeichen. Luchterhand 1968, S.58

Aber wir sind doch .../Wandloser Raum. Luchterhand 1979, S.54 (zit. WR)

Da ich nicht weiß ... WR

Lang oder kurz .../Im Zeitspalt. Luchterhand 1976, S.31 (zit. Z)

Es ist der Tod ... WR, S.52

Es kommt unheilig ... Z, S.50

Im Zeitspalt ... Z, S.28

Es will sich ... Z, S.39

Weder Tag noch Nacht ... WR, S.50

Das dir zugesagte .../WR, S.38

Da ist kein Schöpfer ... WR, S.36

Warum erschrecke ich ... WR, S.37

Wie es einer ... WR, S.49

Was Erde sei ... WR, S.32

Hier, gekrümmt ... E.M., Ausgewählte Gedichte 1932–1979, 3.Aufl., Frankfurt 1989, S.109

Geist zu sein ... a.a.O., S.124

Die Gestalt ... WR, S.33

Tagelöhner ... WR, S.55

Der Erkennende ... WR, S.64

Vor meinen Augen ... Ausgew. Gedichte, S.126

Spät in der Zeit ... a.a.O., S.126

Was, vor allem ... a.a.O., S.128

O Blumen! ... a.a.O., S.128

© by Rimbaud Verlagsgesellschaft mbH, Aachen

CARL GUSTAV JUNG
*26.7.1875 Keßwil/Thurgau, †6.6.1961 Küßnacht b/Zürich

Begründer der »Analytischen Psychologie«. – Medizinstudium in Basel und Paris. An der psychiatrischen Klinik der Universität Zürich Assistenzarzt und Oberarzt (1903–09). Privatdozent an der medizinischen Fakultät Zürich

(1905–13). Privatpraxis und Vorlesungen in Amerika. 1906 Begegnung mit der Psychoanalyse S. Freuds. Seit 1907 Zusammenarbeit mit ihm. 1912/13 Trennung von Freud. In den folgenden Jahren Ausbildung der eigenen Forschungsarbeit. 1944 Ordinarius für medizinische Psychologie an der Universität Basel. 1948 Eröffnung des C. G. Jung-Instituts in Zürich.

Texte: Über das Leben nach dem Tode. Was ich Ihnen ... auf das Unbewußte. Aus: Erinnerungen, Träume, Gedanken von C. G. Jung. Hg. A. Jaffé, © 1971 by Walter-Verlag, Olten-Freiburg, 1971, S. 302–329

Aus Briefen. In: C. G. Jung: 100 Briefe. Eine Auswahl. (A. Jaffé), Olten-Freiburg 1975. S. 30 f.; 79 ff.; 96 f.; 137; 172 f.

Seele und Tod (1934). Von der Lebensmitte ... anspornen sollte. Die Dynamik des Unbewußten. Gesammelte Werke, Bd. 8, 4. Aufl., Olten-Freiburg 1982, S. 447–453

Ernst Bloch
*8.7.1885 Ludwigshafen a/Rhein, †4.8.1977 Tübingen

Philosoph. Erste Abhandlung des Dreizehnjährigen: »Das Weltall im Lichte des Atheismus.« Philosophie-Studium, Nebenfächer: Musik und Physik. Promotion nach sechs Semestern. 1914–17 »Geist der Utopie.« 1933 Emigration nach Zürich. 1938–49 Emigration in die USA. »Das Prinzip Hoffnung«. 1949 Philosophie-Professor in Leipzig. 1957 Konflikt mit der SED. Emeritierung und zunehmende Isolation. 1961 Mauerbau. Gastprofessur in Tübingen. Erste Vorlesung: »Kann Hoffnung enttäuscht werden?« 1967 Friedenspreis des Deutschen Buchhandels. 1974 erscheint »Experimentum Mundi.«

Literatur: Ernst Bloch. Gesamtausgabe, 16 Bde. Suhrkamp Frankfurt.

a) Das Prinzip Hoffnung: Bd. 5, 5. Teil, Kapitel 43–55; Frankfurt 1959. (zit. P. H.)

b) Werkausgabe Ergänzungsband: Tendenz – Latenz – Utopie. Frankfurt 1978. (zit. Erg.)

Texte: Verschwinden des letalen Nichts im sozialistischen Bewußtsein. Alle nehmen ... vernichten. P. H. S. 1378–1384.

Forschende Reise in den Tod: Kommt man ... Daseinsgeheimnis. P. H. S. 1384

Der Augenblick als Nicht-Da-Sein; Exterritorialität zum Tod. Ein zweiter ... geworden ist. P. H. S. 1385–1391.

Mechanik und Entropie: Non Omnis Confundar: Das Altern ... vereitelt ist. Erg., S. 300–307

Über Tod, Unsterblichkeit, Fortdauer: Ein Gespräch mit Siegfried Unseld am 6. 8. 1969 in Königstein/Taunus. Von den drei ... neue Welt. Erg., S. 309–335

Karl Rahner
*5.3.1904 Freiburg, †30.3.1984 Innsbruck

Religionsphilosoph. (Auseinandersetzung des Katholizismus mit dem neuzeitlichen Denken.) – Von 1922–33 philosophisch-theologische Studien im Noviziat der Jesuiten. (1932 Priesterweihe) Durch Martin Honecker (Freiburg) Ablehnung der geplanten Dissertation über die Erkenntnis-Lehre des Thomas von Aquin vom Standort moderner Philosophie aus (»Kant bis Heidegger«). 1936/7 theologische Dissertation und Habilitation in Innsbruck und dort, unterbrochen durch Nationalsozialismus, Krieg und Zusammenbruch, Lehre der Dogmatik. 1964–67 in München als Nachfolger Romano Guardinis Professur für »Christliche Weltanschauung und Religionsphilosophie«. Von 1967–71 Lehre der Dogmatik in Münster. Das von ihm herausgegebene »Lexikon für Theologie und Kirche« stellt »einen Durchbruch moderner Theologie im katholischen Raum« dar. Intensiv beteiligt am ökumenischen Gespräch, sowie am Dialog mit Naturwissenschaften, Existentialismus und Neomarxismus. Zusammenfassung seiner metaphysischen Anthropologie in: »Grundkurs des Glaubens. Einführung in den Begriff des Christentums«. (1967) Die dahinterstehenden theologischen und spirituellen Grundlagen in den »Schriften zur Theologie«, 16 Bde., 1954–84. (Nach: A. Raffelt: K.R. Philosophenlexikon, Stuttgart 1989, S.649ff.)

Texte: Tod als Trennung von Leib und Seele. Die Beschreibung ... zu werden. Zur Theologie des Todes (=Quaestiones Disputatae, Bd. 2) Freiburg 1958, S.18–26

Tod als Ende des Pilgerstandes. Mit dem leiblichen ... aufzulösen. A.a.O., S.26–30

Erfahrungen eines katholischen Theologen. Wenn hier ... sein soll. In: Karl Lehmann (Hg.), Vor dem Geheimnis Gottes den Menschen verstehen. Karl Rahner zum 80. Geburtstag, München/Zürich 1984 (Schriftenreihe der Katholischen Akademie der Erzdiözese Freiburg, S.105ff.)

© für »Theologie des Todes« by Verlag Herder Freiburg.

Carl Friedrich von Weizsäcker
*1912 in Kiel

Physiker und Philosoph. Studierte Physik in Berlin, Göttingen und Leipzig, promovierte 1933 bei Werner Heisenberg und habilitierte sich 1936. An den Universitäten Straßburg und Göttingen war er Professor für theoretische Physik, von 1957 bis 1969 für Philosophie in Hamburg. Von 1970 bis 1980 Direktor des Max-Planck-Instituts zur Erforschung der Lebensbedingungen der wissenschaftlich-technischen Welt in Starnberg. Veröffentlichungen u.a.:

Biographien – Quellennachweise

»Die Einheit der Natur«, »Wege in Gefahr«, »Wahrnehmungen der Neuzeit«, »Die Tragweite der Wissenschaft«.

Text: Der Tod. Vortrag, gehalten in den Salzburger Hochschulwochen, 1975. In: Der Garten des Menschlichen. Beiträge zur geschichtlichen Anthropologie. I, 9. Fischer TB 1992, S. 108 ff.

*

Unser herzlicher Dank gilt Frau Diplombibliothekarin Charlotte Engeln für ihre jahrelange unermüdliche Hilfe bei den bibliographischen Arbeiten und der Textherstellung.

Tod und Unsterblichkeit

Texte aus Philosophie, Theologie und Dichtung
vom Mittelalter bis zur Gegenwart
in drei Bänden

*Ausgewählt und eingeleitet
von Erich und Annemarie Ruprecht*

Band I
Von der Mystik des Mittelalters
bis zur Aufklärung

Band II
Goethezeit und Romantik

Band III
Vom Realismus bis zur Gegenwart

Band I
Von der Mystik des Mittelalters bis zur Aufklärung

I. Die Mystik des Mittelalters:
Die Erfahrung der Unsterblichkeit in der Unio Mystica

Meister Eckhart »Nim din selbes war« – Selbsterkenntnis und Gotteserkenntnis Johannes Tauler Der Mensch zwischen Zeit und Ewigkeit Heinrich Seuse In der Nachfolge Christi sterben und in ihm auferstehen

II. Theologia crucis

Martin Luther Todesangst und Glaubenskraft

III. Mystik im Protestantismus

Theophrastus von Hohenheim gen. Paracelsus Leben – »ein geistlich Ding von Ewigkeit« Valentin Weigel Vom inneren Auge. Der »Sprung« aus der Natur in die Gnade Jakob Böhme Die mystische Lehre vom Willen. Der Tod – Besiegelung des Eigenwillens und Rückkehr in den »Urstand« des göttlichen Willens Angelus Silesius Der mystische Tod als »geistliche Goldmachung«. Christus – die verwandelnde Tinktur

IV. Vergänglichkeitserfahrung und Auferstehungsglaube im Zeitalter des Dreißigjährigen Krieges

Hans Michael Moscherosch An seinen Sohn Simon Dach Das große Licht Daniel Czepko von Reigersfeld Rede aus meinem Grabe Johannes Rist Eine sehr ernstliche und ausführliche Betrachtung der zukünftigen unendlichen Ewigkeit Paul Gerhardt Ich weiß, daß mein Erlöser lebt Paul Fleming Gedanken über die Zeit – Andacht Andreas Gryphius Abend – Gedanken über den Kirchhof und Ruhestätte der Verstorbenen Christian Hofmann von Hofmannswaldau Die Welt – Gedanken bei Antretung des fünfzigsten Jahres Anton Ulrich Herzog von Braunschweig-Wolfenbüttel Sterblied Johann Christian Günther Der Seelen Unsterblichkeit – Trostaria

V. Vom Auferstehungsglauben zur Idee der Unsterblichkeit

Gottfried Wilhelm Leibniz Die unzerstörbare Monade

VI. Die Unsterblichkeit der Seele –
das große Thema des achtzehnten Jahrhunderts

A. Die Philosophie der Aufklärung

Unsterblichkeit der Seele zum Zweck ihrer Vervollkommnung und Glückseligkeit – eine Folgerung der Vernunft

Hermann Samuel Reimarus Von der Seelen Unsterblichkeit und den Vorteilen der Religion Johann Christian Edelmann Ein Bekenntnis zur Seelenwanderung Moses Mendelssohn Die unendliche Vervollkommnung der Seele in der »Nachahmung Gottes« Johann Georg Sulzer Über die Unsterblichkeit der Seele, als ein Gegenstand der Physik betrachtet – Gedanken über einige Eigenschaften der Seele Immanuel Kant Unsterblichkeit der Seele a. als moralisches Postulat der praktischen Vernunft. b. Der transzendentale Beweis: Ichbewußtsein und Selbstbestimmung. c. Der theologisch-moralische Beweis: Rückschluß vom moralischen Gesetz auf seinen göttlichen Urheber. d. Der empirische Beweis: auf Leibniz' Substanzlehre gestützte Naturanalogie Gotthold Ephraim Lessing Das Prinzip der Entwicklung als Impuls der Reinkarnationsidee. Der Gang der Menschheit in ihren Individuen durch wiederholte Erdenleben zur Vollkommenheit. Präexistenz und drittes Zeitalter

B. Die Macht der »Empfindung«

Gerhard Tersteegen Die drei Geburten des Menschen Friedrich Christoph Oetinger Wiederherstellung der ursprünglichen Geistleiblichkeit als Ziel der Schöpfung. Das himmlische Feuer Johann Georg Hamann Der eingeborene Genius Matthias Claudius Die Wahrheit im Geheimnis des Todes Johann Kaspar Lavater »Aussichten in die Ewigkeit« Friedrich Gottlieb Klopstock Auferstehung und Unsterblichkeit Theodor Gottlieb von Hippel Der Tod – ein Geburtsschmerz Johann Georg Schlosser Die Metamorphose der Seele als Hypothese Karl von Eckartshausen Das negative Prinzip des Todes. Der magische Weg der Annäherung an die Gottheit

Band II
Goethezeit und Romantik

I. Icherfahrung und Unsterblichkeitsidee in der Goethezeit

JOHANN GOTTFRIED HERDER Selbsterkenntnis als Quell der Unsterblichkeitsgewißheit. Der Tod – eine Verwandlung. Der Gedanke der Wiederverkörperung. JOHANN PETER HEBEL Von der Immaterialität der Seele. Der »fixe Punkt« des Ichbewußtseins. JEAN PAUL Der Kampf gegen den Gedanken der Vernichtung. Die Sicherheit des Gefühls als Bürgschaft für das unsterbliche Ich. Die Traumweisheit des »hohen« Menschen. JOHANN WOLFGANG VON GOETHE Das Ich als Mitte der Welt. Die unzerstörbare Entelechie. Metamorphosen der Persönlichkeit. Tätigkeit als höchste Gewähr der Fortdauer. WILHELM VON HUMBOLDT Selbstbewußtsein und Unsterblichkeitsahnung. FRIEDRICH VON SCHILLER Der Tod – ein Willensakt des freien Geistes. Der Schritt ins Erhabene. JOHANN GOTTLIEB FICHTE Der Wille als Bahnbrecher in die übersinnliche Welt. FRIEDRICH WILHELM HEGEL Der Tod – die Negation des Negativen (Sinnlichen), die Versöhnung des Geistes mit sich selbst. FRIEDRICH HÖLDERLIN Die exzentrische Bahn von der Kindheit bis zur Vollendung. Das Werden im Vergehen.

II. Im Zeichen der Morgenröte: Die romantische Bewegung

NOVALIS (FRIEDRICH VON HARDENBERG) Der Weg nach Innen – Nachtbegeisterung und mystische Hochzeit – Geburt der »neuen Welt«. FRIEDRICH SCHLEGEL Der Tod – Rückkehr des individuellen Geistes in die Freiheit des Universums. FRIEDRICH SCHLEIERMACHER Christus – Inbegriff des Universums. FRIEDRICH WILHELM SCHELLING Der Tod – eine reductio ad essentiam. Die Selbstheit als Prinzip der Palingenesie. JOHANN WILHELM RITTER Der Mensch als letztes Glied »galvanischer Ketten« und Höhepunkt der fortschreitenden Individualisierung der Natur. FRANZ VON BAADER Die unauflösbar dreifache Einheit des Menschen als Abbild der göttlichen Trinität. Das »Reich Gottes«. GOTTHILF HEINRICH SCHUBERT Der Trieb nach Selbstaufhebung. Verwesung und Zeugung. Die unsterbliche Substanz der Seele. Mystische Impulse der

Psychologie. JOSEPH GÖRRES Das »flammende Zentrum des Lebens« – der Ursprung im »Überschwenglichen«. Kreis und Spirale als Lebens- und Entwicklungsprinzipien. Der Tod – eine umgekehrte Schwangerschaft. Wiederholte Erdenleben. CARL GUSTAV CARUS Die ewige Seele – eine Ausstrahlung der göttlichen Uridee. Ihr unendliches Fortschreiten in der Annäherung an die Gottheit. BETTINA UND CLEMENS BRENTANO, KAROLINE VON GÜNDERODE, PHILIPP OTTO RUNGE, JOSEPH VON EICHENDORFF Die Macht des unsterblichen Lebens. Heimkehr der Seele im Tod.

BAND III

Vom Realismus bis zur Gegenwart

I. Der Aufbruch eines neuen Bewußtseins

A. Die Erneuerung des mystischen Willensprinzips

HEINRICH VON KLEIST Der Wille zur Erkenntnis von Wahrheit. Das »unendliche Bewußtsein«. JOHANN HEINRICH ZSCHOKKE Das Vertrauen in den menschlichen Geist als dem Prinzip der Seelenwanderung auf dem unendlichen Weg in die Gottheit. ARTHUR SCHOPENHAUER Wille als ewiger Kern des Menschen. Einswerdung mit dem Weltwillen im Tod. Die drei Wege zur Erlösung von Wiedergeburt.

B. Die Auseinandersetzung mit den fortschreitenden Naturwissenschaften. Das Entstehen neuer Anthropologien.

MAXIMILIAN CARL FRIEDRICH WILHELM GRÄVELL Die Entwicklung eines neuen Bewußtseins als Voraussetzung notwendiger Vergeistigung. IGNATIUS PAUL VITAL TROXLER Das unsterbliche »Gemüt«, Schnittpunkt des viergliedrigen Menschen – eine »Anthroposophie«. IMMANUEL HERMANN FICHTE Versuch einer naturwissenschaftlichen Untersuchung der menschlichen Seele. Der Tod – die Entsinnlichung des wahren Wesens. »Theosophie« als Ziel von »Anthroposophie«. GUSTAV THEODOR FECHNER Begründung einer »Psychophysik«. Die Entfaltung des »göttlichen Keims« zum »Leib des Jenseits«. MAXIMILIAN DROSSBACH Die materialistische Erklärung von Unsterblichkeit und Wiedergeburt. GUSTAV WIDENMANN

Die Entwicklung des Menschen aus dem »Gattungsstoff« der Natur zur unsterblichen »Individualkraft«. Wiederholte Erdenleben. ANNETTE VON DROSTE-HÜLSHOFF Das Ringen um Erkenntnis. LUDWIG FEUERBACH, GOTTFRIED KELLER Die Absage an Gott und Unsterblichkeit. Das Prinzip der Mitmenschlichkeit. FRIEDRICH HEBBEL Das vergebliche Denkexperiment des Nichts. Leiden an der Individuation. Die rettende »Nabelschnur« des Geistes. Der »Lichtgedanke« der Unsterblichkeit. CONRAD FERDINAND MEYER Bestandsaufnahme des Lebens vor der klärenden Gegenwart des Todes. CHRISTIAN WAGNER Seelenwanderung durch die Naturreiche – Nähe der Toten. ERNST HAECKEL Eine Konsequenz der Evolutionstheorie: Verlagerung der Unsterblichkeitsidee in die Einheit von Kraft und Materie (»Substanzgesetz«). FRIEDRICH NIETZSCHE »Gott ist tot«. Die Überwindung des Nihilismus in der Idee des Übermenschen. Die ewige Wiederkunft des Gleichen. GEORG SIMMEL Die moralisierende Wirkung des Todes. Seelenwanderung als Möglichkeit der Fortdauer. RUDOLF STEINER Die Erforschung der Seele nach naturwissenschaftlicher Methode. Erweiterung des Bewußtseins zur Erkenntnis von Reinkarnation und Karma. Die Christologie. CHRISTIAN MORGENSTERN Der Mensch – sub specie reincarnationis.

C. Der Überschuß des Geistes – eine Garantie der Unsterblichkeit

MAX SCHELER Die Fortdauer der Individualität aus dem geistigen »Überschwang«. RAINER MARIA RILKE Das »überzählige« Dasein. Verwandlung ins Unsichtbare. HUGO VON HOFMANNSTHAL, GERHART HAUPTMANN, MAX PICARD Vom »Fühlensübermaß« – Befreiung des inneren »Überschusses« im Tod – Das »Mehr«, ein göttliches Prinzip des Seienden.

II. Erfahrungen und Denkwege im zwanzigsten Jahrhundert

FRANZ KAFKA Die Expedition nach der Wahrheit. Erfahrung der sinnlichen Welt als das Böse in der geistigen. Das Unzerstörbare. GEORG TRAKL Untergang und Vision des Aufgangs. MARTIN HEIDEGGER Das Sein zum Tode. Sorge und Angst. Das Nichts – »Geheimnis des Seins«. HANS CAROSSA, INA SEIDEL, HERMANN HESSE, ERNST JÜNGER Verwandlung und Wiederkehr. ALBRECHT HAUS-

HOFER, DIETRICH BONHOEFFER, REINHOLD SCHNEIDER Glaubenszeugnisse des Widerstands im Nationalsozialismus. GOTTFRIED BENN Die antinihilistische transzendierende Tat der Kunst. ELSE LASKER-SCHÜLER Der Traum von der Welterlösung durch Liebe. KARL JASPERS Der transzendierende Aufschwung in der Grenzsituation des Todes. Dasein als Möglichkeit von »Existenz«. Die Erfahrung von Sein beim Tod des Nächsten. MARIE LUISE KASCHNITZ Lauf – Tanz – Sprung – Flug: Einübung ins Auferstehen. ROSE AUSLÄNDER, MASCHA KALÉKO, GERTRUD KOLMAR, PAUL CELAN, NELLY SACHS »Und das Sinken geschieht um des Steigens willen« – Jüdische Dichtung im Nationalsozialismus. Die leere Transzendenz. – »Warten auf Wahres«. ERNST MEISTER Das Denken des »Nichts«. CARL GUSTAV JUNG, ERNST BLOCH, KARL RAHNER, CARL FRIEDRICH VON WEIZSÄCKER Unsterblichkeit – eine Erfahrung des Unbewußten. Utopie einer unendlichen diesseitigen Zukunft. Unsterblichkeit – eine Glaubensgewißheit des Kommenden. Die sokratische Rückfrage – Was liegt jenseits der Physik?